SÚMULAS
do STF e do STJ

Anotadas e organizadas
POR ASSUNTO

MÁRCIO ANDRÉ LOPES CAVALCANTE

SÚMULAS do STF e do STJ

Anotadas e organizadas
POR ASSUNTO

Atualizado até a
SV 56-STF e a
Súmula 600-STJ

3ª edição
revista, ampliada
e atualizada

2018

EDITORA JusPODIVM
www.editorajuspodivm.com.br

Dizer Direito
www.dizerodireito.com.br

EDITORA JusPODIVM
www.editorajuspodivm.com.br

Rua Mato Grosso, 164, Ed. Marfina, 1º Andar – Pituba, CEP: 41830-151 – Salvador – Bahia
Tel: (71) 3045.9051
• Contato: https://www.editorajuspodivm.com.br/sac

Copyright: Edições JusPODIVM

Conselho Editorial: Eduardo Viana Portela Neves, Dirley da Cunha Jr., Leonardo de Medeiros Garcia, Fredie Didier Jr., José Henrique Mouta, José Marcelo Vigliar, Marcos Ehrhardt Júnior, Nestor Távora, Robério Nunes Filho, Roberval Rocha Ferreira Filho, Rodolfo Pamplona Filho, Rodrigo Reis Mazzei e Rogério Sanches Cunha.

Capa e Diagramação: Marcelo S. Brandão (santibrando@gmail.com)

C376   Cavalcante, Márcio André Lopes.
        Súmulas do STF e STJ anotadas e organizadas por assunto / Márcio André Lopes Cavalcante – 3. ed., rev., atual. e ampl. – Salvador: JusPodivm, 2018.
        608 p.

        Bibliografia.
        ISBN 978-85-442-1935-5.

        1. Direito. 2. Súmulas. 3. Supremo Tribunal Federal. 4. Superior Tribunal de Justiça. I. Cavalcante, Márcio André Lopes. II. Título.

                                            CDD 341.4191

Todos os direitos desta edição reservados à Edições JusPODIVM.

É terminantemente proibida a reprodução total ou parcial desta obra, por qualquer meio ou processo, sem a expressa autorização do autor e da Edições JusPODIVM. A violação dos direitos autorais caracteriza crime descrito na legislação em vigor, sem prejuízo das sanções civis cabíveis.

3ª ed., *2.ª tir.*: mar./2018; *3.ª tir.*: mai./2018.

Dedico esta obra e a minha vida:
A Deus, por tudo!
Aos meus pais Wilson e Eva.
À minha linda esposa Fernanda.
Aos meus amados filhos Ana Liz e Theo.

Sumário

1. **DIREITO CONSTITUCIONAL** 17
    Direitos e garantias fundamentais 17
    Direitos políticos 21
    Controle de constitucionalidade 21
    Competências legislativas 23
    Poder legislativo 28
    Processo legislativo 29
    Tribunal de contas 30
    Poder judiciário 33
    Ministério Público 35
    Defensoria Pública 37
    Outros temas 42

2. **DIREITO ADMINISTRATIVO** 45
    Princípio da autotutela 45
    Vedação ao nepotismo 46
    Organização administrativa 46
    Concurso público 48
    Servidores públicos 56

Prescrição 74
Desapropriação 76
Processo administrativo disciplinar 81
Outras espécies de processo administrativo 85
Conselhos profissionais 88
Bens públicos 89
Outros temas 91

3. **DIREITO CIVIL** 93
Bem de família 93
Fraude contra credores 96
Prescrição e decadência 96
Obrigações 101
Mora 102
Juros e correção monetária 102
Responsabilidade civil 107
Dano moral 111
DPVAT 113
Cláusula de foro de eleição 120
Compra e venda 120
Contrato de transporte 121
Contrato de seguro 122
Alienação fiduciária 126
Arrendamento mercantil 127
Fiança 131
Locação 132
Contrato de consórcio 140
Compromisso de compra e venda 142
Direito autoral 144

Condomínio 145

Posse 146

Usucapião 146

Servidão 148

Hipoteca 148

Direitos de vizinhança 148

Enfiteuse 149

Casamento e divórcio 150

União estável 150

Ação de investigação de paternidade 151

Alimentos 152

Sucessões 158

Outros temas 159

4. **DIREITO DO CONSUMIDOR** 161

Responsabilidade 161

Aplicação do CDC 166

Cobrança de tarifas de serviços 170

Proteção contratual 171

Prática abusiva 177

Bancos de dados e cadastros de consumidores 178

5. **DIREITO EMPRESARIAL** 187

Livros comerciais 187

Marca 188

Contratos bancários 188

Sociedades 198

Títulos de crédito 201

Falência e recuperação judicial 206

Outros temas 213

6. DIREITO PROCESSUAL CIVIL 215

Citação e intimação 215

Multa nas obrigações de fazer ou não fazer 216

Ação declaratória 216

Arbitragem 216

Competência territorial 216

Competência pelo foro da situação da coisa 217

Competência do STF 218

Competência da justiça federal 218

Competência da justiça estadual 224

Competência da justiça eleitoral 235

Cumulação de pedidos (trabalhista e estatutário) 235

Conexão 235

Conflito de competência 236

Justiça gratuita 237

Valor da causa 238

Impedimentos 238

Prerrogativas processuais da Fazenda Pública 239

Reconvenção 240

Documentos de procedência estrangeira 241

Revelia e produção de provas 241

Abandono da causa pelo autor 241

Tutela provisória 242

Despacho saneador 242

Honorários advocatícios e despesas processuais 243

Fazenda pública e pagamento de honorários sucumbenciais 244

Liquidez da sentença 251

Ação rescisória 251

Recursos em geral 253

Apelação 258

Reexame necessário 258

Agravo de instrumento 260

Agravo interno 261

Agravo no auto do processo 262

Embargos de declaração 263

Embargos infringentes 265

Embargos de divergência 267

Recurso ordinário constitucional 269

Recurso extraordinário 270

Recurso especial 276

Processo cautelar 281

Execução 282

Execução fiscal 291

Execução contra a Fazenda Pública 301

Embargos de terceiro 302

Precatórios 303

Ação civil pública 304

Ação popular 305

Ação monitória 305

Mandado de segurança 307

Mandado de segurança coletivo 315

Reclamação constitucional 316

Juizados especiais 316

Outros temas 316

7. DIREITO PENAL 319

Lei nova favorável 319

Crime impossível 319

Crime continuado 320

Dosimetria da pena 321

Fixação do regime prisional 324

Execução da pena de multa 327

Medida de segurança 329

Sursis 333

Prescrição 333

Perdão judicial 336

Furto 337

Roubo 341

Extorsão 343

Estelionato 343

Violação de direito autoral 346

Estupro 349

Uso de documento falso 352

Falsa identidade 353

Crimes contra a administração pública 356

Contrabando e descaminho 357

Contravenções penais 357

Crimes de responsabilidade dos prefeitos 358

Corrupção de menores (art. 244-B do ECA) 358

Crimes contra a ordem tributária 360

Código de Trânsito Brasileiro 361

Estatuto do desarmamento 362

Lei Maria da Penha 363

Lei de drogas 374

Outras súmulas superadas 377

8. DIREITO PROCESSUAL PENAL 379

Inquérito policial 379

Uso de algemas 380

Ação penal 382

Resposta preliminar do art. 514 do CPP 385

Competência da justiça estadual 385

Competência da justiça comum federal 387

Competência da justiça militar 390

Foro por prerrogativa de função 396

Conflito de competência 400

Citação por edital e suspensão do processo 401

Prisão 404

Liberdade provisória 405

Carta precatória 406

Prazos 407

Assistente de acusação 408

Mutatio libelli 408

Suspensão condicional do processo 410

Transação penal 412

Tribunal do júri 416

Nulidades 417

Recursos 418

Habeas corpus 421

Mandado de segurança 423

Revisão criminal 423

Meios de prova 423

Embargos infringentes 424

Execução penal 424

Outras súmulas superadas 439

9. **ESTATUTO DA CRIANÇA E DO ADOLESCENTE** 441

10. **DIREITO TRIBUTÁRIO** 443

   Princípio da anterioridade tributária 443

   Competências tributárias 445

   Imunidades tributárias 445

   Constituição do crédito tributário 449

   Denúncia espontânea 453

   Suspensão do crédito tributário 453

   Compensação tributária 453

   Prescrição e decadência 454

   Concurso de preferência 455

   Repetição de indébito 455

   Responsabilidade tributária 460

   Responsabilidade solidária de sócio-gerente 461

   Isenções 463

   Coisa julgada 463

   Certidão negativa 463

   Refis 464

   SIMPLES 465

   Imposto de renda 465

   ICMS 476

   IPVA 482

   ITCMD 483

   IPI 484

   IOF 484

   IPTU 485

   ISS 486

   ITBI 488

ITR 488

Taxas 488

Contribuições 493

GATT 498

Liberação alfandegária 498

Drawback 499

Fiscalização tributária 500

Outras súmulas superadas 500

11. DIREITO DO TRABALHO 519

Acidente do trabalho 519

Estabilidade 520

Falta grave 520

FGTS 520

Habitualidade 527

Indenização 528

Insalubridade 528

Salário 529

Serviço noturno 529

Servidor público 530

Sindicatos 530

Temas diversos 531

Súmulas superadas 532

12. DIREITO PROCESSUAL DO TRABALHO 537

Competência 537

Honorários advocatícios e custas processuais 543

Recursos 544

Outros temas 545

13. DIREITO PREVIDENCIÁRIO 547

Salário de contribuição 547

Comprovação de atividade rural 547

Auxílio-acidente 550

Aposentadoria por tempo de contribuição 553

Aposentadoria por invalidez 553

Aposentadoria especial 559

Pensão por morte 559

Contribuição previdenciária 560

Processo judicial previdenciário 561

Previdência privada 562

Outros temas 563

14. SISTEMA FINANCEIRO DE HABITAÇÃO 565

15. SISTEMA FINANCEIRO NACIONAL 567

Contratos bancários 569

16. DIREITO INTERNACIONAL 571

Expulsão 571

Extradição 572

Homologação de sentença estrangeira 573

Outras súmulas superadas 573

17. DIREITO MILITAR 575

ÍNDICE POR SÚMULAS 581

STF 581

STJ 593

Vinculantes do STF 604

1. DIREITO CONSTITUCIONAL

DIREITOS E GARANTIAS FUNDAMENTAIS

Súmula 403-STJ: Independe de prova do prejuízo a indenização pela publicação não autorizada da imagem de pessoa com fins econômicos ou comerciais.

▸ *Aprovada em 28/10/2009, DJe 24/11/2009.*

» Importante.
» Ex: empresa utiliza, sem autorização, a imagem de uma pessoa em um comercial de TV.

A Súmula 403 do STJ é inaplicável às hipóteses de divulgação de imagem vinculada a fato histórico de repercussão social.

Caso concreto: a TV Record exibiu reportagem sobre o assassinato da atriz Daniela Perez, tendo realizado, inclusive, uma entrevista com Guilherme de Pádua, condenado pelo homicídio. Foram exibidas, sem prévia autorização da família, fotos da vítima Daniela. O STJ entendeu que, como havia relevância nacional na reportagem, não se aplica a Súmula 403 do STJ, não havendo direito à indenização.

STJ. 3ª Turma. REsp 1.631.329-RJ, Rel. Min. Ricardo Villas Bôas Cueva, Rel. Acd. Min. Nancy Andrighi, julgado em 24/10/2017 (Info 614).

Súmula 444-STJ: É vedada a utilização de inquéritos policiais e ações penais em curso para agravar a pena-base.

Aprovada em 28/04/2010, DJe 13/05/2010.

» Válida.

Fundamento:

» Princípio da presunção de inocência (art. 5º, LVII, da CF/88).

É o entendimento também do STF:

» "A existência de inquéritos policiais ou de ações penais sem trânsito em julgado não podem ser considerados como maus antecedentes para fins de dosimetria da pena." (RE 591054/SC, Rel. Min. Marco Aurélio, julgado em 17/12/2014. Repercussão geral. Info 772).

Cuidado com este entendimento do STJ:

» É possível a utilização de inquéritos policiais e/ou ações penais em curso para formação da convicção de que o réu se dedica a atividades criminosas, de modo a afastar o benefício legal previsto no art. 33, § 4º, da Lei nº 11.343/2006.

» STJ. 3ª Seção. EREsp 1.431.091-SP, Rel. Min. Felix Fischer, julgado em 14/12/2016 (Info 596).

Quadro comparativo:

Inquéritos policiais e/ou ações penais em curso podem ser utilizados no processo penal?	
Para agravar a pena-base (1ª fase da dosimetria)	NÃO (Súmula 444-STJ)
Para decretação da prisão preventiva como garantia da ordem pública	SIM (STJ RHC 70.698)
Para afastar a causa de diminuição do art. 33, § 4º, da Lei de Drogas	SIM (EREsp 1.431.091)

Súmula 568-STF: ~~A identificação criminal não constitui constrangimento ilegal, ainda que o indiciado já tenha sido identificado civilmente.~~

▶ *Aprovada em 15/12/1976, DJ 03/01/1977.*

» Superada.

» A presente súmula foi editada em 1976. Segundo a CF/88, a pessoa que for civilmente identificada não poderá ser submetida à identificação criminal, salvo nas hipóteses previstas em lei (art. 5º, LVIII).

» A Lei que traz as hipóteses de identificação criminal do civilmente identificado é a Lei nº 12.037/2009.

Súmula vinculante 1-STF: Ofende a garantia constitucional do ato jurídico perfeito a decisão que, sem ponderar as circunstâncias do caso concreto, desconsidera a validez e a eficácia de acordo constante do termo de adesão instituído pela Lei Complementar nº 110/2001.

▸ *Aprovada em 30/05/2007, DJe 06/06/2007.*

» Válida, mas pouco relevante atualmente.

» A CEF tinha que fazer o depósito nas contas de FGTS de complementos de atualização monetária referentes ao período de 1º de dezembro de 1988 a 28 de fevereiro de 1989 e também do mês abril de 1990. Como o total desses valores era alto, foi editada a LC 110/2001 autorizando que a CEF celebrasse com os titulares das contas do FGTS um acordo, chamado de "termo de adesão", por meio do qual o titular receberia os valores imediatamente desde que aceitasse uma redução ("desconto") daquilo que a ele era devido. Uma das cláusulas deste termo de adesão era a de que, após receber a quantia, o titular não poderia mais ingressar em juízo discutindo esses valores.

» Ocorre que, mesmo após celebrar o acordo, muitos titulares de contas do FGTS ajuizavam ações pedindo o pagamento da quantia sem os "descontos" sob o argumento de que este termo de adesão não seria válido. O STF não concordou com esta prática e editou a SV 1 acima mencionada.

Súmula 654-STF: A garantia da irretroatividade da lei, prevista no art. 5º, XXXVI, da Constituição da República, não é invocável pela entidade estatal que a tenha editado.

▸ *Aprovada em 24/09/2003, DJ 09/10/2003.*

» Válida.

Art. 5º (...) XXXVI – a lei não prejudicará o direito adquirido, o ato jurídico perfeito e a coisa julgada;

» A irretroatividade da lei é uma garantia do indivíduo frente o Estado. Se o Poder Público decide editar uma lei com efeitos retroativos prejudicando a sua própria situação jurídica e conferindo, por exemplo, mais direitos ao indivíduo, esta lei não viola o art. 5º, XXXVI.

Súmula 280-STJ: O art. 35 do Decreto-Lei nº 7.661, de 1945, que estabelece a prisão administrativa, foi revogado pelos incisos LXI e LXVII do art. 5º da Constituição Federal de 1988.

▸ *Aprovada em 10/12/2003, DJ 17/12/2003.*

» Válida.

» O art. 35 do DL 7.661/45 estabelecia que o juiz poderia decretar a prisão administrativa do falido caso ele descumprisse qualquer dos deveres impostos pela Lei. Este dispositivo foi reputado incompatível com a CF/88.

» Vale ressaltar que, depois da edição da Súmula 280-STJ (10/12/2003), o DL 7.661/45 também foi revogado expressamente pela Lei nº 11.101/2005 (nova Lei de Falências).

» A Lei nº 11.101/2005 prevê a prisão preventiva do falido: "Art. 99. A sentença que decretar a falência do devedor, dentre outras determinações: VII – determinará as diligências necessárias para salvaguardar os interesses das partes envolvidas, podendo ordenar a prisão preventiva do falido ou de seus administradores quando requerida com fundamento em provas da prática de crime definido nesta Lei;"

Súmula vinculante 25-STF: É ilícita a prisão civil de depositário infiel, qualquer que seja a modalidade do depósito.

▸ *Aprovada em 16/12/2009, DJe 23/12/2009.*

» Importante.

» O art. 5º, LXVII, da CF/88 permite, em tese, duas espécies de prisão civil: a) devedor de alimentos; b) depositário infiel. Veja: "LXVII – não haverá prisão civil por dívida, salvo a do responsável pelo inadimplemento voluntário e inescusável de obrigação alimentícia e a do depositário infiel;".

» Ocorre que o Brasil, por meio do Decreto nº 678/92, promulgou a Convenção Americana de Direitos Humanos – CADH (Pacto de San José da Costa Rica). Segundo este tratado internacional, somente é permitida uma espécie de prisão civil: a do devedor da obrigação alimentar (artigo 7º, § 7º). Logo, a Convenção ampliou a garantia do cidadão e diante disso passou a ser proibida a prisão do depositário infiel.

Súmula 419-STJ: Descabe a prisão civil do depositário infiel.

▸ *Aprovada em 03/03/2010, DJe 11/03/2010.*

» Importante.

Súmula 304-STJ: É ilegal a decretação da prisão civil daquele que não assume expressamente o encargo de depositário judicial.

▸ *Aprovada em 03/11/2004, DJ 22/11/2004.*

» Superada pela SV 25-STF.

Súmula 619-STF: A prisão do depositário judicial pode ser decretada no próprio processo em que se constitui o encargo, independentemente da propositura de ação de depósito.

▸ *Aprovada em 17/10/1984, DJ 29/10/1984.*

» Cancelada.

Súmula 2-STJ: Não cabe o habeas data (CF, art. 5º, LXXII, letra "a") se não houve recusa de informações por parte da autoridade administrativa.

▸ *Aprovada em 08/05/1990, DJ 18/05/1990.*

» Válida.

» Se não houve recusa administrativa, não tem motivo para o autor propor a ação. Falta interesse de agir (interesse processual).

» Lei nº 9.507/97 (regulamenta o habeas data):

Art. 8º (...)

Parágrafo único. A petição inicial deverá ser instruída com prova:

I – da recusa ao acesso às informações ou do decurso de mais de dez dias sem decisão;

II – da recusa em fazer-se a retificação ou do decurso de mais de quinze dias, sem decisão; ou

III – da recusa em fazer-se a anotação a que se refere o § 2º do art. 4º ou do decurso de mais de quinze dias sem decisão.

DIREITOS POLÍTICOS

Súmula vinculante 18-STF: A dissolução da sociedade ou do vínculo conjugal, no curso do mandato, não afasta a inelegibilidade prevista no § 7º do artigo 14 da Constituição Federal.

▸ *Aprovada em 29/10/2009, DJe 10/11/2009.*

» Importante.

Art. 14 (...) § 7º – São inelegíveis, no território de jurisdição do titular, o cônjuge e os parentes consanguíneos ou afins, até o segundo grau ou por adoção, do Presidente da República, de Governador de Estado ou Território, do Distrito Federal, de Prefeito ou de quem os haja substituído dentro dos seis meses anteriores ao pleito, salvo se já titular de mandato eletivo e candidato à reeleição.

» **Atenção:** a inelegibilidade do art. 14, § 7º, da Constituição NÃO ALCANÇA o cônjuge supérstite (sobrevivente, viúvo) quando o falecimento tiver ocorrido no primeiro mandato, com regular sucessão do vice-prefeito, e tendo em conta a construção de novo núcleo familiar. A Súmula Vinculante 18 do STF não se aplica aos casos de extinção do vínculo conjugal pela morte de um dos cônjuges. STF. Plenário. RE 758461/PB, Rel. Min. Teori Zavascki, julgado em 22/5/2014 (repercussão geral) (Info 747).

CONTROLE DE CONSTITUCIONALIDADE

Súmula vinculante 10-STF: Viola a cláusula de reserva de plenário (CF, art. 97) a decisão de órgão fracionário de tribunal que, embora não declare expressamente a inconstitucionalidade de lei ou ato normativo do Poder Público, afasta a sua incidência no todo ou em parte.

▸ *Aprovada em 18/06/2008, DJe 27/06/2008.*

» Importante.

» No chamado controle difuso de constitucionalidade, também adotado pelo Brasil, ao lado do controle abstrato, qualquer juiz ou Tribunal pode declarar a inconstitucionalidade de uma lei ou ato normativo no caso concreto. No entanto, se o Tribunal for fazer essa declaração, deverá respeitar a cláusula de reserva de plenário.

» A chamada "cláusula de reserva de plenário" significa que, se um Tribunal for declarar a inconstitucionalidade de uma lei ou ato normativo, é obrigatória que essa declaração de inconstitucionalidade seja feita pelo voto da maioria absoluta do Plenário ou do órgão especial deste Tribunal.

» Esta exigência da cláusula de reserva de plenário tem como objetivo conferir maior segurança jurídica para as decisões dos Tribunais, evitando que, dentro de um mesmo Tribunal, haja posições divergentes acerca da constitucionalidade de um dispositivo, gerando instabilidade e incerteza.

» A reserva de plenário é também conhecida como regra do *full bench, full court* ou julgamento *en banc* e está prevista no art. 97 da CF/88 e nos art. 948 e 949 do CPC 2015.

» A proteção é reforçada pelo enunciado 10 da Súmula Vinculante. É importante saber bem a redação da SV 10 porque sua transcrição é constantemente cobrada nas provas.

Súmula 642-STF: Não cabe ação direta de inconstitucionalidade de lei do Distrito Federal derivada da sua competência legislativa municipal.

▸ *Aprovada em 24/09/2003, DJ 09/10/2003.*

» Importante.

» O DF, por não ser dividido em Municípios, acumula competências estaduais e municipais (art. 32, § 1º, da CF/88). Assim, o DF pode editar leis tratando sobre assuntos de competência dos Estados ou dos Municípios.

» O art. 102, I, "a", da CF/88 somente admite ADI contra lei ou ato normativo federal ou estadual. Não cabe contra lei ou ato normativo de competência municipal.

» Logo, quando o DF edita uma lei no exercício de competência municipal, não cabe ADI contra este ato normativo. Poderia ser proposta ADI no TJDFT alegando violação à Lei Orgânica do DF.

Súmula 614-STF: Somente o Procurador-Geral da Justiça tem legitimidade para propor ação direta interventiva por inconstitucionalidade de Lei Municipal.

▸ *Aprovada em 17/10/1984, DJ 29/10/1984.*

» Válida.

Súmula 360-STF: ~~Não há prazo de decadência para a representação de inconstitucionalidade prevista no art. 8, parágrafo único, da Constituição Federal.~~

▸ *Aprovada em 13/12/1963.*

» Superada (a súmula refere-se à CF/1946).

» Vale ressaltar, no entanto, que, de fato, ainda hoje, não existe prazo (decadencial ou prescricional) para o ajuizamento de ADI, ADC ou ADPF.

COMPETÊNCIAS LEGISLATIVAS

Súmula vinculante 2-STF: É inconstitucional a lei ou ato normativo estadual ou distrital que disponha sobre sistemas de consórcios e sorteios, inclusive bingos e loterias.

▸ *Aprovada em 30/05/2007, DJe 06/06/2007.*

» Importante.

» Trata-se de competência da União (art. 22, XX, da CF/88).

» Segundo o STF, a expressão "sistema de sorteios" constante do art. 22, XX, da CF/88 alcança os jogos de azar, as loterias e similares, dando interpretação que veda a edição de legislação estadual sobre a matéria, diante da competência privativa da União (ADI 3895, j. em 04/06/2008).

Súmula Vinculante 46-STF: A definição dos crimes de responsabilidade e o estabelecimento das respectivas normas de processo e julgamento são da competência legislativa privativa da União.

▸ *Aprovada em 09/04/2015, DJe 17/04/2015.*

» Importante.

Crimes de responsabilidade são infrações político-administrativas praticadas por pessoas que ocupam determinados cargos públicos

» Caso o agente seja condenado por crime de responsabilidade, ele não receberá sanções penais (prisão ou multa), mas sim sanções político-administrativas (perda do cargo e inabilitação para o exercício de função pública).

Muitas Constituições estaduais tratam sobre o procedimento a ser aplicado quando o Governador do Estado pratica um crime de responsabilidade. As Cartas estaduais podem dispor sobre isso?

» NÃO. O STF entende que o Estado-membro não pode dispor sobre crime de responsabilidade, ainda que seja na Constituição estadual. Isso porque a competência para legislar sobre crime de responsabilidade é privativa da União.

Por que é privativa da União?

» Porque o STF entende que definir o que seja crime de responsabilidade e prever as regras de processo e julgamento dessas infrações significa legislar sobre Direito Penal e Processual Penal, matérias que são de competência privativa da União, nos termos do art. 22, I, e art. 85, parágrafo único, da CF:

Art. 22. Compete privativamente à União legislar sobre:

I – direito civil, comercial, penal, processual, eleitoral, agrário, marítimo, aeronáutico, espacial e do trabalho;

Art. 85. São crimes de responsabilidade os atos do Presidente da República que atentem contra a Constituição Federal e, especialmente, contra:

(...)

Parágrafo único. Esses crimes serão definidos em lei especial, que estabelecerá as normas de processo e julgamento.

» Repare que a doutrina conceitua os crimes de responsabilidade como sendo "infrações político-administrativas". No entanto, o STF entende que, para fins de competência legislativa, isso é matéria que se insere no direito penal e processual, de forma que a competência é da União. Daí o Supremo ter editado a SV 46 destacando essa conclusão.

Súmula 722-STF: São da competência legislativa da União a definição dos crimes de responsabilidade e o estabelecimento das respectivas normas de processo e julgamento.

▶ *Aprovada em 26/11/2003, DJ 09/12/2003.*

» O entendimento acima continua válido, mas foi aprovada a súmula vinculante 46 com praticamente o mesmo teor, substituindo esta.

Súmula Vinculante 39-STF: Compete privativamente à União legislar sobre vencimentos dos membros das polícias civil e militar e do corpo de bombeiros militar do Distrito Federal.

▶ *Aprovada em 11/03/2015, DJe 20/03/2015.*

» Importante.

As polícias civil e militar e o corpo de bombeiros militar são órgãos de segurança públicas estaduais

» Em outras palavras, são órgãos estruturados e mantidos pelos Estados-membros. Os vencimentos dos membros das polícias civil e militar e do corpo de bombeiros são fixados por meio de leis estaduais e os recursos utilizados para pagamento são oriundos dos cofres públicos estaduais. No caso do Distrito Federal, contudo, isso é diferente. A CF/88 decidiu, por uma escolha política, que a polícia civil, a polícia militar e o corpo de bombeiros militar do Distrito Federal deveriam ser organizados e mantidos não pelo Distrito Federal, mas sim pela União ("Governo

Federal"). Isso está previsto no art. 21, XIV, da CF/88. Importante destacar, ainda, que as polícias civil e militar e o corpo de bombeiros militar do Distrito Federal, mesmo sendo mantidas pela União, subordinam-se ao Governador do Distrito Federal (art. 144, § 6º).

Diante disso, surgiu a dúvida: quem tem competência para legislar sobre os vencimentos dos membros das polícias civil e militar e do corpo de bombeiros militar do Distrito Federal?

- » A União. Isso porque segundo o art. 21, XIV, da CF/88, compete à União ORGANIZAR e MANTER a polícia civil as polícias civil e militar e o corpo de bombeiros militar do Distrito Federal. Ora, a organização dos órgãos públicos, em regra, precisa ser feita por meio de lei. Além disso, manter tais órgãos significa dar os recursos financeiros necessários à sua sobrevivência. Logo, compete à União legislar sobre os vencimentos dos membros de tais instituições considerando que isso está abrangido no conceito de organizar e manter.
- » O então Min. Carlos Ayres Britto, durante debate de uma ADI no STF, afirmou, com muita sabedoria, que, se fosse permitido que o Distrito Federal legislasse sobre os vencimentos dos membros das polícias civil e militar e do corpo de bombeiros militar do Distrito Federal estaria sendo admitido que o Governo do DF fizesse "cortesia com o chapéu alheio" porque quem vai arcar com as despesas é a União (STF. ADI 1.045, Rel. Min. Marco Aurélio, julgado em 15/4/2009).
- » Em suma, não haveria lógica em se admitir que o Distrito Federal tivesse competência para aumentar os vencimentos dos policiais e bombeiros se não será ele quem irá pagar tal remuneração.

Súmula 647-STF: Compete privativamente à União legislar sobre vencimentos dos membros das polícias civil e militar do Distrito Federal.

▸ *Aprovada em 24/09/2003, DJ 09/10/2003.*

- » O entendimento acima continua válido, mas foi aprovada a súmula vinculante 39 com praticamente o mesmo teor, à exceção do fato de que foi acrescentado o corpo de bombeiros militar do Distrito Federal na redação.

Súmula Vinculante 38-STF: É competente o município para fixar o horário de funcionamento de estabelecimento comercial.

▸ *Aprovada em 11/03/2015, DJe 20/03/2015.*

- » Importante.
- » Na década de 90, diversos Municípios brasileiros editaram leis fixando o horário de funcionamento de lojas, bares, farmácias e outros estabelecimentos comerciais existentes em seu território.
- » Os donos dos estabelecimentos comerciais atingidos começaram a questionar essas leis editadas ao redor do país, sob o argumento de que esse assunto (horário de

funcionamento dos estabelecimentos comerciais) estaria relacionado com "Direito Comercial" e "Direito do Trabalho", de forma que tais Municípios teriam invadido a competência privativa da União prevista no art. 22, I, da CF/88.

O argumento dos donos de estabelecimento foi aceito pelo STF? Tais leis municipais são inconstitucionais?

» NÃO. O STF firmou o entendimento de que tais leis são CONSTITUCIONAIS. Compete aos Municípios legislar sobre o horário de funcionamento dos estabelecimentos comerciais situados no âmbito de seus territórios. Isso porque essa matéria é entendida como sendo "assunto de interesse local", cuja competência é municipal, nos termos do art. 30, I, da CF/88.

» Cada cidade tem suas peculiaridades, tem seu modo de vida, umas são mais cosmopolitas, com estilo de vida agitado, muitos serviços, turistas. Por outro lado, existem aquelas menos urbanizadas, com costumes mais tradicionais etc. Assim, o horário de funcionamento dos estabelecimentos comerciais deve atender a essas características próprias, análise a ser feita pelo Poder Legislativo local.

Ressalva à SV 38-STF

» Existe uma "exceção" à Súmula Vinculante 38: o horário de funcionamento dos bancos. Segundo o STF e o STJ, as leis municipais não podem estipular o horário de funcionamento dos bancos. A competência para definir o horário de funcionamento das instituições financeiras é da União. Isso porque esse assunto (horário bancário) traz consequências diretas para transações comerciais intermunicipais e interestaduais, transferências de valores entre pessoas em diferentes partes do país, contratos etc., situações que transcendem (ultrapassam) o interesse local do Município. Enfim, o horário de funcionamento bancária é um assunto de interesse nacional (STF RE 118363/PR). O STJ possui, inclusive, um enunciado que espelha esse entendimento:

> Súmula 19-STJ: A fixação do horário bancário, para atendimento ao público, é da competência da União.

» Desse modo, a Súmula 19 do STJ é compatível com a Súmula Vinculante 38 do STF, ambas convivendo harmonicamente.

» Legislação sobre outros aspectos relacionados com os serviços bancários disponibilizados aos clientes. Vale ressaltar, por fim, que os Municípios podem legislar sobre medidas que propiciem segurança, conforto e rapidez aos usuários de serviços bancários (STF ARE 691591 AgR/RS, julgado em 18/12/2012). Exs: tempo máximo de espera na fila ("Lei das Filas"), instalação de banheiros e bebedouros nas agências, colocação de cadeiras de espera para idosos, disponibilização de cadeiras de rodas, medidas para segurança dos clientes etc. Tais assuntos, apesar de envolverem bancos, são considerados de interesse local e podem ser tratados por lei municipal.

Resumindo:

» Lei municipal pode dispor sobre:

a) Horário de funcionamento de estabelecimento comercial: SIM (SV 38).

b) Horário de funcionamento dos bancos (horário bancário): NÃO (Súmula 19 do STJ).

c) Medidas que propiciem segurança, conforto e rapidez aos usuários de serviços bancários: SIM.

Súmula 645-STF: É competente o Município para fixar o horário de funcionamento de estabelecimento comercial.

▸ *Aprovada em 24/09/2003, DJ 09/10/2003.*

» O entendimento acima continua válido, mas foi aprovada a súmula vinculante 38 com o mesmo teor.

Súmula 419-STF: Os municípios têm competência para regular o horário do comércio local, desde que não infrinjam leis ~~estaduais ou~~ federais válidas.

▸ *Aprovada em 01/06/1964, DJ 06/07/1964.*

» Válida, em parte.

» A parte riscada não é válida. Isso porque não é da competência dos Estados-membros legislar sobre horário do comércio local. Já no que tange a leis federais, estas, eventualmente, poderão legislar sobre horário de funcionamento se a questão não for apenas de interesse local (vide Súmula 19-STJ).

Súmula 19-STJ: A fixação do horário bancário, para atendimento ao público, é da competência da União.

▸ *Aprovada em 04/12/1990, DJ 07/12/1990.*

» Válida.

» Vale ressaltar, no entanto, que os Municípios podem legislar sobre medidas que propiciem segurança, conforto e rapidez aos usuários de serviços bancários (STF ARE 691591 AgR/RS, julgado em 18/12/2012). Exs: tempo máximo de espera na fila ("Lei das Filas"), instalação de banheiros e bebedouros nas agências, colocação de cadeiras de espera para idosos, disponibilização de cadeiras de rodas, medidas para segurança dos clientes etc.

» Já o horário de funcionamento bancário não é de competência dos Municípios, mas sim da União, porque se trata de assunto que, devido à sua abrangência, transcende o interesse local (STF RE 118363/PR).

PODER LEGISLATIVO

Súmula 245-STF: A imunidade parlamentar não se estende ao corréu sem essa prerrogativa.

▶ *Aprovada em 13/12/1963.*

» Válida, porém deve ser feita uma ressalva. Segundo boa parte da doutrina, esse enunciado somente é cabível no caso da imunidade formal. Assim, a Súmula 245 do STF não seria aplicável na hipótese de imunidade material (inviolabilidade parlamentar), prevista no caput do art. 53 da CF/88.

Súmula 4-STF: ~~Não perde a imunidade parlamentar o congressista nomeado Ministro de Estado.~~

▶ *Aprovada em 13/12/1963.*

» Cancelada pelo STF no julgamento do Inq 104/RS, DJ 2/10/1981.

» Segundo o atual entendimento do STF, o afastamento do Deputado ou Senador do exercício do mandato para investir-se nos cargos permitidos pela CF (art. 56, I), dentre eles o de Ministro de Estado, suspende-lhes a imunidade parlamentar. Por outro lado, o foro por prerrogativa de função permanece normalmente (STF Inq-QO 1070/TO, DJ 11/10/2001).

Súmula 3-STF: ~~A imunidade concedida a deputados estaduais é restrita a justiça do estado.~~

▶ *Aprovada em 13/12/1963.*

» Superada (STF RE 456679/DF, DJ 7/4/2006).

» A imunidade é concedida aos deputados estaduais pela CF/88 (art. 27, § 1º) sem qualquer restrição, de modo que vale para quaisquer ramos das "Justiças".

Súmula 397-STF: O poder de polícia da Câmara dos Deputados e do Senado Federal, em caso de crime cometido nas suas dependências, compreende, consoante o regimento, a prisão em flagrante do acusado e a realização do inquérito.

▶ *Aprovada em 03/04/1964, DJ 08/05/1964.*

» Válida.

» Ex: se ocorrer um homicídio dentro do Plenário do Senado Federal, a atribuição para lavrar o auto de prisão em flagrante e realizar o inquérito é da Polícia Legislativa Federal (e não da Polícia Federal).

PROCESSO LEGISLATIVO

Súmula vinculante 54-STF: A medida provisória não apreciada pelo congresso nacional podia, até a Emenda Constitucional 32/2001, ser reeditada dentro do seu prazo de eficácia de trinta dias, mantidos os efeitos de lei desde a primeira edição.

▶ *Aprovada em 17/03/2016, DJe 20/03/2016.*

» Válida.

» Medida provisória é um ato normativo editado pelo Presidente da República, em situações de relevância e urgência, e que tem força de lei, ou seja, é como se fosse uma lei ordinária, com a diferença de que ainda será votada pelo Congresso Nacional, podendo ser aprovada (quando, então, é convertida em lei) ou rejeitada (situação em que deixará de existir). As regras sobre as medidas provisórias estão previstas no art. 62 da CF/88.

» O Presidente da República, sozinho, edita a MP e, desde o momento em que ela é publicada no Diário Oficial, já passa a produzir efeitos como se fosse lei. Esta MP é, então, enviada ao Congresso Nacional. Ali chegando, ela é submetida inicialmente à uma comissão mista de Deputados e Senadores, que irão examiná-la e sobre ela emitir um parecer (art. 62, § 9º). Depois, a MP será votada primeiro pelo plenário da Câmara dos Deputados (art. 62, § 8º) e, se for aprovada, seguirá para votação no plenário do Senado Federal. Caso seja aprovada no plenário das duas Casas, esta MP é convertida em lei.

Qual é o prazo de eficácia da medida provisória?

1) Atualmente (depois da EC 32/2001): 60 dias.
2) Antes da EC 32/2001 (texto originário da CF/88): 30 dias.

Existe algum dispositivo da Constituição tratando sobre a possibilidade de a medida provisória que está prestes a perder a sua eficácia ser renovada?

1) Atualmente (depois da EC 32/2001): SIM. O tema está tratado nos §§ 3º, 7º e 10 do art. 62.
2) Antes da EC 32/2001 (texto originário da CF/88): NÃO. A CF/88 não tratava sobre a reedição de MPs.

Diante desta lacuna, na redação originária da CF/88 (antes da EC 32/2001) havia a seguinte polêmica: é possível que as medidas provisórias sejam reeditadas?

» SIM. Mesmo não havendo previsão expressa na redação originária do art. 62 da CF/88, o STF entendeu que era possível a reedição da medida provisória desde que isso ocorresse antes que ela perdesse a sua eficácia.

» Vale a pena mencionar que, antes da EC 32/2001, o STF afirmava que a medida provisória poderia ser reeditada infinitas vezes até que fosse votada. Atualmente, o prazo da MP foi ampliado e é admitida uma prorrogação caso ela ainda não tenha sido votada. Compare:

Atualmente (depois da EC 32/2001)	Antes da EC 32/2001 (texto originário da CF/88)
As MPs possuem prazo de eficácia de 60 dias. A medida provisória será prorrogada uma única vez por igual período se, mesmo tendo passado seu prazo de 60 dias, ela não tiver sido ainda votada nas duas Casas do Congresso Nacional. Dessa forma, o prazo máximo da MP é 120 dias (60 + 60). Se não for aprovada neste período, ela será considerada rejeitada por decurso do prazo, perdendo a sua eficácia desde a sua edição. É vedada a reedição, na mesma sessão legislativa, de medida provisória que tenha sido rejeitada ou que tenha perdido sua eficácia por decurso de prazo (§ 10 do art. 62 da CF/88).	As MPs tinham prazo de eficácia de 30 dias. Não havia número máximo de reedições das medidas provisórias. Enquanto não fossem votadas pelo Congresso Nacional, elas podiam ficar sendo reeditadas quantas vezes o Presidente da República quisesse. A MP 2.096, por exemplo, foi reeditada mais de 80 vezes (durou mais de 6 anos até ser votada).

Súmula 651-STF: A medida provisória não apreciada pelo Congresso Nacional podia, até a EC 32/2001, ser reeditada dentro do seu prazo de eficácia de trinta dias, mantidos os efeitos de lei desde a primeira edição.

▶ *Aprovada em 24/09/2003, DJ 09/10/2003.*

» O entendimento acima continua válido, mas foi aprovada a súmula vinculante 54 com o mesmo teor.

Súmula 5-STF: A sanção do projeto supre a falta de iniciativa do Poder Executivo.

▶ *Aprovada em 13/12/1963.*

» Cancelada pelo STF no julgamento da RP-890.

» A jurisprudência do STF é firme no sentido de que a sanção do projeto de lei aprovado não convalida o defeito de iniciativa. Assim, se o projeto de lei deveria ter sido apresentado pelo Presidente da República e, no entanto, foi deflagrado por um Deputado Federal, ainda que este projeto seja aprovado e mesmo que o Presidente da República o sancione, ele continuará sendo formalmente inconstitucional.

TRIBUNAL DE CONTAS

Súmula 653-STF: No Tribunal de Contas estadual, composto por sete conselheiros, quatro devem ser escolhidos pela Assembleia Legislativa e três pelo Chefe do Poder Executivo estadual, cabendo a este indicar um dentre auditores e outro dentre membros do Ministério Público, e um terceiro à sua livre escolha.

▶ *Aprovada em 24/09/2003, DJ 09/10/2003.*

» Válida.

Como é a composição dos Tribunais de Contas:

» TCU: 9 membros (são chamados de Ministros do TCU).

» TCE: 7 membros (são chamados de Conselheiros do TCE).

Como é a forma de composição do TCU?

a) 1/3 (3 Ministros) são escolhidos pelo Presidente da República. Desses 3 Ministros, o Presidente deverá escolher: 1 dentre os auditores do TCU (indicados em lista tríplice pelo Tribunal); 1 dentre os membros do MP que atuam junto ao TCU (também indicados em lista tríplice); 1 de livre escolha do Presidente (esta escolha é livre, atendidos os requisitos constitucionais).

b) 2/3 (6 Ministros) são escolhidos pelo Congresso Nacional.

» A CF/88 não traz, de modo detalhado, como deve ser a composição dos Tribunais de Contas dos Estados, dizendo apenas que o TCE deve ser formado por 7 Conselheiros e que as normas previstas para o TCU aplicam-se, no que couber, ao TCE (art. 75 da CF/88).

» Assim, entende-se que a forma de escolha dos membros do TCE deve ser prevista na respectiva Constituição Estadual. O STF, contudo, afirmou que, por força do princípio da simetria, essas regras de escolha dos Conselheiros do TCE devem obedecer ao mesmo modelo estabelecido pela Constituição Federal para o TCU (art. 73, § 2º da CF).

» Em suma, a Constituição Estadual deverá detalhar as normas sobre a escolha dos membros do TCE, mas tais regras deverão seguir a mesma sistemática adotada para a composição do TCU. Esse entendimento deu origem à súmula 653 do STF.

Súmula 347-STF: O Tribunal de Contas, no exercício de suas atribuições, pode apreciar a constitucionalidade das leis e dos atos do poder público.

▶ *Aprovada em 13/12/1963.*

» Há polêmica, mas prevalece, na doutrina, que a súmula continua sendo válida.

» Vale ressaltar que o Min. Gilmar Mendes já se mostrou contrário à subsistência do enunciado, ao proferir decisão monocrática no MS 25888 MC/DF, em 22/03/2006. O Plenário do STF ainda não se manifestou sobre o tema.

Súmula vinculante 3-STF: Nos processos perante o Tribunal de Contas da União asseguram-se o contraditório e a ampla defesa quando da decisão puder resultar anulação ou revogação de ato administrativo que beneficie o interessado, excetuada a apreciação da legalidade do ato de concessão inicial de aposentadoria, reforma e pensão.

▶ *Aprovada em 30/05/2007, DJe 06/06/2007.*

» Importante.

Como funciona o procedimento de concessão da aposentadoria ou pensão no serviço público?

» O departamento de pessoal do órgão ou entidade ao qual o servidor está vinculado analisa se ele preenche os requisitos legais para a aposentadoria ou se seus dependentes têm direito à pensão e, em caso afirmativo, concede o benefício. Esse momento, no entanto, é chamado ainda de "concessão inicial" da aposentadoria ou da pensão, considerando que ainda haverá um controle de legalidade a ser feito pelo Tribunal de Contas. Somente após passar por esse controle do Tribunal de Contas é que a aposentadoria ou a pensão poderá ser considerada definitivamente concedida.

Diante disso, qual é a natureza jurídica do ato de aposentadoria ou do ato de pensão?

» Trata-se de um ato administrativo complexo (segundo o STJ e o STF). O ato administrativo complexo é aquele que, para ser formado, necessita da manifestação de vontade de dois ou mais diferentes órgãos.

» Quando o Tribunal de Contas faz o controle de legalidade da "concessão inicial" do benefício previdenciário, não é necessário que o servidor/pensionista seja intimado para contraditório e ampla defesa, considerando que não há litígio ou acusação, mas tão somente a realização de um ato administrativo.

» Desse modo, repetindo, em regra, quando o Tribunal de Contas aprecia se o ato de concessão inicial da aposentadoria foi legal ou não, é desnecessário que haja contraditório e ampla defesa.

» Exceção. Existe uma exceção à SV 3: se o Tribunal de Contas demorar muito tempo para analisar a concessão inicial da aposentadoria (mais do que 5 anos), ele terá que permitir contraditório e ampla defesa ao interessado.

Resumindo. Quando o Tribunal de Contas aprecia a legalidade do ato de concessão inicial da aposentadoria, ele precisa garantir contraditório e ampla defesa ao interessado?

» REGRA: NÃO (parte final da SV 3-STF).

» EXCEÇÃO: será necessário garantir contraditório e ampla defesa se tiverem se passado mais de 5 anos desde a concessão inicial e o TC ainda não examinou a legalidade do ato.

Súmula 6-STF: A revogação ou anulação, pelo Poder Executivo, de aposentadoria, ou qualquer outro ato aprovado pelo Tribunal de Contas, não produz efeitos antes de aprovada por aquele tribunal, ressalvada a competência revisora do judiciário.

▶ *Aprovada em 13/12/1963.*

» Válida.

» Recentemente, decidiu-se que "a anulação unilateral pela administração sem o conhecimento do Tribunal de Contas está em desacordo com a Súmula 06 do STF" (AI 805165 AgR, Min. Luiz Fux, 1ª Turma, julgado em 06/12/2011).

Súmula 7-STF: ~~Sem prejuízo de recurso para o Congresso, não é exequível contrato administrativo a que o Tribunal de Contas houver negado registro.~~

▸ *Aprovada em 13/12/1963.*

» Superada.

» Essa súmula era baseada no art. 77, § 1º da CF/46 que impunha o registro do contrato administrativo no Tribunal de Contas. A CF/88 acabou com essa exigência.

Súmula 42-STF: ~~É legítima a equiparação de juízes do Tribunal de Contas, em direitos e garantias, aos membros do Poder Judiciário.~~

▸ *Aprovada em 13/12/1963.*

» Superada.

» O tema é tratado de forma ligeiramente diferente no art. 73, § 3º, da CF/88.

PODER JUDICIÁRIO

Súmula 628-STF: Integrante de lista de candidatos a determinada vaga da composição de tribunal é parte legítima para impugnar a validade da nomeação de concorrente.

▸ *Aprovada em 24/09/2003, DJ 09/10/2003.*

» Válida.

» Recentemente aplicada pelo STF no julgamento do MS 27244, Dje 30/06/2010.

Súmula 627-STF: No mandado de segurança contra a nomeação de magistrado da competência do Presidente da República, este é considerado autoridade coatora, ainda que o fundamento da impetração seja nulidade ocorrida em fase anterior do procedimento.

▸ *Aprovada em 24/09/2003, DJ 09/10/2003.*

» Válida.

» Recentemente aplicada pelo STF no julgamento do MS 27244, Dje 30/06/2010.

Súmula 46-STF: Desmembramento de serventia de justiça não viola o princípio de vitaliciedade do serventuário.

▸ *Aprovada em 13/12/1963.*

» Válida, mas a terminologia atualmente é diferente. Hoje em dia fala-se em notários e registradores, ou seja, titulares de serventias extrajudiciais.

» Segundo recentemente decidiu o STJ, na hipótese de desmembramento de serventias, não há necessidade de consulta prévia aos titulares atingidos pela medida, uma vez que, nos termos da Súmula 46 do STF, não há direito adquirido ao não desmembramento de serviços notariais e de registro (STJ RMS 41.465-RO).

Súmula 649-STF: É inconstitucional a criação, por Constituição estadual, de órgão de controle administrativo do Poder Judiciário do qual participem representantes de outros Poderes ou entidades.

▶ *Aprovada em 24/09/2003, DJ 09/10/2003.*

» Válida.

» Esse enunciado afirma que é vedada a criação, nos Estados-membros, de Conselho Estadual de Justiça, com a participação de representantes de outros Poderes ou entidades, considerando que isso viola o princípio da separação dos Poderes (art. 2º, da CF/88).

» Deve-se esclarecer que o raciocínio dessa Súmula 649 não pode ser aplicado para o Conselho Nacional de Justiça, uma vez que, segundo decidiu o STF, o CNJ é um órgão interno do Poder Judiciário (art. 92, I-A, da CF/88) e em sua composição apresenta maioria qualificada de membros da magistratura (art. 103-B). Além disso, o Poder Legislativo estadual, ao contrário do Congresso Nacional, não possui competência para instituir conselhos, internos ou externos, para fazer o controle das atividades administrativas, financeiras e disciplinares do Poder Judiciário. O STF afirmou que o Poder Judiciário é nacional e, nessa condição, rege-se por princípios unitários enunciados pela CF (STF ADI 3367, julgado em 13/04/2005).

» Em suma, o CNJ é constitucional, mas os Estados-membros não podem criar Conselhos Estaduais de Justiça.

Súmula 731-STF: Para fim de competência originária do Supremo Tribunal Federal, é de interesse geral da magistratura a questão de saber se, em face da LOMAN, os juízes têm direito à licença-prêmio.

▶ *Aprovada em 26/11/2003, DJ 09/12/2003.*

» Válida.

» A fim de garantir a imparcialidade, a CF/88 determina que, se a causa for de interesse de todos os membros da magistratura, ela deverá ser julgada originariamente pelo próprio STF:

> Art. 102. Compete ao Supremo Tribunal Federal, precipuamente, a guarda da Constituição, cabendo-lhe:
> I – processar e julgar, originariamente:
> (...)
> n) a ação em que todos os membros da magistratura sejam direta ou indiretamente interessados, e aquela em que mais da metade dos membros do tribunal de origem estejam impedidos ou sejam direta ou indiretamente interessados;

» O STF decidiu que não é competente para julgar originariamente ação intentada por juiz federal postulando a percepção de licença-prêmio com fundamento na simetria existente entre a magistratura e o Ministério Público.

» STF. 2ª Turma. AO 2126/PR, rel. orig. Min. Gilmar Mendes, red. p/ o ac. Min. Edson Fachin, julgado em 21/2/2017 (Info 855).

» Nos precedentes que deram origem à súmula, os autores (magistrados) queriam discutir se, analisando o texto da LOMAN, ainda teriam direito à licença-prêmio ou não. Assim, a causa de pedir envolvia a LOMAN.

» Já nesta decisão divulgada no Info 855 os autores (magistrados) discutem se, analisando o princípio da simetria, podem ter direito a mesma licença-prêmio que é concedida aos membros do MPU.

» Enfim, em tese, existe uma pequena diferença entre as situações.

Súmula 40-STF: A elevação da entrância da comarca não promove automaticamente o juiz, mas não interrompe o exercício de suas funções na mesma comarca.

▸ *Aprovada em 13/12/1963.*

» Válida, mas sem tanta importância.

» Foi recentemente aplicada pela 1ª Turma do STF no MS 26366/PI, Rel. Min. Marco Aurélio, julgado em 24/6/2014 (Info 752).

Súmula 41-STF: ~~Juízes preparadores ou substitutos não têm direito aos vencimentos da atividade fora dos períodos de exercício.~~

▸ *Aprovada em 13/12/1963.*

» Superada.

Súmula 478-STF: ~~O provimento em cargos de juízes substitutos do trabalho deve ser feito independentemente de lista tríplice, na ordem de classificação dos candidatos.~~

▸ *Aprovada em 03/12/1969, DJ 10/12/1969.*

» Superada.

» O texto do enunciado era baseado no art. 654 da CLT, que não foi recepcionado pela ordem constitucional vigente. O tema está regido, atualmente, pelo art. 93, I, da CF/88.

MINISTÉRIO PÚBLICO

Súmula 99-STJ: O Ministério Público tem legitimidade para recorrer no processo em que oficiou como fiscal da lei, ainda que não haja recurso da parte.

▸ *Aprovada em 14/04/1994, DJ 25/04/1994.*

» Válida.

» O CPC/2015 reafirma essa possibilidade:

Art. 996. O recurso pode ser interposto pela parte vencida, pelo terceiro prejudicado e pelo Ministério Público, como parte ou como fiscal da ordem jurídica.

» Fiscal da lei: o CPC/2015 denomina de "fiscal da ordem jurídica".

Súmula 116-STJ: A Fazenda Pública e o Ministério Público têm prazo em dobro para interpor agravo regimental no Superior Tribunal de Justiça.

▶ *Aprovada em 27/10/1994, DJ 07/11/1994.*

» Válida.

» Vide comentários em Direito Processual Civil.

Súmula 189-STJ: É desnecessária a intervenção do Ministério Público nas execuções fiscais.

▶ *Aprovada em 11/06/1997, DJ 23/06/1997.*

» Válida.

» CPC/2015: Art. 178 (...) Parágrafo único. A participação da Fazenda Pública não configura, por si só, hipótese de intervenção do Ministério Público.

Súmula 226-STJ: O Ministério Público tem legitimidade para recorrer na ação de acidente do trabalho, ainda que o segurado esteja assistido por advogado.

▶ *Aprovada em 02/08/1999, DJ 01/10/1999.*

» Válida.

Súmula 234-STJ: A participação de membro do Ministério Público na fase investigatória criminal não acarreta o seu impedimento ou suspeição para o oferecimento da denúncia.

▶ *Aprovada em 13/12/1999, DJ 07/02/2000.*

» Importante.

Súmula 329-STJ: O Ministério Público tem legitimidade para propor ação civil pública em defesa do patrimônio público.

▶ *Aprovada em 02/08/2006, DJ 10/08/2006.*

» Importante.

» Vale ressaltar que, depois deste enunciado, foi editada a Lei nº 13.004/2014 que acrescentou mais um inciso ao art. 1º da Lei nº 7.347/85 e estabeleceu, de forma expressa, que a ação civil pública poderá também prevenir e reparar danos morais e patrimoniais causados ao PATRIMÔNIO PÚBLICO E SOCIAL.

Súmula 470-STJ: ~~O Ministério Público não tem legitimidade para pleitear, em ação civil pública, a indenização decorrente do DPVAT em benefício do segurado.~~

▶ *Aprovada em 24/11/2010, DJe 06/12/2010.*

» Cancelada.

» O Plenário do STF decidiu que o Ministério Público tem legitimidade para defender contratantes do seguro obrigatório DPVAT (RE 631.111/GO, Rel. Min. Teori Zavascki, julgado em 06 e 07/08/2014. Repercussão Geral). Logo depois, o STJ decidiu cancelar formalmente o enunciado (REsp 858.056/GO).

Súmula 643-STF: O Ministério Público tem legitimidade para promover ação civil pública cujo fundamento seja a ilegalidade de reajuste de mensalidades escolares.

▶ *Aprovada em 24/09/2003, DJ 09/10/2003.*

» Válida.

Súmula 594-STJ: O Ministério Público tem legitimidade ativa para ajuizar ação de alimentos em proveito de criança ou adolescente independentemente do exercício do poder familiar dos pais, ou do fato de o menor se encontrar nas situações de risco descritas no art. 98 do Estatuto da Criança e do Adolescente, ou de quaisquer outros questionamentos acerca da existência ou eficiência da Defensoria Pública na comarca.

▶ *Aprovada em 25/10/2017, DJe 06/11/2017.*

» Importante.

» Veja comentários em Direito Civil.

Súmula 701-STF: No mandado de segurança impetrado pelo Ministério Público contra decisão proferida em processo penal, é obrigatória a citação do réu como litisconsorte passivo.

▶ *Aprovada em 24/09/2003, DJ 09/10/2003.*

» Importante.

DEFENSORIA PÚBLICA

Súmula 421-STJ: Os honorários advocatícios não são devidos à Defensoria Pública quando ela atua contra a pessoa jurídica de direito público à qual pertença.

▶ *Aprovada em 03/03/2010, DJe 11/03/2010.*

Exemplos de aplicação da súmula:

» Ex1: João, assistido pela DPU, ingressa com ação contra a União. Mesmo sendo o pedido julgado procedente, a União não seria condenada a pagar honorários advocatícios porque a DPU "pertence" à União (pessoa jurídica de direito público).

» Ex2: Pedro, assistido pela DPE/AM, ajuíza ação contra o Estado do Amazonas, que é julgada procedente. A DPE/AM, por "pertencer" ao Estado do Amazonas (pessoa jurídica de direito público) não teria direito aos honorários.

Argumento do STJ para a súmula 421: suposta "confusão"

» A justificativa para o STJ editar essa súmula foi a de que se a Fazenda Pública fosse condenada a pagar honorários em favor da Defensoria Pública ela estaria pagando um valor que seria para ela mesma. Isso porque o orçamento da Defensoria Pública é oriundo do ente público. Assim, se a União fosse condenada a pagar honorários para a DPU haveria aquilo que, no Direito Civil, chamamos de confusão (art. 381 do Código Civil), já que os recursos da DPU vêm do Governo Federal.

» A confusão ocorre quando, na mesma obrigação, se reúne numa única pessoa a qualidade de credor e devedor. Ex: falece o credor, deixando como único herdeiro o seu próprio devedor. O instituto está previsto no Código Civil nos seguintes termos:

> Art. 381. Extingue-se a obrigação, desde que na mesma pessoa se confundam as qualidades de credor e devedor.

» Confira um dos precedentes que deu origem à súmula:

> (...) Segundo noção clássica do direito das obrigações, ocorre confusão quando uma mesma pessoa reúne as qualidades de credor e devedor.
>
> 2. Em tal hipótese, por incompatibilidade lógica e expressa previsão legal extingue-se a obrigação.
>
> 3. Com base nessa premissa, a jurisprudência desta Corte tem assentado o entendimento de que não são devidos honorários advocatícios à Defensoria Pública quando atua contra a pessoa jurídica de direito público da qual é parte integrante.
>
> 4. A contrario sensu, reconhece-se o direito ao recebimento dos honorários advocatícios se a atuação se dá em face de ente federativo diverso, como, por exemplo, quando a Defensoria Pública Estadual atua contra Município.
>
> 5. Recurso especial provido. Acórdão sujeito à sistemática prevista no art. 543-C do CPC e à Resolução nº 8/2008-STJ.
>
> STJ. Corte Especial. REsp 1108013/RJ, Rel. Min. Eliana Calmon, julgado em 03/06/2009.

» Por outro lado, mesmo de acordo com o STJ, a Defensoria Pública teria direito aos honorários caso a ação tivesse sido proposta contra o Município, por exemplo. Isso porque a Defensoria Pública não integra a mesma pessoa jurídica do Município.

Ampliação da súmula para abranger também entidades da Administração Indireta

» Logo após a edição do enunciado, o STJ foi além e disse que o entendimento da Súmula 421 também se aplica nas ações patrocinadas pela Defensoria Pública contra as entidades (Administração Indireta) integrantes da mesma pessoa jurídica. O tema foi definido em recurso repetitivo:

> (...) 1. "Os honorários advocatícios não são devidos à Defensoria Pública quando ela atua contra a pessoa jurídica de direito público à qual pertença" (Súmula 421/STJ).
>
> » 2. Também não são devidos honorários advocatícios à Defensoria Pública quando ela atua contra pessoa jurídica de direito público que integra a mesma Fazenda Pública. (...)
>
> STJ. Corte Especial. REsp 1199715/RJ, Rel. Min. Arnaldo Esteves Lima, julgado em 16/02/2011.

» Exemplos dessa ampliação da súmula:

» Ex1: João, assistido pela DPU, ingressa com ação contra o INSS (autarquia federal). Mesmo sendo o pedido julgado procedente, o INSS não seria condenado a pagar honorários advocatícios.

» Ex2: Pedro, assistido pela DPE/RJ, ajuíza ação contra a UERJ (fundação pública estadual), que é julgada procedente. A DPE/RJ não terá direito de receber honorários advocatícios.

ECs 45/2004, 74/2013 e 80/2014

» A concepção exposta na Súmula 421 do STJ parte da premissa de que a Defensoria Pública seria um órgão subordinado do Estado ou da União, sem qualquer autonomia.

» Assim, parte-se do pressuposto de que os recursos da Defensoria seriam verbas do Estado ou da União que apenas decide repassá-las ou não à Instituição, tal qual fosse uma "Secretaria" ou "Ministério". Isso, contudo, não é verdade.

» A EC 45/2004 incluiu o § 2º ao art. 134 conferindo autonomia para as Defensorias Públicas Estaduais. Veja o dispositivo que foi acrescentado:

> Art. 134 (...)
>
> § 2º Às Defensorias Públicas Estaduais são asseguradas autonomia funcional e administrativa e a iniciativa de sua proposta orçamentária dentro dos limites estabelecidos na lei de diretrizes orçamentárias e subordinação ao disposto no art. 99, § 2º.

» Essa autonomia já foi reconhecida pelo STF inúmeras vezes, como no exemplo abaixo:

> (...) I – A EC 45/04 reforçou a autonomia funcional e administrativa às defensorias públicas estaduais, ao assegurar-lhes a iniciativa para a propositura de seus orçamentos (art. 134, § 2º).
>
> II – Qualquer medida normativa que suprima essa autonomia da Defensoria Pública, vinculando-a a outros Poderes, em especial ao Executivo, implicará violação à Constituição Federal. (...)
>
> STF. Plenário. ADI 4056, Rel. Min. Ricardo Lewandowski, julgado em 07/03/2012.

» Se você reparar bem, no entanto, verá que o § 2º somente fala em Defensorias Públicas Estaduais. A Defensoria Pública da União e a Defensoria Pública do Distrito Federal não foram contempladas, de modo que, mesmo após a EC 45/2004, continuaram subordinadas ao Poder Executivo.

» Essa injustificável distorção foi corrigida com a EC 74/2013, que incluiu o § 3º ao art. 134 da CF/88 com a seguinte redação:

Art. 134 (...)

§ 3º Aplica-se o disposto no § 2º às Defensorias Públicas da União e do Distrito Federal.

» Dessa forma, a EC 74/2013 conferiu, de forma indiscutível, autonomia à DPPF e à DPU.

» A EC 80/2014 reforçou ainda mais a autonomia da Instituição.

» Diante disso, atualmente é pacífico o entendimento de que a Defensoria Pública não pode ser considerada como um mero órgão da Administração Direta. A Defensoria Pública goza de autonomia funcional, administrativa e orçamentária (art. 134, § 2º, da CF/88), o que a faz ter o status de órgão autônomo.

» Como órgão autônomo, o repasse dos recursos destinados à Defensoria Pública, assim como ocorre com o Judiciário, com o Legislativo e com o Ministério Público, é uma imposição constitucional, devendo ser efetuada sob a forma de duodécimos, até o dia 20 de cada mês, conforme previsto no art. 168 da CF/88. Nesse sentido decidiu o STF:

(...) 1. Às Defensorias Públicas Estaduais são asseguradas autonomia funcional e administrativa, bem como a prerrogativa de formulação de sua própria proposta orçamentária (art. 134, § 2º, da CRFB/88), por força da Constituição da República, após a Emenda Constitucional nº 45/2004.

2. O repasse dos recursos correspondentes destinados à Defensoria Pública, ao Poder Judiciário, ao Poder Legislativo e ao Ministério Público sob a forma de duodécimos e até o dia 20 de cada mês (art. 168 da CRFB/88) é imposição constitucional; atuando o Executivo apenas como órgão arrecadador dos recursos orçamentários, os quais, todavia, a ele não pertencem.

3. O repasse dos duodécimos das verbas orçamentárias destinadas ao Poder Legislativo, ao Poder Judiciário, ao Ministério Público e à Defensoria Pública quando retidos pelo Governado do Estado constitui prática indevida em flagrante violação aos preceitos fundamentais esculpidos na CRFB/88. (...)

STF. Plenário. ADPF 339, Rel. Min. Luiz Fux, julgado em 18/05/2016.

» Assim, a Defensoria Pública possui orçamento próprio e autonomia para geri-lo. Dentro desse contexto, revela-se incabível falar que existe confusão quando o Poder Público é condenado a pagar honorários em favor da Instituição considerando que os recursos da Defensoria Pública não se confundem com o do ente federativo.

Decisão do STF na AR 1937

» Apesar de existirem inúmeras decisões do STF reconhecendo a autonomia da Defensoria Pública, faltava analisar, de forma específica a questão dos honorários de acordo com as emendas constitucionais acima mencionadas. Isso aconteceu agora no julgamento da AR 1937 AgR.

» O STF decidiu que é possível sim a condenação da União a pagar honorários advocatícios em favor da DPU, não havendo, no caso, confusão em virtude da autonomia conferida à Instituição pelas emendas constitucionais 45/2004, 74/2013 e 80/2014.

» Veja as palavras do Ministro Relator Gilmar Mendes:

> "Percebe-se, portanto, que, após as Emendas Constitucionais 45/2004, 74/2013 e 80/2014, houve mudança da legislação correlata à Defensoria Pública da União, permitindo a condenação da União em honorários advocatícios em demandas patrocinadas por aquela instituição de âmbito federal, diante de sua autonomia funcional, administrativa e orçamentária, cuja constitucionalidade foi reconhecida (...)"

» Confira a ementa do julgado:

> Agravo Regimental em Ação Rescisória. 2. Administrativo. Extensão a servidor civil do índice de 28,86%, concedido aos militares. 3. Juizado Especial Federal. Cabimento de ação rescisória. Preclusão. Competência e disciplina previstas constitucionalmente. Aplicação analógica da Lei 9.099/95. Inviabilidade. Rejeição. 4. Matéria com repercussão geral reconhecida e decidida após o julgamento da decisão rescindenda. Súmula 343 STF. Inaplicabilidade. Inovação em sede recursal. Descabimento. 5. Juros moratórios. Matéria não arguida, em sede de recurso extraordinário, no processo de origem rescindido. Limites do Juízo rescisório. 6. Honorários em favor da Defensoria Pública da União. Mesmo ente público. Condenação. Possibilidade após EC 80/2014. 7. Ausência de argumentos capazes de infirmar a decisão agravada. Agravo a que se nega provimento. 8. Majoração dos honorários advocatícios (art. 85, § 11, do CPC). 9. Agravo interno manifestamente improcedente em votação unânime. Multa do art. 1.021, § 4º, do CPC, no percentual de 5% do valor atualizado da causa.
>
> STF. Plenário. AR 1937 AgR, Rel. Min. Gilmar Mendes, julgado em 30/06/2017, Acórdão Eletrônico DJe-175 DIVULG 08-08-2017 PUBLIC 09-08-2017.

» A decisão do STF foi tomada em um caso envolvendo DPU e União. Vale ressaltar, no entanto, que o mesmo raciocínio pode ser perfeitamente aplicado para os casos envolvendo ações patrocinadas pela Defensoria Pública estadual contra o Estado-membro.

» Importante esclarecer que o valor dos honorários não é repassado para os Defensores Públicos, sendo repassado para um Fundo destinado, exclusivamente, ao aparelhamento da Defensoria Pública e à capacitação profissional de seus membros e servidores.

Panorama atual da jurisprudência:

Em caso de ação patrocinada pela Defensoria Pública contra o respectivo ente (ex: ação patrocinada pela DPU contra a União), caso o Poder Público seja sucumbente, ele deverá pagar honorários advocatícios em favor da Instituição?

STJ: NÃO	STF: SIM
Súmula 421-STJ: Os honorários advocatícios não são devidos à Defensoria Pública quando ela atua contra a pessoa jurídica de direito público à qual pertença. Também não são devidos honorários advocatícios à Defensoria Pública quando ela atua contra pessoa jurídica de direito público que integra a mesma Fazenda Pública. STJ. Corte Especial. REsp 1199715/RJ, Rel. Min. Arnaldo Esteves Lima, julgado em 16/02/2011.	Após as ECs 45/2004, 74/2013 e 80/2014, passou a ser permitida a condenação do ente federativo em honorários advocatícios em demandas patrocinadas pela Defensoria Pública, diante de autonomia funcional, administrativa e orçamentária da Instituição. STF. Plenário. AR 1937 AgR, Rel. Min. Gilmar Mendes, julgado em 30/06/2017.

OUTROS TEMAS

Súmula vinculante 49-STF: Ofende o princípio da livre concorrência lei municipal que impede a instalação de estabelecimentos comerciais do mesmo ramo em determinada área.

▶ *Aprovada em 17/06/2015, DJe 23/06/2015.*

» Importante.

Competência municipal para ordenamento urbano

» Os Municípios possuem competência para realizar o ordenamento urbano, ou seja, possuem competência para, por meio de lei e outros atos normativos, organizar o uso e ocupação do solo urbano. Isso está previsto no art. 30, VIII, da CF/88.

Uma das formas de se fazer o ordenamento urbano é por meio do zoneamento

» Zoneamento urbano consiste na divisão da cidade em áreas nas quais podem ser realizadas determinadas atividades.

» Ex: o Município poderá estabelecer que determinado bairro será considerado área residencial; outra região da cidade será reputada como área comercial; outra localidade será prevista como área industrial e assim por diante.

» Na maioria dos Municípios este zoneamento não é extremamente rígido porque as cidades não nasceram planejadas e nos diversos locais já havia tanto casas residenciais como estabelecimentos comerciais/industriais. Assim, o mais comum é vermos áreas mistas em que existe mais de um tipo de imóvel.

» O zoneamento urbano, em regra, é válido porque se trata de competência prevista na CF/88, além de ser salutar já que organiza a vida na cidade.

Livre concorrência

» O ordenamento e o zoneamento urbanos não podem, contudo, violar direitos e garantias constitucionais, sob pena de serem ilegítimos. Logo que a CF/88 foi editada, alguns Municípios, sob o pretexto de fazerem o ordenamento do solo urbano, editaram leis proibindo que, em determinadas áreas da cidade, houvesse mais de um estabelecimento comercial do mesmo ramo empresarial. Ex: no bairro "X" só poderia haver um supermercado. O STF considerou que tais previsões são inconstitucionais por violarem a livre concorrência, que é um princípio protegido pelo art. 170, IV, da CF/88.

» O Município, ao proibir que um estabelecimento comercial se instale em determinada área da cidade pelo simples fato de já existir outro ali funcionando, impede a livre concorrência entre os empresários.

» Além disso, tal medida viola o princípio da isonomia e não trará qualquer benefício para o ordenamento urbano nem para a população local.

Exemplo concreto

» O Município de Joinville (SC) editou lei proibindo que novas farmácias se instalassem a menos de 500m de outra. Essa lei municipal foi considerada inconstitucional. Segundo explicou o Min. Ilmar Galvão, o Município possui competência para o zoneamento, podendo impedir o exercício de certas atividades na zona urbana. No entanto, essa competência "não pode chegar ao ponto de impedir a duplicidade, ou até a multiplicidade de estabelecimentos do mesmo ramo, numa mesma área, o que redundaria em reserva de mercado, ainda que relativa, e, consequentemente, em afronta aos princípios da livre concorrência, da defesa do consumidor e da liberdade de exercício das atividades econômicas, que informam o modelo da ordem econômica consagrado a Carta da República (art. 170 e parágrafo, da CF)." (STF. 1ª Turma. RE 203909, julgado em 14/10/1997).

Súmula 646-STF: Ofende o princípio da livre concorrência lei municipal que impede a instalação de estabelecimentos comerciais do mesmo ramo em determinada área.

▸ *Aprovada em 24/09/2003, DJ 09/10/2003.*

» O entendimento acima continua válido, mas foi aprovada a súmula vinculante 49 com o mesmo teor, substituindo esta.

Súmula 496-STF: São válidos, porque salvaguardados pelas disposições constitucionais transitórias da Constituição Federal de 1967, os decretos-leis expedidos entre 24 de janeiro e 15 de março de 1967.

▸ *Aprovada em 03/12/1969, DJ 10/12/1969.*

» Válida, mas sem tanta importância atualmente.

» Por força deste enunciado é que o Decreto-Lei nº 201/67 (crimes de responsabilidade dos prefeitos) foi recepcionado como lei ordinária.

Súmula 440-STF: ~~Os benefícios da Legislação Federal de Serviços de Guerra não são exigíveis dos estados, sem que a lei estadual assim disponha.~~

▶ Aprovada em 01/10/1964, DJ 08/10/1964.

» Superada.

2. DIREITO ADMINISTRATIVO

PRINCÍPIO DA AUTOTUTELA

Súmula 473-STF: A administração pode anular seus próprios atos, quando eivados de vícios que os tornam ilegais, porque deles não se originam direitos; ou revogá-los, por motivo de conveniência ou oportunidade, respeitados os direitos adquiridos, e ressalvada, em todos os casos, a apreciação judicial.

▶ *Aprovada em 03/12/1969, DJ 10/12/1969.*

Súmula 346-STF: A administração pública pode declarar a nulidade dos seus próprios atos.

▶ *Aprovada em 13/12/1963.*

» Importantes.
» Trata-se do princípio da autotutela (ou poder de autotutela).
» Vale ressaltar que, se a invalidação do ato administrativo repercute no campo de interesses individuais, faz-se necessária a instauração de procedimento administrativo que assegure o devido processo legal e a ampla defesa (STF RMS 31661/DF, julgado em 10/12/2013).

Súmula 6-STF: A revogação ou anulação, pelo Poder Executivo, de aposentadoria, ou qualquer outro ato aprovado pelo Tribunal de Contas, não produz efeitos antes de aprovada por aquele tribunal, ressalvada a competência revisora do judiciário.

▶ *Aprovada em 13/12/1963.*

» Válida.

» Recentemente, decidiu-se que "a anulação unilateral pela administração sem o conhecimento do Tribunal de Contas está em desacordo com a Súmula 06 do STF" (AI 805165 AgR, Min. Luiz Fux, 1ª Turma, julgado em 06/12/2011).

VEDAÇÃO AO NEPOTISMO

Súmula vinculante 13-STF: A nomeação de cônjuge, companheiro ou parente em linha reta, colateral ou por afinidade, até o terceiro grau, inclusive, da autoridade nomeante ou de servidor da mesma pessoa jurídica investido em cargo de direção, chefia ou assessoramento, para o exercício de cargo em comissão ou de confiança ou, ainda, de função gratificada na Administração Pública direta e indireta em qualquer dos poderes da União, dos Estados, do Distrito Federal e dos municípios, compreendido o ajuste mediante designações recíprocas, viola a Constituição Federal.

▸ *Aprovada em 21/08/2008, DJe 29/08/2008.*

» Importante.

» Vale ressaltar que a norma que impede nepotismo no serviço público não alcança servidores de provimento efetivo. STF. Plenário. ADI 524/ES, rel. orig. Min. Sepúlveda Pertence, red. p/ o acórdão Min. Ricardo Lewandowski, julgado em 20/5/2015 (Info 786).

» Não haverá nepotismo se a pessoa nomeada possui um parente no órgão, mas sem influência hierárquica sobre a nomeação. A incompatibilidade da prática enunciada na SV 13 com o art. 37 da CF/88 não decorre diretamente da existência de relação de parentesco entre pessoa designada e agente político ou servidor público, mas de presunção de que a escolha para ocupar cargo de direção, chefia ou assessoramento tenha sido direcionado à pessoa com relação de parentesco com quem tenha potencial de interferir no processo de seleção. STF. 2ª Turma. Rcl 18564/SP, rel. orig. Min. Gilmar Mendes, red. p/ o acórdão Min. Dias Toffoli, julgado em 23/2/2016 (Info 815).

» É inconstitucional lei estadual que excepciona a vedação da prática do nepotismo, permitindo que sejam nomeados para cargos em comissão ou funções gratificadas de até dois parentes das autoridades estaduais, além do cônjuge do Governador. STF. Plenário. ADI 3745/GO, rel. Min. Dias Toffoli, 15/5/2013 (Info 706).

ORGANIZAÇÃO ADMINISTRATIVA

Súmula 525-STJ: A Câmara de vereadores não possui personalidade jurídica, apenas personalidade judiciária, somente podendo demandar em juízo para defender os seus direitos institucionais.

▸ *Aprovada em 22/04/2015, DJe 27/04/2015.*

» Importante.

Capacidade de ser parte

» Um dos pressupostos de existência do processo é a capacidade de ser parte. Diz-se que alguém tem "capacidade de ser parte" quando possui a aptidão (a possibilidade) de ser autor ou réu em qualquer processo. Em regra, pode ser parte qualquer sujeito que tenha personalidade jurídica, podendo ser pessoa física ou pessoa jurídica.

Personalidade judiciária

» Existem alguns sujeitos que não têm personalidade jurídica (civil), mas que podem ser parte. Nesse caso, dizemos que gozam de personalidade judiciária. Exemplos: Ministério Público, Defensoria Pública, Tribunais de Justiça, Tribunais de Contas, Procon, Assembleias Legislativas, Câmaras Municipais, nascituro, massa falida, comunidade indígena.

Câmara Municipal e Assembleia Legislativa

» Tanto a Câmara Municipal (Câmara de Vereadores) como a Assembleia Legislativa possuem natureza jurídica de órgão público. Os órgãos integram a estrutura do Estado e, por isso, não têm personalidade jurídica própria. Apesar de não terem personalidade jurídica, a Câmara Municipal e a Assembleia Legislativa possuem personalidade judiciária.

A personalidade judiciária da Câmara Municipal e da Assembleia Legislativa é ampla? Elas podem atuar em juízo em qualquer caso?

» NÃO. Elas até podem atuar em juízo, mas apenas para defender os seus direitos institucionais, ou seja, aqueles relacionados ao funcionamento, autonomia e independência do órgão.

Exemplo concreto

» A Câmara dos Vereadores de determinada localidade ajuizou ação contra a União pedindo que esta liberasse os repasses do Fundo de Participação do Município (FPM) que tinham sido retidos.

A Câmara possui legitimidade ativa para essa demanda?

» NÃO. Para se aferir se a Câmara de Vereadores tem legitimação ativa, é necessário analisar se a pretensão deduzida em juízo está, ou não, relacionada a interesses e prerrogativas institucionais do órgão. Para o STJ, uma ação pedindo a liberação de FPM é uma pretensão de interesse apenas patrimonial do Município e que, portanto, não está relacionado com a defesa de prerrogativa institucional da Câmara Municipal. Não se trata de um direito institucional da Câmara (STJ. 2ª Turma. REsp 1.429.322-AL, Rel. Min. Mauro Campbell Marques, julgado em 20/2/2014. Info 537).

Resumindo:

» A Câmara de Vereadores, por ser um órgão, não possui personalidade jurídica (não é pessoa jurídica). Apesar de não ter personalidade jurídica (civil), a Câmara pode ser parte em algumas causas judiciais em virtude de gozar de personalidade judiciária. No entanto, essa personalidade judiciária não é ampla e ela só pode demandar em juízo para defender os seus direitos institucionais (aqueles relacionados ao funcionamento, autonomia e independência do órgão).

Súmula 8-STF: Diretor de sociedade de economia mista pode ser destituído no curso do mandato.

▶ *Aprovada em 13/12/1963.*

» Válida, mas pouco relevante.

Súmula 33-STF: A Lei 1.741, de 22.11.1952, é aplicável às autarquias federais.

▶ *Aprovada em 13/12/1963.*

» Superada.

CONCURSO PÚBLICO

Súmula 266-STJ: O diploma ou habilitação legal para o exercício do cargo deve ser exigido na posse e não na inscrição para o concurso público.

▶ *Aprovada em 22/05/2002, DJ 29/05/2002.*

» Importante.

A Súmula 266-STJ não se aplica para concursos da magistratura e MP
» A comprovação do triênio de atividade jurídica exigida para o ingresso no cargo de juiz ou membro do MP deve ocorrer no momento da inscrição definitiva no concurso público. Nesse sentido: STF. Plenário. RE 655265/DF, rel. orig. Min. Luiz Fux, red. p/ o acórdão Min. Edson Fachin, julgado em 13/4/2016 (repercussão geral) (Info 821).
» Vale ressaltar também que existem alguns julgados do STF admitindo que a lei e o edital exijam os requisitos para o cargo no momento da inscrição. Nesse sentido:

> O Supremo Tribunal Federal possui jurisprudência no sentido de que o limite de idade, quando regularmente fixado em lei e no edital de determinado concurso público, há de ser comprovado no momento da inscrição do certame (STF. 1ª Turma. ARE 840592 AgR, Rel. Min. Roberto Barroso, julgado em 23/06/2015).

Súmula 377-STJ: O portador de visão monocular tem direito de concorrer, em concurso público, às vagas reservadas aos deficientes.

▶ *Aprovada em 22/04/2009, DJe 05/05/2009.*

Súmula 552-STJ: O portador de surdez unilateral não se qualifica como pessoa com deficiência para o fim de disputar as vagas reservadas em concursos públicos.

▶ *Aprovada em 04/11/2015, DJe 09/11/2015.*

» Importantes.

» A CF/88 determina que um percentual das vagas dos concursos públicos deve ser destinado aos candidatos com deficiência. Ex.: em um concurso para analista judiciário, são oferecidas 100 vagas. A lei dessa carreira determina que 10% das vagas sejam destinadas a portadores de necessidades especiais (PNEs). Logo, 10 vagas desse concurso deverão ser ocupadas por PNEs. Se não houver candidatos deficientes aprovados em número suficiente para preencher essas vagas, o edital poderá prever que essas vagas serão ocupadas por candidatos que não sejam pessoas com deficiência.

» Veja o texto constitucional:

Art. 37 (...)

VIII – a lei reservará percentual dos cargos e empregos públicos para as pessoas portadoras de deficiência e definirá os critérios de sua admissão;

Percentual no caso de concursos públicos federais

» Nos concursos públicos realizados no âmbito do Poder Executivo federal, a legislação determina que o edital deverá prever um percentual de, no mínimo 5% e, no máximo, 20% das vagas às pessoas com deficiência. Caso a aplicação do percentual resulte em um número fracionado, este deverá ser elevado até o primeiro número inteiro subsequente, desde que respeitado o limite máximo de 20% das vagas ofertadas. Ex.: concurso público para 12 vagas; edital prevê 10% para pessoas com deficiência (1,2 vagas); logo, 2 vagas serão para PNEs. Além disso, é indispensável que a deficiência apresentada não seja incompatível com o cargo. Tais regras estão previstas no art. 5º, § 2º da Lei nº 8.112/90 e no art. 37 do Decreto nº 3.298/99.

A pessoa que possui audição em apenas um dos ouvidos (surdez unilateral) pode ser considerada deficiente para fins de reserva de vaga em concurso público?

» NÃO. Segundo a jurisprudência do STJ, candidato em concurso público com surdez unilateral NÃO tem direito a participar do certame na qualidade de deficiente auditivo.

» Por quê? O Decreto nº 3.298/99 regulamentou a Lei nº 7.853/89, que dispõe sobre a Política Nacional para a Integração da Pessoa Portadora de Deficiência. Em seu art. 4º, o Decreto assim define a deficiência auditiva:

Art. 4º É considerada pessoa portadora de deficiência a que se enquadra nas seguintes categorias:

II – deficiência auditiva – perda bilateral, parcial ou total, de quarenta e um decibéis (dB) ou mais, aferida por audiograma nas frequências de 500HZ, 1.000HZ, 2.000Hz e 3.000Hz; (Redação dada pelo Decreto nº 5.296/2004)

» Perceba, portanto, que, para o Decreto, a deficiência auditiva é a perda bilateral da audição. A redação atual foi dada pelo Decreto nº 5.296/2004, que expressamente acrescentou a palavra "bilateral".

» Vale ressaltar que existe um precedente da 2ª Turma do STF no mesmo sentido: MS 29.910 AgR, Rel. Min. Gilmar Mendes, julgado em 21/06/2011.

A pessoa que possui visão em apenas um dos olhos (visão monocular) pode ser considerada deficiente para fins de reserva de vaga em concurso público?

» SIM. Existe a Súmula 377 do STJ espelhando essa conclusão. Esse é também o entendimento do STF: RMS 26071, Rel. Min. Carlos Britto, julgado em 13/11/2007.

Diferença de tratamento entre as duas situações

» Essa distinção acima existe porque o Decreto nº 3.298/99 exige expressamente, para que seja considerada deficiência auditiva, que a surdez seja bilateral (art. 4º, II). Este mesmo Decreto, ao definir deficiência visual (art. 4º, III), não exige que a cegueira seja nos dois olhos. Em outras palavras, o art. 4º do Decreto nº 3.298/99 proíbe que a pessoa com surdez unilateral seja considerada deficiente auditiva, mas permite que a pessoa com visão monocular seja enquadrada como deficiente visual. Dessa forma, a diferença de tratamento foi fixada pelo Decreto com base, supostamente, em critérios técnicos. Para nós, leigos, contudo, resta a sensação de que não há muita razoabilidade nesta distinção.

Em suma:

a) Surdez unilateral: NÃO é considerada deficiência para fins de concurso público.

b) Cegueira unilateral: é considerada deficiência para fins de concurso público.

Súmula vinculante 44-STF: Só por lei se pode sujeitar a exame psicotécnico a habilitação de candidato a cargo público.

▸ *Aprovada em 08/04/2015, DJe 17/04/2015.*

» Importante.

É válida a realização de exame psicotécnico em concursos públicos?

» SIM. O STF afirma que é admitida a realização de exame psicotécnico em concursos públicos, desde que a lei da carreira preveja expressamente esse teste como um dos requisitos para acesso ao cargo.

Princípio da legalidade

» O fundamento principal da súmula é o princípio da legalidade, aplicável aos concursos públicos, nos termos do art. 37, I da CF/88.

» O mencionado art. 37, I afirma claramente que os requisitos de acesso a cargos, empregos e funções sejam previstos em lei. Assim, as exigências contidas no edital do concurso público devem ter previsão na lei. Em outras palavras, o edital não pode fixar exigências que não tenham amparo legal.

Requisitos do exame psicotécnico

» Além da previsão em lei, o STJ e o STF exige outros requisitos à validade do teste psicotécnico. Cuidado, portanto, porque a redação da SV 44-STF é "incompleta" em relação ao atual cenário da jurisprudência. Assim, para que seja válido em concursos públicos, o exame psicotécnico deverá cumprir os seguintes requisitos:

a) o exame precisa estar previsto em lei e no edital;

b) deverão ser adotados critérios objetivos no teste;

c) deverá haver a possibilidade de o candidato prejudicado apresentar recurso contra o resultado.

» Nesse sentido: STF. Plenário. AI 758.533-QO-RG, Rel. Min. Gilmar Mendes, DJe de 13/8/2010; STJ. 2ª Turma. AgRg no REsp 1404261/DF, Rel. Min. Mauro Campbell Marques, julgado em 11/02/2014.

Início do prazo para mandado de segurança contra reprovação em exame psicotécnico

» Se um candidato é eliminado no exame psicotécnico, o termo inicial do prazo decadencial para que ele impetre mandado de segurança é a data da publicação do resultado do teste e não a data da publicação do edital do certame (STJ. 2ª Turma. AgRg no AREsp 202.442-RO, Rel. Min. Mauro Campbell Marques, julgado em 9/10/2012).

Se o exame psicotécnico for anulado por falta de previsão legal, o que acontece?

» O candidato reprovado neste teste deverá ser considerado aprovado.

Se o exame psicotécnico for anulado por ser subjetivo (faltar-lhe objetividade), o que acontece?

» O candidato reprovado neste teste deverá ser submetido a novo exame, desta vez adotando-se critérios objetivos (STJ AgRg no REsp 1437941/DF). Assim, uma vez anulado o exame psicotécnico por falta de objetividade, o candidato beneficiado com a decisão não pode prosseguir na disputa sem se submeter a novo exame, não sendo válida a nomeação e a posse efetuadas sob essa hipótese, sob pena de malferimento aos princípios da isonomia e da legalidade (STJ AgRg no AgRg no AREsp 566.853/SP).

Súmula 686-STF: Só por lei se pode sujeitar a exame psicotécnico a habilitação de candidato a cargo público.

▶ *Aprovada em 24/09/2003, DJ 09/10/2003.*

» O entendimento acima continua válido, mas foi aprovada a súmula vinculante 44 com o mesmo teor.

Súmula 683-STF: O limite de idade para a inscrição em concurso público só se legitima em face do art. 7º, XXX, da Constituição, quando possa ser justificado pela natureza das atribuições do cargo a ser preenchido.

▶ *Aprovada em 24/09/2003, DJ 09/10/2003.*

» Importante.

» Como regra geral, é proibido que o edital do concurso público estabeleça diferença de salários, de exercício de funções e de critério de admissão por motivo de sexo, idade, cor ou estado civil (art. 7º, XXX c/c art. 39, § 3º, da CF/88).

» Exceção: é possível que o edital do concurso público estabeleça limites de idade, desde que haja previsão em lei e isso se justifique pela natureza das atribuições do cargo.

Súmula 14-STF: ~~Não é admissível, por ato administrativo, restringir, em razão da idade, inscrição em concurso para cargo público.~~

▶ *Aprovada em 13/12/1963.*

» Cancelada pelo STF (RE 74.486).

Súmula 684-STF: É inconstitucional o veto não motivado à participação de candidato a concurso público.

▶ *Aprovada em 24/09/2003, DJ 09/10/2003.*

» Válida.

Súmula vinculante 43-STF: É inconstitucional toda modalidade de provimento que propicie ao servidor investir-se, sem prévia aprovação em concurso público destinado ao seu provimento, em cargo que não integra a carreira na qual anteriormente investido.

▶ *Aprovada em 08/04/2015, DJe 17/04/2015.*

» Importante.

Provimento

» É o ato pelo qual o cargo público é preenchido, com a designação de seu titular (Hely Lopes Meirelles). Existem duas formas de provimento: originário e derivado.

Ascensão funcional

» O que a SV 43 do STF proíbe é a chamada ascensão funcional (também conhecida como acesso ou transposição). A ascensão funcional é a progressão funcional do servidor público entre cargos de carreiras distintas. Ocorre quando o servidor é promovido para um cargo melhor, sendo este, no entanto, integrante de uma carreira diferente. A ascensão funcional era extremamente comum antes da CF/88. Quando o servidor chegava ao último nível de uma carreira, ele ascendia para o primeiro nível de carreira diversa (e superior) sem necessidade de concurso público. Ex.1: o indivíduo é servidor público e ocupa o cargo de técnico judiciário; a lei previa que, se ele chegasse à última classe de técnico judiciário, poderia ser promovido à analista judiciário. Ex.2: o agente de polícia de último nível tornava-se delegado de polícia de nível inicial. Antes da CF/88, somente se exigia o concurso público para o ato da primeira investidura.

A ascensão funcional é compatível com a CF/88?

» NÃO. A promoção do servidor por ascensão funcional constitui uma forma de "provimento derivado vertical", ou seja, a pessoa assume um outro cargo (provimento) em virtude de já ocupar um anterior (ou seja, derivado do primeiro), subindo no nível funcional para um cargo melhor (vertical). A ascensão funcional é inconstitucional porque a CF/88 afirma que a pessoa somente pode assumir um cargo público após aprovação em concurso público (art. 37, II), salvo as hipóteses excepcionais previstas no texto constitucional. Desse modo, a ascensão viola o princípio do concurso público. Veja esta ementa bem elucidativa: "(...) O Supremo Tribunal Federal fixou entendimento no sentido de banir o acesso ou ascensão, que constitui forma de provimento de cargo em carreira diversa daquela para a qual o servidor ingressou no serviço público. (...)" STF. 2ª Turma. RE 602795 AgR, Rel. Min. Eros Grau, julgado em 16/03/2010).

A SV 43-STF veda a promoção no serviço público?

» NÃO. A SV 43-STF não veda a promoção, desde que seja na mesma carreira. A promoção é a passagem (desenvolvimento funcional) do servidor público de um cargo para outro melhor, tudo dentro da mesma carreira. Ex.: a Lei prevê que a carreira de Defensor Público é dividida em 3 classes; a pessoa ingressa como Defensor Público de 3ª classe e, após determinado tempo e cumpridos certos requisitos, poderá ser promovida, por antiguidade e merecimento, alternadamente, a Defensor Público de 2ª classe e depois a Defensor Público de 1ª classe. A promoção é constitucional, não sendo proibida pela SV 43-STF.

Pode-se dizer que a SV 43-STF proíbe todas as formas de provimento vertical?

» NÃO. Vamos com calma. Existem duas formas de provimento: originário e derivado.

1) Provimento originário: ocorre quando o indivíduo passa a ocupar o cargo público sem que existisse qualquer vínculo anterior com o Estado. Ex.: João prestou

concurso público e foi aprovado para o cargo de técnico judiciário do TRF, sendo nomeado. Trata-se de um provimento originário. Alguns anos depois, João fez novo concurso público e foi aprovado, desta vez, para analista judiciário do TRF. Ao ser nomeado para o cargo de analista, houve novo provimento originário, uma vez que seu vínculo não decorreu do anterior.

2) Provimento derivado: provimento derivado ocorre quando o indivíduo passa a ocupar determinado cargo público em virtude do fato de ter um vínculo anterior com a Administração Pública. O preenchimento do cargo decorre de vínculo anterior entre o servidor e o Poder Público. Existem, por sua vez, três espécies de provimento derivado:

2.1) Provimento derivado vertical: ocorre quando o servidor muda para um cargo melhor. Há dois exemplos de provimento derivado vertical: a) a ascensão funcional (transposição/acesso) e; b) a promoção. A ascensão funcional, como vimos, é inconstitucional, sendo proibida pela SV 43-STF. Assim, atualmente, a única hipótese permitida de provimento derivado vertical é a promoção.

2.2) Provimento derivado horizontal: ocorre quando o servidor muda para outro cargo com atribuições, responsabilidades e remuneração semelhantes. É o caso da readaptação (art. 24 da Lei nº 8.112/90).

3) Provimento derivado por reingresso: ocorre quando o servidor havia se desligado do serviço público e retorna em virtude do vínculo anterior. Exs.: reintegração, recondução, aproveitamento e reversão.

» Desse modo, concluindo, a SV 43-STF não proíbe todas as formas de provimento derivado. Na verdade, ela só veda uma espécie de provimento derivado vertical, que é a ascensão funcional.

Súmula 685-STF: É inconstitucional toda modalidade de provimento que propicie ao servidor investir-se, sem prévia aprovação em concurso público destinado ao seu provimento, em cargo que não integra a carreira na qual anteriormente investido.

▶ *Aprovada em 24/09/2003, DJ 09/10/2003.*

» O entendimento acima continua válido, mas foi aprovada a súmula vinculante 43 com o mesmo teor.

Súmula 15-STF: Dentro do prazo de validade do concurso, o candidato aprovado tem o direito à nomeação, quando o cargo for preenchido sem observância da classificação.

▶ *Aprovada em 13/12/1963.*

» Válida.

» Ressalte-se que, atualmente, o candidato aprovado dentro do número de vagas possui direito subjetivo de ser nomeado e empossado dentro do período de validade do certame. Na época em que essa súmula foi editada (1963), havia mera expectativa de direito.

Súmula 16-STF: Funcionário nomeado por concurso tem direito à posse.

▶ *Aprovada em 13/12/1963.*

» Válida, mas sem relevância atualmente.

» Não existe, atualmente, nenhuma discussão sobre o tema.

Súmula 17-STF: A nomeação de funcionário sem concurso pode ser desfeita antes da posse.

▶ *Aprovada em 13/12/1963.*

» Válida, mas sem relevância atualmente.

Súmula 466-STJ: O titular da conta vinculada ao FGTS tem o direito de sacar o saldo respectivo quando declarado nulo seu contrato de trabalho por ausência de prévia aprovação em concurso público.

▶ *Aprovada em 13/10/2010, DJe 25/10/2010.*

» Válida.

» Veja o que diz a Lei nº 8.036/90:

> Art. 19-A. É devido o depósito do FGTS na conta vinculada do trabalhador cujo contrato de trabalho seja declarado nulo nas hipóteses previstas no art. 37, § 2º, da Constituição Federal, quando mantido o direito ao salário.
>
> Art. 20. A conta vinculada do trabalhador no FGTS poderá ser movimentada nas seguintes situações: I – despedida sem justa causa, inclusive a indireta, de <u>culpa recíproca</u> e de força maior;

» A declaração de nulidade do contrato de trabalho em razão da ocupação de cargo público sem a necessária aprovação em prévio concurso público, consoante previsto no art. 37, II, da CF/88, equipara-se à ocorrência de <u>culpa recíproca</u>, gerando, para o trabalhador, o direito ao levantamento das quantias depositadas na sua conta vinculada ao FGTS (STJ. 1ª Seção. REsp 1110848/RN, Rel. Min. Luiz Fux, julgado em 24/06/2009).

Súmula 373-STF: ~~Servidor nomeado após aprovação no curso de capacitação policial, instituído na polícia do Distrito Federal, em 1941, preenche o requisito da nomeação por concurso a que se referem as Leis 705, de 16.5.49, e 1.639, de 14.7.52.~~

▶ *Aprovada em 03/04/1964, DJ 08/05/1964.*

» Superada.

SERVIDORES PÚBLICOS

Súmula vinculante 20-STF: A Gratificação de Desempenho de Atividade Técnico-Administrativa – GDATA, instituída pela Lei 10.404/2002, deve ser deferida aos inativos nos valores correspondentes a 37,5 (trinta e sete vírgula cinco) pontos no período de fevereiro a maio de 2002 e, nos termos do art. 5º, parágrafo único, da Lei 10.404/2002, no período de junho de 2002 até a conclusão dos efeitos do último ciclo de avaliação a que se refere o art. 1º da Medida Provisória 198/2004, a partir da qual passa a ser de 60 (sessenta) pontos.

▸ *Aprovada em 29/10/2009, DJe 10/11/2009.*

» Válida, mas pouco relevante para concursos.

Súmula vinculante 34-STF: A Gratificação de Desempenho de Atividade de Seguridade Social e do Trabalho – GDASST, instituída pela Lei 10.483/2002, deve ser estendida aos inativos no valor correspondente a 60 (sessenta) pontos, desde o advento da Medida Provisória 198/2004, convertida na Lei 10.971/2004, quando tais inativos façam jus à paridade constitucional (EC 20/1998, 41/2003 e 47/2005).

▸ *Aprovada em 16/10/2014, DJe 24/10/2014.*

» Válida.

O que é o princípio da paridade?

» Princípio da paridade era uma garantia que os servidores públicos aposentados possuíam, segundo a qual todas as vezes que havia um aumento na remuneração recebida pelos servidores da ativa, esse incremento também deveria ser concedido aos aposentados. Ex: João é servidor aposentado do Ministério da Fazenda, tendo se aposentado com os proventos do cargo de técnico A1. Quando era concedido algum reajuste na remuneração do cargo técnico A1, esse aumento também deveria ser estendido aos proventos de João. No dicionário, paridade significa a qualidade de ser igual. Assim, o princípio da paridade enunciava que os proventos deveriam ser iguais à remuneração da ativa.

Por que a paridade era algo positivo para os servidores aposentados?

» Os servidores aposentados possuem um poder de pressão e de barganha menor que os servidores em atividade. Isso porque estes últimos podem fazer greve, dificultar a prestação dos serviços públicos, realizar operações padrão etc. Todos esses mecanismos servem como instrumento de pressão contra o Governo. Desse modo, sem o princípio da paridade, a Administração Pública poderia reajustar apenas a remuneração dos servidores da ativa, não concedendo o mesmo aumento aos aposentados. Com isso, agradaria aqueles que poderiam causar maiores transtornos e faria economia ao não beneficiar os inativos. Com a paridade, os aposentados poderiam ser sempre agraciados quando os servidores ativos conseguissem alguma conquista remuneratória para a categoria.

O princípio da paridade ainda existe?

» NÃO. "Esse princípio foi revogado, restando somente para os servidores com direito adquirido, que já preenchiam os requisitos para a aposentadoria antes da edição da EC nº 41 (art. 3º, EC nº 41), ficando também resguardado o direito para aqueles que estão em gozo do benefício (art. 7º, EC nº 41) e os que se enquadrarem nas regras de transição do art. 6º da EC nº 41 e do art. 3º da EC nº 47." (MARINELA, Fernanda. Direito Administrativo. 7ª ed., Niterói: Impetus, 2013, p. 774).

» Desse modo, se você ingressar no serviço público hoje, não terá a garantia da paridade quando se aposentar. No lugar da paridade, existe hoje o chamado "princípio da preservação do valor real", previsto no art. 40, § 8º, da CF/88, segundo o qual os proventos do aposentado devem ser constantemente reajustados para que seja sempre garantido o seu poder de compra.

> Art. 40 (...)
>
> § 8º É assegurado o reajustamento dos benefícios para preservar-lhes, em caráter permanente, o valor real, conforme critérios estabelecidos em lei. (Redação dada pela Emenda Constitucional nº 41/2003)

» Vale ressaltar, mais uma vez, que alguns servidores ainda possuem o direito à paridade:

a) os que já preenchiam os requisitos para a aposentadoria antes da edição da EC 41/2003;

b) os que já estavam aposentados quando entrou em vigor a EC 41/2003;

c) os que se enquadrem nas regras de transição do art. 6º da EC 41/2003 e do art. 3º da EC 47/2005.

O que o Governo faz(ia) para burlar o princípio da paridade?

» A Administração Pública cria(va) algumas gratificações e, no texto da lei, classifica(-va) essas verbas como sendo pro labore faciendo.

» *Abrindo um parêntese: o que é uma gratificação pro labore faciendo?*

» Gratificação pro labore faciendo significa um valor pago a mais ao servidor em atividade por conta de um trabalho que ele está desempenhando (pro labore faciendo = por um trabalho que está fazendo). Trata-se de uma gratificação instituída para recompensar o servidor pelo ônus que ele está tendo ao desempenhar serviços que estão fora das atribuições normais de seu cargo. Como a gratificação pro labore faciendo é paga por causa desse serviço "a mais" que o servidor está desempenhando, essa verba somente se justifica enquanto o agente público estiver no efetivo exercício da atividade. Logo, não há razão jurídica para pagar a quantia se o servidor está aposentado. Ex: Guilherme ocupa o cargo de técnico A1 do Ministério da Fazenda. É criada uma gratificação de 2 mil reais para os técnicos A1 que estejam cuidando do processo de reformulação da arrecadação tributária. Nem todos os técnicos A1 irão receber essa quantia, mas somente aqueles que estiverem no exercício dessa atividade específica. Isso significa que essa gratificação é pro labore faciendo. Logo, ela não

será paga aos servidores inativos, mesmo que eles tenham se aposentado na época em que vigorava o princípio da paridade. Pode-se dizer que a gratificação pro labore faciendo é uma verba que não está abrangida pelo princípio da paridade.
» *Voltando ao que falávamos. O que o Governo faz(ia) para burlar o princípio da paridade?*
» A Administração Pública cria(va) algumas gratificações e, no texto da lei, classifica(va) essas verbas como sendo pro labore faciendo. Ocorre que essas gratificações eram concedidas a todos os servidores ativos indistintamente. Assim, o Governo dizia que era uma gratificação pro labore, mas ela era paga a todos os servidores em atividade, independentemente de qualquer serviço extraordinário que eles estivessem desempenhando. Ex: é criada uma gratificação de 2 mil reais para os técnicos A1 que estejam em atividade. Todos os técnicos A1 irão receber essa quantia, independentemente de estarem ou não fazendo um serviço fora de suas atribuições ordinárias. Isso significa que essa gratificação não é, juridicamente, pro labore faciendo. Trata-se de uma burla apenas para que não seja paga aos servidores inativos que possuam direito ao princípio da paridade.

Entendimento da jurisprudência sobre o tema

» Ao longo dos anos foram criadas várias gratificações de desempenho para os servidores públicos federais que tinham a "roupagem" de gratificações pro labore, mas que, se analisadas tecnicamente, eram verdadeiros reajustes concedidos indistintamente para todos os agentes públicos daquele cargo específico. Tais gratificações seriam pagas em uma escala de percentuais ("pontos obtidos por cada servidor") de acordo com o desempenho do servidor, a partir de uma avaliação individualizada. Exs: GDATA, GIFA, GDSST, GDARA etc. Assim, com base nessa avaliação de desempenho, o servidor iria receber um percentual a mais sobre seu vencimento. Na prática, contudo, essas avaliações individuais de desempenho nunca eram regulamentadas e realizadas e todos os servidores ocupantes recebiam a gratificação no valor máximo, indistintamente. Desse modo, essas gratificações que foram instituídas pro labore faciendo, tornavam-se, na realidade, gratificações genéricas e impessoais. Acabava sendo um reajuste disfarçado, concedido somente aos servidores da ativa. Em razão do exposto, os aposentados começaram a ingressar com ações judiciais pleiteando a extensão desses aumentos disfarçados para os seus proventos.

O que o STF e o STJ decidiram?

» O STF e o STJ consolidaram o entendimento de que devem ser estendidas a todos os aposentados e pensionistas (que ainda possuem o direito à paridade) as gratificações de desempenho pagas indistintamente a todos os servidores da ativa, no mesmo percentual, ainda que possuam caráter pro labore faciendo. Isso porque as referidas vantagens, quando pagas indistintamente a todos os servidores na ativa, no mesmo percentual, assumem natureza genérica. Nesse sentido: STF. Plenário. RE 596962/MT, Rel. Min. Dias Toffoli, julgado em 21/8/2014 (Info 755). STJ. STJ. 1ª Turma. AgRg no REsp 1.372.058-CE, Rel. Min. Benedito Gonçalves, julgado em 4/2/2014 (Info 534).

» A Gratificação de Desempenho de Atividade de Seguridade Social e do Trabalho (GDASST) foi uma gratificação criada pela Lei n.º 10.483/2002 para ser paga aos servidores públicos federais integrantes da carreira da Seguridade Social e do Trabalho e que estavam na ativa. A Lei previa que o valor da GDASST deveria variar de acordo com "pontos" que o servidor iria acumulando conforme seu desempenho institucional e coletivo. Cada servidor da ativa teria o mínimo de 10 e o máximo de 100 pontos. Quanto mais pontos o servidor tivesse, maior seria o valor da GDASST que ele receberia. Exemplo hipotético: 10 pontos = 500 reais; 20 pontos = 700 reais etc. Para o servidor inativo, a Lei estipulava que a GDASST também seria paga, no entanto, em um valor fixo equivalente a 10 pontos. A Lei determinava que os critérios para avaliar o servidor da ativa e conferir-lhe os pontos seriam disciplinados em ato do Poder Executivo. Ocorre que esse ato não foi editado e as avaliações de desempenho institucional e coletivo não foram feitas. Mesmo sem a avaliação de desempenho, o Poder Público começou a pagar indistintamente aos servidores ativos a GDASST. Em outras palavras, mesmo sem terem sido submetidos à avaliação, todos os servidores públicos federais ativos da Seguridade Social e do Trabalho ficaram recebendo o mesmo valor de GDASST. Assim, a GDASST, embora tenha sido criada para ser uma gratificação pro labore faciendo, acabou transformando-se se numa gratificação de natureza genérica. Sendo genérica, ela deve ser estendida aos servidores inativos, já que os servidores ativos passaram a recebê-la sem a necessidade da avaliação de desempenho (STF AI 804478 AgR). Logo, ante a ausência da norma regulamentadora que viabilizaria as avaliações de desempenho, aplica-se aos inativos os mesmos critérios utilizados para os servidores em atividade.

» *E qual era o valor da GDASST? Os servidores da ativa receberiam com base em quantos pontos?*

» O Presidente da República editou a Medida Provisória 198/2004 prevendo que, a partir de 1º de maio de 2004 e até que fosse editado o ato do Executivo regulamentando as avaliações de desempenho, a GDASST deveria ser paga aos servidores ativos no valor equivalente a 60 pontos. Essa MP 198/2004 foi convertida na Lei nº 10.971/2004, que manteve a mesma regra, ou seja, enquanto não houver avaliação, todos os ativos recebem 60 pontos (art. 6º).

» *O que o STF decidiu sobre isso?*

» Ora, para que a GDASST fosse realmente uma gratificação de natureza pro labore faciendo, seria necessária a edição de norma regulamentadora que viabilizasse as avaliações de desempenho. Sem a aferição de desempenho, pagando-se o mesmo valor para todos indistintamente, a gratificação adquiriu um caráter de generalidade. Logo, esse valor correspondente a 60 pontos deve ser estendido também aos servidores inativos. Mas atenção: não são todos os servidores inativos que possuem direito a essa extensão. Somente terão direito os servidores inativos que ainda façam jus ao princípio da paridade, explicado acima. Sobre o tema, o precedente paradigma é o RE 572052, Rel. Min. Ricardo Lewandowski, Tribunal Pleno, julgado em 11/02/2009 (repercussão geral).

Súmula vinculante 16-STF: Os arts. 7º, IV, e 39, § 3º (redação da EC 19/98), da Constituição, referem-se ao total da remuneração percebida pelo servidor.

▶ *Aprovada em 25/06/2009, DJe 01/07/2009.*

» Válida.

» Ex: o vencimento básico de João é de 500 reais (abaixo do salário mínimo). No entanto, ele recebe também 600 reais de uma determinada gratificação. Logo, os arts. 7º, IV, e 39, § 3º da CF/88 estão atendidos, considerando que a remuneração percebida pelo servidor é de 1.100 reais, estando, portanto, acima do valor do salário mínimo.

Súmula vinculante 15-STF: O cálculo de gratificações e outras vantagens não incide sobre o abono utilizado para se atingir o salário mínimo do servidor público.

▶ *Aprovada em 25/06/2009, DJe 01/07/2009.*

» Válida.

Súmula vinculante 4-STF: Salvo os casos previstos na Constituição, o salário mínimo não pode ser usado como indexador de base de cálculo de vantagem de servidor público ou de empregado, nem ser substituído por decisão judicial.

▶ *Aprovada em 30/04/2008, DJe 09/05/2008.*

» Válida.

» O art. 7º, IV, da CF/88 afirma que é vedada a vinculação do salário mínimo para qualquer fim. Há, no entanto, no próprio texto constitucional situações em que o salário mínimo é utilizado como parâmetro (ex: art. 201, § 2º).

Súmula 682-STF: Não ofende a Constituição a correção monetária no pagamento com atraso dos vencimentos de servidores públicos.

▶ *Aprovada em 24/09/2003, DJ 09/10/2003.*

» Válida.

Súmula vinculante 42-STF: É inconstitucional a vinculação do reajuste de vencimentos de servidores estaduais ou municipais a índices federais de correção monetária.

▶ *Aprovada em 11/03/2015, DJe 20/03/2015.*

» Importante.

» Na época em que a inflação era ainda mais alta do que está atualmente, alguns Estados e Municípios, com boa intenção, editaram leis prevendo que a remuneração de seus servidores seria automaticamente reajustada de acordo com índices oficiais de correção monetária fornecidos por órgãos e entidades federais. Veja o seguinte exemplo concreto:

» **Lei Estadual nº 9.061/90 (Rio Grande do Sul):**

> Art. 6º – Os vencimentos dos quadros de Pessoal do Estado de que trata o art. 1º desta Lei serão reajustados nos meses de maio e julho de 1990.
>
> § 1º Quando o índice oficial da inflação correspondente aos meses de março e de maio for superior a 20%, serão concedidas antecipações dos reajustes referidos no "caput", nos meses de abril e de junho, respectivamente, que representarão a diferença entre aquele índice e o aludido percentual.

» Vale ressaltar que o índice "oficial" de inflação é o IPCA (Índice Nacional de Preços ao Consumidor Amplo), que é produzido pelo IBGE (fundação federal). Desse modo, o IPCA, por ser calculado pelo IBGE, é considerado um índice federal de correção monetária.

A previsão dessas Leis (como a acima mencionada) é constitucional?

» NÃO. O STF entendeu que é INCONSTITUCIONAL a vinculação do reajuste de vencimentos de servidores estaduais ou municipais a índices federais de correção monetária.

Violação à autonomia dos entes

» Os Estados-membros e os Municípios são autônomos (art. 18 da CF/88). Como entes autônomos, eles devem ter a liberdade de organizar seus órgãos públicos e respectivos servidores, fixando, inclusive, a remuneração de tais agentes. Se a lei estadual ou municipal prevê que a remuneração dos servidores estaduais ou municipais ficará vinculada (atrelada) a índices federais de correção monetária, isso significa que, em última análise, quem terá o poder de reajustar ou não os vencimentos dos servidores estaduais ou municipais será a União. Dessa feita, isso retira do Poder Legislativo estadual ou municipal a autonomia de definir os reajustes dos servidores. Se a lei estadual/municipal diz que os vencimentos dos servidores serão reajustados sempre que for reajustado o IPCA, na verdade, quem estará aumentando ou não a remuneração dos servidores estaduais/municipais será o IBGE (e não o respectivo ente).

» Além disso, o STF também afirma que essa vinculação viola o art. 37, XIII, da CF/88:

> Art. 37 (...)
>
> XIII – é vedada a vinculação ou equiparação de quaisquer espécies remuneratórias para o efeito de remuneração de pessoal do serviço público;

Súmula 681-STF: É inconstitucional a vinculação do reajuste de vencimentos de servidores estaduais ou municipais a índices federais de correção monetária.

▸ *Aprovada em 24/09/2003, DJ 09/10/2003.*

» O entendimento acima continua válido, mas foi aprovada a súmula vinculante 42 com o mesmo teor.

Súmula vinculante 55-STF: O direito ao auxílio-alimentação não se estende aos servidores inativos.

> Aprovada em 17/03/2016, DJe 28/03/2016.

» **Importante.**

Auxílio-alimentação (vale alimentação)

» A União e alguns Estados e Municípios possuem leis prevendo a concessão de auxílio-alimentação (também chamado de "vale alimentação") a seus servidores públicos. No âmbito do Poder Executivo federal, por exemplo, esta verba encontra-se disciplinada pela Lei nº 8.460/92.

Exclusão dos aposentados do direito ao auxílio-alimentação

» Quando o auxílio-alimentação foi instituído pela lei federal e pelas leis estaduais e municipais, foi previsto que esta verba seria paga somente aos servidores ativos. Os servidores aposentados não concordaram e passaram a ajuizar ações pedindo que o valor do auxílio-alimentação também fosse estendido a eles, sob o argumento de que teriam direito com base no princípio da paridade (previsto na antiga redação do § 4º do art. 40 da CF/88).

O STF concordou com a tese dos aposentados? Mesmo sem previsão legal, os servidores inativos também possuem direito ao auxílio-alimentação? As leis que preveem o pagamento de auxílio-alimentação apenas aos servidores ativos violam o princípio da paridade?

» NÃO. O direito ao auxílio-alimentação (vale-alimentação) não pode ser estendido aos servidores inativos com base no princípio da paridade. Isso porque esta verba tem natureza indenizatória e é destinada apenas a cobrir os custos de refeição devida exclusivamente ao servidor que se encontrar no exercício de suas funções, não se incorporando à remuneração nem aos proventos de aposentadoria. Mesmo quando vigorava o princípio da paridade, algumas verbas concedidas aos servidores ativos não precisavam ser estendidas aos aposentados se ficasse demonstrado que tais quantias eram próprias do serviço e incompatíveis com a inatividade. O exemplo mais marcante era o direito ao adicional de férias. Ora, o servidor inativo não recebe esta verba porque o aposentado não tem férias. Outro exemplo seriam as horas extras. Para o STF, o auxílio-alimentação é mais um exemplo dessas verbas que são próprias da atividade e incompatíveis com a aposentadoria. Segundo este ponto de vista, o valor pago a título de auxílio-alimentação destina-se a custear as despesas que o servidor público tem com alimentação no horário do almoço ou lanche pelo fato de ter saído para trabalhar e, por isso, não estar fazendo suas refeições em casa. Este é o argumento que, em tese, justificaria ser uma verba exclusiva dos servidores da ativa. Tais decisões do STF foram proferidas principalmente entre os anos de 1999 e 2000. Quando foi em 2003, o Tribunal decidiu deixar ainda mais clara a sua posição e editou a súmula 680, prevendo que "o direito ao auxílio-alimentação não se estende aos servidores inativos". Agora, este enunciado é alçado à condição de súmula vinculante.

A explicação da SV 55 acaba aqui, mas penso ser importante destacar alguns temas correlacionados.

» No âmbito do Poder Executivo federal, o valor mensal do auxílio-alimentação é fixado por meio de ato do Ministro do Planejamento. Considerando que esta quantia possui caráter indenizatório e que há muito tempo não é reajustada, é possível que o Poder Judiciário aumente este valor em ação proposta por sindicato dos servidores públicos? NÃO. Não é possível a correção ou majoração de auxílio-alimentação pelo Poder Judiciário, por configurar indevida ingerência na esfera exclusiva do Poder Executivo. Aplicação da SV 37. Nesse sentido: STJ. 2ª Turma. AgRg no REsp 1556358/RS, Rel. Min. Humberto Martins, julgado em 19/11/2015.

O servidor público federal tem direito de receber auxílio-alimentação quando está de férias ou licença?

» SIM. O servidor público tem direito de continuar recebendo o auxílio-alimentação mesmo durante o período em que estiver de férias ou licença. Isso porque o art. 102, incisos I e VIII da Lei nº 8.112/90 prevê que o afastamento em virtude de férias ou licença deve ser considerado como tempo de efetivo exercício. Nesse sentido: STJ. 2ª Turma. AgRg no REsp 1.360.774-RS, Rel. Min. Humberto Martins, julgado em 18/6/2013 (Info 525). Obs: alguns podem achar este entendimento do STJ contraditório em relação ao raciocínio que inspirou a SV 55, no entanto, é o que prevalece.

Súmula 680-STF: O direito ao auxílio-alimentação não se estende aos servidores inativos.

▸ *Aprovada em 24/09/2003, DJ 09/10/2003.*

» O entendimento acima continua válido, mas foi aprovada a súmula vinculante 55 com o mesmo teor.

Súmula vinculante 37-STF: Não cabe ao Poder Judiciário, que não tem função legislativa, aumentar vencimentos de servidores públicos sob fundamento de isonomia.

▸ *Aprovada em 16/10/2014, DJe 24/10/2014.*

» Importante.

Entendendo a súmula com um exemplo concreto:

» A Lei 2.377/1995, do Município do Rio de Janeiro, concedeu gratificação a servidores lotados e em exercício na Secretaria Municipal de Administração. João, servidor que estava lotado em outra Secretaria, ajuizou ação pedindo que fosse reconhecido seu direito de também receber a referida gratificação, com base no princípio da isonomia. Afirmou que desempenhava exatamente as mesmas atribuições que os demais servidores e que, por isso, deveria também ser contemplado com a verba.

» Esse pedido de João, caso fosse deferido, violaria o princípio da reserva legal, previsto no art. 37, X, da C/88 segundo o qual a remuneração dos servidores públicos somente pode ser fixada por lei específica:

Art. 37 (...)

X - a remuneração dos servidores públicos e o subsídio de que trata o § 4º do art. 39 somente poderão ser fixados ou alterados por lei específica, observada a iniciativa privativa em cada caso, assegurada revisão geral anual, sempre na mesma data e sem distinção de índices;

» Desse modo, a CF/88 determina que o aumento dos vencimentos deve ser feito por meio de lei. O Poder Judiciário, mesmo se deparando com uma situação de desigualdade (violação da isonomia), como no exemplo proposto, não pode "corrigir" essa disparidade conferindo o aumento porque ele não tem "função legislativa", não podendo, portanto, suprir a ausência da lei que é indispensável no caso.

» Foi o que decidiu o STF no caso do exemplo acima mencionado: STF. Plenário. RE 592317/RJ, Rel. Min. Gilmar Mendes, julgado em 28/8/2014 (repercussão geral) (Info 756). Nesse julgado, o Min. Rel. Gilmar Mendes afirmou expressamente que o fundamento da Súmula 339 do STF, editada em 1963, foi recepcionado pela CF/88, de forma que permanece válido para a ordem constitucional vigente.

Exceções à SV 37

» Existem alguns processos nos quais se invoca exceções à súmula 339 do STF e, consequentemente, agora seriam exceções à SV 37. É o caso, por exemplo, das ações judiciais que questionam a Resolução nº 133/2011, que reconhece a simetria constitucional entre as carreiras da Magistratura e do MP como decorrência da aplicação direta do dispositivo constitucional (art. 129, § 4º, da CF/88). O Plenário do STF ainda irá apreciar essas discussões. Assim que forem sendo divulgados novos entendimentos sobre o tema (confirmando ou não essas exceções), avisarei você no site. Por enquanto, as informações acima são as mais seguras e suficientes para as provas de concurso público.

Súmula 339-STF: Não cabe ao Poder Judiciário, que não tem função legislativa, aumentar vencimentos de servidores públicos sob fundamento de isonomia.

▸ *Aprovada em 13/12/1963.*

» O entendimento acima continua válido, mas foi aprovada a súmula vinculante 37 com o mesmo teor.

Súmula 27-STF: ~~Os servidores públicos não tem vencimentos irredutíveis, prerrogativa dos membros do Poder Judiciário e dos que lhes são equiparados.~~

▸ *Aprovada em 13/12/1963.*

» Superada.

» Os servidores públicos, assim como os trabalhadores em geral, possuem a garantia da irredutibilidade de vencimentos (art. 37, XV, da CF).

Súmula 321-STF: ~~A Constituição Estadual pode estabelecer a irredutibilidade dos vencimentos do Ministério Público.~~

▶ *Aprovada em 13/12/1963.*

» Revogada pelo STF na Reclamação 1428/RO.

Súmula 43-STF: ~~Não contraria a Constituição Federal o art. 61 da constituição de São Paulo, que equiparou os vencimentos do Ministério Público aos da Magistratura.~~

▶ *Aprovada em 13/12/1963.*

» Superada.

» A súmula faz referência à Constituição já revogada.

Súmula 34-STF: ~~No Estado de São Paulo, funcionário eleito vereador fica licenciado por toda a duração do mandato.~~

▶ *Aprovada em 13/12/1963.*

» Superada.

» O tema é tratado pelo art. 38 da CF/88.

Súmula vinculante 51-STF: O reajuste de 28,86%, concedido aos servidores militares pelas Leis 8.622/1993 e 8.627/1993, estende-se aos servidores civis do Poder Executivo, observadas as eventuais compensações decorrentes dos reajustes diferenciados concedidos pelos mesmos diplomas legais.

▶ *Aprovada em 18/06/2015, DJe 23/06/2015.*

» Válida.

Revisão geral da remuneração antes da EC 19/98

» O art. 37, X, da CF/88, antes da EC 19/98, estabelecia que a revisão geral da remuneração dos servidores públicos civis deveria ser feita nos mesmos índices que a revisão geral da remuneração dos militares e vice-versa. Havia uma vinculação entre eles. Confira:

Art. 37 (...)

X – a revisão geral da remuneração dos servidores públicos, sem distinção de índices entre servidores públicos civis e militares, far-se-á sempre na mesma data;

Leis 8.622/93 e 8.627/93

» Ocorre que, em 1993, o Governo Federal, descumprindo a determinação constitucional, editou duas leis concedendo revisão geral da remuneração para os militares sem estendê-la aos servidores públicos civis federais. Tais reajustes foram veiculados por meio das Leis nº 8.622/93 e nº 8.627/93.

Ações pedindo a extensão do aumento

» Os servidores públicos civis passaram, então, a ingressar com ações pedindo a extensão para si da revisão geral dada aos militares. A questão chegou até o STF que acatou a tese dos servidores e, para pacificar a questão, editou a Súmula 672-STF: O reajuste de 28,86%, concedido aos servidores militares pelas Leis 8.622/1993 e 8.627/1993, estende-se aos servidores civis do Poder Executivo, observadas as eventuais compensações decorrentes dos reajustes diferenciados concedidos pelos mesmos diplomas legais. Esta Súmula 672 do STF foi transformada posteriormente na SV 51.

Atualmente, a regra constitucional continua a mesma?

» NÃO. A EC 19/98 alterou o texto constitucional e impôs duas mudanças que interessam diretamente ao tema:

1) Antes da EC 19/98, os militares eram chamados de "servidores públicos militares" em contraposição aos "servidores públicos civis". Após a mudança, os militares deixaram de ser qualificados como servidores públicos e passaram a ser denominados apenas de "militares". Os antigos "servidores públicos civis" agora são chamados apenas de "servidores públicos";

2) A redação do inciso X do art. 37 foi modificada e não mais existe essa equiparação entre os servidores públicos e os militares. Veja: "X – a remuneração dos servidores públicos e o subsídio de que trata o § 4º do art. 39 somente poderão ser fixados ou alterados por lei específica, observada a iniciativa privativa em cada caso, assegurada revisão geral anual, sempre na mesma data e sem distinção de índices;" (Redação dada pela EC 19/98)

» Assim, se atualmente for dado um reajuste anual para os militares maior do que para os servidores públicos do Poder Executivo federal, estes não terão direito de pedir equiparação. O contrário também é verdadeiro.

Súmula 672-STF: O reajuste de 28,86%, concedido aos servidores militares pelas Leis 8.622/93 e 8.627/93, estende-se aos servidores civis do Poder Executivo, observadas as eventuais compensações decorrentes dos reajustes diferenciados concedidos pelos mesmos diplomas legais.

▶ *Aprovada em 24/09/2003, DJ 09/10/2003.*

» O entendimento acima continua válido, mas foi aprovada a súmula vinculante 51 com o mesmo teor, substituindo esta.

Súmula 671-STF: Os servidores públicos e os trabalhadores em geral têm direito, no que concerne à URP de abril/maio de 1988, apenas ao valor correspondente a 7/30 de 16,19% sobre os vencimentos e salários pertinentes aos meses de abril e maio de 1988, não cumulativamente, devidamente corrigido até o efetivo pagamento.

» Válida, mas sem nenhuma relevância para concursos públicos.

▶ *Aprovada em 24/09/2003, DJ 09/10/2003.*

Súmula 24-STF: Funcionário interino substituto é demissível, mesmo antes de cessar a causa da substituição.

▶ *Aprovada em 13/12/1963.*

» Superada.

» Funcionário interino era aquele nomeado em caráter interino, isto é, sem exigência de concurso público. Não se está aqui falando em cargo em comissão. O funcionário interino era nomeado para "cargos efetivos", mas em caráter interino. Trata-se de figura proibida pela CF/88 por conta da exigência do concurso público (art. 37, II).

Súmula 25-STF: A nomeação a termo não impede a livre demissão, pelo Presidente da República, de ocupante de cargo dirigente de autarquia.

▶ *Aprovada em 13/12/1963.*

» Polêmica, mas penso estar superada.

» No julgamento da ADI-MC 1949/RS, o então Min. Sepúlveda Pertence afirmou que a investidura a termo dos conselheiros das agências reguladoras era incompatível com a demissão ad nutum pelo Poder Executivo (DJ 25/11/2005).

Súmula 47-STF: Reitor de universidade não é livremente demissível pelo presidente da república durante o prazo de sua investidura.

▶ *Aprovada em 13/12/1963.*

» Válida.

Súmula 20-STF: É necessário processo administrativo, com ampla defesa, para demissão de funcionário admitido por concurso.

▶ *Aprovada em 13/12/1963.*

» Válida.

» Está de acordo com o art. 41, § 1º, II, da CF/88.

Súmula 21-STF: Funcionário em estágio probatório não pode ser exonerado nem demitido sem inquérito ou sem as formalidades legais de apuração de sua capacidade.

▶ *Aprovada em 13/12/1963.*

» Importante.

» "Atualizando" a linguagem da súmula, o que você deve saber é que o servidor concursado (estatutário ou celetista), ainda que se encontre em estágio probatório, somente poderá ser exonerado ou demitido após a instauração de devido processo legal, com contraditório e ampla defesa (STJ MS 19179, DJE 14/02/2013; STF AI 634719 ED, DJe 08/03/2012).

Súmula 22-STF: O estágio probatório não protege o funcionário contra a extinção do cargo.

▸ *Aprovada em 13/12/1963.*

» A CF/88 estabelece, em seu art. 41, § 3º, que, extinto o cargo ou declarada a sua desnecessidade, o servidor estável ficará em disponibilidade, com remuneração proporcional ao tempo de serviço, até seu adequado aproveitamento em outro cargo. Se o servidor não for estável, com a extinção do cargo ele será exonerado.

Súmula 39-STF: À falta de lei, funcionário em disponibilidade não pode exigir, judicialmente, o seu aproveitamento, que fica subordinado ao critério de conveniência da administração.

▸ *Aprovada em 13/12/1963.*

» Válida.

Súmula 358-STF: ~~O servidor público em disponibilidade tem direito aos vencimentos integrais do cargo.~~

▸ *Aprovada em 13/12/1963.*

» Superada.

» Segundo o art. 41, § 3º da CF/88, extinto o cargo ou declarada a sua desnecessidade, o servidor ficará em disponibilidade, com remuneração proporcional ao tempo de serviço, até seu adequado aproveitamento em outro cargo. Assim, o servidor em disponibilidade não fica com os vencimentos integrais do cargo, mas sim com vencimentos proporcionais ao tempo de serviço.

Súmula 359-STF: Ressalvada a revisão prevista em lei, os proventos da inatividade regulam-se pela lei vigente ao tempo em que o militar, ou o servidor civil, reuniu os requisitos necessários.

▸ *Aprovada em 13/12/1963.*

» Válida.

Súmula 36-STF: Servidor vitalício está sujeito à aposentadoria compulsória, em razão da idade.

▸ *Aprovada em 13/12/1963.*

» Válida.

Súmula 11-STF: A vitaliciedade não impede a extinção do cargo, ficando o funcionário em disponibilidade, ~~com todos os vencimentos~~.

▶ *Aprovada em 13/12/1963.*

» Superada.

» A primeira parte da súmula continua valendo, ou seja, o fato de o cargo ser vitalício e de a pessoa ter cumprido os requisitos para a aquisição da vitaliciedade não impedem que o cargo seja extinto. Contudo, segundo o art. 41, § 3º da CF/88, extinto o cargo ou declarada a sua desnecessidade, o servidor ficará em disponibilidade, com remuneração proporcional ao tempo de serviço, até seu adequado aproveitamento em outro cargo. Assim, o servidor em disponibilidade não fica com todos os vencimentos, mas sim com vencimentos proporcionais ao tempo de serviço.

Súmula 378-STJ: Reconhecido o desvio de função, o servidor faz jus às diferenças salariais decorrentes.

▶ *Aprovada em 03/04/1964, DJ 08/05/1964*

» Válida.

Súmula 566-STF: ~~Enquanto pendente, o pedido de readaptação fundado em desvio funcional não gera direitos para o servidor, relativamente ao cargo pleiteado.~~

▶ *Aprovada em 15/12/1976, DJ 03/01/1977.*

» Superada.

Súmula 726-STF: Para efeito de aposentadoria especial de professores, não se computa o tempo de serviço prestado fora da sala de aula.

▶ *Aprovada em 26/11/2003, DJ 09/12/2003.*

» Superada, em parte.

» A Lei nº 11.301/2006 alterou a Lei nº 9.394/96 (Lei de Diretrizes e Bases da Educação) e passou a prever que, para fins de aposentadoria especial de professor (§ 5º do art. 40 e § 8º do art. 201 da CF/88), poderia ser considerada como função de magistério a atividade de direção de unidade escolar e coordenação e assessoramento pedagógico (art. 67, § 2º da LDB).

» O STF julgou que essa alteração legislativa é constitucional, desde que tais cargos de direção escolar, coordenação e assessoramento pedagógico sejam exercidos por professores (ADI 3772, julgado em 29/10/2008).

» Assim, atualmente, é possível a aposentadoria por tempo de contribuição diferenciada para professores que não estejam em sala de aula, mas sim em cargos de direção de unidade escolar, coordenação e assessoramento pedagógicos.

Como deve ser lida a súmula 726-STF atualmente:

» Para efeito de aposentadoria com tempo de contribuição diferenciada para professores, não se computa o tempo de serviço prestado fora da sala de aula, salvo no caso de professores que estejam desempenhando as atividades de direção de unidade escolar ou coordenação e assessoramento pedagógico.

Súmula 567-STF: A Constituição, ao assegurar, no parágrafo 3º, do art. 102, a contagem integral do tempo de serviço público federal, estadual ou municipal para os efeitos de aposentadoria e disponibilidade não proíbe a União, aos Estados e aos Municípios mandarem contar, mediante lei, para efeito diverso, tempo de serviço prestado a outra pessoa de direito público interno.

▶ *Aprovada em 15/12/1976, DJ 03/01/1977.*

» Válida.

» O art. 102, § 3º mencionado pela súmula é o atual art. 40, § 9º da CF/88.

Súmula vinculante 33-STF: Aplicam-se ao servidor público, no que couber, as regras do Regime Geral de Previdência Social sobre aposentadoria especial de que trata o artigo 40, parágrafo 4º, inciso III, da Constituição Federal, até edição de lei complementar específica.

▶ *Aprovada em 09/04/2014, DJe 24/04/2014.*

» Importante.

O que é aposentadoria especial?

» Aposentadoria especial é aquela cujos requisitos e critérios exigidos do beneficiário são mais favoráveis que os estabelecidos normalmente para as demais pessoas.

Quem tem direito à aposentadoria especial no serviço público?

Art. 40 (...) § 4º É vedada a adoção de requisitos e critérios diferenciados para a concessão de aposentadoria aos abrangidos pelo regime de que trata este artigo, ressalvados, nos termos definidos em leis complementares, os casos de servidores:

I – portadores de deficiência;

II – que exerçam atividades de risco;

III – cujas atividades sejam exercidas sob condições especiais que prejudiquem a saúde ou a integridade física.

» O art. 40 da CF exige que sejam editadas leis complementares definindo os critérios para a concessão da aposentadoria especial aos servidores públicos em cada uma das hipóteses dos incisos acima listados.

A lei complementar de que trata o inciso III já foi editada?

» NÃO.

O que acontece, já que não existe a LC?

» Como ainda não há a referida lei complementar disciplinando a aposentadoria especial do servidor público, o STF reconheceu que o Presidente da República está em "mora legislativa" por ainda não ter enviado ao Congresso Nacional o projeto de lei para regulamentar o art. 40, § 4º, III da CF/88. Diante disso, o STF, ao julgar o Mandado de Injunção nº 721/DF (e vários outros que foram ajuizados depois), determinou que, enquanto não for editada a LC regulamentando o art. 40, § 4º, III, da CF/88, deverão ser aplicadas, aos servidores públicos, as regras de aposentadoria especial dos trabalhadores em geral (regras do Regime Geral de Previdência Social – RGPS), previstas no art. 57 da Lei nº 8.213/91. Assim, se o servidor público exerce suas atividades em condições insalubres, poderá requerer aposentadoria especial e a Administração Pública deverá analisar o requerimento com base nos requisitos do RGPS trazidos pelo art. 57 da Lei nº 8.213/91. Veja o que dispõe a referida Lei:

> Art. 57. A aposentadoria especial será devida, uma vez cumprida a carência exigida nesta Lei, ao segurado que tiver trabalhado sujeito a condições especiais que prejudiquem a saúde ou a integridade física, durante 15 (quinze), 20 (vinte) ou 25 (vinte e cinco) anos, conforme dispuser a lei.
>
> § 1º A aposentadoria especial, observado o disposto no art. 33 desta Lei, consistirá numa renda mensal equivalente a 100% (cem por cento) do salário-de-benefício.

» Logo, os servidores públicos que exerçam atividades sob condições especiais que prejudiquem a sua saúde ou integridade física (art. 40, § 4º, III da CF/88) terão direito de se aposentar com menos tempo de contribuição que os demais agentes públicos. Ex.: a CF/88 prevê que o servidor homem possa se aposentar, voluntariamente, com 60 anos de idade e 35 anos de contribuição (art. 40, § 1º, III, a da CF/88). No entanto, se o servidor público tiver trabalhado durante 25 anos sob condições insalubres, poderá ter direito à aposentadoria especial, nos termos do art. 40, § 4º, III da CF c/c o art. 57 da Lei nº 8.213/91.

» Vale ressaltar que a SV 33-STF somente trata sobre a aposentadoria especial do servidor público baseada no inciso III do § 4º do art. 40 da CF/88 (atividades sob condições especiais que prejudiquem a saúde ou a integridade física), não abrangendo as hipóteses dos incisos I (deficientes) e II (atividades de risco).

Aprofundando:

Os servidores públicos que exerçam atividades sob condições especiais que prejudiquem a saúde ou a integridade física (art. 40, § 4º, III da CF/88) podem se valer dos índices de conversão de "tempo especial" em "tempo comum" previstos no art. 70 do Decreto nº 3.048/99?

» NÃO.

» O STF afirmou que não se extrai da norma contida no art. 40, § 4º, III da CF/88 que exista o dever constitucional de que o Presidente da República e o Congresso Nacional editem uma lei prevendo contagem diferenciada para quem trabalhou parte de sua vida em atividades insalubres e, ao final, averbe (registre e some) este período de forma maior para fins de aposentadoria. Em outras palavras, para o STF, o art. 40, § 4º, III não garante necessariamente aos servidores este direito à conversão com contagem diferenciada de tempo especial em tempo comum. O que este dispositivo garante é apenas o direito à "aposentadoria especial" (com requisitos e critérios diferenciados). Dessa feita, não se pode aplicar as regras de conversão do tempo especial em tempo comum previstas para os trabalhadores em geral para os servidores públicos, considerando que a lei que vier a ser editada regulamentando o art. 40, § 4º, III da CF/88 não estará obrigada a conceder este fator de conversão aos servidores. Logo, não cabe mandado de injunção para que servidor público pleiteie a verificação de contagem de prazo diferenciado de serviço exercido em condições prejudiciais à saúde e à integridade física. STF. Plenário. MI 3162 ED/DF, Rel. Min. Cármen Lúcia, julgado em 11/9/2014 (Info 758).

» A Súmula Vinculante 33 garantiu aos servidores públicos o direito de aposentadoria especial, mas não tratou da matéria relativa à conversão do tempo de serviço especial em comum. (...) (STF. 2ª Turma. ARE 793144 ED-segundos, Rel. Min. Teori Zavascki, julgado em 30/09/2014).

Súmula vinculante 3-STF: Nos processos perante o Tribunal de Contas da União asseguram-se o contraditório e a ampla defesa quando da decisão puder resultar anulação ou revogação de ato administrativo que beneficie o interessado, excetuada a apreciação da legalidade do ato de concessão inicial de aposentadoria, reforma e pensão.

▶ *Aprovada 30/05/2007, DJe 06/06/2007.*

» Importante.

» Veja comentários em Direito Constitucional (Tribunais de Contas).

Súmula 38-STF: Reclassificação posterior à aposentadoria não aproveita ao servidor aposentado.

▶ *Aprovada em 13/12/1963.*

» Superada.

Súmula 31-STF: Para aplicação da Lei 1.741, de 22.11.1952, soma-se o tempo de serviço ininterrupto em mais de um cargo em comissão.

▶ *Aprovada em 13/12/1963.*

» Superada.

Súmula 32-STF: Para aplicação da Lei 1.741, de 22.11.1952, soma-se o tempo de serviço ininterrupto em cargo em comissão e em função gratificada.

▶ *Aprovada em 13/12/1963.*

» Superada.

Súmula 44-STF: ~~O exercício do cargo pelo prazo determinado na Lei 1341, de 30/1/1951, art. 91, dá preferência para a nomeação interina de Procurador da República.~~

▶ *Aprovada em 13/12/1963.*

» Superada.

Súmula 48-STF: ~~É legítimo o rodízio de docentes livres na substituição do professor catedrático.~~

▶ *Aprovada em 13/12/1963.*

» Superada.

Súmula 12-STF: ~~A vitaliciedade do professor catedrático não impede o desdobramento da cátedra.~~

▶ *Aprovada em 13/12/1963.*

» Superada.

Súmula 13-STF: ~~A equiparação de extranumerário a funcionário efetivo, determinada pela Lei 2.284, de 09.08.1954, não envolve reestruturação, não compreendendo, portanto, os vencimentos.~~

▶ *Aprovada em 13/12/1963.*

» Superada.

Súmula 50-STF: ~~A lei pode estabelecer condições para a demissão de extranumerário.~~

▶ *Aprovada em 13/12/1963.*

» Superada.

Súmula 26-STF: ~~Os servidores do instituto de aposentadoria e pensões dos industriários não podem acumular a sua gratificação bienal com o adicional de tempo de serviço previsto no Estatuto dos Funcionários Civis da União.~~

▶ *Aprovada em 13/12/1963.*

» Superada.

Súmula 29-STF: ~~Gratificação devida a servidores do "sistema fazendário" não se estende aos dos Tribunais de Contas.~~

▶ *Aprovada em 13/12/1963.*

» Superada.

Súmula 30-STF: ~~Servidores de coletorias não tem direito a percentagem pela cobrança de contribuições destinadas a Petrobrás.~~

▸ *Aprovada em 13/12/1963.*

» Superada.

Súmula 408-STF: ~~Os servidores fazendários não tem direito a percentagem pela arrecadação de receita federal destinada ao Banco Nacional de Desenvolvimento Econômico.~~

▸ *Aprovada em 01/06/1964, DJ 06/07/1964.*

» Superada.

Súmula 384-STF: ~~A demissão de extranumerário do serviço público federal, equiparado a funcionário de provimento efetivo para efeito de estabilidade, é da competência do Presidente da República.~~

▸ *Aprovada em 03/04/1964, DJ 08/05/1964.*

» Superada.

PRESCRIÇÃO

Súmula 443-STF: A prescrição das prestações anteriores ao período previsto em lei não ocorre, quando não tiver sido negado, antes daquele prazo, o próprio direito reclamado, ou a situação jurídica de que ele resulta.

▸ *Aprovada em 01/10/1964, DJ 08/10/1964.*

» Válida.

» Vide Súmula 85 do STJ.

Súmula 85-STJ: Nas relações jurídicas de trato sucessivo em que a Fazenda Pública figure como devedora, quando não tiver sido negado o próprio direito reclamado, a prescrição atinge apenas as prestações vencidas antes do quinquênio anterior à propositura da ação.

▸ *Aprovada em 18/06/1993, DJ 02/07/1993.*

» Válida.

Súmula 383-STF: A prescrição em favor da Fazenda Pública recomeça a correr, por dois anos e meio, a partir do ato interruptivo, mas não fica reduzida aquém de cinco anos, embora o titular do direito a interrompa durante a primeira metade do prazo.

▸ *Aprovada em 03/04/1964, DJ 08/05/1964.*

» Importante.

Concursos de Advocacia Pública

> Normalmente, no direito em geral, quando o prazo prescricional é interrompido, ele volta a correr do zero, ou seja, reinicia-se o prazo. A Fazenda Pública, no entanto, goza de um benefício quanto a este aspecto. Se o prazo prescricional para ajuizar ação contra a Fazenda Pública é interrompido, ele voltará a correr pela metade do tempo. Ex: João sofreu um ato ilícito praticado pelo Estado em 2004. Logo, ele teria até 2009 para ajuizar a ação de indenização. Em 2008, ocorre algum fato que interrompe a prescrição (art. 202 do CC). Isso significa que o prazo de João para ajuizar a ação será reiniciado, mas não integralmente e sim pela metade. Dessa forma, João terá mais 2 anos e 6 meses para ajuizar a ação. Esse privilégio da Fazenda Pública (bastante criticável) está previsto no art. 9º do Decreto nº 20.910/1932.

Súmula 39-STJ: Prescreve em ~~vinte~~ anos a ação para haver indenização, por responsabilidade civil, de sociedade de economia mista.

▸ *Aprovada em 08/04/1992, DJ 20/04/1992.*

» Superada.

» Esta súmula foi editada em 1992. Na época havia dúvida se deveria ser aplicado, para as sociedades de economia mista, o prazo de 5 anos do Decreto 20.910/1932 ou o prazo de 20 anos previsto no art. 177 do Código Civil de 1916. O STJ entendeu que o prazo de prescrição quinquenal, previsto no Decreto 20.910/1932, não deveria ser aplicado às pessoas jurídicas de Direito Privado (sociedades de economia mista, empresas públicas e fundações), mas tão-somente às pessoas jurídicas de Direito Público (União, Estados, Municípios, Distrito Federal, autarquias e fundações públicas). Nesse sentido: REsp 1247370/RS, julgado em 06/09/2011.

E qual é o prazo prescricional atualmente aplicável para as ações de responsabilidade civil propostas contra as sociedades de economia mista?

» O tema ainda não é pacífico, mas penso que prevalece o seguinte:

a) Se a pessoa jurídica de direito privado for prestadora de serviço público: 5 anos, nos termos do art. 1º-C da Lei 9.494/97 e também no art. 27 do CDC.

b) Se a pessoa jurídica de direito privado não for prestadora de serviço público: 3 anos, com base no art. 206, § 3º, V, do CC-2002.

DESAPROPRIAÇÃO

Súmula 652-STF: Não contraria a Constituição o art. 15, § 1º, do Dl. 3.365/41 (Lei da Desapropriação por utilidade pública).

▶ Aprovada 24/09/2003, DJ 09/10/2003.

» Importante.

» Em regra, a posse do expropriante sobre o bem somente ocorre quando tiver concluído o processo de desapropriação e paga a indenização. No entanto, o art. 15 do Decreto-Lei 3.365/41 prevê a possibilidade de imissão provisória na posse em caso de urgência. Para o STF, a imissão provisória não viola o princípio da justa e prévia indenização (art. 5º, XXIV, da CF/88).

Súmula 618-STF: Na desapropriação, direta ou indireta, a taxa dos juros compensatórios é de 12% (doze por cento) ao ano.

▶ Aprovada em 17/10/1984, DJ 29/10/1984.

» Válida, mas atenção para o período de 11/06/1997 até 13/09/2001 (Súmula 408-STJ). Nesse período, vigorou a MP 1.577, que reduziu os juros para 6% ao ano.

Súmula 408-STJ: Nas ações de desapropriação, os juros compensatórios incidentes após a Medida Provisória 1.577 de 11/06/1997 devem ser fixados em 6% ao ano até 13/09/2001 e a partir de então, em 12% ao ano, na forma da Súmula 618 do Supremo Tribunal Federal.

▶ Aprovada em 28/10/2009, DJe 24/11/2009.

» Importante.

» A MP 1.577 reduziu os juros compensatórios para 6% ao ano. Ocorre que o STF, no julgamento da medida cautelar na ADI2.332/DF, suspendeu, ex nunc, a eficácia da MP quanto a essa redução. A medida provisória produziu efeitos no período de 11/06/1997 a 13/09/2001. Nos demais períodos, a taxa dos juros compensatórios é de 12%.

Súmula 56-STJ: Na desapropriação para instituir servidão administrativa são devidos os juros compensatórios pela limitação de uso da propriedade.

▶ Aprovada em 29/09/1992, DJ 06/10/1992.

» Válida.

Súmula 12-STJ: Em desapropriação, são cumuláveis juros compensatórios e moratórios.

▶ Aprovada em 30/10/1990, DJ 05/11/1990.

» Polêmica.

» Segundo jurisprudência assentada por ambas as Turmas da 1ª Seção, os juros compensatórios, em desapropriação, somente incidem até a data da expedição do precatório original. Tal entendimento está agora também confirmado pelo § 12 do art. 100 da CF, com a redação dada pela EC 62/09. Sendo assim, não ocorre, no atual quadro normativo, hipótese de cumulação de juros moratórios e juros compensatórios, eis que se tratam de encargos que incidem em períodos diferentes: os juros compensatórios têm incidência até a data da expedição de precatório, enquanto que os moratórios somente incidirão se o precatório expedido não for pago no prazo constitucional (STJ. 1ª Seção. REsp 1118103/SP, Rel. Min. Teori Albino Zavascki, julgado em 24/02/2010, DJe 08/03/2010).

Súmula 164-STF: No processo de desapropriação, são devidos juros compensatórios desde a antecipada imissão de posse, ordenada pelo juiz, por motivo de urgência.

▶ *Aprovada em 13/12/1963.*

» Válida.

Súmula 69-STJ: Na desapropriação direta, os juros compensatórios são devidos desde a antecipada imissão na posse e, na desapropriação indireta, a partir da efetiva ocupação do imóvel.

▶ *Aprovada em 15/12/1992, DJ 04/02/1993.*

Súmula 113-STJ: Os juros compensatórios, na desapropriação direta, incidem a partir da imissão na posse, calculados sobre o valor da indenização, corrigido monetariamente.

▶ *Aprovada em 25/10/1994, DJ 03/11/1994.*

Súmula 114-STJ: Os juros compensatórios, na desapropriação indireta, incidem a partir da ocupação, calculados sobre o valor da indenização, corrigido monetariamente.

▶ *Aprovada em 25/10/1994, DJ 03/11/1994.*

» Importantes.

Súmula 70-STJ: Os juros moratórios, na desapropriação direta ou indireta, contam-se desde o trânsito em julgado da sentença.

▶ *Aprovada em 15/12/1992, DJ 04/02/1993.*

» Superada em parte.

Se a ação de desapropriação for proposta por uma pessoa jurídica de direito público:

» Não se aplica a súmula 70 do STJ. Isso porque após o trânsito em julgado o valor fixado na sentença ainda será inscrito como precatório e o art. 100 da CF/88 confere um prazo mínimo para ele ser pago. A Constituição afirma que, uma vez inscrito até 1º de julho de um ano, o precatório deverá ser pago até o final do ano seguinte. Logo, enquanto estiver dentro desse prazo conferido pela CF/88, não há que se falar em mora (não sendo devidos os juros de mora). Assim, se a ação foi proposta por pessoa jurídica de direito público, os juros moratórios serão contados a partir de 1º de janeiro do exercício financeiro seguinte àquele em que o pagamento deveria ser efetuado, nos termos do art. 100 da CF/88. Aplica-se aqui a regra prevista no art. art. 15-B do Decreto-Lei nº 3365/41 (incluído pela MP nº 1577/97).

Se a ação de desapropriação for proposta por pessoa jurídica de direito privado (empresas públicas, sociedades de economia mista*, concessionárias etc.):

» Aplica-se a súmula 70 do STJ e o termo inicial dos juros moratórios será o trânsito em julgado da sentença. Isso porque as entidades privadas não gozam dessa regra especial de pagamento por meio de precatórios.

» * Atenção: É aplicável o regime dos precatórios às sociedades de economia mista prestadoras de serviço público próprio do Estado e de natureza não concorrencial (STF. Plenário. ADPF 387/PI, Rel. Min. Gilmar Mendes, julgado em 23/3/2017).

Súmula 102-STJ: A incidência dos juros moratórios sobre os compensatórios, nas ações expropriatórias, não constitui anatocismo vedado em lei.

▶ *Aprovada em 17/05/1994, DJ 26/05/1994.*

» Válida.

Súmula 378-STF: Na indenização por desapropriação incluem-se honorários do advogado do expropriado.

▶ *Aprovada em 03/04/1963, DJ 08/05/1964.*

» Válida.

Súmula 617-STF: A base de cálculo dos honorários de advogado em desapropriação é a diferença entre a oferta e a indenização, corrigidas ambas monetariamente.

▶ *Aprovada em 17/10/2003, DJ 29/10/2003.*

» Válida.
» Vide Súmulas 141 e 131 do STJ.

Súmula 141-STJ: Os honorários de advogado em desapropriação direta são calculados sobre a diferença entre a indenização e a oferta, corrigidas monetariamente.

▶ *Aprovada em 06/06/1995, DJ 09/06/1995.*

» Válida.

Súmula 131-STJ: Nas ações de desapropriação incluem-se no cálculo da verba advocatícia as parcelas relativas aos juros compensatórios e moratórios, devidamente corrigidas.

▸ *Aprovada em 18/04/1995, DJ 24/04/1995.*

» Válida.

Súmula 561-STF: Em desapropriação, é devida a correção monetária até a data do efetivo pagamento da indenização, devendo proceder-se à atualização do cálculo, ainda que por mais de uma vez.

▸ *Aprovada em 15/12/1976, DJ 03/01/1977.*

» Válida.

Súmula 67-STJ: Na desapropriação, cabe a atualização monetária, ainda que por mais de uma vez, independente do decurso de prazo superior a um ano entre o cálculo e o efetivo pagamento da indenização.

▸ *Aprovada em 15/12/1992, DJ 04/02/1993.*

» Válida.

Súmula 416-STF: Pela demora no pagamento do preço da desapropriação não cabe indenização complementar além dos juros.

▸ *Aprovada em 01/06/1964, DJ 06/07/1964.*

» Válida.

Súmula 23-STF: Verificados os pressupostos legais para o licenciamento da obra, não o impede a declaração de utilidade pública para desapropriação do imóvel, mas o valor da obra não se incluirá na indenização, quando a desapropriação for efetivada.

▸ *Aprovada em 13/12/1963.*

» Válida.

Súmula 476-STF: Desapropriadas as ações de uma sociedade, o poder desapropriante, imitido na posse, pode exercer, desde logo, todos os direitos inerentes aos respectivos títulos.

▸ *Aprovada em 03/12/1969 DJ 10/12/1969.*

» Válida.

Súmula 354-STJ: A invasão do imóvel é causa de suspensão do processo expropriatório para fins de reforma agrária.

▸ *Aprovada em 25/06/2008, DJe 08/09/2008.*

» Importante.

Súmula 157-STF: É necessária prévia autorização do presidente da república para desapropriação, pelos estados, de empresa de energia elétrica.

▸ *Aprovada em 13/12/1963.*

» Prevalece que ainda está válida.

Decreto-Lei nº 3.365/41:

Art. 2º (...)

§ 3º É vedada a desapropriação, pelos Estados, Distrito Federal, Territórios e Municípios de ações, cotas e direitos representativos do capital de instituições e empresas cujo funcionamento dependa de autorização do Governo Federal e se subordine à sua fiscalização, salvo mediante prévia autorização, por decreto do Presidente da República.

Súmula 119-STJ: A ação de desapropriação indireta prescreve em vinte anos.

▸ *Aprovada em 08/11/1994, DJ 16/11/1994.*

» Superada.

» Atualmente, a ação de desapropriação indireta prescreve em 10 anos (STJ REsp 1.300.442-SC, julgado em 18/6/2013).

» A Súmula 119 do STJ foi editada em 1994 e não está mais em vigor, considerando que utilizava como parâmetro o CC-1916. Com o CC-2002, o prazo prescricional para a ação de desapropriação indireta foi reduzido para 10 anos.

» Em provas e na prática forense, deve-se atentar, no entanto, para a regra de transição do art. 2.028 do CC-2002.

» Assim, as ações de desapropriação indireta propostas antes da entrada em vigor do CC-2002 (11/01/2003) continuam observando a súmula 119 do STJ (prazo de 20 anos).

Quanto às ações propostas após o CC-2002, deve-se analisar o seguinte:

i) Se entre a data do apossamento e a entrada em vigor do CC-2002 já havia se passado mais de 10 anos: o prazo prescricional continua sendo o de 20 anos;

ii) Se entre a data do apossamento e a entrada em vigor do CC-2002 havia se passado menos que 10 anos: o prazo prescricional será agora o do novo Código Civil: 10 anos.

Súmula 345-STF: ~~Na chamada desapropriação indireta, os juros compensatórios são devidos a partir da perícia, desde que tenha atribuído valor atual ao imóvel.~~

▸ *Aprovada em 13/12/1963.*

» Superada (RE 74803).

Súmula 218-STF: ~~É competente o juízo da Fazenda Nacional da Capital do Estado, e não o da situação da coisa, para a desapropriação promovida por empresa de energia elétrica, se a União Federal intervém como assistente.~~

▸ *Aprovada em 13/12/1963.*

» Superada.

Súmula 475-STF: A Lei 4.686, de 21.06.1965, tem aplicação imediata aos processos em curso, inclusive em grau de recurso extraordinário.

▸ *Aprovada em 03/12/1969, DJ 10/12/1969.*

» Válida, mas sem nenhuma relevância atualmente.

PROCESSO ADMINISTRATIVO DISCIPLINAR

Súmula vinculante 5-STF: A falta de defesa técnica por advogado no processo administrativo disciplinar não ofende a Constituição.

▸ *Aprovada em 07/05/2008, DJe 16/05/2008.*

» Importante.

» Assim, a presença de advogado em PAD é facultativa. O acusado pode ser acompanhado por advogado se assim desejar. No entanto, não é obrigatório que o processado tenha a assistência jurídica. Logo, caso não tenha sido auxiliado por advogado, tal circunstância não gera a nulidade do PAD.

» Vale ressaltar que a SV 5 refere-se ao típico processo administrativo disciplinar, ou seja, aquele que tramita no âmbito da Administração Pública. Este enunciado não se aplica para o processo administrativo que apura infrações cometidas no sistema penitenciário.

Súmula 591-STJ: É permitida a "prova emprestada" no processo administrativo disciplinar, desde que devidamente autorizada pelo juízo competente e respeitados o contraditório e a ampla defesa.

▸ *Aprovada em 13/09/2017, DJe 18/09/2017.*

» Importante.

Prova emprestada

» Em regra, a prova que será utilizada pelas partes e pelo juiz no processo é produzida dentro do próprio processo.

» É possível, no entanto, que uma prova que foi produzida em um processo seja levada ("transportada") para ser utilizada em outro processo. A isso a doutrina chama de "prova emprestada".

» "Prova emprestada é a prova de um fato, produzida em um processo, seja por documentos, testemunhas, confissão, depoimento pessoal ou exame pericial, que é trasladada para outro processo sob a forma documental." (DIDIER JR. Fredie; BRAGA, Paula Sarno; OLIVEIRA, Rafael. *Curso de Direito Processual Civil*. Vol. 2. Salvador: Juspodivm, 2013, p. 52).

Quais são os fundamentos que justificam a aceitação da prova emprestada?

» Princípio da economia processual; e

» Princípio da busca da verdade possível, uma vez que nem sempre será possível produzir a prova novamente.

» "A utilização de prova já produzida em outro processo responde aos anseios de economia processual, dispensando a produção de prova já existente, e também da busca da verdade possível, em especial quando é impossível produzir novamente a prova." (NEVES, Daniel Assumpção. *Manual de Direito Processual Civil*. São Paulo: Método, 2013, p. 430).

A prova emprestada ingressa no processo com que natureza?

» A prova que veio de outro processo entra no processo atual como "prova documental", independentemente da natureza que ela tinha no processo originário.

» Ex.1: foi colhido o depoimento de uma testemunha no processo 1. Trata-se de prova testemunhal. Se essa inquirição for "emprestada" (trasladada) para o processo 2, ela ingressará no feito como prova documental (e não mais como prova testemunhal).

» Ex.2: a perícia realizada no processo 1, se for emprestada para o processo 2, ingressará como prova documental (e não mais como prova pericial).

É possível a utilização, em processo administrativo disciplinar, de prova emprestada validamente produzida em processo criminal?

» SIM. A jurisprudência do STJ e do STF são firmes no sentido de que é admitida a utilização no processo administrativo de "prova emprestada" do inquérito policial ou do processo penal, desde que autorizada pelo juízo criminal e respeitados o contraditório e a ampla defesa (STJ. 1ª Seção. MS 17.472/DF, Rel. Min. Arnaldo Esteves Lima, julgado em 13/6/2012).

» Obs: apesar de ser menos comum, em tese, também é possível emprestar para o processo administrativo provas produzidas em uma ação cível.

Este "empréstimo" da prova é permitido mesmo que o processo penal ainda não tenha transitado em julgado?

» SIM. É possível a utilização, em processo administrativo disciplinar, de prova emprestada validamente produzida em processo criminal, independentemente do trânsito em julgado da sentença penal condenatória. Isso porque, em regra, o resultado da sentença proferida no processo criminal não repercute na instância administrativa, tendo em vista a independência existente entre as instâncias (STJ. 2ª Turma. RMS 33.628-PE, Rel. Min. Humberto Martins, julgado em 2/4/2013. Info 521).

É possível utilizar, em processo administrativo disciplinar, na qualidade de "prova emprestada", a interceptação telefônica produzida em ação penal?

» SIM, desde que a interceptação tenha sido feita com autorização do juízo criminal e com observância das demais exigências contidas na Lei nº 9.296/1996 (STJ. 3ª Seção. MS 14.140-DF, Rel. Min. Laurita Vaz, julgado em 26/9/2012).

» Ex.: a Polícia Federal, por meio de interceptação judicial deferida pelo juízo criminal, conseguiu captar conversa na qual determinado servidor público exige quantia para praticar certo ato relacionado com suas atribuições. Com base nessa prova e em outras constantes do inquérito, o MPF oferece denúncia contra esse servidor. A Administração Pública, por sua vez, instaura processo administrativo disciplinar.

» O STF também decidiu no mesmo sentido afirmando que:

A prova colhida mediante autorização judicial e para fins de investigação ou processo criminal pode ser utilizada para instruir procedimento administrativo punitivo.

Assim, é possível que as provas provenientes de interceptações telefônicas autorizadas judicialmente em processo criminal sejam emprestadas para o processo administrativo disciplinar.
STF. 1ª Turma. RMS 28774/DF, rel. orig. Min. Marco Aurélio, red. p/ o acórdão Min. Roberto Barroso, julgado em 9/8/2016 (Info 834).

Súmula 592-STJ: O excesso de prazo para a conclusão do processo administrativo disciplinar só causa nulidade se houver demonstração de prejuízo à defesa.

▶ *Aprovada em 13/09/2017, DJe 18/09/2017.*

» Importante.

Processo administrativo disciplinar

» O processo administrativo disciplinar dos servidores públicos federais encontra-se previsto nos arts. 143 a 182 da Lei nº 8.112/90.

» O processo administrativo disciplinar (em sentido amplo) divide-se em:

» sindicância;

» processo administrativo disciplinar propriamente dito (PAD).

Fases do PAD

» O processo disciplinar se desenvolve nas seguintes fases:

I – instauração, com a publicação do ato que constituir a comissão;

II – inquérito administrativo, que compreende instrução, defesa e relatório;

III – julgamento.

Prazo de duração do PAD

» No âmbito federal, o prazo de duração do PAD é de 60 dias, prorrogáveis por mais 60 dias, até a elaboração do relatório. Nesse sentido:

> Art. 152. O prazo para a conclusão do processo disciplinar não excederá 60 (sessenta) dias, contados da data de publicação do ato que constituir a comissão, admitida a sua prorrogação por igual prazo, quando as circunstâncias o exigirem.

» Depois disso, a autoridade julgadora terá 20 dias para proferir sua decisão (art. 167).

Excesso de prazo

» Tanto o STJ como o STF entendem que o excesso de prazo para a conclusão do processo administrativo disciplinar não gera, por si só, qualquer nulidade no feito.

» O excesso de prazo só tem a força de invalidar o processo administrativo se ficar comprovado que houve fundado e evidenciado prejuízo à defesa do servidor.

» Se não há prejuízo, não há razão para se declarar a nulidade do processo. É a aplicação do princípio do *pas de nullité sans grief* (não há nulidade sem prejuízo).

» No âmbito federal, a Lei nº 8.112/91 é expressa nesse sentido:

> Art. 169 (...)
> § 1º O julgamento fora do prazo legal não implica nulidade do processo.

» Obs: a súmula 592 aplica-se não apenas para processos administrativos disciplinares de servidores públicos federais, mas também para servidores estaduais e municipais.

Súmula 343-STJ: ~~É obrigatória a presença de advogado em todas as fases do processo administrativo disciplinar.~~

▶ *Aprovada em 12/09/2007, DJe 21/09/2007.*

» Superada.

» Apesar de não ter sido formalmente cancelada, a presente súmula não tem mais aplicação em virtude da edição, pelo STF, da SV 5.

Súmula 18-STF: Pela falta residual, não compreendida na absolvição pelo juízo criminal, é admissível a punição administrativa do servidor público.

▶ *Aprovada em 13/12/1963.*

» Válida, mas sem relevância.

Súmula 19-STF: É inadmissível segunda punição de servidor público, baseada no mesmo processo em que se fundou a primeira.

▶ *Aprovada em 13/12/1963.*

» Válida.

» Assim, o servidor público já punido administrativamente não pode ser julgado novamente para que sua pena seja agravada, mesmo que fique constatado que houve vícios no processo e que ele deveria receber uma punição mais severa (STJ. 3ª Seção. MS 10.950-DF, Rel. Min. Og Fernandes, julgado em 23/5/2012).

» Não há violação à Súmula 19-STF se os fatos apurados no novo processo forem diversos (STJ MS 14.598/DF).

OUTRAS ESPÉCIES DE PROCESSO ADMINISTRATIVO

Súmula 312-STJ: No processo administrativo para imposição de multa de trânsito, são necessárias as notificações da autuação e da aplicação da pena decorrente da infração.

▶ *Aprovada em 11/05/2005 DJ 23/05/2005.*

» Válida.

» O procedimento administrativo para imposição de multa por infração de trânsito deve englobar, sob pena de ferimento aos princípios do contraditório e da ampla defesa, duas notificações: a primeira, no momento da lavratura do auto de infração (art. 280, VI, CTB), ocasião em que é aberto prazo de trinta dias para o oferecimento de defesa prévia; e a segunda, por ocasião da aplicação da penalidade pela autoridade de trânsito (art. 281, CTB). Contudo, havendo autuação em flagrante, torna-se desnecessária a primeira notificação, já que o infrator é cientificado pessoalmente no momento da infração, abrindo-se, desde logo, ao recorrente, a oportunidade de apresentação de defesa prévia (STJ AgRg no REsp 1246124/RS, j. em 01/03/2012).

Súmula 434-STJ: O pagamento da multa por infração de trânsito não inibe a discussão judicial do débito.

▶ *Aprovada em 24/03/2010, DJe 13/05/2010.*

» Válida.

Súmula 510-STJ: A liberação de veículo retido apenas por transporte irregular de passageiros não está condicionada ao pagamento de multas e despesas.

▶ *Aprovada em 26/03/2014, DJe 31/03/2014.*

» Importante.

Transporte irregular de passageiros

» O art. 231, VIII, do Código de Trânsito brasileiro (Lei nº 9.503/97) prevê que o transporte irregular de passageiros é apenado com multa e retenção do veículo. É o caso, p. ex., das chamadas "lotações piratas" existentes em algumas cidades do país, ou seja, veículos tipo "van" que fazem transporte de passageiros nas periferias mesmo sem estarem autorizados para isso.

Apreensão do veículo

» Quando as autoridades de trânsito constatavam a prática de transporte irregular de passageiros, o que elas normalmente faziam era o seguinte: aplicavam a multa na hora e, além disso, apreendiam o veículo e o levavam para o parqueamento (depósito) do órgão de trânsito. Lá, o proprietário somente conseguia a liberação do automóvel se fizesse o pagamento da referida multa e das demais despesas decorrentes da apreensão (guincho, diárias etc.).

Demandas judiciais contra essa prática

» A conduta dos órgãos de trânsito começou a ser questionada no Poder Judiciário. Isso porque, conforme vimos acima, o CTB determina a aplicação de apenas duas sanções para o caso do transporte irregular de passageiros, quais sejam, a multa e a retenção do veículo. Desse modo, a Lei não previu a possibilidade de apreensão do automóvel.

Mas "retenção" não é o mesmo que "apreensão" do veículo?

» NÃO. Para os fins do Código de Trânsito, retenção, remoção e apreensão de veículos são institutos diferentes. Vejamos:

RETENÇÃO	REMOÇÃO	APREENSÃO
É uma "medida administrativa" (art. 269, I, do CTB).	É uma "medida administrativa" (art. 269, I, do CTB).	É uma "penalidade" (art. 256, IV, do CTB).
Quando a irregularidade puder ser sanada no local da infração, o veículo será liberado tão logo seja regularizada a situação. Não sendo possível sanar a falha no local da infração, o veículo poderá ser levado embora por um condutor habilitado, mediante recolhimento do CRLV, sendo dado um prazo para regularizar a situação (art. 270 e parágrafos).	Nos casos em que o CTB prevê a remoção, o veículo será levado para o depósito do órgão de trânsito com circunscrição sobre a via (art. 271).	O veículo apreendido será recolhido ao depósito e nele permanecerá sob custódia e responsabilidade do órgão de trânsito, com ônus para o seu proprietário, pelo prazo de até 30 dias (art. 262).

RETENÇÃO	REMOÇÃO	APREENSÃO
Em regra, o veículo retido deve ser liberado no próprio local, tão logo seja regularizada a situação. Somente se não for apresentado condutor habilitado é que o veículo será recolhido ao depósito (art. 270, § 4º).	A restituição dos veículos removidos só ocorrerá mediante o pagamento das multas, taxas e despesas com remoção e estada, além de outros encargos previstos na legislação específica (art. 271, parágrafo único).	A restituição dos veículos apreendidos só ocorrerá mediante o prévio pagamento das multas impostas, taxas e despesas com remoção e estada, além de outros encargos (art. 262, § 2º). A retirada dos veículos apreendidos é condicionada, ainda, ao reparo de qualquer componente ou equipamento obrigatório que não esteja em perfeito estado de funcionamento (art. 262, § 3º).
Ex: se a autoridade de trânsito constatar alguém fazendo o transporte remunerado de pessoas ou bens, sem autorização, deverá aplicar multa e efetuar a retenção do veículo (art. 231, VIII).	Ex: se o carro "ficar no prego" em via pública por falta de combustível, a autoridade de trânsito deverá aplicar multa e efetuar a remoção do veículo (art. 180).	Ex: se a autoridade de trânsito constatar alguém dirigindo um automóvel sem habilitação, deverá aplicar multa e efetuar a apreensão do veículo (art. 162).

Transporte irregular de passageiros prevê a retenção (e não a apreensão)

» Desse modo, a autoridade de trânsito, ao constatar que determinado veículo está realizando transporte irregular de passageiros (art. 231, VIII, do CTB), deverá parar o veículo (fazer a sua retenção), aplicar a multa, regularizar a situação (retirando os passageiros) e liberar o veículo (desde que haja um condutor habilitado). A legislação de trânsito não condiciona a liberação do veículo retido apenas por transporte irregular de passageiros ao prévio pagamento de multas e despesas. Logo, exigir isso é ilegal. Se além do transporte irregular de passageiros, o veículo estiver com outras irregularidades, poderão ser aplicadas as medidas administrativas ou penalidades correspondentes.

Súmula vinculante 21-STF: É inconstitucional a exigência de depósito ou arrolamento prévios de dinheiro ou bens para admissibilidade de recurso administrativo.

▸ *Aprovada em 29/10/2009, DJe 10/11/2009.*

» Importante.
» Essa exigência viola o art. 5º, LV, da CF/88.

Súmula 373-STJ: É ilegítima a exigência de depósito prévio para admissibilidade de recurso administrativo.

▸ *Aprovada em 11/03/2009, DJe 30/03/2009.*

» Válida.

CONSELHOS PROFISSIONAIS

Súmula 79-STJ: Os bancos comerciais não estão sujeitos a registro nos Conselhos Regionais de Economia.

▶ *Aprovada em 08/06/1993, DJ 15/06/1993.*

» Válida.

Súmula 120-STJ: O oficial de farmácia, inscrito no conselho regional de farmácia, pode ser responsável técnico por drogaria.

▶ *Aprovada em 29/11/1994, DJe 06/12/1994.*

» Válida.

Súmula 275-STJ: O auxiliar de farmácia não pode ser responsável técnico por farmácia ou drogaria.

▶ *Aprovada em 12/03/2003, DJ 19/03/2003.*

» Válida.

Súmula 413-STJ: O farmacêutico pode acumular a responsabilidade técnica por uma farmácia e uma drogaria ou por duas drogarias.

▶ *Aprovada em 25/11/2009, DJ 16/12/2009.*

» Válida.

Súmula 561-STJ: Os conselhos regionais de Farmácia possuem atribuição para fiscalizar e autuar as farmácias e drogarias quanto ao cumprimento da exigência de manter profissional legalmente habilitado (farmacêutico) durante todo o período de funcionamento dos respectivos estabelecimentos.

▶ *Aprovada em 09/12/2015, DJe 15/12/2015.*

» Válida.

Determinação legal para a presença de farmacêutico nas farmácias

» A Lei Federal nº 5.991/73 determina, em seu art. 15, que em todas as farmácias e drogarias deverá haver sempre um farmacêutico trabalhando.

» Ocorre que a Lei não disse, de forma explícita, qual seria o órgão ou entidade responsável pela fiscalização dessa obrigação legal.

Diante disso, surgiu a seguinte dúvida: de quem é a competência para aplicar multas às empresas do ramo farmacêutico que descumprirem a obrigação legal de manterem profissionais habilitados durante todo o horário de funcionamento dos estabelecimentos? Trata-se de competência do Conselho Regional de Farmácia ou do órgão de vigilância sanitária?

» Do Conselho Regional de Farmácia.

» Compete aos Conselhos Regionais de Farmácia a atribuição para fiscalizar e autuar as farmácias e drogarias que não cumprirem a exigência de manter profissional legalmente habilitado (farmacêutico) durante todo o período de funcionamento dos respectivos estabelecimentos. Para o STJ, esta competência decorre dos arts. 10 e 24 da Lei nº 3.820/60. Veja o que dizem os referidos dispositivos:

Art. 10. As atribuições dos Conselhos Regionais são as seguintes:

(...)

c) fiscalizar o exercício da profissão, impedindo e punindo as infrações à lei, bem como enviando às autoridades competentes relatórios documentados sobre os fatos que apurarem e cuja solução não seja de sua alçada; (...)

Art. 24. As empresas e estabelecimentos que exploram serviços para os quais são necessárias atividades de profissional farmacêutico deverão provar perante os Conselhos Federal e Regionais que essas atividades são exercidas por profissional habilitado e registrado.

E os órgãos de vigilância sanitária?

» Os órgãos de vigilância sanitária possuem competência para conceder o licenciamento do estabelecimento e para fiscalizar as farmácias e drogarias nos aspectos relacionados com o cumprimento das exigências sanitárias (art. 21 da Lei nº 5.991/73). As atribuições dos órgãos de vigilância sanitária não incluem a fiscalização da atuação ou não do farmacêutico, já que este é um aspecto ligado ao exercício da profissão, razão pela qual é tarefa do respectivo Conselho Profissional.

Resumindo:

» O Conselho Regional de Farmácia é o órgão competente para fiscalização das farmácias e drogarias quanto à verificação de possuírem, durante todo o período de funcionamento dos estabelecimentos, profissional legalmente habilitado, sob pena de incorrerem em infração passível de multa. O órgão de vigilância sanitária tem como atribuição licenciar e fiscalizar as condições de funcionamento das drogarias e farmácias no que se refere a observância dos padrões sanitários relativos ao comércio exercido, notadamente o controle sanitário do comércio de drogas, medicamentos, insumos farmacêuticos e correlatos.

BENS PÚBLICOS

Súmula 650-STF: Os incisos I e XI do art. 20 da Constituição Federal não alcançam terras de aldeamentos extintos, ainda que ocupadas por indígenas em passado remoto.

▸ *Aprovada em 24/09/2003, DJ 09/10/2003.*

» Importante.

Concursos federais.

» As terras ocupadas, em passado remoto, por aldeamentos indígenas não são bens da União (STF AI-AgR 307401/SP).

» Segundo critério construído pelo STF, somente são consideradas "terras tradicionalmente ocupadas pelos índios" aquelas que eles habitavam na data da promulgação da CF/88 (marco temporal) e, complementarmente, se houver a efetiva relação dos índios com a terra (marco da tradicionalidade da ocupação). Assim, se, em 05/10/1988, a área em questão não era ocupada por índios, isso significa que ela não se revestirá da natureza indígena de que trata o art. 231 da CF/88.

Súmula 480-STF: Pertencem ao domínio e administração da União, nos termos dos artigos 4, IV, e 186, da Constituição Federal de 1967, as terras ocupadas por silvícolas.

▸ *Aprovada em 03/12/1969, DJ 10/12/1969.*

» Válida, mas sem tanta importância, por estar desatualizada.

» De acordo com o art. 20, XI, da CF/88, são bens da União as terras tradicionalmente ocupadas pelos índios.

Súmula 479-STF: As margens dos rios navegáveis são domínio público, insuscetíveis de expropriação e, por isso mesmo, excluídas de indenização.

▸ *Aprovada em 03/12/1969, DJ 10/12/1969.*

» Válida.

Concursos federais

» Segundo o STJ, o entendimento exposto na súmula 479 do STF não é absoluto e deve ser mitigado quando comprovado que o particular possui um justo título sobre a área desapropriada. Assim, o particular desapropriado poderá receber indenização por eventuais benfeitorias situadas em terrenos marginais dos rios navegáveis quando as tiver realizado em imóvel de seu domínio, assim reconhecido, legitimamente, pelo Poder Público. Caso não possua justo título, logicamente, não serão indenizáveis as benfeitorias (STJ AgRg no REsp 1302118/MG, julgado em 17/05/2012).

Súmula 477-STF: As concessões de terras devolutas situadas na faixa de fronteira, feitas pelos estados, autorizam, apenas, o uso, permanecendo o domínio com a união, ainda que se mantenha inerte ou tolerante, em relação aos possuidores.

▸ *Aprovada em 03/12/1969, DJ 10/12/1969.*

» Válida.

» Vale ressaltar, no entanto, que são bens da União apenas as terras devolutas indispensáveis à defesa das fronteiras (art. 20, II, da CF/88).

Súmula 103-STJ: Incluem-se entre os imóveis funcionais que podem ser vendidos os administrados pelas forças armadas e ocupados pelos servidores civis.

▶ *Aprovada em 19/05/1994, DJ 26/05/1994.*

» Válida.

Súmula 496-STJ: Os registros de propriedade particular de imóveis situados em terrenos de marinha não são oponíveis à União.

▶ *Aprovada em 08/08/2012, DJe 13/08/2012.*

» Importante.

» Os terrenos de marinha pertencem à União, por uma imposição legal, desde a época em que o Estado brasileiro foi criado. A CF/88 apenas manteve essa situação (art. 20, VII, da CF/88). Logo, não tem qualquer validade o título de propriedade outorgado a particular de bem imóvel situado em terreno de marinha ou acrescido.

» Quando a União faz o procedimento de demarcação do terreno de marinha, ela declara que todos os imóveis existentes naquela determinada faixa são da União e os eventuais títulos de propriedade de particulares são também declarados nulos. Não é nem sequer necessário que a União ajuíze uma ação específica de anulação dos registros de propriedade dos ocupantes de terrenos de marinha. Basta o procedimento de demarcação.

» Se estiver estudando o tema, importante ler os arts. 3º a 6º da Lei nº 13.240/2015.

OUTROS TEMAS

Súmula 58-STF: É válida a exigência de média superior a quatro para aprovação em estabelecimento de ensino superior, consoante o respectivo regimento.

▶ *Aprovada em 13/12/1963.*

» Superada.

Súmula 186-STF: Não infringe a lei a tolerância da quebra de 1% no transporte por estrada de ferro, prevista no regulamento de transportes.

▶ *Aprovada em 13/12/1963.*

» Superada.

Súmula 362-STF: A condição de ter o clube sede própria para a prática de jogo lícito não o obriga a ser proprietário do imóvel em que tem sede.

▶ *Aprovada em 13/12/1963.*

» Superada.

3. DIREITO CIVIL

BEM DE FAMÍLIA

Súmula 364-STJ: O conceito de impenhorabilidade de bem de família abrange também o imóvel pertencente a pessoas solteiras, separadas e viúvas.

▶ *Aprovada em 15/10/2008, DJe 03/11/2008.*

» **Importante.**
» Em outras palavras, se a pessoa mora sozinha na casa, mesmo assim este imóvel pode ser considerado bem de família.

Súmula 449-STJ: A vaga de garagem que possui matrícula própria no registro de imóveis não constitui bem de família para efeito de penhora.

▶ *Aprovada em 02/06/2010, DJe 21/06/2010.*

» **Importante.**
» Em outras palavras, se a vaga de garagem possui matrícula própria, poderá, em tese, ser penhorada, mesmo o imóvel sendo bem de família.

Súmula 486-STJ: É impenhorável o único imóvel residencial do devedor que esteja locado a terceiros, desde que a renda obtida com a locação seja revertida para a subsistência ou a moradia da sua família.

▶ *Aprovada em 28/06/2012, DJe 01/08/2012.*

» **Importante.**

Imagine a seguinte situação (hipótese 1):

» João possui em seu nome um único imóvel, qual seja, um apartamento que está alugado para terceiro por R$ 2 mil. Ele e sua família, por sua vez, moram em uma casa alugada em um bairro mais simples, pagando R$ 1 mil. A renda recebida com a locação é utilizada para pagar o aluguel da sua casa e para a subsistência da família. João está sendo executado e o juiz determinou a penhora do apartamento que está em seu nome.

Esta penhora poderá ser desconstituída invocando a proteção do bem de família?

» SIM. Aplica-se aqui a Súmula 486-STJ.

A Lei nº 8.009/90 conceitua o que seja imóvel residencial para fins de impenhorabilidade:

> Art. 5º Para os efeitos de impenhorabilidade, de que trata esta lei, considera-se residência um único imóvel utilizado pelo casal ou pela entidade familiar para moradia permanente.
>
> Parágrafo único. Na hipótese de o casal, ou entidade familiar, ser possuidor de vários imóveis utilizados como residência, a impenhorabilidade recairá sobre o de menor valor, salvo se outro tiver sido registrado, para esse fim, no Registro de Imóveis e na forma do art. 70 do Código Civil.

» Desse modo, pela redação legal, somente seria impenhorável o imóvel próprio utilizado pelo casal ou pela entidade familiar para moradia permanente. No entanto, o STJ ampliou a proteção ao bem de família, conforme pudemos observar pela Súmula 486.

» Assim, se um casal, uma entidade familiar ou mesmo uma pessoa solteira e sozinha, possui um imóvel residencial "X" e o aluga, pela redação da lei ele não seria bem de família legal e poderia ser penhorado. Entretanto, o STJ afirma que esse imóvel poderá ser considerado também impenhorável desde que cumpridos os seguintes requisitos: a) o imóvel alugado seja o único do devedor; b) a renda obtida com a locação seja revertida para a subsistência ou a moradia.

» O STJ assim decide porque entende que, em uma interpretação teleológica e valorativa, o objetivo da norma é o de garantir a moradia familiar ou a subsistência da família.

Vejamos agora uma segunda situação um pouco diferente (hipótese 2):

» Pedro possui em seu nome um único imóvel, qual seja, uma sala comercial que está alugada para uma empresa, que explora no local uma loja, pagando ao proprietário R$ 2 mil. Ele e sua família, por sua vez, moram em uma casa alugada, pagando R$ 1 mil. A renda recebida com a locação é utilizada para pagar o aluguel da sua casa e para a subsistência da família. Pedro está sendo executado e o juiz determinou a penhora da sala comercial que está em seu nome.

Esta penhora poderá ser desconstituída invocando a proteção do bem de família?

» SIM. É impenhorável o único imóvel comercial do devedor que esteja alugado quando o valor do aluguel é destinado unicamente ao pagamento de locação residencial por sua entidade familiar. STJ. 2ª Turma. REsp 1.616.475-PE, Rel. Min. Herman Benjamin, julgado em 15/9/2016 (Info 591).

» Se você observar bem a redação da Súmula 486 do STJ, verá que esta situação 2 não está abrangida na proteção por ela conferida. Em outras palavras, a redação literal do enunciado protege como bem de família apenas o imóvel residencial do devedor que esteja locado a terceiros (não inclui o imóvel comercial). No entanto, seguindo uma tendência, o STJ, nesta decisão, ampliou a abrangência da súmula 486 e entendeu que o imóvel comercial também pode gozar da proteção como bem de família caso esteja locado para terceiro e a renda obtida seja utilizada para o pagamento da moraria do proprietário.

Súmula 549-STJ: É válida a penhora de bem de família pertencente a fiador de contrato de locação.

▸ *Aprovada em 14/10/2015, DJe 19/10/2015.*

» Importante.

Imagine a seguinte situação hipotética:

» Pedro aluga seu apartamento para Rui (locatário). João, melhor amigo de Rui, aceita figurar no contrato como fiador. Após um ano, Rui devolve o apartamento, ficando devendo, contudo, quatro meses de aluguel. Pedro propõe uma execução contra Rui e João cobrando o valor devido. O juiz determina a penhora da casa em que mora João e que está em seu nome. É possível a penhora da casa de João, mesmo sendo bem de família? SIM. A impenhorabilidade do bem de família não se aplica no caso de dívidas do fiador decorrentes do contrato de locação. Veja o que diz a Lei nº 8.009/90: "Art. 3º A impenhorabilidade é oponível em qualquer processo de execução civil, fiscal, previdenciária, trabalhista ou de outra natureza, salvo se movido: VII – por obrigação decorrente de fiança concedida em contrato de locação."

Esse inciso VII do art. 3º é constitucional? Ele é aplicado pelo STF e STJ?

» SIM. O STF decidiu que o art. 3º, VII, da Lei nº 8.009/90 é constitucional, não violando o direito à moradia (art. 6º da CF/88) nem qualquer outro dispositivo da CF/88. O Tribunal, no julgamento do Recurso Extraordinário nº 407.688-8/SP, declarou a constitucionalidade do inciso VII do artigo 3º da Lei nº 8.009/90, que excepcionou da regra de impenhorabilidade do bem de família o imóvel de propriedade de fiador em contrato de locação (STF. 1ª Turma. RE 495105 AgR, Rel. Min. Marco Aurélio, julgado em 05/11/2013).

Resumindo:

» É legítima a penhora de bem de família pertencente a fiador de contrato de locação. Isso porque o art. 3º, VII, da Lei 8.009/90 afirma que a impenhorabilidade do bem de família não se aplica no caso de dívidas do fiador decorrentes do contrato de locação. O STF decidiu que esse dispositivo é constitucional e não viola o direito à moradia. Principal precedente que deu origem à súmula: STJ. 2ª Seção. REsp 1.363.368-MS, Rel. Min. Luis Felipe Salomão, julgado em 12/11/2014 (recurso repetitivo) (Info 552).

Súmula 205-STJ: A Lei 8.009/90 aplica-se à penhora realizada antes de sua vigência.

▶ *Aprovada em 01/04/1998, DJ 16/04/1998.*

» Válida.

» A Lei nº 8.009/90, quando entrou em vigor e considerou impenhoráveis os bens de família, teve eficácia imediata, atingindo os processos judiciais em andamento, motivo pelo qual o STJ entendeu, na época, que deveriam ser canceladas as penhoras efetuadas antes de sua vigência (REsp 63.866/SP, Rel. Min. Vicente Leal, julgado em 17/05/2001).

FRAUDE CONTRA CREDORES

Súmula 195-STJ: Em embargos de terceiro não se anula ato jurídico, por fraude contra credores.

▶ *Aprovada em 01/10/1997, DJ 09/10/1997.*

» Válida.

» Nesse caso, será necessária a propositura de ação pauliana (ou revocatória). Curiosidade: a ação pauliana (pauliana actio) é assim denominada por ter sido idealizada no direito romano, pelo conhecido "Pretor Paulo".

PRESCRIÇÃO E DECADÊNCIA

Súmula 106-STJ: Proposta a ação no prazo fixado para o seu exercício, a demora na citação, por motivos inerentes ao mecanismo da justiça, não justifica o acolhimento da arguição de prescrição ou decadência.

▶ *Aprovada em 26/05/1994, DJ 03/06/1994.*

» Válida.

Súmula 194-STJ: ~~Prescreve em vinte anos a ação para obter, do construtor, indenização por defeitos da obra.~~

▶ *Aprovada em 24/09/1997, DJ 03/10/1997.*

» Superada.

Súmula 150-STF: Prescreve a execução no mesmo prazo de prescrição da ação.

▶ *Aprovada em 13/12/1963.*

» Válida.

» A palavra "ação" está empregada com o sentido de "pretensão".

Súmula 153-STF: ~~Simples protesto cambiário não interrompe a prescrição.~~

▶ *Aprovada em 13/12/1963.*

» Superada.
» Vide art. 202, III, do CC-2002.

Súmula 154-STF: Simples vistoria não interrompe a prescrição.

▶ *Aprovada em 13/12/1963.*

» Válida.
» A simples vistoria não se enquadra em nenhuma das hipóteses do art. 202 do CC-2002.

Súmula 445-STF: ~~A Lei 2.437, de 07.03.1955, que reduz prazo prescricional, é aplicável às prescrições em curso na data de sua vigência (01.01.56), salvo quanto aos processos então pendentes.~~

▶ *Aprovada em 01/10/1964, DJ 08/10/1964.*

» Superada.

Súmula 39-STJ: Prescreve em ~~vinte~~ anos a ação para haver indenização, por responsabilidade civil, de sociedade de economia mista.

▶ *Aprovada em 08/04/1992, DJ 20/04/1992.*

» Superada.
» Aplica-se o prazo de 3 anos previsto no art. 206, § 3º, V, do CC-2002.
» A jurisprudência do STJ é firme no sentido de que o prazo de prescrição quinquenal, previsto no Decreto 20.910/1932, não se aplica às pessoas jurídicas de Direito Privado (sociedades de economia mista, empresas públicas e fundações), mas tão-somente às pessoas jurídicas de Direito Público (União, Estados, municípios, Distrito Federal, autarquias e fundações públicas) (REsp 1247370/RS, j. em 06/09/2011).

Súmula 547-STJ: Nas ações em que se pleiteia o ressarcimento dos valores pagos a título de participação financeira do consumidor no custeio de construção de rede elétrica, o prazo prescricional é de vinte anos na vigência do Código Civil de 1916. Na vigência do Código Civil de 2002, o prazo é de cinco anos se houver previsão contratual de ressarcimento e de três anos na ausência de cláusula nesse sentido, observada a regra de transição disciplinada em seu art. 2.028.

▶ *Aprovada em 14/10/2015, DJe 19/10/2015.*

» Válida.

» Na década de 80, a maioria das localidades da zona rural não possuía ainda rede elétrica. Como não havia recursos públicos para a ampliação da malha, a única forma que os proprietários de imóveis rurais tinham de conseguir energia elétrica no local onde moravam era pagar pela construção da rede. Isso mesmo que você leu. As pessoas, para terem acesso ao serviço público de fornecimento de energia em suas propriedades rurais, foram obrigadas a custear o pagamento da construção da rede, posto de transformação, ramais de ligação, postes etc. Normalmente, quem custeava a construção da rede elétrica eram os grandes e médios produtores rurais, ou seja, proprietários de imóveis onde se exploravam as atividades agropecuárias e que enfrentavam grandes dificuldades pela falta de energia. Esse financiamento privado da rede elétrica aconteceu com mais frequência no sul do país, em Estados como Paraná e Rio Grande do Sul, em virtude do fato de que em tais localidades os produtores rurais possuíam melhores condições econômicas do que no restante do país.

Essa participação privada do usuário na construção da rede elétrica era permitida pela legislação?

» SIM. A participação financeira do consumidor no custeio de construção de rede elétrica não era considerada ilegal porque isso estava autorizado pelo Decreto nº 41.019/57, que regulava os serviços de energia elétrica. Esse foi o entendimento do STJ ao analisar a matéria: STJ. 2ª Seção. REsp 1.343.646/PR, Rel. Min. Luis Felipe Salomão, DJe 16/04/2013 (recurso repetitivo).

Incorporação ao patrimônio da concessionária

» Vale ressaltar que o Decreto nº 41.019/57 previa que as obras construídas com a participação financeira dos consumidores eram incorporadas aos bens e instalações da concessionária de energia elétrica quando fossem concluídas (art. 143). Em outras palavras, mesmo que o consumidor pagasse pela construção do transformador, dos cabos elétricos, dos postes etc., todas essas coisas, depois que fossem construídas e instaladas, passavam a ser de propriedade exclusiva da concessionária (não pertenciam ao consumidor). Até quando durou essa situação? A Lei nº 10.438/2002 estipulou metas de universalização do uso da energia elétrica prevendo que isso seria feito sem ônus de qualquer espécie ao usuário (art. 14). No entanto, esta Lei estabelece também que ainda existe a possibilidade de participação financeira do consumidor na construção de rede elétrica nos casos em que ele quer antecipar a construção da rede elétrica na sua localidade. Desse modo, a necessidade de custeio da rede elétrica pelo consumidor diminuiu muito, sendo praticamente inexistente nos dias atuais, mas ainda hoje existe, em tese, essa possibilidade.

Os consumidores que financiaram essa construção possuíam direito de serem restituídos?

» Depende. O STJ decidiu o seguinte:

» Regra: nos contratos regidos pelo Decreto nº 41.019/57, o consumidor que solicitou e pagou pela extensão da rede de eletrificação rural não tem direito à restituição dos valores aportados.

» Exceções: o consumidor terá direito à restituição se:

a) tiver adiantado parcela que cabia à concessionária – em caso de responsabilidade conjunta (arts. 138 e 140); ou

b) tiver custeado obra cuja responsabilidade era exclusiva da concessionária (art.141).

» Leva-se em consideração, em ambos os casos, a normatização editada pelo Departamento Nacional de Águas e Energia Elétrica – DNAEE, que definia os encargos de responsabilidade da concessionária e do consumidor, relativos a pedidos de extensão de redes de eletrificação, com base na natureza de cada obra. (STJ. 2ª Seção. REsp 1.343.646/PR, Rel. Min. Luis Felipe Salomão, DJe 16/04/2013. recurso repetitivo).

Qual era o instrumento que o consumidor assinava combinando pagar a construção da rede elétrica?

» Não havia uma uniformidade considerando que isso poderia variar de acordo com a concessionária que atuava no Estado. No entanto, observa-se que era comum a existência de dois instrumentos contratuais:

a) "Convênio de devolução": no qual havia previsão de que o aporte financeiro seria restituído ao consumidor; e

b) "Termo de contribuição": no qual havia previsão de que o consumidor não seria reembolsado.

» Obs: se a situação se enquadrava em uma das duas exceções acima expostas (hipóteses nas quais o consumidor tem direito à restituição – REsp 1.343.646/PR), mesmo tendo sido celebrado um termo de contribuição, ainda assim o consumidor tinha direito de ser reembolsado. Em outras palavras, mesmo tendo assinado um termo de contribuição ele poderia ser restituído caso propusesse uma ação judicial considerando que neste caso a previsão de não-reembolso seria ilegal.

Qual é prazo para que o consumidor proponha essa ação de ressarcimento?

» O prazo prescricional irá variar de acordo com a data em que o consumidor deveria ter sido restituído:

1) Se ele deveria ter sido restituído na vigência do Código Civil de 1916: o prazo será de 20 anos;

2) Se ele deveria ter sido restituído na vigência do Código Civil de 2002:

   2.a) O prazo será de 5 anos, se houver previsão contratual de ressarcimento (ex: convênio de devolução);

   2.b) O prazo será de 3 anos, se não houver cláusula de ressarcimento (ex: termo de contribuição).

O que acontece se o prazo prescricional iniciou na vigência do CC-1916 e se estendeu para o CC-2002?

» Nesse caso, deverá ser aplicada a regra de direito intertemporal prevista no art. 2.028 do CC: "Art. 2.028. Serão os da lei anterior os prazos, quando reduzidos por este Código, e se, na data de sua entrada em vigor, já houver transcorrido mais da metade do tempo estabelecido na lei revogada."

» Assim, continua sendo o prazo do CC-1916 (20 anos) se, na data da entrada em vigor do CC-2002, já tinha transcorrido mais da metade do tempo. Em outras palavras, se, quando o CC 2002 entrou em vigor (11/01/2003), já tinha se passado mais de 10 anos da data em que o consumidor deveria ter sido restituído.

» Ex1: consumidor deveria ter sido restituído em 01/01/1990. Isso significa que, quando o CC 2002 entrou em vigor (em 2003), já tinham se passado 13 anos do prazo prescricional. Logo, continua sendo aplicado o prazo do CC 1916 e essa pretensão prescreveu em 2010.

» Ex2: consumidor deveria ter sido restituído em 01/01/1995. Isso significa que, quando o CC 2002 entrou em vigor (em 2003), tinham se passado 8 anos do prazo. Logo, deve ser aplicado o prazo do CC 2002 (5 anos, se havia cláusula de ressarcimento; 3 anos, se não havia cláusula de ressarcimento). Esses prazos do CC 2002 (5 ou 3 anos) serão contados a partir de 11 de janeiro de 2003 (data em que o CC entrou em vigor).

» Ex3: consumidor deveria ter sido restituído em 01/01/2004. Isso significa que deve ser aplicado o prazo do CC 2002 (5 anos, se havia cláusula de ressarcimento; 3 anos, se não havia cláusula de ressarcimento).

Por que o prazo do CC 1916 é de 20 anos?

» Porque se trata de uma ação pessoal proposta contra uma sociedade de economia mista (concessionária de energia elétrica), incidindo o art. 177 do CC-1916: " As ações pessoais prescrevem, ordinariamente, em 20 (vinte) anos (...)" Assim, tanto o pedido de restituição no caso de "convênio de devolução", quanto na hipótese de "termo de contribuição", a ação a ser proposta pelo consumidor será uma "ação pessoal" aplicando-se, portanto, o prazo vintenário de prescrição. Vale ressaltar que não pode ser aplicado o prazo prescricional de 5 anos do Decreto 20.910/32 uma vez que a sociedade de economia mista está fora do conceito de "Fazenda Pública".

Por que existem dois prazos no caso do CC 2002?

» Se no instrumento havia uma cláusula prevendo a devolução dos valores ("convênio de devolução") e a concessionária não cumpriu, a ação a ser proposta pelo consumidor se enquadra como ação de cobrança de dívida líquida prevista em contrato. Logo, aplica-se o art. 206, § 5º, I, do CC 2002. Se no instrumento NÃO havia uma cláusula prevendo a devolução dos valores ("termo de contribuição"), não haverá uma dívida líquida prevista em contrato. Logo, não pode ser aplicado o art. 206, § 5º, I, do CC 2002. Neste caso, o consumidor irá ajuizar uma ação de indenização alegando que houve enriquecimento sem causa da concessionária. Para esse tipo de pretensão, o CC 2002 prevê o prazo prescricional de 3 anos.

OBRIGAÇÕES

Súmula 159-STF: Cobrança excessiva, mas de boa fé, não dá lugar às sanções do art. 1.531 do Código Civil.

▶ *Aprovada em 13/12/1963.*

» Importante.

» A súmula continua válida, mas o art. 1.531 (do CC-1916), mencionado pelo enunciado, é o atual art. 940 do CC-2002.

> Art. 940. Aquele que demandar por dívida já paga, no todo ou em parte, sem ressalvar as quantias recebidas ou pedir mais do que for devido, ficará obrigado a pagar ao devedor, no primeiro caso, o dobro do que houver cobrado e, no segundo, o equivalente do que dele exigir, salvo se houver prescrição.

» A penalidade do art. 940 deve ser aplicada independentemente de a pessoa demandada ter provado qualquer tipo de prejuízo.

» Para que incida o art. 940, é necessário que o credor tenha exigido judicialmente a dívida já paga ("demandar" = "exigir em juízo").

» Segundo a jurisprudência, são exigidos dois requisitos para a aplicação do art. 940: a) cobrança de dívida já paga (no todo ou em parte), sem ressalvar as quantias recebidas; b) má-fé do cobrador (dolo). Por isso, continua válida a Súmula 159-STF.

» Se for uma relação de consumo, o assunto tem um tratamento peculiar no parágrafo único do art. 42 do CDC.

Súmula 245-STJ: A notificação destinada a comprovar a mora nas dívidas garantidas por alienação fiduciária dispensa a indicação do valor do débito.

▶ *Aprovada em 28/03/2001, DJ 17/04/2001.*

» Válida.

Súmula 298-STJ: O alongamento de dívida originada de crédito rural não constitui faculdade da instituição financeira, mas, direito do devedor nos termos da lei.

▶ *Aprovada em 18/10/2004, DJ 22/11/2004.*

» Válida.

Súmula 294-STJ: Não é potestativa a cláusula contratual que prevê a comissão de permanência, calculada pela taxa média de mercado apurada pelo Banco Central do Brasil, limitada à taxa do contrato.

▶ *Aprovada 12/05/2004, DJ 09/09/2004.*

» Importante.

MORA

Súmula 380-STJ: A simples propositura da ação de revisão de contrato não inibe a caracterização da mora do autor.

▶ *Aprovada em 22/04/2009, DJ 05/05/2009.*

Importante.

» A mera propositura de ação em que se conteste o débito não tem o condão de descaracterizar a mora do devedor, fazendo-se necessário, para tal, em sede de decisões antecipatórias ou cautelares, a presença dos seguintes elementos: (i) contestação, total ou parcial, do débito, (ii) plausibilidade jurídica do direito invocado estribada em jurisprudência desta Corte ou do STF e (iii) depósito de parte incontroversa do débito ou prestação de caução idônea (STJ AgRg no REsp 657.237/RS, j. julgado em 22/02/2011).

» Não descaracteriza a mora o ajuizamento isolado de ação revisional, nem mesmo quando o reconhecimento de abusividade incidir sobre os encargos inerentes ao período de inadimplência contratual (STJ AgRg no REsp 1118778/DF, j. em 09/04/2013).

JUROS E CORREÇÃO MONETÁRIA

Súmula vinculante 7-STF: A norma do parágrafo 3º do artigo 192 da Constituição, revogada pela Emenda Constitucional 40/2003, que limitava a taxa de juros reais a 12% ao ano, tinha sua aplicabilidade condicionada à edição de Lei Complementar.

▶ *Aprovada em 11/06/2008, DJe 20/06/2008.*

» Importante.

» O que dizia o § 3º do art. 192 da CF/88: "As taxas de juros reais, nelas incluídas comissões e quaisquer outras remunerações direta ou indiretamente referidas à concessão de crédito, não poderão ser superiores a doze por cento ao ano; a cobrança acima deste limite será conceituada como crime de usura, punido, em todas as suas modalidades, nos termos que a lei determinar."

Súmula 648-STF: A norma do § 3º do art. 192 da Constituição, revogada pela EC 40/2003, que limitava a taxa de juros reais a 12% ao ano, tinha sua aplicabilidade condicionada à edição de lei complementar.

▶ *Aprovada em 24/09/2003, DJ 09/10/2003.*

» Válida.

» O STF tornou o enunciado desta súmula vinculante (SV 7).

Súmula 596-STF: As disposições do Decreto 22.626 de 1933 não se aplicam às taxas de juros e aos outros encargos cobrados nas operações realizadas por instituições públicas ou privadas, que integram o sistema financeiro nacional.

▶ *Aprovada em 15/12/1976, DJ 03/01/1977.*

» Importante.

Súmula 539-STJ: É permitida a capitalização de juros com periodicidade inferior à anual em contratos celebrados com instituições integrantes do Sistema Financeiro Nacional a partir de 31/3/2000 (MP 1.963-17/00, reeditada como MP 2.170-36/01), desde que expressamente pactuada.

Súmula 541-STJ: A previsão no contrato bancário de taxa de juros anual superior ao duodécuplo da mensal é suficiente para permitir a cobrança da taxa efetiva anual contratada.

▶ *Aprovadas em 10/06/2015, DJ 15/06/2015.*

» Importantes.

Capitalização de juros

» A capitalização de juros, também chamada de anatocismo, ocorre quando os juros são calculados sobre os próprios juros devidos. Outras denominações para "capitalização de juros": "juros sobre juros", "juros compostos" ou "juros frugíferos". Normalmente, os juros capitalizados estão presentes nos contratos de financiamento bancário.

» Carlos Roberto Gonçalves explica melhor:

"O anatocismo consiste na prática de somar os juros ao capital para contagem de novos juros. Há, no caso, capitalização composta, que é aquela em que a taxa de juros incide sobre o capital inicial, acrescido dos juros acumulados até o período anterior. Em resumo, pois, o chamado 'anatocismo' é a incorporação dos juros ao valor principal da dívida, sobre a qual incidem novos encargos." (Direito Civil Brasileiro. 8ª ed., São Paulo: Saraiva, 2011, p. 409).

Capitalização anual de juros

» A capitalização de juros foi vedada no ordenamento jurídico brasileiro pelo Decreto 22.626/33 (Lei de Usura), cujo art. 4º estabeleceu: "Art. 4º É proibido contar juros dos juros: esta proibição não compreende a acumulação de juros vencidos aos saldos líquidos em conta corrente de ano a ano."

» O STJ entende que a ressalva prevista na segunda parte do art. 4º (parte grifada) significa que a Lei de Usura permite a capitalização anual. Em outras palavras, a Lei de Usura proibiu, em regra, a capitalização de juros. Exceção: é permitida a capitalização de juros em periodicidade anual.

» O CC-1916 (art. 1.262) e o CC-2002 também permitem a capitalização anual: "Art. 591. Destinando-se o mútuo a fins econômicos, presumem-se devidos juros, os quais, sob pena de redução, não poderão exceder a taxa a que se refere o art. 406, permitida a capitalização anual."

» Desse modo, a capitalização anual sempre foi PERMITIDA (para todos os contratos).

Capitalização de juros com periodicidade inferior a um ano

» Como vimos, a capitalização de juros por ano é permitida, seja para contratos bancários ou não-bancários. O que é proibida, como regra, é a capitalização de juros com periodicidade inferior a um ano. Ex: capitalização mensal de juros (ou seja, a cada mês incidem juros sobre os juros). A capitalização de juros com periodicidade inferior a um ano (ex: capitalização mensal de juros) é proibida também para os bancos? NÃO. A MP n.º 1.963-17, editada em 31 de março de 2000, permitiu às instituições financeiras a capitalização de juros com periodicidade inferior a um ano. Em suma, é permitida a capitalização de juros com periodicidade inferior a um ano em contratos BANCÁRIOS celebrados após 31 de março de 2000, data da publicação da MP 1.963-17/2000 (atual MP 2.170-36/2001), desde que expressamente pactuada. Veja a redação da MP 2.170-36/2001: "Art. 5º Nas operações realizadas pelas instituições integrantes do Sistema Financeiro Nacional, é admissível a capitalização de juros com periodicidade inferior a um ano."

» O STJ confirma essa possibilidade: "Nos contratos celebrados por instituições integrantes do Sistema Financeiro Nacional, posteriormente à edição da MP nº 1.963-17/00 (reeditada sob o nº 2.170-36/01), admite-se a capitalização mensal de juros, desde que expressamente pactuada." (STJ. 3ª Turma, REsp 894.385/RS, Rel. Min. Nancy Andrighi, j. 27.03.2007, DJ 16.04.2007).

» Desse modo, os bancos podem fazer a capitalização de juros com periodicidade inferior a um ano, desde que expressamente pactuada.

Desde que expressamente pactuada

» Repare que a súmula 539 do STJ afirma que a capitalização de juros com periodicidade inferior a um ano só é permitida se isso for expressamente pactuado. Na prática, observa-se que os contratos bancários não trazem uma cláusula dizendo: "os juros vencidos e devidos serão capitalizados mensalmente" ou "fica pactuada a capitalização mensal de juros". O que se verifica, no dia-a-dia, é a previsão das taxas de juros mensal e anual e o contratante, ao assinar o pacto, deverá observar que a taxa de juros anual é superior a 12 vezes a taxa mensal, o que faz com que ela conclua que os juros são capitalizados.

A pergunta que surge é: essa forma comum de previsão da taxa de juros dos contratos bancários é válida? O que significa essa terminologia "desde que expressamente pactuada"? De que modo o contrato bancário deverá informar ao contratante que está adotando juros capitalizados com periodicidade inferior a um ano?

» 1ª corrente: a capitalização de juros deveria estar prevista no contrato bancário de forma clara, precisa e ostensiva. A capitalização de juros não poderia ser deduzida da mera divergência entre a taxa de juros anual e o duodécuplo da taxa de juros mensal (Obs: duodécuplo significa 12 vezes maior).

» 2ª corrente: a capitalização dos juros em periodicidade inferior (ex: capitalização mensal) à anual deve vir pactuada de forma expressa e clara. Ocorre que o fato de o contrato bancário prever taxa de juros anual superior ao duodécuplo (12x) da mensal já é suficiente para que se considere que a capitalização está expressamente pactuada. Em outras palavras, basta que o contrato preveja que a taxa de juros anual será superior a 12 vezes a taxa mensal para que o contratante possa deduzir que os juros são capitalizados. Na prática, isso significa que os bancos não precisam dizer expressamente no contrato que estão adotando a "capitalização de juros", bastando explicitar com clareza as taxas cobradas. A cláusula com o termo "capitalização de juros" será necessária apenas para que, após vencida a prestação sem o devido pagamento, o valor dos juros não pagos seja incorporado ao capital para o efeito de incidência de novos juros.

» O STJ adotou a 2ª corrente: REsp 973.827-RS, 2ª Seção, julgado em 08/08/2012 (recurso repetitivo). A Súmula 541 foi editada para espelhar, de forma mais ostensiva, essa posição.

» **Exemplo:** imagine que em um contrato de financiamento bancário não há nenhuma cláusula dizendo que "fica pactuada a capitalização mensal de juros". No entanto, existe a previsão de que a taxa pré-fixada de juros será de 3,82% ao mês e 47,34% ao ano. Desse modo, percebe-se que a taxa de juros anual é superior ao duodécuplo da mensal, ou seja, a taxa de juros anual é mais que 12x maior que a mensal. Isso nos permite chegar a três conclusões: 1) há capitalização de juros neste contrato; 2) para o STJ, ao prever as taxas de juros dessa forma, o banco já atendeu a exigência de que a capitalização seja expressamente pactuada; 3) mesmo que o contratante questione a pactuação, o banco poderá cobrar essa taxa anual contratada.

Súmula 382-STJ: A estipulação de juros remuneratórios superiores a 12% ao ano, por si só, não indica abusividade.

▶ *Aprovada em 27/05/2009, DJe 08/06/2009.*

» Importante.

» Segundo entende o STJ, os juros pactuados em limite superior a 12% ao ano somente serão considerados abusivos quando ficar comprovado que são discrepantes em relação à taxa de mercado, após vencida a obrigação.

» Se ficar provado que os juros remuneratórios praticados são abusivos, o Poder Judiciário poderá reduzi-los para adequá-los a taxa média do mercado (REsp 1.112.879/PR).

» Aplica-se o CDC aos contratos bancários, mas, no que tange à taxa de juros cobrada pelas instituições financeiras, as regras não são as do CDC e sim as da Lei nº 4.595/64 e da Súmula 596 do STF.

Súmula 121-STF: É vedada a capitalização de juros, ainda que expressamente convencionada.

▶ *Aprovada em 13/12/1963.*

» Válida, como regra geral, mas há ressalva, não podendo ser interpretada de forma absoluta, considerando que é possível a capitalização se for expressamente pactuada e desde que haja legislação específica que a autorize.

» A capitalização de juros, também chamada de anatocismo, ocorre quando os juros são calculados sobre os próprios juros devidos.

» A capitalização ANUAL de juros é permitida, seja para contratos bancários ou não-bancários.

» A capitalização de juros com periodicidade inferior a um ano, em regra, é vedada. Exceção: é permitida a capitalização de juros com periodicidade inferior a um ano em contratos de mútuo BANCÁRIO celebrados após 31 de março de 2000, data da publicação da MP 1.963-17/2000 (atual MP 2.170-36/2001), desde que expressamente pactuada (STJ REsp 1112879/PR).

» A capitalização dos juros em periodicidade inferior à anual deve vir pactuada de forma expressa e clara. Para isso, basta que, no contrato, esteja prevista a taxa de juros anual superior ao duodécuplo da mensal. Os bancos não precisam dizer expressamente no contrato que estão adotando a "capitalização de juros", bastando explicitar com clareza as taxas cobradas (STJ. 2ª Seção. REsp 973.827-RS, julgado em 27/6/2012).

Súmula 30-STJ: A comissão de permanência e a correção monetária são inacumuláveis.

▶ *Aprovada em 09/10/1991, DJ 18/10/1991.*

» Importante.

Súmula 472-STJ: A cobrança de comissão de permanência – cujo valor não pode ultrapassar a soma dos encargos remuneratórios e moratórios previstos no contrato – exclui a exigibilidade dos juros remuneratórios, moratórios e da multa contratual.

▶ *Aprovada em 13/06/2012, DJe 19/06/2012.*

» Importante.

Súmula 255-STF: Sendo líquida a obrigação, os juros moratórios, contra a Fazenda Pública, incluídas as autarquias, são contados do trânsito em julgado da sentença de liquidação.

▶ *Aprovada em 13/12/1963.*

» Cancelada.

Súmula 163-STF: ~~Salvo contra a Fazenda Pública~~, sendo a obrigação ilíquida, contam-se os juros moratórios desde a citação inicial para a ação.

▶ *Aprovada em 13/12/1963.*

» Superada, em parte.

» A primeira parte dessa súmula ("Salvo contra a Fazenda Pública") não é mais válida por força da Lei nº 4.414/64.

» Assim, sendo a obrigação ilíquida, contam-se os juros moratórios desde a citação inicial, mesmo que seja uma ação contra a Fazenda Pública.

» CC-2002. Art. 405. Contam-se os juros de mora desde a citação inicial.

Súmula 254-STF: Incluem-se os juros moratórios na liquidação, embora omisso o pedido inicial ou a condenação.

▶ *Aprovada em 13/12/1963.*

» Válida.

Súmula 283-STJ: As empresas administradoras de cartão de crédito são instituições financeiras e, por isso, os juros remuneratórios por elas cobrados não sofrem as limitações da Lei de Usura.

▶ *Aprovada em 28/04/2004, DJ 13/05/2004.*

» Válida.

Súmula 296-STJ: Os juros remuneratórios, não cumuláveis com a comissão de permanência, são devidos no período de inadimplência, à taxa média de mercado estipulada pelo Banco Central do Brasil, limitada ao percentual contratado.

▶ *Aprovada em 12/05/2004, DJ 09/09/2004.*

» Válida.

Súmula 379-STJ: Nos contratos bancários não regidos por legislação específica, os juros moratórios poderão ser fixados em até 1% ao mês.

▶ *Aprovada em 22/04/2009, DJe 05/05/2009.*

» Válida.

RESPONSABILIDADE CIVIL

Súmula 132-STJ: A ausência de registro da transferência não implica a responsabilidade do antigo proprietário por dano resultante de acidente que envolva o veículo alienado.

▶ *Aprovada em 26/04/1995, DJ 05/05/1995.*

» Importante.

Súmula 261-STF: Para a ação de indenização, em caso de avaria, é dispensável que a vistoria se faça judicialmente.

▶ *Aprovada em 13/12/1963.*

» Válida.

Súmula 246-STJ: O valor do seguro obrigatório deve ser deduzido da indenização judicialmente fixada.

▶ *Aprovada em 28/03/2001, DJ 17/0/2001.*

» Válida.

Súmula 562-STF: Na indenização de danos materiais decorrentes de ato ilícito cabe a atualização de seu valor, utilizando-se, para esse fim, dentre outros critérios, os índices de correção monetária.

▶ *Aprovada em 15/12/1976, DJ 03/01/1977.*

» Válida, mas diz apenas o óbvio.

Súmula 43-STJ: Incide correção monetária sobre dívida por ato ilícito a partir da data do efetivo prejuízo.

▶ *Aprovada em 14/05/1992, DJ 20/05/1992.*

Súmula 362-STJ: A correção monetária do valor da indenização do dano moral incide desde a data do arbitramento.

▶ *Aprovada em 15/10/2008, DJe 03/11/2008.*

» Importantes.

» Correção monetária e danos materiais: EFETIVO PREJUÍZO.

» Correção monetária e danos morais: ARBITRAMENTO.

Súmula 490-STF: A pensão correspondente a indenização oriunda de responsabilidade civil ~~deve~~ ser calculada com base no salário-mínimo vigente ao tempo da sentença e ajustar-se-á às variações ulteriores.

▶ *Aprovada em 03/12/1969, DJ 10/12/1969.*

» Superada, em parte.

» De acordo com o § 4º do art. 533 do CPC/2015, "a prestação alimentícia poderá ser fixada tomando por base o salário-mínimo". Logo, é uma possibilidade e não um dever do magistrado.

» Segundo o STJ, o princípio fundamental firmado pela Súmula 490 do STF, é o de propiciar o ressarcimento mais eficaz possível à vítima do ilícito civil, e não o de estabelecer uma regra imutável quanto ao cálculo do valor a ser pago. Assim, se o juiz fixar a indenização com base no salário mínimo vigente na data do pagamento, isso não configura afronta ao aludido enunciado a ponto de justificar o cabimento de recurso especial (AgRg no Ag 1195520/RJ, Rel. Min. Luiz Fux, julgado em 03/11/2009).

Súmula 491-STF: É indenizável o acidente que cause a morte de filho menor, ainda que não exerça trabalho remunerado.

▶ *Aprovada em 03/12/1969, DJ 10/12/1969.*

» Importante.

Súmula 492-STF: A empresa locadora de veículos responde, civil e solidariamente com o locatário, pelos danos por este causados a terceiro, no uso do carro locado.

▶ *Aprovada em 03/12/1969, DJ 10/12/1969.*

» Válida.

» Apesar de ter sido editado em 1969, o enunciado encontra-se de acordo com a teoria do risco adotada no parágrafo único do art. 927 do CC.

Súmula 341-STF: É presumida a culpa do patrão ou comitente pelo ato culposo do empregado ou preposto.

▶ *Aprovada em 13/12/1963.*

» Superada.

» A súmula dizia que essa responsabilidade era com culpa presumida (havia uma presunção relativa de que o patrão ou comitente agiu com culpa).

» Ocorre que, com o CC-2002, a responsabilidade do empregador ou comitente pelos atos de seus empregados, serviçais e prepostos passou a ser OBJETIVA (art. 932, III c/c art. 933 do CC-2002).

» No sistema da culpa presumida, há uma inversão do ônus da prova, mas ainda é possível se discutir culpa. Já na responsabilidade objetiva, não há discussão de culpa.

» Enunciado 451 da Jornada de Direito Civil.

Súmula 54-STJ: Os juros moratórios fluem a partir do evento danoso, em caso de responsabilidade extracontratual.

▶ *Aprovada em 24/09/1992, DJ 01/10/1992.*

» Importante.

» Em caso de responsabilidade extracontratual, aplica-se o art. 398 do CC-2002 (e não o art. 405).

» CC-2002. Art. 398. Nas obrigações provenientes de ato ilícito, considera-se o devedor em mora, desde que o praticou.

» Na responsabilidade civil extracontratual, se houver a fixação de pensionamento mensal, os juros moratórios deverão ser contabilizados a partir do vencimento de cada prestação, e não da data do evento danoso ou da citação. Não se aplica ao caso a súmula 54 do STJ, que somente tem incidência para condenações que são fixadas em uma única parcela. Se a condenação for por responsabilidade extracontratual, mas o juiz fixar pensão mensal, neste caso, sobre as parcelas já vencidas incidirá juros de mora a contar da data em que venceu cada prestação. Sobre as parcelas vincendas, em princípio não haverá juros de mora, a não ser que o devedor atrase o pagamento, situação na qual os juros irão incidir sobre a data do respectivo vencimento. STJ. 4ª Turma. REsp 1.270.983-SP, Rel. Min. Luis Felipe Salomão, julgado em 8/3/2016 (Info 580).

Súmula 221-STJ: São civilmente responsáveis pelo ressarcimento de dano, decorrente de publicação pela imprensa, tanto o autor do escrito quanto o proprietário do veículo de divulgação.

▶ *Aprovada em 12/05/1999, DJ 26/05/1999.*

» Importante.

» O enunciado nº 221 da Súmula/STJ não se aplica exclusivamente à imprensa escrita, abrangendo também outros veículos de imprensa, como rádio e televisão (REsp 1138138/SP, j. em 25/09/2012).

» A presente súmula incide sobre todas as formas de imprensa, alcançado, assim, também os serviços de provedoria de informação, cabendo àquele que mantém blog exercer o seu controle editorial, de modo a evitar a inserção no site de matérias ou artigos potencialmente danosos. Assim, o titular de blog é responsável pela reparação dos danos morais decorrentes da inserção, em seu site, por sua conta e risco, de artigo escrito por terceiro (STJ REsp 1.381.610-RS, j. em 3/9/2013).

Súmula 186-STJ: ~~Nas indenizações por ato ilícito, os juros compostos somente são devidos por aquele que praticou o crime.~~

▶ *Aprovada em 16/10/1996, DJ 22/10/1996.*

» Superada.

» A súmula era baseada em regra prevista no art. 1.544 do CC-1916, que não foi repetida pelo CC-2002.

DANO MORAL

Súmula 227-STJ: A pessoa jurídica pode sofrer dano moral.

▸ *Aprovada em 08/09/1999, DJ 08/10/1999.*

» Importante.

» Segundo o STJ, a pessoa jurídica pode sofrer dano moral, desde que haja ofensa à sua honra objetiva, ou seja, ao conceito de que goza no meio social (REsp 1298689/RS, j. em 09/04/2013).

» A pessoa jurídica de direito público não tem direito à indenização por danos morais relacionados à violação da honra ou da imagem. Não é possível pessoa jurídica de direito público pleitear, contra particular, indenização por dano moral relacionado à violação da honra ou da imagem (STJ REsp 1.258.389-PB, j. em 17/12/2013).

Súmula 370-STJ: Caracteriza dano moral a apresentação antecipada de cheque pré-datado.

▸ *Aprovada em 16/02/2009, DJe 25/02/2009.*

» Importante.

Súmula 385-STJ: Da anotação irregular em cadastro de proteção ao crédito, não cabe indenização por dano moral, quando preexistente legítima inscrição, ressalvado o direito ao cancelamento.

▸ *Aprovada em 27/05/2009, DJe 08/06/2009.*

» Importante.

» Veja comentários em Direito do Consumidor.

Súmula 37-STJ: São cumuláveis as indenizações por dano material e dano moral oriundos do mesmo fato.

▸ *Aprovada em 12/03/1992, DJ 17/03/1992.*

» Válida.

Súmula 387-STJ: É lícita a cumulação das indenizações de dano estético e dano moral.

▸ *Aprovada em 26/08/2009, DJe 01/09/2009.*

» Importante.

» É lícita a cumulação das indenizações de dano estético e dano moral, ainda que derivados de um mesmo fato, mas desde que um e outro possam ser reconhecidos autonomamente, sendo, portanto, passíveis de identificação em separado (REsp 812.506/SP, julgado em 19/04/2012).

Súmula 388-STJ: A simples devolução indevida de cheque caracteriza dano moral.

▶ *Aprovada em 26/08/2009, DJe 01/09/2009.*

» Importante.

Súmula 403-STJ: Independe de prova do prejuízo a indenização pela publicação não autorizada da imagem de pessoa com fins econômicos ou empresariais.

▶ *Aprovada em 28/10/2009, DJe 24/11/2009.*

» Importante.

Súmula 281-STJ: A indenização por dano moral não está sujeita à tarifação prevista na Lei de Imprensa.

▶ *Aprovada em 28/04/2004, DJ 13/05/2004.*

» Válida.

» Deve-se ressaltar, no entanto, que, após a edição da presente súmula, o STF foi além e decidiu que a íntegra da Lei de Imprensa (Lei nº 5.250/1967) não foi recepcionada pela CF/88 (ADPF 130, j. em 30/04/2009).

Súmula 28-STF: O estabelecimento bancário é responsável pelo pagamento de cheque falso, ressalvadas as hipóteses de culpa exclusiva ~~ou concorrente~~ do correntista.

▶ *Aprovada em 13/12/1963.*

» Superada, em parte.

» A parte riscada desta súmula está superada. Segundo entendimento do STF, o Código de Defesa do Consumidor é aplicado nas relações entre as instituições financeiras e seus clientes (ADI 2591/DF).

» O CDC afirma que somente a culpa exclusiva do consumidor (no caso, o correntista) é que exclui a responsabilidade do fornecedor de serviços (art. 14, § 3º, II). Logo, mesmo havendo culpa concorrente do correntista, persistirá a responsabilidade do estabelecimento bancário. A culpa concorrente servirá, no máximo, como fator de atenuação do montante indenizatório.

Súmula 313-STJ: Em ação de indenização, procedente o pedido, é necessária a constituição de capital ou caução fidejussória para a garantia de pagamento da pensão, independentemente da situação financeira do demandado.

▶ *Aprovada em 25/05/2005, DJ 06/06/2005.*

» Válida, mas a interpretação desse enunciado deverá ser feita de acordo com o art. 533 do CPC 2015, devendo-se ter cuidado com a parte final da súmula.

» O novo CPC, editado posteriormente à súmula, autorizou a dispensa de constituição do referido capital quando o demandado for pessoa jurídica de notória capacidade econômica, prevendo uma exceção à parte final do enunciado ("independentemente da situação financeira do demandado").

» Em suma, é importante conhecer a Súmula 313-STJ, mas principalmente as peculiaridades trazidas pelo art. 533 do CPC 2015.

Súmula 493-STF: ~~O valor da indenização, se consistente em prestações periódicas e sucessivas, compreenderá, para que se mantenha inalterável na sua fixação, parcelas compensatórias do imposto de renda, incidente sobre os juros do capital gravado ou caucionado, nos termos dos artigos 911 e 912 do Código de Processo Civil.~~

▸ *Aprovada em 03/12/1969.*

» Superada.
» O tema agora é tratado pelo art. 533 do CPC 2015.

DPVAT

Súmula 470-STJ: ~~O Ministério Público não tem legitimidade para pleitear, em ação civil pública, a indenização decorrente do DPVAT em benefício do segurado.~~

▸ *Aprovada em 24/11/2010, DJe 06/12/2010.*

» Cancelada.
» O Plenário do STF decidiu que o Ministério Público tem legitimidade para defender contratantes do seguro obrigatório DPVAT (RE 631.111/GO, Rel. Min. Teori Zavascki, julgado em 06 e 07/08/2014. Repercussão Geral). Por essa razão, o STJ cancelou a súmula 470 (REsp 858.056/GO).

Súmula 474-STJ: A indenização do seguro DPVAT, em caso de invalidez parcial do beneficiário, será paga de forma proporcional ao grau da invalidez.

▸ *Aprovada em 13/06/2012, DJe 19/06/2012.*

» Válida.

Qual é o valor da indenização de DPVAT prevista na Lei?

a) no caso de morte: R$ 13.500,00 (por vítima);

b) no caso de invalidez permanente: até R$ 13.500,00 (por vítima);

c) no caso de despesas de assistência médica e suplementares: até R$ 2.700,00 como reembolso à cada vítima.

» A Lei nº 6.194/74, em seu art. 3º, II, prevê que a indenização no caso de invalidez permanente será de até R$ 13.500,00, mas não estabeleceu critérios para se graduar essa quantia. Em outras palavras, nem toda invalidez irá gerar o pagamento do valor máximo, mas, por outro lado, a legislação não forneceu parâmetros para se escalonar essa indenização.

» O STJ afirmou que o valor da indenização deverá ser proporcional ao grau da invalidez permanente apurada.

Súmula 544-STJ: É válida a utilização de tabela do Conselho Nacional de Seguros Privados para estabelecer a proporcionalidade da indenização do seguro DPVAT ao grau de invalidez também na hipótese de sinistro anterior a 16/12/2008, data da entrada em vigor da Medida Provisória n. 451/2008.

▶ *Aprovada em 26/08/2015, DJe 31/08/2015.*

» Válida.

» A Lei nº 6.194/74 foi lacunosa e não previu os critérios para se graduar a indenização a ser paga em caso de invalidez permanente. Diante dessa omissão da lei, o Conselho Nacional de Seguros Privados (CNSP) elaborou uma tabela prevendo limites indenizatórios de acordo com as diferentes espécies de sinistros. Assim, essa tabela previa, por exemplo: a) Perda total da visão de um olho: a vítima receberá X% do valor da indenização; b) Fratura não consolidada do maxilar inferior: a vítima receberá Y% do valor da indenização.

» Como essa tabela não estava prevista em lei, ela era muito questionada. As vítimas que sofriam invalidez permanente, mas não recebiam o valor máximo, ingressavam com ações afirmando que tal escalonamento feito pelo CNSP violava o princípio da legalidade.

MP 451/2008 (publicada em 16/12/2008)

» Com o objetivo de evitar esses questionamentos, foi editada a Medida Provisória nº 451/2008 (convertida na Lei nº 11.945/2009), que acrescentou um anexo à Lei nº 6.194/74, prevendo expressamente, por meio de uma tabela, situações caracterizadoras de invalidez permanente.

» Assim, a tabela de graduação dos tipos de indenização e dos valores a serem pagos, que antes era trazida em ato do CNSP, foi prevista, a partir da MP, na própria lei do DPVAT.

» Dessa forma, com a inclusão da aludida tabela na própria Lei nº 6.194/74, encerrou-se a polêmica acerca dos critérios para o cálculo da indenização proporcional em relação aos acidentes de trânsito ocorridos após a entrada em vigor da MP 451/2008. Em outras palavras, as pessoas que se acidentaram após a MP 451/2008 (16/12/2008) já não mais podiam questionar a tabela porque agora ela estava prevista em lei.

Ok. Mas e na época em que a tabela não era prevista em lei, mas apenas no ato do CNSP, ela era válida? Dito de outro modo, no caso de acidentes ocorridos antes da MP 451/2008 (16/12/2008), era possível aplicar as tabelas do CNSP?

» SIM. O STJ decidiu que mesmo em caso de acidentes de trânsito ocorridos antes da MP 451/2008 (16/12/2008), já era válida a utilização da tabela do CNSP para se estabelecer proporcionalidade entre a indenização a ser paga e o grau da invalidez. Esse entendimento foi pacificado pela 2ª Seção no REsp 1.303.038-RS, Rel. Min. Paulo de Tarso Sanseverino, julgado em 12/3/2014 (recurso repetitivo) (Info 537), sendo este julgado o principal precedente que deu origem à Súmula 567.

Qual foi o fundamento utilizado pelo STJ para validar a tabela do CNSP mesmo antes da MP 451/2008?

» Segundo afirmou o Min. Paulo de Tarso Sanseverino, a declaração de invalidade da tabela não seria a melhor solução, pois a ausência de percentuais previamente estabelecidos para o cálculo da indenização causaria grande insegurança jurídica, uma vez que o valor da indenização passaria a depender exclusivamente de um juízo subjetivo do magistrado. Além disso, os valores estabelecidos pela tabela para a indenização proporcional pautavam-se por um critério de razoabilidade em conformidade com a gravidade das lesões corporais sofridas pela vítima do acidente de trânsito.

Mas o CNSP poderia ter editado um ato normativo como esse?

» SIM. O art. 7º do Decreto-Lei 73/1966 prevê que "Compete privativamente ao Governo Federal formular a política de seguros privados, legislar sobre suas normas gerais e fiscalizar as operações no mercado nacional". Essa competência normativa foi recepcionada pela CF/88 e, com base nela, foi que o CNSP editou a referida tabela. Vale ressaltar, ainda, que a tabela do CNSP não era de observância sempre obrigatória. Era prevista a possibilidade de o magistrado, diante das peculiaridades do caso concreto, fixar indenização segundo outros critérios.

Súmula 278-STJ: O termo inicial do prazo prescricional, na ação de indenização, é a data em que o segurado teve ciência inequívoca da incapacidade laboral.

▶ *Aprovada em 14/05/2003, DJ 16/06/2003.*

» Válida.

Súmula 573-STJ: Nas ações de indenização decorrentes de seguro DPVAT, a ciência inequívoca do caráter permanente da invalidez, para fins de contagem do prazo prescricional, depende de laudo médico, exceto nos casos de invalidez permanente notória ou naqueles em que o conhecimento anterior resulte comprovado na fase de instrução.

▶ *Aprovada em 13/06/2012, DJe 19/06/2012.*

» Válida.

Caso a pessoa beneficiária do DPVAT não receba a indenização ou não concorde com o valor pago pela seguradora, ela poderá buscar auxílio do Poder Judiciário?

» Sim. A pessoa poderá ajuizar uma ação de cobrança contra a seguradora objetivando a indenização decorrente de DPVAT.

Qual é o prazo para as ações decorrentes do DPVAT?

» A ação de cobrança do seguro obrigatório DPVAT prescreve em 3 anos (Súmula 405-STJ).

A partir de quando se inicia a contagem desse prazo no caso da invalidez?

Súmula 278-STJ: O termo inicial do prazo prescricional, na ação de indenização, é a data em que o segurado teve ciência inequívoca da incapacidade laboral.

Quando se considera que a pessoa teve ciência inequívoca da invalidez?

» **REGRA:** a ciência inequívoca do caráter permanente da invalidez depende de laudo médico. Assim, para efeitos de início do prazo prescricional, considera-se que o segurado somente tem ciência da invalidez permanente quando é produzido um laudo médico atestando essa condição.

» **EXCEÇÕES:** o prazo prescricional se inicia mesmo sem ter sido feito laudo médico se:

a) a invalidez permanente for notória (ex: acidente no qual a vítima teve amputada suas duas pernas); ou

b) se o conhecimento anterior resultar comprovado na fase de instrução.

» Dessa forma, exceto nos casos de invalidez permanente notória, ou naqueles em que o conhecimento anterior resulte comprovado na fase de instrução, a ciência inequívoca do caráter permanente da invalidez depende de laudo médico.

Súmula 257-STJ: A falta de pagamento do prêmio do seguro obrigatório de Danos Pessoais Causados por Veículos Automotores de Vias Terrestres (DPVAT) não é motivo para a recusa do pagamento da indenização.

▶ *Aprovada em 08/08/2001, DJ 29/08/2001.*

» Válida.

Súmula 246-STJ: O valor do seguro obrigatório deve ser deduzido da indenização judicialmente fixada.

▶ *Aprovada em 28/03/2001, DJ 17/04/2001.*

» Válida.

» *Exemplo:*

» Ricardo sofreu um acidente de trânsito causado por João e ficou com invalidez permanente. Ricardo procurou a seguradora "X", devidamente credenciada, para receber seu DPVAT, tendo-lhe sido pago o valor de R$ 10 mil. Algum tempo depois, Ricardo ajuizou ação de indenização por danos materiais contra João. O juiz condenou João a pagar R$ 30 mil a Ricardo a título de danos materiais (despesas com médicos, remédios, transporte etc.). João pediu que desses R$ 30 mil fossem descontados os R$ 10 mil que Ricardo já havia recebido do DPVAT. Assim, restaria a ele pagar R$ 20 mil à vítima.

Esse pedido de João deverá ser aceito? O valor do DPVAT recebido deverá ser abatido (descontado) do valor que a vítima tem a receber na indenização por DANOS MATERIAIS fixada judicialmente?

» SIM. É este o teor da Súmula 246 do STJ.

» Consoante entendimento do STJ, "o valor do seguro obrigatório deve ser deduzido da indenização judicialmente fixada (Súmula 246/STJ), sendo que essa dedução efetuar-se-á mesmo quando não restar comprovado que a vítima tenha recebido o referido seguro" (EDcl no REsp 1.198.490/DF, 3ª Turma, Rel. Min. Vasco Della Giustina, DJe de 04/11/2011).

Súmula 426-STJ: Os juros de mora na indenização do seguro DPVAT fluem a partir da citação.

▸ *Aprovada em 10/03/2010, DJe 13/05/2010.*

» Válida.

Súmula 580-STJ: A correção monetária nas indenizações do seguro DPVAT por morte ou invalidez, prevista no § 7º do art. 5º da Lei nº 6.194/1974, redação dada pela Lei nº 11.482/2007, incide desde a data do evento danoso.

▸ *Aprovada em 14/09/2016, DJe 19/09/2016.*

» Válida.

Imagine a seguinte situação hipotética:

» A esposa de João faleceu em um acidente de trânsito. João pleiteou, então, o pagamento da indenização de R$ 13.500,00 prevista no inciso I do art. 3º da Lei nº 6.194/74. No entanto, João defendeu a seguinte tese: ora, esse valor é o mesmo desde 2006 (quando a MP 340/2006 foi editada). Isso não é justo porque em todos os pagamentos de valores deverá haver correção monetária.

» Desse modo, João sustentou que o valor que seria pago a ele, ou seja, os R$ 13.500,00, deveria ser corrigido monetariamente desde 2006 até o momento do seu pagamento.

A tese de João foi aceita pela jurisprudência? Os valores da indenização do DPVAT deverão ser atualizados (corrigidos monetariamente) desde 2006, ou seja, quando tais quantias foram previstas na lei em quantias fixas?

» NÃO. A MP 340/2006 (convertida na Lei 11.482/2007) não previu que os valores deveriam ser corrigidos desde 2006. Isso não foi determinado pela MP. Assim, infelizmente, tais indenizações foram, ao longo dos anos, perdendo valor real diante da inflação.

Mas a Lei do DPVAT (Lei nº 6.194/74) não prevê nenhum tipo de correção monetária? Ela não fala disso em nenhum dispositivo?

» Prevê sim. O § 7º do art. 5º da Lei nº 6.194/74 (Incluído pela Lei nº 11.482/2007) estabelece o seguinte: "Art. 5º (...) § 7º Os valores correspondentes às indenizações, na hipótese de não cumprimento do prazo para o pagamento da respectiva obrigação pecuniária, sujeitam-se à correção monetária segundo índice oficial regularmente estabelecido e juros moratórios com base em critérios fixados na regulamentação específica de seguro privado."

» Desse modo, a única correção monetária que a Lei do DPVAT previu foi para o caso de a indenização não ser quitada no prazo de 30 dias, que é o tempo previsto na Lei para que a seguradora pague o beneficiário (art. 5º, § 1º). Assim, demorando mais de 30 dias para ser paga a indenização, deverá incidir correção monetária, que será contada, no entanto, desde a data do evento danoso.

Resumindo: Existe correção monetária dos valores do DPVAT desde 2006?

» NÃO. Tais valores foram previstos em quantias fixas e a MP e a Lei não previram formas de corrigir essas quantias (infeliz opção do legislador, que não pode ser consertada pelo Poder Judiciário).

Existe alguma forma de correção monetária dos valores do DPVAT?

» SIM. A Lei prevê que, se a seguradora demorar mais que 30 dias para pagar a indenização após o recebimento dos documentos, o beneficiário deverá receber os valores com correção monetária, mas o termo inicial desta correção não é 2006 e sim a data do evento danoso.

Súmula 405-STJ: A ação de cobrança do seguro obrigatório DPVAT prescreve em três anos.

▶ *Aprovada em 28/10/2009, DJe 24/11/2009.*

» Válida (art. 206, § 3º, IX, do CC-2002).

Súmula 540-STJ: Na ação de cobrança do seguro DPVAT, constitui faculdade do autor escolher entre os foros do seu domicílio, do local do acidente ou ainda do domicílio do réu.

▶ *Aprovada em 10/06/2015, DJe 15/06/2015.*

» Importante.

Imagine a seguinte situação:

» Ricardo, que mora em Uberlândia (MG), sofreu um acidente de trânsito em Belo Horizonte (MG), ficou com invalidez permanente e procurou extrajudicialmente a seguradora X, devidamente credenciada, para receber seu DPVAT. A seguradora, que é sediada em São Paulo (SP), negou o pagamento, alegando que faltaram determinados documentos. Em razão disso, Ricardo procura um advogado a fim de ajuizar uma ação contra a seguradora.

Essa ação, que é de competência da Justiça Estadual, deverá ser proposta em qual comarca?

» O autor poderá escolher, dentre três opções, o local onde irá ajuizar a ação:

   a) no foro do local do acidente (art. 100, parágrafo único do CPC 1973 / art. 53, V, do CPC 2015);

   b) no foro do seu domicílio (art. 100, parágrafo único do CPC / art. 53, V, do CPC 2015); ou

   c) no foro do domicílio do réu (art. 94 do CPC 1973 / art. 46 do CPC 2015).

» Veja o fundamento no CPC/2015 para essa possibilidade:

   Art. 46. A ação fundada em direito pessoal ou em direito real sobre bens móveis será proposta, em regra, no foro de domicílio do réu.

   Art. 53. É competente o foro:

   V – de domicílio do autor ou do local do fato, para a ação de reparação de dano sofrido em razão de delito ou acidente de veículos, inclusive aeronaves.

» O STJ entende que essas duas previsões acima listadas não se excluem, mas ao contrário, se completam. Em outras palavras, são todas opções colocadas à disposição do autor.

» A demanda objetivando o recebimento do seguro obrigatório DPVAT é de natureza pessoal, fazendo com que a competência para a ação seja, em princípio, do foro do domicílio do réu (art. 53, V, do CPC 2015).

» Trata-se, contudo, de uma faculdade, ou seja, uma comodidade oferecida ao lesado. Se é uma faculdade (algo fixado em seu favor), nada impede que o beneficiário da norma especial "abra mão" desta prerrogativa, ajuizando a ação no foro domicílio do réu, que é a regra geral (art. 94 do CPC 1973 / art. 46 do CPC 2015). Para o réu, não haverá prejuízo. Ao contrário, se ele for demandado em seu domicílio, será até melhor para a sua defesa. Assim, estamos diante de um típico caso de competência concorrente (STJ. 2ª Seção. REsp 1357813/RJ, Rel. Min. Luis Felipe Salomão, julgado em 11/09/2013).

» Confira o que diz a doutrina sobre essa hipótese de competência concorrente:

   "A competência do foro do lugar do acidente, ou delito, para a ação de reparação do dano por ele causado, não é exclusiva. O parágrafo em exame a considera concorrente com a do foro do domicílio do autor, cabendo a este optar por um desses dois foros. Tratando-se de regra criada em favor da vítima do delito ou acidente, pode ela abrir mão dessa prerrogativa e, se lhe convier, ajuizar a ação no foro do domicílio do réu. Como se vê há, na realidade, três foros concorrentes, à escolha do autor: o do lugar do fato, o do domicílio do autor e o do domicílio do réu. E o réu não tem poder legal de se opor a essa escolha." (BARBI, Celso Agrícola. Comentários ao Código de Processo Civil. Vol. I. 13. ed. Rio de Janeiro: Forense, 2008. p. 351-352).

CLÁUSULA DE FORO DE ELEIÇÃO

Súmula 335-STF: É válida a cláusula de eleição do foro para os processos oriundos do contrato.

▸ *Aprovada em 13/12/1963.*

» Válida, mas há ressalvas.

» A cláusula que estipula a eleição de foro em contrato de adesão é válida, salvo se demonstrada a hipossuficiência ou a inviabilização do acesso ao Poder Judiciário (STJ REsp 1299422/MA, julgado em 06/08/2013).

» "Não se tratando de contrato de adesão e nem de contrato regido pelo Código de Defesa do Consumidor, não havendo circunstância alguma de fato da qual se pudesse inferir a hipossuficiência intelectual ou econômica das recorridas, deve ser observado o foro de eleição estabelecido no contrato" (STJ REsp 1263387/PR, julgado em 04/06/2013).

COMPRA E VENDA

Súmula 165-STF: A venda realizada diretamente pelo mandante ao mandatário não é atingida pela nulidade do art. 1.133, II, do Código Civil.

▸ *Aprovada em 13/12/1963.*

» Superada.

Súmula 152-STF: A ação para anular venda de ascendente a descendente, sem consentimento dos demais, prescreve em quatro anos, a contar da abertura da sucessão.

▸ *Aprovada em 13/12/1963.*

» Cancelada pela Súmula 494-STF.

Súmula 494-STF: A ação para anular venda de ascendente a descendente, sem consentimento dos demais, prescreve em vinte anos, contados da data do ato, revogada a súmula 152.

▸ *Aprovada em 13/12/1963.*

» Superada.

» A ação para anular venda de ascendente a descendente, sem consentimento dos demais, prescreve em 2 anos, contados da data do ato, nos termos do art. 179 do CC-2002.

CONTRATO DE TRANSPORTE

Súmula 187-STF: A responsabilidade contratual do transportador, pelo acidente com o passageiro, não é elidida por culpa de terceiro, contra o qual tem ação regressiva.

▶ *Aprovada em 13/12/1963.*

» Válida.
» É o teor do art. 735 do CC-2002.

Súmula 161-STF: Em contrato de transporte, é inoperante a cláusula de não indenizar.

▶ *Aprovada em 13/12/1963.*

» Válida.

Súmula 145-STJ: No transporte desinteressado, de simples cortesia, o transportador só será civilmente responsável por danos causados ao transportado quando incorrer em dolo ou culpa grave.

▶ *Aprovada em 08/11/1995, DJ 17/11/1995.*

» Importante.
» Resta configurada a culpa grave do condutor de veículo que transporta gratuitamente passageiro, de forma irregular, ou seja, em carroceria aberta, uma vez que previsível a ocorrência de graves danos, ainda que haja a crença de que eles não irão acontecer (STJ REsp 685.791/MG, julgado em 18/02/2010).

Súmula 151-STF: Prescreve em um ano a ação do segurador sub-rogado para haver indenização por extravio ou perda de carga transportada por navio.

▶ *Aprovada em 13/12/1963.*

» Válida.
» Nesse sentido: STJ. 4ª Turma. REsp 1.278.722-PR, Rel. Min. Luis Felipe Salomão, julgado em 24/5/2016 (Info 586).

Súmula 109-STJ: O reconhecimento do direito a indenização, por falta de mercadoria transportada via marítima, independe de vistoria.

▶ *Aprovada em 28/09/1994, DJ 05/10/1994.*

» Válida.

Súmula 35-STF: Em caso de acidente do trabalho ou de transporte, a concubina tem direito de ser indenizada pela morte do amásio, se entre eles não havia impedimento para o matrimônio.

▶ *Aprovada em 13/12/1963.*

» Superada, em parte.

Atualmente, a forma correta de ler essa súmula é a seguinte:

» "Em caso de acidente do trabalho ou de transporte, o(a) companheiro(a) tem direito de ser indenizado(a) pela morte da pessoa com quem vivia em união estável".

» O termo concubinato é, atualmente, reservado apenas para o relacionamento entre duas pessoas no qual pelo menos uma delas é impedida de casar (art. 1.727 do CC).

CONTRATO DE SEGURO

Súmula 402-STJ: O contrato de seguro por danos pessoais compreende danos morais, salvo cláusula expressa de exclusão.

▶ *Aprovada em 28/10/200, DJe 24/11/2009.*

» Válida.

Súmula 529-STJ: No seguro de responsabilidade civil facultativo, não cabe o ajuizamento de ação pelo terceiro prejudicado direta e exclusivamente em face da seguradora do apontado causador do dano.

▶ *Aprovada em 13/05/2015, DJe 18/05/2015.*

» Importante.

Imagine a seguinte situação hipotética:

» Pedro estava dirigindo seu veículo, quando foi abalroado por trás pelo carro de José. Aparentemente, a culpa pelo acidente foi de José (ele foi o causador do dano). Felizmente, José possui contrato de seguro de veículos com a "Seguradora X".

Pedro (terceiro prejudicado), sabendo que José tem contrato de seguro, pode deixar de lado o causador do dano e ajuizar ação de indenização apenas contra a "Seguradora X" cobrando seu prejuízo?

» NÃO. Segundo entendimento pacífico do STJ, o terceiro prejudicado não pode ajuizar, direta e exclusivamente, ação judicial em face da seguradora do causador do dano. STJ. 2ª Seção. REsp 962.230-RS, Rel. Min. Luis Felipe Salomão, julgado em 8/2/2012 (recurso repetitivo) (Info 490).

» Esse entendimento foi materializado na Súmula 529 do STJ.

» Obs.: a súmula fala em "seguro de responsabilidade civil facultativo" para deixar expresso que está tratando daquele seguro que os proprietários de carro fazem espontaneamente com a seguradora. O objetivo foi fazer com que ficasse claro que a súmula não está tratando sobre o seguro DPVAT, que é um seguro obrigatório de danos pessoais causados por veículos automotores de via terrestre.

Vejamos os principais argumentos utilizados pelo STJ para chegar à conclusão exposta na súmula:

» A obrigação da seguradora de ressarcir os danos sofridos por terceiros pressupõe a responsabilidade civil do segurado. Em outras palavras, a seguradora só paga o terceiro prejudicado se o segurado teve "culpa" pelo acidente. Como regra, não se pode reconhecer a responsabilidade civil do segurado em um processo judicial sem que ele tenha participado, sob pena de ofensa ao devido processo legal e à ampla defesa.

» A obrigação da seguradora está sujeita a condição suspensiva, que não se implementa pelo simples fato da ocorrência do sinistro, mas somente pela verificação da eventual obrigação civil do segurado.

» O seguro de responsabilidade civil facultativo não é espécie de estipulação a favor de terceiro alheio ao negócio. O indivíduo que faz o seguro de veículos não contrata a seguradora para pagar uma indenização em favor de terceiros. O segurado contrata a seguradora para que esta cubra os prejuízos que ele, segurado, for obrigado a pagar. Assim, diz-se que quem sofre o prejuízo é o causador do dano e este prejuízo é "garantido" (pago) pela seguradora.

» O ajuizamento direto e exclusivamente contra a seguradora ofende os princípios do contraditório e da ampla defesa, pois a ré (seguradora) não teria como defender-se dos fatos expostos na inicial, especialmente no que tange à descrição e aos detalhes do sinistro (acidente).

» O ajuizamento direto e exclusivamente contra a seguradora inviabiliza, também, que a seguradora possa discutir no processo eventuais fatos extintivos da cobertura securitária, pois, a depender das circunstâncias em que o segurado se envolveu no sinistro, poderia a seguradora eximir-se da obrigação contratualmente assumida. É o caso, por exemplo, do contrato de seguro que estipula que se o segurado estava embriagado a seguradora se isenta da obrigação contratual. Se o segurado não está na lide, tais discussões não poderão ser suscitadas pela seguradora.

Atenção! Se houve reconhecimento da culpa do segurado e pagamento de parte da indenização pela seguradora ao terceiro, não se aplica a Súmula 529 do STJ

> A vítima de acidente de trânsito pode ajuizar demanda direta e exclusivamente contra a seguradora do causador do dano quando reconhecida, na esfera administrativa, a responsabilidade deste pela ocorrência do sinistro e quando parte da indenização securitária já tiver sido paga.
>
> Não se aplica, neste caso, a Súmula 529 do STJ. Isso porque mesmo não havendo relação contratual entre a seguradora e o terceiro prejudicado, a sucessão dos fatos (apuração administrativa e pagamento de parte da indenização), faz com que surja uma relação jurídica de direito material envolvendo a vítima e a seguradora.
>
> STJ. 3ª Turma. REsp 1.584.970-MT, Rel. Min. Ricardo Villas Bôas Cueva, julgado em 24/10/2017 (Info 614).

Súmula 537-STJ: Em ação de reparação de danos, a seguradora denunciada, se aceitar a denunciação ou contestar o pedido do autor, pode ser condenada, direta e solidariamente junto com o segurado, ao pagamento da indenização devida à vítima, nos limites contratados na apólice.

▶ *Aprovada em 10/06/2015, DJe 15/06/2015.*

» **Importante.**

Imagine a seguinte situação hipotética:

» Pedro estava dirigindo seu veículo, quando foi abalroado por trás pelo carro de José. Aparentemente, a culpa pelo acidente foi de José (ele foi o causador do dano). Felizmente, José possui contrato de seguro de veículos com a "Seguradora X". Pedro ajuizou a ação de indenização apenas contra José cobrando as despesas do conserto.

» *José poderá fazer a denunciação da lide à seguradora?*

» SIM, nos termos do art. 125, II, do CPC 2015:

Art. 125. É admissível a denunciação da lide, promovida por qualquer das partes:

II – àquele que estiver obrigado, por lei ou pelo contrato, a indenizar, em ação regressiva, o prejuízo de quem for vencido no processo.

» Suponhamos que a "Seguradora X" compareça em juízo aceitando a denunciação da lide feita pelo réu, contestando o mérito do pedido do autor e assumindo, assim, a condição de litisconsorte passiva.

» O juiz entende que o pedido do autor é procedente.

É admitida a condenação direta da seguradora denunciada? Em outras palavras, a seguradora denunciada pode ser condenada a pagar diretamente a Pedro (autor da ação), isto é, sem que José pague antes e depois o seguro faça apenas o ressarcimento?

» SIM. O STJ entende que, em ação de indenização, se o réu (segurado) denunciar a lide à seguradora, esta poderá ser condenada, de forma direta e solidária, a indenizar o autor da ação. Há até um recurso repetitivo com esta conclusão: STJ. 2ª Seção. REsp 925.130/SP, Rel. Min. Luis Felipe Salomão, julgado em 08/02/2012 (recurso repetitivo).

» O STJ resolveu editar a Súmula 537 espelhando este entendimento.

Súmula 465-STJ: Ressalvada a hipótese de efetivo agravamento do risco, a seguradora não se exime do dever de indenizar em razão da transferência do veículo sem a sua prévia comunicação.

▶ *Aprovada em 13/10/2010, DJe 25/10/2010.*

» **Importante.**

Súmula 61-STJ: ~~O seguro de vida cobre o suicídio não premeditado.~~

▶ *Aprovada em 14/10/1992, DJ 20/10/1992.*

Súmula 105-STF: ~~Salvo se tiver havido premeditação, o suicídio do segurado no período contratual de carência não exime o segurador do pagamento do seguro.~~

▶ *Aprovadas em 13/12/1963.*

» Superadas.

No seguro de vida, se o segurado se suicidar, a seguradora continua tendo obrigação de pagar a indenização?

1) Se o suicídio ocorreu ANTES dos dois primeiros anos do contrato: NÃO. O beneficiário não terá direito ao capital estipulado quando o segurado se suicida nos primeiros dois anos de vigência inicial do contrato ou nos dois primeiros anos depois de o contrato ter sido reiniciado (recondução) depois de um tempo suspenso (art. 798 do CC). Obs: o beneficiário não terá direito à indenização, mas receberá o valor da reserva técnica já formada, ou seja, terá direito à quantia que o segurado pagou a título de prêmio para a seguradora. A seguradora será obrigada a devolver ao beneficiário o montante da reserva técnica já formada mesmo que fique provado que o segurado premeditou o suicídio.

2) Se o suicídio ocorreu DEPOIS dos dois primeiros anos do contrato: SIM. Se o suicídio ocorrer depois dos dois primeiros anos do contrato, será devida a indenização ainda que exista cláusula expressa em contrário. Obs: é nula a cláusula contratual que exclua a indenização da seguradora em caso de suicídio ocorrido depois dos dois primeiros anos do contrato (art. 798, parágrafo único). Assim, se o suicídio ocorre depois dos dois primeiros anos, é devida a indenização ainda que exista cláusula expressa dizendo que a seguradora não deve indenizar. Atenção: estão SUPERADAS a Súmula 105 do STF, a Súmula 61 do STJ e o Enunciado 187 da Jornada de Direito Civil. Foi o que decidiu a 2ª Seção do STJ no REsp 1.334.005-GO, Rel. originário Min. Paulo de Tarso Sanseverino, Rel. para acórdão Min. Maria Isabel Gallotti, julgado em 8/4/2015 (Info 564).

Súmula 278-STJ: O termo inicial do prazo prescricional, na ação de indenização, é a data em que o segurado teve ciência inequívoca da incapacidade laboral.

▶ *Aprovada em 14/05/2003, DJ 16/06/1999.*

» Válida.

Súmula 229-STJ: O pedido do pagamento de indenização à seguradora suspende o prazo de prescrição até que o segurado tenha ciência da decisão.

▶ *Aprovada em 08/09/1999 D 08/10/1999.*

» Válida.

Súmula 101-STJ: A ação de indenização do segurado em grupo contra a seguradora prescreve em um ano.

▶ *Aprovada em 27/04/1994, DJ 05/05/1994.*

» Válida.

Súmula 188-STF: O segurador tem ação regressiva contra o causador do dano, pelo que efetivamente pagou, até ao limite previsto no contrato de seguro.

▶ *Aprovada em 13/12/1963.*

» Válida.

» Ler também o art. 786 do CC-2002, em especial o seu § 1º:

Art. 786. Paga a indenização, o segurador sub-roga-se, nos limites do valor respectivo, nos direitos e ações que competirem ao segurado contra o autor do dano.

§ 1º Salvo dolo, a sub-rogação não tem lugar se o dano foi causado pelo cônjuge do segurado, seus descendentes ou ascendentes, consangüíneos ou afins.

§ 2º É ineficaz qualquer ato do segurado que diminua ou extinga, em prejuízo do segurador, os direitos a que se refere este artigo.

ALIENAÇÃO FIDUCIÁRIA

Súmula 28-STJ: O contrato de alienação fiduciária em garantia pode ter por objeto bem que já integrava o patrimônio do devedor.

▶ *Aprovada em 25/09/1991, DJ 08/10/1991.*

» Válida.

Súmula 72-STJ: A comprovação da mora é imprescindível à busca e apreensão do bem alienado fiduciariamente.

▶ *Aprovada em 14/04/1993, DJ 20/04/1993.*

» Importante.

» No contrato de alienação fiduciária, a mora decorre do simples vencimento do prazo para pagamento, mas a lei exige que o credor (mutuante) demonstre a ocorrência desse atraso, notificando o devedor. Assim, o credor deverá fazer a notificação extrajudicial do devedor de que este se encontra em débito, comprovando, assim, a mora. Essa notificação é indispensável para que o credor possa ajuizar ação de busca e apreensão.

Pergunta importante: como é feita a notificação do devedor? Essa notificação precisa ser realizada por intermédio do Cartório de Títulos e Documentos?

» NÃO. Essa notificação é feita por meio de carta registrada com aviso de recebimento. Logo, não precisa ser realizada por intermédio do Cartório de RTD. Essa foi uma das mudanças operadas pela Lei nº 13.043/2014 no § 2º do art. 2º do DL 911/69.

» Em suma, o credor pode demonstrar a mora do devedor por meio de carta registrada com aviso de recebimento. Não mais se exige que a carta registrada seja expedida pelo Cartório de Títulos e Documentos. É dispensável que haja o protesto do título.

» O objetivo da alteração foi o de reduzir o custo da notificação, permitindo que seja feita por mera emissão de carta via Correios, evitando, assim, que a instituição financeira tenha que pagar os emolumentos para os titulares de Cartórios.

Súmula 92-STJ: A terceiro de boa-fé não é oponível a alienação fiduciária não anotada no certificado de registro do veículo automotor.

▶ *Aprovada em 27/10/1993, DJ 24/11/1993.*

» Importante.

Súmula 284-STJ: ~~A purga da mora, nos contratos de alienação fiduciária, só é permitida quando já pagos pelo menos 40% (quarenta por cento) do valor financiado.~~

▶ *Aprovada em 28/04/2004, DJ 13/05/2004.*

» Superada.

» A Lei nº 10.931/2004, em seu art. 56, alterou o art. 3º, do Decreto-Lei 911/67, não mais estabelecendo o limite mínimo de 40% do valor financiado, a fim de permitir ao devedor a purgação da mora. A despeito disso, o STJ entende que a Súmula 284-STJ ainda é aplicada aos contratos anteriores à Lei nº 10.931/2004. Para os contratos posteriores, a Súmula está superada.

Súmula 293-STJ: A cobrança antecipada do valor residual garantido (VRG) não descaracteriza o contrato de arrendamento mercantil.

▶ *Aprovada em 05/05/2004, DJ 13/05/2004.*

» Importante.

ARRENDAMENTO MERCANTIL

» O arrendamento mercantil (também chamado de leasing) é uma espécie de contrato de locação, no qual o locatário tem a possibilidade de, ao final do prazo do ajuste, comprar o bem pagando uma quantia chamada de valor residual garantido (VRG).

» O arrendamento mercantil, segundo definição do parágrafo único do art. 1º da Lei nº 6.099/74, constitui "negócio jurídico realizado entre pessoa jurídica, na qualidade de arrendadora, e pessoa física ou jurídica, na qualidade de arrendatária, e que tenha por objeto o arrendamento de bens adquiridos pela arrendadora, segundo especificações da arrendatária e para uso próprio desta."

» Obs: alguns autores fazem uma diferenciação entre valor residual e valor residual garantido (VRG). Penso, contudo, que esta distinção não é importante para os fins desta explicação até porque, na prática contratual, essa diferença não existe, não sendo explorada também pelos julgados do STJ.

Opções do arrendatário

» Ao final do leasing, o arrendatário terá três opções:

a) renovar a locação, prorrogando o contrato;

b) não renovar a locação, encerrando o contrato;

c) pagar o valor residual e, com isso, comprar o bem alugado.

» Exemplo: "A" celebra um contrato de leasing com a empresa "B" para arrendamento de um veículo 0km pelo prazo de 5 anos. Logo, "A" pagará todos os meses um valor a título de aluguel e poderá utilizar o carro. A principal diferença em relação a uma locação comum é que "A", ao final do prazo do contrato, poderá pagar o valor residual (VRG) e ficar definitivamente com o automóvel.

Pagamento do VRG de forma antecipada dentro das prestações mensais

» É muito comum, na prática, que o contrato já estabeleça que o valor residual será pago de forma antecipada nas prestações do aluguel. Neste caso, o arrendatário, todos os meses, paga, além do aluguel, também o valor residual de forma parcelada. Como dito, isso é extremamente frequente, especialmente no caso de arrendamento mercantil (leasing) financeiro.

O STJ considera legítima essa prática de diluir o VRG nas prestações?

» SIM. A Súmula 293 acima foi editada com o objetivo de deixar claro este entendimento do STJ sobre o tema.

Súmula 263-STJ: ~~A cobrança antecipada do valor residual (VRG) descaracteriza o contrato de arrendamento mercantil, transformando-o em compra e venda a prestação.~~

▶ *Aprovada em 08/05/2002, DJ 20/05/2002.*

» Cancelada.

» Obs.: vide a súmula 293 do STJ.

Súmula 369-STJ: No contrato de arrendamento mercantil (leasing), ainda que haja cláusula resolutiva expressa, é necessária a notificação prévia do arrendatário para constituí-lo em mora.

▶ *Aprovada em 16/02/2009, DJe 25/02/2009.*

» Importante.

Súmula 564-STJ: No caso de reintegração de posse em arrendamento mercantil financeiro, quando a soma da importância antecipada a título de valor residual garantido (VRG) com o valor da venda do bem ultrapassar o total do VRG previsto contratualmente, o arrendatário terá direito de receber a respectiva diferença, cabendo, porém, se estipulado no contrato, o prévio desconto de outras despesas ou encargos pactuados.

▸ *Aprovada em 24/02/2016, DJe 29/02/2016.*

» **Importante.**

Imagine a seguinte situação:

» O escritório "A", desejando adquirir 50 computadores e sem possuir capital para tanto, faz um contrato de arrendamento mercantil financeiro (leasing financeiro) com o Banco "Y" para que este compre os equipamentos e os arrende para que o escritório fique utilizando os equipamentos.
» O escritório é o arrendatário e o Banco o arrendador.
» Os bens foram adquiridos pelo Banco por R$ 150 mil.
» O VRG foi fixado em R$ 120 mil, que deveria ser pago, de forma diluída durante o contrato, em 24 parcelas de R$ 5 mil.
» O valor do aluguel foi estipulado em R$ 2 mil.
» Segundo o contrato, o escritório teria que pagar o valor do aluguel dos computadores e mais o VRG diluído entre as parcelas. Em outras palavras, o arrendatário, por força do pacto, já era obrigado a antecipar o VRG e, assim, quando o contrato de leasing chegasse ao final, ele seria o dono dos computadores.
» Em suma, por mês, o escritório teria que pagar R$ 7 mil (2 mil de aluguel mais 5 mil de VRG diluído).
» O contrato tinha duração de 24 meses. Ocorre que, a partir do 16º mês, o escritório tornou-se inadimplente.
» Ao longo do contrato, o arrendatário pagou R$ 32 mil a título de aluguéis e R$ 80 mil como antecipação do VRG. Desse modo, o arrendador recebeu R$ 112 mil no total.

Se o arrendatário não paga as prestações do leasing, qual é a ação que deverá ser proposta pelo arrendador?

» Ação de reintegração de posse.
» Logo, o Banco intentou ação de reintegração de posse contra o escritório. O juiz expediu uma liminar determinando que os 50 computadores fossem entregues ao arrendador. Ao final, a ação foi julgada procedente e o autor ficou na posse plena dos bens.

O arrendador, que ficou com a posse dos bens por conta da reintegração, poderá vendê-los?

» SIM. Os bens pertencem ao arrendador e ele poderá vendê-los. Aliás, no leasing financeiro, na quase totalidade dos casos, o arrendante irá alienar os bens, pois ele é uma instituição financeira que somente adquiriu a coisa arrendada por causa do interesse do arrendatário.
» ***Voltando ao nosso exemplo, o Banco alienou os computadores para um terceiro.***

A pergunta que surge e é respondida pela súmula é a seguinte: o arrendador tem a obrigação de devolver as quantias pagas, antecipadamente, pelo arrendatário, a título de Valor Residual Garantido (VRG), nos casos em que o produto objeto do leasing foi apreendido na ação de reintegração de posse e depois alienado para um terceiro?

» Depende:

1) Se o VRG pago pelo arrendatário somado com o valor obtido pelo arrendador com a venda do bem for maior que o VRG total previsto no contrato: o arrendatário terá direito de receber a diferença. Isso porque, neste caso, o arrendador terá recebido o valor total do VRG, não tendo porque ele ficar o dinheiro conseguido a maior.

2) Se o VRG pago pelo arrendatário somado com o valor obtido pelo arrendador com a venda do bem NÃO for superior ao VRG total previsto no contrato: o arrendatário não irá receber nada.

» Graficamente, a situação pode ser assim ilustrada:

1) Se VRG pago + valor do bem vendido > VRG previsto no contrato = arrendatário terá direito de receber a diferença.

2) Se VRG pago + valor do bem vendido < VRG previsto no contrato = arrendatário NÃO terá direito de receber a diferença (até porque não haverá diferença).

» Mesmo na hipótese 1, o contrato poderá prever que, antes de devolvida a diferença para o arrendatário, o arrendador terá direito de descontar, previamente, outras despesas que tenha tido ou encargos contratuais.

» Sei que o tema é complicado. Vamos tentar entender melhor retomando o exemplo que dei acima:

» VRG previsto no contrato = R$ 120 mil.

» VRG pago antecipadamente = R$ 80 mil.

» O escritório ficou inadimplente, razão pela qual os computadores foram retomados. O Banco vendeu os computadores para um terceiro. O arrendatário terá direito de receber de volta alguma quantia?

1) Se os computadores foram vendidos por mais de R$ 40 mil = SIM.

2) Se os computadores foram vendidos por menos de R$ 40 mil = NÃO.

» Ex1: computadores foram vendidos por R$ 60 mil. VRG pago (80) + valor da venda (60) = R$ 140 mil. Como o VRG previsto no contrato era de R$ 120 mil, o arrendatário irá receber esta diferença (20 mil).

» Ex2: computadores foram vendidos por R$ 30 mil. VRG pago (80) + valor da venda (30) = R$ 110 mil. Como o VRG previsto no contrato era de R$ 120 mil, o arrendatário não terá diferença para receber.

» Mesmo no caso do exemplo 1, o contrato de leasing poderia prever que, antes de devolvida a diferença para o arrendatário, o arrendador teria direito de descontar previamente despesas ou encargos contratuais que tenha tido.

A *Súmula 564 com outras palavras:*

» Se o arrendatário deixar de pagar as prestações do arrendamento mercantil financeiro, o arrendador poderá recuperar o bem por meio de ação de reintegração de posse. Depois de ter de volta a coisa, o arrendador poderá vendê-la para um terceiro a fim de cobrir suas despesas. A quantia arrecadada com esta venda é somada com o valor que foi pago ao longo do contrato pelo arrendatário a título de VRG antecipado. Se a soma destas duas quantias for menor que o VRG total, o arrendador não terá que pagar nada ao arrendatário. Por outro lado, se o valor arrecadado pelo arrendador (alienação + VRG antecipado) for maior que o VRG total, o arrendador deverá entregar essa diferença para o arrendatário a fim de evitar enriquecimento sem causa. Contudo, o contrato pode autorizar que, antes de devolver a diferença, o arrendador ainda desconte do montante outras despesas ou encargos que teve (ex: honorários advocatícios para cobrança extrajudicial).

Súmula 384-STJ: Cabe ação monitória para haver saldo remanescente oriundo de venda extrajudicial de bem alienado fiduciariamente em garantia.

▶ *Aprovada em 27/05/2009, DJe 08/06/2009.*

» Válida.

Súmula 138-STJ: O ISS incide na operação de arrendamento mercantil de coisas móveis.

▶ *Aprovada em 16/05/1995, DJ 19/05/1995.*

» Válida.

Súmula 489-STF: A compra e venda de automóvel não prevalece contra terceiros, de boa-fé, se o contrato não foi transcrito no registro de títulos e documentos.

▶ *Aprovada em 03/12/1969, DJ 10/12/1969.*

» Válida.

FIANÇA

Súmula 332-STJ: A fiança prestada sem autorização de um dos cônjuges implica a ineficácia total da garantia.

▶ *Aprovada em 05/03/2008, DJe 13/03/2008.*

» Válida.

CC-2002

Art. 1.647. Ressalvado o disposto no art. 1.648, nenhum dos cônjuges pode, sem autorização do outro, exceto no regime da separação absoluta:

III – prestar fiança ou aval.

Importante:

» Essa súmula não se aplica no caso de união estável (STJ REsp 1299866/DF, j. em 25/02/2014).

» A jurisprudência do STJ tem mitigado a incidência da regra de nulidade integral (total) da fiança nos casos em que o fiador omite ou presta informação inverídica sobre seu estado civil. Em tais hipóteses, deverá ser preservada apenas a meação do cônjuge cuja autorização não foi concedida, não se protegendo a parte do cônjuge que agiu de má-fé. Nesse sentido: STJ. 4ª Turma. AgRg no REsp 1507413/SP, Rel. Min. Marco Buzzi, julgado em 01/09/2015.

LOCAÇÃO

Súmula 214-STJ: O fiador na locação não responde por obrigações resultantes de aditamento ao qual não anuiu.

▸ *Aprovada em 23/09/1998, DJ 02/10/1998.*

» Importante.

» A jurisprudência do STJ é firme no sentido de que, havendo cláusula contratual expressa, a responsabilidade do fiador, pelas obrigações contratuais decorrentes da prorrogação do contrato de locação, deve perdurar até a efetiva entrega das chaves do imóvel (AgRg no AREsp 234.428/SP, j. em 11/06/2013).

» Assim, o STJ entende que não se aplica Súmula nº 214 do STJ nos casos em que há cláusula prevendo a responsabilidade do fiador até a entrega das chaves (AgRg no AREsp 47.628/MG, j. em 11/09/2012).

Imagine a seguinte situação:

» Pedro (locador) celebra com Rui (locatário) contrato de locação pelo prazo de 2 anos. João é fiador do contrato. Findo o prazo de 2 anos, Rui continua na posse do imóvel sem oposição de Pedro e, por força de lei, mesmo sem que tenha havido qualquer aditivo ao ajuste, este se transforma em contrato por prazo indeterminado. Vale ressaltar que, no contrato, não havia previsão de que a fiança iria se estender "até a entrega das chaves" (ou seja, até a entrega do imóvel).

Mesmo não havendo expressa previsão contratual da manutenção da fiança, em caso de prorrogação por prazo indeterminado do contrato de locação de imóvel urbano, o pacto acessório também seria prorrogado automaticamente, seguindo a sorte do principal? Em outras palavras, o fiador de um contrato de locação por prazo determinado continua vinculado ao pacto (e responsável pelo débito) caso este ajuste se prorrogue automaticamente e se transforme em contrato por prazo indeterminado? Em nosso exemplo, João continua sendo responsável por eventual inadimplemento de Rui?

» Depende. O modo como a Lei de Locações (Lei nº 8.245/91) disciplinava esse tema foi alterado pela Lei nº 12.112/2009. Assim, para responder essa questão, deve-se analisar a data em que o contrato foi celebrado:

Contratos ANTERIORES à Lei 12.112/09	Contratos POSTERIORES à Lei 12.112/09
NÃO	SIM
O entendimento da jurisprudência era o de que o fiador ficaria isento em caso de prorrogação automática do contrato anteriormente celebrado como de prazo determinado, salvo se houvesse previsão de que o fiador se responsabilizaria pelos alugueis até a "entrega das chaves" (devolução do imóvel). Súmula 214-STJ: O fiador na locação não responde por obrigações resultantes de aditamento ao qual não anuiu.	Essa Lei determinou que a prorrogação da locação por prazo indeterminado implica também a prorrogação automática da fiança. A fiança é, assim, prorrogada por força de lei (ope legis), salvo se houver disposição contratual em sentido contrário (ex: no contrato de fiança, há uma cláusula dizendo que o fiador fica isento de responsabilidade na hipótese de prorrogação do contrato).
Regra: o fiador respondia apenas até o fim do prazo do contrato por prazo determinado. Exceção: responderia pela prorrogação se houvesse cláusula dizendo que a garantia se estenderia até a entrega do imóvel ("entrega das chaves"). Em outras palavras, a regra era que a fiança <u>não se prorrogava</u> automaticamente com a prorrogação do contrato de locação, salvo disposição em sentido contrário.	Regra: mesmo sem cláusula expressa, o fiador responde em caso de prorrogação automática do contrato. Exceção: o fiador poderá fazer constar uma cláusula no contrato dizendo que não responderá se houver prorrogação automática do contrato. Em outras palavras, a regra é a de que a fiança <u>prorroga-se</u> automaticamente com a prorrogação do contrato de locação, salvo disposição em sentido contrário.

» Esta distinção acima foi ressaltada pela 4ª Turma do STJ no julgamento do REsp 1.326.557-PA, Rel. Min. Luis Felipe Salomão, julgado em 13/11/2012.

» Veja a dicção do art. 39 da Lei n.º 8.245/1991, com redação dada pela Lei n.º 12.112/2009:

Art. 39. Salvo disposição contratual em contrário, qualquer das garantias da locação se estende até a efetiva devolução do imóvel, ainda que prorrogada a locação por prazo indeterminado, por força desta Lei.

Súmula 268-STJ: O fiador que não integrou a relação processual na ação de despejo não responde pela execução do julgado.

▶ *Aprovada em 22/05/2002, DJ 29/05/2002.*

» Importante.

Súmula 335-STJ: Nos contratos de locação, é válida a cláusula de renúncia à indenização das benfeitorias e ao direito de retenção.

▶ *Aprovada em 25/04/2007, DJ 07/05/2007.*

» Válida.
» Vide art. 578 do CC e art. 35 da Lei nº 8.245/91.

Súmula 158-STF: Salvo estipulação contratual averbada no registro imobiliário, não responde o adquirente pelas benfeitorias do locatário.

▶ *Aprovada em 13/12/1963.*

» Válida.

Súmula 374-STF: Na retomada para construção mais útil, não é necessário que a obra tenha sido ordenada pela autoridade pública.

▶ *Aprovada em 03/04/1964, DJ 12/05/1964.*

» Válida.
» A matéria é tratada, atualmente, no art. 52 da Lei nº 8.245/91.

Súmula 409-STF: Ao retomante, que tenha mais de um prédio alugado, cabe optar entre eles, salvo abuso de direito.

▶ *Aprovada em 01/06/1964, DJ 06/07/1964.*

» Válida.

Súmula 410-STF: Se o locador, utilizando prédio próprio para residência ou atividade comercial, pede o imóvel locado para uso próprio, diverso do que tem o por ele ocupado, não está obrigado a provar a necessidade, que se presume.

▶ *Aprovada em 01/06/1964, DJ 06/07/1964.*

» Válida.
» A matéria é tratada, atualmente, no art. 47 da Lei nº 8.245/91.

Súmula 411-STF: O locatário autorizado a ceder a locação pode sublocar o imóvel.

▶ *Aprovada em 01/06/1964, DJ 06/07/1964.*

» Válida.

Súmula 442-STF: A inscrição do contrato de locação no registro de imóveis, para a validade da cláusula de vigência contra o adquirente do imóvel, ou perante terceiros, dispensa a transcrição no registro de títulos e documentos.

▸ *Aprovada em 01/10/1964, DJ 08/10/1964.*

» Válida.

Súmula 449-STF: O valor da causa, na consignatória de aluguel, corresponde a uma anuidade.

▸ *Aprovada em 01/10/1964, DJ 08/10/1964.*

» Válida.

» A matéria é tratada, atualmente, no art. 58, III, da Lei nº 8.245/91.

Súmula 483-STF: É dispensável a prova da necessidade, na retomada do prédio situado em localidade para onde o proprietário pretende transferir residência, salvo se mantiver, também, a anterior, quando dita prova será exigida.

▸ *Aprovada em 03/12/1969, DJ 10/12/1969.*

» Válida.

» A matéria é tratada, atualmente, no art. 47 da Lei nº 8.245/91.

Súmula 486-STF: Admite-se a retomada para sociedade da qual o locador, ou seu cônjuge, seja sócio, com participação predominante no capital social.

▸ *Aprovada em 03/12/1969, DJ 10/12/1969.*

» Válida.

Súmula 65-STF: ~~A cláusula de aluguel progressivo anterior à Lei 3494, de 19/12/1958, continua em vigor em caso de prorrogação legal ou convencional da locação.~~

▸ *Aprovada em 13/12/1963.*

» Superada, uma vez que a Lei nº 3.494/58 foi revogada.

Súmula 80-STF: ~~Para a retomada de prédio situado fora do domicílio do locador exige-se a prova da necessidade.~~

▸ *Aprovada em 13/12/1963.*

» Superada.

» A questão é, atualmente, disciplinada, com contornos próprios, pelo art. 47 da Lei nº 8.245/91 (Lei de Locações).

Súmula 109-STF: ~~É devida a multa prevista no art. 15, parágrafo 6, da Lei 1.300, de 28.12.1950, ainda que a desocupação do imóvel tenha resultado da notificação e não haja sido proposta ação de despejo.~~

▶ *Aprovada em 13/12/1963.*

» Superada, uma vez que a Lei 1.300/50 foi revogada.

Súmula 123-STF: ~~Sendo a locação regida pelo Dec. 24.150, de 20.04.1934, o locatário não tem direito à purgação da mora, prevista na Lei 1.300, de 28.12.1950.~~

▶ *Aprovada em 13/12/1963.*

» Superada, uma vez que o Decreto 24.150/34 foi revogado.

Súmula 171-STF: ~~Não se admite, na locação em curso, de prazo determinado, a majoração de encargos a que se refere a Lei 3.844, de 15.12.1960.~~

▶ *Aprovada em 13/12/1963.*

» Superada, uma vez que a Lei nº 3.844/60 foi revogada.

Súmula 172-STF: ~~Não se admite, na locação em curso, de prazo determinado, o reajustamento de aluguel a que se refere a Lei 3.085, de 29.12.1956.~~

▶ *Aprovada em 13/12/1963.*

» Superada, uma vez que a Lei nº 3.085/56 foi revogada.

Súmula 173-STF: ~~Em caso de obstáculo judicial admite-se a purga da mora, pelo locatário, além do prazo legal.~~

▶ *Aprovada em 13/12/1963.*

» Superada, uma vez que era baseada na lei nº 1.300/50, que foi revogada.

Súmula 174-STF: ~~Para a retomada do imóvel alugado, não é necessária a comprovação dos requisitos legais na notificação prévia.~~

▶ *Aprovada em 13/12/1963.*

» Superada.

Súmula 175-STF: ~~Admite-se a retomada de imóvel alugado para uso de filho que vai contrair matrimônio.~~

▶ *Aprovada em 13/12/1963.*

» Superada.

Súmula 176-STF: ~~O promitente comprador, nas condições previstas na Lei 1.300, de 28.12.1950, pode retomar o imóvel locado.~~

▸ *Aprovada em 13/12/1963.*

» Superada, uma vez que era baseada na lei nº 1.300/50, que foi revogada.

Súmula 177-STF: ~~O cessionário do promitente comprador, nas mesmas condições deste, pode retomar o imóvel locado.~~

▸ *Aprovada em 13/12/1963.*

» Superada.

Súmula 178-STF: ~~Não excederá de cinco anos a renovação judicial de contrato de locação fundada no Dec. 24.150, de 20.04.1934.~~

▸ *Aprovada em 13/12/1963.*

» Superada, uma vez que o Decreto 24.150/34 foi revogado.

Súmula 179-STF: ~~O aluguel arbitrado judicialmente nos termos da Lei 3.085, de 29.12.1956, art 6, vigora a partir da data do laudo pericial.~~

▸ *Aprovada em 13/12/1963.*

» Superada, uma vez que a Lei nº 3.085/56 foi revogada.

Súmula 180-STF: ~~Na ação revisional do art. 31 do Dec. 24.150, de 20.04.1934, o aluguel arbitrado vigora a partir do laudo pericial.~~

▸ *Aprovada em 13/12/1963.*

» Superada, uma vez que o Decreto 24.150/34 foi revogado.

» Além disso, a Lei nº 8.245/91 afirma que "o aluguel fixado na sentença retroage à citação, e as diferenças devidas durante a ação de revisão, descontados os alugueres provisórios satisfeitos, serão pagas corrigidas, exigíveis a partir do trânsito em julgado da decisão que fixar o novo aluguel." (art. 69).

Súmula 181-STF: ~~Na retomada, para construção mais útil, de imóvel sujeito ao Dec. 24.150, de 20.04.1934, é sempre devida indenização para despesas de mudança do locatário.~~

▸ *Aprovada em 13/12/1963.*

» Superada, uma vez que o Decreto 24.150/34 foi revogado.

Súmula 357-STF: ~~É lícita a convenção pela qual o locador renuncia, durante a vigência do contrato, a ação revisional do art. 31 do decreto 24.150, de 20.4.34.~~

▶ *Aprovada em 13/12/1963.*

» Superada, uma vez que o Decreto 24.150/34 foi revogado.

Súmula 370-STF: ~~Julgada improcedente a ação renovatória da locação, terá o locatário, para desocupar o imóvel, o prazo de seis meses, acrescido de tantos meses quantos forem os anos da ocupação, até o limite total de dezoito meses.~~

▶ *Aprovada em 13/12/1963.*

» Superada, uma vez que era baseada na lei nº 1.300/50, que foi revogada.

» Se a ação renovatória for julgada improcedente e, com isso, a locação comercial não for renovada, o juiz determinará a desocupação do imóvel alugado (despejo) no prazo de 30 dias. O termo inicial desse prazo é a data da intimação pessoal do locatário realizada por meio do mandado de despejo (STJ. 3ª Turma. REsp 1.307.530-SP, julgado em 11/12/2012).

Súmula 375-STF: ~~Não renovada a locação regida pelo Decreto 24.150, de 20.4.34, aplica-se o direito comum e não a legislação especial do inquilinato.~~

▶ *Aprovada em 03/04/1964, DJ 08/05/1964.*

» Superada, uma vez que o Decreto 24.150/34 foi revogado.

Súmula 376-STF: ~~Na renovação de locação, regida pelo Decreto 24.150, de 20.04.1934, o prazo do novo contrato conta-se da transcrição da decisão exeqüenda no registro de títulos e documentos; começa, porém, da terminação do contrato anterior, se estiver ocorrido antes do registro.~~

▶ *Aprovada em 03/04/1964, DJ 08/05/1964.*

» Superada, uma vez que o Decreto 24.150/34 foi revogado.

Súmula 444-STF: ~~Na retomada para construção mais útil, de imóvel sujeito ao decreto 24.150, de 20.04.1934, a indenização se limita as despesas de mudança.~~

▶ *Aprovada em 01/10/1964, DJ 08/10/1964.*

» Superada, uma vez que o Decreto 24.150/34 foi revogado.

Súmula 446-STF: ~~Contrato de exploração de jazida ou pedreira não está sujeito ao decreto 24.150, de 20.04.34.~~

▶ *Aprovada em 01/10/1964, DJ 08/10/1964.*

» Superada, uma vez que o Decreto 24.150/34 foi revogado.

Súmula 481-STF: ~~Se a locação compreende, além do imóvel, fundo de comércio, com instalações e pertences, como no caso de teatros, cinemas e hotéis, não se aplicam ao retomante as restrições do artigo 8, "e", parágrafo único, do decreto 24.150, de 20.04.1934.~~

▸ *Aprovada em 03/12/1969, DJ 10/12/1969.*

» Superada, uma vez que o Decreto 24.150/34 foi revogado.

» Vale ressaltar, no entanto, que o raciocínio expresso pela Súmula permanece válido, considerando que é compatível com as disposições da atual Lei de Locações (Lei nº 8.245/91).

Súmula 482-STF: ~~O locatário, que não for sucessor ou cessionário do que o precedeu na locação, não pode somar os prazos concedidos a este, para pedir a renovação do contrato, nos termos do decreto 24.150.~~

▸ *Aprovada em 03/12/1969, DJ 10/12/1969.*

» Superada, uma vez que o Decreto 24.150/34 foi revogado.

» Vale ressaltar, no entanto, que o raciocínio expresso pela Súmula permanece válido, considerando que a atual Lei de Locações (Lei nº 8.245/91) traz uma regra semelhante no seu art. 51, § 1º.

Súmula 484-STF: ~~Pode, legitimamente, o proprietário pedir o prédio para a residência de filho, ainda que solteiro, de acordo com o artigo 11, III, da Lei 4.494, de 25.11.1964.~~

▸ *Aprovada em 03/12/1969, DJ 10/12/1969.*

» Superada, uma vez que a Lei 4.494/64 foi revogada.

Súmula 485-STF: ~~Nas locações regidas pelo decreto 24.150, de 20 de abril de 1934, a presunção de sinceridade do retomante é relativa, podendo ser ilidida pelo locatário.~~

▸ *Aprovada em 03/12/1969, DJ 10/12/1969.*

» Superada, uma vez que o Decreto 24.150/34 foi revogado.

» Vale ressaltar, no entanto, que o raciocínio expresso pela Súmula permanece válido, desde que adaptado às hipóteses da atual Lei de Locações (Lei nº 8.245/91).

Súmula 488-STF: ~~A preferência a que se refere o artigo 9 da Lei 3.912, de 03.07.1961, constitui direito pessoal. Sua violação resolve-se em perdas e danos.~~

▸ *Aprovada em 03/12/1969, DJ 10/12/1969.*

» Superada, uma vez que a Lei 3.912/61 foi revogada.

» Vale ressaltar, no entanto, que o raciocínio expresso pela Súmula permanece válido, considerando que é compatível com os arts. 27 e 33 da Lei nº 8.245/91.

CONTRATO DE CONSÓRCIO

Súmula 35-STJ: Incide correção monetária sobre as prestações pagas, quando de sua restituição, em virtude da retirada ou exclusão do participante de plano de consórcio.

▶ *Aprovada em 13/11/1991, DJ 21/11/1991.*

» Válida.

Súmula 538-STJ: As administradoras de consórcio têm liberdade para estabelecer a respectiva taxa de administração, ainda que fixada em percentual superior a dez por cento.

▶ *Aprovada em 10/06/2015, DJe 15/06/2015.*

» Importante.

Em direito civil/empresarial, o que é um consórcio?

- » O consórcio ocorre quando um grupo de pessoas (físicas ou jurídicas) se reúne com o objetivo de comprar um determinado tipo de bem (móvel ou imóvel) ou adquirir um serviço.
- » O exemplo mais comum é o consórcio para compra de veículos, mas existem para diversas outras espécies de bens, inclusive para imóveis.
- » Cada pessoa que faz parte do consórcio pagará parcelas mensais e, todos os meses, haverá a possibilidade de um ou mais integrantes do consórcio serem contemplados. A contemplação pode acontecer de duas formas: por meio de sorte ou pelo maior lance.
- » Sorteio é a escolha de um dos participantes que será beneficiado por meio da sorte, aço acaso (este sorteio é normalmente feito pela Loteria Federal).
- » O lance consiste na possibilidade de os participantes do consórcio oferecerem um valor para serem logo contemplados. É uma espécie de "leilão" para ser logo contemplado. Ex.: o consórcio é de R$ 100 mil e a pessoa dá um lance de R$ 50 mil, ou seja, ela aceita pagar R$ 50 mil de suas parcelas adiantadas em troca de ser logo contemplada. Aquele que oferece o maior lance no mês será contemplado. Quando a pessoa é contemplada, ela recebe um crédito no valor do bem objeto do consórcio. Isso é chamado de "carta de crédito".
- » Ex.: João aderiu ao consórcio de um carro da marca XX, modelo YY, no valor de R$ 100 mil. Isso significa que, durante um determinado período (48, 60, 90 meses etc.), ele pagará uma prestação mensal e todos os meses um ou mais participantes do consórcio serão sorteados ou poderão dar lances. Caso a pessoa seja sorteada ou seu

lance seja o maior, ela receberá o crédito de R$ 100 mil e poderá, com ele, comprar aquele carro ou outro bem daquele mesmo segmento de sua cota (outro veículo de modelo diferente).

» Os consórcios são indicados para pessoas que querem comprar determinado bem, mas não precisam dele de imediato e têm certa dificuldade de economizar. Assim, sabendo que possui aquela prestação mensal, a pessoa fica obrigada a poupar e, um dia, será contemplada, seja por sorteio, seja por decidir dar um lance.

» Para a maioria dos economistas, o consórcio não é um bom negócio, salvo se a pessoa for contemplada logo no início ou, se, como já dito, ela não tiver disciplina para economizar sozinha.

» Uma curiosidade: o consórcio é um tipo de compra/investimento que foi criada no Brasil, tendo surgido na década de 60 por iniciativa de um grupo de funcionários do Banco do Brasil que se reuniu para comprar carros por meio dessa "poupança coletiva".

Legislação

» O sistema de consórcios é atualmente regido pela Lei nº 11.795/2008, sendo essa atividade regulada pelo Banco Central, que edita circulares para disciplinar o tema. A atual é a Circular 3.432/2009.

O que é uma administradora de consórcio?

» A administradora de consórcio é uma pessoa jurídica que é responsável pela formação e administração de grupos de consórcio. Em outras palavras, é ela quem organiza o consórcio.

A administradora de consórcio cobra algum valor dos participantes para organizar o consórcio?

» SIM. As administradoras de consórcio cobram uma "taxa de administração" como contraprestação pela administração do grupo de consórcio. O percentual da taxa de administração deve estar definido no contrato de adesão ao consórcio.

A legislação limita o percentual que pode ser cobrado pelas administradoras de consórcio a título de "taxa de administração"?

» NÃO. Atualmente não existe nenhuma lei ou outro ato normativo que limite, expressamente, o valor que pode ser cobrado pela administradora de consórcio como taxa de administração. Esse é o entendimento do STJ.

Alguns juristas invocam que o art. 42 do Decreto 70.951/72 limitaria o percentual da taxa de administração. Essa tese é aceita pelo STJ?

» NÃO. O art. 42 do Decreto nº 70.951/72 prevê o seguinte:

Art. 42. As despesas de administração cobradas pela sociedade de fins exclusivamente civis não poderão ser superiores a doze por cento (12%) do valor do bem, quando este for de preço até cinquenta (50) vezes o salário-mínimo local, e a dez por cento (10%) quando de preço superior a esse limite.

» Ocorre que, para o STJ, este art. 42 encontra-se revogado. Acompanhe o motivo:

» O art. 8º da Lei nº 5.76///8/71 conferia ao Ministro da Fazenda a competência para regulamentar as atividades das administradoras de consórcio. Com base nessa Lei nº 5.768/71, foi editado o referido Decreto nº 70.951/72, cujo art. 42 limitava as despesas de administração cobradas pelas administradoras de consórcio.

» Ocorre que, posteriormente, a Lei nº 8.177/91 retirou do Ministro da Fazenda e transferiu para o Banco Central a competência para normatizar as operações de consórcio. Veja o que dispôs o art. 33:

> Art. 33. A partir de 1º de maio de 1991, são transferidas ao Banco Central do Brasil as atribuições previstas nos arts. 7º e 8º da Lei nº 5.768, de 20 de dezembro de 1971, no que se refere às operações conhecidas como consórcio, fundo mútuo e outras formas associativas assemelhadas, que objetivem a aquisição de bens de qualquer natureza.
>
> Parágrafo único. A fiscalização das operações mencionadas neste artigo, inclusive a aplicação de penalidades, será exercida pelo Banco Central do Brasil.

» Em novembro de 2006, o BACEN expediu portaria na qual afirmou expressamente que o art. 42 do Decreto nº 70.951/72 estava derrogado em razão da Lei nº 8.177/91. Além disso, editou uma série de circulares tratando sobre os consórcios e prevendo liberdade para as administradoras estabelecerem a respectiva taxa de administração.

O BACEN podia ter feito isso?

» SIM. O poder de regulamentar os consórcios foi transferido ao BACEN pela Lei nº 8.177/91 (depois melhor regulamentada pela Lei nº 11.795/2008). Logo, cabe a esta autarquia editar normas infralegais que organizem os consórcios, podendo dispor sobre o tema naquilo que não contrariar a lei.

» Diante disso, o STJ entendeu que não há nenhuma abusividade na conduta do BACEN que, em seu papel de órgão regulador e fiscalizador dos consórcios, optou por não fixar patamar máximo para as taxas de administração.

» Assim, as administradoras de consórcio têm liberdade para fixar a respectiva taxa de administração, nos termos definidos pelo Banco Central. Não há ilegalidade ou abusividade no fato de a administradora cobrar taxa superior a 10%. Isso porque o Decreto nº 70.951/72, que trazia essa limitação, foi derrogado pelas circulares posteriormente editadas pelo BACEN (STJ. 2ª Seção. REsp 1114604/PR, Rel. Min. Ricardo Villas Bôas Cueva, julgado em 13/06/2012).

COMPROMISSO DE COMPRA E VENDA

Súmula 413-STF: O compromisso de compra e venda de imóveis, ainda que não loteados, dá direito a execução compulsória, quando reunidos os requisitos legais.

▶ *Aprovada em 01/06/1964, DJ 06/07/1964.*

» Válida.

Súmula 239-STJ: O direito à adjudicação compulsória não se condiciona ao registro do compromisso de compra e venda no cartório de imóveis.

▶ *Aprovada em 28/06/2000, DJ 30/08/2000.*

» Importante.

» O compromisso de compra e venda pode ou não ser registrado no cartório de registro de imóveis.

Se a promessa não for registrada no cartório, ainda assim o promissário comprador poderá ajuizar ação de adjudicação compulsória?

» SIM. O registro do compromisso de compra e venda não é condição para o ajuizamento da ação de adjudicação compulsória. Mesmo sem o registro, é possível a adjudicação compulsória.

Enunciado 95 da I Jornada de Direito Civil:

» O direito à adjudicação compulsória (art. 1.418 do novo Código Civil), quando exercido em face do promitente vendedor, não se condiciona ao registro da promessa de compra e venda no cartório de registro imobiliário (Súmula n. 239 do STJ).

Súmula 76-STJ: A falta de registro do compromisso de compra e venda de imóvel não dispensa a prévia interpelação para constituir em mora o devedor.

▶ *Aprovada em 28/04/1993, DJ 04/05/1993.*

» Válida.

Súmula 168-STF: Para os efeitos do Dec.-Lei 58, de 10.12.1937, admite-se a inscrição imobiliária do compromisso de compra e venda no curso da ação.

▶ *Aprovada em 13/12/1963.*

» Válida.

Súmula 167-STF: Não se aplica o regime do Dec.-Lei 58, de 10.12.1937, ao compromisso de compra e venda não inscrito no registro imobiliário, salvo se o promitente vendedor se obrigou a efetuar o registro.

▶ *Aprovada em 13/12/1963.*

» Válida.

Súmula 166-STF: É inadmissível o arrependimento no compromisso de compra e venda sujeito ao regime do Dec.-Lei 58, de 10.12.1937.

▶ *Aprovada em 13/12/1963.*

» Válida.

» Vide art. 25 da Lei nº 6.766/79 e art. 1.417 do CC-2002.

Súmula 412-STF: No compromisso de compra e venda com cláusula de arrependimento, a devolução do sinal, por quem o deu, ou a sua restituição em dobro, por quem o recebeu, exclui indenização maior a título de perdas e danos, salvo os juros moratórios e os encargos do processo.

▶ *Aprovada em 01/06/1964, DJ 06/07/1964.*

» Válida.
» Vide art. 420 do CC-02.

Súmula 84-STJ: É admissível a oposição de embargos de terceiro fundados em alegação de posse advinda do compromisso de compra e venda de imóvel, ainda que desprovido do registro.

▶ *Aprovada em 18/06/1993, DJ 02/07/1993.*

Importante.

» "O celebrante de promessa de compra e venda tem legitimidade para proteger a posse contra penhora incidente sobre o imóvel objeto do negócio jurídico, ainda que desprovido de registro, desde que afastadas a má-fé e a hipótese de fraude à execução." (STJ AgRg no AREsp 172.704/DF, julgado em 19/11/2013).
» Vale ressaltar que os órgãos da advocacia pública federal não oferecem impugnação nem recorrem em tais casos, desde que não caracterizada a má-fé dos contratantes e o intuito de fraude à execução (IN AGU 05/2007).

Súmula 621-STF: ~~Não enseja embargos de terceiro à penhora a promessa de compra e venda não inscrita no registro de imóveis.~~

▶ *Aprovada em 17/10/1984, DJ 29/10/1984.*

» Superada. Atualmente, vigora o entendimento expresso na Súmula 84 do STJ.

DIREITO AUTORAL

Súmula 63-STJ: São devidos direitos autorais pela retransmissão radiofônica de músicas em estabelecimentos comerciais.

▶ *Aprovada em 25/11/1992, DJ 01/12/1992.*

» Importante.
» São devidos direitos autorais pela instalação de televisores dentro de quartos de hotéis ou motéis (STJ AgRg nos EDcl nos EDcl no AgRg no REsp 1145185/RS, j. em 13/11/2012).

» São devidos direitos autorais pela instalação de televisores em quartos de clínicas de saúde ou hospitais (STJ AgRg no AgRg no Ag 1061962/MT, j. em 23/08/2011).

Súmula 261-STJ: A cobrança de direitos autorais pela retransmissão radiofônica de músicas, em estabelecimentos hoteleiros, deve ser feita conforme a taxa média de utilização do equipamento, apurada em liquidação.

▶ *Aprovada em 13/02/2002, DJ 19/03/2002.*

» Válida.

Súmula 228-STJ: É inadmissível o interdito proibitório para a proteção do direito autoral.

▶ *Aprovada em 08/09/1999, DJ 08/10/1999.*

» Importante.

Súmula 386-STF: ~~Pela execução de obra musical por artistas remunerados é devido direito autoral, não exigível quando a orquestra for de amadores.~~

▶ *Aprovada em 03/04/1964, DJ 08/05/1964.*

» Superada.

CONDOMÍNIO

Súmula 260-STJ: A convenção de condomínio aprovada, ainda que sem registro, é eficaz para regular as relações entre os condôminos.

▶ *Aprovada em 28/11/2001, DJ 06/02/2002.*

» Válida.

Súmula 478-STJ: Na execução de crédito relativo a cotas condominiais, este tem preferência sobre o hipotecário.

▶ *Aprovada em 13/06/2012, DJe 19/06/2012.*

» Válida.

POSSE

Súmula 487-STF: ~~Será deferida a posse a quem, evidentemente, tiver o domínio, se com base neste for ela disputada.~~

> ▶ *Aprovada em 03/12/1969, DJ 10/12/1969.*

» Superada.
» Vide art. 1.210 do CC-2002.
» Vide Enunciados 78 e 79 da I Jornada de Direito Civil.

USUCAPIÃO

Súmula 340-STF: Desde a vigência do Código Civil, os bens dominicais, como os demais bens públicos, não podem ser adquiridos por usucapião.

> ▶ *Aprovada em 13/12/1963.*

» Válida.
» Vale ressaltar, no entanto, que a súmula está se referindo ao Código Civil de 1916.
» Atualmente, a usucapião de bens públicos é prevista nos arts. 183, § 3º e 191, parágrafo único, da CF/88 e no art. 102 do CC-2002.

Súmula 193-STJ: O direito de uso de linha telefônica pode ser adquirido por usucapião.

> ▶ *Aprovada em 25/06/1997, DJ 06/08/1997.*

» Válida, mas atualmente sem importância.

Súmula 237-STF: O usucapião pode ser arguido em defesa.

> ▶ *Aprovada em 13/12/1963.*

» Importante.

Súmula 11-STJ: A presença da União ou de qualquer de seus entes, na ação de usucapião especial, não afasta a competência do foro da situação do imóvel.

> ▶ *Aprovada em 26/09/1990, DJ 01/10/1990.*

» Válida.

Súmula 391-STF: O confinante certo deve ser citado pessoalmente para a ação de usucapião.

> ▶ *Aprovada em 03/04/1964, DJ 08/05/1964.*

» Válida, mas o CPC previu uma exceção a essa regra.
» Veja o que diz o art. 246, § 3º do CPC/2015:

> Art. 246 (...)
>
> § 3º Na ação de usucapião de imóvel, os confinantes serão citados pessoalmente, exceto quando tiver por objeto unidade autônoma de prédio em condomínio, caso em que tal citação é dispensada.

Súmula 263-STF: O possuidor deve ser citado, pessoalmente, para a ação de usucapião.

▶ *Aprovada em 13/12/1963.*

» *Essa súmula pode ser analisada sob o aspecto do direito material e do direito processual.*

Quanto ao direito material:

» O enunciado quer dizer o seguinte: mesmo que o indivíduo (autor da ação) não esteja mais na posse do imóvel, ainda assim ele poderá ter direito à usucapião desde que, quando perdeu a posse, já havia preenchido todos os requisitos para a constituição do direito. Conforme explica Marcus Vinicius Rios Gonçalves:

> "Não é preciso que o autor da ação tenha posse atual do bem. A ação de usucapião visa a declarar a propriedade em favor de alguém que, por ter permanecido na coisa com posse *animus domini*, contínua, ininterrupta, pacífica e pública, pelo tempo exigido por lei. Pode ocorrer que o possuidor tenha permanecido todo o tempo necessário, e tenha-se tornado proprietário, mas que tenha perdido a posse, logo depois. Isso não o impede de pedir a declaração de propriedade em seu favor. A única ressalva é que ele deve incluir – no polo passivo – o atual possuidor. É o que resulta da Súmula 263 do STF: "O possuidor deve ser citado pessoalmente para a ação de usucapião". O possuidor a que a súmula se refere é o que tem a posse atual da coisa. Ele deve ser citado na ação ajuizada pelo usucapiente, que perdeu posteriormente a posse." (*Direito Processual Civil esquematizado*. 2ª ed., São Paulo: Saraiva, 2012, p. 796).

Por outro lado, o enunciado tem também uma regra de direito processual:

» O indivíduo que ajuizar uma ação de usucapião, se não estiver mais na posse do imóvel, deverá pedir a citação do atual possuidor e essa citação tem que ser pessoal.

» Quanto a este aspecto processual, existe divergência se a súmula ainda permanece válida. A súmula 263 é anterior ao CPC/1973. Assim, quando este Código entrou em vigor, surgiram vozes defendendo que a citação do atual possuidor poderia ser feita por edital na ação de usucapião. O fundamento seria o art. 942 do CPC/1973, que afirmava o seguinte:

> Art. 942. O autor, expondo na petição inicial o fundamento do pedido e juntando planta do imóvel, requererá a citação daquele em cujo nome estiver registrado o imóvel usucapiendo, bem como dos confinantes e, por edital, dos réus em lugar incerto e dos eventuais interessados, observado quanto ao prazo o disposto no inciso IV do art. 232. (Redação dada pela Lei nº 8.951/94)

- » Assim, alguns autores defenderam que o CPC/1973 somente exigiu a citação pessoal "daquele em cujo nome estiver registrado o imóvel usucapiendo". Os demais interessados, inclusive, o atual possuidor, deveria ser citado por edital.
- » O CPC/2015 também dá a ideia de que a citação dos demais interessados poderia ser feita por edital. Confira:

    Art. 246 (...) § 3º Na ação de usucapião de imóvel, os confinantes serão citados pessoalmente, exceto quando tiver por objeto unidade autônoma de prédio em condomínio, caso em que tal citação é dispensada.

    Art. 259. Serão publicados editais:

    I – na ação de usucapião de imóvel;

SERVIDÃO

Súmula 415-STF: Servidão de trânsito não titulada, mas tomada permanente, sobretudo pela natureza das obras realizadas, considera-se aparente, conferindo direito a proteção possessória.

▶ *Aprovada em 01/06/1964, DJ 06/07/1964.*

- » Válida, apesar de ter sido editada sob a égide do CC-1916.
- » Veja o que diz o CC-2002:

    Art. 1.379. O exercício incontestado e contínuo de uma servidão aparente, por dez anos, nos termos do art. 1.242, autoriza o interessado a registrá-la em seu nome no Registro de Imóveis, valendo-lhe como título a sentença que julgar consumado a usucapião.

    Parágrafo único. Se o possuidor não tiver título, o prazo da usucapião será de vinte anos.

HIPOTECA

Súmula 308-STJ: A hipoteca firmada entre a construtora e o agente financeiro, anterior ou posterior à celebração da promessa de compra e venda, não tem eficácia perante os adquirentes do imóvel.

▶ *Aprovada em 30/03/2005, DJ 25/04/2005.*

- » Válida.

DIREITOS DE VIZINHANÇA

Súmula 120-STF: Parede de tijolos de vidro translúcido pode ser levantada a menos de metro e meio do prédio vizinho, não importando servidão sobre ele.

▶ *Aprovada em 13/12/1963.*

» Válida.

» Ressalte-se que, para ser permitido, esse vidro translúcido não pode ser transparente a ponto de permitir a visão direta do imóvel do vizinho, hipótese na qual estaria violado o seu direito à privacidade.

Súmula 414-STF: ~~Não se distingue a visão direta da oblíqua na proibição de abrir janela, ou fazer terraço, eirado, ou varanda, a menos de metro e meio do prédio de outrem.~~

▶ *Aprovada em 01/06/1964, DJ 06/07/1964.*

» Superada.

ENFITEUSE

Súmula 169-STF: Depende de sentença a aplicação da pena de comisso.

▶ *Aprovada em 13/12/1963.*

» Válida, mas pouco relevante.

» No CC-1916 existia uma forma de direito real chamada de enfiteuse. Segundo a lei revogada, a enfiteuse se extinguia pelo comisso, quando o foreiro deixava de pagar as pensões devidas por 3 anos consecutivos. Segundo o STF, essa extinção pelo comisso dependia de sentença.

» O CC-2002 proibiu a constituição de novas enfiteuses (aforamentos), continuando a existir aquelas que já haviam sido constituídas (elas são regidas pelo CC-1916).

Súmula 122-STF: O enfiteuta pode purgar a mora enquanto não decretado o comisso por sentença.

▶ *Aprovada em 13/12/1963.*

» Válida, mas pouco relevante.

Súmula 170-STF: É resgatável a enfiteuse instituída anteriormente à vigência do Código Civil.

▶ *Aprovada em 13/12/1963.*

» Válida, mas pouco relevante.

CASAMENTO E DIVÓRCIO

Súmula 377-STF: No regime de separação legal de bens, comunicam-se os adquiridos na constância do casamento.

▸ *Aprovada em 03/04/1964, DJ 08/05/1964.*

» Há polêmica, mas prevalece que a súmula continua sendo VÁLIDA.

» Assim decidiu o STJ: "nas hipóteses de casamento sob o regime da separação legal, os consortes, por força da Súmula n. 377/STF, possuem o interesse pelos bens adquiridos onerosamente ao longo do casamento" (REsp 1163074/PB, julgado em 15/12/2009).

Súmula 197-STJ: O divórcio direto pode ser concedido sem que haja prévia partilha dos bens.

▸ *Aprovada em 08/10/1997, DJ 22/10/1997.*

» Válida.

» Tanto o divórcio direto como o indireto podem ser concedidos sem que haja prévia partilha de bens (STJ REsp 1.281.236-SP, j. em 19/3/2013).

Súmula 305-STF: Acordo de desquite ratificado por ambos os cônjuges não é retratável unilateralmente.

▸ *Aprovada em 13/12/1963.*

» Válida, mas pouco relevante.

» Quando a súmula fala em "desquite", devemos entender separação, divórcio ou dissolução de união estável.

UNIÃO ESTÁVEL

Súmula 382-STF: A vida em comum sob o mesmo teto "more uxorio", não é indispensável à caracterização do concubinato.

▸ *Aprovada em 03/04/1964, DJ 08/05/1964.*

Concursos da magistratura estadual, MP e DPE.

> Válida, mas é necessária uma atualização da expressão "concubinato", empregada no texto. Onde se lê "concubinato", deve-se entender "união estável". O termo concubinato, atualmente, é reservado apenas para o relacionamento entre duas pessoas no qual pelo menos uma delas é impedida de casar (art. 1.727 do CC).

O que a súmula quer dizer:

» A vida em comum sob o mesmo teto, também chamada de coabitação, não é indispensável à caracterização da união estável. Logo, é possível que haja o reconhecimento da união estável, mesmo que não haja a coabitação entre as partes (STJ AgRg no AREsp 59256/SP, julgado em 18/09/2012).

Súmula 380-STF: ~~Comprovada a existência de sociedade de fato entre os concubinos, é cabível a sua dissolução judicial, com a partilha do patrimônio adquirido pelo esforço comum.~~

▶ *Aprovada em 03/04/1964, DJ 08/05/1964.*

» Superada desde a edição da Lei 9.278/96. Com a edição desta Lei, os bens adquiridos por pessoas em união estável passaram a pertencer a ambos em meação, salvo se houvesse estipulação em sentido contrário ou se a aquisição patrimonial decorresse do produto de bens anteriores ao início da união.

» O termo concubinato, atualmente, é reservado apenas para o relacionamento entre duas pessoas no qual pelo menos uma delas é impedida de casar (art. 1.727 do CC).

» No regime atual, se duas pessoas vivem em união estável, o regime patrimonial que vigora entre eles é o da comunhão parcial de bens (art. 1.725 c/c 1.658 do CC-2002) que é mais vantajoso e amplo que as regras de uma "sociedade de fato".

» Cumpre destacar, ainda, que o entendimento da Súmula 380 não poderá ser empregado para o concubinato. Assim, mesmo que determinada mulher comprove que viveu um relacionamento que se assemelhasse com uma espécie de "sociedade de fato" com homem casado (e não separado de fato), ela (concubina) não terá direito à partilha do patrimônio adquirido pelo esforço comum. Também não terá direito a qualquer indenização pelo tempo que ficou com ele (STJ AgRg no AREsp 249761/RS, julgado em 28/05/2013).

AÇÃO DE INVESTIGAÇÃO DE PATERNIDADE

Súmula 1-STJ: O foro do domicílio ou da residência do alimentando é o competente para a ação de investigação de paternidade, quando cumulada com a de alimentos.

▶ *Aprovada em 25/04/1990, DJ 02/05/1990.*

» Importante.

Súmula 149-STF: É imprescritível a ação de investigação de paternidade, mas não o é a de petição de herança.

▶ *Aprovada em 13/12/1963.*

» Importante.

» Vide art. 27 do ECA.

» Quanto à petição de herança e anulação de partilha, o prazo prescricional é de 10 anos (art. 205 do CC). Assim, a pessoa não terá prazo para buscar o reconhecimento da filiação, mas terá 10 anos para pleitear os direitos sucessórios.

» Deve-se esclarecer que a ação negatória de paternidade proposta pelo pai registral contra o filho também é imprescritível (art. 1.601 do CC).

Súmula 301-STJ: Em ação investigatória, a recusa do suposto pai a submeter-se ao exame de DNA induz presunção juris tantum de paternidade.

▸ *Aprovada em 18/10/2004, DJ 22/11/2004.*

» Importante.

» CC-2002. Art. 231. Aquele que se nega a submeter-se a exame médico necessário não poderá aproveitar-se de sua recusa.

Súmula 277-STJ: Julgada procedente a investigação de paternidade, os alimentos são devidos a partir da citação.

▸ *Aprovada em 14/05/2003, DJ 16/06/2003.*

» Importante.

ALIMENTOS

Súmula 1-STJ: O foro do domicílio ou da residência do alimentando é o competente para a ação de investigação de paternidade, quando cumulada com a de alimentos.

▸ *Aprovada em 25/04/1990, DJ 02/05/1990.*

» Importante.

Súmula 594-STJ: O Ministério Público tem legitimidade ativa para ajuizar ação de alimentos em proveito de criança ou adolescente independentemente do exercício do poder familiar dos pais, ou do fato de o menor se encontrar nas situações de risco descritas no art. 98 do Estatuto da Criança e do Adolescente, ou de quaisquer outros questionamentos acerca da existência ou eficiência da Defensoria Pública na comarca.

▸ *Aprovada em 25/10/2017, DJe 06/11/2017.*

» Importante.

O Ministério Público pode ajuizar ação de alimentos em favor de criança ou adolescente?

» SIM. O Ministério Público tem legitimidade ativa para ajuizar ação de alimentos em proveito de criança ou adolescente. Nesse caso, o MP atua como substituto processual, ou seja, ele irá propor a ação em nome próprio defendendo direito alheio (da criança/adolescente).

» Vale ressaltar que o Ministério Público tem legitimidade ativa para ajuizar a ação de alimentos ainda que em proveito de uma única criança.

» Ficará assim na petição inicial:

» *"MINISTÉRIO PÚBLICO DO ESTADO XX, por intermédio do Promotor de Justiça que ao final subscreve, vem ajuizar a presente AÇÃO DE ALIMENTOS em favor da criança XXX, contra FULANO DE TAL (...)"*

Quais são os fundamentos para que se reconheça a legitimidade ativa do MP na ação de alimentos em favor das crianças e adolescentes?

Fundamentos constitucionais

» O direito das crianças e adolescentes aos alimentos pode ser classificado como sendo um interesse individual indisponível, o que se insere nas atribuições do MP, conforme previsto no art. 127 da CF/88.

» É dever não apenas da família, como também da sociedade e do Estado, assegurar à criança, ao adolescente e ao jovem, com absoluta prioridade, o direito à vida, à saúde, à alimentação, à educação, ao lazer, à profissionalização, à cultura, à dignidade, entre outros (art. 227).

Fundamento legal

» Compete ao Ministério Público promover e acompanhar as ações de alimentos em favor de crianças e adolescentes (art. 201, III, do ECA).

O Ministério Público pode ajuizar ação de alimentos em favor de criança ou adolescente mesmo que na localidade exista Defensoria Pública instalada e funcionando?

» SIM. O Ministério Público tem legitimidade ativa para ajuizar ação de alimentos em proveito de criança ou adolescente independentemente de existir ou não Defensoria Pública no local. Isso porque as atuações dos órgãos não se confundem, não sendo idênticas.

Ação de alimentos proposta pelo MP	Ação de alimentos proposta pela Defensoria
Na ação de alimentos, o MP atua como substituto processual, pleiteando, em nome próprio, o direito do infante aos alimentos. Para isso, em tese, o *Parquet* não precisa que a mãe ou o responsável pela criança ou adolescente procure o órgão em busca de assistência. O MP pode atuar de ofício. Aliás, na maioria das vezes o MP atua quando há a omissão dos pais ou responsáveis na satisfação dos direitos mínimos da criança e do adolescente, notadamente o direito à alimentação.	Na ação de alimentos, a Defensoria Pública atua como representante processual, pleiteando, em nome da criança ou do adolescente, o seu direito aos alimentos. Para tanto, a Defensoria só pode ajuizar a ação de alimentos se for provocada pelos responsáveis pela criança ou adolescente.

Existia uma posição sustentando que o MP somente poderia ajuizar ação de alimentos se a mãe da criança ou do adolescente não estivesse exercendo o poder familiar, uma vez que, em caso contrário, ela deveria tomar essa providência. Essa posição prevaleceu?

» NÃO. O Ministério Público tem legitimidade ativa para ajuizar ação de alimentos em proveito de criança ou adolescente, independentemente do exercício do poder familiar dos pais. Em suma, a mãe e o pai podem estar no pleno exercício do poder familiar e mesmo assim a ação ser proposta pelo *Parquet*.

Existia uma posição sustentando que o MP somente poderia ajuizar ação de alimentos se ficasse caracterizado que a criança ou o adolescente estivesse em situação de risco (art. 98 do ECA). Essa posição prevaleceu?

» NÃO. O Ministério Público tem legitimidade ativa para ajuizar ação de alimentos em proveito de criança ou adolescente mesmo que a criança ou adolescente não se encontre nas situações de risco descritas no art. 98 do ECA.

» Vigora em nosso ordenamento a doutrina da proteção integral da criança e do adolescente. Como decorrência lógica dessa doutrina, o ECA adota, em seu art. 100, parágrafo único, VI, o princípio da intervenção precoce, segundo o qual a atuação do Estado na proteção do infante deve ocorrer antes que o infante caia no que o antigo Código de Menores chamava de situação irregular, como nas hipóteses de maus-tratos, violação extrema de direitos por parte dos pais e demais familiares.

Súmula 596-STJ: A obrigação alimentar dos avós tem natureza complementar e subsidiária, somente se configurando no caso de impossibilidade total ou parcial de seu cumprimento pelos pais.

▶ *Aprovada 08/10/2017.*

» Importante.

Imagine a seguinte situação hipotética:

» João é um jovem rico empresário. Ele é casado e possui duas filhas deste casamento. Além disso, possui também um terceiro filho (Bernardo), caçula, fruto de um relacionamento extraconjugal.

» João pagava 5 salários-mínimos de pensão alimentícia para o filho. Ocorre que, determinado dia, o empresário sofreu um acidente e faleceu.

» Com a morte, foi aberto inventário judicial para apurar quais foram os bens deixados pelo falecido e, após isso, realizar a partilha entre os herdeiros. Vale ressaltar que, como o patrimônio deixado por João é grande, é provável que o inventário demore alguns anos para ser concluído.

» Um mês após a morte, Bernardo, representado por sua mãe, ajuizou ação de alimentos contra o pai de João, alegando que, com a morte deste, a criança ficou desassistida e precisa urgentemente da quantia que já era paga para suas necessidades diárias. Segundo alegou Bernardo, diante da morte de seu pai, a obrigação de prestar os ali-

mentos deverá ser transmitida automaticamente para seu avô paterno, que é um rico empresário, detentor de grande fortuna.
» O pedido de Bernardo foi fundamentado no art. 1.696 do Código Civil:

> Art. 1.696. O direito à prestação de alimentos é recíproco entre pais e filhos, e extensivo a todos os ascendentes *(ex: avós)*, recaindo a obrigação nos mais próximos em grau, uns em falta de outros.

O pedido de Bernardo deverá ser acolhido?

» NÃO.

» A obrigação dos avós de prestar alimentos tem natureza complementar e subsidiária e somente exsurge se ficar demonstrada a impossibilidade de os dois genitores proverem os alimentos dos filhos, ou de os proverem de forma suficiente.

» Assim, morrendo o pai que pagava os alimentos, só se poderá cobrar alimentos dos avós se ficar demonstrado que nem a mãe nem o espólio do falecido têm condições de sustentar o filho.

» Não tendo ficado demonstrada a impossibilidade ou a insuficiência do cumprimento da obrigação alimentar pela mãe, como também pelo espólio do pai falecido, não há como reconhecer a obrigação do avô de prestar alimentos.

» O falecimento do pai do alimentante não implica a automática transmissão do dever alimentar aos avós.

» Nesse sentido: STJ. 4ª Turma. REsp 1.249.133-SC, Rel. Min. Antonio Carlos Ferreira, Rel. para acórdão Min. Raul Araújo, julgado em 16/6/2016 (Info 587).

Demonstrar a impossibilidade da mãe

» A primeira questão a ser ressaltada é que, para a ação de alimentos ajuizada contra os avós ter êxito, é indispensável que se demonstre que nem o pai nem a mãe têm condições de sustentar o alimentando.

» No caso concreto, o pai já era falecido, mas o autor (Bernardo) teria que demonstrar que a sua mãe também não tinha condições de sustentar o filho. Isso porque a obrigação alimentar avoenga (entre avós e netos) tem natureza complementar e subsidiária. Confira:

> (...) A obrigação alimentar dos avós apresenta natureza complementar e subsidiária, somente se configurando quando pai e mãe não dispuserem de meios para promover as necessidades básicas dos filhos.
> 2. Necessidade de demonstração da impossibilidade de os dois genitores proverem os alimentos de seus filhos.
> 3. Caso dos autos em que não restou demonstrada a incapacidade de a genitora arcar com a subsistência dos filhos.
> 4. Inteligência do art. 1.696 do Código Civil. (...)
> STJ. 3ª Turma. REsp 1.415.753/MS, Rel. Min. Paulo de Tarso Sanseverino, julgado em 24/11/2015.

Demonstrar a impossibilidade do espólio

» Além disso, para intentar a ação contra o avô, Bernardo também teria que ter demonstrado que o espólio de seu pai não tinha condições de continuar pagando a pensão alimentícia.

» Obs: o espólio é o ente despersonalizado que representa a herança em juízo ou fora dele. Mesmo sem possuir personalidade jurídica, o espólio tem capacidade para praticar atos jurídicos (ex.: celebrar contratos no interesse da herança) e tem legitimidade processual (pode estar no polo ativo ou passivo da relação processual) (FARIAS, Cristiano Chaves. et. al., *Código Civil para concursos*. Salvador: Juspodivm, 2013, p. 1396).

Ação deveria ter sido dirigida contra o espólio

» Desse modo, no caso concreto, Bernardo deveria ter ajuizado a ação de alimentos contra o espólio de João.

» O alimentando é herdeiro do falecido e, por isso, deveria ter pedido alimentos ao espólio de seu pai.

Não há transmissão automática do dever de alimentar aos avós

» Não é correta, portanto, a afirmação de que o dever de alimentar transmite-se automaticamente aos avós em caso de falecimento do pai que pagava a pensão.

Súmula 226-STF: Na ação de desquite, os alimentos são devidos desde a inicial e não da data da decisão que os concede.

▶ *Aprovada em 13/12/1963.*

» Válida.

» Vide art. 13, § 2º, da Lei nº 5.478/68.

Súmula 379-STF: No acordo de desquite não se admite renúncia aos alimentos, que poderão ser pleiteados ulteriormente, verificados os pressupostos legais.

▶ *Aprovada em 03/04/1964, DJ 08/05/1964.*

» Há polêmica, mas penso que a súmula está SUPERADA.

» O CC/2002 afirma:

> Art. 1.707. Pode o credor não exercer, porém lhe é vedado renunciar o direito a alimentos, sendo o respectivo crédito insuscetível de cessão, compensação ou penhora.

» A doutrina, no entanto, sustenta que esse art. 1.707 do CC aplica-se para os alimentos entre parentes. No caso de cônjuges, companheiros e parceiros homoafetivos, é válida a renúncia aos alimentos no momento do fim do casamento ou da união estável. Assim, não se aplica o art. 1.707.

» Nesse sentido é o Enunciado 263 da III Jornada de Direito Civil:

O art. 1.707 do Código Civil não impede seja reconhecida válida e eficaz a renúncia manifestada por ocasião do divórcio (direto ou indireto) ou da dissolução da união estável. A irrenunciabilidade do direito a alimentos somente é admitida enquanto subsista vínculo de Direito de Família.

» O STJ também defende que a cláusula de renúncia a alimentos presente em acordo de divórcio ou dissolução de união estável é válida e eficaz, não autorizando o ex-cônjuge ou ex-companheiro que renunciou a voltar a pleitear o encargo. Confira: "Consoante entendimento pacificado desta Corte, após a homologação do divórcio, não pode o ex-cônjuge pleitear alimentos se deles desistiu expressamente por ocasião do acordo de separação consensual." (AgRg no Ag 1044922/SP, julgado em 22/06/2010).

» Vale ressaltar que, mesmo tendo renunciado aos alimentos por ocasião do divórcio, a ex-mulher poderá pleitear pensão por morte do INSS caso comprove a necessidade posterior. É a Súmula 336 do STJ: A mulher que renunciou aos alimentos na separação judicial tem direito à pensão previdenciária por morte do ex-marido, comprovada a necessidade econômica superveniente.

Súmula 336-STJ: A mulher que renunciou aos alimentos na separação judicial tem direito à pensão previdenciária por morte do ex-marido, comprovada a necessidade econômica superveniente.

▶ *Aprovada em 25/04/2007, DJ 07/05/2007.*

» Importante.

Súmula 358-STJ: O cancelamento de pensão alimentícia de filho que atingiu a maioridade está sujeito à decisão judicial, mediante contraditório, ainda que nos próprios autos.

▶ *Aprovada em 13/08/2008, DJe 08/09/2008.*

» Importante.

Súmula 309-STJ: O débito alimentar que autoriza a prisão civil do alimentante é o que compreende as três prestações anteriores ao ajuizamento da execução e as que se vencerem no curso do processo.

▶ *Aprovada em 22/03/2006, DJ 19/04/2006.*

» Importante.

» O entendimento exposto neste enunciado foi acolhido expressamente pelo CPC/2015, que prevê, em seu art. 528, § 7º: "O débito alimentar que autoriza a prisão civil do alimentante é o que compreende até as 3 (três) prestações anteriores ao ajuizamento da execução e as que se vencerem no curso do processo."

SUCESSÕES

Súmula 49-STF: A cláusula de inalienabilidade inclui a incomunicabilidade dos bens.

▶ *Aprovada em 13/12/1963.*

» Válida.

» Vide art. 1.911 do CC:

Art. 1.911. A cláusula de inalienabilidade, imposta aos bens por ato de liberalidade, implica impenhorabilidade e incomunicabilidade.

Súmula 542-STF: Não é inconstitucional a multa instituída pelo Estado-Membro, como sanção pelo retardamento do início ou da ultimação do inventário.

▶ *Aprovada em 03/12/1969, DJ 10/12/1969.*

» Válida.

Súmula 447-STF: ~~É válida a disposição testamentária em favor de filho adulterino do testador com sua concubina.~~

▶ *Aprovada em 01/10/1964, DJ 08/10/1964.*

» Superada por estar desatualizada e ser completamente desnecessária.

» Vide art. 227, § 6º da CF/88 e art. 1.596 do CC-2002.

OUTROS TEMAS

Súmula 182-STF: ~~Não impede o reajustamento do débito pecuário, nos termos da Lei 1.002, de 24.12.1949, a falta de cancelamento da renúncia à moratória da Lei 209, de 02.01.1948.~~

▶ *Aprovada em 13/12/1963.*

» Superada.

Súmula 183-STF: ~~Não se incluem no reajustamento pecuário dívidas estranhas à atividade agropecuária.~~

▶ *Aprovada em 13/12/1963.*

» Superada.

Súmula 184-STF: ~~Não se incluem no reajustamento pecuário dívidas contraídas posteriormente a 19.12.46.~~

▶ *Aprovada em 13/12/1963.*

» Superada.

Súmula 185-STF: ~~Em processo de reajustamento pecuário, não responde a União pelos honorários do advogado do credor ou do devedor.~~

» Superada.

▸ *Aprovada em 13/12/1963.*

Súmula 275-STF: ~~Está sujeita a recurso "ex officio" sentença concessiva de reajustamento pecuário anterior à vigência da Lei 2.804, de 25 de junho de 1956.~~

» Superada.

▸ *Aprovada em 13/12/1963.*

4. DIREITO DO CONSUMIDOR

RESPONSABILIDADE

Súmula 130-STJ: A empresa responde, perante o cliente, pela reparação de dano ou furto de veículo ocorridos em seu estacionamento.

▶ *Aprovada em 29/03/1995, DJ 04/04/1995.*

» Válida.

» O STJ tem decidido pela impossibilidade de se responsabilizar o estabelecimento em casos de delito quando caracterizado o fortuito externo ou, ainda, em casos nos quais não se aperfeiçoa o contrato de depósito, ainda que gratuito (AgRg no AgRg no Ag 1102125/RS, j. em 27/11/2012).

» De acordo com os ditames do Código de Defesa do Consumidor, os shoppings, hotéis e hipermercados que oferecem estacionamento privativo aos consumidores, mesmo que de forma gratuita, são responsáveis pela segurança tanto dos veículos, quanto dos clientes (STJ EREsp 419.059/SP, j. em 11/04/2012).

» Obs: em se tratando de shopping centers, o STJ já decidiu que é devida a indenização mesmo em caso de tentativa de roubo armado (STJ. 4ª Turma. REsp 1.269.691-PB, j. em 21/11/2013).

» Confira esse importante precedente do STJ:

A Súmula 130 do STJ prevê o seguinte: a empresa responde, perante o cliente, pela reparação de DANO ou FURTO de veículo ocorridos em seu estacionamento.

Em casos de roubo, o STJ tem admitido a interpretação extensiva da Súmula 130 do STJ para entender que há o dever do fornecedor de serviços de indenizar mesmo que o prejuízo tenha sido causado por roubo, se este foi praticado no estacionamento de empresas destinadas à exploração econômica direta da referida atividade (empresas de estacionamento pago) ou quando o estacionamento era de um grande shopping center ou de uma rede de hipermercado.

Por outro lado, não se aplica a Súmula 130 do STJ em caso de roubo de cliente de lanchonete fast-food, se o fato ocorreu no estacionamento externo e gratuito por ela oferecido. Nesta situação, tem-se hipótese de caso fortuito (ou motivo de força maior), que afasta do estabelecimento comercial proprietário da mencionada área o dever de indenizar.

Logo, a incidência do disposto na Súmula 130 do STJ não alcança as hipóteses de crime de roubo a cliente de lanchonete, praticado mediante grave ameaça e com emprego de arma de fogo, ocorrido no estacionamento externo e gratuito oferecido pelo estabelecimento comercial.

STJ. 3ª Turma. REsp 1.431.606-SP, Rel. Min. Paulo de Tarso Sanseverino, Rel. Acd. Min. Ricardo Villas Bôas Cueva, julgado em 15/08/2017 (Info 613).

Súmula 479-STJ: As instituições financeiras respondem objetivamente pelos danos gerados por fortuito interno relativo a fraudes e delitos praticados por terceiros no âmbito de operações bancárias.

▶ *Aprovada em 27/06/2012, DJ 01/08/2012.*

» Importante.

» Ex1: um talão de cheques é extraviado da agência do banco, chegando às mãos de um fraudador, que põe em circulação cheques falsificados em nome de "A" (cliente do banco). O banco compensa os cheques, fazendo com que o saldo de "A" fique negativo e ele seja inscrito na SERASA por força das dívidas. Esse banco responderá objetivamente (isto é, independentemente de culpa) pelos danos materiais e morais causados ao cliente.

» Ex2: determinado cracker invade o sistema do banco e consegue transferir dinheiro da conta de um cliente. O banco responde objetivamente por esse dano.

» Ex3: o cartão de crédito de um cliente é "clonado" e, por conta disso, são feitas compras fraudulentas em seu nome. O banco responde objetivamente por esse dano.

Por que o banco responde objetivamente nesses casos?

» Os bancos são fornecedores de serviços e a eles é aplicado o Código de Defesa do Consumidor (art. 3º, § 2º, do CDC; Súmula 297-STJ; STF ADI 2591). Se ocorreu um fortuito interno na operação bancária relacionado com uma fraude ou delito praticado por terceiro, o que houve nesse caso foi um defeito no serviço bancário, sendo isso chamado pelo CDC de "fato do serviço".

» Fato do serviço são os danos causados aos consumidores em razão de um acidente de consumo provocado por serviço defeituoso (art. 14 do CDC). Se ocorre um fato do serviço, o fornecedor desse serviço é obrigado a indenizar os consumidores lesados, independentemente de culpa:

> Art. 14. O fornecedor de serviços responde, independentemente da existência de culpa, pela reparação dos danos causados aos consumidores por defeitos relativos à prestação dos serviços, bem como por informações insuficientes ou inadequadas sobre sua fruição e riscos.

» O STJ afirma que a responsabilidade do banco (fornecedor do serviço) decorre da violação a um dever contratualmente assumido, qual seja o de gerir com segurança as movimentações bancárias de seus clientes (Min. Luis Felipe Salomão).

Exemplo de aplicação da súmula para lesados não correntistas:

» José perde sua carteira com os documentos. Pedro, experiente estelionatário, encontra. Pedro coloca a sua foto no RG de José, treina a assinatura para imitá-la e vai até o Banco, onde consegue, com os documentos de José, abrir uma conta-corrente e efetuar um empréstimo bancário, nunca pagando o valor. Por conta disso, o nome de José é inscrito pelo Banco no serviço de proteção ao crédito. José, de fato, nunca manteve qualquer relação contratual com o Banco, mas deverá ser indenizado porque houve um fato do serviço (um defeito no serviço bancário) que fez com que ele se transformasse em vítima desse evento (consumidor por equiparação).

Nos exemplos acima mencionados, os bancos não podem alegar culpa exclusiva de terceiro para se isentar da responsabilidade?

» NÃO. De fato, o CDC prevê que a culpa exclusiva de terceiro exclui o dever de indenizar:

Art. 14 (...)

§ 3º – O fornecedor de serviços só não será responsabilizado quando provar:

II – a culpa exclusiva do consumidor ou de terceiro.

» No entanto, segundo o STJ, a culpa exclusiva de terceiros somente elide (elimina) a responsabilidade objetiva do fornecedor se for uma situação de "fortuito externo". Se o caso for de "fortuito interno", persiste a obrigação de indenizar.

Fortuito interno x fortuito externo:

Fortuito interno	Fortuito externo
Está relacionado com a organização da empresa. É um fato ligado aos riscos da atividade desenvolvida pelo fornecedor.	Não está relacionado com a organização da empresa. É um fato que não guarda nenhuma relação de causalidade com a atividade desenvolvida pelo fornecedor. É uma situação absolutamente estranha ao produto ou ao serviço fornecido.
Ex1: o estouro de um pneu do ônibus da empresa de transporte coletivo; Ex2: cracker invade o sistema do banco e consegue transferir dinheiro da conta de um cliente. Ex3: durante o transporte da matriz para uma das agências ocorre um roubo e são subtraídos diversos talões de cheque (trata-se de um fato que se liga à organização da empresa e aos riscos da própria atividade desenvolvida).	Ex1: assalto à mão armada no interior de ônibus coletivo (não é parte da organização da empresa de ônibus garantir a segurança dos passageiros contra assaltos); Ex2: um terremoto faz com que o telhado do banco caia, causando danos aos clientes que lá estavam.

Fortuito interno	Fortuito externo
Para o STJ, o fortuito interno NÃO exclui a obrigação do fornecedor de indenizar o consumidor.	Para o STJ, o fortuito externo é uma causa excludente de responsabilidade.

» A jurisprudência do STJ entende que a ocorrência de fraudes ou delitos contra o sistema bancário, dos quais resultam danos a terceiros ou a correntistas, insere-se na categoria doutrinária de fortuito interno, porquanto fazem parte do próprio risco do empreendimento (REsp 1197929/PR).

Súmula 28-STF: O estabelecimento bancário é responsável pelo pagamento de cheque falso, ressalvadas as hipóteses de culpa exclusiva ~~ou concorrente~~ do correntista.

▶ *Aprovada em 13/12/1963.*

» Superada, em parte.
» A parte riscada desta súmula está superada. Segundo entendimento do STF, o Código de Defesa do Consumidor é aplicado nas relações entre as instituições financeiras e seus clientes (ADI 2591/DF).
» O CDC afirma que somente a culpa exclusiva do consumidor (no caso, o correntista) é que exclui a responsabilidade do fornecedor de serviços (art. 14, § 3º, II). Logo, mesmo havendo culpa concorrente do correntista, persistirá a responsabilidade do estabelecimento bancário. A culpa concorrente servirá, no máximo, como fator de atenuação do montante indenizatório.

Súmula 595-STJ: As instituições de ensino superior respondem objetivamente pelos danos suportados pelo aluno/consumidor pela realização de curso não reconhecido pelo Ministério da Educação, sobre o qual não lhe tenha sido dada prévia e adequada informação.

▶ *Aprovada em 25/10/2017, DJe 06/11/2017.*

» Importante.

Imagine a seguinte situação hipotética:

» João matriculou-se na primeira turma do curso de bacharelado em Direito da UNISABES (Universidade do Saber).
» Quando João se formou, em 2010, a Universidade ainda não havia conseguido obter o reconhecimento do curso junto ao Ministério da Educação, de forma que ela não pode emitir os diplomas de Bacharel em Direito.
» Assim, apesar de aprovado no exame da OAB, João não pode obter a sua inscrição como advogado.
» A situação somente foi resolvida 18 meses depois.

» Diante disso, o ex-aluno ingressou com ação de indenização por danos morais e materiais contra a UNISABES.

» Vale ressaltar que no momento em que o curso foi oferecido não se informou aos alunos que a Universidade ainda não havia conseguido o reconhecimento.

Neste caso concreto, João terá direito de ser indenizado?

» SIM.

Qual é a natureza da relação jurídica firmada entre João e o Instituto?

» Relação de consumidor e fornecedor. A relação jurídica firmada entre o aluno e a instituição de ensino particular é uma relação de índole consumerista considerando que o aluno é o destinatário final dos serviços prestados pela faculdade. Além disso, o aluno possui vulnerabilidade jurídica frente à instituição.

Responsabilidade objetiva

» Como a relação é consumerista, a instituição possui responsabilidade civil objetiva pelos danos causados, nos termos do art. 14 do CDC:

Art. 14. O fornecedor de serviços responde, independentemente da existência de culpa, pela reparação dos danos causados aos consumidores por defeitos relativos à prestação dos serviços, bem como por informações insuficientes ou inadequadas sobre sua fruição e riscos.

Falha no dever de informação

» Fica evidente a responsabilidade objetiva da instituição, considerando que ela deveria ter informado previamente os alunos que o curso não estava ainda reconhecido, informação que era fundamental para que eles decidissem se desejariam ou não se matricular.

» Houve, portanto, descumprimento do dever de informar, gerando o direito à indenização.

» O STJ sumulou o entendimento acima exposto. De acordo com o Tribunal Superior:

"(...) não há como negar o sentimento de frustração e engodo daquele que, após anos de dedicação, entremeado de muito estudo, privações, despesas etc., descobre que não poderá aspirar a emprego na profissão para a qual se preparou, tampouco realizar cursos de especialização, pós-graduação, mestrado ou doutorado, nem prestar concursos públicos; tudo porque o curso oferecido pela universidade não foi chancelado pelo MEC.

Some-se a isso a sensação de incerteza e temor quanto ao futuro, fruto da possibilidade de jamais ter seu diploma validado, bem como o ambiente de desconforto e desconfiança gerados no seio social: pais, parentes, amigos, conhecidos, enfim, todos aqueles que convivem com o aluno e têm como certa a diplomação." (Min. Nancy Andrighi)

» Assim, "a instituição de ensino superior responde objetivamente pelos danos causados ao aluno em decorrência da falta de reconhecimento do curso pelo MEC, quando violado o dever de informação ao consumidor." (STJ. 4ª Turma. AgRg no AREsp 651.099/PR, Rel. Min. Marco Buzzi, julgado em 26/05/2015).

E se os alunos tivessem sido previamente informados, no momento da matrícula, que o curso ainda não havia sido reconhecido pelo MEC e que as providências ainda seriam tomadas?

» Se a falta de reconhecimento do curso pelo MEC tivesse sido previamente informada aos alunos, de maneira clara e objetiva, a responsabilidade civil da Instituição <u>poderia</u> ser afastada, conforme já decidiu o STJ:

> (...) 2. Essa Corte reconhece a responsabilidade objetiva da instituição de ensino e o direito à compensação por danos morais a aluno de curso não reconhecido pelo Ministério da Educação quando violado o dever de informação ao consumidor.
>
> 3. Na hipótese, a situação do curso era conhecida pelos alunos e as providências quanto ao seu reconhecimento oficial, após a conclusão da primeira turma, foram tomadas pela instituição.
>
> 4. A demora no reconhecimento do curso pelo MEC, não impediu que a recorrente fosse contratada por duas empresas do ramo farmacêutico, ou seja, não impediu que ela exercesse sua atividade profissional.
>
> 5. Como já eram previsíveis os aborrecimentos e dissabores por quais passou até o reconhecimento oficial do curso pelo MEC porque a recorrente foi informada da situação pela instituição de ensino, não ficou demonstrada a ocorrência do dano moral passível de compensação. (...)
>
> STJ. 3ª Turma. REsp 1230135/MT, Rel. Min. Nancy Andrighi, julgado em 04/12/2012.

» Em caso de informação prévia, não se pode dizer que os alunos foram surpreendidos com a situação, tendo sido enganados pela instituição ao longo dos anos de curso. Não houve engodo ou violação do dever de informação. A situação do curso era conhecida por todos e as providências cabíveis foram tomadas pela Instituição, razão pela qual não há direito à indenização.

APLICAÇÃO DO CDC

Súmula 297-STJ: O Código de Defesa do Consumidor é aplicável às instituições financeiras.

▸ *Aprovada em 12/05/2004, DJ 09/09/2004.*

» Importante.

» Art. 3º, § 2º, do CDC; STF ADI 2591.

Súmula 321-STJ: O Código de Defesa do Consumidor é aplicável à relação jurídica entre a entidade de previdência privada e seus participantes.

▸ *Aprovada em 23/11/2005, DJ 05/12/2005.*

» Cancelada. Vide Súmula 563 do STJ.

Súmula 563-STJ: O Código de Defesa do Consumidor é aplicável às entidades abertas de previdência complementar, não incidindo nos contratos previdenciários celebrados com entidades fechadas.

▶ *Aprovada em 24/02/2016, DJe 29/02/2016.*

» Importante.

Previdência complementar

» É um plano de benefícios feito pela pessoa que deseja receber, no futuro, aposentadoria paga por uma entidade privada de previdência. A pessoa paga todos os meses uma prestação e este valor é aplicado por uma pessoa jurídica, que é a entidade gestora do plano (ex: Bradesco Previdência). É chamada de "complementar" porque normalmente é feita por alguém que já trabalha na iniciativa privada ou como servidor público e, portanto, já teria direito à aposentadoria pelo INSS ou pelo regime próprio. Apesar disso, ela resolve fazer a previdência privada como forma de "complementar" a renda no momento da aposentadoria. O plano de previdência complementar é prestado por uma pessoa jurídica chamada de "entidade de previdência complementar" (entidade de previdência privada).

Espécies de entidade de previdência privada

» Existem duas espécies de entidade de previdência privada (entidade de previdência complementar):

ABERTAS (EAPC)	FECHADAS (EFPC)
As entidades abertas são empresas privadas constituídas sob a forma de sociedade anônima, que oferecem planos de previdência privada que podem ser contratados por qualquer pessoa física ou jurídica. As entidades abertas normalmente fazem parte do mesmo grupo econômico de um banco ou seguradora. Exs: Bradesco Vida e Previdência S.A., Itaú Vida e Previdência S.A., Mapfre Previdência S.A., Porto Seguro Vida e Previdência S/A., Sul América Seguros de Pessoas e Previdência S.A.	As entidades fechadas são pessoas jurídicas, organizadas sob a forma de fundação ou sociedade civil, mantidas por grandes empresas ou grupos de empresa, para oferecer planos de previdência privada aos seus funcionários. Essas entidades são conhecidas como "fundos de pensão". Os planos não podem ser comercializados para quem não é funcionário daquela empresa. Ex: Previbosch (dos funcionários da empresa Bosch).
Possuem finalidade de lucro.	Não possuem fins lucrativos.
São geridas (administradas) pelos diretores e administradores da sociedade anônima.	A gestão é compartilhada entre os representantes dos participantes e assistidos e os representantes dos patrocinadores.

Situação 1: Entidade aberta

» Imagine a seguinte situação hipotética: João é dentista autônomo e decidiu que não queria ficar dependendo apenas da aposentadoria do INSS. Diante disso, ele procurou a empresa "Porto Seguro Vida e Previdência S/A." (entidade aberta de previdência complementar) e com ela celebrou contrato de previdência privada. Anos mais tarde, no momento de obter o benefício da aposentadoria, João discordou da interpretação dada pela entidade a determinada cláusula contratual. No entendimento de João, a redação do contrato não estava muito clara e, por isso, a cláusula deveria ser interpretada de forma mais favorável a ele (consumidor), nos termos do art. 47 do CDC.

» A relação jurídica entre João (participante do plano de benefício) e a entidade de previdência complementar é uma relação de consumo? SIM. O Código de Defesa do Consumidor é aplicável às entidades abertas de previdência complementar. Para saber se determinada relação jurídica é regida ou não pelo CDC é fundamental analisar se estão presentes, no caso, as figuras do consumidor (art. 2º do Código) e do fornecedor (art. 3º). A pessoa que celebra um contrato com uma entidade de previdência complementar aberta certamente se enquadra na definição porque "consumidor é toda pessoa física ou jurídica que adquire ou utiliza produto ou serviço como destinatário final" (art. 2º). Como o indivíduo contrata o plano de previdência para uso próprio (ou de sua família), e não para revendê-lo, pode-se dizer que ele é o destinatário final do serviço. Por outro lado, a entidade complementar aberta amolda-se ao conceito de fornecedor, oferecendo um serviço oneroso aos seus clientes.

» Vale ressaltar, ainda, que a pessoa que contrata com a entidade aberta é considerada vulnerável, tanto sob o ponto de vista econômico, já que tais entidades são grandes corporações ligadas a instituições financeiras, como também sob o aspecto jurídico considerando que os contratos assinados são de adesão, não havendo possibilidade de o consumidor alterar as cláusulas previamente impostas.

» Dessa forma, o vínculo jurídico entre o contratante e a entidade aberta de previdência complementar é relação de consumo, aplicando-se, como fontes normativas a LC 109/2001 (lei especial que trata sobre o Regime de Previdência Complementar) e também os princípios e regras do Código de Defesa do Consumidor.

Situação 2. Entidade fechada

» Imagine agora outra situação ligeiramente diferente: a Fundação Vale do Rio Doce de Seguridade Social (Valia) é uma entidade fechada de previdência complementar privada (EFPC) criada com o objetivo de administrar o plano de previdência complementar dos empregados da mineradora Vale. Pedro, funcionário aposentado da Vale, ajuizou ação contra a Valia afirmando que a entidade não cumpriu uma das cláusulas do regulamento do plano de previdência. Segundo argumentou Pedro, a entidade descumpriu o regulamento e, por não haver nenhuma regra específica sobre o tema na LC 109/2001, a questão deveria ser resolvida mediante a aplicação do Código de Defesa do Consumidor.

» A relação jurídica entre Pedro (participante do plano de benefício) e a Valia (entidade de previdência complementar fechada) é uma relação de consumo? Pode ser aplicado o CDC ao caso? NÃO. O Código de Defesa do Consumidor não é aplicável à relação jurídica entre participantes ou assistidos de plano de benefício e entidade de previdência complementar fechada, mesmo em situações que não sejam regulamentadas pela legislação especial. STJ. 2ª Seção. REsp 1.536.786-MG, Rel. Min. Luis Felipe Salomão, julgado em 26/8/2015 (Info 571).

» Entidades fechadas não se amoldam à definição de fornecedor (art. 3º do CDC). As entidades fechadas de previdência privada não comercializam os seus benefícios ao público em geral nem os distribuem no mercado de consumo, não podendo, por isso mesmo, ser enquadradas no conceito legal de fornecedor. Além disso, não há remuneração pela contraprestação dos serviços prestados e, consequentemente, a finalidade não é lucrativa, já que o patrimônio da entidade e respectivos rendimentos, auferidos pela capitalização de investimentos, revertem-se integralmente na concessão e manutenção do pagamento de benefícios aos seus participantes e assistidos.

» Assim, o que predomina nas relações entre a EFPC e seus participantes é o associativismo ou o mutualismo com fins previdenciários, ou seja, uma gestão participativa com objetivos sociais comuns de um grupo específico, que se traduzem na rentabilidade dos recursos vertidos pelos patrocinadores (empregadores) e participantes (empregados) ao fundo, visando à garantia do pagamento futuro de benefício de prestação programada e continuada. Logo, a relação jurídica existente entre os fundos de pensão e seus participantes é de caráter estatutário, sendo regida por leis específicas (LC 108 e 109/2001), bem como pelos planos de custeio e de benefícios, de modo que, apenas em caráter subsidiário, aplicam-se a legislação previdenciária e a civil, não podendo incidir normas peculiares de outros microssistemas legais, tais como o CDC e a CLT. STJ. 3ª Turma. REsp 1421951/SE, Rel. Min. Ricardo Villas Bôas Cueva, julgado em 25/11/2014.

Revogação da Súmula 321-STJ

» O STJ nem sempre fez a diferença acima explicada entre as entidades abertas e fechadas. Durante muito tempo as duas foram tratadas da mesma forma, ou seja, aplicava-se o CDC em ambos os casos. O STJ possuía uma súmula expondo isso sem distinções: "Súmula 321-STJ: O Código de Defesa do Consumidor é aplicável à relação jurídica entre a entidade de previdência privada e seus participantes."

» Paulatinamente, contudo, foi-se percebendo a necessidade de distinguir as relações e essa posição foi firmemente assumida no julgamento do REsp 1.536.786-MG (DJe 20/10/2015). Daí o STJ ter, alguns meses depois, em 24/02/2016, editado a Súmula 563 acima comentada.

Mas e a Súmula 321?

» Na mesma sessão que aprovou a Súmula 563, o STJ, acertadamente, cancelou o enunciado 321 já que ele não fazia distinção entre as entidades abertas e fechadas. Portanto, está cancelada a Súmula 321, cujo entendimento ficou ultrapassado, sendo substituída pela Súmula 563.

Súmula 469-STJ: Aplica-se o Código de Defesa do Consumidor aos contratos de plano de saúde.

▶ *Aprovada em 24/11/2010, DJe 06/12/2010.*

» Importante.

» É possível apontar uma exceção a essa súmula: os planos de saúde de autogestão. Segundo entende o STJ, não se aplica o CDC às relações existentes entre operadoras de planos de saúde constituídas sob a modalidade de autogestão e seus filiados (STJ. 2ª Seção. REsp 1.285.483-PB, Rel. Min. Luis Felipe Salomão, julgado em 22/6/2016. Info 588).

COBRANÇA DE TARIFAS DE SERVIÇOS

Súmula 407-STJ: É legítima a cobrança da tarifa de água fixada de acordo com as categorias de usuários e as faixas de consumo.

▶ *Aprovada em 28/10/2009, DJe 24/11/2009.*

» Válida.

Súmula 412-STJ: A ação de repetição de indébito de tarifas de água e esgoto sujeita-se ao prazo prescricional estabelecido no Código Civil.

▶ *Aprovada em 25/11/2009, DJe 16/12/2009.*

» Válida.

Súmula 356-STJ: É legítima a cobrança da tarifa básica pelo uso dos serviços de telefonia fixa.

▶ *Aprovada em 25/06/2008, DJe 08/09/2008.*

» Válida.

Súmula 357-STJ: ~~A pedido do assinante, que responderá pelos custos, é obrigatória, a partir de 1º de janeiro de 2006, a discriminação de pulsos excedentes e ligações de telefone fixo para celular.~~

▶ *Aprovada em 25/06/2008, DJe 08/09/2008.*

» Cancelada.

» Desde 1º de agosto de 2007, data da implementação total do Sistema Telefônico Fixo Comutado (STFC) – Resolução 426, é obrigatório o fornecimento de fatura detalhada de todas as ligações na modalidade local, independentemente de ser dentro ou fora da franquia contratada. O fornecimento da fatura é gratuito e de responsabilidade da concessionária. A solicitação para o fornecimento da fatura discriminada sem ônus para o assinante só precisa ser feita uma única vez, marcando para a concessionária o momento a partir do qual o consumidor pretende obter o serviço. Por esta razão, foi cancelada a súmula.

PROTEÇÃO CONTRATUAL

Súmula 285-STJ: Nos contratos bancários posteriores ao Código de Defesa do Consumidor incide a multa moratória nele prevista.

▶ *Aprovada em 28/04/2004, DJ 13/05/2004.*

» Válida.

Súmula 286-STJ: A renegociação de contrato bancário ou a confissão da dívida não impede a possibilidade de discussão sobre eventuais ilegalidades dos contratos anteriores.

▶ *Aprovada em 28/04/2004, DJ 13/05/2004.*

» Válida.

Súmula 302-STJ: É abusiva a cláusula contratual de plano de saúde que limita no tempo a internação hospitalar do segurado.

▶ *Aprovada em 18/10/2004, DJ 22/11/2004.*

» Válida.

Súmula 597-STJ: A cláusula contratual de plano de saúde que prevê carência para utilização dos serviços de assistência médica nas situações de emergência ou de urgência é considerada abusiva se ultrapassado o prazo máximo de 24 horas contado da data da contratação.

▶ *Aprovada em 08/10/2017.*

» Importante.

O que é carência nos contratos de plano de saúde?

» Carência é o tempo que a pessoa terá que esperar para poder gozar dos serviços oferecidos pelo plano de saúde. Esse prazo normalmente varia de acordo com o procedimento médico ou hospitalar.

» Ex: consultas médicas, sem carência; partos – carência de 300 dias etc.

» Os prazos de carência devem estar previstos no contrato.

É lícita a cláusula contratual do plano de saúde que estabeleça prazos de carência?

» Em regra, sim, desde que respeitados os limites máximos estabelecidos pela Lei nº 9.656/98.

Quais são esses limites?

Situação	Tempo máximo de carência
Partos a termo, excluídos os partos prematuros e decorrentes de complicações no processo gestacional	300 dias
Doenças e lesões preexistentes (quando contratou o plano de saúde, a pessoa já sabia possuir)	24 meses
Casos de URGÊNCIA (acidentes pessoais ou complicações no processo gestacional) e EMERGÊNCIA (risco imediato à vida ou lesões irreparáveis)	24 horas
Demais situações	180 dias

Imagine agora a seguinte situação hipotética:

» João, há dois meses, contratou o plano de saúde "X".

» João estava se sentindo mal e foi até o hospital conveniado ao plano.

» Constatou-se que ele necessitava de internação em caráter de urgência/emergência, porque estava com suspeita de AVC.

» O plano de saúde negou a autorização para internação alegando que existe uma cláusula no contrato prevendo carência de 180 dias para que o usuário tenha direito à internação.

Foi lícita a conduta do plano de saúde de negar a internação?

» NÃO. A seguradora tinha a obrigação de arcar com a internação, mesmo estando no período de carência.

» Em se tratando de procedimento de emergência ou de urgência, ou seja, de evento que se não for realizado imediatamente implica em risco concreto de morte ou lesão irreparável para o paciente, deve ser adotado o prazo de carência de vinte e quatro horas e não o de cento e oitenta dias, sob pena de violação à legítima expectativa do consumidor ao celebrar o contrato para preservar a sua vida, sua saúde e sua integridade física. Nesse sentido: STJ. 3ª Turma. AgInt no REsp 1448660/MG, Rel. Min. Paulo de Tarso Sanseverino, julgado em 04/04/2017.

» A legislação permite que o contrato estipule prazo de carência (art. 12, da Lei nº 9.656/1998). No entanto, mesmo havendo carência, os planos de saúde e seguros privados de saúde são obrigados a oferecer cobertura nos casos de urgência e emergência a partir de 24 horas depois de ter sido assinado o contrato (art. 12, V, c).

» Os contratos de seguro e assistência à saúde são pactos de cooperação e solidariedade, cativos e de longa duração, informados pelos princípios consumeristas da boa-fé objetiva e função social, tendo o objetivo precípuo de assegurar ao consumidor, no que tange aos riscos inerentes à saúde, tratamento e segurança para amparo necessário de seu parceiro contratual.

» Os arts. 18, § 6º, III, e 20, § 2º, do CDC, preveem a necessidade da adequação dos produtos e serviços à legítima expectativa do consumidor de, em caso de pactuação de contrato oneroso de seguro de assistência à saúde, não ficar desamparado no que tange a procedimento médico premente e essencial à preservação de sua vida.

» Como se trata de situação limite, em que há nítida possibilidade de violação de direito fundamental à vida, não é possível à seguradora invocar prazo de carência contratual para restringir o custeio dos procedimentos de emergência ou de urgência.

» O STJ sumulou agora o tema.

Em caso de recusa indevida, é possível a condenação do plano de saúde ao pagamento de indenização?

» SIM. A recusa indevida da operadora de plano de saúde a autorizar o tratamento do segurado é passível de condenação por dano moral, uma vez que agrava a situação de aflição e angústia do segurado, comprometido em sua higidez físico-psicológica pela enfermidade (STJ. 4ª Turma. AgInt no AREsp 949.288/CE, Rel. Min. Antonio Carlos Ferreira, julgado em 20/10/2016).

Súmula 322-STJ: Para a repetição de indébito, nos contratos de abertura de crédito em conta-corrente, não se exige a prova do erro.

▶ *Aprovada em 23/11/2005, DJ 05/12/2005.*

» Válida.

Súmula 381-STJ: Nos contratos bancários, é vedado ao julgador conhecer, de ofício, da abusividade das cláusulas.

▶ *Aprovada em 22/04/2009, DJe 05/05/2009.*

» Importante.

> **Súmula 543-STJ:** Na hipótese de resolução de contrato de promessa de compra e venda de imóvel submetido ao Código de Defesa do Consumidor, deve ocorrer a imediata restituição das parcelas pagas pelo promitente comprador – integralmente, em caso de culpa exclusiva do promitente vendedor/construtor, ou parcialmente, caso tenha sido o comprador quem deu causa ao desfazimento.

▶ *Aprovada em 26/08/2015, DJe 31/08/2015.*

» **Importante.**

Distrato e retenção de valores pela construtora

» Imagine a seguinte situação hipotética: João celebra contrato de promessa de compra e venda de um apartamento com determinada construtora. Uma das cláusulas do contrato, intitulada "Distrato", possuía a seguinte redação: "7.1. Nas hipóteses de rescisão, resolução ou distrato da presente promessa de compra e venda o promitente vendedor poderá reter até 80% do valor pago pelo promitente comprador, a título de indenização, sendo restituído o restante."

Essa cláusula é válida?

» NÃO. É abusiva a cláusula de distrato, fixada no contrato de promessa de compra e venda imobiliária, que estabeleça a possibilidade de a construtora vendedora promover a retenção integral ou a devolução ínfima do valor das parcelas adimplidas pelo consumidor distratante. Explico melhor.

» O art. 53 do CDC veda a retenção integral das parcelas pagas:

> Art. 53. Nos contratos de compra e venda de móveis ou imóveis mediante pagamento em prestações, bem como nas alienações fiduciárias em garantia, consideram-se nulas de pleno direito as cláusulas que estabeleçam a perda total das prestações pagas em benefício do credor que, em razão do inadimplemento, pleitear a resolução do contrato e a retomada do produto alienado.

» Desse modo, o art. 53 do CDC afirma que é nula de pleno direito a cláusula de decaimento.

O que é cláusula de decaimento?

» Cláusula de decaimento é aquela que estabelece que o adquirente irá perder todas as prestações pagas durante o contrato caso se mostre inadimplente ou requeira o distrato.

Devolução de uma parte ínfima das prestações pagas

» Como o CDC foi expresso ao proibir a retenção integral do valor pago pelo adquirente, as construtoras passaram a tentar burlar essa vedação legal e começaram a prever que, em caso de distrato, seria feita a devolução das parcelas pagas, fazendo-se, contudo, a retenção de determinados valores a título de indenização pelas despesas experimentadas pela construtora. Ocorre que diversos contratos previram que essa devolução seria de valores ínfimos, ou seja, muito pequenos, ficando a construtora com a maior parte da quantia já paga pelo adquirente. Essa prática também foi rechaçada pela jurisprudência. Assim, a devolução de uma parte ínfima das prestações também é vedada pelo CDC por colocar o consumidor em uma situação de desvantagem exagerada:

Art. 51. São nulas de pleno direito, entre outras, as cláusulas contratuais relativas ao fornecimento de produtos e serviços que:

IV – estabeleçam obrigações consideradas iníquas, abusivas, que coloquem o consumidor em desvantagem exagerada, ou sejam incompatíveis com a boa-fé ou a equidade;

Mas a construtora poderá reter, em caso de distrato, uma parte do valor que já foi pago pelo adquirente caso este desista do negócio?

» SIM. A resolução do contrato de promessa de compra e venda de imóvel por culpa (ou por pedido imotivado) do consumidor gera o direito de retenção, pelo fornecedor, de parte do valor pago. Assim, o STJ entende que é justo e razoável que o vendedor retenha parte das prestações pagas pelo consumidor como forma de indenizá-lo pelos prejuízos suportados, especialmente as despesas administrativas realizadas com a divulgação, comercialização e corretagem, além do pagamento de tributos e taxas incidentes sobre o imóvel, e a eventual utilização do bem pelo comprador. Existem precedentes do STJ afirmando que o percentual máximo que o promitente-vendedor poderia reter seria o de 25% dos valores já pagos, devendo o restante ser devolvido ao promitente comprador. Nesse sentido: STJ. 2ª Seção. EAg 1138183/PE, Rel. Min. Sidnei Beneti, julgado em 27/06/2012. Em alguns casos, a depender da situação concreta, o promitente-vendedor pode comprovar que teve gastos maiores que esses 25% (STJ. 3ª Turma. REsp 1258998/MG, Rel. Min. Paulo de Tarso Sanseverino, julgado em 18/02/2014).

E se a resolução do contrato ocorreu por culpa exclusiva do promitente vendedor?

» Se o construtor/vendedor foi quem deu causa à resolução do contrato, neste caso a restituição das parcelas pagas deve ocorrer em sua integralidade, ou seja, o promitente vendedor não poderá reter nenhuma parte.

Distrato e restituição imediata dos valores

» Imagine a seguinte situação hipotética: João celebrou contrato de promessa de compra e venda de um apartamento com determinada construtora. Uma das cláusulas do contrato, intitulada "Distrato", possuía a seguinte redação: "7.1. Nas hipóteses de rescisão, resolução ou distrato da presente promessa de compra e venda o promitente vendedor restituirá a quantia paga pelo promitente comprador de forma parcelada em até 12 vezes."

» Em outro contrato hipotético, a cláusula de distrato previa: "9.3. Nas hipóteses de rescisão, resolução ou distrato da presente promessa de compra e venda, o promitente vendedor restituirá a quantia paga pelo promitente comprador somente quando a obra do apartamento estiver pronta e entregue."

Tais cláusulas são válidas?

» NÃO. Em contrato de promessa de compra e venda de imóvel submetido ao CDC, é abusiva a cláusula contratual que determine, no caso de resolução, a restituição dos valores devidos somente ao término da obra ou de forma parcelada, independentemente de qual das partes tenha dado causa ao fim do negócio. A restituição dos valores deverá ser imediata, mesmo que o "culpado" pelo desfazimento do negócio tenha sido o consumidor (promitente comprador).

» Qual é o fundamento para essa conclusão? Não existe um dispositivo no CDC que afirme expressamente que a devolução das parcelas deve ser imediata. No entanto, para o STJ tais cláusulas violam o art. 51, II e IV, do CDC:

> Art. 51. São nulas de pleno direito, entre outras, as cláusulas contratuais relativas ao fornecimento de produtos e serviços que:
>
> II – subtraiam ao consumidor a opção de reembolso da quantia já paga, nos casos previstos neste Código;
>
> IV – estabeleçam obrigações consideradas iníquas, abusivas, que coloquem o consumidor em desvantagem exagerada, ou sejam incompatíveis com a boa-fé ou a equidade;

» Ora, sendo o contrato desfeito, o promitente vendedor poderá revender o imóvel a uma outra pessoa e não há, portanto, motivo para que ele ainda fique com os valores do promitente comprador, somente os restituindo ao final ou de forma parcelada. Além disso, com o tempo, o normal é que o imóvel experimente uma valorização, de forma que não haverá prejuízo ao promitente vendedor. Essas cláusulas são abusivas mesmo se analisado o tema apenas sob a ótica do Código Civil. Isso porque o art. 122 do CC-2002 afirma que são ilícitas as cláusulas puramente potestativas, assim entendidas aquelas que sujeitam a pactuação "ao puro arbítrio de uma das partes". Em hipóteses como esta, revela-se evidente potestatividade, o que é considerado abusivo tanto pelo art. 51, IX, do CDC, quanto pelo art. 122 do CC/2002. A questão relativa à culpa pelo desfazimento da pactuação resolve-se na calibragem do valor a ser restituído ao comprador, não pela forma ou prazo de devolução.

Resumindo:

1) O desfazimento do contrato ocorreu por culpa exclusiva do promitente vendedor: as parcelas pagas deverão ser INTEGRALMENTE devolvidas.

2) O desfazimento do contrato ocorreu por culpa exclusiva do consumidor: as parcelas pagas deverão ser PARCIALMENTE devolvidas.

» Obs: tanto em um caso como no outro a restituição tem que ser IMEDIATA.

Súmula 477-STJ: A decadência do art. 26 do CDC não é aplicável à prestação de contas para obter esclarecimentos sobre cobrança de taxas, tarifas e encargos bancários.

▶ *Aprovada em 13/06/2012, DJe 19/06/2012.*

» Válida.

» Obs: o CPC 2015 alterou o nome desta ação que agora se chama "ação de exigir contas" (art. 550).

PRÁTICA ABUSIVA

Súmula 532-STJ: Constitui prática comercial abusiva o envio de cartão de crédito sem prévia e expressa solicitação do consumidor, configurando-se ato ilícito indenizável e sujeito à aplicação de multa administrativa.

▸ *Aprovada em 03/06/2015, DJe 08/06/2015.*

» Importante.

Você já deve ter passado por esta situação ou conhece alguém que já a vivenciou:

» Determinado dia, chega em sua casa uma correspondência do banco; ao abri-la você verifica que lá existe um cartão de crédito com seu nome e uma carta da instituição financeira dizendo que, para usufruir dos serviços, você deve ligar gratuitamente para a central de atendimento e desbloquear o cartão. Você, então, pensa: mas eu não solicitei este cartão... Por que me mandaram?

» Algumas pessoas acabam ligando e desbloqueando o cartão, outras simplesmente o quebram e descartam. Diversos consumidores, no entanto, sentiram-se realmente incomodados com tal prática e passaram a ingressar na Justiça questionando a legalidade dessa conduta das administradoras de cartões de crédito, pedindo indenização pelos danos morais causados.

» As instituições financeiras defenderam-se dizendo que o envio dos cartões de crédito consiste em mera oferta de um serviço, ou seja, uma comodidade proporcionada aos clientes e que os cartões são enviados bloqueados, de forma que não haveria nenhum prejuízo aos consumidores. Argumentaram, ainda, que esta prática não acarreta dano moral indenizável, gerando, no máximo, um mero aborrecimento corriqueiro aos clientes.

A questão chegou ao STJ em diversas oportunidades. O que foi decidido? É permitido enviar cartão de crédito ao cliente sem este ter solicitado?

» NÃO. Isso configura algo que o Código de Defesa do Consumidor chama de "prática abusiva". Trata-se, portanto, de ato ilícito porque viola o art. 39, III, do CDC:

Art. 39. É vedado ao fornecedor de produtos ou serviços, dentre outras práticas abusivas:

III – enviar ou entregar ao consumidor, sem solicitação prévia, qualquer produto, ou fornecer qualquer serviço;

Haverá prática abusiva mesmo se o cartão de crédito que for enviado estiver bloqueado?

» SIM. Não importa que o cartão de crédito esteja bloqueado. Se ele foi enviado ao consumidor sem que este tenha feito pedido pretérito e expresso isso já caracteriza prática comercial abusiva, violando frontalmente o disposto no art. 39, III, do CDC (STJ REsp 1199117/SP, Rel. Min. Paulo de Tarso Sanseverino, julgado em 18/12/2012).

O consumidor que recebeu o cartão de crédito terá direito de receber indenização por danos morais?

» SIM. O STJ reconhece o direito do consumidor à indenização por danos morais nestes casos.

» Além disso, haverá algum outro tipo de punição para a instituição financeira? SIM. Além de arcar com a indenização por danos morais, a instituição financeira também poderá ser condenada a pagar multa administrativa imputada pelos órgãos de defesa do consumidor (ex: PROCON), nos termos do art. 56, I, do CDC.

E se o consumidor, mesmo não tendo solicitado o cartão, optar por ficar com ele?

» Flávio Tartuce defende que, no caso de envio de cartão de crédito sem solicitação, se o consumidor quiser com ele permanecer, a instituição não poderá cobrar anuidade, devendo esse serviço ser considerado como amostra grátis, com base no art. 39, parágrafo único, do CDC (Manual de Direito do Consumidor. São Paulo: Método, 2014, p. 377).

Art. 39 (...)

Parágrafo único. Os serviços prestados e os produtos remetidos ou entregues ao consumidor, na hipótese prevista no inciso III, equiparam-se às amostras grátis, inexistindo obrigação de pagamento.

BANCOS DE DADOS E CADASTROS DE CONSUMIDORES

Súmula 359-STJ: Cabe ao órgão mantenedor do cadastro de proteção ao crédito a notificação do devedor antes de proceder à inscrição.

▶ *Aprovada em 13/08/2008, DJe 08/09/2008.*

» Importante.

» Regra: a ausência de prévia comunicação enseja indenização por danos morais.

» Exceções: Existem duas exceções em que não haverá indenização por danos morais mesmo não tendo havido a prévia comunicação do devedor:

1) Se o devedor já possuía inscrição negativa no banco de dados e foi realizada uma nova inscrição sem a sua notificação. Súmula 385-STJ: Da anotação irregular em cadastro de proteção ao crédito, não cabe indenização por dano moral quando preexistente legítima inscrição, ressalvado o direito ao cancelamento.

2) Se o órgão de restrição ao crédito estiver apenas reproduzindo informação negativa que conste de registro público (exs.: anotações de protestos que constem do Tabelionato de Protesto, anotações de execução fiscal que sejam divulgadas no Diário Oficial). Nesse sentido: STJ. 2ª Seção. REsp 1444469/DF, Rel. Min. Luis Felipe Salomão, julgado em 12/11/2014.

Súmula 404-STJ: É dispensável o aviso de recebimento (AR) na carta de comunicação ao consumidor sobre a negativação de seu nome em bancos de dados e cadastros.

▸ *Aprovada em 28/10/2009, DJe 24/11/2009.*

» Importante.

» Como vimos acima, cabe ao órgão mantenedor do cadastro de proteção ao crédito a notificação do devedor antes de proceder à inscrição.

Como é comprovada essa notificação prévia? Exige-se prova de que o consumidor tenha efetivamente recebido a notificação?

» NÃO. Basta que seja provado que foi enviada uma correspondência ao endereço do consumidor notificando-o quanto à inscrição de seu nome no respectivo cadastro, sendo desnecessário aviso de recebimento (AR).

Súmula 385-STJ: Da anotação irregular em cadastro de proteção ao crédito, não cabe indenização por dano moral, quando preexistente legítima inscrição, ressalvado o direito ao cancelamento.

▸ *Aprovada em 27/05/2009, DJe 08/06/2009.*

» Importante.

» Desse modo, a ausência de prévia comunicação ao consumidor da inscrição do seu nome em cadastros de proteção ao crédito, prevista no art. 43, §2º do CDC não enseja o direito à compensação por danos morais quando preexista inscrição desabonadora regularmente realizada.

» Importante ressaltar que a Súmula 385-STJ também é aplicada às ações voltadas contra o suposto credor que efetivou inscrição irregular.

Vou explicar este tema com um exemplo:

» João deixou de pagar a prestação de uma geladeira. Diante disso, a loja comunicou o fato ao SERASA, que expediu uma correspondência ao endereço do consumidor. Nesta carta, João foi informado de que existia a referida dívida e que se ela não fosse regularizada no prazo de 10 dias, seu nome seria inserido no cadastro negativo. Infelizmente João não tinha condições de quitar o débito e seu nome foi incluído no banco de dados do SERASA. Passaram-se dois anos deste fato. Determinado dia, João recebe uma nova carta do SERASA afirmando que a operadora de telefonia celular estava pedindo a sua inclusão no banco de dados de devedores em virtude de ele ter deixado de pagar a conta de dezembro/2015, no valor de R$ 100. O nome de João foi, então, incluído no SERASA por essa nova conta. Diante desse fato, João propôs ação de indenização por danos morais contra a operadora de telefonia afirmando que ela ordenou indevidamente sua inscrição no cadastro de inadimplentes considerando que a dívida já estava paga. Em sua defesa, a companhia telefônica afirmou que já ordenou a retirada do nome de João do SERASA, mas argumentou que não deveria haver condenação por danos morais, tendo em vista que o consumidor já possuía outra anotação legítima no cadastro de inadimplentes. Invoca, para fundamentar sua tese, a súmula 385 do STJ. João, assistido pela Defensoria Pública, refutou o argumento da operadora de telefonia afirmando que os precedentes que deram origem a essa súmula 385 foram de ações propostas pelo consumidor contra os cadastros de inadimplência (consumidor x SERASA/SPC). Alegou, portanto, que a súmula 385-STJ não se aplicaria para ações propostas pelo consumidor lesado contra o próprio credor, como no caso em tela.

A tese de João foi aceita pelo STJ? A súmula 385 do STJ aplica-se apenas para os casos de ações propostas pelo consumidor contra os cadastros de inadimplência (SPC/SERASA)?

» NÃO. A Súmula 385-STJ também é aplicada às ações voltadas contra o suposto credor que efetivou inscrição irregular.

» Na prática forense, esta tese levantada por João é comumente alegada pelos Defensores Públicos e advogados e chegou até mesmo a ser acolhida em muitos julgados, inclusive do STJ. No entanto, o Tribunal, ao reapreciar o tema em sede de recurso especial repetitivo, pacificou o assunto em sentido contrário e definiu a seguinte tese:

» A inscrição indevida comandada pelo credor em cadastro de proteção ao crédito, quando preexistente legítima inscrição, não enseja indenização por dano moral, ressalvado o direito ao cancelamento (STJ. 2ª Seção. REsp 1.386.424-MG, Rel. para acórdão Min. Maria Isabel Gallotti, julgado em 27/4/2016. Info 583).

Súmula 323-STJ: A inscrição do nome do devedor pode ser mantida nos serviços de proteção ao crédito por até o prazo máximo de cinco anos, independentemente da prescrição da execução.

▶ *Aprovada em 25/11/2009, DJe 05/12/2009.*

» Importante.

» Como se sabe, se o consumidor está inadimplente, o fornecedor poderá incluí-lo em bancos de dados de proteção ao crédito (exs.: SPC e SERASA).

Existe um prazo máximo no qual o nome do devedor pode ficar negativado?

» SIM. Os cadastros e bancos de dados não poderão conter informações negativas do consumidor referentes a período superior a 5 anos. É o que prevê o § 1º do art. 43 do CDC:

§ 1º – Os cadastros e dados de consumidores devem ser objetivos, claros, verdadeiros e em linguagem de fácil compreensão, não podendo conter informações negativas referentes a período superior a 5 (cinco anos).

» Passado esse prazo, o próprio órgão de cadastro deve retirar a anotação negativa, independentemente de como esteja a situação da dívida (não importa se ainda está sendo cobrada em juízo ou se ainda não foi prescrita).

A partir de quando se começa a contar este prazo de 5 anos: Após a data em que houve o vencimento da dívida ou após o dia em que o nome do devedor foi inserido no SPC/SERASA?

» Ex: João deixou de pagar a conta do celular que venceu em 01 de março 2015; em 01 de julho 2015, a operadora incluiu o devedor no SERASA; caso não pague, o nome de João sairá do cadastro negativo em 02 de março 2020 ou em 02 de julho de 2020? Resposta: em 02 de março de 2020. O STJ decidiu que:

» O termo inicial do prazo de permanência de registro de nome de consumidor em cadastro de proteção ao crédito (art. 43, § 1º, do CDC) inicia-se no dia subsequente ao vencimento da obrigação não paga, independentemente da data da inscrição no cadastro. Assim, vencida e não paga a obrigação, inicia-se, no dia seguinte, a contagem do prazo de 5 anos previsto no §1º do art. 43, do CDC, não importando a data em que o nome do consumidor foi negativado. STJ. 3ª Turma. REsp 1.316.117-SC, Rel. Min. João Otávio de Noronha, Rel. para acórdão Min. Paulo de Tarso Sanseverino, julgado em 26/4/2016 (Info 588).

Súmula 548-STJ: Incumbe ao credor a exclusão do registro da dívida em nome do devedor no cadastro de inadimplentes no prazo de cinco dias úteis, a partir do integral e efetivo pagamento do débito.

▶ *Aprovada em 14/10/2015, DJe 19/10/2015.*

» Importante.

Se o devedor paga a dívida, a quem caberá informar o SPC ou a SERASA dessa situação para que seja retirado o nome do devedor?

» Cumpre ao CREDOR (e não ao devedor) providenciar o cancelamento da anotação negativa do nome do devedor em cadastro de proteção ao crédito, quando paga a dívida.

» Vale ressaltar que é inclusive crime, previsto no CDC, quando o fornecedor deixa de comunicar o pagamento ao cadastro de proteção ao crédito:

Art. 73. Deixar de corrigir imediatamente informação sobre consumidor constante de cadastro, banco de dados, fichas ou registros que sabe ou deveria saber ser inexata:

Pena – Detenção de 1 (um) a 6 (seis) meses ou multa.

» Assim, uma vez regularizada a situação de inadimplência do consumidor, deverão ser imediatamente corrigidos os dados constantes nos órgãos de proteção ao crédito (REsp 255.269/PR).

Qual é o prazo que tem o credor para retirar (dar baixa) do nome do devedor no cadastro negativo?

» 5 (cinco) dias úteis. Assim, mesmo havendo regular inscrição do nome do devedor em cadastro de órgão de proteção ao crédito, após o integral pagamento da dívida, incumbe ao CREDOR requerer a exclusão do registro desabonador, no prazo de 5 dias úteis, a contar do primeiro dia útil subsequente à completa disponibilização do numerário necessário à quitação do débito vencido. STJ. 2ª Seção. REsp 1.424.792-BA, Rel. Min. Luis Felipe Salomão, julgado em 10/9/2014 (recurso repetitivo) (Info 548).

Qual foi o fundamento para se encontrar esse prazo?

» O STJ construiu este prazo por meio de aplicação analógica do art. 43, § 3º do CDC:
Art. 43 (...) § 3º – O consumidor, sempre que encontrar inexatidão nos seus dados e cadastros, poderá exigir sua imediata correção, devendo o arquivista, no prazo de cinco dias úteis, comunicar a alteração aos eventuais destinatários das informações incorretas.

Qual é o termo inicial para a contagem?

» Este prazo começa a ser contado da data em que houve o pagamento efetivo. No caso de quitações realizadas mediante cheque, boleto bancário, transferência interbancária ou outro meio sujeito à confirmação, o prazo começa a ser contado do efetivo ingresso do numerário na esfera de disponibilidade do credor.

Estipulação de prazo diverso mediante acordo entre as partes

» É possível que seja estipulado entre as partes um outro prazo diferente desses 5 dias, desde que não seja abusivo.

O que acontece se o credor não retirar o nome do devedor do cadastro no prazo de 5 dias?

» A manutenção do registro do nome do devedor em cadastro de inadimplentes após esse prazo impõe ao credor o pagamento de indenização por dano moral, independentemente de comprovação do abalo sofrido.

Súmula 550-STJ: A utilização de escore de crédito, método estatístico de avaliação de risco que não constitui banco de dados, dispensa o consentimento do consumidor, que terá o direito de solicitar esclarecimentos sobre as informações pessoais valoradas e as fontes dos dados considerados no respectivo cálculo.

▶ *Aprovada em 14/10/2015, DJe 19/10/2015.*

» Importante.

Escore de crédito

» Escore de crédito, também chamado de "crediscore" ou "credit scoring", é um sistema ou método utilizado para analisar se será concedido ou não crédito ao consumidor que pedir a concessão de um empréstimo ou financiamento.

- » No escore de crédito, a pessoa que está pedindo o crédito é avaliada por meio de fórmulas matemáticas, nas quais são consideradas diversas variáveis como a idade, a profissão, a finalidade da obtenção do crédito etc. Tais variáveis são utilizadas nas fórmulas matemáticas e, por meio de ferramentas da estatística, atribui-se uma espécie de pontuação (nota) para a pessoa que está pedindo o crédito. Quanto maior a nota, menor seria o risco de se conceder o crédito para aquele consumidor e, consequentemente, mais fácil para ele conseguir a liberação.
- » Algumas das informações que são consideradas como variáveis na fórmula matemática do "credit scoring": idade, sexo, estado civil, profissão, renda, número de dependentes, endereço, histórico de outros créditos que pediu etc.
- » Com base em estudos estatísticos, concluiu-se que pessoas de determinado sexo, profissão, estado civil, idade etc. são mais ou menos inadimplentes. Logo, se o consumidor está incluído nos critérios considerados como de "bom pagador", ele recebe uma pontuação maior.

O "credit scoring" pode ser utilizado no Brasil como sistema de avaliação do risco de concessão de crédito?

- » SIM. O STJ entendeu que essa prática comercial é LÍCITA, estando autorizada pelo art. 5º, IV e pelo art. 7º, I, da Lei nº 12.414/2011 (Lei do Cadastro Positivo), que, ao tratar sobre os direitos do cadastrado nos bancos de dados, menciona indiretamente a possibilidade de existir a análise de risco de crédito.
- » Vale ressaltar, no entanto, que para o "credit scoring" ser lícito, é necessário que respeite os limites estabelecidos pelo sistema de proteção do consumidor no sentido da tutela da privacidade e da máxima transparência nas relações negociais, conforme previsão do CDC e da Lei nº 12.414/2011. Nesse sentido: STJ. 2ª Seção. REsp 1.419.697-RS, Rel. Min. Paulo de Tarso Sanseverino, julgado em 12/11/2014 (recurso repetitivo) (Info 551).

A pessoa que tem seus dados registrados no crediscore tem direito de pedir para saber quais as informações a seu respeito que lá constam?

- » SIM. Apesar de ser possível a inserção de dados do consumidor no crediscore mesmo sem o seu prévio consentimento, caso este solicite, a empresa deverá fornecer esclarecimentos sobre as fontes dos dados considerados (histórico de crédito), bem como sobre as informações pessoais que foram valoradas (STJ. 2ª Seção. REsp 1419697/RS, Rel. Min. Paulo de Tarso Sanseverino, julgado em 12/11/2014.

Súmula 572-STJ: O Banco do Brasil, na condição de gestor do Cadastro de Emitentes de Cheques sem Fundos (CCF), não tem a responsabilidade de notificar previamente o devedor acerca da sua inscrição no aludido cadastro, tampouco legitimidade passiva para as ações de reparação de danos fundadas na ausência de prévia comunicação.

▶ *Aprovada em 11/05/2016, DJe 16/05/2016.*

- » Importante.

Cadastro de Emitentes de Cheques sem Fundos (CCF)

» Quando uma pessoa emite um cheque sem fundos, ela pode ser incluída em um cadastro negativo chamado de Cadastro de Emitentes de Cheques sem Fundos (CCF). A inclusão no CCF ocorre automaticamente quando o cheque é devolvido por:

   a) falta de provisão de fundos (motivo 12), na segunda apresentação;

   b) conta encerrada (motivo 13); e

   c) prática espúria (motivo 14).

» O CCF é organizado e mantido pelo Banco do Brasil, mas abrange informações sobre os cheques de todos os bancos. Assim, por exemplo, se João emite um cheque do Itaú e o beneficiário não consegue descontá-lo porque não havia fundos, o próprio Itaú irá comunicar esse fato ao Banco do Brasil, que irá incluir o nome do emitente no CCF.

» Dessa forma, importante deixar claro que o responsável pela inclusão do emitente do cheque no CCF é o banco sacado, ou seja, o banco ao qual estava vinculado o cheque que não pôde ser pago (em nosso exemplo, Itaú). Assim está previsto na Resolução 1.682/1990 e na Circular 2.989/2000, ambas do BACEN.

» Segundo a Resolução, a instituição financeira, ao recusar o pagamento de cheque por motivo que enseje a inclusão de ocorrência no CCF, deve providenciar a referida inclusão no prazo de 15 dias, contados da data de devolução do cheque.

O emitente do cheque precisa ser avisado antes de sua inclusão no CCF?

» SIM. A abertura de qualquer cadastro, ficha, registro e dados pessoais ou de consumo referentes ao consumidor deverá ser comunicada por escrito a ele (§ 2º do art. 43 do CDC). O CCF, por ser de consulta restrita, não pode ser considerado como banco de dados públicos para o fim de afastar o dever de proceder à prévia notificação prevista no art. 43, § 2º, do CDC. Assim, é indispensável que o emitente do cheque seja notificado antes de ser incluído no CCF.

Caso o emitente do cheque não tenha sido previamente notificado, poderá ajuizar ação de indenização por danos morais?

» SIM.

» Essa ação é proposta contra o Banco do Brasil (órgão gestor do CCF) ou contra o banco ao qual o cheque está vinculado? Quem é o responsável por notificar previamente o emitente do cheque? O banco sacado (banco que recusou o pagamento do cheque).

» O Banco do Brasil, na condição de gestor do CCF, NÃO tem a responsabilidade de notificar previamente o devedor acerca da sua inscrição no aludido cadastro, tampouco legitimidade passiva para as ações de reparação de danos diante da ausência de prévia comunicação. Como vimos acima, a responsabilidade pela inclusão do emitente no CCF é do banco sacado. Logo, ele é que tem responsabilidade pela notificação prévia do emitente e, caso não cumpra essa obrigação, terá o dever de indenizar o lesado. Não pode o Banco do Brasil encarregar-se de desempenhar função estranha (notificação prévia de emitente de cheque sem provisão de fundos), dever que a Resolução do BACEN atribui corretamente a outro componente do sistema – o próprio banco sacado, instituição financeira mais próxima do correntista, detentor do cadastro desse cliente e do próprio saldo da conta do correntista, como depositário. STJ. 2ª Seção. REsp 1.354.590-RS, Rel. Min. Raul Araújo, julgado em 9/9/2015 (Info 568).

Cuidado para não confundir

» É importante ressaltar que a situação acima exposta difere do caso de bancos de dados mantidos por instituições privadas, como SPC e SERASA. Vejamos a diferença:

SPC e SERASA	Cadastro de Emitentes de Cheques sem Fundos (CCF)
São bancos de dados que reúnem informações sobre clientes de lojas, bancos etc. que estão em situação de inadimplência.	É um cadastro que reúne informações sobre pessoas que emitiram cheques que foram devolvidos por falta de provisão de fundos, por encerramento de conta ou por prática espúria.
Geridos por instituições privadas.	Gerido pelo Banco do Brasil.
São instituídos e mantidos no interesse de particulares (sociedades empresárias). Estão regrados por normas de índole meramente contratual. Há intuito de lucro.	Sua finalidade é a proteção do crédito em geral e a preservação da higidez do sistema financeiro nacional, havendo submissão a normas fixadas pelo Banco Central. Não há intuito de lucro.
Alimentado por informações transmitidas por empresas conveniadas (CDL, lojas, bancos etc.).	Alimentado pelo banco sacado. A instituição financeira, ao recusar o pagamento do cheque por um dos motivos acima, deve informar ao Banco do Brasil o nome do emitente para sua inclusão no CCF.
É indispensável a notificação prévia da pessoa antes de sua inclusão.	É indispensável a notificação prévia da pessoa antes de sua inclusão.
A obrigação de notificar previamente o consumidor é do próprio SPC ou SERASA. Se não houver a prévia notificação, deverá ser ajuizada a ação de indenização contra o SPC ou SERASA. O credor (empresa conveniada que informou a existência do débito) não é parte legítima para figurar no polo passivo de ação de indenização por danos morais decorrentes da inscrição em cadastros de inadimplentes sem prévia comunicação.	A obrigação de notificar previamente o emitente do cheque é do BANCO SACADO. Se não houver a prévia notificação, deverá ser ajuizada a ação de indenização contra o banco sacado. O Banco do Brasil, na condição de gestor do CCF, NÃO tem a responsabilidade de notificar previamente o devedor acerca da sua inscrição no aludido cadastro, tampouco legitimidade passiva para as ações de reparação de danos diante da ausência de prévia comunicação.

5. DIREITO EMPRESARIAL

LIVROS COMERCIAIS

Súmula 260-STF: O exame de livros comerciais, em ação judicial, fica limitado às transações entre os litigantes.

▸ *Aprovada em 13/12/1963.*

» Válida.

» Segundo o art. 1.191 do CC-2002, "o juiz só poderá autorizar a exibição integral dos livros e papéis de escrituração quando necessária para resolver questões relativas a sucessão, comunhão ou sociedade, administração ou gestão à conta de outrem, ou em caso de falência".

Súmula 390-STF: A exibição judicial de livros comerciais pode ser requerida como medida preventiva.

▸ *Aprovada em 03/04/1964, DJ 08/05/1964.*

» Válida.

Súmula 439-STF: Estão sujeitos a fiscalização tributária ou previdenciária quaisquer livros comerciais, limitado o exame aos pontos objeto da investigação.

▸ *Aprovada em 01/10/1964, DJ 08/10/1964.*

» Válida.

MARCA

> **Súmula 142-STJ:** ~~Prescreve em vinte anos a ação para exigir a abstenção do uso de marca comercial.~~

▸ *Aprovada em 14/06/1995, DJ 23/06/1995.*

» Cancelada.

» A jurisprudência consolidada no STJ firmou-se no sentido de que é de 10 anos entre presentes e de 15 entre ausentes o prazo prescricional para ações que discutam a abstenção do uso do nome ou da marca comercial (AgRg no Ag 854.216/GO, j. em 25/06/2013).

> **Súmula 143-STJ:** Prescreve em cinco anos a ação de perdas e danos pelo uso de marca comercial.

▸ *Aprovada em 14/06/1995, DJ 23/06/1995.*

» Válida.

CONTRATOS BANCÁRIOS

> **Súmula 530-STJ:** Nos contratos bancários, na impossibilidade de comprovar a taxa de juros efetivamente contratada — por ausência de pactuação ou pela falta de juntada do instrumento aos autos —, aplica-se a taxa média de mercado, divulgada pelo Bacen, praticada nas operações da mesma espécie, salvo se a taxa cobrada for mais vantajosa para o devedor.

▸ *Aprovada em 13/05/2015, DJe 18/05/2015.*

» Importante.

"Cheque especial"

» É comum que os bancos, ao oferecerem seus serviços, firmem um contrato de abertura de crédito rotativo com seus clientes. Por meio deste contrato de abertura de crédito rotativo, o banco se compromete a disponibilizar determinada quantia (chamada comumente de "limite") ao seu cliente, que poderá, ou não, utilizar-se desse valor a título de empréstimo. É o que é vulgarmente conhecido como "cheque especial". Ex.: a microempresa "XXX" abriu uma conta-corrente no Banco "B". Dentre todos os papeis que o administrador da empresa assinou estava um contrato de abertura de crédito rotativo, por meio do qual, mesmo que a empresa não tivesse dinheiro em sua conta, teria disponível a quantia de R$ 50 mil para saque. Este valor, se sacado, constitui-se em um empréstimo, devendo ser devolvido com juros e correção monetária ao banco.

Ação de revisão de contrato de cheque especial

» Alguns meses depois, a empresa viu-se sem dinheiro próprio em sua conta e, precisando de recursos, utilizou esse "limite", sacando o valor a ela disponibilizado pelo banco como "cheque especial". Ocorre que a situação financeira da empresa piorou e ela não teve como pagar o banco. O banco enviou uma notificação extrajudicial apresentando o valor total da dívida, próxima de R$ 100 mil reais. A empresa considerou os juros cobrados pelo banco muito altos e, por essa razão, propôs ação de revisão de contrato de cheque especial. Na ação, a empresa alegou que, no contrato firmado entre as partes, há previsão de que o banco cobrará juros moratórios, mas em nenhum momento se diz qual é a taxa de juros que será aplicada. Desse modo, a autora sustentou que é nula a cláusula que não estabeleça expressamente a taxa de juros que incide sobre o negócio jurídico, devendo tal disposição ser declarada inválida. Assim, a empresa defendeu que, como a cláusula de juros é inválida, deverá ser extirpada do contrato e a dívida exigida pelo banco deverá ser recalculada sem a incidência de juros remuneratórios.

Primeira pergunta: essa cláusula é nula? É nula a cláusula do contrato de mútuo que preveja a cobrança de juros moratórios, mas sem que seja estipulada a taxa aplicável?

» SIM. Essa cláusula é nula. Se o contrato envolver um consumidor, podemos dizer que ela é nula por ser abusiva, na forma do art. 51, X, do CDC. Por outro lado, mesmo que o contrato não seja de consumo (como no caso em questão), ela também será nula por ser potestativa, ficando o cliente sujeito ao puro arbítrio do banco, que poderia, em tese, cobrar a taxa que quisesse (art. 122 do CC/2002). Desse modo, nesta primeira parte, a autora da ação estava correta.

Segunda pergunta: como a cláusula é nula, o banco ficará proibido de cobrar a dívida com juros?

» NÃO. Mesmo a cláusula sendo nula, o banco poderá cobrar a dívida com juros. Isso porque, mesmo quando não prevista no contrato, a incidência dos juros é presumida no caso de empréstimos destinados a fins econômicos. Veja o que estabelece a primeira parte do art. 591 do CC/2002:

> Art. 591. Destinando-se o mútuo a fins econômicos, presumem-se devidos juros, os quais, sob pena de redução, não poderão exceder a taxa a que se refere o art. 406, permitida a capitalização anual.

Terceira pergunta: qual será a taxa de juros que o banco deverá cobrar?

» O STJ possui o entendimento de que os juros remuneratórios cobrados pelos bancos não estão sujeitos aos limites impostos pela Lei de Usura (Decreto nº 22.626/33), pelo Código Civil ou por qualquer outra lei. Em outras palavras, não existe lei limitando os juros que são cobrados pelos bancos (STJ. 2ª Seção. REsp 1061530/RS, Rel. Min. Nancy Andrighi, julgado em 22/10/2008). Existe também uma súmula antiga do STF que afirma isso:

Súmula 596-STF: As disposições do Decreto 22.626 de 1933 não se aplicam às taxas de juros e aos outros encargos cobrados nas operações realizadas por instituições públicas ou privadas, que integram o sistema financeiro nacional.

Diante da ausência de lei que imponha limites aos juros cobrados pelas instituições financeiras, o STJ construiu a seguinte regra:

» Os juros cobrados pelos bancos devem utilizar como índice a taxa média de mercado, que é calculada e divulgada pelo Banco Central (BACEN) em sua página na internet.

» Vale ressaltar que essas taxas são divulgadas de acordo com o tipo de encargo que foi ajustado (prefixado, pós-fixado, taxas flutuantes e índices de preços), com a categoria do tomador (pessoas físicas e jurídicas) e com a modalidade de empréstimo realizada (hot money, desconto de duplicatas, desconto de notas promissórias, capital de giro, conta garantida, financiamento imobiliário, aquisição de bens, 'vendor', cheque especial, crédito pessoal etc.). Em outras palavras, para cada tipo de contrato existe uma média das taxas que estão sendo cobradas pelos bancos naquele mês.

» Desse modo, o correto é que o contrato bancário traga uma cláusula prevendo expressamente a taxa de juros que será aplicada. No entanto, caso o contrato bancário não o faça, o STJ determina que deverá, em regra, ser aplicada a taxa média de mercado, divulgada pelo Bacen, praticada nas operações da mesma espécie.

» Adotar essa taxa média é a solução mais adequada, porque ela é calculada com base nas informações prestadas por todas as instituições financeiras e, por isso, representa o ponto de equilíbrio nas forças do mercado. Além disso, traz embutida em si o custo médio dos bancos e seu lucro médio, ou seja, um spread médio (REsp 1112880/PR, Rel. Min. Nancy Andrighi, julgado em 12/05/2010).

Quarta pergunta: por que se disse acima que, em regra, deverá ser aplicada a taxa média de mercado? Existe alguma situação em que não se aplicará a taxa média de mercado?

» SIM. A taxa média de mercado não será aplicada se a taxa que estiver sendo cobrada pela instituição financeira for mais vantajosa para o devedor, ou seja, se ela for menor que a taxa média de mercado.

Voltando ao nosso exemplo que iniciou a explicação:

» A microempresa "XXX" abriu uma conta-corrente no Banco "B" e assinou um contrato de abertura de crédito rotativo ("cheque especial"). Nesse contrato, não estava previsto o índice de juros cobrado. Essa operação está errada, porque o contrato deverá prever a taxa de juros. A empresa sacou o dinheiro do "cheque especial", ou seja, na prática, tomou um empréstimo do banco. Como ela não pagou, a instituição está cobrando a dívida. A empresa ajuizou ação de revisão do contrato. O que o juiz deverá fazer? Analisar os juros que estão sendo cobrados pelo banco e compará-los com a taxa média de mercado:

1) se os juros cobrados estiverem acima da taxa média: o magistrado deverá reconhecer que há uma abusividade e deverá reduzi-los para a taxa média;

2) se os juros cobrados estiverem abaixo da taxa média: o magistrado ignora a taxa média e mantém a taxa cobrada em razão de esta ser mais vantajosa para o devedor.

Súmula 565-STJ: A pactuação das tarifas de abertura de crédito (TAC) e de emissão de carnê (TEC), ou outra denominação para o mesmo fato gerador, é válida apenas nos contratos bancários anteriores ao início da vigência da Resolução-CMN n. 3.518/2007, em 30/4/2008.

Súmula 566-STJ: Nos contratos bancários posteriores ao início da vigência da Resolução-CMN n. 3.518/2007, em 30/4/2008, pode ser cobrada a tarifa de cadastro no início do relacionamento entre o consumidor e a instituição financeira.

▶ *Aprovadas em 24/02/2016, DJe 29/02/2016.*

» **Importantes.**

"Tarifa bancária"

» É o nome dado para a remuneração cobrada pelas instituições financeiras como contraprestação pelos serviços bancários prestados aos clientes. Ex: caso o cliente solicite do banco o fornecimento de cópia ou de segunda via de algum comprovante ou documento, terá que pagar a tarifa bancária por este serviço.

As Súmulas 565 e 566 do STJ tratam sobre três espécies de tarifa bancária:

» A "Tarifa de Abertura de Crédito" (TAC), a "Tarifa de Emissão de Carnê" (TEC) e a "Tarifa de Cadastro".

TARIFA DE ABERTURA DE CRÉDITO (TAC)

» A TAC era cobrada pela instituição financeira como contraprestação pelo fato de ter aceitado conceder ao cliente um financiamento bancário. Assim, além dos juros, os bancos cobravam também um valor pelo simples fato de conceder o empréstimo ao cliente. Isso era muito comum nos contratos de leasing e alienação fiduciária celebrados antes de 2008.

TARIFA DE EMISSÃO DE CARNÊ (TEC)

» A TEC era um valor cobrado pelos bancos pelo fato de emitirem boletos para os clientes pagarem seus débitos. Imagine que um cliente fizesse um financiamento bancário (leasing, alienação fiduciária, mútuo etc.) e se comprometesse a pagar, mensalmente, o valor das prestações por meio de boleto bancário. Neste caso, o cliente recebia um carnê com as parcelas a serem quitadas. Ocorre que o banco cobrava do cliente para emitir este carnê, supostamente sob o pretexto de que este valor seria para cobrir os custos decorrentes de sua confecção/impressão. Assim, além dos juros e demais encargos, o cliente também tinha que pagar pelo carnê do banco.

TARIFA DE CADASTRO

» Tarifa de Cadastro é um valor cobrado pela instituição financeira no momento em que a pessoa inicia o relacionamento com o banco, seja para abrir uma conta ou poupança, seja para ter acesso a uma linha de crédito ou leasing. A justificativa dada pelos bancos é que, antes de aceitarem um novo cliente, eles têm que fazer uma pesquisa sobre a sua situação de solvência financeira. Assim, a Tarifa de Cadastro serviria para cobrir os custos desta atividade.

Quem autoriza ou proíbe que as instituições financeiras cobrem dos usuários tarifas bancárias?

» O Conselho Monetário Nacional (CMN).

» O Conselho Monetário Nacional (CMN) é um órgão federal, classificado como "órgão superior do Sistema Financeiro Nacional". Suas competências estão elencadas no art. 4º da Lei nº 4.595/64, sendo ele responsável por formular a política da moeda e do crédito, objetivando o progresso econômico e social do País (art. 3º da Lei).

» O CMN é composto por três autoridades: Ministro da Fazenda (que é o Presidente do Conselho); Ministro do Planejamento; Presidente do Banco Central. As reuniões do CMN acontecem, em regra, uma vez por mês. As matérias são aprovadas por meio de "Resoluções".

Por que o CMN é quem define as tarifas bancárias que podem ser cobradas? Qual é o fundamento legal para isso?

» Essa competência do CMN encontra-se prevista na Lei nº 4.595/64. A Lei nº 4.595/64 trata sobre as instituições monetárias, bancárias e creditícias, sendo conhecida como "Lei do Sistema Financeiro nacional".

» Vale ressaltar que a Lei nº 4.595/64, apesar de ser formalmente uma lei ordinária, foi recepcionada pela Constituição Federal de 1988 com status de lei complementar. Isso porque o art. 192 da CF/88 preconiza que o sistema financeiro nacional "será regulado por leis complementares".

» Veja o que diz o art. 4º, VI, da Lei nº 4.595/64:

Art. 4º Compete ao Conselho Monetário Nacional, segundo diretrizes estabelecidas pelo Presidente da República:

IX – Limitar, sempre que necessário, as taxas de juros, descontos, comissões e qualquer outra forma de remuneração de operações e serviços bancários ou financeiros, inclusive os prestados pelo Banco Central da República do Brasil (...)

» Assim, é o CMN que define se os bancos podem cobrar ou não pelos serviços oferecidos. A disciplina e os limites impostos pelo CMN são realizados por decisões instrumentalizadas por meio de "resoluções". Assim, quando o CMN decide proibir que as instituições financeiras cobrem determinada tarifa, ele o faz por meio de uma "resolução".

Resolução CMN 2.303/1996

» Em 1996, o CMN editou a Resolução nº 2.303, que disciplinava a cobrança de tarifas pela prestação de serviços por parte das instituições financeiras. Esta Resolução era considerada flexível e "não intervencionista". Isso porque permitia que os bancos cobrassem pela prestação de quaisquer tipos de serviços, desde que fossem efetivamente contratados e prestados ao cliente, com exceção de uns poucos que a Resolução definia como básicos e que, por isso, não poderiam ser cobrados (ex: o fornecimento de um extrato por mês deveria ser gratuito). Assim, de acordo com a Resolução CMN 2.303/1996, tirando os considerados "básicos", os bancos poderiam cobrar tarifas por quaisquer outros serviços prestados. A abertura de crédito e a emissão de boletos não eram consideradas como "serviços básicos". Por essa razão, entendia-se que a Resolução CMN 2.303/1996 permitia a cobrança de TAC e de TEC. Na época da Resolução CMN 2.303/1996 também não havia proibição de que fosse cobrada a "Tarifa de Cadastro". No entanto, na prática, os bancos nem cogitavam a sua exigência porque cobravam outra tarifa mais vantajosa e que tinha um papel muito parecido, qual seja, a TAC. Desse modo, em vez de cobrarem uma só vez a Tarifa de Cadastro, exigiam constantemente a Tarifa de Cadastro.

Resolução CMN 3.518/2007 e Circular BACEN 3.371/2007

» Em 30/4/2008, a Resolução CMN 2.303/1996 foi revogada e, em seu lugar, passou a vigorar a Resolução CMN 3.518/2007. A nova Resolução assumiu uma postura mais intervencionista e regulatória e dividiu os serviços bancários em quatro categorias: a) os essenciais (art. 2º), que não poderiam ser cobrados dos clientes pelos bancos; b) os prioritários (art. 3º), cuja cobrança somente poderia ser realizada se autorizada pelo BACEN; c) os especiais (art. 4º), regidos por legislação própria, entre os quais o crédito rural, mercado de câmbio, PIS/PASEP, penhor civil e operações de microcrédito; e d) os diferenciados (art. 5º), que admitem a cobrança de tarifa, desde que explicitadas ao cliente ou usuário as condições de utilização e pagamento.

» Em cumprimento ao disposto no art. 3º, o BACEN editou a Circular 3.371, de 6.12.2007, definindo os serviços considerados "prioritários" que poderiam ser cobrados. Esta Circular afirmou, ainda, que a cobrança de tarifa por qualquer serviço "prioritário" que não estivesse ali prevista só poderia ser realizada com autorização do Banco Central.

» A Tarifa de Abertura de Crédito (TAC) e a Tarifa de Emissão de Carnê (TEC) não constaram na Circular 3.371/2007 (que era o complemento da Resolução CMN 2.303/1996), o que levou o STJ a concluir que, a partir daí, deixou de ser permitida a cobrança de valores por tais serviços. Por outro lado, a cobrança da Tarifa de Cadastro foi expressamente prevista na referida Circular.

» Desse modo, conclui-se o seguinte:

» **A Resolução CMN 2.303/1996** permitia que os bancos cobrassem "Tarifa de Abertura de Crédito" (TAC) e "Tarifa de Emissão de Carnê" (TEC). Isso porque tal resolução autorizava a cobrança de quaisquer tarifas, desde que não fossem expressamente proibidas.

» **A Resolução CMN 3.518/2007** (complementada pela Circular BACEN 3.371/2007) listou os serviços prioritários que poderiam ser cobrados e nesta lista não previu a "Tarifa de Abertura de Crédito" (TAC) e a "Tarifa de Emissão de Carnê" (TEC). Isso significa que a Resolução CMN 3.518/2007 proibiu a cobrança de tais tarifas.

» **A Circular BACEN 3.371/2007** (que é o complemento da Resolução CMN 3.518/2007) permitiu expressamente a cobrança da Tarifa de Cadastro.

» **Resoluções posteriores à Resolução CMN 3.518/2007**. Importante mencionar que as Resoluções que vieram depois da Resolução CMN 3.518/2007 também proibiram a cobrança de TAC e de TEC e, por outro lado, permitiram a cobrança da Tarifa de Cadastro. A primeira delas foi a Resolução CMN 3.693/2009, que alterou a redação da Resolução CMN 3.518/2007, estabelecendo que não seria admitido o ressarcimento "de despesas de emissão de boletos de cobrança, carnês e assemelhados" (art. 1º, § 2º). Posteriormente, a Resolução CMN 3.919/2010 revogou a Resolução CMN 3.518/2007 e também não previu, como possível, a cobrança da TAC e da TEC. Não sendo expressamente autorizadas, interpreta-se que elas não podem ser exigidas pelos bancos.

Em suma, podemos elencar as seguintes conclusões:

1) Nos contratos bancários celebrados até 30/4/2008 (fim da vigência da Resolução CMN 2.303/1996), era válida a pactuação da Tarifa de Abertura de Crédito (TAC) e da Tarifa de Emissão de Carnê (TEC).

2) Com a vigência da Resolução CMN 3.518/2007, em 30/4/2008, a cobrança por serviços bancários prioritários para pessoas físicas ficou limitada às hipóteses taxativamente previstas em norma editada pelo BACEN.

3) A TAC e a TEC não foram listadas entre as tarifas passíveis de cobrança na Resolução CMN 3.518/2007 e na Circular BACEN 3.371/2007. Isso significa que, desde a Resolução CMN 3.518/2007 (30/4/2008) não mais tem respaldo legal a previsão de cobrança de TAC e de TEC, ou de qualquer outra tarifa com outra denominação que tenha o mesmo fato gerador (mesmo "motivo").

4) Os bancos podem continuar exigindo dos clientes a chamada "Tarifa de Cadastro" porque esta tinha previsão na previsão Circular BACEN 3.371/2007 (complemento da Resolução CMN 3.518/2007) e continua tendo autorização na atual Resolução CMN 3.919/2010. No entanto, a Tarifa de Cadastro somente pode ser cobrada no início do relacionamento entre o consumidor e a instituição financeira.

5) Os contratos bancários celebrados até 30/4/2008 e que previam a cobrança da TAC e da TEC são, em princípio, legais e válidos, salvo demonstração de alguma outra espécie de abuso.

Tarifa de Abertura de Crédito x Tarifa de Cadastro

» Importante não confundir a antiga Tarifa de Abertura de Crédito com a chamada Tarifa de Cadastro:

» TAC: era cobrada pelo banco sempre que este fazia com o cliente qualquer operação de crédito (financiamento bancário), mesmo que o tomador já fosse cliente da instituição. Assim, por exemplo, a cada empréstimo contraído, o cliente teria que pagar nova tarifa. Desde 30/4/2008 (Resolução-CMN 3.518/2007), a TAC não mais pode ser cobrada pelos bancos.

» Tarifa de Cadastro: somente pode ser cobrada no início do relacionamento entre o cliente e a instituição financeira. Segundo o BACEN, ela é justificada pelo fato de que, como será concedido crédito ao cliente pela primeira vez, será necessária a realização de pesquisas em cadastros, bancos de dados e sistemas sobre a situação financeira do mutuário, razão pela qual o banco poderá cobrar tarifa para ressarcir tais custos. A Tarifa de Cadastro é lícita, podendo ser cobrada pelos bancos, desde que uma única vez, no início do relacionamento entre o cliente e a instituição financeira.

Vamos agora "reescrever" as duas súmulas com outras palavras:

» A partir de 30/4/2008, passou a ser proibida pelo CMN a cobrança da Tarifa de Abertura de Crédito (TAC) e da Tarifa de Emissão de Carnê (TEC), ainda que com outro nome. Os contratos anteriores a esta data são válidos. As instituições financeiras poderão continuar cobrando a Tarifa de Cadastro, que é exigida uma única vez, no início do relacionamento entre o cliente a instituição financeira.

Súmula 28-STJ: O contrato de alienação fiduciária em garantia pode ter por objeto bem que já integrava o patrimônio do devedor.

▸ *Aprovada em 25/09/1991, DJ 08/10/1991.*

» Válida.

Súmula 72-STJ: A comprovação da mora é imprescindível à busca e apreensão do bem alienado fiduciariamente.

▸ *Aprovada em 14/04/1993, DJ 20/04/1993.*

» Importante.

» Veja comentários em Direito Civil.

Súmula 92-STJ: A terceiro de boa-fé não é oponível a alienação fiduciária não anotada no certificado de registro do veículo automotor.

▸ *Aprovada em 27/10/1993, DJ 24/11/1993.*

» Importante.

Súmula 258-STJ: A nota promissória vinculada a contrato de abertura de crédito não goza de autonomia em razão da iliquidez do título que a originou.

▶ Aprovada em 12/09/2001, DJ 24/09/2001.

» Importante.

Súmula 233-STJ: O contrato de abertura de crédito, ainda que acompanhado de extrato da conta-corrente, não é título executivo.

▶ Aprovada em 13/12/1999, DJ 08/02/2000.

» O contrato de mútuo bancário ou de abertura de crédito FIXO constitui título executivo extrajudicial.
» Em caso de contrato de abertura de crédito fixo, não incide a Súmula 233 do STJ.
» STJ. 4ª Turma. AgRg no REsp 1255636/RS, Rel. Min. Maria Isabel Gallotti, julgado em 01/12/2015.

Súmula 247-STJ: O contrato de abertura de crédito em conta-corrente, acompanhado do demonstrativo de débito, constitui documento hábil para o ajuizamento da ação monitória.

▶ Aprovada em 23/05/2001, DJ 05/06/2001.

» Importante.

Súmula 300-STJ: O instrumento de confissão de dívida, ainda que originário de contrato de abertura de crédito, constitui título executivo extrajudicial.

▶ Aprovada em 18/10/2004, DJ 22/11/2004.

» Importante.

Súmula 283-STJ: As empresas administradoras de cartão de crédito são instituições financeiras e, por isso, os juros remuneratórios por elas cobrados não sofrem as limitações da Lei de Usura.

▶ Aprovada em 28/04/2004, DJ 13/05/2004.

» Válida.

Súmula 259-STJ: A ação de prestação de contas pode ser proposta pelo titular de conta-corrente bancária.

▶ Aprovada em 28/11/2011, DJ 06/02/2002.

» Válida.
» Obs: o CPC 2015 alterou o nome desta ação, que agora se chama "ação de exigir contas" (art. 550).

Súmula 284-STJ: ~~A purga da mora, nos contratos de alienação fiduciária, só é permitida quando já pagos pelo menos 40% (quarenta por cento) do valor financiado.~~

▸ *Aprovada em 28/04/2004, DJ 13/05/2004.*

» Superada.

» A Lei nº 10.931/2004, em seu art. 56, alterou o art. 3º, do Decreto-Lei 911/67, não mais estabelecendo o limite mínimo de 40% do valor financiado, a fim de permitir ao devedor a purgação da mora. A despeito disso, o STJ entende que a Súmula 284-STJ ainda é aplicada aos contratos anteriores à Lei nº 10.931/2004. Para os contratos posteriores, a Súmula está superada.

Súmula 285-STJ: Nos contratos bancários posteriores ao Código de Defesa do Consumidor incide a multa moratória nele prevista.

▸ *Aprovada em 28/04/2004, DJ 13/05/2004.*

» Válida.

Súmula 286-STJ: A renegociação de contrato bancário ou a confissão da dívida não impede a possibilidade de discussão sobre eventuais ilegalidades dos contratos anteriores.

▸ *Aprovada em 28/04/2004, DJ 13/05/2004.*

» Válida.

Súmula 322-STJ: Para a repetição de indébito, nos contratos de abertura de crédito em conta-corrente, não se exige a prova do erro.

▸ *Aprovada em 23/11/2005, DJ 05/12/2005.*

» Válida.

Súmula 379-STJ: Nos contratos bancários não regidos por legislação específica, os juros moratórios poderão ser fixados em até 1% ao mês.

▸ *Aprovada em 22/04/2009, DJe 05/05/2009.*

» Válida.

Súmula 381-STJ: Nos contratos bancários, é vedado ao julgador conhecer, de ofício, da abusividade das cláusulas.

▸ *Aprovada em 22/04/2009, DJe 05/05/2009.*

» Importante.

Súmula 477-STJ: A decadência do art. 26 do CDC não é aplicável à prestação de contas para obter esclarecimentos sobre cobrança de taxas, tarifas e encargos bancários.

▸ *Aprovada em 13/06/2012, DJe 19/06/2012.*

» Válida.

» Obs: a súmula continua válida, mas o CPC 2015 alterou o nome desta ação, que agora se chama "ação de exigir contas" (art. 550).

Súmula 479-STJ: As instituições financeiras respondem objetivamente pelos danos gerados por fortuito interno relativo a fraudes e delitos praticados por terceiros no âmbito de operações bancárias.

▸ *Aprovada em 27/06/2012, DJe 01/08/2012.*

» Importante.

» Veja comentários em Direito do Consumidor.

SOCIEDADES

Súmula 265-STF: Na apuração de haveres, não prevalece o balanço não aprovado pelo sócio falecido ou que se retirou.

▸ *Aprovada em 13/12/1963.*

» Válida, mas pouco relevante.

Súmula 389-STJ: A comprovação do pagamento do "custo do serviço" referente ao fornecimento de certidão de assentamentos constantes dos livros da companhia é requisito de procedibilidade da ação de exibição de documentos ajuizada em face da sociedade anônima.

▸ *Aprovada em 26/08/2009, DJe 01/09/2009.*

» Válida.

Súmula 551-STJ: Nas demandas por complementação de ações de empresas de telefonia, admite-se a condenação ao pagamento de dividendos e juros sobre capital próprio independentemente de pedido expresso. No entanto, somente quando previstos no título executivo, poderão ser objeto de cumprimento de sentença.

▸ *Aprovada em 14/10/2015, DJe 19/10/2015.*

» Válida.

Sistema TELEBRÁS

» Antes da privatização, quem explorava os serviços de telefonia no Brasil era a União, por meio de empresas estatais integrantes do chamado sistema TELEBRÁS.

» A TELEBRÁS (Telecomunicações Brasileiras S.A.) era uma empresa estatal pertencente à União, sendo responsável por coordenar e controlar outras empresas estatais que atuavam nos Estados prestando os serviços telefônicos. Assim, a TELEBRÁS era uma espécie de holding que abrangia inúmeras outras empresas estatais, como a TELEBRASÍLIA (que prestava os serviços de telecomunicações no Distrito Federal), a TELECEARÁ (Ceará), a TELEMIG (Minas Gerais), a TELERJ (Rio de Janeiro), a TELESP (São Paulo), a TELAMAZON (Amazonas) etc. Os serviços que atualmente são prestados pelas operadoras TIM, VIVO, CLARO etc. eram desempenhados por essas empresas estatais. Em 1998, as empresas que compunham o sistema TELEBRÁS foram vendidas em leilão internacional para empresas privadas, no processo conhecido como "privatização".

Serviços de telefonia antes da privatização

» Antes da privatização, o serviço de telefonia era muito ruim, caro e a área de abrangência era pequena. Para poder ter direito ao serviço de telefonia, o consumidor tinha que comprar uma linha. Para isso, pagava antecipadamente e entrava em uma lista de espera que poderia durar meses até chegar a sua vez. Além disso, como na época não havia recursos públicos suficientes para a expansão da rede, as empresas de telefonia obrigavam os usuários dos serviços a serem seus financiadores. Assim, o consumidor, para ter o direito de adquirir o uso de um terminal telefônico, tinha que assinar um contrato de adesão por meio do qual era obrigado a comprar ações da empresa de telefonia. Em outras palavras, para ter acesso ao serviço de telefonia, o usuário tinha que adquirir uma participação acionária na companhia. Por isso, você já deve ter ouvido algumas pessoas mais antigas falarem que tinham ações da TELERJ, da TELESP etc.

Contratos de participação financeira

» Dessa forma, as pessoas interessadas em ter uma linha de telefone eram obrigadas a assinar um contrato com as empresas de telefonia, por meio do qual pagavam um valor a título de participação financeira, passando a ter acesso a um terminal telefônico e, além disso, o direito de receber determinado número de ações da companhia. Para se ter uma ideia de como isso era caro, algumas pessoas recorriam a um financiamento bancário para obter dinheiro e conseguir comprar uma linha telefônica.

Recebimento das ações

» Ocorre que muitas vezes o usuário firmava o contrato com a companhia, recebia o direito de usar a linha telefônica, mas não recebia na hora as ações a que teria direito. Tais ações somente eram entregues algum tempo depois e o cálculo do número de ações a que teria direito o usuário era feito unilateralmente pelas empresas de telefonia, com base em um valor patrimonial da ação (VPA) futuro. A prática revelou que muitas vezes o cálculo realizado pelas companhias estava errado e, por isso, muitos contratantes do serviço de telefonia acabaram recebendo uma quantidade menor de ações do que realmente teriam direito.

Demanda por complementação de ações de empresas de telefonia

» Diante do cenário acima narrado, diversas pessoas que adquiriram ações das companhias telefônicas e receberam menos do que seria devido ingressaram com demandas judiciais pedindo a complementação das ações. Dessa forma, quando você ouvir falar em "demanda por complementação de ações da empresa de telefonia", nada mais é do que a demanda judicial proposta pela pessoa que pagou para ter direito a um determinado número de ações da companhia telefônica, mas, apesar disso, recebeu menos do que seria devido. Por isso, a pessoa ingressa com o processo judicial pedindo a complementação das ações ou, subsidiariamente, o recebimento de indenização por perdas e danos.

Dividendos

» Dividendo é o valor recebido pelo acionista como participação pelos lucros que a companhia obteve. Quanto maior o número de ações que o acionista possui, maior será o valor dos dividendos que irá receber.

Juros sobre Capital Próprio (JCP)

» Os juros sobre o capital próprio são um tipo de remuneração a ser paga aos acionistas em virtude do investimento que eles realizam na atividade empresarial explorada pela companhia pagadora. Para fins de lei tributária, por ficção jurídica, os JCP têm natureza jurídica de juros. Quanto maior o número de ações que o acionista possui, maior será o valor dos juros sobre capital.

Relação entre as ações recebidas, dividendos e os JCP

» Como vimos acima, quanto maior o número de ações que o acionista possui, maior será o valor de dividendos e JCP que ele irá receber. Desse modo, se João tinha 100 ações da TELESP, ele recebia "x" de dividendos e JCP. Por outro lado, se em vez de 100, ele tinha direito a 200 ações da companhia, isso significa dizer que ele teria direito ao dobro de dividendos e JCP. Em suma, ao receber menos ações do que tinha direito, o acionista auferiu também menos dividendos e JCP do que era devido.

» Ocorre que em muitas demandas propostas contra as companhias telefônicas pedindo a complementação das ações, os autores/usuários acabaram não pedindo, na exordial, de forma expressa, o pagamento da diferença de valores relativos aos dividendos e aos juros sobre capital. Tomando novamente o exemplo que demos acima, imagine que João ingressou com a demanda pedindo apenas a complementação das 100 ações da TELESP, mas não requereu expressamente o "x" de dividendos e de juros sobre capital a que teria direito como consequência do aumento de seu número de ações.

A dúvida que surgiu foi a seguinte: mesmo sem pedido expresso, o juiz pode condenar a companhia a pagar a diferença de dividendos e de juros sobre capital (JCP)?

» SIM. Nas demandas por complementação de ações de empresas de telefonia, admite-se a condenação ao pagamento de dividendos e juros sobre capital próprio independentemente de pedido expresso. Isso porque essa condenação é uma decorrência lógica da procedência do pedido de complementação das ações. Dessa forma, mesmo sem pedido expresso, o juiz pode condenar a companhia a pagar a diferença de dividendos e de juros sobre capital (JCP) na demanda de complementação de ações.

Pedido de dividendos e de JCP apenas no cumprimento de sentença

» Suponhamos que o autor não pediu o pagamento de dividendos e de JCP. O juiz julgou procedente o pedido para a complementação das ações, mas NÃO condenou a companhia telefônica a pagar dividendos e JCP, nada falando a respeito de tais verbas. Houve o trânsito em julgado. O autor ingressou, então, com pedido de cumprimento de sentença. Na petição de cumprimento, o exequente pede que seja incluída na condenação o valor dos dividendos e dos JCP sob a alegação de que se trata de pedido implícito, de forma que, mesmo não constando na condenação, poderia ser reconhecido na execução.

Essa tese é correta? É possível determinar no cumprimento de sentença o pagamento dos dividendos e dos JCP mesmo que tais verbas não tenham constado na condenação?

» NÃO. Os dividendos e os JCP somente poderão ser objeto de cumprimento de sentença se tiverem sido previstos no título executivo. Em outras palavras, não é possível incluir os dividendos ou os juros sobre capital próprio no cumprimento da sentença condenatória à complementação de ações sem que exista expressa previsão no título executivo. Tais verbas somente poderão ser cobradas no cumprimento de sentença se constaram na sentença condenatória. A razão para isso é simples: se os dividendos e os JCP fossem incluídos apenas no momento do cumprimento de sentença, haveria, no caso, violação à coisa julgada material e ao princípio da fidelidade ao título (o cumprimento de sentença está limitado ao conteúdo do título executivo judicial).

Em suma:

» O juiz pode condenar ao pagamento de dividendos e JCP mesmo que não tenha havido pedido expresso na petição inicial da demanda de complementação de ações. No entanto, se a sentença foi omissa, tais verbas não poderão ser exigidas no momento do cumprimento de sentença.

TÍTULOS DE CRÉDITO

Súmula 258-STJ: A nota promissória vinculada a contrato de abertura de crédito não goza de autonomia em razão da iliquidez do título que a originou.

▸ *Aprovada em 12/09/2001, DJ 24/09/2001.*

» Importante.

Súmula 189-STF: Avais em branco e superpostos consideram-se simultâneos e não sucessivos.

♦ *Aprovada em 13/12/1963.*

» Importante.

Súmula 387-STF: A cambial emitida ou aceita com omissões, ou em branco, pode ser completada pelo credor de boa-fé antes da cobrança ou do protesto.

♦ *Aprovada em 03/04/1964, DJ 08/05/1964.*

» Importante.

» Vide art. 891 do CC-2002:

> Art. 891. O título de crédito, incompleto ao tempo da emissão, deve ser preenchido de conformidade com os ajustes realizados.

Súmula 60-STJ: É nula a obrigação cambial assumida por procurador do mutuário vinculado ao mutuante, no exclusivo interesse deste.

♦ *Aprovada em 14/10/1992, DJ 20/10/1992.*

» Válida.

Súmula 600-STF: Cabe ação executiva contra o emitente e seus avalistas, ainda que não apresentado o cheque ao sacado no prazo legal, desde que não prescrita a ação cambiária.

♦ *Aprovada em 15/12/1976, DJ 03/01/1977.*

» Importante.

Súmula 475-STJ: Responde pelos danos decorrentes de protesto indevido o endossatário que recebe por endosso translativo título de crédito contendo vício formal extrínseco ou intrínseco, ficando ressalvado seu direito de regresso contra os endossantes e avalistas.

♦ *Aprovada em 13/06/2012, DJe 19/06/2012.*

» Importante.

Súmula 476-STJ: O endossatário de título de crédito por endosso-mandato só responde por danos decorrentes de protesto indevido se extrapolar os poderes de mandatário.

♦ *Aprovada em 13/06/2012, DJe 19/06/2012.*

» Importante.

Súmula 26-STJ: O avalista do título de crédito vinculado a contrato de mútuo também responde pelas obrigações pactuadas, quando no contrato figurar como devedor solidário.

▶ *Aprovada em 12/06/1991, DJ 20/06/1991.*

» Válida.

Súmula 93-STJ: A legislação sobre cédulas de crédito rural, comercial e industrial admite o pacto de capitalização de juros.

▶ *Aprovada em 27/10/1993, DJ 03/11/1993.*

» Válida.

Súmula 16-STJ: A legislação ordinária sobre crédito rural não veda a incidência da correção monetária.

▶ *Aprovada em 20/11/1990, DJ 28/11/1990.*

» Válida.

Súmula 370-STJ: Caracteriza dano moral a apresentação antecipada de cheque pré-datado.

▶ *Aprovada em 16/02/2009, DJe 25/02/2009.*

» Importante.

» O cheque pós-datado é um ajuste de vontades, um acordo entre emitente e tomador. Logo, o beneficiário, ao descumprir esse pacto, pratica um ilícito contratual, podendo, portanto, ser condenado a indenizar o sacador por danos morais e materiais.

Súmula 299-STJ: É admissível a ação monitória fundada em cheque prescrito.

▶ *Aprovada em 18/10/2004, DJ 22/11/2004.*

Súmula 503-STJ: O prazo para ajuizamento de ação monitória em face do emitente de cheque sem força executiva é quinquenal, a contar do dia seguinte à data de emissão estampada na cártula.

▶ *Aprovada em 11/12/2013, DJe 10/02/2014.*

Súmula 531-STJ: Em ação monitória fundada em cheque prescrito ajuizada contra o emitente, é dispensável a menção ao negócio jurídico subjacente à emissão da cártula.

▶ *Aprovada em 13/05/2015, DJe 18/05/2015.*

» Importantes.

Cheque

» O cheque é título executivo extrajudicial (art. 784, I, do CPC 2015). Assim, se não for pago, o portador do cheque poderá ajuizar ação de execução contra o emitente e eventuais codevedores (endossantes, avalistas). Essa ação de execução é conhecida como "ação cambial".

Qual é o prazo prescricional para a execução do cheque?

» 6 meses, contados do fim do prazo de apresentação do cheque. Atente-se que o prazo prescricional somente se inicia quando termina o prazo de apresentação, e não da sua efetiva apresentação ao banco sacado. Logo, os seis meses iniciam-se com o fim do prazo de 30 dias (mesma praça) ou com o término do prazo de 60 dias (se de praças diferentes).

Mesmo estando o cheque prescrito, ainda assim será possível a sua cobrança?

» SIM. Com o fim do prazo de prescrição, o beneficiário não poderá mais executar o cheque. Diz-se que o cheque perdeu sua força executiva. No entanto, mesmo assim o beneficiário poderá cobrar o valor desse cheque por outros meios, quais sejam:

1) Ação de enriquecimento sem causa ("ação de locupletamento"): prevista no art. 61 da Lei do Cheque (Lei nº 7.357/85). Essa ação tem o prazo de 2 anos, contados do dia em que se consumar a prescrição da ação executiva.

2) Ação de cobrança (ação causal): prevista no art. 62 da Lei do Cheque. O prazo é de 5 anos, nos termos do art. 206, § 5º, I, CC.

3) Ação monitória.

Desse modo, estando o cheque prescrito (sem força executiva), ele poderá ser cobrado do emitente por meio de ação monitória?

» SIM. O beneficiário do cheque poderá ajuizar uma ação monitória para cobrar do emitente o valor consignado na cártula. Existe até uma súmula que menciona isso: Súmula 299-STJ: É admissível a ação monitória fundada em cheque prescrito.

Na petição inicial da ação monitória fundada em cheque prescrito, é necessário que o autor mencione o negócio jurídico que gerou a emissão daquele cheque? É necessário que o autor da monitória indique a origem da dívida expressa no título de crédito (uma compra e venda, p. ex.)?

» NÃO. Em ação monitória fundada em cheque prescrito ajuizada contra o emitente, é dispensável a menção ao negócio jurídico subjacente à emissão da cártula. É desnecessária a demonstração da causa de sua emissão, cabendo ao réu o ônus de provar, se quiser, a inexistência do débito. O autor da ação monitória não precisará, na petição inicial, mencionar ou comprovar a relação causal (causa debendi) que deu origem à emissão do cheque prescrito (não precisa explicar o motivo pelo qual o réu emitiu aquele cheque) (STJ. 2ª Seção. REsp 1.094.571-SP, Rel. Min. Luis Felipe Salomão, julgado em 4/2/2013) (recurso repetitivo).

Isso não significa uma forma de cercear o direito de defesa do réu?

» NÃO. Não há cerceamento de defesa, pois o demandado poderá, nos embargos à monitória (nome da "defesa" na ação monitória), discutir a causa debendi. Na ação monitória há inversão da iniciativa do contraditório, cabendo ao demandado a faculdade de opor embargos à monitória, suscitando toda a matéria de defesa, visto que recai sobre ele o ônus probatório. Cabe ao réu o ônus de provar, se quiser, a inexistência do débito.

Qual é o prazo máximo para ajuizar a ação monitória de cheque prescrito?

» Súmula 503-STJ: O prazo para ajuizamento de ação monitória em face do emitente de cheque sem força executiva é quinquenal, a contar do dia seguinte à data de emissão estampada na cártula.

Súmula 504-STJ: O prazo para ajuizamento de ação monitória em face do emitente de nota promissória sem força executiva é quinquenal, a contar do dia seguinte ao vencimento do título.

▸ *Aprovada em 11/12/2013, DJe 10/02/2014.*

» Importante.

Nota promissória

» A nota promissória é um título de crédito no qual o emitente, por escrito, se compromete a pagar (promessa de pagamento) uma certa quantia em dinheiro a uma outra pessoa (tomador ou beneficiário). Trata-se de um título executivo extrajudicial (art. 784, I, do CPC/2015). Assim, se não for paga, poderá ser ajuizada ação de execução cobrando o valor.

Qual é o prazo prescricional para a execução da nota promissória contra o emitente e o avalista?

» Esse prazo é de 3 anos (art. 70 da Lei Uniforme).

Mesmo que tenha transcorrido esse prazo e a nota promissória tenha perdido sua força executiva (esteja prescrita), ainda assim será possível a sua cobrança?

» SIM, por meio de ação monitória.

Qual é o prazo máximo para ajuizar a ação monitória de nota promissória prescrita?

» Esse prazo é de 5 anos, com base no art. 206, § 5º, I, CC:

Art. 206. Prescreve:

§ 5º Em cinco anos:

I – a pretensão de cobrança de dívidas líquidas constantes de instrumento público ou particular;

» A nota promissória prescrita é considerada um instrumento particular que representa uma obrigação líquida. Logo, enquadra-se no dispositivo acima.

Qual é o termo inicial desse prazo, isto é, a partir de quando ele é contado?

» O prazo de 5 anos para a ação monitória é contado do dia seguinte ao vencimento do título. O prazo prescricional de 5 (cinco) anos, a que submetida a ação monitória, se inicia, de acordo com o princípio da actio nata, na data em que se torna possível o ajuizamento desta ação.

» Segundo já decidiu o STJ:

(...) o credor, mesmo munido de título de crédito com força executiva, não está impedido de cobrar a dívida representada nesse título por meio de ação de conhecimento ou mesmo de monitória. É de se concluir que o prazo prescricional da ação monitória fundada em título de crédito (prescrito ou não prescrito), começa a fluir no dia seguinte ao do vencimento do título. (...) STJ 3ª Turma. REsp 1367362/DF, Rel. Min. Sidnei Beneti, julgado em 16/04/2013.

FALÊNCIA E RECUPERAÇÃO JUDICIAL

Súmula 248-STJ: Comprovada a prestação dos serviços, a duplicata não aceita, mas protestada, é título hábil para instruir pedido de falência.

▶ *Aprovada em 23/05/2001, DJ 05/06/2001.*

» Válida.

Súmula 361-STJ: A notificação do protesto, para requerimento de falência da empresa devedora, exige a identificação da pessoa que a recebeu.

▶ *Aprovada em 10/09/2008, DJe 22/09/2008.*

» Válida.

Súmula 29-STJ: No pagamento em juízo para elidir falência, são devidos correção monetária, juros e honorários de advogado.

▶ *Aprovada em 09/10/1991, DJ 18/10/1991.*

» Válida.

Súmula 307-STJ: A restituição de adiantamento de contrato de câmbio, na falência, deve ser atendida antes de qualquer crédito.

» Válida.
▶ *Aprovada em 06/12/2004, DJ 15/12/2004.*

Súmula 133-STJ: A restituição da importância adiantada, a conta de contrato de câmbio, independe de ter sido a antecipação efetuada nos quinze dias anteriores ao requerimento da concordata.

» Válida.
▶ *Aprovada em 26/04/1995, DJ 05/05/1995.*

Súmula 36-STJ: A correção monetária integra o valor da restituição, em caso de adiantamento de câmbio, requerida em concordata ou falência.

» Válida.
▶ *Aprovada em 11/12/1991, DJ 17/12/1991.*

Súmula 495-STF: A restituição em dinheiro da coisa vendida a crédito, entregue nos quinze dias anteriores ao pedido de falência ou de concordata, cabe, quando, ainda que consumida ou transformada, não faça o devedor prova de haver sido alienada a terceiro.

▶ *Aprovada em 03/12/1969, DJ 10/12/1969.*

» Válida, considerando que o art. 85, parágrafo único, da Lei nº 11.101/2005 manteve a regra da antiga Lei de Falências.

» A antiga concordata foi substituída pela recuperação judicial.

Súmula 193-STF: Para a restituição prevista no ~~art. 76, parágrafo 2~~, da Lei de Falências, conta-se o prazo de quinze dias da entrega da coisa e não da sua remessa.

▶ *Aprovada em 13/12/1963.*

» Válida.

» O art. 76, § 2º mencionado no enunciado refere-se à antiga Lei de Falências (DL 7.661/45). A atual Lei nº 11.101/2005 manteve a mesma regra no art. 85, parágrafo único.

Súmula 417-STF: Pode ser objeto de restituição, na falência, dinheiro em poder do falido, recebido em nome de outrem, ou do qual, por lei ou contrato, não tivesse ele a disponibilidade.

▶ *Aprovada em 01/06/1964, DJ 06/07/1964.*

» Válida.

Súmula 264-STJ: É irrecorrível o ato judicial que apenas manda processar a concordata preventiva.

▶ *Aprovada em 08/05/2002, DJ 20/05/2002.*

» Válida.

Súmula 25-STJ: Nas ações da lei de falências o prazo para a interposição de recurso conta-se da intimação da parte.

▶ *Aprovada em 10/04/1991, DJ 17/04/1991.*

» Válida.

Súmula 219-STJ: ~~Os créditos decorrentes de serviços prestados à massa falida, inclusive a remuneração do síndico, gozam dos privilégios próprios dos trabalhistas.~~

▶ *Aprovada em 10/03/1999, DJ 25/03/1999.*

» Superada.

Súmula 192-STF: ~~Não se inclui no crédito habilitado em falência a multa fiscal com efeito de pena administrativa.~~

▶ *Aprovada em 13/12/1963.*

» Superada.

» A Lei nº 11.101/2005 dispõe, em seu art. 83, VII, que podem ser cobradas na falência as multas contratuais e as penas pecuniárias por infração das leis penais ou administrativas, inclusive as multas tributárias.

Súmula 565-STF: ~~A multa fiscal moratória constitui pena administrativa, não se incluindo no crédito habilitado em falência.~~

▶ *Aprovada em 15/12/1976, DJ 03/01/1977.*

» Superada.

» A Lei nº 11.101/2005 dispõe, em seu art. 83, VII, que podem ser cobradas na falência as multas contratuais e as penas pecuniárias por infração das leis penais ou administrativas, inclusive as multas tributárias.

Súmula 191-STF: ~~Inclui-se no crédito habilitado em falência a multa fiscal simplesmente moratória.~~

▶ *Aprovada em 13/12/1963.*

» Cancelada pelo STF no julgamento do RE 79625/SP (DJ 08/07/1976).

Súmula 8-STJ: Aplica-se a correção monetária aos créditos habilitados em concordata preventiva, salvo durante o período compreendido entre as datas de vigência da Lei 7.274, de 10-12-84, e do Decreto-Lei 2.283, de 27-02-86.

▶ *Aprovada em 29/08/1990, DJ 04/09/1990.*

» Superada.

Súmula 250-STJ: É legítima a cobrança de multa fiscal de empresa em regime de concordata.

▶ *Aprovada em 24/05/2001, DJ 22/06/2001.*

» Superada.

Súmula 190-STF: O não pagamento de título vencido há mais de trinta dias, sem protesto, não impede a concordata preventiva.

▶ *Aprovada em 13/12/1963.*

» Superada.

» A Lei nº 11.101/2005, ao contrário do DL nº 7.661/45 (antiga Lei de Falências) não mais exige a inexistência de títulos protestados como condição para que seja concedida a recuperação judicial (antiga concordata).

Súmula 305-STJ: É descabida a prisão civil do depositário quando, decretada a falência da empresa, sobrevém a arrecadação do bem pelo síndico.

▶ *Aprovada em 03/11/2004, DJ 22/11/2004.*

» Superada, considerando o teor da SV 26 do STF.

Súmula 88-STJ: São admissíveis embargos infringentes em processo falimentar.

▶ *Aprovada em 20/09/2013, DJ 17/02/1995.*

» Superada pelo CPC 2015. Isso porque o novo CPC acabou com os embargos infringentes.

Súmula 480-STJ: O juízo da recuperação judicial não é competente para decidir sobre a constrição de bens não abrangidos pelo plano de recuperação da empresa.

▶ *Aprovada em 27/06/2012, DJe 01/08/2012.*

» Importante.

Recuperação judicial

» A recuperação judicial surgiu para substituir a antiga "concordata" e tem por objetivo viabilizar a superação da situação de crise do devedor a fim de permitir que a atividade empresária se mantenha e, com isso, sejam preservados os empregos dos trabalhadores e os interesses dos credores.

» A recuperação judicial consiste, portanto, em um processo judicial no qual será construído e executado um plano com o objetivo recuperar a empresa que está em vias de efetivamente ir à falência.

» A Lei nº 11.101/2005, em seu art. 3º, prevê que é competente para deferir a recuperação judicial o juízo do local do principal estabelecimento do devedor ou da filial de empresa que tenha sede fora do Brasil. A falência e a recuperação judicial são sempre processadas e julgadas na Justiça estadual.

Plano de recuperação judicial

» Em até 60 dias após o despacho de processamento da recuperação judicial, o devedor deverá apresentar em juízo um plano de recuperação da empresa, sob pena de convolação (conversão) do processo de recuperação em falência. Os credores analisam o plano apresentado, que pode ser aprovado ou não pela assembleia geral de credores. Após todo esse procedimento, o juízo poderá conceder a recuperação judicial.

Juízo universal

» Com a concessão da recuperação judicial, o juízo que decretou essa recuperação ("juízo da recuperação") passa a ser considerado "juízo universal" uma vez que será apenas dele a competência para realizar os atos de execução, tais como alienação de ativos e pagamento de credores.

» Na Súmula 480, o STJ afirma que, se determinados bens da empresa em recuperação não estiverem abrangidos pelo plano de recuperação, eles poderão sofrer constrição (penhora, arresto, sequestro etc.) por parte de outros juízos, como, por exemplo, a Justiça do Trabalho, não havendo necessidade de que tais medidas sejam decididas pelo juízo da recuperação judicial.

Súmula 581-STJ: A recuperação judicial do devedor principal não impede o prosseguimento das ações e execuções ajuizadas contra terceiros devedores solidários ou coobrigados em geral, por garantia cambial, real ou fidejussória.

▶ *Aprovada em 14/09/2016, DJe 19/09/2016.*

» Importante.

» Em até 60 dias após o despacho de processamento da recuperação judicial, o devedor deverá apresentar em juízo um plano de recuperação da empresa, sob pena de convolação (conversão) do processo de recuperação em falência.

» Após o devedor apresentar o plano de recuperação, o juiz ordenará a publicação de edital contendo aviso aos credores sobre o recebimento do plano e fixando prazo para a manifestação de eventuais objeções. Desse modo, os credores serão chamados a analisar esse plano e, se não concordarem com algo, poderão apresentar objeção. O prazo para os credores apresentarem objeções é de 30 dias.

» Caso nenhum credor apresente objeção ao plano no prazo fixado, considera-se que houve aprovação tácita. Nessa hipótese, não será necessária a convocação de assembleia-geral de credores para deliberar sobre o plano.

» Havendo objeção de algum credor, o juiz deverá convocar a assembleia-geral de credores para que ela decida sobre o plano de recuperação apresentado. A assembleia-geral, após as discussões e esclarecimentos pertinentes, poderá:

a) aprovar o plano sem ressalvas;

b) aprovar o plano com alterações;

c) não aprovar o plano.

» Se o plano não for aprovado: o juiz decreta a falência (salvo na hipótese do art. 58, § 1º).

» Se o plano for aprovado: o juiz homologa a aprovação e concede a recuperação judicial, iniciando-se a fase de execução. Atenção: no regime atual, o plano de recuperação é aprovado pelos credores e apenas homologado pelo juiz.

Aprovado o plano, ocorre a novação dos créditos anteriores ao pedido

» A homologação do plano de recuperação judicial autoriza a retirada do nome da empresa recuperanda e dos seus respectivos sócios dos cadastros de inadimplentes, bem como a baixa de eventuais protestos existentes em nome destes? SIM. A atual Lei de Falências e Recuperação Judicial estabelece que o plano de recuperação judicial acarreta a novação dos créditos anteriores ao pedido:

> Art. 59. O plano de recuperação judicial implica novação dos créditos anteriores ao pedido, e obriga o devedor e todos os credores a ele sujeitos, sem prejuízo das garantias, observado o disposto no § 1º do art. 50 desta Lei.

Qual é a consequência jurídica de haver a novação dos créditos?

» A novação ocorre, dentre outras hipóteses, quando o devedor contrai com o credor nova dívida para extinguir e substituir a anterior (art. 360, I, do CC). Desse modo, o que o art. 59 está afirmando é que, quando o plano de recuperação judicial é homologado, as dívidas que o devedor (recuperando) possuía com os credores são extintas e substituídas por outras novas obrigações. Como a novação induz a extinção da relação jurídica anterior, substituída por uma nova, não será mais possível falar em inadimplência do devedor com base na dívida extinta (Min. Nancy Andrighi). Diante disso, não se justifica a manutenção do nome da recuperanda ou de seus sócios em cadastros de inadimplentes em virtude da dívida novada. Assim, "a novação extingue a dívida anterior; estando o autor adimplente quanto ao novo débito, é ilícita a inscrição em órgãos de proteção ao crédito fundamentada em inadimplemento de parcela vencida anteriormente à novação" (AgRg no Ag 948.785/RS, 3ª Turma, Rel. Min. Ari Pargendler, DJe de 05.08.2008). Essa regra do art. 59 tem como norte a preocupação de recuperar a empresa em dificuldade financeira, atendendo ao chamado "princípio da preservação da empresa".

A novação decorrente da recuperação judicial implica a extinção de garantias que haviam sido prestadas aos credores?

» NÃO. A novação prevista no Código Civil extingue sim os acessórios e as garantias da dívida, sempre que não houver estipulação em contrário (art. 364). No entanto, na novação prevista no art. 59 da Lei nº 11.101/2005 ocorre justamente o contrário, ou seja, as garantias são mantidas, sobretudo as garantias reais, as quais só serão suprimidas ou substituídas "mediante aprovação expressa do credor titular da respectiva garantia", por ocasião da alienação do bem gravado (art. 50, § 1º). Compare:

» Novação do CC: em regra, extingue as garantias prestadas.

» Novação da recuperação judicial: em regra, não extingue as garantias prestadas.

» Portanto, muito embora o plano de recuperação judicial opere novação das dívidas a ele submetidas, as garantias reais ou fidejussórias, de regra, são preservadas, circunstância que possibilita ao credor exercer seus direitos contra terceiros garantidores e impõe a manutenção das ações e execuções aforadas em face de fiadores, avalistas ou coobrigados em geral. Nesse sentido: STJ. 4ª Turma. REsp 1.326.888-RS, Rel. Min. Luis Felipe Salomão, julgado em 8/4/2014 (Info 540).

» **Exemplo:** a sociedade GW Ltda. emitiu uma nota promissória em favor da empresa X. Gabriel (sócio da GW) figurou como avalista na nota promissória, ou seja, ele ofereceu uma garantia pessoal de pagamento da dívida. Ocorre que a sociedade GW Ltda. requereu recuperação judicial e o plano foi aprovado. A empresa X ajuizou, então, execução de título extrajudicial cobrando de Gabriel o valor da nota promissória vencida. Gabriel defendeu-se alegando que, como foi aprovado o plano de recuperação judicial, houve novação e a execução deveria ser extinta. O STJ não concordou com a tese. Para a Corte, a homologação do plano de recuperação judicial da devedora principal não implica a extinção de execução de título extrajudicial ajuizada em face de sócio coobrigado. Conforme já explicado, muito embora o plano de recuperação judicial opere novação das dívidas anteriores, as garantias (reais ou fidejussórias), como regra, são preservadas. Logo, o aval (garantia) prestado por Gabriel não foi extinto com a aprovação do plano. Diante disso, o credor poderá exercer seus direitos contra Gabriel (terceiro garantidor), devendo, portanto, ser mantida a execução proposta contra ele.

Qual é o fundamento legal para essa conclusão?

» O § 1º do art. 49 da Lei nº 11.101/2005:

> § 1º Os credores do devedor em recuperação judicial conservam seus direitos e privilégios contra os coobrigados, fiadores e obrigados de regresso.

» O STJ reafirmou esse entendimento em recurso especial repetitivo, fixando a seguinte tese:

> A recuperação judicial do devedor principal não impede o prosseguimento das execuções nem induz suspensão ou extinção de ações ajuizadas contra terceiros devedores solidários ou coobrigados em geral, por garantia cambial, real ou fidejussória, pois não se lhes aplicam a suspensão prevista nos arts. 6º, caput, e 52, inciso III, ou a novação a que se

refere o art. 59, caput, por força do que dispõe o art. 49, § 1º, todos da Lei n. 11.101/2005. (STJ. 2ª Seção. REsp 1333349/SP, Rel. Min. Luis Felipe Salomão, julgado em 26/11/2014)

» Na I Jornada de Direito Comercial do CJF/STJ já havia sido aprovado enunciado espelhando a posição. Nesse sentido:

Enunciado 43: A suspensão das ações e execuções previstas no art. 6º da Lei n. 11.101/2005 não se estende aos coobrigados do devedor.

» Após tudo isso, o STJ decidiu reforçar ainda mais o entendimento e editou a Súmula 581 com redação semelhante.

OUTROS TEMAS

Súmula 371-STJ: Nos contratos de participação financeira para aquisição de linha telefônica, o valor patrimonial da ação (VPA) é apurado com base no balancete do mês da integralização.

▸ *Aprovada em 11/03/2009, DJe 30/03/2009.*

» Válida, mas sem nenhuma relevância.

6. DIREITO PROCESSUAL CIVIL

CITAÇÃO E INTIMAÇÃO

Súmula 429-STJ: A citação postal, quando autorizada por lei, exige o aviso de recebimento.

▶ *Aprovada em 17/03/2010, DJe 13/05/2010.*

» Válida.

» Vide art. 248, § 4º do CPC/2015: "§ 4º Nos condomínios edilícios ou nos loteamentos com controle de acesso, será válida a entrega do mandado a funcionário da portaria responsável pelo recebimento de correspondência, que, entretanto, poderá recusar o recebimento, se declarar, por escrito, sob as penas da lei, que o destinatário da correspondência está ausente."

Súmula 310-STF: Quando a intimação tiver lugar na sexta-feira, ou a publicação com efeito de intimação for feita nesse dia, o prazo judicial terá início na segunda-feira imediata, salvo se não houver expediente, caso em que começará no primeiro dia útil que se seguir.

▶ *Aprovada em 13/12/1963.*

» Válida.

Súmula 106-STJ: Proposta a ação no prazo fixado para o seu exercício, a demora na citação, por motivos inerentes ao mecanismo da justiça, não justifica o acolhimento da arguição de prescrição ou decadência.

▶ *Aprovada em 26/05/1994, DJ 03/06/1994.*

» Válida.

MULTA NAS OBRIGAÇÕES DE FAZER OU NÃO FAZER

Súmula 410-STJ: A prévia intimação pessoal do devedor constitui condição necessária para a cobrança de multa pelo descumprimento da obrigação de fazer ou não fazer.

▶ *Aprovada em 25/11/2009, DJe 16/12/2009.*

» Válida.

AÇÃO DECLARATÓRIA

Súmula 181-STJ: É admissível ação declaratória, visando a obter certeza quanto à exata interpretação de cláusula contratual.

▶ *Aprovada em 05/02/1997, DJ 17/02/1997.*

» Válida.

ARBITRAGEM

Súmula 485-STJ: A Lei de Arbitragem aplica-se aos contratos que contenham cláusula arbitral, ainda que celebrados antes da sua edição.

▶ *Aprovada em 28/06/2012, DJe 01/08/2012.*

» Válida.

COMPETÊNCIA TERRITORIAL

Súmula 1-STJ: O foro do domicílio ou da residência do alimentando é o competente para a ação de investigação de paternidade, quando cumulada com a de alimentos.

▶ *Aprovada em 25/04/1990, DJe 02/05/1990.*

» Importante.

Súmula 33-STJ: A incompetência relativa não pode ser declarada de ofício.

▶ *Aprovada em 24/10/1991, DJ 29/10/1991.*

» Superada, em parte.

» O CPC 2015 prevê uma exceção a essa súmula no § 3º do art. 63, que tem a seguinte redação: "§ 3º Antes da citação, a cláusula de eleição de foro, se abusiva, pode ser reputada ineficaz de ofício pelo juiz, que determinará a remessa dos autos ao juízo do foro de domicílio do réu."

» Em regra, a incompetência relativa não pode ser reconhecida de ofício pelo juiz, ou seja, a própria parte prejudicada é quem deverá alegar. Exceção: o foro de eleição é uma regra de incompetência relativa. Mesmo assim, ela pode ser reconhecida de ofício pelo magistrado.

Súmula 206-STJ: A existência de vara privativa, instituída por lei estadual, não altera a competência territorial resultante das leis de processo.

▶ *Aprovada em 01/04/1998, DJ 16/04/1998.*

» Importante

Exemplo:

» João, que mora em uma cidade do interior, deseja ajuizar ação de indenização contra o Estado-membro. A Lei de Organização Judiciária (lei estadual) afirma que as demandas contra a Fazenda Pública são propostas na Vara da Fazenda Pública estadual, localizada na capital.

» *Diante disso, o autor terá que propor essa demanda na capital?*

» Não. Os Estados-Membros, suas autarquias e fundações, não possuem foro privilegiado (privativo) na capital, podendo ser demandados em qualquer comarca do seu território onde a obrigação tenha que ser satisfeita (art. 53, III, "d", do CPC 2015). Assim, não é válida lei estadual que preveja foro privativo na capital para as demandas intentadas contra o Estado-membro.

» Vale ressaltar, no entanto, que se o autor propuser a ação na capital do Estado, esta deverá tramitar na Vara Especializada da Fazenda Pública.

COMPETÊNCIA PELO FORO DA SITUAÇÃO DA COISA

Súmula 238-STJ: A avaliação da indenização devida ao proprietário do solo, em razão de alvará de pesquisa mineral, é processada no Juízo Estadual da situação do imóvel.

▶ *Aprovada em 10/04/2000, DJ 25/04/2000.*

» Válida.

Súmula 11-STJ: A presença da União ou de qualquer de seus entes, na ação de usucapião especial, não afasta a competência do foro da situação do imóvel.

▶ *Aprovada em 26/09/1990, DJ 01/10/1990.*

» Válida.

Súmula 376-STJ: Compete à turma recursal processar e julgar o mandado de segurança contra ato de juizado especial.

▶ *Aprovada em 18/03/2009, DJe 30/03/2009.*

» **Importante.**

Súmula 363-STF: A pessoa jurídica de direito privado pode ser demandada no domicílio da agência, ou estabelecimento, em que se praticou o ato.

▶ *Aprovada em 15/10/2008, DJe 03/11/2008.*

» Válida.

COMPETÊNCIA DO STF

Súmula 503-STF: A dúvida, suscitada por particular, sobre o direito de tributar, manifestado por dois estados, não configura litígio da competência originária do Supremo Tribunal Federal.

▶ *Aprovada em 03/12/1969, DJ 10/12/1969.*

» Válida, mas pouco relevante.

COMPETÊNCIA DA JUSTIÇA FEDERAL

Súmula 556-STF: É competente a justiça comum para julgar as causas em que é parte sociedade de economia mista.

▶ *Aprovada em 15/12/1976, DJ 03/01/1977.*

Súmula 42-STJ: Compete à Justiça Comum Estadual processar e julgar as causas cíveis em que é parte sociedade de economia mista e os crimes praticados em seu detrimento.

▶ *Aprovada em 14/05/1992, DJ 20/05/1992.*

Súmula 517-STF: As sociedades de economia mista só tem foro na justiça federal, quando a união intervém como assistente ou oponente.

▶ *Aprovada em 03/12/1969, DJ 10/12/1969.*

Súmula 508-STF: Compete a justiça estadual, em ambas as instâncias, processar e julgar as causas em que for parte o Banco do Brasil, S.A..

▶ *Aprovada em 03/12/1969, DJ 10/12/1969.*

- » Importantes.
- » As sociedades de economia mista, ainda que mantidas pela União, não são julgadas pela Justiça Federal. Houve uma opção do constituinte de não incluir tais empresas estatais no rol do art. 109 da CF/88.
- » Quando o enunciado 556 fala em "justiça comum", deve-se fazer uma correção e interpretar essa locução como sendo "justiça estadual". Isso porque antes da CF/88, "justiça comum" era sinônimo de "justiça estadual". Atualmente, contudo, existe justiça comum estadual e justiça comum federal. As "justiças especializadas" são a justiça eleitoral, do trabalho e militar. Estas três são "justiças federais especializadas".
- » O Banco do Brasil é uma sociedade de economia mista que conta com a participação majoritária da União. Mesmo assim, as causas em que participa são julgadas, em regra, pela justiça estadual. Isso porque, como vimos acima, as sociedades de economia mista não possuem foro na Justiça Federal.

Súmula 570-STJ: Compete à Justiça Federal o processo e julgamento de demanda em que se discute a ausência de ou o obstáculo ao credenciamento de instituição particular de ensino superior no Ministério da Educação como condição de expedição de diploma de ensino a distância aos estudantes.

▶ *Aprovada em 27/04/2016, DJe 02/05/2016.*

- » Importante.

Imagine a seguinte situação adaptada:

- » João cursava uma faculdade, na modalidade à distância, tendo concluído integralmente o curso e colado grau. Apesar disso, ele não consegue obter o diploma devidamente registrado, em virtude do fato de a instituição de ensino não estar credenciada pelo Ministério da Educação, órgão da União. João quer ajuizar uma ação para conseguir a entrega do diploma de conclusão do curso devidamente registrado e para receber indenização por danos morais em virtude dos transtornos que sofreu.

Contra quem e em qual juízo deverá ser proposta esta demanda?

- » Contra a instituição de ensino superior e contra a União, em litisconsórcio passivo, sendo demanda de competência da Justiça Federal.

Credenciamento de cursos de ensino à distância é incumbência da União

- » Conforme o art. 9º, IX e o art. 80, §§ 1º e 2º, da Lei nº 9.394/96, cabe à União credenciar e fiscalizar as instituições de ensino que oferecem programas de educação à distância:

  Art. 9º A União incumbir-se-á de:

  IX – autorizar, reconhecer, credenciar, supervisionar e avaliar, respectivamente, os cursos das instituições de educação superior e os estabelecimentos do seu sistema de ensino.

  (...)

Art. 80. O Poder Público incentivará o desenvolvimento e a veiculação de programas de ensino a distância, em todos os níveis e modalidades de ensino, e de educação continuada.

§ 1º A educação a distância, organizada com abertura e regime especiais, será oferecida por instituições especificamente credenciadas pela União.

§ 2º A União regulamentará os requisitos para a realização de exames e registro de diploma relativos a cursos de educação a distância.

» Assim, se for proposta ação na qual se discuta a dificuldade do aluno de obter o diploma do curso à distância que realizou por causa da ausência/obstáculo de credenciamento da instituição particular junto ao MEC, haverá nítido interesse da União, que deverá compor a lide no polo passivo da demanda, já que é ela quem credencia as instituições.

» No STJ, este tema já havia sido pacificado por meio de recurso especial repetitivo: STJ. 1ª Seção. REsp 1344771/PR, Rel. Min. Mauro Campbell Marques, julgado em 24/04/2013. Existe também precedente do STF no mesmo sentido: STF. 2ª Turma. ARE 750186 AgR, Rel. Min. Gilmar Mendes, julgado em 24/06/2014.

E se João propusesse a ação pedindo unicamente a indenização por danos morais?

» Neste caso, a ação teria que ser proposta somente contra a instituição de ensino, e a competência seria da Justiça Estadual. Nesse sentido: (...) No caso em análise, não há interesse jurídico da União a ensejar o deslocamento do feito para a Justiça Federal, uma vez que a autora não pleiteou a emissão do diploma, somente a reparação dos supostos danos morais e materiais sofridos em decorrência da conduta da parte ré. (...) (STJ. 2ª Turma. AgRg no REsp 1553120/PR, Rel. Min. Mauro Campbell Marques, julgado em 17/11/2015).

Resumo. De quem é a competência para julgar ações propostas contra instituição PRIVADA de ensino superior?

1) Se a ação proposta for mandado de segurança: Justiça Federal.

2) Ação (diferente do MS) discutindo questões privadas relacionadas ao contrato de prestação de serviços firmado entre a instituição de ensino e o aluno (exs: inadimplemento de mensalidade, cobrança de taxas etc.): Justiça Estadual.

3) Ação (diferente do MS) discutindo registro de diploma perante o órgão público competente ou o credenciamento da entidade perante o Ministério da Educação (obs: neste caso, a União deverá figurar na lide): Justiça Federal.

Súmula 324-STJ: Compete à Justiça Federal processar e julgar ações de que participa a Fundação Habitacional do Exército, equiparada à entidade autárquica federal, supervisionada pelo Ministério do Exército.

▶ Aprovada em 03/05/2006, DJ 16/05/2006.

» Válida.

» O art. 109, I, da CF/88 prevê o seguinte:

Art. 109. Aos juízes federais compete processar e julgar:

I – as causas em que a União, entidade autárquica ou empresa pública federal forem interessadas na condição de autoras, rés, assistentes ou oponentes, exceto as de falência, as de acidentes de trabalho e as sujeitas à Justiça Eleitoral e à Justiça do Trabalho;

» A expressão "entidade autárquica" deve ser entendida em sentido amplo, abrangendo tanto as causas relacionadas com autarquias como também fundações. Logo, as demandas envolvendo fundação federal serão julgadas pela Justiça Federal.

» A Fundação Habitacional do Exército é uma fundação federal e, como tal, encontra-se abrangida pela expressão "entidade autárquica".

Súmula 501-STF: Compete a justiça ordinária estadual o processo e o julgamento, em ambas as instâncias, das causas de acidente do trabalho, ainda que promovidas contra a união, suas autarquias, empresas públicas ou sociedades de economia mista.

▶ *Aprovada em 03/12/1969, DJ 10/12/1969.*

» Válida, mas a interpretação deve ser feita nos termos do que foi explicado nos comentários à SV 22-STF. Assim, por exemplo, se um empregado de uma empresa pública federal sofre um acidente de trabalho e deseja ingressar com ação de indenização contra esta empresa pública, a competência será da Justiça do Trabalho (art. 114, I, da CF/88; SV 22).

Súmula 689-STF: O segurado pode ajuizar ação contra a instituição previdenciária perante o juízo federal do seu domicílio ou nas varas federais da Capital do Estado-Membro.

▶ *Aprovada em 24/09/2003, DJ 09/10/2003.*

» Válida.

Súmula 32-STJ: Compete à Justiça Federal processar justificações judiciais destinadas a instruir pedidos perante entidades que nela tem exclusividade de foro, ressalvada a aplicação do art. 15, II, da Lei 5010/66.

▶ *Aprovada em 24/10/1991, DJ 29/10/1991.*

» Válida.

» Se a justificação tem por finalidade servir de prova para ser usada em órgão, entidade autárquica ou empresa pública federal, a competência para essa justificação será, em regra, da Justiça Federal, com base no art. 109, I, da CF/88. É isso que diz a primeira parte da Súmula 32.

» A parte final diz respeito a uma hipótese de competência delegada, ou seja, uma situação na qual a competência seria da Justiça Federal, mas o legislador a transferiu para a Justiça Estadual, conforme autoriza o § 3º do art. 109, da CF/88.

» Veja o que diz o art. 15, II, da Lei nº 5.010/66:

Art. 15. Nas Comarcas do interior onde não funcionar Vara da Justiça Federal (artigo 12), os Juízes Estaduais são competentes para processar e julgar:

(...)

II – as vistorias e justificações destinadas a fazer prova perante a administração federal, centralizada ou autárquica, quando o requerente for domiciliado na Comarca.

» Ex: ação proposta por casal, para obter a declaração de existência de união estável com o afirmado objetivo de cadastrar a autora como dependente do autor, no órgão militar em que trabalha, é de competência da Justiça Federal.

» No exemplo acima, se não houver vara federal no domicílio dos autores, deve o juízo estadual processar e julgar a ação porque se trata de hipótese de delegação de competência, conforme previsto no art. 15, II, da Lei nº 5.010/66. Nesse sentido: STJ CC 32.588/RJ, j. em 26/06/2002.

Súmula 173-STJ: Compete à Justiça Federal processar e julgar o pedido de reintegração em cargo público federal, ainda que o servidor tenha sido dispensado antes da instituição do regime jurídico único.

▶ *Aprovada em 23/10/1996, DJ 31/10/1996.*

» Válida.

Súmula 66-STJ: Compete à Justiça Federal processar e julgar execução fiscal promovida por conselho de fiscalização profissional.

▶ *Aprovada em 15/12/1992, DJ 04/02/1992.*

» Importante.

» Os Conselhos de Fiscalização Profissional (exs: CREA, CRM, COREN, CRO, CRC etc.) são autarquias federais (entidades autárquicas federais). Assim, as suas demandas são de competência da Justiça Federal, nos termos do art. 109, I, da CF/88.

Súmula 349-STJ: Compete à Justiça Federal ou aos juízes com competência delegada o julgamento das execuções fiscais de contribuições devidas pelo empregador ao FGTS.

▶ *Aprovada em 11/06/2008, DJe 19/06/2008.*

» Válida, em parte.

» Vale ressaltar, no entanto, que a Lei nº 13.043/2014 revogou o inciso I do art. 15 da Lei nº 5.010/66. Logo, a partir de agora, se a União, suas autarquias e fundações ajuizarem execução fiscal elas serão sempre processadas e julgadas pela Justiça Federal, mesmo que o executado more em uma comarca do interior onde não funcione vara da Justiça Federal. Desse modo, não mais existe a competência delegada no caso de execuções fiscais propostas pela Fazenda Pública federal.

Súmula 365-STJ: A intervenção da União como sucessora da Rede Ferroviária Federal S/A (RFFSA) desloca a competência para a Justiça Federal ainda que a sentença tenha sido proferida por Juízo estadual.

> ▶ *Aprovada em 19/11/2008, DJe 26/11/2008.*

» Válida.

Súmula 254-STJ: A decisão do Juízo Federal que exclui da relação processual ente federal não pode ser reexaminada no Juízo Estadual.

> ▶ *Aprovada em 01/08/2008, DJe 22/08/2001.*

» Importante.

» A decisão do Juízo Federal que exclui da relação processual ente federal não pode ser reexaminada no Juízo Estadual porque a competência para decidir se há interesse jurídico do ente federal permanecer na lide é da Justiça Federal por força de previsão constitucional (art. 109, I, da CF/88).

Súmula 150-STJ: Compete à Justiça Federal decidir sobre a existência de interesse jurídico que justifique a presença, no processo, da união, suas autarquias ou empresas públicas.

> ▶ *Aprovada em 07/02/1996, DJ 13/02/1996.*

» Importante.

» Imagine que está tramitando na Justiça Estadual um processo que não envolve nenhuma das pessoas mencionadas no art. 109, I, da CF/88. Ocorre que a União, uma entidade autárquica ou uma empresa pública federal decide intervir no feito na condição de autora (litisconsorte ativa), ré (litisconsorte passiva), assistente ou oponente.

Neste caso, o que acontecerá com este processo?

» O Juiz de Direito responsável pelo processo, ao receber a petição requerendo a intervenção, deverá imediatamente remeter os autos para a Justiça Federal declinando a competência.

O juiz de Direito poderá recusar a intervenção, afirmando que a União ou a entidade federal postulante não possui interesse ou legitimidade para estar na causa?

» NÃO. Quem deve decidir isso é o Juiz Federal. Nesse sentido é o enunciado 150 do STJ. Assim, não cabe ao Juiz de Direito dizer se o ente federal requerente deve ou não intervir no feito. Trata-se de competência da Justiça Federal.

Súmula 504-STF: ~~Compete a Justiça Federal, em ambas as instâncias, o processo e o julgamento das causas fundadas em contrato de seguro marítimo.~~

> ▶ *Aprovada em 03/12/1969, DJ 10/12/1969.*

» Superada.

Súmula 251-STF: Responde a Rede Ferroviária Federal S.A. perante o foro comum e não perante o Juízo Especial da Fazenda Nacional, a menos que a União intervenha na causa.

▶ *Aprovada em 13/12/1963.*

» Superada.

Súmula 557-STF: É competente a justiça federal para julgar as causas em que são partes a COBAL e a CIBRAZEM.

▶ *Aprovada em 15/12/1976, DJ 03/01/1977.*

» Superada.

Súmula 518-STF: A intervenção da união, em feito já julgado pela segunda instância e pendente de embargos, não desloca o processo para o Tribunal Federal de Recursos.

▶ *Aprovada 03/12/1969, DJ 10/12/1969.*

» Superada, considerando que o Tribunal Federal de Recursos foi extinto com a CF/88.

Súmula 218-STF: É competente o juízo da Fazenda Nacional da Capital do Estado, e não o da situação da coisa, para a desapropriação promovida por empresa de energia elétrica, se a União Federal intervém como assistente.

▶ *Aprovada em 13/12/1969.*

» Superada.

Súmula 250-STF: A intervenção da União desloca o processo do juízo cível comum para o fazendário.

▶ *Aprovada em 13/12/1969.*

» Superada.

COMPETÊNCIA DA JUSTIÇA ESTADUAL

Súmula vinculante 27-STF: Compete à Justiça Estadual julgar causas entre consumidor e concessionária de serviço público de telefonia, quando a Anatel não seja litisconsorte passiva necessária, assistente nem opoente.

▶ *Aprovada em 18/12/2009, DJe 23/12/2009.*

» Importante.

Súmula 506-STJ: A Anatel não é parte legítima nas demandas entre a concessionária e o usuário de telefonia decorrentes de relação contratual.

▶ *Aprovada em 26/03/2014, DJe 31/03/2014.*

» Importante.

A Agência Nacional de Telecomunicações (ANATEL)

» É uma autarquia sob regime especial criada para ser o órgão controlador e regulador dos serviços de telefonia no Brasil (Lei nº 9.472/97). A ANATEL integra a Administração Pública Federal indireta.

As ações propostas por usuários (clientes) contra operadoras de telefonia (concessionárias) devem ter, obrigatoriamente, a presença da ANATEL?

» NÃO. A relação jurídica discutida em juízo ocorre, exclusivamente, entre o usuário e a concessionária que assinaram um contrato de prestação de serviços. A ANATEL não faz parte desse contrato e, portanto, não possui interesse para justificar sua presença na lide. O fato de a ANATEL ser a entidade reguladora dos serviços de telefonia não faz com que ela tenha que figurar em todas as ações propostas pelos clientes contra as operadoras.

» Excepcionalmente, a ANATEL irá figurar na lide se a ação tiver uma discussão mais ampla que a simples relação contratual entre usuário e concessionária. É o caso, por exemplo, de uma ação civil pública na qual se discute a área que é considerada para fins de ligação local ou interurbano (STJ. 2ª Turma. REsp 1122363/PR, Min. Mauro Campbell Marques, j. em 02/12/2010).

» Outras hipóteses são as ações coletivas ajuizadas contra prestadoras de serviços de telecomunicação, em que se discute a tarifação de serviços, com base em regramento da ANATEL. Nesse caso também a ANATEL irá figurar como litisconsorte necessário, sendo, por isso, a competência da Justiça Federal (STJ. 2ª Turma. EDcl no AgRg no Ag 1195826/GO, Rel. Min. Eliana Calmon, julgado em 26/08/2010).

» Se a ANATEL não figurar na lide, a competência para julgar essa ação é da Justiça Estadual. Nesse sentido é a SV 27: Compete à Justiça Estadual julgar causas entre consumidor e concessionária de serviço público de telefonia, quando a Anatel não seja litisconsorte passiva necessária, assistente nem opoente.

» Desse modo, salvo as hipóteses de demandas coletivas, nas ações individuais que tramitam entre o usuário e a concessionária de telefonia a ANATEL não é parte legítima para figurar na lide, sendo tais feitos de competência da Justiça Estadual.

Súmula 553-STJ: Nos casos de empréstimo compulsório sobre o consumo de energia elétrica, é competente a Justiça estadual para o julgamento de demanda proposta exclusivamente contra a Eletrobrás. Requerida a intervenção da União no feito após a prolação de sentença pelo juízo estadual, os autos devem ser remetidos ao Tribunal Regional Federal competente para o julgamento da apelação se deferida a intervenção.

▶ *Aprovada em 09/12/2015, DJe 15/12/2015.*

» Importante.

No Direito Tributário, o que é um empréstimo compulsório?

» Se houver...

1) uma calamidade pública
2) uma guerra externa ou
3) a necessidade de se fazer investimento público urgente e de interesse nacional ...

» ... a União poderá tomar emprestados recursos do contribuinte comprometendo-se a aplicar o valor arrecadado em uma dessas despesas. Nisso consiste o empréstimo compulsório, que é uma espécie de tributo prevista no art. 148 da CF/88:

> Art. 148. A União, mediante lei complementar, poderá instituir empréstimos compulsórios:
>
> I – para atender a despesas extraordinárias, decorrentes de calamidade pública, de guerra externa ou sua iminência;
>
> II – no caso de investimento público de caráter urgente e de relevante interesse nacional, observado o disposto no art. 150, III, "b".
>
> Parágrafo único. A aplicação dos recursos provenientes de empréstimo compulsório será vinculada à despesa que fundamentou sua instituição.

» A lei complementar que instituir o empréstimo compulsório já deverá fixar o seu prazo e as condições de resgate (art. 15, parágrafo único, do CTN).

Empréstimo compulsório sobre o consumo de energia elétrica

» A súmula 553 trata a respeito de um empréstimo compulsório que foi instituído sobre o consumo de energia elétrica. Esse empréstimo compulsório foi criado pela Lei nº 4.156/62 com o objetivo de financiar a expansão e a melhoria do setor elétrico brasileiro em uma época onde em muitos lugares do país não havia energia elétrica. Assim, na conta de luz do consumidor, além da tarifa normal, era cobrado determinado valor a título de empréstimo compulsório.

» Esse empréstimo compulsório foi exigido até 1993. O valor arrecadado era destinado à Eletrobrás (Centrais Elétricas Brasileiras), sociedade de economia mista federal responsável pela expansão da oferta de energia elétrica no país.

» Divergências quanto à devolução dos valores. No prazo previsto na lei, a Eletrobrás efetuou a devolução dos valores cobrados dos clientes como empréstimo compulsório. No entanto, surgiram várias divergências acerca da quantia que seria realmente devida. Isso porque diversos consumidores questionaram os índices de correção monetária e juros que foram utilizados pela empresa para a devolução, especialmente por causa da alta inflação vivenciada no período. Além disso, parte desses valores foram devolvidos em forma de ações preferenciais da Eletrobrás, o que também gerou inúmeros conflitos quanto ao preço dessas ações, que não teria se baseado no valor real de mercado. Enfim, todos esses problemas acabaram se transformando em milhares de ações judiciais propostas pelos consumidores contra a Eletrobrás.

» Vimos que o dinheiro arrecadado com o empréstimo compulsório era repassado à Eletrobrás, que tinha a obrigação de investir na expansão da rede elétrica e, no final do prazo previsto na lei, devolver aos consumidores a quantia tomada emprestada. E a União, qual era o papel que a lei estabeleceu para ela? A União instituiu o empréstimo compulsório e, segundo a lei, ela seria responsável solidária, juntamente com a Eletrobrás, pela devolução dos valores aos consumidores (art. 4º, § 3º da Lei nº 4.156/62). Em outras palavras, a obrigação de devolver os valores do empréstimo compulsório era solidária da União e da Eletrobrás.

Diante disso, surgiu uma dúvida: de quem é a competência para julgar as demandas envolvendo cobrança de valores relacionados com o empréstimo compulsório sobre o consumo de energia elétrica?

» Depende:

1) Se o consumidor propõe a ação contra a Eletrobrás e a União, em litisconsórcio: Justiça FEDERAL. Vimos acima que a União responde solidariamente pelo empréstimo compulsório, nos termos do art. 4º, § 3º, da Lei nº 4.156/62. Desse modo, sendo caso de responsabilidade solidária, o autor (credor) poderá ajuizar a ação contra os dois devedores solidários (União e Eletrobrás) em litisconsórcio. Se assim o fizer, a competência será da Justiça Federal, com base no art. 109, I, da CF/88.

2) Se o consumidor propõe a ação exclusivamente contra a Eletrobrás:

» 2.1 REGRA: em regra, a competência será da Justiça ESTADUAL. Como a dívida é solidária, o autor (credor) pode escolher ajuizar a ação contra apenas um dos devedores solidários (art. 275 do CC). Não se trata de litisconsórcio necessário, mas sim facultativo (REsp 1145146/RS). Se escolher propor a ação exclusivamente contra a Eletrobrás (não incluindo a União na lide), a Justiça Estadual será competente para a apreciação da causa. Isso porque, em regra, as sociedades de economia mista, ainda que mantidas pela União, não são julgadas pela Justiça Federal. Se você ler novamente o inciso I do art. 109 da CF/88 verificará que as sociedades de economia mista não estão ali previstas. Houve uma opção do constituinte de não incluir tais empresas estatais no rol do art. 109 da CF/88. Justamente por isso, as causas envolvendo a Eletrobrás (sociedade de economia mista federal), sem a presença da União, são julgadas pela Justiça estadual.

» 2.2 EXCEÇÃO: se a União intervier na lide, a competência será da Justiça FEDERAL. Como a União é devedora solidária, ela possui interesse jurídico e poderá pedir para intervir na lide. Ocorrendo esta situação, o juiz de direito (juiz estadual) que estava apreciando a lide contra a Eletrobrás deverá declinar a competência para a Justiça Federal, nos termos do art. 109, I, da CF/88. Importante esclarecer que não cabe ao juiz de direito dizer se há ou não interesse da União. Pedindo a União para intervir, o magistrado estadual deverá declinar a competência para que a Justiça Federal aprecie o pedido da União (Súmula 150-STJ).

Esse pedido de intervenção da União pode ocorrer após o juiz já ter sentenciado a lide?

» Ex: o consumidor ingressou, na Justiça Estadual, com ação exclusivamente contra a Eletrobrás. Em um primeiro momento, a União não pediu para intervir na lide. O juiz de direito sentenciou condenando a Eletrobrás. Ao saber da sentença, a União pede para intervir. Isso é possível? O que acontecerá neste caso? SIM, é possível que a União requeira sua intervenção na lide mesmo após a sentença já ter sido prolatada. Neste caso, os autos deverão ser remetidos ao Tribunal Regional Federal competente para que este analise em um primeiro momento o pedido de ingresso da União e, se deferida a intervenção, faça o julgamento da apelação. Trata-se de uma interessante hipótese em que o TRF irá julgar, em apelação, uma sentença proferida por juiz estadual (juiz de direito). Vale ressaltar que, quando a sentença foi prolatada pelo juiz direito, ele era competente para julgar a causa, já que só havia a Eletrobrás na lide. Assim, a sentença não poderá ser anulada por incompetência. Somente a partir do momento em que ocorre a intervenção da União é que a competência muda para a Justiça Federal, ocasionando o deslocamento da competência, mas sem a anulação dos atos praticados pelo juízo estadual anteriormente competente (STJ 1.111.159/RJ).

» Importante esclarecer que, havendo manifestação da União no sentido de ingressar no feito na qualidade de assistente da Eletrobrás, o feito deve ser deslocado para o TRF porque cabe à Justiça Federal (e não à Justiça Estadual) analisar se cabe ou não a intervenção da União (Súmula 150 do STJ).

Súmula 516-STF: O Serviço Social da Indústria (SESI) está sujeito a jurisdição da justiça estadual.

▶ *Aprovada em 03/12/1969, DJ 10/12/1969.*

» Válida.

Súmula 15-STJ: Compete à Justiça Estadual processar e julgar os litígios decorrentes de acidente do trabalho.

▶ *Aprovada em 08/11/1990, DJ 14/11/1990.*

» Válida, mas apenas nos casos de ação proposta contra o INSS pleiteando benefício decorrente de acidente de trabalho.
» Vide anotações feitas à SV 22-STF.

Súmula 161-STJ: É da competência da Justiça Estadual autorizar o levantamento dos valores relativos ao PIS / PASEP e FGTS, em decorrência do falecimento do titular da conta.

▶ *Aprovada em 12/06/1996, DJ 19/06/1996.*

» Válida.

» Em se tratando de pedido de expedição de alvará judicial requerido nos termos da Lei 6.858/80, ou seja, em decorrência do falecimento do titular da conta, inexiste lide a ser solucionada. Cuida-se, na verdade, de medida de jurisdição voluntária com vistas à mera autorização judicial para o levantamento, pelos sucessores do de cujus, de valores incontestes depositados em conta de titularidade de pessoa falecida "independente de inventário ou arrolamento". Desse modo, a Caixa Econômica Federal não é parte integrante da relação processual, mas mera destinatária do alvará judicial, razão por que deve ser afastada a competência da Justiça federal. Trata-se de competência da Justiça estadual (CC 102.854/SP, j. em 11/03/2009).

» Os valores do PIS/PASEP e FGTS ficam depositados na Caixa Econômica Federal (CEF). Apesar disso, a competência para autorizar esse levantamento é da Justiça Estadual (e não da Justiça Federal). O STJ entende que a CEF (empresa pública federal) é mera destinatária da ordem, não sendo parte. Assim, não há motivo para esse processo tramitar na Justiça Federal.

Súmula 137-STJ: Compete à Justiça Comum Estadual processar e julgar ação de servidor público municipal, pleiteando direitos relativos ao vinculo estatutário.

▶ *Aprovada em 11/05/1995, DJ 22/05/1995.*

» Válida.

Súmula 218-STJ: Compete à Justiça dos Estados processar e julgar ação de servidor estadual decorrente de direitos e vantagens estatutárias no exercício de cargo em comissão.

▶ *Aprovada em 10/02/1999, DJ 24/02/1999.*

» Válida.

Súmula 222-STJ: ~~Compete à Justiça Comum processar e julgar as ações relativas à contribuição sindical prevista no art. 578 da CLT.~~

▶ *Aprovada em 23/06/1999, DJ 02/08/1999.*

» Superada.

» Com o advento da EC 45/2004, fixou-se a competência absoluta da Justiça Trabalhista para processar e julgar as ações de cobrança de Contribuição Sindical, previstas no art. 578 e seguintes da CLT, afastando-se o disposto na Súmula 222/STJ (AgRg no CC 104.090/PR, j. em 12/08/2009).

Súmula 4-STJ: ~~Compete à Justiça Estadual julgar causa decorrente do processo eleitoral sindical.~~

▶ *Aprovada em 08/05/1990, DJ 18/05/1990.*

» Superada.

» As ações relacionadas com processo eleitoral sindical, conquanto sua solução envolva questões de direito civil, inserem-se no âmbito da competência da Justiça do Trabalho, uma vez que se trata de matéria subjacente à representação sindical (CC 48.431/MA, j. em 22/06/2005).

Súmula 230-STJ: Compete à Justiça Estadual processar e julgar ação movida por trabalhador avulso portuário, em que se impugna ato do órgão gestor de mão de obra de que resulte óbice ao exercício de sua profissão.

▶ *Aprovada em 08/09/1999, DJ 08/10/1999.*

» Cancelada.

» Trata-se de competência da Justiça do Trabalho.

Súmula 270-STJ: O protesto pela preferência de crédito, apresentado por ente federal em execução que tramita na Justiça Estadual, não desloca a competência para a Justiça Federal.

▶ *Aprovada em 01/08/2002, DJ 21/08/2002.*

» Válida.

Súmula 363-STJ: Compete à Justiça estadual processar e julgar a ação de cobrança ajuizada por profissional liberal contra cliente.

▶ *Aprovada em 15/10/2008, DJe 03/11/2008.*

» Válida.

Súmula 55-STJ: Tribunal Regional Federal não é competente para julgar recurso de decisão proferida por juiz estadual não investido de jurisdição federal.

▶ *Aprovada em 24/09/1992, DJ 01/10/1992.*

» Válida.

Súmula 82-STJ: Compete à Justiça Federal, excluídas as reclamações trabalhistas, processar e julgar os feitos relativos à movimentação do FGTS.

▶ *Aprovada em 18/06/1993, DJ 02/07/1993.*

» Importante.

» A Caixa Econômica Federal exerce o papel de agente operador do FGTS (art. 4º da Lei nº 8.036/90).

» Dentre outras funções, cabe à CEF:

» centralizar os recursos do FGTS;

» manter e controlar as contas vinculadas;

» emitir extratos individuais correspondentes às contas vinculadas (art. 7º, I).

De quem é a competência para julgar as ações envolvendo FGTS?

» Depende.

» Se a ação for proposta pelo trabalhador contra o empregador envolvendo descumprimento na aplicação da Lei nº 8.036/90, a competência será da Justiça do Trabalho.

» É da competência da Justiça Estadual autorizar o levantamento dos valores relativos ao PIS/PASEP e FGTS, em decorrência do falecimento do titular da conta (Súmula 161-STJ).

» Se a ação for proposta pelo trabalhador contra a CEF em decorrência de sua atuação como agente operadora dos recursos do FGTS, a competência será da Justiça Federal, considerando que a CEF é uma empresa pública federal (art. 109, I, da CF/88).

Atenção

» Cuidado para não confundir com a orientação dada pela Súmula 161-STJ: É da competência da Justiça Estadual autorizar o levantamento dos valores relativos ao PIS/PASEP e FGTS, em decorrência do falecimento do titular da conta.

Súmula 34-STJ: Compete à Justiça Estadual processar e julgar causa relativa a mensalidade escolar, cobrada por estabelecimento particular de ensino.

▶ *Aprovada em 13/11/1991, DJ 21/11/1991.*

» Importante.

Súmula 224-STJ: Excluído do feito o ente federal, cuja presença levara o Juiz Estadual a declinar da competência, deve o Juiz Federal restituir os autos e não suscitar conflito.

▶ *Aprovada em 02/08/1999, DJ 25/08/1999.*

Súmula 254-STJ: A decisão do Juízo Federal que exclui da relação processual ente federal não pode ser reexaminada no Juízo Estadual.

▶ *Aprovada em 01/08/2001, DJ 22/09/2001.*

Súmula 150-STJ: Compete à Justiça Federal decidir sobre a existência de interesse jurídico que justifique a presença, no processo, da união, suas autarquias ou empresas públicas.

▶ *Aprovada em 07/02/1996, DJ 13/02/1996.*

» Importantes.

» Imagine que está tramitando na Justiça Estadual um processo que não envolve nenhuma das pessoas mencionadas no art. 109, I, da CF/88. Ocorre que a União, uma entidade autárquica ou uma empresa pública federal decide intervir no feito na condição de autora (litisconsorte ativa), ré (litisconsorte passiva), assistente ou oponente.

Neste caso, o que acontecerá com este processo?

» O Juiz de Direito responsável pelo processo, ao receber a petição requerendo a intervenção, deverá imediatamente remeter os autos para a Justiça Federal declinando a competência. Nesse sentido é o art. 45, caput, do CPC/2015:

> Art. 45. Tramitando o processo perante outro juízo, os autos serão remetidos ao juízo federal competente se nele intervier a União, suas empresas públicas, entidades autárquicas e fundações, ou conselho de fiscalização de atividade profissional, na qualidade de parte ou de terceiro interveniente, exceto as ações:
>
> I – de recuperação judicial, falência, insolvência civil e acidente de trabalho;
>
> II – sujeitas à justiça eleitoral e à justiça do trabalho.
>
> § 1º Os autos não serão remetidos se houver pedido cuja apreciação seja de competência do juízo perante o qual foi proposta a ação.
>
> § 2º Na hipótese do § 1º, o juiz, ao não admitir a cumulação de pedidos em razão da incompetência para apreciar qualquer deles, não examinará o mérito daquele em que exista interesse da União, de suas entidades autárquicas ou de suas empresas públicas.

Caso o Juiz Federal, ao receber o processo, verifique que o ente federal não possui interesse jurídico para estar na lide, o que ele deverá fazer? Deverá suscitar conflito de competência?

» NÃO. O Juiz Federal deverá negar o pedido de intervenção do ente federal, excluindo-o do feito e, como consequência, deverá devolver os autos para a Justiça Estadual. Neste caso, não será necessário suscitar conflito. Esse é o entendimento da Súmula 224 do STJ. Vale ressaltar também que isso agora está expresso no § 3º do art. 45 do CPC 2015:

> § 3º O juízo federal restituirá os autos ao juízo estadual sem suscitar conflito se o ente federal cuja presença ensejou a remessa for excluído do processo.

» Importante esclarecer que o ente federal que pediu a intervenção e esta foi negada pelo Juiz Federal poderá recorrer contra esta decisão interpondo agravo de instrumento (art. 1.015, VII e IX, do CPC/2015).

Caso não haja recurso ou este seja improvido, o processo irá, então, retornar à Justiça Estadual. O Juiz de Direito poderá discordar desta decisão do Juiz Federal e afirmar que o ente federal deverá permanecer na lide?

» NÃO. A decisão do Juízo Federal que exclui da relação processual ente federal não pode ser reexaminada no Juízo Estadual. Isso porque a competência para decidir se há interesse jurídico do ente federal permanecer na lide é da Justiça Federal por força de previsão constitucional (art. 109, I, da CF/88). Nesse sentido é a Súmula 254 do STJ.

Súmula 505-STJ: A competência para processar e julgar as demandas que têm por objeto obrigações decorrentes dos contratos de planos de previdência privada firmados com a Fundação Rede Ferroviária de Seguridade Social – REFER é da Justiça estadual.

▸ Aprovada em 11/12/2013, DJe 10/02/2014.

» Válida.

Rede Ferroviária Federal (RFFSA)

» A Rede Ferroviária Federal era uma sociedade de economia mista que integrava a Administração Indireta da União, sendo vinculada funcionalmente ao Ministério dos Transportes. A RFFSA tinha como objetivo promover e gerir os interesses da União no setor de transportes ferroviários. Na prática, ela realizava o transporte ferroviário no Brasil. O Governo Federal decidiu que os serviços de transporte ferroviário de carga deveriam ser "privatizados" e a RFFSA foi incluída no Programa Nacional de Desestatização. Entre 1996 e 1998, foram realizadas diversas licitações nas quais a União foi transferindo à iniciativa privada, por meio de concessões, a exploração do sistema ferroviário no país. Várias empresas privadas sagraram-se vencedoras para exploração de determinados trechos da malha ferroviária, como é o caso da Companhia Ferroviária do Nordeste – CFN, da Ferrovia Centro Atlântica – FCA, da Ferroban etc. O processo de liquidação formal da RFFSA foi iniciado em 1999, de acordo com as regras estabelecidas no Decreto nº 3.277/99. O processo de liquidação somente se encerrou em 2007, quando então a RFFSA foi extinta por meio da MP nº 353/2007, convertida na Lei nº 11.483/2007.

» RFFSA foi sucedida pela União, com exceção dos empregados que foram transferidos para a VALEC. O art. 2º da Lei nº 11.483/2007 estabeleceu que, a partir de 22 de janeiro de 2007, a União deveria suceder a extinta RFFSA nos direitos, obrigações e ações judiciais em que esta fosse autora, ré, assistente, oponente ou terceira interessada. Em suma, a União foi prevista como a sucessora legal da antiga Rede Ferroviária Federal (RFFSA), que foi extinta em 2007.

» Existe, no entanto, uma exceção. A Lei nº 11.483/2007 estabeleceu que, no âmbito trabalhista, a RFFSA seria sucedida pela VALEC Engenharia, Construções e Ferrovias S.A, uma empresa pública federal. Assim, a VALEC é a sucessora trabalhista da RFFSA, tendo sido transferidos para ela:

I – os contratos de trabalho dos empregados ativos da extinta RFFSA (houve sucessão trabalhista);

II – as ações judiciais relativas a esses empregados.

» Resumindo, a Rede Ferroviária Federal foi sucedida pela União, menos no que tange ao aspecto trabalhista, uma vez que os empregados ativos da RFFSA foram absorvidos pela VALEC.

A Fundação Rede Ferroviária de Seguridade Social – REFER

» A Fundação Rede Ferroviária de Seguridade Social – REFER é uma entidade fechada de previdência complementar privada. Foi criada em 1979 com o objetivo de administrar o fundo de pensão dos funcionários da Rede Ferroviária Federal (RFFSA). Atualmente, a REFER, além de administrar os benefícios previdenciários e assistenciais dos funcionários da antiga RFFSA, gerencia também os dos empregados de outras companhias de transportes ferroviários.

Débitos da RFFSA com a REFER e a Lei nº 9.364/96

» A Rede Ferroviária Federal tinha obrigações de aportar recursos na REFER para garantir os benefícios previdenciários dos funcionários. Ocorre que aquela passou a ficar inadimplente. O Governo Federal, preocupado com a repercussão social do problema, editou, em 1996, a MP nº 1.529/96, convertida na Lei nº 9.364/96, autorizando que a União pagasse, com seus recursos, os débitos da Rede Ferroviária para com a REFER. Vale ressaltar, ainda, que o art. 25 da Lei nº 11.483/2007 autorizou que a União atuasse como patrocinadora do plano de benefícios administrado pela REFER, em relação aos beneficiários assistidos da extinta RFFSA.

Súmula 365-STJ

» Outro elemento a ser considerado nesse tema é a Súmula 365 do STJ, que afirma o seguinte: Súmula 365-STJ: A intervenção da União como sucessora da Rede Ferroviária Federal S/A (RFFSA) desloca a competência para a Justiça Federal ainda que a sentença tenha sido proferida por Juízo estadual.

Ações propostas pelos participantes do plano de previdência da REFER

» Se algum participante do plano de previdência da REFER não concorda com o indeferimento de um benefício ou com os valores da aposentadoria concedida, ele poderá, obviamente, ajuizar uma ação contra a REFER questionando isso.

A grande dúvida que pairou durante diversos anos foi quanto à competência para julgar essa causa: seria da Justiça Estadual ou da Justiça Federal?

» O STJ pacificou o tema, afirmando que a competência para processar e julgar as demandas que têm por objeto obrigações decorrentes dos contratos de planos de previdência privada firmados com a Fundação Rede Ferroviária de Seguridade Social – REFER é da Justiça ESTADUAL. Segundo o STJ, a competência somente seria da Justiça Federal se a União, suas autarquias federais ou empresas públicas figurassem na causa como autoras, rés, assistentes ou oponentes. No caso em tela, não existe vínculo de direito material entre a União e o associado ou ex-participante de plano de previdência privada firmado com a REFER a justificar o deslocamento da competência para a Justiça Federal. A REFER possui personalidade jurídica própria, sendo uma fundação privada, e, portanto, não se confunde com a personalidade jurídica da sua instituidora e patrocinadora, ou seja, a extinta RFFSA, sociedade de economia mista que sequer é demandada nesses casos. O fato de a Lei nº 9.364/96 ter autorizado que a União pagasse os débitos da RFFSA junto à REFER não faz com que o ente federal passe a ter interesse nas demandas propostas pelos participantes contra a entidade de previdência. Não se aplica a Súmula 365 do STJ porque a União, nas demandas dos participantes contra a REFER, não tem interesse no feito e não faz a intervenção no processo. Somente se a União manifestar interesse e decidir intervir no processo é que a causa irá ser deslocada para a Justiça Federal.

COMPETÊNCIA DA JUSTIÇA ELEITORAL

Súmula 374-STJ: Compete à Justiça Eleitoral processar e julgar a ação para anular débito decorrente de multa eleitoral.

▶ *Aprovada em 11/03/2009, DJe 30/03/2009.*

» Válida.

Súmula 368-STJ: Compete à Justiça comum estadual processar e julgar os pedidos de retificação de dados cadastrais da Justiça Eleitoral.

▶ *Aprovada em 26/11/2008, DJe 03/12/2008.*

» Válida.

CUMULAÇÃO DE PEDIDOS (TRABALHISTA E ESTATUTÁRIO)

Súmula 170-STJ: Compete ao juízo onde primeiro for intentada a ação envolvendo acumulação de pedidos, trabalhista e estatutário, decidi-la nos limites da sua jurisdição, sem prejuízo do ajuizamento de nova causa, com o pedido remanescente, no juízo próprio.

▶ *Aprovada em 23/10/1996, DJ 31/10/1996.*

» Válida.

» Se a Justiça Comum processa e julga ação proposta por servidor público referente a direito comum aos regimes trabalhista e estatutário e restringe a condenação a período concernente ao último vínculo, não há ofensa à literal disposição contida no art. 114, I, da Constituição Federal (AR 3.469/DF, j. em 14/12/2009).

CONEXÃO

Súmula 235-STJ: A conexão não determina a reunião dos processos, se um deles já foi julgado.

▶ *Aprovada em 01/02/2000, DJ 10/02/2000.*

» Importante.

» Isso foi agora previsto expressamente no § 1º do art. 55 do CPC 2015: "§ 1º Os processos de ações conexas serão reunidos para decisão conjunta, salvo se um deles já houver sido sentenciado."

CONFLITO DE COMPETÊNCIA

Súmula 59-STJ: Não há conflito de competência se já existe sentença com trânsito em julgado, proferida por um dos juízos conflitantes.

▸ *Aprovada em 09/10/1992, DJ 14/10/1992.*

» Importante.

Súmula 3-STJ: Compete ao Tribunal Regional Federal dirimir conflito de competência verificado, na respectiva região, entre juiz federal e juiz estadual investido de jurisdição federal.

▸ *Aprovada em 08/05/1990, DJ 18/05/1990.*

» Importante.

Súmula 428-STJ: Compete ao Tribunal Regional Federal decidir os conflitos de competência entre juizado especial federal e juízo federal da mesma seção judiciária.

▸ *Aprovada em 17/03/2010, DJe 13/05/2010.*

» Importante.

Súmula 348-STJ: Compete ao Superior Tribunal de Justiça decidir os conflitos de competência entre juizado especial federal e juízo federal, ainda que da mesma seção judiciária.

▸ *Aprovada em 04/06/2008, DJe 09/06/2008.*

» Cancelada.

» A competência para decidir esse conflito é do TRF, conforme visto acima (Súmula 428 do STJ).

Súmula 236-STJ: Não compete ao Superior Tribunal de Justiça dirimir conflitos de competência entre juízes trabalhistas vinculados a Tribunais Regionais do Trabalho diversos.

▸ *Aprovada em 22/03/2000, DJ 14/04/2000.*

» Importante.
» Trata-se de competência do TST.

Súmula 22-STJ: Não há conflito de competência entre o Tribunal de Justiça e Tribunal de Alçada do mesmo estado-membro.

▶ *Aprovada em 13/12/1990, DJ 04/01/1991.*

» Superada.

» A EC 45/2004 extinguiu os tribunais de alçada.

JUSTIÇA GRATUITA

Súmula 481-STJ: Faz jus ao benefício da justiça gratuita a pessoa jurídica com ou sem fins lucrativos que demonstrar sua impossibilidade de arcar com os encargos processuais.

▶ *Aprovada em 28/06/2012, DJe 01/08/2012.*

» Importante.

Pessoas jurídicas podem pedir o benefício da justiça gratuita?

» SIM, mas, diferentemente do que ocorre com as pessoas físicas, deverão demonstrar a necessidade. O CPC/2015 confirmou este entendimento:

Art. 99 (...)

§ 3º Presume-se verdadeira a alegação de insuficiência deduzida exclusivamente por pessoa natural.

Pessoas jurídicas sem finalidade lucrativa também precisam demonstrar essa necessidade para requererem a justiça gratuita?

» SIM (é necessário demonstrar). É a posição atual do STF e do STJ.

Vamos resumir o que pensa o STJ sobre o tema:

» As pessoas jurídicas de direito privado, com ou sem fins lucrativos, para obter os benefícios da justiça gratuita, devem comprovar o estado de miserabilidade, não bastando a simples declaração de pobreza. Assim, é indispensável que a pessoa jurídica comprove a sua impossibilidade de arcar com os encargos financeiros do processo.

» A prova da hipossuficiência para fins de concessão do benefício da gratuidade da justiça incumbe à pessoa jurídica, sendo irrelevante a finalidade lucrativa ou não da entidade requerente.

» Em outras palavras, para que a pessoa jurídica de direito privado obtenha o benefício da justiça gratuita é indispensável que demonstre (comprove) sua impossibilidade de arcar com os encargos processuais.

» Não se justifica realizar a distinção entre pessoas jurídicas com ou sem finalidade lucrativa, pois, quanto ao aspecto econômico-financeiro, a diferença primordial entre essas entidades não reside na suficiência ou não de recursos para o custeio das despesas processuais, mas na possibilidade de haver distribuição de lucros aos respectivos sócios ou associados.

» Além disso, muitas entidades sem fins lucrativos exploram atividade econômica em regime de concorrência com as sociedades empresárias, não havendo parâmetro razoável para se conferir tratamento desigual entre essas pessoas jurídicas (EREsp 603.137/MG).

Posição do STF

» Vale ressaltar que esta também é a posição do STF: "O pedido de justiça gratuita de pessoa jurídica de direito privado deve ser acompanhado de detalhada comprovação da efetiva insuficiência de recursos." (AI 673934 AgR, Rel. Min. Ellen Gracie, Segunda Turma, julgado em 23/06/2009). No mesmo sentido: "Tratando-se de entidade de direito privado – com ou sem fins lucrativos -, impõe-se-lhe, para efeito de acesso ao benefício da gratuidade, o ônus de comprovar a sua alegada incapacidade financeira, não sendo suficiente, portanto, ao contrário do que sucede com a pessoa física ou natural, a mera afirmação de que não está em condições de pagar as custas do processo e os honorários advocatícios." (RE 192715 AgR, Rel. Min. Celso de Mello, Segunda Turma, julgado em 21/11/2006)

VALOR DA CAUSA

Súmula 449-STF: O valor da causa, na consignatória de aluguel, corresponde a uma anuidade.

▶ *Aprovada em 01/10/1964, DJ 08/10/1964.*

» Válida.

Súmula 502-STF: Na aplicação do artigo 839, do Código de Processo Civil, com a redação da Lei 4.290, de 5.12.1963, a relação do valor da causa e salário mínimo vigente na capital do estado, ou do território, para o efeito de alçada, deve ser considerada na data do ajuizamento do pedido.

▶ *Aprovada em 03/12/1969, DJ 10/12/1969.*

» Superada.

IMPEDIMENTOS

Súmula 72-STF: No julgamento de questão constitucional, vinculada a decisão do Tribunal Superior Eleitoral, não estão impedidos os ministros do Supremo Tribunal Federal que ali tenham funcionado no mesmo processo, ou no processo originário.

▶ *Aprovada em 13/12/1963.*

» Válida.

PRERROGATIVAS PROCESSUAIS DA FAZENDA PÚBLICA

Súmula 116-STJ: A Fazenda Pública e o Ministério Público têm prazo em dobro para interpor agravo regimental no Superior Tribunal de Justiça.

▸ *Aprovada em 27/10/1994, DJ 07/11/1994.*

» Válida.

» Vale ressaltar que, atualmente, no âmbito do STJ, utiliza-se a expressão "agravo regimental" para os processos relacionados com matéria penal. Por sua vez, emprega-se o termo "agravo interno" para os processo de natureza cível.

» Penso que a Súmula 116 do STJ aplica-se tanto para os casos de agravo regimental como também de agravo interno no STJ.

Aprofundando

» "O prazo em dobro previsto para a Fazenda Pública, para o Ministério Público e para a Defensoria Pública não se aplica quando a lei estabelecer prazo próprio ou específico para cada um deles. É o caso do agravo interno contra a decisão do presidente do tribunal que indefere pedido de suspensão de segurança. Nesse caso, só quem pode agravar é o requerente, que será ou a Fazenda Pública ou o Ministério Público. O prazo para o agravo será, nessa hipótese, simples, e não em dobro." (DIDIER JR., Fredie; CUNHA, Leonardo Carneiro da. Curso de Direito Processual Civil. Vol. 3., 13ª ed., Salvador: Juspodivm, 2016, p. 289).

Súmula 644-STF: Ao titular do cargo de procurador de autarquia não se exige a apresentação de instrumento de mandato para apresentá-la em juízo.

▸ *Aprovada em 24/09/2003, DJ 09/10/2003.*

» Válida.

Súmula 178-STJ: O INSS não goza de isenção do pagamento de custas e emolumentos, nas ações acidentárias e de benefícios, propostas na Justiça Estadual.

▸ *Aprovada em 23/05/2002, DJ 03/06/2002.*

» Válida.

O INSS goza de isenção de custas e despesas processuais?

1) Se estiver litigando na Justiça Federal: SIM. Lei nº 6.830/80. Art. 39. A Fazenda Pública não está sujeita ao pagamento de custas e emolumentos. A prática dos atos judiciais de seu interesse independerá de preparo ou de prévio depósito. Parágrafo único. Se vencida, a Fazenda Pública ressarcirá o valor das despesas feitas pela parte contrária.

Obs: o INSS é uma autarquia federal; logo, está abrangida no conceito de Fazenda Pública.

2) Se estiver litigando na Justiça Estadual: NÃO. É o texto da Súmula 178 do STJ. Isso ocorre porque as custas e emolumentos possuem natureza jurídica de taxa. As custas da Justiça Estadual são taxas estaduais; logo, somente uma lei estadual poderia isentar o INSS do pagamento dessa taxa, não podendo uma lei federal prever essa isenção (art. 151, III, CF/88).

Súmula 483-STJ: O INSS não está obrigado a efetuar depósito prévio do preparo por gozar das prerrogativas e privilégios da Fazenda Pública.

▶ *Aprovada em 28/06/2012, DJe 01/08/2012.*

» Válida.

» Essa súmula não trata de isenção do pagamento de custas ou despesas processuais para o INSS. Ela afirma apenas que o INSS não precisa realizar o depósito prévio do preparo, podendo fazer apenas ao final, caso seja vencido. Em outras palavras, a súmula em questão afirma que se aplica ao INSS o art. 91 do CPC/2015 e o art. 1º-A da Lei nº 9.494/97:

> Art. 91. As despesas dos atos processuais praticados a requerimento da Fazenda Pública, do Ministério Público ou da Defensoria Pública serão pagas ao final pelo vencido.
>
> Art. 1º-A. Estão dispensadas de depósito prévio, para interposição de recurso, as pessoas jurídicas de direito público federais, estaduais, distritais e municipais.

E o INSS é equiparado a Fazenda Pública?

» SIM. O INSS é uma autarquia federal, portanto, está englobada dentro do conceito de Fazenda Pública. Nesse sentido é também o art. 8º da Lei nº 8.620/93.

RECONVENÇÃO

Súmula 258-STF: É admissível reconvenção em ação declaratória.

▶ *Aprovada em 13/12/1963.*

» Válida.

» Fredie Didier faz, no entanto, a seguinte ressalva: "as ações meramente declaratórias são ações dúplices. Assim, durante certo tempo, discutiu-se a possibilidade de reconvenção em tais ações. O STF editou o enunciado n. 258 da súmula da sua jurisprudência, em que admite a reconvenção em ação declaratória (...) Esse enunciado deve ser compreendido da seguinte forma: o réu não pode reconvir para pedir a negação do pedido do autor (inexistência ou existência da relação jurídica discutida), em razão da falta de interesse, mas pode reconvir para formular outro tipo de pretensão." (Curso de Direito Processual Civil. Salvador: JusPodivm, 2013, p. 560).

DOCUMENTOS DE PROCEDÊNCIA ESTRANGEIRA

Súmula 259-STF: Para produzir efeito em juízo não é necessária a inscrição, no registro público, de documentos de procedência estrangeira, autenticados por via consular.

▶ *Aprovada em 13/12/1963.*

» Válida.

REVELIA E PRODUÇÃO DE PROVAS

Súmula 231-STF: O revel, em processo civil, pode produzir provas, desde que compareça em tempo oportuno.

▶ *Aprovada em 13/12/1963.*

» Válida.

» O revel poderá intervir no processo em qualquer fase, recebendo-o no estado em que se encontrar (art. 346, parágrafo único, do CPC/2015).

ABANDONO DA CAUSA PELO AUTOR

Súmula 216-STF: Para decretação da absolvição de instância pela paralisação do processo por mais de trinta dias, é necessário que o autor, previamente intimado, não promova o andamento da causa.

▶ *Aprovada em 13/12/1963.*

» Válida.

» Absolvição da instância era como o CPC-1939 denominava a extinção do processo sem resolução do mérito.

» A regra da súmula é expressamente prevista no art. 485, § 1º, do CPC/2015: "§ 1º Nas hipóteses descritas nos incisos II e III, a parte será intimada pessoalmente para suprir a falta no prazo de 5 (cinco) dias."

» Além da intimação do autor, o STJ exige também, para a extinção do processo por abandono da causa, que o réu tenha requerido expressamente essa providência. Veja a Súmula 240-STJ abaixo.

Súmula 240-STJ: A extinção do processo, por abandono da causa pelo autor, depende de requerimento do réu.

▶ *Aprovada em 02/08/2000, DJ 06/09/2000.*

» Importante.

» A regra da súmula foi agora prevista expressamente no novo CPC:

Art. 485 (...)

§ 6º Oferecida a contestação, a extinção do processo por abandono da causa pelo autor depende de requerimento do réu.

TUTELA PROVISÓRIA

Súmula 729-STF: A decisão ADC-4 não se aplica à antecipação de tutela em causa de natureza previdenciária.

▶ *Aprovada em 26/11/2003, DJ 09/12/2003.*

» Válida.

Tutela provisória

» A tutela antecipada no CPC/2015 é tratada no Livro V (arts. 294 a 311), que é denominado de "Da Tutela Provisória".

» Tutela provisória é aquela concedida antes da tutela definitiva, em caráter provisório, com base em uma cognição sumária. A tutela provisória será sempre substituída por uma tutela definitiva, que a confirmará, a revogará ou a modificará.

» A tutela provisória é o gênero do qual decorrem duas espécies:

1) Tutela provisória de urgência;

2) Tutela provisória de evidência.

» A tutela provisória de urgência divide-se em:

1.1) Tutela cautelar;

1.2) tutela antecipada (satisfativa).

DESPACHO SANEADOR

Súmula 424-STF: Transita em julgado o despacho saneador de que não houve recurso, excluídas as questões deixadas, explícita ou implicitamente, para a sentença.

▶ *Aprovada em 01/06/1994, DJ 06/07/1994.*

» Válida, mas com ressalva.

» Segundo o entendimento majoritário na jurisprudência, a Súmula 424 do STF continua em vigor, salvo para as hipóteses previstas no art. 485, § 3º do CPC/2015, em que não ocorre a preclusão.

» Conforme precedentes do STJ, as questões de ordem pública apreciadas apenas em 1º grau de jurisdição, por ocasião do despacho saneador, não se tornam preclusas em razão da ausência de recurso contra esta decisão, motivo pelo qual podem ser suscitadas na apelação, devendo ser apreciadas pelo tribunal (REsp 261.651/PR, julgado em 03/05/2005). Esse entendimento é criticado por alguns doutrinadores, como Fredie Didier (ob. cit., p. 593).

HONORÁRIOS ADVOCATÍCIOS E DESPESAS PROCESSUAIS

Súmula vinculante 47-STF: Os honorários advocatícios incluídos na condenação ou destacados do montante principal devido ao credor consubstanciam verba de natureza alimentar cuja satisfação ocorrerá com a expedição de precatório ou requisição de pequeno valor, observada ordem especial restrita aos créditos dessa natureza.

▶ *Aprovada em 27/05/2015, DJe 02/06/2015.*

» Importante.

Honorários advocatícios

» Os honorários advocatícios são a remuneração do advogado e, portanto, possuem caráter alimentar. Esse é o entendimento pacífico tanto do STJ como do STF. É como se fosse o "salário" de um empregado. O CPC 2015 prevê isso expressamente no art. 85, § 14.

Espécies de honorários advocatícios

» Os honorários advocatícios dividem-se em:

   a) Contratuais (convencionados): ajustados entre a parte e o advogado por meio de um contrato. Ex.: a União ajuizou ação de desapropriação contra João. Este procura, então, um advogado e firma com ele um contrato para que o causídico prepare sua defesa e acompanhe a demanda. João combina o pagamento de R$ 20 mil reais para Dr. Rui (seu advogado).

   b) Sucumbenciais: são arbitrados pelo juiz e pagos, em regra, pela parte vencida na demanda ao advogado da parte vencedora, na forma do art. 20 do CPC 1973 (art. 85 do CPC 2015). Ex.: João foi a parte vencedora na ação de desapropriação e a União, a parte vencida. A sentença que condenou a União a pagar a indenização a João também determinou que a União pagasse os honorários ao advogado de João.

» O advogado da parte vencedora terá direito aos honorários contratuais e aos honorários sucumbenciais, estes últimos pagos pela parte sucumbente (vencida).

» Obs.: tanto os honorários contratuais como os sucumbenciais pertencem ao advogado e são considerados verba alimentar.

» A SV 47-STF trata da situação dos honorários do advogado da parte que litigou contra a Fazenda Pública e, ao final, sagrou-se vencedora.

FAZENDA PÚBLICA E PAGAMENTO DE HONORÁRIOS SUCUMBENCIAIS

Se a Fazenda Pública for condenada na ação de conhecimento, ela também terá que pagar honorários sucumbenciais ao advogado da parte vencedora?

» SIM.

Como são calculados os honorários contra a Fazenda Pública?

» Na forma do § 3º do art. 85 do CPC/2015.

Honorários caso a Fazenda Pública tenha sido condenada a pagar o crédito principal por meio de precatório.

» Situação 1. O crédito principal é maior que 60 salários-mínimos, mas o crédito do advogado é inferior. Ex.: João teve seu imóvel desapropriado pela União e irá receber R$ 800 mil de indenização, fixada pelo juiz em sentença transitada em julgado. O magistrado condenou a União a pagar 5% de honorários advocatícios, ou seja, Dr. Rui, advogado de João, terá direito a R$ 40 mil de honorários advocatícios sucumbenciais a serem pagos pela União. Repare que a quantia que o advogado irá receber é inferior a 60 salários-mínimos, sendo, portanto, considerado como de "pequeno valor".

» *Neste caso, é possível fracionar o valor da execução movida contra a Fazenda Pública, de modo a permitir a cobrança dos honorários sucumbenciais pelo rito da RPV e o crédito principal mediante precatório? Em outras palavras, o advogado pode separar a sua parte (referente aos honorários advocatícios) e pedir o pagamento imediato como RPV?*

» SIM. O STJ e o STF entendem que é possível que a execução de honorários advocatícios devidos pela Fazenda Pública se faça mediante Requisição de Pequeno Valor (RPV) na hipótese em que os honorários não excedam o valor limite a que se refere o art. 100, § 3º, da CF, ainda que o crédito dito "principal" seja executado por meio do regime de precatórios. Isso porque os honorários advocatícios (inclusive os de sucumbência) podem ser executados de forma autônoma – nos próprios autos ou em ação distinta —, independentemente da existência do montante principal a ser executado. Em outras palavras, é possível o fracionamento de precatório para pagamento de honorários advocatícios. STF. Plenário. RE 564132/RS, red. p/ o acórdão Min. Cármen Lúcia, julgado em 30/10/2014 (repercussão geral) (Info 765). O credor principal (em nosso exemplo, João), terá que entrar na "fila" dos precatórios.

» Situação 2. Tanto o valor do crédito principal como do crédito do advogado são superiores a 60 salários-mínimos. Ex.: João teve seu imóvel desapropriado pela União e irá receber R$ 1 milhão de indenização fixada pelo juiz em sentença transitada em julgado. O magistrado condenou a União a pagar 5% de honorários advocatícios, ou seja, Dr. Rui, advogado de João, terá direito a R$ 50 mil de honorários advocatícios sucumbenciais a serem pagos pela União. Repare que a quantia que o advogado irá receber é superior a 60 salários-mínimos (referência: salário vigente em 2015, época de prolação da sentença) de forma que tanto João (credor principal) como Dr. Rui terão que entrar na "fila" dos precatórios.

» *A "fila" que Dr. Rui entrará para receber seu crédito de honorários é a mesma que João (credor principal)?*

» NÃO. João terá que esperar para receber seu crédito em uma "fila geral dos precatórios" enquanto que Dr. Rui aguardará em uma "fila preferencial" de créditos de natureza alimentícia. Veja como funciona:

"Fila geral dos precatórios" (caput do art. 100 da CF/88)

» No caput do art. 100 da CF/88 consta a regra geral dos precatórios, ou seja, os pagamentos devidos pela Fazenda Pública em decorrência de condenação judicial devem ser realizados na ordem cronológica de apresentação dos precatórios. Existe, então, uma espécie de "fila" para pagamento dos precatórios:

> Art. 100. Os pagamentos devidos pelas Fazendas Públicas Federal, Estaduais, Distrital e Municipais, em virtude de sentença judiciária, far-se-ão exclusivamente na ordem cronológica de apresentação dos precatórios e à conta dos créditos respectivos, proibida a designação de casos ou de pessoas nas dotações orçamentárias e nos créditos adicionais abertos para este fim. (Redação dada pela EC 62/09)

"Fila preferencial de precatórios" (§ 1º do art. 100 da CF/88)

» No § 1º do art. 100, há a previsão de que os débitos de natureza alimentícia gozam de preferência no recebimento dos precatórios. É como se existisse uma espécie de "fila preferencial":

> § 1º Os débitos de natureza alimentícia compreendem aqueles decorrentes de salários, vencimentos, proventos, pensões e suas complementações, benefícios previdenciários e indenizações por morte ou por invalidez, fundadas em responsabilidade civil, em virtude de sentença judicial transitada em julgado, e serão pagos com preferência sobre todos os demais débitos, exceto sobre aqueles referidos no § 2º deste artigo. (Redação dada pela EC 62/09).

» O STF entende, como já vimos acima, que os honorários advocatícios possuem a natureza de verba alimentar. Logo, o advogado que tiver que receber créditos da Fazenda Pública decorrentes de honorários advocatícios não entrará na "fila geral" dos precatórios, mas sim na "fila preferencial" de que trata o § 1º do art. 100 da CF/88.

Honorários caso a Fazenda Pública tenha sido condenada a pagar o crédito principal por meio de RPV

» Imagine que a União foi condenada a pagar R$ 40 mil reais a João. O magistrado condenou a União a pagar 10% de honorários advocatícios, ou seja, Dr. Rui, advogado de João, terá direito a R$ 400 de honorários advocatícios sucumbenciais. Neste caso, após transitar em julgado, o juiz determina a expedição de uma RPV para pagar o crédito principal de João e outra para pagar os honorários sucumbenciais do Dr. Rui.

Honorários advocatícios destacados do montante principal

» Se você ler novamente a SV 47, verá que ela fala em "honorários advocatícios incluídos na condenação ou destacados do montante principal". O que significa isso? Qual é a diferença?

a) Honorários incluídos na condenação: são os honorários sucumbenciais, ou seja, a quantia que o juiz condenou a Fazenda Pública a pagar em favor da outra parte, que foi a vencedora. Como vimos acima, esses honorários sucumbenciais serão incluídos na condenação, ou seja, irão figurar na sentença (título executivo) e, a depender do valor, serão pagos por RPV ou precatório. Mesmo que sejam pagos por precatório, esse crédito irá entrar na fila preferencial de verbas alimentícias.

b) Honorários advocatícios destacados do montante principal: são os honorários contratuais que o advogado da parte vencedora pode pedir ao juiz para que sejam "destacados" (reservados, separados) do valor que o seu cliente irá receber da Fazenda Pública.

» Ex.: João e Dr. Rui celebraram contrato de prestação de honorários advocatícios por meio do qual ficou combinado que o advogado, como remuneração pelo seu trabalho, teria direito a 20% do valor que a parte fosse receber da União caso se sagrasse vencedora na lide. Essa verba constitui-se em honorários advocatícios contratuais. O que nem todos sabem é que o advogado pode pedir que essa quantia seja destacada do montante principal que a parte irá receber. Assim, imagine que a sentença determina que a União pague R$ 1 milhão a João; por força de contrato, Dr. Rui terá direito a 20% disso (R$ 200 mil); a fim de se precaver e evitar um inadimplemento por parte de seu cliente, Dr. Rui poderá pedir que seus honorários sejam destacados do montante principal. Dessa forma, no momento de "sacar" o valor do precatório, João irá receber apenas R$ 800 mil e Dr. Rui poderá, ele próprio, sacar R$ 200 mil. O que vou falar agora não é tecnicamente correto e serve apenas para você entender melhor: esse destaque é como se fosse uma penhora; o cliente do advogado tem um crédito para receber, mas ele também tem uma dívida com seu advogado; logo, o Poder Judiciário autoriza que, antes de a parte receber o valor total da condenação, a quantia que pertence ao advogado já seja separada para ser entregue ao causídico. Vale ressaltar, mais uma vez, que esses R$ 200 mil são apenas os honorários contratuais. Além deles, o advogado irá receber os honorários sucumbenciais que estão incluídos na condenação.

Esse "destaque" do valor dos honorários contratuais não é ilegal?

» NÃO. Ao contrário. Existe fundamento legal expresso na Lei nº 8.906/94 (Estatuto da OAB):

> Art. 22. A prestação de serviço profissional assegura aos inscritos na OAB o direito aos honorários convencionados, aos fixados por arbitramento judicial e aos de sucumbência.
> (...)
> § 4º Se o advogado fizer juntar aos autos o seu contrato de honorários antes de expedir-se o mandado de levantamento ou precatório, o juiz deve determinar que lhe sejam pagos diretamente, por dedução da quantia a ser recebida pelo constituinte, salvo se este provar que já os pagou.

Art. 23. Os honorários incluídos na condenação, por arbitramento ou sucumbência, pertencem ao advogado, tendo este direito autônomo para executar a sentença nesta parte, podendo requerer que o precatório, quando necessário, seja expedido em seu favor.

Resolução 405/2016 do CJF

» O Conselho da Justiça Federal (CJF), órgão responsável pela supervisão administrativa e orçamentária da Justiça Federal de primeiro e segundo graus, editou uma Resolução (405/2016) que trata sobre o pagamento dos precatórios na Justiça Federal. Nesta Resolução é prevista expressamente a possibilidade de destaque dos honorários contratuais e que a verba destinada ao advogado não seja "somada" a do seu cliente, para fins cálculo do que se considera como pequeno valor para RPV. Veja:

> Art. 18. Ao advogado será atribuída a qualidade de beneficiário quando se tratar de honorários sucumbenciais e de honorários contratuais, ambos de natureza alimentar.
>
> Parágrafo único. Os honorários sucumbenciais e contratuais não devem ser considerados como parcela integrante do valor devido a cada credor para fins de classificação do requisitório como de pequeno valor.

» Imagine que a parte vá receber o principal por meio de precatório e que os honorários contratuais destacados sejam de "pequeno valor". O advogado pede para recebê-los por RPV, mas o juiz nega. Diante disso, o advogado poderá ingressar com reclamação no STF alegando que a decisão viola a SV 47? NÃO. O STF tem entendido que "a decisão do juízo singular que impede a expedição de RPV em separado para pagamento de honorários contratuais não viola a SV 47." (RE 968116 AgR, Rel. Min. Edson Fachin, 1ª T, julgado em 14/10/2016).

» O STF, "ao aprovar o verbete em questão, sumulou a matéria relativa tão somente aos honorários advocatícios incluídos na condenação, na forma do §1º do art. 100 da Constituição Federal e do art. 23 da Lei 8.906/94, não havendo que se falar, portanto, em violação à SV 47 a decisão do juízo a quo que indeferiu a expedição de RPV, em separado e independente do crédito principal, para pagamento destacado de honorários contratuais".

Súmula 616-STF: É permitida a cumulação da multa contratual com os honorários de advogado, após o advento do Código de Processo Civil vigente.

▶ *Aprovada em 17/10/1984, DJ 29/10/1984.*

» Válida.

» Ressalte-se que o Código a que se refere a súmula é o CPC 1973. Na vigência do CPC 2015, contudo, o entendimento exposto persiste.

Súmula 201-STJ: Os honorários advocatícios não podem ser fixados em salários-mínimos.

▶ *Aprovada em 17/12/1997, DJ 02/02/1998.*

» Importante.
» Este entendimento tem como fundamento o art. 7º, IV, da CF/88.
» O juiz deverá conciliar o comando desta súmula com a regra do § 3º do art. 85 do CPC 2015. Isso porque tal dispositivo do novo CPC prevê o seguinte: "§ 3º Nas causas em que a Fazenda Pública for parte, a fixação dos honorários observará os critérios estabelecidos nos incisos I a IV do § 2º e os seguintes percentuais: I – mínimo de dez e máximo de vinte por cento sobre o valor da condenação ou do proveito econômico obtido até 200 (duzentos) salários-mínimos; (...)"
» Desse modo, o referido § 3º traz faixas de honorários em salários mínimos. No entanto, o magistrado, ao estipular o valor dos honorários na sentença deverá já convertê-los, fixando-os em moeda corrente.

Súmula 14-STJ: Arbitrados os honorários advocatícios em percentual sobre o valor da causa, a correção monetária incide a partir do respectivo ajuizamento.

▶ *Aprovada em 08/11/1990, DJ 14/11/1990.*

» Válida.

Súmula 257-STF: São cabíveis honorários de advogado na ação regressiva do segurador contra o causador do dano.

▶ *Aprovada em 08/08/2001, DJ 29/09/2001.*

» Válida.

Súmula 232-STJ: A Fazenda Pública, quando parte no processo, fica sujeita à exigência do depósito prévio dos honorários do perito.

▶ *Aprovada em 01/12/1999, DJ 07/12/1999.*

» Válida.

Súmula 306-STJ: ~~Os honorários advocatícios devem ser compensados quando houver sucumbência recíproca, assegurado o direito autônomo do advogado à execução do saldo sem excluir a legitimidade da própria parte.~~

▶ *Aprovada em 03/11/2004, DJ 22/11/2004.*

» Superada com o novo CPC (Enunciado nº 244 do Fórum Permanente de Processualistas Civis).
» Vide o art. 85, § 14 do CPC 2015: "Os honorários constituem direito do advogado e têm natureza alimentar, com os mesmos privilégios dos créditos oriundos da legislação do trabalho, sendo vedada a compensação em caso de sucumbência parcial."

Súmula 326-STJ: Na ação de indenização por dano moral, a condenação em montante inferior ao postulado na inicial não implica sucumbência recíproca.

▶ *Aprovada em 22/05/2006, DJ 07/06/2006.*

» Importante.

» O CPC 2015 afirma que o valor da causa na ação de danos morais deve ser a indenização pretendida pelo autor e que deverá constar expressamente na petição inicial. Confira: "Art. 292. O valor da causa constará da petição inicial ou da reconvenção e será: V – na ação indenizatória, inclusive a fundada em dano moral, o valor pretendido;"

Súmula 345-STJ: São devidos honorários advocatícios pela Fazenda Pública nas execuções individuais de sentença proferida em ações coletivas, ainda que não embargadas.

▸ *Aprovada em 07/11/2007, DJ 28/11/2007.*

» Polêmica.

» Leonardo Cunha defende que esta súmula encontra-se superada em razão do § 7º do art. 85 do novo CPC: "§ 7º Não serão devidos honorários no cumprimento de sentença contra a Fazenda Pública que enseje expedição de precatório, desde que não tenha sido impugnada."

Súmula 421-STJ: Os honorários advocatícios não são devidos à Defensoria Pública quando ela atua contra a pessoa jurídica de direito público à qual pertença.

▸ *Aprovada em 03/03/2010, DJ 11/03/2010.*

» Importante.

» Veja comentários em Direito Constitucional.

Súmula 453-STJ: Os honorários sucumbenciais, quando omitidos em decisão transitada em julgado, não podem ser cobrados em execução ~~ou em ação própria~~.

▸ *Aprovada em 18/08/2010, DJe 24/08/2010.*

» Superada, em parte, com o novo CPC.

» Vide o art. 85, § 18 do CPC 2015: "Caso a decisão transitada em julgado seja omissa quanto ao direito aos honorários ou ao seu valor, é cabível ação autônoma para sua definição e cobrança."

» Dessa forma, mesmo não tendo havido condenação em honorários advocatícios e ainda que a sentença tenha transitado em julgado, é possível a propositura de ação autônoma para sua definição e cobrança.

Súmula 450-STF: São devidos honorários de advogado sempre que vencedor o beneficiário de justiça gratuita.

▸ *Aprovada em 01/10/1964, DJ 08/10/1964.*

» Válida.

Súmula 488-STJ: O parágrafo 2º do art. 6º da Lei 9.469/97, que obriga à repartição dos honorários advocatícios, é inaplicável a acordos ou transações celebrados em data anterior à sua vigência.

▶ *Aprovada em 28/06/2012, DJe 01/08/2012.*

» Válida, mas pouco relevante.

» A regra do § 2º do art. 6º é de direito material (crédito de honorários). Logo, não pode retroagir para prejudicar ato jurídico perfeito (transação já celebrada), sob pena de ofensa ao art. 5º, XXXVI, da CF/88.

» Vale ressaltar que esse § 2º entrou em vigor no dia 04/09/2001 (MP 2.226/01).

» O § 2º do art. 6º da Lei nº 9.469/97 foi revogado pela Lei nº 13.140/2015. Apesar disso, a súmula permanece com a finalidade de dizer que este § 2º, enquanto vigorou, não se aplicou para situações ocorridas antes da sua vigência. A súmula rege, portanto, situações específicas e pretéritas que aconteceram antes de 04/09/2001.

Súmula 462-STJ: Nas ações em que representa o Fundo de Garantia do Tempo de Serviço (FGTS), a Caixa Econômica Federal (CEF) não está isenta de reembolsar as custas pela parte vencedora.

▶ *Aprovada em 25/08/2010, DJe 08/09/2010.*

» Válida.

Súmula 472-STF: ~~A condenação do autor em honorários de advogado, com fundamento no art. 64 do CPC, depende de reconvenção.~~

▶ *Aprovada em 01/10/1964, DJ 08/10/1964.*

» Superada com o novo CPC (Enunciado nº 239 do Fórum Permanente de Processualistas Civis).

Súmula 256-STF: ~~É dispensável pedido expresso para condenação do réu em honorários, com fundamento nos arts. 63 ou 64 do Código de Processo Civil.~~

▶ *Aprovada em 13/12/1963.*

» Superada porque refere-se ao CPC de 1939 (revogado).

» Vale ressaltar, no entanto, que a condenação em honorários advocatícios é uma imposição legal, ou seja, será devida independentemente de pedido expresso da parte.

LIQUIDEZ DA SENTENÇA

Súmula 318-STJ: Formulado pedido certo e determinado, somente o autor tem interesse recursal em arguir o vício da sentença ilíquida.

▶ *Aprovada em 05/10/2005, DJ 18/10/2005.*

» Importante.

Súmula 344-STJ: A liquidação por forma diversa da estabelecida na sentença não ofende a coisa julgada.

▶ *Aprovada em 07/11/2007, DJ 28/11/2005.*

» Importante.

AÇÃO RESCISÓRIA

Súmula 175-STJ: Descabe o depósito prévio nas ações rescisórias propostas pelo INSS.

▶ *Aprovada em 23/10/1996, DJ 31/10/1996.*

» Válida.

Súmula 401-STJ: O prazo decadencial da ação rescisória só se inicia quando não for cabível qualquer recurso do último pronunciamento judicial.

▶ *Aprovada em 07/10/2009, DJe 13/10/2009.*

» Válida.

» Novo CPC traz regra que reafirma esta súmula: "Art. 975. O direito à rescisão se extingue em 2 (dois) anos contados do trânsito em julgado da última decisão proferida no processo."

Súmula 514-STF: Admite-se ação rescisória contra sentença transitada em julgado, ainda que contra ela não se tenham esgotado todos os recursos.

▶ *Aprovada em 03/12/1969, DJ 10/12/1969.*

» Válida.

Súmula 343-STF: Não cabe ação rescisória por ofensa a literal dispositivo de lei, quando a decisão rescindenda se tiver baseado em texto legal de interpretação controvertida nos tribunais.

▶ *Aprovada em 13/12/1969.*

» Prevalece que a súmula não está mais válida tendo em vista a previsão contida no art. 966, V, § 5º e no art. 525, § 15 do CPC 2015:

> Art. 966. A decisão de mérito, transitada em julgado, pode ser rescindida quando:
> V – violar manifestamente norma jurídica;
> (...)
> § 5º Cabe ação rescisória, com fundamento no inciso V do caput deste artigo, contra decisão baseada em enunciado de súmula ou acórdão proferido em julgamento de casos repetitivos que não tenha considerado a existência de distinção entre a questão discutida no processo e o padrão decisório que lhe deu fundamento.
>
> § 15. Se a decisão referida no § 12 for proferida após o trânsito em julgado da decisão exequenda, caberá ação rescisória, cujo prazo será contado do trânsito em julgado da decisão proferida pelo Supremo Tribunal Federal.

» Fredie Didier defende que a Súmula 343-STF continua válida em uma hipótese:

> "a) Divergência na interpretação do Direito entre Tribunais, sem que existisse, ao tempo da prolação da decisão rescindenda, precedente vinculante do STF ou STJ (art. 927, CPC) sobre o tema: não há direito à rescisão, pois não se configura a manifesta violação de norma jurídica. Aplica-se o n. 343 da súmula do STF.
>
> b) Divergência na interpretação do Direito entre tribunais, sem que existisse, ao tempo da prolação da decisão rescindenda, precedente vinculante do STF ou STJ (art. 927, CPC) sobre o tema; após o trânsito em julgado, sobrevém precedente obrigatório do tribunal superior: observado o prazo da ação rescisória, há direito à rescisão, com base nesse novo precedente, para concretizar o princípio da unidade do Direito e a igualdade. Note que o § 15 do art. 525, examinado mais à frente, reforça a tese de que cabe ação rescisória para fazer prevalecer posicionamento de tribunal superior formado após a coisa julgada.
>
> c) Divergência na interpretação do Direito entre tribunais, havendo, ao tempo da prolação da decisão rescindenda, precedente vinculante do STF ou do STJ sobre o tema: se a decisão rescindenda contrariar o precedente vinculante, há direito à rescisão, pois se configura a manifesta violação de norma jurídica. Violam-se, a um só tempo, a norma do precedente e a norma que decorre do art. 927, CPC.
>
> d) Divergência na interpretação do Direito entre tribunais, havendo, ao mesmo tempo da prolação da decisão rescindenda, precedente vinculante do STF ou STJ; após o trânsito em julgado, sobrevém novo precedente de tribunal superior, alterando o seu entendimento: não há direito à rescisão, fundado nesse novo precedente, tendo em vista a segurança jurídica, tal como decidido pelo STF, no RE n. 590.809, rel. Min. Marco Aurélio, j. em 22.10.2014." (DIDIER JR., Fredie; CUNHA, Leonardo Carneiro da. Curso de Direito Processual Civil. Vol. 3., 13ª ed., Salvador: Juspodivm, 2016, p. 495-496).

Súmula 515-STF: A competência para a ação rescisória não é do Supremo Tribunal Federal, quando a questão federal, apreciada no recurso extraordinário ou no agravo de instrumento, seja diversa da que foi suscitada no pedido rescisório.

▶ *Aprovada em 03/12/1969, DJ 10/12/1969.*

» Válida.

Súmula 249-STF: É competente o Supremo Tribunal Federal para a ação rescisória quando, embora não tendo conhecido do recurso extraordinário, ou havendo negado provimento ao agravo, tiver apreciado a questão federal controvertida.

▶ *Aprovada em 13/12/1963.*

» Válida.

» "Esse enunciado tem um erro técnico: onde se lê 'não tendo conhecido' leia-se 'não tendo provido', tendo em vista que, se o STF examinou a questão discutida, houve exame de mérito do recurso, não sendo correta a menção ao não-conhecimento." (DIDIER JR., Fredie; CUNHA, Leonardo José Carneiro da. ob. cit., p. 378-379). De qualquer forma, se for cobrado o texto literal da súmula na prova, essa alternativa deverá ser considerada correta.

Súmula 252-STF: Na ação rescisória, não estão impedidos juízes que participaram do julgamento rescindendo.

▶ *Aprovada em 13/12/1963.*

» Válida.

Súmula 264-STF: Verifica-se a prescrição intercorrente pela paralisação da ação rescisória por mais de cinco anos.

▶ *Aprovada em 13/12/1963.*

» Válida.

RECURSOS EM GERAL

Súmula 641-STF: Não se conta em dobro o prazo para recorrer, quando só um dos litisconsortes haja sucumbido.

▶ *Aprovada em 24/09/2003, DJ 03/10/2009.*

» Válida.

Súmula 99-STJ: O Ministério Público tem legitimidade para recorrer no processo em que oficiou como fiscal da lei, ainda que não haja recurso da parte.

▶ *Aprovada em 14/04/2004, DJ 25/04/2004.*

» Importante.

» O CPC/2015 reafirma essa possibilidade:

> Art. 996. O recurso pode ser interposto pela parte vencida, pelo terceiro prejudicado e pelo Ministério Público, como parte ou como fiscal da ordem jurídica.

» *Fiscal da lei*: o CPC/2015 denomina de "fiscal da ordem jurídica".

Súmula 117-STJ: A inobservância do prazo de 48 horas, entre a publicação de pauta e o julgamento sem a presença das partes, acarreta nulidade.

▶ *Aprovada em 27/10/1994, DJ 07/11/1994.*

» O fundamento que deu origem à súmula era o art. 552, § 1º do CPC/1973, que tinha a seguinte redação:

Art. 552 (...)

§ 1º Entre a data da publicação da pauta e a sessão de julgamento mediará, pelo menos, o espaço de 48 (quarenta e oito) horas.

» O CPC/2015 ampliou este prazo para 5 dias, conforme o art. 935 do CPC/2015:

Art. 935. Entre a data de publicação da pauta e a da sessão de julgamento decorrerá, pelo menos, o prazo de 5 (cinco) dias, incluindo-se em nova pauta os processos que não tenham sido julgados, salvo aqueles cujo julgamento tiver sido expressamente adiado para a primeira sessão seguinte.

» Desse modo, a súmula continua válida, porém agora o prazo mínimo não é de 48h, mas sim de 5 dias.

» Vale ressaltar que este prazo existe para que as partes e seus advogados possam saber com um mínimo de antecedência o dia em que será julgado o processo e, com isso, tenham condições de se preparar para acompanhar a sessão de julgamento (ex: comprar passagens, elaborar sustentação oral etc.).

» **Obs:** a súmula adotou o entendimento de que a inobservância desse prazo mínimo gera, como efeito, a nulidade do julgamento. Vale mencionar, no entanto, que alguns doutrinadores criticam este entendimento e afirmam que, neste caso, o mais correto seria falar em ineficácia do julgamento. Nesse sentido: MARINONI, Luiz Guilherme. Código de Processo Civil comentado. São Paulo: RT, 2015.

Súmula 484-STJ: Admite-se que o preparo seja efetuado no primeiro dia útil subsequente, quando a interposição do recurso ocorrer após o encerramento do expediente bancário.

▶ *Aprovada em 28/06/2012, DJe 01/08/2012.*

» Importante.

Preparo

» Preparo consiste no pagamento das despesas relacionadas com o processamento do recurso. No preparo se incluem: taxa judiciária e despesas postais (porte de remessa e de retorno dos autos).

» Desse modo, "preparar" o recurso é nada mais que pagar as despesas necessárias para que a máquina judiciária dê andamento à sua apreciação. O pagamento do preparo é feito, comumente, na rede bancária conveniada com o Tribunal.

Momento do preparo

» O CPC afirma que a parte que está recorrendo da decisão precisa comprovar o preparo no momento da interposição do recurso. Logo, o preparo (recolhimento do valor) deve ser feito antes da interposição do recurso e, junto com o recurso interposto, o recorrente deve juntar o comprovante do pagamento.

Preparo não comprovado na interposição do recurso

» Se o recorrente, quando interpuser o recurso, não comprovar que fez o preparo, o seu recurso será considerado deserto (deserção). Importante: os §§ 2º e 4º do art. 1.007 do novo CPC preveem mitigações à essa regra.

Deserção

» Deserção é a inadmissibilidade do recurso pela falta ou insuficiência de preparo, observados os §§ 2º e 4º do art. 1.007 do CPC 2015. Se o recurso foi deserto, significa que ele não foi conhecido (não foi sequer apreciado). Gramaticalmente, desertar é mesmo que abandonar.

Previsão da regra do preparo:

Art. 1.007. No ato de interposição do recurso, o recorrente comprovará, quando exigido pela legislação pertinente, o respectivo preparo, inclusive porte de remessa e de retorno, sob pena de deserção.

§ 1º São dispensados de preparo, inclusive porte de remessa e de retorno, os recursos interpostos pelo Ministério Público, pela União, pelo Distrito Federal, pelos Estados, pelos Municípios, e respectivas autarquias, e pelos que gozam de isenção legal.

§ 2º A insuficiência no valor do preparo, inclusive porte de remessa e de retorno, implicará deserção se o recorrente, intimado na pessoa de seu advogado, não vier a supri-lo no prazo de 5 (cinco) dias.

A súmula é uma exceção à regra da comprovação do preparo

» A regra é a seguinte: no momento em que o recurso é interposto, o recorrente deve juntar o comprovante de que fez o preparo.

» A súmula traz uma exceção: se o recurso for interposto após o horário de encerramento do expediente bancário (ex: recurso interposto às 17h 30min, ou seja, quando os bancos já estão fechados), o recorrente poderá comprovar o preparo no primeiro dia útil seguinte.

» Exemplo: João interpôs o recurso no dia 03/11/2010, às 17h 30min, ou seja, quando os bancos já estavam fechados. Por essa razão, João não pagou a taxa judiciária e as despesas postais, não juntando as guias de recolhimento junto com o recurso. No dia seguinte, 04/11/2010, João foi até o banco, recolheu o valor devido como preparo e juntou aos autos. O recurso interposto por João não será considerado deserto, havendo uma mitigação à regra do art. 1.007 do CPC/2015.

Súmula 425-STF: O agravo despachado no prazo legal não fica prejudicado pela demora da juntada, por culpa do cartório; nem o agravo entregue em cartório no prazo legal, embora despachado tardiamente.

▶ *Aprovada em 01/06/1964, DJ 06/07/1964.*

» Válida. Apesar de a súmula mencionar o agravo, vale para todo e qualquer recurso.

Súmula 320-STF: A apelação despachada pelo juiz no prazo legal não fica prejudicada pela demora da juntada, por culpa do cartório.

▶ *Aprovada em 13/12/1963.*

» Válida. Apesar de a súmula mencionar a apelação, vale para todo e qualquer recurso.

Súmula 428-STF: Não fica prejudicada a apelação entregue em cartório no prazo legal, embora despachada tardiamente.

▶ *Aprovada em 01/06/1964, DJ 06/07/1964.*

» Válida. Apesar de a súmula mencionar a apelação, vale para todo e qualquer recurso.

Súmula 568-STJ: O relator, monocraticamente e no Superior Tribunal de Justiça, poderá dar ou negar provimento ao recurso quando houver entendimento dominante acerca do tema.

▶ *Aprovada em 16/03/2016, DJe 17/03/2016.*

» Importante.

» O novo CPC previu, em seu art. 932, uma lista de poderes outorgados ao relator do processo que tramita nos Tribunais (Turmas Recursais – por analogia, Tribunais de Justiça, Tribunais Regionais Federais, Superior Tribunal de Justiça e Supremo Tribunal Federal).

Alteração do Regimento Interno do STJ

» O STJ realizou diversas alterações em seu regimento interno como forma de se adequar ao novo CPC. Tais mudanças foram materializadas por meio da emenda regimental n.º 22/2016. Dentre as modificações efetuadas, o STJ atualizou a redação do art. 34 do Regimento Interno, que trata sobre os poderes dos Ministros Relatores, a fim de compatibilizá-lo com o art. 932, III a V, do CPC 2015:

> Art. 34. São atribuições do relator:
>
> XVIII – distribuídos os autos:
>
> a) não conhecer do recurso ou pedido inadmissível, prejudicado ou daquele que não tiver impugnado especificamente todos os fundamentos da decisão recorrida;

b) negar provimento ao recurso ou pedido que for contrário a tese fixada em julgamento de recurso repetitivo ou de repercussão geral, a entendimento firmado em incidente de assunção de competência, a súmula do Supremo Tribunal Federal ou do Superior Tribunal de Justiça ou, ainda, a jurisprudência dominante acerca do tema;

c) dar provimento ao recurso se o acórdão recorrido for contrário a tese fixada em julgamento de recurso repetitivo ou de repercussão geral, a entendimento firmado em incidente de assunção de competência, a súmula do Supremo Tribunal Federal ou do Superior Tribunal de Justiça ou, ainda, a jurisprudência dominante acerca do tema;

Detalhando as novas atribuições do Relator

» O Ministro do STJ que for sorteado como relator do processo poderá tomar as seguintes decisões monocráticas, ou seja, sem levar o caso à apreciação do colegiado:

O relator poderá:	Hipóteses
1) NÃO CONHECER do recurso ou pedido	Caso este: seja inadmissível, tenha ficado prejudicado; ou não tenha impugnado especificamente todos os fundamentos da decisão recorrida.
2) NEGAR PROVIMENTO ao recurso ou pedido	Caso o recurso ou pedido feito seja contrário a: tese fixada em julgamento de recurso repetitivo (pelo STJ) tese fixada em julgamento de repercussão geral (pelo STF) entendimento firmado em incidente de assunção de competência; súmula do STF ou do STJ; ou jurisprudência dominante acerca do tema.
3) DAR PROVIMENTO ao recurso	Caso o acórdão atacado no recurso seja contrário à: tese fixada em julgamento de recurso repetitivo (pelo STJ) tese fixada em julgamento de repercussão geral (pelo STF) entendimento firmado em incidente de assunção de competência; súmula do STF ou do STJ; ou jurisprudência dominante acerca do tema.

» Obs: na primeira situação, o relator não chega a examinar o mérito do recurso porque algum aspecto de ordem processual impede a sua análise. Nas demais hipóteses, o relator examina o mérito do recurso e nega ou dá provimento com base no entendimento jurisprudencial dominante acerca do tema.

» O STJ decidiu editar a Súmula 568 espelhando, de forma muita clara, estas atribuições do relator.

APELAÇÃO

Súmula 331-STJ: A apelação interposta contra sentença que julga embargos à arrematação tem efeito meramente devolutivo.

▶ *Aprovada em 04/10/2006, DJ 10/10/2006.*

» Válida.

REEXAME NECESSÁRIO

Súmula 423-STF: Não transita em julgado a sentença por haver omitido o recurso "ex-oficio", que se considera interposto "ex-lege".

▶ *Aprovada em 10/03/2010, DJe 13/05/2010.*

» Importante.

» Deve ser feita, contudo, uma observação: o reexame necessário não possui natureza jurídica de recurso. Desse modo, é tecnicamente incorreto denominar o instituto de "recurso ex officio", "recurso de ofício" ou "recurso obrigatório". Tais nomenclaturas estão, atualmente, superadas.

» STJ: "A remessa necessária, ou duplo grau obrigatório, expressão de privilégio administrativo que, apesar de mitigado, ainda ecoa no ordenamento jurídico brasileiro, porque de recurso não se trata, mas de condição de eficácia da sentença (Súmula 423 do STF), é instituto que visa a proteger o interesse público;" (REsp 1263054/GO, julgado em 02/04/2013).

Súmula 45-STJ: No reexame necessário, é defeso, ao tribunal, agravar a condenação imposta à Fazenda Pública.

▶ *Aprovada em 16/06/1992, DJ 26/06/1992.*

» Importante.

Súmula 253-STJ: O ~~art. 557~~ do CPC, que autoriza o relator a decidir o recurso, alcança o reexame necessário.

▶ *Aprovada em 20/06/2001, DJ 15/08/2001.*

» Válida.

» Onde se lê art. 557, leia-se agora art. 932, III e IV, do CPC 2015.

Súmula 390-STJ: ~~Nas decisões por maioria, em reexame necessário, não se admitem embargos infringentes.~~

▶ *Aprovada em 02/09/2009, DJ 09/09/2009.*

» Superada pelo CPC 2015. Isso porque o novo CPC acabou com os embargos infringentes.

Súmula 325-STJ: A remessa oficial devolve ao Tribunal o reexame de todas as parcelas da condenação suportadas pela Fazenda Pública, inclusive dos honorários de advogado.

▸ *Aprovada em 03/05/2006, DJ 16/05/2006.*

» Importante.

Súmula 490-STJ: A dispensa de reexame necessário, quando o valor da condenação ou do direito controvertido for inferior a 60 salários mínimos, não se aplica a sentenças ilíquidas.

▸ *Aprovada em 28/06/2012, DJe 01/08/2012.*

» Importante.

» Esta súmula permanece válida com o novo CPC. No entanto, agora, o valor que o CPC prevê como limite para dispensa da remessa necessária não é mais 60 salários mínimos. Veja o que diz o art. 496, § 3º do CPC 2015:

> § 3º Não se aplica o disposto neste artigo quando a condenação ou o proveito econômico obtido na causa for de valor certo e líquido inferior a:
>
> I – 1.000 (mil) salários-mínimos para a União e as respectivas autarquias e fundações de direito público;
>
> II – 500 (quinhentos) salários-mínimos para os Estados, o Distrito Federal, as respectivas autarquias e fundações de direito público e os Municípios que constituam capitais dos Estados;
>
> III – 100 (cem) salários-mínimos para todos os demais Municípios e respectivas autarquias e fundações de direito público.

» Esse aumento dos valores promovido pelo CPC não torna a súmula inválida. Ela, no entanto, deve ser lida da seguinte forma: "A dispensa de reexame necessário, nos casos do § 3º do art. 496, do CPC 2015, não se aplica a sentenças ilíquidas."

Súmula 620-STF: ~~A sentença proferida contra autarquias não está sujeita a reexame necessário, salvo quando sucumbente em execução de dívida ativa.~~

▸ *Aprovada em 17/10/2001, DJ 29/10/1991.*

» Superada.

» Haverá sim reexame necessário, nos termos do art. 496, I, do CPC/2015:

> Art. 496. Está sujeita ao duplo grau de jurisdição, não produzindo efeito senão depois de confirmada pelo tribunal, a sentença:
>
> I – proferida contra a União, os Estados, o Distrito Federal, os Municípios e suas respectivas autarquias e fundações de direito público;

AGRAVO DE INSTRUMENTO

Súmula 639-STF: ~~Aplica-se a Súmula 288 quando não constarem do traslado do agravo de instrumento as cópias das peças necessárias à verificação da tempestividade do recurso extraordinário não admitido pela decisão agravada.~~

▸ *Aprovada em 24/09/2003, DJ 09/10/2002.*

» Superada.

Súmula 288-STF: ~~Nega-se provimento a agravo para subida de recurso extraordinário, quando faltar no traslado o despacho agravado, a decisão recorrida, a petição de recurso extraordinário ou qualquer peça essencial à compreensão da controvérsia.~~

▸ *Aprovada em 13/12/1963.*

» Superada.

Súmula 727-STF: Não pode o magistrado deixar de encaminhar ao Supremo Tribunal Federal o agravo ~~de instrumento~~ interposto da decisão que não admite recurso extraordinário, ainda que referente a causa instaurada no âmbito dos juizados especiais.

▸ *Aprovada em 26/11/2003, DJ 09/12/2003.*

» Válida. No entanto, devem ser feitos alguns esclarecimentos.

» Se a parte interpõe REsp ou RE, o Presidente (ou Vice) do Tribunal de origem (ex: TJ, TRF, Turma recursal) fará o juízo de admissibilidade do recurso:

1) Se o juízo de admissibilidade for positivo, o REsp ou RE será enviado ao STJ ou STF;

2) Se o juízo de admissibilidade for negativo, a parte prejudicada poderá interpor recurso. Qual será?

» 2.1) Se a inadmissão do Presidente do Tribunal de origem foi com base no inciso I do art. 1.030 do CPC: cabe agravo interno, que será julgado pelo próprio Tribunal de origem.

» 2.2) Se a inadmissão foi com fundamento no inciso V do art. 1.030: cabe "agravo em recurso especial e extraordinário", recurso previsto no art. 1.042 do CPC/2015.

» Voltando à súmula, ela permanece válida, no entanto, atualmente, onde se lê "agravo de instrumento", leia-se "agravo em recurso extraordinário" (art. 1.042). Assim, caso o Presidente do Tribunal de origem não admita o RE com base no inciso V do art. 1.030, a parte não mais deverá interpor agravo de instrumento e sim o agravo de que trata o art. 1.042 do CPC/2015. O Presidente (ou Vice) do Tribunal/Turma Recursal (chamado pela súmula genericamente de "magistrado") não poderá deixar de encaminhar ao STF o agravo interposto. Isso porque competirá ao STF avaliar se os argumentos do agravo são procedentes, não podendo o magistrado obstar esta análise mesmo que entenda que o recurso é manifestamente inadmissível.

» "Ainda que o agravo seja absolutamente inadmissível, não é possível ao presidente ou vice-presidente do tribunal de origem negar-lhe seguimento. Cumpre-lhe apenas determinar a remessa dos autos ao tribunal superior competente. Nesse sentido, aplica-se o enunciado 727 da Súmula do STF. Quer isso dizer que a competência para examinar a admissibilidade do agravo em recurso especial ou extraordinário é privativa do tribunal superior. (...) Caso o presidente ou vice-presidente do tribunal de origem inadmita o agravo em recurso especial ou extraordinário, cabe reclamação por usurpação de competência (art. 988, I, CPC)." (DIDIER JR., Fredie; CUNHA, Leonardo Carneiro da. Curso de Direito Processual Civil. Vol. 3., 13ª ed., Salvador: Juspodivm, 2016, p. 382).

Súmula 118-STJ: O agravo de instrumento é o recurso cabível da decisão que homologa a atualização do cálculo da liquidação.

▶ *Aprovada em 27/10/1994, DJ 07/11/1994.*

» Válida.

Súmula 223-STJ: A certidão de intimação do acórdão recorrido constitui peça obrigatória do instrumento de agravo.

▶ *Aprovada em 02/08/1999, DJ 25/08/1999.*

» Válida.

» Ressalte-se, no entanto, que, com o CPC 2015, a certidão de intimação pode ser substituída por qualquer outro "documento oficial que comprove a tempestividade" (art. 1.017, I).

» No mesmo sentido, o STJ entende que a ausência da cópia da certidão de intimação da decisão agravada não será óbice (empecilho) ao conhecimento do agravo de instrumento se, por outros meios inequívocos, for possível aferir a tempestividade do recurso (STJ. 2ª Seção. REsp 1.409.357-SC, Rel. Min. Sidnei Beneti, julgado em 14/5/2014. recurso repetitivo. Info 541).

AGRAVO INTERNO

Súmula 182-STJ: É inviável o agravo do ~~art. 545~~ do CPC que deixa de atacar especificamente os fundamentos da decisão agravada.

▶ *Aprovada em 05/02/1997, DJ 17/02/1997.*

» Válida.

» Onde se lê art. 545, leia-se agora art. 1.021 do CPC 2015.

» O entendimento exposto nesta súmula foi reforçado com o art. 932, III, do CPC 2015.

AGRAVO NO AUTO DO PROCESSO

» O CPC de 1939 trazia, em seus arts. 851 e 852, um recurso chamado de "agravo no auto do processo". O CPC de 1973 não mais trouxe essa previsão. Com isso, as cinco súmulas do STF que tratavam sobre o tema ficaram superadas. O CPC 2015 também não trata sobre o tema.

Súmula 211-STF: ~~Contra a decisão proferida sobre o agravo no auto do processo, por ocasião do julgamento da apelação, não se admitem embargos infringentes ou de nulidade.~~

▸ *Aprovada em 13/12/1963.*

» Superada.

Súmula 242-STF: ~~O agravo no auto do processo deve ser apreciado, no julgamento da apelação, ainda que o agravante não tenha apelado.~~

▸ *Aprovada em 13/12/1963.*

» Superada.

Súmula 342-STF: ~~Cabe agravo no auto do processo, e não agravo de petição, do despacho que não admite a reconvenção.~~

▸ *Aprovada em 13/12/1963.*

» Superada.

Súmula 426-STF: ~~A falta do termo específico não prejudica o agravo no auto do processo, quando oportuna a interposição por petição ou no termo da audiência.~~

▸ *Aprovada em 01/06/1964, DJ 06/07/1964.*

» Superada.

Súmula 427-STF: ~~A falta de petição de interposição não prejudica o agravo no auto do processo tomado por termo.~~

▸ *Aprovada em 01/06/1964, DJ 06/07/1964.*

» Cancelada.

EMBARGOS DE DECLARAÇÃO

Súmula 317-STF: São improcedentes os embargos declaratórios, quando não pedida a declaração do julgado anterior, em que se verificou a omissão.

▸ *Aprovada em 13/12/1963.*

» Válida.

Súmula 98-STJ: Embargos de declaração manifestados com notório propósito de prequestionamento não tem caráter protelatório.

▸ *Aprovada em 14/04/1994, DJ 25/04/1994.*

» Importante.

» Atenção. Existe uma exceção a essa súmula: se a parte opuser embargos contra acórdão que esteja em conformidade com súmula do STJ ou STF ou, ainda, com precedente julgado pelo rito dos recursos repetitivos ou repercussão geral, esses embargos serão considerados protelatórios mesmo que tenham sido interpostos com objetivo de prequestionamento. Nesse sentido: STJ. 2ª Seção. REsp 1.410.839-SC, Rel. Min. Sidnei Beneti, julgado em 14/5/2014 (recurso repetitivo) (Info 541).

Súmula 418-STJ: ~~É inadmissível o recurso especial interposto antes da publicação do acórdão dos embargos de declaração, sem posterior ratificação.~~

▸ *Aprovada em 03/03/2010, DJe 11/03/2010.*

» Cancelada.

» Com a entrada em vigor do novo CPC, ficou superada a súmula 418 do STJ. Isso porque o CPC 2015 trouxe a seguinte regra: Art. 1.024 (...) § 5º Se os embargos de declaração forem rejeitados ou não alterarem a conclusão do julgamento anterior, o recurso interposto pela outra parte antes da publicação do julgamento dos embargos de declaração será processado e julgado independentemente de ratificação.

» No dia 01/07/2016, o STJ reconheceu que o entendimento exposto no enunciado estava superado e cancelou formalmente a Súmula 418, aprovando, em substituição, a Súmula 579.

Súmula 579-STJ: Não é necessário ratificar o recurso especial interposto na pendência do julgamento dos embargos de declaração quando inalterado o julgamento anterior.

▸ *Aprovada em 01/07/2016, DJe 01/08/2016.*

» Importante.

Imagine o seguinte exemplo hipotético:

» João é o autor de uma ação contra Pedro. O pedido foi julgado parcialmente procedente em 1ª instância e ambas as partes apelaram ao Tribunal de Justiça, que manteve a sentença. O acórdão do TJ foi publicado no dia 22/04/2015.

Quais os recursos que as partes poderiam interpor contra este acórdão do TJ?

» Em tese, tanto João como Pedro poderiam interpor os seguintes recursos: i) Recurso especial; ii) Recurso extraordinário; e iii) Embargos de declaração.

» No dia 24/04/2015, João interpôs recurso especial alegando que a decisão do TJ violava lei federal.

» No dia 25/04/2015, Pedro opôs embargos de declaração afirmando que a decisão do TJ foi omissa quanto a alguns pontos.

Quem julgará estes recursos e qual deles deverá ser apreciado por primeiro?

» O REsp é julgado pelo STJ e os embargos de declaração pelo próprio TJ. Justamente por isso, os embargos devem ser julgados em primeiro lugar e só depois os autos serão remetidos ao STJ para apreciação do REsp.

» Os embargos de declaração foram julgados conhecidos e improvidos (rejeitados) em 20/05/2015 e o acórdão publicado no dia 23/05/2015.

Diante disso, indaga-se: o recurso que havia sido interposto antes da decisão dos embargos de declaração continua valendo e poderá ser conhecido pelo Tribunal ad quem ou a parte que o ajuizou deverá ratificá-lo (confirmá-lo) após os embargos serem julgados?

» Não é necessária a ratificação do recurso interposto na pendência de julgamento de embargos de declaração quando, pelo julgamento dos aclaratórios, não houver modificação do julgado embargado. STJ. Corte Especial. REsp 1.129.215-DF, Rel. Min. Luis Felipe Salomão, julgado em 16/9/2015 (Info 572).

Voltando ao nosso exemplo. E se os embargos tivessem sido providos e o resultado do acórdão do TJ houvesse sido alterado, o que João teria que fazer?

» Neste caso, João teria que ratificar o recurso especial já interposto. Além de ratificar, ele também teria direito de complementá-lo, impugnando o que foi decidido nos embargos em seu desfavor. A isso chamamos de princípio da complementaridade. Confira a lição de Fredie Didier e Leonardo da Cunha sobre este derradeiro ponto:

» "Vale ressalvar, apenas, a hipótese de, nos embargos de declaração, haver modificação da decisão, sendo, então, possível à parte que já recorreu aditar seu recurso relativamente ao trecho da decisão embargada que veio a ser alterado. É o que se extrai do chamado 'princípio' da complementaridade. Não havendo, todavia, modificação no julgamento dos embargos de declaração, a parte que já recorreu não pode aditar ou renovar seu recurso." (Curso de Direito Processual Civil. Vol. 3. 11ª ed., Salvador: Juspodivm, 2013, p. 231).

» O novo CPC reforça a conclusão acima exposta ao trazer a seguinte regra:

Art. 1.024 (...)

§ 5º Se os embargos de declaração forem rejeitados ou não alterarem a conclusão do julgamento anterior, o recurso interposto pela outra parte antes da publicação do julgamento dos embargos de declaração será processado e julgado independentemente de ratificação.

Súmula 418-STJ

» Vale ressaltar que o entendimento acima explicado é recente. Durante muito tempo, o STJ decidiu de forma oposta, tendo, inclusive, editado uma súmula espelhando essa posição. Veja: "Súmula 418-STJ: É inadmissível o recurso especial interposto antes da publicação do acórdão dos embargos de declaração, sem posterior ratificação."

» O STJ cancelou formalmente a súmula 418 e, em seu lugar, editou a Súmula 579, que agora espelha o entendimento atual do Tribunal.

EMBARGOS INFRINGENTES

Súmula 255-STJ: ~~Cabem embargos infringentes contra acórdão, proferido por maioria, em agravo retido, quando se tratar de matéria de mérito.~~

▸ *Aprovada em 01/08/2001, DJ 22/08/2001.*

» Superada pelo CPC 2015. Isso porque o novo CPC acabou com os embargos infringentes.

Súmula 88-STJ: ~~São admissíveis embargos infringentes em processo falimentar.~~

▸ *Aprovada em 29/09/1993, DJ 17/02/1995.*

» Superada pelo CPC 2015. Isso porque o novo CPC acabou com os embargos infringentes.

Súmula 293-STF: São inadmissíveis embargos infringentes contra decisão em matéria constitucional submetida ao plenário dos tribunais.

▸ *Aprovada em 13/12/1963.*

» O CPC 2015 acabou com os embargos infringentes no processo civil. No entanto, este enunciado ainda pode ser aplicado nos processos criminais, uma vez que são regidos pela regra do art. 609 do CPP.

Súmula 455-STF: Da decisão que se seguir ao julgamento de constitucionalidade pelo Tribunal Pleno, são inadmissíveis embargos infringentes quanto a matéria constitucional.

▸ *Aprovada em 01/10/1964, DJ 08/10/1964.*

» O CPC 2015 acabou com os embargos infringentes no processo civil. No entanto, este enunciado ainda pode ser aplicado nos processos criminais, uma vez que são regidos pela regra do art. 609 do CPP.

Súmula 390-STJ: ~~Nas decisões por maioria, em reexame necessário, não se admitem embargos infringentes.~~

▸ *Aprovada em 02/09/2009, DJe 09/09/2009.*

» Superada pelo CPC 2015. Isso porque o novo CPC acabou com os embargos infringentes.

Súmula 368-STF: Não há embargos infringentes no processo de reclamação.

▸ *Aprovada em 13/12/1963.*

» O CPC 2015 acabou com os embargos infringentes no processo civil. No entanto, este enunciado ainda pode ser aplicado nos processos criminais, uma vez que são regidos pela regra do art. 609 do CPP.

Súmula 169-STJ: ~~São inadmissíveis embargos infringentes no processo de mandado de segurança.~~

▸ *Aprovada em 16/10/1996, DJ 22/10/1996.*

Súmula 597-STF: ~~Não cabem embargos infringentes de acórdão que, em mandado de segurança decidiu, por maioria de votos, a apelação.~~

▸ *Aprovada em 15/12/1976, DJ 03/01/1977.*

Súmula 294-STF: ~~São inadmissíveis embargos infringentes contra decisão do Supremo Tribunal Federal em mandado de segurança.~~

▸ *Aprovada em 13/12/1963.*

» Superadas pelo CPC 2015. Isso porque o novo CPC acabou com os embargos infringentes.

Súmula 295-STF: ~~São inadmissíveis embargos infringentes contra decisão unânime do Supremo Tribunal Federal em ação rescisória.~~

▸ *Aprovada em 13/12/1963.*

» Superada.

Súmula 296-STF: ~~São inadmissíveis embargos infringentes sobre matéria não ventilada, pela turma, no julgamento do recurso extraordinário.~~

▸ *Aprovada em 13/12/1963.*

» Superada.

Súmula 354-STF: ~~Em caso de embargos infringentes parciais, é definitiva a parte da decisão embargada em que não houve divergência na votação.~~

▸ *Aprovada em 13/12/1963.*

» Superada.

EMBARGOS DE DIVERGÊNCIA

Súmula 353-STF: ~~São incabíveis os embargos da Lei 623, de 19.02.49 (de divergência), com fundamento em divergência entre decisões da mesma turma do Supremo Tribunal Federal.~~

▸ *Aprovada em 13/12/1963.*

» Esta súmula encontra-se superada pelo CPC 2015 (Enunciado nº 232 do Fórum Permanente de Processualistas Civis). Isso porque agora o novo CPC prevê expressamente o seguinte:

> Art. 1.043 (...) § 3º Cabem embargos de divergência quando o acórdão paradigma for da mesma turma que proferiu a decisão embargada, desde que sua composição tenha sofrido alteração em mais da metade de seus membros.

Súmula 158-STJ: Não se presta a justificar embargos de divergência o dissídio com acórdão de turma ou seção que não mais tenha competência para a matéria neles versada.

▸ *Aprovada em 15/05/1996, DJ 27/05/1996.*

» Válida.

Súmula 300-STF: São incabíveis os embargos ~~da Lei 623, de 19.02.1949~~ (de divergência), contra provimento de agravo para subida de recurso extraordinário.

▸ *Aprovada em 13/12/1963.*

» Válida, com a atualização do seu texto. A Lei 623/49 já foi revogada, razão pela qual se deve ler esta súmula como se ela estivesse tratando dos embargos de divergência previstos no CPC.

» O entendimento exposto na súmula é aplicável aos atuais embargos de divergência existentes no CPC/2015.

Súmula 315-STJ: Não cabem embargos de divergência no âmbito do ~~agravo de instrumento~~ que não admite recurso especial.

▸ *Aprovada em 05/10/2005, DJ 18/10/2005.*

» Válida. No entanto, atualmente, o recurso cabível contra a decisão que não admite recurso especial não é o "agravo de instrumento", mas sim o agravo de que trata o art. 1.042 do CPC.

» Logo, a súmula tem que ser lida assim: não cabem embargos de divergência contra acórdão que julga o agravo em recurso especial previsto no art. 1.042 do CPC.

Súmula 316-STJ: Cabem embargos de divergência contra acórdão que, em agravo regimental, decide recurso especial.

▸ *Aprovada em 05/10/2005, DJ 18/10/2005.*

» Válida.

Súmula 290-STF: Nos embargos ~~da Lei 623, de 19.02.1949~~ (de divergência), a prova de divergência far-se-á por certidão, ou mediante indicação do "diário da justiça" ou de repertório de jurisprudência autorizado, que a tenha publicado, com a transcrição do trecho que configure a divergência, mencionadas as circunstâncias que identifiquem ou assemelhem os casos confrontados.

▸ *Aprovada em 13/12/1963.*

» Válida, com a atualização do seu texto. A Lei 623/49 já foi revogada, razão pela qual se deve ler esta súmula como se ela estivesse tratando dos embargos de divergência previstos no CPC/2015.

» Assim, o entendimento exposto na súmula é aplicável aos atuais embargos de divergência existentes no CPC/2015. No entanto, apesar disso, trata-se de enunciado de pouca importância, considerando que o tema é tratado, de forma mais completa e detalhada, no art. 1.029, § 1º, do CPC 2015, nos arts. 255 e 266 do RISTJ e no art. 331 do RISTF. Por isso, pouco se vê essa súmula sendo citada na prática.

Súmula 168-STJ: Não cabem embargos de divergência, quando a jurisprudência do tribunal se firmou no mesmo sentido do acórdão embargado.

▸ *Aprovada em 16/10/1996, DJ 22/10/1996.*

Súmula 247-STF: O relator não admitirá os embargos da Lei 623, de 19.02.1949 (de divergência), nem deles conhecerá o Supremo Tribunal Federal, quando houver jurisprudência firme do plenário no mesmo sentido da decisão embargada.

▸ *Aprovada em 13/12/1963.*

» Importantes.

Súmula 598-STF: Nos embargos de divergência não servem como padrão de discordância os mesmos paradigmas invocados para demonstrá-la mas repelidos como não dissidentes no julgamento do recurso extraordinário.

▸ *Aprovada em 15/12/1976, DJ 03/01/1977.*

» Válida.

Súmula 420-STJ: Incabível, em embargos de divergência, discutir o valor de indenização por danos morais.

▶ *Aprovada em 03/03/2010, DJe 11/03/2010.*

» Válida.

Súmula 233-STF: ~~Salvo em caso de divergência qualificada (Lei 623, de 1949), não cabe recurso de embargos contra decisão que nega provimento a agravo ou não conhece de recurso extraordinário, ainda que por maioria de votos.~~

▶ *Aprovada em 13/12/1963.*

» Superada.

Súmula 253-STF: ~~Nos embargos da Lei 623, de 19.02.1949, no Supremo Tribunal Federal, a divergência somente será acolhida, se tiver sido indicada na petição de recurso extraordinário.~~

▶ *Aprovada em 13/12/1963.*

» Superada.

Súmula 273-STF: ~~Nos embargos da Lei 623, de 19.02.1949, a divergência sobre questão prejudicial ou preliminar, suscitada após a interposição do recurso extraordinário, ou do agravo, somente será acolhida se o acórdão-padrão for anterior à decisão embargada.~~

▶ *Aprovada em 13/12/1963.*

» Superada.

Súmula 599-STF: ~~São incabíveis embargos de divergência de decisão de turma, em agravo regimental.~~

▶ *Aprovada em 15/12/1976, DJ 03 Aprovada em 03/01/1977.*

» Cancelada.

RECURSO ORDINÁRIO CONSTITUCIONAL

Súmula 319-STF: O prazo do recurso ordinário para o Supremo Tribunal Federal, em "habeas corpus" ~~ou mandado de segurança~~, é de cinco dias.

▶ *Aprovada em 13/12/1963.*

» Superada, em parte.
» Prazo do recurso ordinário para o STF em habeas corpus: 5 dias (corridos), com fulcro no art. 310 do RISTF. Nesse sentido: STF. 1ª Turma. RHC 121748 AgR, Rel. Min. Roberto Barroso, julgado em 04/08/2015.

» Prazo do recurso ordinário para o STF em mandado de segurança: 15 dias (úteis), com fundamento no art. 1.003, § 5º, do CPC/2015.

RECURSO EXTRAORDINÁRIO

Súmula 322-STF: Não terá seguimento pedido ou recurso dirigido ao Supremo Tribunal Federal, quando manifestamente incabível, ou apresentando fora do prazo, ou quando for evidente a incompetência do tribunal.

▸ *Aprovada em 13/12/1963.*

» Válida.

Súmula 282-STF: É inadmissível o recurso extraordinário, quando não ventilada, na decisão recorrida, a questão federal (constitucional) suscitada.

Súmula 356-STF: O ponto omisso da decisão, sobre o qual não foram opostos embargos declaratórios, não pode ser objeto de recurso extraordinário, por faltar o requisito do prequestionamento.

▸ *Aprovadas em 13/12/1963.*

» Importantes.

» Deve ser feita uma ressalva: quando a Súmula 282 fala em "questão federal", deve-se ler, atualmente, questão constitucional. Isso porque o enunciado é anterior à CF/88, época em que as questões federais eram também decididas pelo STF por meio de recurso extraordinário.

» Vale ressaltar que os embargos de declaração opostos com o objetivo de fazer o prequestionamento não têm caráter protelatório (Súmula 98 do STJ).

Súmula 528-STF: Se a decisão contiver partes autônomas, a admissão parcial, pelo presidente do tribunal "a quo", de recurso extraordinário que, sobre qualquer delas se manifestar, não limitará a apreciação de todas pelo Supremo Tribunal Federal, independentemente de interposição de agravo de instrumento.

▸ *Aprovada em 03/12/1969, DJ 10/12/1969.*

» Importante.

Concursos de Advocacia Pública

O STJ aplica, por analogia, as Súmulas 292 e 528 do STF para o recurso especial. Assim, a admissão parcial do recurso especial pelo Tribunal de origem não é empecilho para sua integral análise pelo STJ, sendo desnecessária a interposição de agravo de instrumento (AgRg no Ag 1126245/SP, julgado em 28/05/2013).

Súmula 292-STF: Interposto o recurso extraordinário por mais de um dos fundamentos indicados no art. 101, III, da Constituição, a admissão apenas por um deles não prejudica o seu conhecimento por qualquer dos outros.

▶ *Aprovada em 13/12/1963.*

» Importante.

Concursos de Advocacia Pública.

> O art. 101, III acima mencionado refere-se à CF/1946. Atualmente, corresponde aos arts. 102, III e 105, III, da CF/88.
>
> O STJ aplica, por analogia, as Súmulas 292 e 528 do STF para o recurso especial. Assim, a admissão parcial do recurso especial pelo Tribunal de origem não é empecilho para sua integral análise pelo STJ, sendo desnecessária a interposição de agravo de instrumento (AgRg no Ag 1126245/SP, julgado em 28/05/2013).

Súmula 283-STF: É inadmissível o recurso extraordinário, quando a decisão recorrida assenta em mais de um fundamento suficiente e o recurso não abrange todos eles.

▶ *Aprovada em 13/12/1963.*

» Importante.

Concursos de Advocacia Pública.

> O STJ aplica, por analogia, a Súmula 283 do STF para o recurso especial.

Súmula 636-STF: Não cabe recurso extraordinário por contrariedade ao princípio constitucional da legalidade, quando a sua verificação pressuponha rever a interpretação dada a normas infraconstitucionais pela decisão recorrida.

▶ *Aprovada em 24/09/2003, DJ 09/10/2003.*

Importante para a prática forense.

> Somente cabe RE se a ofensa à CF/88 for direta (imediata). No caso de contrariedade ao princípio da legalidade, diz-se que a violação é indireta (reflexa).
>
> "O reconhecimento da acenada violação do princípio da legalidade pressuporia a revisão da exegese de normas infraconstitucionais acolhida pelo Tribunal a quo, o que não é viável em sede de recurso extraordinário, nos termos da Súmula 636/STF" (AI 741980 AgR, julgado em 26/11/2013).

Atenção

» Importante conhecer o art. 1.033 do CPC/2015: "Art. 1.033. Se o Supremo Tribunal Federal considerar como reflexa a ofensa à Constituição afirmada no recurso extraordinário, por pressupor a revisão da interpretação de lei federal ou de tratado, remetê-lo-á ao Superior Tribunal de Justiça para julgamento como recurso especial."

» Assim, se a parte interpuser RE e o STF considerar que a ofensa à CF/88 foi apenas reflexa, a Corte deverá remeter o recurso ao STJ para que lá ele seja apreciado como recurso especial. Trata-se de inovação do CPC/2015 considerando que, antes do novo Código, o STF simplesmente não conhecia do RE interposto.

Súmula 280-STF: Por ofensa a direito local não cabe recurso extraordinário.

▶ *Aprovada em 13/12/1963.*

» Válida.

Súmula 505-STF: Salvo quando contrariarem a Constituição, não cabe recurso para o Supremo Tribunal Federal, de quaisquer decisões da Justiça do Trabalho, inclusive dos presidentes de seus tribunais.

▶ *Aprovada em 03/12/1969, DJ 10/12/1969.*

» Válida.

Súmula 638-STF: A controvérsia sobre a incidência, ou não, de correção monetária em operações de crédito rural é de natureza infraconstitucional, não viabilizando recurso extraordinário.

▶ *Aprovada em 24/09/2003, DJ 09/10/2003.*

» Válida, mas sem nenhuma relevância para fins de concurso público.

Súmula 454-STF: Simples interpretação de cláusulas contratuais não dá lugar a recurso extraordinário.

▶ *Aprovada em 01/10/1964, DJ 08/10/1964.*

» Válida.

Súmula 279-STF: Para simples reexame de prova não cabe recurso extraordinário.

▶ *Aprovada em 13/12/1963.*

» Importante.

» Também não cabe REsp (Súmula 7-STJ).

Súmula 735-STF: Não cabe recurso extraordinário contra acórdão que defere medida liminar.

▶ *Aprovada em 26/11/2003, DJ 09/12/2013.*

» Importante.

Concursos de Advocacia Pública.

> Segundo o STF, se a decisão é interlocutória, isso significa que a causa ainda não foi decidida. Logo, tal situação não se enquadra no art. 102, III, da CF/88 ("julgar, mediante recurso extraordinário, as causas decididas em única ou última instância") (STF RE 606305 AgR).
>
> O STJ, em sintonia com o disposto na Súmula nº 735 do STF entende que, via de regra, não é cabível recurso especial para reexaminar decisão que defere ou indefere liminar ou antecipação de tutela, em razão da natureza precária da decisão, sujeita à modificação a qualquer tempo, devendo ser confirmada ou revogada pela sentença de mérito. Apenas violação direta ao dispositivo legal que disciplina o deferimento da medida autorizaria o cabimento do recurso especial, no qual não é possível decidir a respeito da interpretação dos preceitos legais que dizem respeito ao mérito da causa (AgRg no AREsp 346.420/SP, julgado em 17/10/2013).

Súmula 281-STF: É inadmissível o recurso extraordinário, quando couber, na justiça de origem, recurso ordinário da decisão impugnada.

▶ *Aprovada em 13/12/1963.*

» Importante.

Súmula 640-STF: É cabível recurso extraordinário contra decisão proferida por juiz de primeiro grau nas causas de alçada, ou por turma recursal de juizado especial cível e criminal.

▶ *Aprovada em 24/09/2003, DJ 09/10/2003.*

» Importante.

» Causas de alçada são aquelas nas quais a lei estipula determinado valor máximo e determina que se a demanda for inferior a essa quantia não caberá recurso ao Tribunal de 2º grau contra a sentença proferida pelo juiz. Como a decisão de 1º grau será a única instância de julgamento, o STF entende que é cabível RE, nos termos do art. 102, III, da CF/88. Logo, nessa hipótese peculiar, será admitido RE contra sentença de um juiz.

» Ex: art. 34 da Lei nº 6.830/80.

Súmula 527-STF: ~~Após a vigência do Ato Institucional 6, que deu nova redação ao art. 114, III, da Constituição Federal de 1967, não cabe recurso extraordinário das decisões do juiz singular.~~

▶ *Aprovada em 03/12/1969, DJ 10/12/1969.*

» Superada.

Súmula 513-STF: A decisão que enseja a interposição de recurso ordinário ou extraordinário não é a do plenário, que resolve o incidente de inconstitucionalidade, mas a do órgão (câmaras, grupos ou turmas) que completa o julgamento do feito.

▸ *Aprovada em 03/12/1969, DJ 10/12/1969.*

» Válida, mas pouco relevante.

Súmula 637-STF: Não cabe recurso extraordinário contra acórdão de Tribunal de Justiça que defere pedido de intervenção estadual em Município.

▸ *Aprovada em 24/09/2003, DJ 09/10/2003.*

» Importante.

» Quando o Tribunal de Justiça decide um pedido de intervenção estadual, essa decisão, apesar de emanar de um órgão do Poder Judiciário, reveste-se de caráter político-administrativo (e não jurisdicional). Logo, por se tratar de uma decisão político-administrativa proferida pelo Poder Judiciário, contra ela não cabe recurso extraordinário, que é utilizado para impugnar decisões judiciais em sentido estrito.

Súmula 733-STF: Não cabe recurso extraordinário contra decisão proferida no processamento de precatórios.

▸ *Aprovada em 26/11/2003, DJ 09/12/2003.*

» Importante.

» A decisão proferida no processamento de precatório, apesar de ser tomada pelo Poder Judiciário, tem natureza administrativa (Súmula 311-STJ). O RE destina-se apenas a impugnar decisões de cunho jurisdicional.

Súmula 432-STF: ~~Não cabe recurso extraordinário com fundamento no art. 101, III, d, da Constituição Federal, quando a divergência alegada for entre decisões da Justiça do Trabalho.~~

▸ *Aprovada em 01/06/1964, DJ 06/07/1964.*

» Superada.

Súmula 285-STF: ~~Não sendo razoável a argüição de inconstitucionalidade, não se conhece do recurso extraordinário fundado na letra "c" do art. 101, III, da Constituição.~~

▸ *Aprovada em 13/12/1963.*

» Superada.

Súmula 728-STF: É de três dias o prazo para a interposição de recurso extraordinário contra a decisão do Superior Tribunal Eleitoral, contado, quando for o caso, a partir da publicação do acórdão, na própria sessão do julgamento, nos termos do art. 12 da Lei nº 6.055/74, que não foi revogado pela Lei nº 8.950/94.

▸ *Aprovada em 26/11/2003, DJ 09/12/2003.*

» Válida.

Súmula 289-STF: O provimento do agravo, por uma das turmas do Supremo Tribunal Federal, ainda que sem ressalva, não prejudica a questão do cabimento do recurso extraordinário.

▶ *Aprovada em 13/12/1963.*

» Válida.

» Essa regra encontra-se prevista no art. 316 do RISTF.

Súmula 634-STF: Não compete ao Supremo Tribunal Federal conceder medida cautelar para dar efeito suspensivo a recurso extraordinário que ainda não foi objeto de juízo de admissibilidade na origem.

Súmula 635-STF: Cabe ao Presidente do Tribunal de origem decidir o pedido de medida cautelar em recurso extraordinário ainda pendente do seu juízo de admissibilidade.

▶ *Aprovadas em 24/09/2003, DJ 09/10/2003.*

» Importantes.

» O tema foi tratado de forma expressa no § 5º do art. 1.029 do CPC 2015.

Súmula 284-STF: É inadmissível o recurso extraordinário, quando a deficiência na sua fundamentação não permitir a exata compreensão da controvérsia.

▶ *Aprovada em 13/12/1963.*

» Válida.

Súmula 287-STF: Nega-se provimento do agravo quando a deficiência na sua fundamentação, ou na do recurso extraordinário, não permitir a exata compreensão da controvérsia.

▶ *Aprovada em 13/12/1963.*

» Válida.

Súmula 456-STF: O Supremo Tribunal Federal, conhecendo do recurso extraordinário, julgará a causa, aplicando o direito à espécie.

▶ *Aprovada em 01/10/1964, DJ 08/10/1964.*

» Válida.

RECURSO ESPECIAL

Súmula 399-STF: Não cabe recurso ~~extraordinário~~ (especial), por violação de Lei Federal, quando a ofensa alegada for a regimento de tribunal.

> ▸ *Aprovada em 03/04/1964, DJ 08/05/1964.*

» Válida, mas deve ser feita uma ressalva: quando a súmula fala em recurso extraordinário, deve-se ler, atualmente, recurso especial. Isso porque o enunciado é anterior à CF/88, época em que as questões federais eram também decididas pelo STF por meio de recurso extraordinário.

» "Inviável a análise, em recurso especial, do preceito regimental, pois não se enquadra no conceito de lei federal, por aplicação analógica da Súmula 399/STF" (REsp 1316889/RS, julgado em 19/09/2013).

Súmula 400-STF: Decisão que deu razoável interpretação à lei, ainda que não seja a melhor, não autoriza recurso ~~extraordinário~~ pela letra a do ~~art. 101, III~~, da Constituição Federal.

> ▸ *Aprovada em 03/0/1964, DJ 08/05/1964.*

» Polêmica.

» A maioria da doutrina afirma que este enunciado está superado, mas apesar disso encontramos ainda julgados do STJ aplicando seu raciocínio (ex: AgRg no Ag 1009915 / RS).

» Ainda que seja aplicada essa súmula, devem ser feitas duas ressalvas:

» Quando a súmula fala em recurso extraordinário, deve-se ler, atualmente, recurso especial. Isso porque o enunciado é anterior à CF/88, época em que as questões federais eram também decididas pelo STF por meio de recurso extraordinário.

» O art. 101, III acima mencionado refere-se à CF/1946. Na CF/88 corresponde ao art. 105, III.

» **Atenção:** no caso debates constitucionais, não se aplica essa súmula 400 do STF: "Temas de índole constitucional não se expõem, em função da própria natureza de que se revestem, a incidência do enunciado 400 da Súmula do Supremo Tribunal Federal. Essa formulação sumular não tem qualquer pertinência e aplicabilidade às causas que veiculem, perante o Supremo Tribunal Federal, em sede recursal extraordinária, questões de direito constitucional positivo. Em uma palavra: em matéria constitucional não há que cogitar de interpretação razoável. A exegese de preceito inscrito na Constituição da República, muito mais do que simplesmente razoável, há de ser juridicamente correta." (AI 145680 AgR, julgado em 13/04/1993).

Súmula 518-STJ: Para fins do art. 105, III, a, da Constituição Federal, não é cabível recurso especial fundado em alegada violação de enunciado de súmula.

▸ *Aprovada em 26/02/2015, DJe 02/03/2015.*

» Importante.

» Alguns autores defendem que este entendimento deveria ser revisto em face do art. 927, IV, do CPC 2015.

Súmula 83-STJ: Não se conhece do recurso especial pela divergência, quando a orientação do tribunal se firmou no mesmo sentido da decisão recorrida.

▸ *Aprovada em 18/06/1993, DJ 02/07/1993.*

» Importante.

Súmula 286-STF: ~~Não se conhece do recurso extraordinário fundado em divergência jurisprudencial, quando a orientação do plenário do Supremo Tribunal Federal já se firmou no mesmo sentido da decisão recorrida.~~

▸ *Aprovada em 28/04/2004, DJ 13/05/2004.*

» Superada. A matéria agora é disciplinada pela Súmula 83 do STJ.

Súmula 13-STJ: A divergência entre julgados do mesmo tribunal não enseja recurso especial.

▸ *Aprovada em 08/11/1990, DJ 14/11/1990.*

» Importante.

Súmula 369-STF: ~~Julgados do mesmo tribunal não servem para fundamentar o recurso extraordinário por divergência jurisprudencial.~~

▸ *Aprovada em 13/12/1963.*

» Superada. A matéria agora é disciplinada pela Súmula 13 do STJ.

Súmula 291-STF: ~~No recurso extraordinário pela letra "d" do art. 101, número III, da Constituição, a prova do dissídio jurisprudencial far-se-á por certidão, ou mediante indicação do "diário da justiça" ou de repertório de jurisprudência autorizado, com a transcrição do trecho que configure a divergência, mencionadas as circunstâncias que identifiquem ou assemelhem os casos confrontados.~~

▸ *Aprovada em 13/12/1963.*

» Superada. Tal competência passou a ser do STJ, em julgamento de recurso especial, sendo disciplinada pelo art. 1.029, § 1º, do CPC/2015.

Súmula 5-STJ: A simples interpretação de cláusula contratual não enseja recurso especial.

▸ *Aprovada em 10/05/1990, DJ 21/05/1990.*

» Importante.

Súmula 7-STJ: A pretensão de simples reexame de prova não enseja recurso especial.

▸ *Aprovada em 28/06/1990, DJ 03/07/1990.*

» Importante.

Súmula 389-STF: Salvo limite legal, a fixação de honorários de advogado, em complemento da condenação, depende das circunstâncias da causa, não dando lugar a recurso ~~extraordinário~~ (especial).

▸ *Aprovada em 03/04/1964, DJ 08/05/1964.*

» Válida.

» Quando a súmula fala em recurso extraordinário, deve-se ler, atualmente, recurso especial. Isso porque o enunciado é anterior à CF/88, época em que as questões federais eram também decididas pelo STF por meio de recurso extraordinário.

» O STJ possui entendimento pacífico no sentido de que, em regra, não se pode discutir a revisão de honorários advocatícios por meio de recurso especial, salvo nos casos em que estes foram fixados em valores irrisórios ou exorbitantes (AgRg no AREsp 365.889/RS, julgado em 22/10/2013).

Súmula 126-STJ: É inadmissível recurso especial, quando o acórdão recorrido assenta em fundamentos constitucional e infraconstitucional, qualquer deles suficiente, por si só, para mantê-lo, e a parte vencida não manifesta recurso extraordinário.

▸ *Aprovada em 09/03/1995, DJ 21/03/1995.*

» Importante.

Súmula 211-STJ: Inadmissível recurso especial quanto à questão que, a despeito da oposição de embargos declaratórios, não foi apreciada pelo Tribunal a quo.

▸ *Aprovada em 01/07/1998, DJ 03/08/1998.*

» Polêmica.

» A doutrina afirma que este enunciado está superado por força do art. 1.025 do CPC/2015:

> Art. 1.025. Consideram-se incluídos no acórdão os elementos que o embargante suscitou, para fins de pré-questionamento, ainda que os embargos de declaração sejam inadmitidos

ou rejeitados, caso o tribunal superior considere existentes erro, omissão, contradição ou obscuridade.

» "O n. 211 da súmula do STJ deve ser cancelado." (DIDIER JR., Fredie; CUNHA, Leonardo Carneiro da. Curso de Direito Processual Civil. Vol. 3. Salvador: Juspodivm, 2016, p. 312).

Súmula 320-STJ: ~~A questão federal somente ventilada no voto vencido não atende ao requisito do prequestionamento.~~

▶ *Aprovada em 05/10/2005, DJ 18/10/2005.*

» Superada pelo CPC 2015, que prevê a seguinte regra:

Art. 941 (...)

§ 3º O voto vencido será necessariamente declarado e considerado parte integrante do acórdão para todos os fins legais, inclusive de pré-questionamento.

Súmula 86-STJ: Cabe recurso especial contra acórdão proferido no julgamento de agravo de instrumento.

▶ *Aprovada em 18/06/1993, DJ 02/07/1993.*

» Importante.

Súmula 207-STJ: ~~É inadmissível recurso especial quando cabíveis embargos infringentes contra o acórdão proferido no tribunal de origem.~~

▶ *Aprovada em 01/04/1998, DJ 16/04/1998.*

» Superada pelo CPC 2015. Isso porque o novo CPC acabou com os embargos infringentes.

Súmula 115-STJ: Na instância especial é inexistente recurso interposto por advogado sem procuração nos autos.

▶ *Aprovada em 27/10/1994, DJ 07/11/1994.*

» Esse enunciado fica superado com o CPC 2015. Isso porque o parágrafo único do art. 932 do novo CPC prevê que "Antes de considerar inadmissível o recurso, o relator concederá o prazo de 5 (cinco) dias ao recorrente para que seja sanado vício ou complementada a documentação exigível."

» Dessa forma, a doutrina defende que, mesmo que o recurso tenha sido interposto por advogado sem procuração nos autos, o Relator, antes de considerá-lo inexistente, deverá intimar a parte para apresentar a procuração, nos termos do art. 932, parágrafo único. Nesse sentido é o Enunciado nº 83 do Fórum Permanente de Processualistas Civis.

Súmula 187-STJ: ~~É deserto o recurso interposto para o Superior Tribunal de Justiça, quando o recorrente não recolhe, na origem, a importância das despesas de remessa e retorno dos autos.~~

▸ *Aprovada em 21/05/1997, DJ 30/05/1997.*

» A doutrina afirma que está superada com o novo CPC (Enunciado nº 215 do Fórum Permanente de Processualistas Civis) por força do art. 1.007, § 2º do CPC 2015: "A insuficiência no valor do preparo, inclusive porte de remessa e de retorno, implicará deserção se o recorrente, intimado na pessoa de seu advogado, não vier a supri-lo no prazo de 5 (cinco) dias."

Súmula 216-STJ: ~~A tempestividade de recurso interposto no Superior Tribunal de Justiça é aferida pelo registro no protocolo da secretaria e não pela data da entrega na agência do correio.~~

▸ *Aprovada em 03/12/1999, DJ 01/03/1999.*

» Superada com o novo CPC (Enunciado nº 96 do Fórum Permanente de Processualistas Civis).

» O novo CPC, em seu art. 1.003, § 4º prevê regra em sentido contrário à súmula: "§ 4º Para aferição da tempestividade do recurso remetido pelo correio, será considerada como data de interposição a data de postagem."

Súmula 256-STJ: ~~O sistema de "protocolo integrado" não se aplica aos recursos dirigidos ao Superior Tribunal de Justiça.~~

▸ *Aprovada em 01/08/2001, DJ 22/08/2001.*

» Cancelada.

» O sistema de "protocolo integrado", atualmente, é admitido aos recursos dirigidos ao STJ. Entendeu-se que a Lei nº 10.352/2001 alterou o parágrafo único do art. 547 do CPC visando a permitir que, em todos os recursos, não só no agravo de instrumento – art. 525, § 2º, do CPC —, pudesse a parte interpor sua irresignação por meio do protocolo integrado (STJ AgRg no Ag 792.846-SP, j. em 21/5/2008).

Súmula 418-STJ: ~~É inadmissível o recurso especial interposto antes da publicação do acórdão dos embargos de declaração, sem posterior ratificação.~~

▸ *Aprovada em 03/03/2010, DJe 11/03/2010.*

» Cancelada.

» Com a entrada em vigor do novo CPC, ficou superada a súmula 418 do STJ. Isso porque o CPC 2015 trouxe a seguinte regra: Art. 1.024 (...) § 5º Se os embargos de declaração forem rejeitados ou não alterarem a conclusão do julgamento anterior, o recurso interposto pela outra parte antes da publicação do julgamento dos embargos de declaração será processado e julgado independentemente de ratificação.

» No dia 01/07/2016, o STJ reconheceu que o entendimento exposto no enunciado estava superado e cancelou formalmente a Súmula 418, aprovando, em substituição, a Súmula 579.

Súmula 123-STJ: A decisão que admite, ou não, o recurso especial deve ser fundamentada, com o exame dos seus pressupostos gerais e constitucionais.

▶ *Aprovada em 02/12/1994, DJ 09/12/1994.*

» Válida.

Súmula 203-STJ: Não cabe recurso especial contra decisão proferida por órgão de segundo grau dos Juizados Especiais.

▶ *Aprovada em 04/02/1998, DJ 12/02/1998.*

» Importante.

» Obs.: contra acórdão da turma recursal cabe, em tese, recurso extraordinário.

PROCESSO CAUTELAR

Súmula 482-STJ: A falta de ajuizamento da ação principal no prazo do art. 806 do CPC acarreta a perda da eficácia da liminar deferida e a extinção do processo cautelar.

▶ *Aprovada em 28/06/2012, DJe 01/08/2012.*

» Importante.

» A ideia geral desta súmula permanece válida, mas esta previsão do art. 806 do CPC 1973 é agora encontrada no art. 308 do CPC 2015. Veja:

> Art. 308. Efetivada a tutela cautelar, o pedido principal terá de ser formulado pelo autor no prazo de 30 (trinta) dias, caso em que será apresentado nos mesmos autos em que deduzido o pedido de tutela cautelar, não dependendo do adiantamento de novas custas processuais.
>
> Art. 309. Cessa a eficácia da tutela concedida em caráter antecedente, se:
>
> I – o autor não deduzir o pedido principal no prazo legal.

Súmula 372-STJ: ~~Na ação de exibição de documentos, não cabe a aplicação de multa cominatória.~~

▶ *Aprovada em 11/03/2009, DJe 30/03/2009.*

» Superada.

» A doutrina afirma que, com a entrada em vigor do CPC 2015, a súmula 372 do STJ está SUPERADA. Nesse sentido é o enunciado nº 54 do Fórum Permanente de Processualistas Civis.

» O novo CPC permite expressamente a fixação de multa de natureza coercitiva na ação de exibição de documento. Veja:

> Art. 400 (...) Parágrafo único. Sendo necessário, o juiz pode adotar medidas indutivas, coercitivas, mandamentais ou sub-rogatórias para que o documento seja exibido.
>
> Art. 403 (...) Parágrafo único. Se o terceiro descumprir a ordem, o juiz expedirá mandado de apreensão, requisitando, se necessário, força policial, sem prejuízo da responsabilidade por crime de desobediência, pagamento de multa e outras medidas indutivas, coercitivas, mandamentais ou sub-rogatórias necessárias para assegurar a efetivação da decisão.

EXECUÇÃO

Súmula 317-STJ: É definitiva a execução de título extrajudicial, ainda que pendente apelação contra sentença que julgue improcedentes os embargos.

▶ *Aprovada em 05/10/2005, DJ 18/10/2005.*

» Polêmica, mas prevalece que voltou a valer com o CPC/2015.

Vamos entender com calma

» O enunciado 317-STJ foi publicado em 18/10/2005. Na época esse era o entendimento dominante no STJ. Ocorre que, em 2005, foi editada a Lei nº 11.382/2006 que alterou a redação do art. 587 do CPC/1973 e trouxe regra em sentido contrário ao que diz a súmula.

» Veja a redação do art. 587 do CPC/1973: "É definitiva a execução fundada em título extrajudicial; <u>é provisória enquanto pendente apelação da sentença de improcedência dos embargos do executado, quando recebidos com efeito suspensivo</u> (art. 739)." (Redação dada pela Lei nº 11.382/2006).

» Logo, a Lei nº 11.382/2006 mudou o art. 587 do CPC/1973 e trouxe uma exceção na qual a execução de título extrajudicial seria provisória. Imagine a situação criada pela Lei nº. 11.382/2006: o credor ingressa com execução de título extrajudicial contra o devedor; esta execução é considerada definitiva considerando que a execução de título extrajudicial é definitiva; o executado se defende apresentando embargos à execução; o juiz reputa que estão preenchidos os requisitos legais e recebe os embargos à execução com efeito suspensivo; após ouvir o embargado e encerrada a instrução, o magistrado entende que o devedor não tem razão e julga os embargos improcedentes; o executado não se conforma e interpõe apelação contra a sentença; pela redação do art. 587 do CPC/1973, enquanto não fosse julgada a apelação, esta execução, que antes era considerada definitiva, deveria ser tratada como provisória.

» Assim, com essa mudança promovida pela Lei nº 11.382/2006, a posição majoritária era a de que súmula 317 do STJ estava superada. Em provas de concurso, cobrava-se exatamente a redação do art. 587 do CPC/1973.

CPC/2015

» Ocorre que o CPC/2015 revogou o art. 587 do CPC/1973 e não previu regra semelhante.

» Diante disso, a doutrina tem afirmado que agora, com o novo CPC, a execução de título extrajudicial será sempre definitiva.

» Dessa forma, com o CPC/2015 o entendimento consagrado na Súmula 317 do STJ volta a ter aplicabilidade no ordenamento jurídico. Em outras palavras, o que o enunciado diz está novamente de acordo com o regramento processual vigente.

» Veja o que diz Daniel Amorim Assumpção Neves:

"No CPC/1973 havia uma esdrúxula execução provisória de título executivo extrajudicial. O art. 587 do CPC/1973 previa a provisoriedade da execução de título extrajudicial na pendência de apelação contra a sentença de improcedência proferida nos embargos à execução, desde que estes tenham sido recebidos no efeito suspensivo. pelo dispositivo legal, a interposição dos embargos à execução e a concessão do efeito suspensivo – que dependeria (como continua a depender) do preenchimento dos requisitos legais – impedia a continuidade da execução até o julgamento da apelação interposta contra a sentença que decidia os embargos à execução. Sendo o julgamento de improcedência, o efeito suspensivo atribuído ao recurso estaria imediatamente revogado, ainda que contra a decisão fosse interposto recurso de apelação, que seria recebido sem o efeito suspensivo (art. 520, V, do CPC/1973). A execução, portanto, prosseguiria, mas a partir desse momento procedimental seguiria as regras da execução provisória.

O dispositivo conseguia tornar uma execução que começava definitiva em provisória, contrariando a própria lógica que determina que o provisório se torna definitivo e não o contrário. (...) Felizmente o Novo Código de Processo Civil não repete tal regra, de forma que a execução de título executivo extrajudicial passa a ser sempre definitiva, durante todo o seu iter procedimental." (Manual de Direito Processual Civil. Salvador: Juspodivm, 2017, p. 1172)

» No mesmo sentido confira a lição de Cassio Scarpinella Bueno:

"O novo CPC não repetiu o art. 587 do CPC atual (...) Por isso, voltam a ter plena valia as lições doutrinárias e jurisprudenciais anteriores ao advento da Lei nº 11.382/2006, que modificou aquele dispositivo, sobre a inexistência de execuções provisórias de títulos extrajudiciais. A Súmula 317 do STJ (...) volta, destarte, a ter fundamento de validade com o novo CPC, o que lhe havia sido tirado desde o advento da referida Lei nº 11.382/2006" (Novo Código de Processo Civil anotado. São Paulo: Saraiva, 2015, p. 350).

Súmula 228-STF: ~~Não é provisória a execução na pendência de recurso extraordinário, ou de agravo destinado a fazê-lo admitir.~~

▸ *Aprovada em 13/12/1963.*

» Superada.

Súmula 27-STJ: Pode a execução fundar-se em mais de um título extrajudicial relativos ao mesmo negócio.

▶ *Aprovada em 12/06/1991, DJ 20/06/1991.*

» Válida.

Súmula 258-STJ: A nota promissória vinculada a contrato de abertura de crédito não goza de autonomia em razão da iliquidez do título que a originou.

▶ *Aprovada em 12/09/2001, DJ 24/09/2001.*

Súmula 233-STJ: O contrato de abertura de crédito, ainda que acompanhado de extrato da conta-corrente, não é título executivo.

▶ *Aprovada em 13/12/1999, DJ 08/02/2000.*

Súmula 247-STJ: O contrato de abertura de crédito em conta-corrente, acompanhado do demonstrativo de débito, constitui documento hábil para o ajuizamento da ação monitória.

▶ *Aprovada em 23/05/2001, DJ 05/06/2001.*

Súmula 300-STJ: O instrumento de confissão de dívida, ainda que originário de contrato de abertura de crédito, constitui título executivo extrajudicial.

▶ *Aprovada em 18/10/2004, DJ 22/11/2004.*

» Importantes.

Súmula 196-STJ: Ao executado que, citado por edital ou por hora certa, permanecer revel, será nomeado curador especial, com legitimidade para apresentação de embargos.

▶ *Aprovada em 01/10/1997, DJ 09/10/1997.*

» Válida.

Súmula 268-STJ: O fiador que não integrou a relação processual na ação de despejo não responde pela execução do julgado.

▶ *Aprovada em 22/05/2002, DJ 29/05/2002.*

» Importante.

Súmula 375-STJ: O reconhecimento da fraude à execução depende do registro da penhora do bem alienado ou da prova de má-fé do terceiro adquirente.

▶ *Aprovada em 18/03/2009, DJe 30/03/2009.*

» Importante.

» Obs.: a Súmula 375 do STJ NÃO é aplicada no caso das execuções fiscais de créditos tributários. De acordo com o STJ, no caso de execução fiscal, incide a regra do art. 185 do CTN, que é mais específica e não exige a prova de má-fé do terceiro adquirente. Para que se presuma a fraude, basta que o devedor tenha alienado ou onerado os bens ou rendas após o débito ter sido inscrito na dívida ativa e fique sem ter patrimônio para pagar a Fazenda.

De quem é o ônus de provar que o terceiro adquirente estava de má-fé?

» Depende:

1) Se o bem adquirido pelo terceiro era sujeito a registro (se existe um registro público onde poderão ser averbadas a existência de processo de execução ou de constrição judicial. Exs: bens imóveis – Registro de Imóveis; automóveis – DETRAN). Neste caso deveremos analisar:

» 1.1 Se o exequente fez a averbação no registro informando que havia uma execução contra o proprietário do bem ou uma constrição judicial (ex: penhora) sobre a coisa: neste caso, a má-fé do adquirente está provada porque o registro gera publicidade e cabia ao terceiro tê-lo consultado.

» 1.2 Se o exequente não fez a averbação no registro: neste caso, o exequente terá que comprovar a má-fé do adquirente.

2) Se o bem adquirido pelo terceiro não era sujeito a registro (não existe um registro público onde seja anotada a sua propriedade e alterações. Exs: um quadro, uma joia etc.). Nesta hipótese, o terceiro adquirente é quem terá o ônus de provar que adotou as cautelas necessárias para a aquisição, mediante a exibição das certidões pertinentes, obtidas no domicílio do vendedor e no local onde se encontra o bem (art. 792, § 2º, do CPC/2015). Se não provar, será reconhecida a fraude à execução e ele perderá o bem.

» Confira o que diz Marcus Vinícius Gonçalves:

> "Mas, e se o bem não for daqueles sujeitos a registro, como acontece com a maior parte dos bens móveis? Como pode o exequente proteger-se da alienação, pelo devedor, de bens que não podem ser registrados? O art. 792, § 2º, estabelece que, em se tratando de bens não sujeitos a registro, o ônus da prova de boa-fé será do terceiro adquirente, a quem caberá demonstrar que adotou as cautelas necessárias para a aquisição, mediante a exibição das certidões pertinentes, obtidas no domicílio do vendedor e no local em que se encontra. Se o terceiro adquirente não fizer a comprovação de que tomou tais cautelas, presumir-se-á que adquiriu o bem de má-fé, e o juiz declarará a fraude à execução." (GONÇALVES, Marcus Vinícius. Direito Processual Civil esquematizado. São Paulo: Saraiva, 6ª ed., 2016, p. 1.508).

» Veja a redação do § 2º do art. 792 do CPC/2015:

Art. 792 (...)

§ 2º No caso de aquisição de bem não sujeito a registro, o terceiro adquirente tem o ônus de provar que adotou as cautelas necessárias para a aquisição, mediante a exibição das certidões pertinentes, obtidas no domicílio do vendedor e no local onde se encontra o bem.

» Sobre o tema, se você faz concursos para cartórios, é importante também conhecer a redação do art. 54 da Lei nº 13.097/20015:

> Art. 54. Os negócios jurídicos que tenham por fim constituir, transferir ou modificar direitos reais sobre imóveis são eficazes em relação a atos jurídicos precedentes, nas hipóteses em que não tenham sido registradas ou averbadas na matrícula do imóvel as seguintes informações:
>
> I – registro de citação de ações reais ou pessoais reipersecutórias;
>
> II – averbação, por solicitação do interessado, de constrição judicial, do ajuizamento de ação de execução ou de fase de cumprimento de sentença, procedendo-se nos termos previstos do art. 615-A da Lei no 5.869, de 11 de janeiro de 1973 – Código de Processo Civil;
>
> III – averbação de restrição administrativa ou convencional ao gozo de direitos registrados, de indisponibilidade ou de outros ônus quando previstos em lei; e
>
> IV – averbação, mediante decisão judicial, da existência de outro tipo de ação cujos resultados ou responsabilidade patrimonial possam reduzir seu proprietário à insolvência, nos termos do inciso II do art. 593 da Lei nº 5.869, de 11 de janeiro de 1973 – Código de Processo Civil.
>
> Parágrafo único. Não poderão ser opostas situações jurídicas não constantes da matrícula no Registro de Imóveis, inclusive para fins de evicção, ao terceiro de boa-fé que adquirir ou receber em garantia direitos reais sobre o imóvel, ressalvados o disposto nos arts. 129 e 130 da Lei nº 11.101, de 9 de fevereiro de 2005, e as hipóteses de aquisição e extinção da propriedade que independam de registro de título de imóvel.

» **Obs:** importante esclarecer que a correta interpretação do art. 792, § 2º, do CPC/2015 é objeto de polêmica na doutrina, não havendo uma posição ainda segura sobre o tema. As conclusões acima ainda não foram examinadas pelo STJ. Em provas de concurso, penso que durante um bom tempo deverão cobrar a redação literal do art. 792, § 2º, do CPC/2015.

E a súmula 375-STJ continua válida?

» Penso que sim, mas ela deve ser lida agora com esta nova hipótese trazida pelo art. 792, § 2º do CPC.

Súmula 417-STJ: Na execução civil, a penhora de dinheiro na ordem de nomeação de bens não tem caráter absoluto.

▸ *Aprovada em 03/03/2010, DJe 11/03/2010.*

» **Importante.**

» O CPC/2015 trouxe a seguinte regra, que não havia no Código passado:

> Art. 835 (...)
>
> § 1º É prioritária a penhora em dinheiro, podendo o juiz, <u>nas demais hipóteses</u>, alterar a ordem prevista no caput de acordo com as circunstâncias do caso concreto.

» Diante desta redação legal, alguns autores defendem que esta súmula deveria ser revista pelo STJ. É o caso de Daniel Assumpção Neves, que sustenta que agora a preferência pela penhora em dinheiro teria um caráter absoluto por imposição legal (NEVES, Daniel Assumpção Neves. Manual de Direito Processual Civil. Salvador: Juspodivm, 2016, p. 1164).

» É preciso, no entanto, aguardar mais um pouco para saber qual será o entendimento do STJ porque não é improvável que o Tribunal, mesmo com este novo dispositivo, continue entendendo que não há caráter absoluto, mantendo-se a súmula.

» Fica, contudo, o alerta para discussão do tema em uma eventual prova discursiva ou oral.

Súmula 451-STJ: É legítima a penhora da sede do estabelecimento comercial.

▶ *Aprovada em 02/06/2010, DJe 21/06/2010.*

» Importante.

Súmula 319-STJ: O encargo de depositário de bens penhorados pode ser expressamente recusado.

▶ *Aprovada em 05/10/2005, DJ 18/10/2005.*

» Válida.

Súmula 478-STJ: Na execução de crédito relativo a cotas condominiais, este tem preferência sobre o hipotecário.

▶ *Aprovada em 13/06/2012, DJe 19/06/2012.*

» Importante.

Súmula 46-STJ: Na execução por carta, os embargos do devedor serão decididos no juízo deprecante, salvo se versarem unicamente vícios ou defeitos da penhora, avaliação ou alienação dos bens.

▶ *Aprovada em 13/08/1992, DJ 24/08/1992.*

» Válida.

Súmula 328-STJ: Na execução contra instituição financeira, é penhorável o numerário disponível, excluídas as reservas bancárias mantidas no Banco Central.

▶ *Aprovada em 02/08/2006, DJ 10/08/2006.*

» Válida.

> **Súmula 517-STJ:** São devidos honorários advocatícios no cumprimento de sentença, haja ou não impugnação, depois de escoado o prazo para pagamento voluntário, que se inicia após a intimação do advogado da parte executada.

▶ *Aprovada em 26/02/2015, DJ 02/03/2015.*

» Importante.

Há condenação de honorários advocatícios na fase de cumprimento de sentença? Em outras palavras, o devedor pode ser condenado a pagar novos honorários advocatícios de sucumbência?

» SIM. É cabível o arbitramento de honorários advocatícios na fase de cumprimento de sentença. Os honorários advocatícios fixados na sentença remuneram o trabalho desenvolvido pelo advogado na fase de conhecimento. Como é necessário que, além de regularmente acompanhar toda a tramitação do processo, o advogado faça pelo credor o requerimento para que se dê início à fase de cumprimento de sentença, caberá a condenação do devedor ao pagamento de novos honorários advocatícios de sucumbência, salvo se decidir cumprir voluntariamente a obrigação.

» Assim, se o credor iniciar a fase de cumprimento de sentença e o devedor, sendo intimado para pagar em 15 dias, efetuar o pagamento, não haverá condenação em honorários.

» Por outro lado, se o devedor for intimado a pagar, e não o fizer no prazo, será multado em 10% e ainda terá que pagar, ao final, honorários advocatícios de sucumbência ao advogado do credor.

Para que haja condenação em honorários, é necessário que o devedor tenha apresentado impugnação?

» NÃO. São devidos honorários advocatícios no cumprimento de sentença, haja ou não impugnação. Passou o prazo de 15 dias e o devedor não pagou, já incidirão os honorários e mais a multa de 10%.

» Os honorários são devidos depois de escoado o prazo para pagamento voluntário, que se inicia após a intimação do advogado da parte executada.

Resumindo:

1) Se o credor inicia o cumprimento de sentença, o devedor é intimado e paga dentro do prazo de 15 dias, isso é considerado pelo STJ como sendo pagamento espontâneo do devedor. Em outras palavras, há pagamento espontâneo do devedor que, intimado a fazê-lo, cumpre a determinação dentro do prazo de 15 dias previsto no art. 523 do CPC 2015.

2) Não há que se falar em cobrança de honorários advocatícios quando há cumprimento espontâneo da obrigação. Assim, havendo o adimplemento espontâneo do devedor no prazo de 15 dias, não são devidos honorários advocatícios, uma vez que foi desnecessária a prática de quaisquer atos para obrigar o devedor a

pagar (STJ. 4ª Turma. REsp 1.264.272/RJ, Rel. Min. Luis Felipe Salomão, julgado em 15/5/2012).

3) Por outro lado, se o devedor foi intimado e passou o prazo de 15 dias sem que pagasse, a partir daí já são cabíveis honorários advocatícios, haja ou não impugnação.

4) São cabíveis honorários advocatícios em fase de cumprimento de sentença, haja ou não impugnação, depois de escoado o prazo de 15 para pagamento voluntário.

Súmula 519-STJ: Na hipótese de rejeição da impugnação ao cumprimento de sentença, não são cabíveis honorários advocatícios.

▸ *Aprovada em 26/02/2015, DJe 02/03/2015.*

» Importante.

Imagine a seguinte situação hipotética:

» "A" ajuíza uma ação de cobrança contra "B". O juiz julga a sentença procedente, condenando "B" a pagar 1 milhão de reais a "A". "B" perdeu o prazo para a apelação, de modo que ocorreu o trânsito em julgado. "A" ingressou com uma petição requerendo ao juízo o cumprimento da sentença. O juízo determinou a intimação do devedor, na pessoa de seu advogado. Passaram-se os 15 dias e o devedor não fez o pagamento voluntário. Isso significa que, a partir de agora, o credor terá, em tese, direito aos honorários advocatícios decorrentes do cumprimento de sentença, já que não houve pagamento voluntário (Súmula 517 do STJ).

» O credor formula petição ao juiz apresentando o demonstrativo do débito atualizado e requerendo a expedição de mandado para que sejam penhorados e avaliados os bens do devedor (art. 523, § 3º do CPC 2015). O devedor oferece impugnação ao cumprimento de sentença. A impugnação é julgada improcedente (rejeitada). O credor pede, então, que o devedor seja condenado a pagar, além dos honorários advocatícios já fixados em virtude de ele não ter feito o pagamento voluntário (cumprimento de sentença – Súmula 517), outro percentual de honorários pelo fato de ter perdido a impugnação proposta. Em outras palavras, o credor pediu 10% de honorários advocatícios por força do cumprimento de sentença (art. 523, § 1º, do CPC 2015) mais 10% de honorários por causa da impugnação rejeitada.

A tese do credor é aceita pelo STJ?

» Se a impugnação oferecida pelo devedor é julgada improcedente, o devedor terá que pagar, por causa disso, novos honorários advocatícios (além dos que já deverá pagar por força do cumprimento de sentença ter se iniciado)? NÃO. Este é o teor da Súmula 519-STJ: Na hipótese de rejeição da impugnação ao cumprimento de sentença, não são cabíveis honorários advocatícios.

» Assim, o devedor não terá que pagar novos honorários advocatícios pelo fato de ter perdido a impugnação. Obs.: esse devedor continuará tendo que pagar honorários advocatícios por não ter pago voluntariamente a obrigação, ou seja, terá que pagar honorários advocatícios por causa do cumprimento de sentença.

E se a impugnação oferecida pelo devedor for julgada procedente, haverá condenação em honorários?

» SIM. Se a impugnação for julgada procedente o credor será condenado a pagar honorários advocatícios em favor do devedor.

Em suma:

1) se a impugnação é rejeitada: NÃO cabem novos honorários advocatícios;

2) se a impugnação é acolhida (ainda que parcialmente): serão arbitrados honorários em benefício do executado, com base no art. 20, § 4º, do CPC 1973.

» Não se pode confundir o raciocínio das Súmulas 517 e 519. Elas não são contraditórias. Ao contrário, completam-se:

Situação	a situação gera honorários?	Fundamento
No cumprimento de sentença, devedor é intimado e não faz o pagamento voluntário no prazo de 15 dias. Não interessa se houve ou não impugnação.	SIM	Súmula 517-STJ O devedor deu causa ao início da execução forçada.
Devedor apresenta impugnação e esta é rejeitada.	NÃO	Súmula 519-STJ O devedor, ao apresentar impugnação, iniciou um mero incidente no processo, sendo isso insuficiente para gerar <u>novos</u> honorários. Ele continua tendo que pagar os honorários por causa do cumprimento de sentença.
Devedor apresenta impugnação e esta é acolhida (ainda que parcialmente).	SIM	STJ. REsp 1.134.186/RS (recurso repetitivo).

Observação final:

» Para a doutrina, a Súmula 519 do STJ encontra-se superada. Veja o que diz Daniel Assumpção Neves:

"Sendo rejeitada a impugnação, os honorários advocatícios fixados em favor do advogado do exequente no valor de 10% sobre o valor da execução poderão ser majorados até 20% do valor exequendo, em aplicação analógica do art. 827, § 2º, do Novo CPC." (Manual de Direito Processual Civil. Volume único. Salvador: Juspodivm, 2017, p. 1374).

» No mesmo sentido:

"É razoável admitir que o art. 827, § 2º do CPC deve ser igualmente aplicado aos casos de rejeição da impugnação ao cumprimento de sentença, por força do disposto no art. 513, caput, segundo o qual as normas relativas ao processo de execução fundado em título extrajudicial aplicam-se, no que couber, ao cumprimento de sentença. Nesse sentido, o enunciado 450 do Fórum Permanente de Processualistas Civis: 'Aplica-se a regra do art. 827, § 2º, ao cumprimento de sentença'.

Não há razão para distinguir uma hipótese da outra. A finalidade da majoração dos honorários é remunerar o trabalho adicional do advogado do exequente, além de decorrer da causalidade, consistente na resistência infundada do executado. Não há razão para se aplicar a norma à rejeição dos embargos à execução, e não a aplicar à rejeição da impugnação ao cumprimento de sentença." (DIDIER Jr.; Fredie; CUNHA, Leonardo Carneiro da; BRAGA, Paula Sarno; OLIVEIRA, Rafael Alexandria de. Curso de Direito Processual Civil. Execução. 7ª ed., Salvador: Juspodivm, 2017, p. 431)

EXECUÇÃO FISCAL

Súmula 558-STJ: Em ações de execução fiscal, a petição inicial não pode ser indeferida sob o argumento da falta de indicação do CPF e/ou RG ou CNPJ da parte executada.

▶ *Aprovada em 09/12/2015, DJe 15/12/2015.*

» Importante.

Imagine a seguinte situação:

» Determinado Município ajuizou execução fiscal contra João, devedor de IPTU, apontando o nome e o endereço do devedor. O juiz indeferiu a petição inicial da execução alegando que a Fazenda Pública não indicou o CPF ou o RG do executado, o que violaria o art. 15 da Lei nº 11.419/2006 (Lei do Processo Eletrônico):

Art. 15. Salvo impossibilidade que comprometa o acesso à justiça, a parte deverá informar, ao distribuir a petição inicial de qualquer ação judicial, o número no cadastro de pessoas físicas ou jurídicas, conforme o caso, perante a Secretaria da Receita Federal.

Agiu corretamente o magistrado?

» NÃO. Este é o teor da Súmula 558-STJ: Em ações de execução fiscal, a petição inicial não pode ser indeferida sob o argumento da falta de indicação do CPF e/ou RG ou CNPJ da parte executada.

» O art. 6º da Lei nº 6.830/80 (LEF), que trata sobre os requisitos da petição inicial na execução fiscal, não exige que o exequente faça a indicação de RG, CPF ou CNPJ do executado. Confira:

Art. 6º – A petição inicial indicará apenas:

I – o Juiz a quem é dirigida;

II – o pedido; e

III – o requerimento para a citação.

Princípio da especialidade

» Diante da diferença entre a Lei nº 6.830/80 e a Lei nº 11.419/2006, o STJ entendeu que deveria prevalecer a LEF, já que se trata de norma especial, que prevalece sobre a norma geral.

Orientação procedimental

» O art. 15 da Lei nº 11.419/06 não criou um requisito processual para a formulação da petição inicial, mas apenas estabeleceu uma orientação procedimental voltada para facilitar a identificação das partes. Somente a Lei 6.830/80 pode trazer os requisitos formais para a composição da petição do processo fiscal.

Novo CPC

» O novo CPC exige que a qualificação das partes venha acompanhada da indicação do CPF/CNPJ, mas há a ressalva de que a petição inicial pode ser recebida apesar da ausência de algumas informações. Isso está no art. 319, II e §§ 1º e 2º.

Súmula 559-STJ: Em ações de execução fiscal, é desnecessária a instrução da petição inicial com o demonstrativo de cálculo do débito, por tratar-se de requisito não previsto no art. 6º da Lei nº 6.830/1980.

▶ *Aprovada em 09/12/2015, DJe 15/12/2015.*

» Importante.

Imagine a seguinte situação:

» Determinado Município ajuizou execução fiscal contra João, devedor de IPTU. O juiz indeferiu a petição inicial da execução alegando que a Fazenda Pública não juntou o demonstrativo de cálculo do débito, conforme exige o art. 798, I, "b", do CPC 2015:

> Art. 798. Ao propor a execução, incumbe ao exequente:
> I – instruir a petição inicial com:
> (...)
> b) o demonstrativo do débito atualizado até a data de propositura da ação, quando se tratar de execução por quantia certa;

Agiu corretamente o magistrado?

» NÃO. O art. 6º da Lei nº 6.830/80 (LEF) trata sobre os requisitos da petição inicial na execução fiscal e não exige que o exequente instrua a petição inicial com o demonstrativo de cálculo do débito.

Princípio da especialidade

» Diante da diferença entre a Lei nº 6.830/80 e o CPC, o STJ entende que deve prevalecer a LEF, já que se trata de norma especial, que prepondera sobre a norma geral.

CDA já discrimina o débito

» Além disso, a própria Certidão da Dívida Ativa que embasa a execução já discrimina a composição do débito, considerando que todos os elementos que compõem a dívida estão arrolados no título executivo (que goza de presunção de liquidez e certeza).

Súmula 66-STJ: Compete à Justiça Federal processar e julgar execução fiscal promovida por conselho de fiscalização profissional.

▶ *Aprovada em 15/12/1992, DJ 04/02/1993.*

» Importante.

Súmula 349-STJ: Compete à Justiça Federal ou aos juízes com competência delegada o julgamento das execuções fiscais de contribuições devidas pelo empregador ao FGTS.

▶ *Aprovada em 11/06/2008, DJe 19/06/2008.*

» Válida, em parte.

» Vale ressaltar, no entanto, que a Lei nº 13.043/2014 revogou o inciso I do art. 15 da Lei nº 5.010/66. Logo, a partir de agora, se a União, suas autarquias e fundações ajuizarem execução fiscal, elas serão sempre processadas e julgadas pela Justiça Federal, mesmo que o executado more em uma comarca do interior onde não funcione vara da Justiça Federal. Desse modo, não mais existe a competência delegada no caso de execuções fiscais propostas pela Fazenda Pública federal.

Súmula 515-STJ: A reunião de execuções fiscais contra o mesmo devedor constitui faculdade do juiz.

▶ *Aprovada em 14/08/2014, DJe 18/08/2014.*

» Importante.

» Ainda que existam várias execuções fiscais propostas contra o mesmo devedor e mesmo que a parte requeira a reunião dos processos, a decisão de reuni-los ou não é uma faculdade do juiz. Logo, ele não é obrigado a atender o requerimento da parte.

» Assim, a reunião de processos contra o mesmo devedor, por conveniência da unidade da garantia da execução, nos termos do art. 28 da Lei 6.830/80, é uma faculdade outorgada ao juiz, e não um dever.

Súmula 190-STJ: Na execução fiscal, processada perante a Justiça Estadual, cumpre à Fazenda Pública antecipar o numerário destinado ao custeio das despesas com o transporte dos oficiais de justiça.

▶ *Aprovada em 11/06/1997, DJ 23/06/1997.*

» Importante.

> **Súmula 452-STJ:** A extinção das ações de pequeno valor é faculdade da Administração, vedada a atuação judicial de ofício.

▶ *Aprovada em 02/06/2010, DJe 21/06/2010.*

» Importante.

> **Súmula 583-STJ:** O arquivamento provisório previsto no art. 20 da Lei n. 10.522/2002, dirigido aos débitos inscritos como dívida ativa da União pela Procuradoria-Geral da Fazenda Nacional ou por ela cobrados, não se aplica às execuções fiscais movidas pelos conselhos de fiscalização profissional ou pelas autarquias federais.

▶ *Aprovada em 14/12/2016, DJe 01/02/2017.*

» Importante.

» Existe uma grande quantidade de créditos a serem executados pela Procuradoria da Fazenda Nacional e muitos deles referem-se a dívidas de pequeno valor. Como um processo de execução fiscal gera despesas algumas vezes não é economicamente proveitoso ajuizar a ação.

» Pensando nisso, o art. 20 da Lei nº 10.522/2002 afirmou que os valores abaixo de R$ 10 mil não precisariam ser cobrados, podendo ser arquivados. Veja o texto legal:

> Art. 20. Serão arquivados, sem baixa na distribuição, mediante requerimento do Procurador da Fazenda Nacional, os autos das execuções fiscais de débitos inscritos como Dívida Ativa da União pela Procuradoria-Geral da Fazenda Nacional ou por ela cobrados, de valor consolidado igual ou inferior a R$ 10.000,00 (dez mil reais).

Esse art. art. 20 da Lei nº 10.522/2002 é aplicável também para as execuções fiscais propostas pelas autarquias federais (ex.: IBAMA)?

» NÃO. O art. 20 da Lei nº 10.522/2002 refere-se unicamente aos débitos inscritos na Dívida Ativa da União pela Procuradoria-Geral da Fazenda Nacional ou por ela cobrados.

» Não se demonstra possível, portanto, aplicar-se, por analogia, o referido dispositivo legal às execuções fiscais propostas pelas autarquias e fundações públicas federais porque os seus créditos são cobrados pela Procuradoria-Geral Federal (art. 10 da Lei nº 10.480/2002).

» As atribuições da Procuradoria-Geral Federal e da Procuradoria-Geral da Fazenda Nacional são distintas, razão pela qual não se pode equipará-las para os fins do art. 20 da Lei nº 10.522/2002.

» Em suma: o art. 20 da Lei nº 10.522/2002 não se aplica às execuções de créditos das autarquias federais, cobrados pela Procuradoria-Geral Federal.

» Nesse sentido: STJ. 1ª Seção. REsp 1.343.591-MA, Rel. Min. Og Fernandes, julgado em 11/12/2013 (recurso repetitivo) (Info 533).

» Os Conselhos de Fiscalização Profissional possuem natureza jurídica de autarquia e seus créditos são cobrados por corpo jurídico próprio (e não pela PGFN). Assim, o art. 20 da Lei nº 10.522/2002 também não se aplica para as execuções fiscais movidas pelos Conselhos de Fiscalização Profissional.

Súmula 58-STJ: Proposta a execução fiscal, a posterior mudança de domicilio do executado não desloca a competência já fixada.

▶ *Aprovada em 29/09/1992, DJ 06/10/1992.*

» Válida.

Súmula 189-STJ: É desnecessária a intervenção do Ministério Público nas execuções fiscais.

▶ *Aprovada em 11/06/1997, DJ 23/06/1997.*

» Válida.

Súmula 414-STJ: A citação por edital na execução fiscal é cabível quando frustradas as demais modalidades.

▶ *Aprovada em 25/11/2009, DJe 16/12/2009.*

» Importante.

» Para o STJ, existe uma ordem de prioridades na citação do executado na execução fiscal. Inicialmente, deve-se tentar a citação pelo correio. Se não for possível, deve-se buscar a citação por Oficial de Justiça. Caso esta também reste infrutífera, realiza-se a citação por edital.

» Vale ressaltar, no entanto, que não é necessário o exaurimento de todos os meios para que o Oficial de Justiça tente localizar o paradeiro do executado para se admitir a citação por edital. O meirinho procura o devedor em seu domicílio fiscal e, se não o encontrar, a citação por edital é possível.

Súmula 392-STJ: A Fazenda Pública pode substituir a certidão de dívida ativa (CDA) até a prolação da sentença de embargos, quando se tratar de correção de erro material ou formal, vedada a modificação do sujeito passivo da execução.

▶ *Aprovada em 23/09/2009, DJ 07/10/2009.*

» Importante.

Súmula 435-STJ: Presume-se dissolvida irregularmente a empresa que deixar de funcionar no seu domicílio fiscal, sem comunicação aos órgãos competentes, legitimando o redirecionamento da execução fiscal para o sócio-gerente.

▶ *Aprovada em 14/04/2010, DJe 13/05/2010.*

» Importante.

» **Atenção:** o STJ entende que essa súmula aplica-se tanto para dívidas tributárias como não-tributárias. Assim, quando a sociedade empresária for dissolvida irregularmente, é possível o redirecionamento de execução fiscal de dívida ativa não-tributária contra o sócio-gerente da pessoa jurídica executada, independentemente da existência de dolo (REsp 1.371.128-RS, Rel. Min. Mauro Campbell Marques, julgado em 10/9/2014).

Súmula 430-STJ: O inadimplemento da obrigação tributária pela sociedade não gera, por si só, a responsabilidade solidária do sócio-gerente.

▶ Aprovada em 24/03/2010, DJe 13/05/2010.

» Importante.

Súmula 251-STJ: A meação só responde pelo ato ilícito quando o credor, na execução fiscal, provar que o enriquecimento dele resultante aproveitou ao casal.

▶ Aprovada em 13/06/2001, DJ 13/08/2001.

» Válida.

Súmula 560-STJ: A decretação da indisponibilidade de bens e direitos, na forma do art. 185-A do CTN, pressupõe o exaurimento das diligências na busca por bens penhoráveis, o qual fica caracterizado quando infrutíferos o pedido de constrição sobre ativos financeiros e a expedição de ofícios aos registros públicos do domicílio do executado, ao Denatran ou Detran.

▶ Aprovada em 09/12/2015, DJe 15/12/2015.

» Importante.

Indisponibilidade de bens e direitos na execução fiscal

» Na execução fiscal, a Fazenda Pública dispõe de um poderoso instrumento para tentar cobrar seu crédito. Trata-se do pedido de indisponibilidade dos bens e direitos do devedor, providência prevista no art. 185-A do CTN:

> Art. 185-A. Na hipótese de o devedor tributário, devidamente citado, não pagar nem apresentar bens à penhora no prazo legal e não forem encontrados bens penhoráveis, o juiz determinará a indisponibilidade de seus bens e direitos, comunicando a decisão, preferencialmente por meio eletrônico, aos órgãos e entidades que promovem registros de transferência de bens, especialmente ao registro público de imóveis e às autoridades supervisoras do mercado bancário e do mercado de capitais, a fim de que, no âmbito de suas atribuições, façam cumprir a ordem judicial.

» O art. 185-A do CTN é mais amplo e mais invasivo ao patrimônio do devedor do que a mera penhora "on line" disciplinada pelo CPC. Isso porque o art. 185-A do CTN prevê a indisponibilidade universal dos bens e direitos do executado. Como pontua o STJ: "O bloqueio universal e bens e de direitos, previsto no art. 185-A do CTN, não se confunde com a penhora de dinheiro aplicado em instituições financeiras, por meio do sistema Bacen Jud, disciplinada no art. 655-A do CPC (redação conferida pela Lei 11.382/2006)" (STJ. 2ª Turma. AgRg no Ag 1164948/SP, Rel. Min. Herman Benjamin, DJe 02/02/2011).

Requisitos

» Por ser uma medida muito grave, a indisponibilidade de que trata o art. 185-A do CTN só pode ser decretada se forem preenchidos três requisitos que podem ser extraídos da própria redação do dispositivo. São eles:

1) Citação do devedor. A indisponibilidade só pode ser decretada se o executado já foi citado ("devidamente citado").

2) Inexistência de pagamento ou apresentação de bens à penhora no prazo legal. O art. 185-A afirma que somente poderá ser determinada a indisponibilidade se o devedor, após ser citado, "não pagar nem apresentar bens à penhora no prazo legal".

3) Não localização de bens penhoráveis mesmo após a Fazenda Pública esgotar as diligências nesse sentido. A indisponibilidade só pode ser decretada se a Fazenda Pública provar que providenciou o esgotamento das diligências para achar bens do devedor e, mesmo assim, não teve êxito. Segundo o STJ, para que a Fazenda Pública prove que esgotou todas as diligências na tentativa de achar bens do devedor, basta que ela tenha adotado duas providências:

   a) pedido de acionamento do Bacen Jud (penhora "on line") e consequente determinação pelo magistrado;

   b) expedição de ofícios aos registros públicos do domicílio do executado e ao Departamento Nacional ou Estadual de Trânsito – DENATRAN ou DETRAN.

» Repare na letra "b" que basta que a Fazenda Pública tenha feito pesquisas de bens nos registros públicos localizados no domicílio do executado (cartórios existentes na cidade do devedor). Assim, não se exige que a Fazenda Pública realize busca em todos os registros de imóveis do País, por exemplo.

Resumindo:

» O art. 185-A do CTN prevê a possibilidade de ser decretada a indisponibilidade dos bens e direitos do devedor tributário na execução fiscal.

» Vale ressaltar, no entanto, que a indisponibilidade de que trata o art. 185-A do CTN só pode ser decretada se forem preenchidos três requisitos:

1) deve ter havido prévia citação do devedor;

2) o executado deve não ter pago a dívida nem apresentado bens à penhora no prazo legal;

3) não terem sido localizados bens penhoráveis do executado mesmo após a Fazenda Pública esgotar as diligências nesse sentido.

» Obs.: para que a Fazenda Pública prove que esgotou todas as diligências na tentativa de achar bens do devedor, basta que ela tenha adotado duas providências:

a) pedido de acionamento do Bacen Jud (penhora "on line") e consequente determinação pelo magistrado;

b) expedição de ofícios aos registros públicos do domicílio do executado e ao Departamento Nacional ou Estadual de Trânsito – DENATRAN ou DETRAN.

» Nesse sentido: STJ. 1ª Seção. REsp 1.377.507-SP, Rel. Min. Og Fernandes, julgado em 26/11/2014 (recurso repetitivo) (Info 552).

Súmula 406-STJ: A Fazenda Pública pode recusar a substituição do bem penhorado por precatório.

▶ *Aprovada em 28/10/2009, DJe 24/11/2009.*

» Importante.

» Existe a possibilidade de que o bem do devedor que foi penhorado em uma execução fiscal seja substituído por um precatório do qual o executado seja credor.

» Ex: João é réu em uma execução fiscal proposta pela União. O automóvel do devedor foi penhorado. Ocorre que João possui um precatório de 100 mil reais para receber da União.

» Assim, é juridicamente possível que a penhora incidente sobre o carro seja substituída pela penhora desse precatório, liberando o veículo.

» Ocorre que, para isso acontecer, é necessário que a Fazenda Pública concorde. Isso porque existe uma ordem legal de preferência para a penhora, instituída pelo art. 11 da Lei nº 6.830/1980 e que deve ser respeitada.

» A penhora de créditos decorrentes de precatório não equivale a dinheiro (inciso I) ou a fiança bancária. Consiste em uma penhora que incide sobre um direito creditório, estando, portanto, no último lugar da lista acima (inciso VIII).

» Logo, a Fazenda Pública possui amparo legal para recusar a substituição da penhora.

Súmula 314-STJ: Em execução fiscal, não localizados bens penhoráveis, suspende-se o processo por um ano, findo o qual se inicia o prazo da prescrição quinquenal intercorrente.

▶ *Aprovada em 12/12/2005, DJ 08/02/2006.*

» Importante.

Súmula 409-STJ: Em execução fiscal, a prescrição pode ser decretada de ofício (art. 219, §5º do CPC).

▶ *Aprovada em 28/10/2009, DJe 24/11/2009.*

» Importante.

» A súmula continua válida, no entanto, o fundamento se encontra agora no art. 487, inc. II, do CPC/2015:

Art. 487. Haverá resolução de mérito quando o juiz:

II – decidir, de ofício ou a requerimento, sobre a ocorrência de decadência ou prescrição;

Súmula 121-STJ: Na execução fiscal o devedor deverá ser intimado, pessoalmente, do dia e hora da realização do leilão.

▶ *Aprovada em 29/11/1994, DJ 06/12/1994.*

» Válida.

Súmula 128-STJ: Na execução fiscal haverá segundo leilão, se no primeiro não houver lanço superior à avaliação.

▶ *Aprovada em 14/03/1995, DJ 23/03/1995.*

» Válida.

Súmula 394-STJ: É admissível, em embargos à execução, compensar os valores de Imposto de Renda retidos indevidamente na fonte com os valores restituídos apurados na declaração anual.

▶ *Aprovada em 23/09/2009, DJe 07/10/2009.*

» Válida.

Súmula 153-STJ: A desistência da execução fiscal, após o oferecimento dos embargos, não exime o exequente dos encargos da sucumbência.

▶ *Aprovada em 08/03/1996, DJ 14/03/1996.*

» Importante.

Súmula 393-STJ: A exceção de pré-executividade é admissível na execução fiscal relativamente às matérias conhecíveis de ofício que não demandem dilação probatória.

▶ *Aprovada em 23/09/2009, DJe 07/10/2009.*

» Válida.

Súmula 497-STJ: Os créditos das autarquias federais preferem aos créditos da Fazenda estadual desde que coexistam penhoras sobre o mesmo bem.

▶ *Aprovada em 08/08/2012, DJe 13/08/2012.*

» Importante.

» O entendimento exposto nesta súmula é baseado no art. 187, parágrafo único, do CTN e art. 29, da Lei nº 6.830/80, que estabelecem:

Parágrafo único. O concurso de preferência somente se verifica entre pessoas jurídicas de direito público, na seguinte ordem:

I – União;

II – Estados, Distrito Federal e Territórios, conjuntamente e pro rata;

III – Municípios, conjuntamente e pro rata.

» Assim, verificada a pluralidade de penhoras sobre o mesmo bem em executivos fiscais ajuizados por diferentes entidades garantidas com o privilégio do concurso de preferência, a lei prevê como solução a preferência ao pagamento dos créditos tributários da União e suas autarquias em detrimento dos créditos fiscais dos Estados, e destes em relação aos dos Municípios.

» Os dispositivos acima mencionados recebem críticas de alguns doutrinadores, no entanto, para a jurisprudência majoritária eles foram recepcionados pela CF/88. Assim, continua valendo a Súmula 563 do STF: "O concurso de preferência a que se refere o parágrafo único do art. 187 do Código Tributário Nacional é compatível com o disposto no art. 9º, I, da Constituição Federal" (STF. AI 608769 AgR, Rel. Min. Eros Grau, Segunda Turma, julgado em 18/12/2006) (STJ. REsp 957836/SP, Rel. Min. Luiz Fux, Primeira Seção, julgado em 13/10/2010).

Súmula 563-STF: O concurso de preferência a que se refere o parágrafo único, do art. 187, do Código Tributário Nacional, é compatível com o disposto no art. 9º, inciso I, da Constituição Federal.

▶ *Aprovada em 24/02/2016, DJ 29/02/2016.*

» A doutrina critica a súmula, mas ela continua válida segundo a jurisprudência.

» O art. 9º, I, mencionado, é da CF/69. No entanto, a CF/88 repetiu essa regra no art. 19, III (é vedado à União, aos Estados, ao Distrito Federal e aos Municípios criar distinções entre brasileiros ou preferências entre si).

» A vedação estabelecida pelo art. 19, III, da CF/88 (correspondente àquele do art. 9º, I, da EC n. 1/69) não atinge as preferências estabelecidas por lei em favor da União (STF AI 608769 AgR).

Súmula 400-STJ: O encargo de 20% previsto no DL nº 1.025/1969 é exigível na execução fiscal proposta contra a massa falida.

▶ *Aprovada em 23/09/2009, DJe 07/10/2009.*

» Válida.

Súmula 139-STJ: Cabe à Procuradoria da Fazenda Nacional propor execução fiscal para cobrança de crédito relativo ao ITR.

▶ *Aprovada em 16/05/1995, DJ 19/05/1995.*

» Válida.

Súmula 507-STF: A ampliação dos prazos a que se refere o artigo 32 do Código de Processo Civil aplica-se aos executivos fiscais.

» Superada.
▶ *Aprovada em 03/12/1969, DJ 10/12/1969.*

» A Súmula faz referência ao CPC de 1939 (revogado).

Súmula 519-STF: Aplica-se aos executivos fiscais o princípio da sucumbência a que se refere o art. 64 do Código de Processo Civil.

» Superada.
▶ *Aprovada em 03/12/1969, DJ 10/12/1969.*

» A Súmula faz referência ao CPC de 1939 (revogado).

Súmula 276-STF: Não cabe recurso de revista em ação executiva fiscal.

» Superada.
▶ *Aprovada em 13/12/1963.*

Súmula 277-STF: São cabíveis embargos, em favor da Fazenda Pública, em ação executiva fiscal, não sendo unânime a decisão.

» Superada.
▶ *Aprovada em 13/12/1963.*

Súmula 278-STF: São cabíveis embargos em ação executiva fiscal contra decisão reformatória da de primeira instância, ainda que unânime.

» Superada.
▶ *Aprovada em 13/12/1963.*

EXECUÇÃO CONTRA A FAZENDA PÚBLICA

Súmula 279-STJ: É cabível execução por título extrajudicial contra a Fazenda Pública.

» Importante.
▶ *Aprovada em 21/05/2003, DJ 16/06/2003.*

Súmula 487-STJ: O parágrafo único do art. 741 do CPC não se aplica às sentenças transitadas em julgado em data anterior à da sua vigência.

» Válida.
▶ *Aprovada em 28/06/2012, DJe 01/08/2012.*

» O parágrafo único do art. 741 do CPC/1973 foi inicialmente inserido pela Medida Provisória 2.180-35/2001 e depois tratado pela Lei nº 11.232/2005.

» Se a decisão transitada em julgado (título executivo judicial) é anterior à previsão do art. 741, parágrafo único, pode mesmo assim a Fazenda Pública opor embargos à execução alegando que o título é inexigível por ser inconstitucional? NÃO. Segundo o entendimento do STJ, o parágrafo único do art. 741 do CPC/1973 não se aplica às sentenças transitadas em julgado em data anterior à da sua vigência.

» Se o parágrafo único do art. 741 do CPC/1973 fosse aplicado às sentenças transitadas em julgado antes da sua vigência, haveria uma violação ao art. 5º, inciso XXXVI, da CF/88.

» O entendimento acima permanece válido. Vale ressaltar, no entanto, que o parágrafo único do art. 741 do CPC 1973 é agora previsto no § 12 do art. 525 e no § 5º do art. 535 do CPC 2015.

EMBARGOS DE TERCEIRO

Súmula 134-STJ: Embora intimado da penhora em imóvel do casal, o cônjuge do executado pode opor embargos de terceiro para defesa de sua meação.

▶ *Aprovada em 26/04/1995, DJ 05/05/1995.*

» Importante.

Súmula 195-STJ: Em embargos de terceiro não se anula ato jurídico, por fraude contra credores.

▶ *Aprovada em 01/10/1997, DJ 09/10/1997.*

» Importante.

» Nesse caso, será necessária a propositura de ação pauliana ou revocatória.

Súmula 84-STJ: É admissível a oposição de embargos de terceiro fundados em alegação de posse advinda do compromisso de compra e venda de imóvel, ainda que desprovido do registro.

▶ *Aprovada em 18/06/1993, DJ 02/07/1993.*

» Importante.

» "O celebrante de promessa de compra e venda tem legitimidade para proteger a posse contra penhora incidente sobre o imóvel objeto do negócio jurídico, ainda que desprovido de registro, desde que afastadas a má-fé e a hipótese de fraude à execução." (STJ AgRg no AREsp 172.704/DF, julgado em 19/11/2013).

Súmula 303-STJ: Em embargos de terceiro, quem deu causa à constrição indevida deve arcar com os honorários advocatícios.

▶ *Aprovada em 03/11/2004, DJ 22/11/2004.*

» Válida.

» Afasta-se a aplicação da referida súmula quando o embargado (exequente) opõe resistência às pretensões do terceiro embargante, desafiando o próprio mérito dos embargos. Nesse sentido: STJ. 1ª Turma. AgRg no REsp 1282370/PE, Rel. Min. Benedito Gonçalves, julgado em 01/03/2012.

PRECATÓRIOS

Súmula 655-STF: A exceção prevista no art. 100, caput (atual § 1º), da Constituição, em favor dos créditos de natureza alimentícia, não dispensa a expedição de precatório, limitando-se a isentá-los da observância da ordem cronológica dos precatórios decorrentes de condenações de outra natureza.

▶ *Aprovada em 24/09/2003, DJ 09/10/2003.*

» Válida, mas quando o enunciado fala em "caput", deve-se entender § 1º. Isso porque, após a súmula ter sido aprovada (em 2003), foi editada a EC 62/2009, que deslocou a referida exceção em favor dos créditos de natureza alimentícia do caput do art. 100 para o seu § 1º.

Súmula 144-STJ: Os créditos de natureza alimentícia gozam de preferência, desvinculados os precatórios da ordem cronológica dos créditos de natureza diversa.

▶ *Aprovada em 10/08/1995, DJ 18/08/1995.*

» Válida.

Súmula vinculante 17-STF: Durante o período previsto no parágrafo 1º (atual § 5º) do artigo 100 da Constituição, não incidem juros de mora sobre os precatórios que nele sejam pagos.

▶ *Aprovada em 29/10/2009, DJe 10/11/2009.*

» Válida, mas quando o enunciado fala em "§ 1º", deve-se entender § 5º. Isso porque, após a súmula ter sido aprovada (em 10/11/2009), foi editada a EC 62/2009 (em 09/12/2009), que deslocou a redação do antigo § 1º para o atual § 5º do art. 100 da CF/88.

Súmula 311-STJ: Os atos do presidente do tribunal que disponham sobre processamento e pagamento de precatório não têm caráter jurisdicional.

▶ *Aprovada em 11/05/2005, DJ 23/05/2005.*

» Válida.

Súmula 733-STF: Não cabe recurso extraordinário contra decisão proferida no processamento de precatórios.

▸ *Aprovada em 26/11/2003, DJ 09/12/2003.*

» Válida.

AÇÃO CIVIL PÚBLICA

Súmula 329-STJ: O Ministério Público tem legitimidade para propor ação civil pública em defesa do patrimônio público.

▸ *Aprovada em 02/08/2006, DJ 10/08/2006.*

» Importante.
» A Lei nº 13.004/2014 acrescentou mais um inciso ao art. 1º da Lei 7.347/85 e estabeleceu, de forma expressa, que a ação civil pública poderá também prevenir e reparar danos morais e patrimoniais causados ao PATRIMÔNIO PÚBLICO E SOCIAL.

Súmula 643-STF: O Ministério Público tem legitimidade para promover ação civil pública cujo fundamento seja a ilegalidade de reajuste de mensalidades escolares.

▸ *Aprovada em 24/09/2003, DJ 09/10/2003.*

» Válida.

Súmula 470-STJ: ~~O Ministério Público não tem legitimidade para pleitear, em ação civil pública, a indenização decorrente do DPVAT em benefício do segurado.~~

▸ *Aprovada em 24/11/2010, DJe 06/12/2010.*

» Cancelada.
» O Plenário do STF decidiu que o Ministério Público tem legitimidade para defender contratantes do seguro obrigatório DPVAT (RE 631.111/GO, Rel. Min. Teori Zavascki, julgado em 06 e 07/08/2014. Repercussão Geral). Por essa razão, o STJ cancelou a súmula 470 (REsp 858.056/GO).

Súmula 183-STJ: ~~Compete ao juiz estadual, nas comarcas que não sejam sede de vara da Justiça Federal, processar e julgar ação civil pública, ainda que a União figure no processo.~~

▸ *Aprovada em 12/03/1997, DJ 31/03/1997.*

» Cancelada em 08/11/2000 (EDcl no CC 27676/BA).
» A ACP não é hipótese de delegação de competência de que trata o § 3º do art. 109 da CF/88. Desse modo, não pode tramitar na Justiça estadual se houver interesse da

União (art. 109, I, da CF/88). Assim, se a situação se enquadrar em uma das hipóteses previstas no art. 109 da CF/88, a ACP deverá sempre ser julgada pela Justiça Federal. Se na cidade não houver Justiça Federal, a causa deverá ser julgada pelo juízo federal que tiver competência sobre aquela cidade.

Súmula 489-STJ: Reconhecida a continência, devem ser reunidas na Justiça Federal as ações civis públicas propostas nesta e na Justiça estadual.

▶ *Aprovada em 28/06/2012, DJe 01/08/2012.*

» Importante.

» Ex: MP-SP ajuíza ACP contra um réu na Justiça Estadual; tempos depois, o MPF propõe, na Justiça Federal, ACP em desfavor desse mesmo requerido, com a mesma causa de pedir, mas com pedidos menos amplos que o da primeira ação. As duas ações deverão ser reunidas e julgadas pela Justiça Federal, mesmo não sendo este o juízo prevento.

AÇÃO POPULAR

Súmula 365-STF: Pessoa jurídica não tem legitimidade para propor ação popular.

▶ *Aprovada em 13/12/1963.*

» Válida.

» Somente é legitimado para propor a ação popular o cidadão (art. 5º, LXXIII, da CF/88).

AÇÃO MONITÓRIA

Súmula 247-STJ: O contrato de abertura de crédito em conta-corrente, acompanhado do demonstrativo de débito, constitui documento hábil para o ajuizamento da ação monitória.

▶ *Aprovada em 23/05/2001, DJ 05/06/2001.*

» Importante.

Súmula 299-STJ: É admissível a ação monitória fundada em cheque prescrito.

▶ *Aprovada em 18/10/2004, DJ 22/11/2004.*

» Importante.

Súmula 503-STJ: O prazo para ajuizamento de ação monitória em face do emitente de cheque sem força executiva é quinquenal, a contar do dia seguinte à data de emissão estampada na cártula.

▶ *Aprovada em 11/12/2013, DJe 10/02/2014.*

» Importante.

» Vide comentários em Direito Empresarial.

Súmula 531-STJ: Em ação monitória fundada em cheque prescrito ajuizada contra o emitente, é dispensável a menção ao negócio jurídico subjacente à emissão da cártula.

▶ *Aprovada em 13/05/2015, DJe 18/05/2015.*

» Importante.

» Vide comentários em Direito Empresarial.

Súmula 339-STJ: É cabível ação monitória contra a Fazenda Pública.

▶ *Aprovada em 16/05/2007, DJ 30/05/2007.*

» Importante.

» O teor da súmula passou a constar expressamente no § 6º do art. 700 do CPC 2015: "§ 6º É admissível ação monitória em face da Fazenda Pública."

Súmula 504-STJ: O prazo para ajuizamento de ação monitória em face do emitente de nota promissória sem força executiva é quinquenal, a contar do dia seguinte ao vencimento do título.

▶ *Aprovada em 11/12/2013, DJe 10/02/2014.*

» Importante.

» Vide comentários em Direito Empresarial.

Súmula 384-STJ: Cabe ação monitória para haver saldo remanescente oriundo de venda extrajudicial de bem alienado fiduciariamente em garantia.

▶ *Aprovada em 27/05/2009, DJe 08/06/2009.*

» Válida.

Súmula 282-STJ: Cabe a citação por edital em ação monitória.

▶ *Aprovada em 28/04/2004, DJ 13/05/2004.*

» Importante.

» O § 7º do art. 700 do CPC 2015 encampou essa ideia e previu o seguinte: "§ 7º Na ação monitória, admite-se citação por qualquer dos meios permitidos para o procedimento comum."

Súmula 292-STJ: A reconvenção é cabível na ação monitória, após a conversão do procedimento em ordinário.

▸ *Aprovada em 05/05/2004, DJ 13/05/2004.*

» Importante.

» O § 6º do art. 702 do CPC/2015 trata agora do tema nos seguintes termos: "§ 6º Na ação monitória admite-se a reconvenção, sendo vedado o oferecimento de reconvenção à reconvenção."

MANDADO DE SEGURANÇA

Súmula 270-STF: Não cabe mandado de segurança para impugnar enquadramento da Lei 3.780, de 12 de julho de 1960, que envolva exame de prova ou de situação funcional complexa.

▸ *Aprovada em 13/12/1963.*

» Válida.

» Deve-se ressaltar que o raciocínio da súmula pode ser aplicado para outros casos de enquadramento que não apenas o da Lei nela mencionada. Assim, não cabe mandado de segurança para impugnar enquadramento que envolva exame de prova ou de situação funcional complexa.

Súmula 625-STF: Controvérsia sobre matéria de direito não impede concessão de mandado de segurança.

▸ *Aprovada em 24/09/2003, DJ 09/10/2003.*

» Válida.

Súmula 429-STF: A existência de recurso administrativo com efeito suspensivo não impede o uso do mandado de segurança contra omissão da autoridade.

▸ *Aprovada em 01/06/1964, DJ 06/07/1964.*

» Válida.

» Lei nº 12.016/2009. Art. 5º Não se concederá mandado de segurança quando se tratar: I – de ato do qual caiba recurso administrativo com efeito suspensivo, independentemente de caução.

Súmula 266-STF: Não cabe mandado de segurança contra lei em tese.

▶ *Aprovada em 13/12/1963.*

» Importante.

» Alguns autores apontam que uma exceção a essa súmula seria a lei de efeitos concretos.

Súmula 267-STF: Não cabe mandado de segurança contra ato judicial passível de recurso ou correição.

▶ *Aprovada em 13/12/1963.*

» Importante.

» O art. 5º, II, da Lei 12.016/2009 prevê regra semelhante, falando, contudo, em recurso com efeito suspensivo.

» Exceção: o STJ admite MS contra ato judicial passível de recurso se houver, no caso concreto, uma situação teratológica, abusiva, que possa gerar dano irreparável e desde que o recurso previsto não tenha ou não possa obter efeito suspensivo. (STJ AgRg no MS 18.995/DF, julgado em 16/09/2013).

Súmula 202-STJ: A impetração de segurança por terceiro, contra ato judicial, não se condiciona à interposição de recurso.

▶ *Aprovada em 17/12/1997, DJ 02/02/1998.*

» Válida, mas com ressalvas.

» É entendimento do STJ que a Súmula 202 socorre tão somente aquele que não teve condições de tomar ciência da decisão que lhe prejudicou, ficando impossibilitado de se utilizar do recurso cabível (RMS 42.593/RJ, j. em 08/10/2013).

Súmula 268-STF: Não cabe mandado de segurança contra decisão judicial com trânsito em julgado.

▶ *Aprovada em 13/12/1963.*

» Importante.

» Essa regra encontra-se agora expressamente prevista no art. 5º, III, da Lei 12.016/2009.

» O mandado de segurança contra decisão judicial deve ser impetrado, via de regra, antes do trânsito em julgado da decisão impugnada, sob pena de utilização da ação mandamental como ação rescisória, o que não é admitido (AgRg no RMS 33.595/SP, julgado em 13/08/2013).

» O art. 59, da Lei 9.099/95 veda a propositura de ação rescisória contra decisões prolatadas no âmbito dos Juizados Especiais. Por conta disso, o STJ admite a impetração de MS no TJ para o exercício do controle da competência dos Juizados Especiais, ainda que a decisão a ser anulada já tenha transitado em julgado (STJ AgRg no RMS 28.262/RJ, julgado em 06/06/2013).

Súmula 510-STF: Praticado o ato por autoridade, no exercício de competência delegada, contra ela cabe o mandado de segurança ou a medida judicial.

▶ *Aprovada em 26/03/2014, DJ 31/03/2014.*

» Importante.

Súmula 333-STJ: Cabe mandado de segurança contra ato praticado em licitação promovida por sociedade de economia mista ou empresa pública.

▶ *Aprovada em 13/12/2006, DJ 14/02/2007.*

» Importante.

» Lei nº 12.016/2009. Art. 1º (...) § 2º Não cabe mandado de segurança contra os atos de gestão comercial praticados pelos administradores de empresas públicas, de sociedade de economia mista e de concessionárias de serviço público.

» A súmula refere-se a atos administrativos e não a atos de gestão, razão pela qual permanece válida.

Súmula 631-STF: Extingue-se o processo de mandado de segurança se o impetrante não promove, no prazo assinado, a citação do litisconsorte passivo necessário.

▶ *Aprovada em 24/09/2003, DJ 09/10/2003.*

» Importante.

» Art. 24 da Lei 12.016/2009.

» Vide Súmula 701-STF (Processo Penal).

Súmula 632-STF: É constitucional lei que fixa o prazo de decadência para a impetração de mandado de segurança.

▶ *Aprovada em 24/09/2003, DJ 09/10/2003.*

» Importante.

» O prazo decadencial do MS é de 120 dias (art. 23 da Lei nº 12.016/2009).

Súmula 430-STF: Pedido de reconsideração na via administrativa não interrompe o prazo para o mandado de segurança.

▶ *Aprovada em 24/03/2010, DJe 13/05/2010.*

» Importante.

» O pedido de reconsideração (revisão) do ato administrativo e a interposição de recurso administrativo destituído de efeito suspensivo não têm o condão de interromper o prazo de 120 dias para impetração do MS.

Súmula 271-STF: Concessão de mandado de segurança não produz efeitos patrimoniais, em relação a período pretérito, os quais devem ser reclamados administrativamente ou pela via judicial própria.

Súmula 269-STF: O mandado de segurança não é substitutivo de ação de cobrança.

▶ *Aprovadas em 13/12/1963.*

» Importantes.

» Vale ressaltar, no entanto, que existe um julgado do STJ afastando a aplicação destes enunciados:

(...) Quanto aos efeitos patrimoniais da tutela mandamental, sabe-se que, nos termos das Súmula 269 e 271 do STF, caberia à parte impetrante, após o trânsito em julgado da sentença concessiva da segurança, ajuizar nova demanda de natureza condenatória para reivindicar os valores vencidos em data anterior à impetração do pedido de writ; essa exigência, contudo, não apresenta nenhuma utilidade prática e atenta contra os princípios da justiça, da efetividade processual, da celeridade e da razoável duração do processo, além de estimular demandas desnecessárias e que movimentam a máquina judiciária, consumindo tempo e recursos públicos, de forma completamente inútil, inclusive honorários sucumbenciais, em ação que já se sabe destinada à procedência. (...)

(STJ. Corte Especial. EREsp 1164514/AM, Rel. Min. Napoleão Nunes Maia Filho, julgado em 16/12/2015, DJe 25/02/2016)

Súmula 101-STF: O mandado de segurança não substitui a ação popular.

▶ *Aprovada em 13/12/1963.*

» Válida.

Súmula 304-STF: Decisão denegatória de mandado de segurança, não fazendo coisa julgada contra o impetrante, não impede o uso da ação própria.

▶ *Aprovada em 13/12/1963.*

» Válida.

» Se for discutido o mérito da demanda pela via mandamental, opera-se a coisa julgada, não sendo possível o reexame do tema por meio de ação própria (STJ AgRg no REsp 1198803/DF, julgado em 06/10/2011).

Súmula 624-STF: Não compete ao Supremo Tribunal Federal conhecer originariamente de mandado de segurança contra atos de outros tribunais.

▶ *Aprovada em 24/09/2003, DJ 09/10/2003.*

» Importante.

» O STF não dispõe de competência originária para processar e julgar MS impetrado contra ato de outros Tribunais judiciários, ainda que se trate do STJ. Compete ao próprio STJ julgar os mandados de segurança impetrados contra seus atos ou omissões.

Súmula 330-STF: O Supremo Tribunal Federal não é competente para conhecer de mandado de segurança contra atos dos tribunais de justiça dos estados.

▶ *Aprovada em 13/12/1963.*

» Válida. É o mesmo sentido da Súmula 624-STF.

» MS contra ato do TJ é julgado pelo próprio TJ.

Súmula 623-STF: Não gera por si só a competência originária do Supremo Tribunal Federal para conhecer do mandado de segurança com base no art. 102, I, n, da Constituição, dirigir-se o pedido contra deliberação administrativa do tribunal de origem, da qual haja participado a maioria ou a totalidade de seus membros.

▶ *Aprovada em 24/09/2003, DJ 09/10/2003.*

» Válida.

Súmula 248-STF: É competente, originariamente, o Supremo Tribunal Federal, para mandado de segurança contra ato do Tribunal de Contas da União.

▶ *Aprovada em 13/12/1963.*

» Válida.

» Atualmente, essa competência encontra-se expressamente prevista no art. 102, I, "d", da CF/88.

Súmula 41-STJ: O Superior Tribunal de Justiça não tem competência para processar e julgar, originariamente, mandado de segurança contra ato de outros tribunais ou dos respectivos órgãos.

▶ *Aprovada em 14/05/1992, DJ 20/05/1992.*

» Válida.

» MS contra ato do TJ é julgado pelo próprio TJ.

Súmula 177-STJ: O Superior Tribunal de Justiça é incompetente para processar e julgar, originariamente, mandado de segurança contra ato de órgão colegiado presidido por Ministro de Estado.

▸ *Aprovada em 27/11/1996, DJ 11/12/1996.*

» Válida.

Súmula 622-STF: ~~Não cabe agravo regimental contra decisão do relator que concede ou indefere liminar em mandado de segurança.~~

▸ *Aprovada em 24/09/2003, DJ 09/10/2003.*

» Superada.
» Na época em que essa súmula foi editada (24/09/2003), seu entendimento era correto. Ocorre que a nova Lei do Mandado de Segurança (Lei nº 12.016/2009) previu expressamente que CABE agravo contra decisão do relator que concede ou indefere liminar em MS.
» Art. 16 (...) Parágrafo único. Da decisão do relator que conceder ou denegar a medida liminar caberá agravo ao órgão competente do tribunal que integre.

Súmula 626-STF: A suspensão da liminar em mandado de segurança, salvo determinação em contrário da decisão que a deferir, vigorará até o trânsito em julgado da decisão definitiva de concessão da segurança ou, havendo recurso, até a sua manutenção pelo Supremo Tribunal Federal, desde que o objeto da liminar deferida coincida, total ou parcialmente, com o da impetração.

▸ *Aprovada em 24/09/2003, DJ 09/10/2003.*

» Importante.
» Vide art. 4º da Lei 8.437/92; art. 25, § 3º, da Lei 8.038/90; art. 297, § 3º do RISTF; art. 297, § 3º do RISTJ.

Súmula 405-STF: Denegado o mandado de segurança pela sentença, ou no julgamento do agravo, dela interposto, fica sem efeito a liminar concedida, retroagindo os efeitos da decisão contrária.

▸ *Aprovada em 01/06/1964, DJ 06/07/1964.*

» Importante.

Súmula 512-STF: Não cabe condenação em honorários de advogado na ação de mandado de segurança.

▸ *Aprovada em 03/12/1969, DJ 10/12/1969.*

Súmula 105-STJ: Na ação de mandado de segurança não se admite condenação em honorários advocatícios.

▶ *Aprovada em 26/05/1994, DJ 03/06/1994.*

» Importantes.
» Art. 25 da Lei 12.016/2009.

Súmula 474-STF: Não há direito líquido e certo, amparado pelo mandado de segurança, quando se escuda em lei cujos efeitos foram anulados por outra, declarada constitucional pelo Supremo Tribunal Federal.

▶ *Aprovada em 03/12/1969, DJ 10/12/1969.*

» Válida, mas sem importância.

Súmula 511-STF: ~~Compete a justiça federal, em ambas as instâncias, processar e julgar as causas entre autarquias federais e entidades públicas locais, inclusive mandados de segurança, ressalvada a ação fiscal, nos termos da Constituição Federal de 1967, art. 119, parágrafo 3.~~

▶ *Aprovada em 03/12/1969, DJ 10/12/1969.*

» Superada.

Súmula 376-STJ: Compete à turma recursal processar e julgar o mandado de segurança contra ato de juizado especial.

▶ *Aprovada em 18/03/2009, DJe 30/03/2009.*

» Importante.

Súmula 213-STJ: O mandado de segurança constitui ação adequada para a declaração do direito à compensação tributária.

▶ *Aprovada em 23/09/1998, DJ 02/10/1998.*

Súmula 212-STJ: A compensação de créditos tributários não pode ser deferida em ação cautelar ou por medida liminar cautelar ou antecipatória.

▶ *Aprovada em 23/09/1998, DJ 02/10/1998.*

Súmula 460-STJ: É incabível o mandado de segurança para convalidar a compensação tributária realizada pelo contribuinte.

▶ *Aprovada em 25/08/2010, DJ 08/09/2010.*

» Importantes.

» Segundo o STJ, para convalidar a compensação, seria necessária dilação probatória, o que é inviável em mandado de segurança.

Súmula 392-STF: O prazo para recorrer de acórdão concessivo de segurança conta-se da publicação oficial de suas conclusões, e não da anterior ciência à autoridade para cumprimento da decisão.

▶ *Aprovada em 03/04/1964, DJ 08/05/1964.*

» Válida.

Súmula 272-STF: Não se admite como ordinário recurso extraordinário de decisão denegatória de mandado de segurança.

▶ *Aprovada em 13/12/1963.*

» Válida.

» Se algum Tribunal Superior (ex: STJ) denega um mandado de segurança, a impugnação cabível é o recurso ordinário constitucional (art. 102, II, "a", da CF/88). Não há dúvida quanto a isso. Logo, se a parte interpõe recurso extraordinário contra essa decisão, incorre em erro grosseiro, não se podendo aplicar o princípio da fungibilidade.

Súmula 169-STJ: ~~São inadmissíveis embargos infringentes no processo de mandado de segurança.~~

▶ *Aprovada em 16/10/1996, DJ 22/10/1996.*

Súmula 597-STF: ~~Não cabem embargos infringentes de acórdão que, em mandado de segurança decidiu, por maioria de votos, a apelação.~~

▶ *Aprovada em 15/12/1976, DJ 03/01/1977.*

Súmula 294-STF: ~~São inadmissíveis embargos infringentes contra decisão do Supremo Tribunal Federal em mandado de segurança.~~

▶ *Aprovada em 13/12/1963.*

» Superadas pelo CPC 2015. Isso porque o novo CPC acabou com os embargos infringentes.

Súmula 506-STF: ~~O agravo a que se refere o art. 4 da Lei 4.348, de 26.06.1964, cabe, somente, do despacho do Presidente do Supremo Tribunal Federal que defere a suspensão da liminar, em mandado de segurança, não do que a denega.~~

▶ *Aprovada em 03/12/1969, DJ 10/12/1969.*

» Cancelada pelo Plenário do STF no SS 2222 AgR-ED-AgR, julgado em 13/11/2003.

Súmula 217-STJ: ~~Não cabe agravo de decisão que indefere o pedido de suspensão da execução da liminar, ou da sentença em mandado de segurança.~~

▶ *Aprovada em 03/02/1999, DJ 15/03/1999.*

» Cancelada pelo STJ no julgamento da QO no AgRg na SS 1204/AM, em 23/10/2003.

» O art. 4º, § 3º da Lei nº 8.437/92, com redação dada pela MP nº 2.180-35/2001, estabeleceu que caberá agravo, no prazo de cinco dias, do despacho que conceder ou negar a suspensão.

Súmula 299-STF: O recurso ordinário e o extraordinário interpostos no mesmo processo de mandado de segurança, ou de "habeas corpus", serão julgados conjuntamente pelo Tribunal Pleno.

▶ *Aprovada em 13/12/1963.*

» Válida.

MANDADO DE SEGURANÇA COLETIVO

Súmula 629-STF: A impetração de mandado de segurança coletivo por entidade de classe em favor dos associados independe da autorização destes.

▶ *Aprovada em 24/09/2003, DJ 09/10/2003.*

» Importante.

» Não é necessária autorização dos associados porque se trata de substituição processual, situação na qual a entidade defenderá, em nome próprio, interesse alheio (de seus associados).

» A Lei nº 12.016/2009, que é posterior à súmula, previu, expressamente, que, para a impetração de mandado de segurança coletivo, a organização sindical, entidade de classe ou associação legalmente constituída não precisa de autorização especial (art. 21).

Súmula 630-STF: A entidade de classe tem legitimação para o mandado de segurança ainda quando a pretensão veiculada interesse apenas a uma parte da respectiva categoria.

▶ *Aprovada em 24/09/2003, DJ 09/10/2003.*

» Importante.

» Essa regra foi prevista expressamente no art. 21 da nova Lei do Mandado de Segurança (Lei nº 12.016/2009).

RECLAMAÇÃO CONSTITUCIONAL

Súmula 734-STF: Não cabe reclamação quando já houver transitado em julgado o ato judicial que se alega tenha desrespeitado decisão do Supremo Tribunal Federal.

▸ *Aprovada em 26/11/2003, DJ 09/12/2003.*

» Importante.

Súmula 368-STF: Não há embargos infringentes no processo de reclamação.

▸ *Aprovada em 13/12/1963.*

» Válida, mas sem importância atualmente. Isso porque o CPC 2015 acabou com os embargos infringentes no processo civil como um todo.

JUIZADOS ESPECIAIS

Súmula 376-STJ: Compete à turma recursal processar e julgar o mandado de segurança contra ato de juizado especial.

▸ *Aprovada em 18/03/2009, DJe 30/03/2009.*

» Importante.

Súmula 428-STJ: Compete ao Tribunal Regional Federal decidir os conflitos de competência entre juizado especial federal e juízo federal da mesma seção judiciária.

▸ *Aprovada em 17/03/2010, DJe 13/05/2010.*

» Importante.

OUTROS TEMAS

Súmula 325-STF: As emendas ao regimento do Supremo Tribunal Federal, sobre julgamento de questão constitucional, aplicam-se aos pedidos ajuizados e aos recursos interpostos anteriormente à sua aprovação.

▸ *Aprovada em 13/12/1963.*

» Válida.

Súmula 509-STF: ~~A Lei 4.632, de 18.5.65, que alterou o artigo 64 do Código de Processo Civil, aplica-se aos processos em andamento, nas instâncias ordinárias.~~

▸ *Aprovada em 03/12/1969, DJ 10/12/1969.*

» Superada.

Súmula 500-STF: ~~Não cabe a ação cominatória para compelir-se o réu a cumprir obrigação de dar.~~

▶ *Aprovada em 03/12/1964, DJ 10/12/1964.*

» Superada.

7. DIREITO PENAL

LEI NOVA FAVORÁVEL

Súmula 611-STF: Transitada em julgado a sentença condenatória, compete ao juízo das execuções a aplicação de lei mais benigna.

▶ *Aprovada em 17/10/1984, DJ 29/10/1984.*

» Válida.
» No mesmo sentido é o art. 66 da LEP:

> Art. 66. Compete ao Juiz da execução:
> I – aplicar aos casos julgados lei posterior que de qualquer modo favorecer o condenado.

CRIME IMPOSSÍVEL

Súmula 145-STF: Não há crime, quando a preparação do flagrante pela polícia torna impossível a sua consumação.

▶ *Aprovada em 13/12/1963.*

» Importante.
» Essa súmula retrata o chamado "flagrante preparado", também chamado de "flagrante provocado", "crime de ensaio" ou "delito putativo por obra do agente provocador".
» Ocorre o flagrante preparado (provocado) quando alguém instiga o indivíduo a praticar o crime com o objetivo de prendê-lo em flagrante no momento em que ele o estiver cometendo. O flagrante preparado é hipótese de crime impossível e

o indivíduo instigado não responderá penalmente, sendo sua conduta considerada atípica.

CRIME CONTINUADO

Súmula 605-STF: Não se admite continuidade delitiva nos crimes contra a vida.

▸ *Aprovada em 17/10/1984, DJ 29/10/1984.*

» Superada.

» A súmula está superada porque foi editada antes da Lei nº 7.209/84.

» Em 1984, houve uma reforma da Parte Geral do Código Penal, materializada pela Lei nº 7.209.

» A Reforma de 1984 passou a permitir, expressamente, a continuidade delitiva em crimes dolosos, conforme se verifica no parágrafo único do art. 71 do CP:

Art. 71 (...)

Parágrafo único – Nos crimes dolosos, contra vítimas diferentes, cometidos com violência ou grave ameaça à pessoa, poderá o juiz, considerando a culpabilidade, os antecedentes, a conduta social e a personalidade do agente, bem como os motivos e as circunstâncias, aumentar a pena de um só dos crimes, se idênticas, ou a mais grave, se diversas, até o triplo, observadas as regras do parágrafo único do art. 70 e do art. 75 deste Código. (Redação dada pela Lei nº 7.209, de 11.7.1984)

» Logo, para a doutrina e jurisprudência, o presente enunciado, apesar de não formalmente cancelado, está incorreto, uma vez que é possível a continuidade delitiva em crimes contra a vida.

Súmula 711-STF: A lei penal mais grave aplica-se ao crime continuado ou ao crime permanente, se a sua vigência é anterior à cessação da continuidade ou da permanência.

▸ *Aprovada em 24/09/2003, DJ 09/10/2003.*

» **Importante.**

Exemplo:

» Carlos subtrai 50 reais no dia 01/07 do caixa da padaria; no dia 02/07, subtrai mais 50 reais; no dia 03/07, Carlos não vai trabalhar e nesta data entra em vigor uma nova lei aumentando a pena do furto; no dia 04/07, Carlos subtrai mais 50 reais. Assim, após 10 dias ele consegue retirar os 500 reais.

» Desse modo, perceba que uma parte dos furtos que Carlos praticou foram sob a égide da lei antiga e os demais furtos ocorreram quando já estava em vigor a lei nova.

Indaga-se: Carlos irá responder com base na lei antiga ou na lei nova?

» Resposta: Lei nova. Isso porque, com a entrada da nova lei mais gravosa Carlos poderia ter desistido da prática dos delitos, mas mesmo assim persistiu, de forma que deverá responder pela nova legislação, ainda que mais severa. Esse é objeto da Súmula 711 do STF.

» Cuidado: A redação da súmula dá a entender que a lei mais grave é sempre aplicável. Isso não é correto. Na verdade, o que é sempre aplicada é a lei penal mais nova, independentemente de ser mais grave ou não. A redação mais exata da súmula deveria ser: "A lei penal nova mais grave aplica-se..."

» Vale ressaltar, contudo, que, se em uma prova, a alternativa transcrever a redação da súmula, ela estará correta.

DOSIMETRIA DA PENA

Súmula 444-STJ: É vedada a utilização de inquéritos policiais e ações penais em curso para agravar a pena-base.

▸ *Aprovada em 28/04/2010, DJe 13/05/2010.*

» Importante.
» Fundamento: princípio da presunção de inocência.

Súmula 241-STJ: A reincidência penal não pode ser considerada como circunstância agravante e, simultaneamente, como circunstância judicial.

▸ *Aprovada em 23/09/1998, DJ 02/10/1998.*

» Importante.
» Essa proibição existe para evitar o "bis in idem".

Súmula 231-STJ: A incidência da circunstância atenuante não pode conduzir à redução da pena abaixo do mínimo legal.

▸ *Aprovada em 22/09/1999, DJ 15/10/1999.*

» Importante.

A confissão espontânea pode servir de fundamento para a redução da pena-base abaixo do grau mínimo previsto em lei (Juiz Federal TRF2 2013)?

» Não. A confissão é uma atenuante (art. 65, III, "d", do CP) e, segundo entendimento sumulado do STJ, as atenuantes não podem reduzir a pena do réu abaixo do mínimo legal.

> **Súmula 545-STJ:** Quando a confissão for utilizada para a formação do convencimento do julgador, o réu fará jus à atenuante prevista no artigo 65, III, d, do Código Penal.

▸ *Aprovada em 14/10/2015, DJe 19/10/2015.*

» Importante.

Confissão espontânea: atenuante.

» A confissão espontânea é atenuante genérica prevista no art. 65, III, "d", do CP:

> Art. 65. São circunstâncias que sempre atenuam a pena:
> III – ter o agente:
> d) confessado espontaneamente, perante a autoridade, a autoria do crime;

» Como se trata de atenuante, a confissão serve para diminuir a pena do condenado, o que é feito na 2ª fase da dosimetria da pena.

Confissão parcial

» A confissão parcial ocorre quando o réu confessa apenas parcialmente os fatos narrados na denúncia. Ex.: o réu foi denunciado por furto qualificado pelo rompimento de obstáculo (art. 155, § 4º, I, do CP). Ele confessa a subtração do bem, mas nega que tenha arrombado a casa.

» Se a confissão foi parcial e o juiz a considerou no momento da condenação, este magistrado deverá fazer incidir a atenuante na fase da dosimetria da pena? SIM. Se a confissão, ainda que parcial, serviu de suporte para a condenação, ela deverá ser utilizada como atenuante (art. 65, III, "d", do CP) no momento de dosimetria da pena. STJ. 6ª Turma. HC 217.683/SP, Rel. Min. Og Fernandes, julgado em 25/06/2013. STJ. 5ª Turma. HC 328.021-SC, Rel. Min. Leopoldo de Arruda Raposo (Desembargador convocado do TJ-PE), julgado em 3/9/2015 (Info 569).

Confissão qualificada

» A confissão qualificada ocorre quando o réu admite a prática do fato, no entanto, alega em sua defesa um motivo que excluiria o crime ou o isentaria de pena. Ex: eu matei sim, mas foi em legítima defesa. Obs: por serem muito próximos os conceitos, alguns autores apresentam a confissão parcial e a qualificada como sinônimas.

Se a confissão foi qualificada e o juiz a considerou no momento da condenação, este magistrado deverá fazer incidir a atenuante na fase da dosimetria da pena?

» A confissão qualificada (aquela na qual o agente agrega teses defensivas discriminantes ou exculpantes), quando efetivamente utilizada como elemento de convicção, enseja a aplicação da atenuante prevista na alínea "d" do inciso III do art. 65 do CP (STJ. 5ª Turma. AgRg no REsp 1.198.354-ES, Rel. Min. Jorge Mussi, julgado em 16/10/2014). Obs: o STF possui precedentes em sentido contrário. Veja: (...) A confissão qualificada não é suficiente para justificar a atenuante prevista no art. 65,

III, "d", do Código Penal (...) STF. 1ª Turma. HC 119671, Rel. Min. Luiz Fux, julgado em 05/11/2013.

» Como o último julgado do STF sobre o tema é relativamente antigo (2013), em provas, é mais provável que seja cobrado o entendimento do STJ.

Confissão retratada

» A chamada confissão retratada ocorre quando o agente confessa a prática do delito e, posteriormente, se retrata, negando a autoria. Ex: durante o inquérito policial, João confessa o crime, mas em juízo volta atrás e se retrata, negando a imputação e dizendo que foi torturado pelos policiais. O agente confessa na fase do inquérito policial e, em juízo, se retrata, negando a autoria. O juiz condena o réu fundamentando sua sentença, dentre outros argumentos e provas, na confissão extrajudicial.

Deverá incidir a atenuante?

» SIM. Se a confissão do agente é utilizada pelo magistrado como fundamento para embasar a condenação, a atenuante prevista no art. 65, inciso III, alínea "d", do CP deve ser aplicada em favor do réu, não importando que, em juízo, este tenha se retratado (voltado atrás) e negado o crime (STJ. 5ª Turma. HC 176.405/RO, Rel. Min. Jorge Mussi, julgado em 23/04/2013).

Em suma, na sentença, o juiz poderá utilizar a confissão parcial, a confissão qualificada ou a confissão com retratação posterior para, em conjunto com outras provas, condenar o réu?

» SIM.

Neste caso, o juiz deverá aplicar a atenuante do art. 65, III, "d", do CP?

» SIM. A orientação desta Corte é pela irrelevância de ser a confissão parcial ou total, condicionada ou irrestrita, com ou sem retratação posterior, devendo incidir a atenuante do art. 65, III, "d", do Código Penal, desde que utilizada como fundamento para a condenação. STJ. 5ª Turma. AgRg no REsp 1450875/SP, Rel. Min. Gurgel de Faria, julgado em 04/08/2015.

» Obs: o STF possui julgado em sentido contrário: (...) 1. Jurisprudência do Supremo Tribunal Federal: a retratação em juízo da anterior confissão policial obsta a invocação e a aplicação obrigatória da circunstância atenuante referida no art. 65, inc. III, alínea 'd', do Código Penal. Não é de se aplicar a atenuante da confissão espontânea para efeito de redução da pena se o réu, denunciado por tráfico de droga, confessa que a portava apenas para uso próprio. (...) STF. 2ª Turma. HC 118375, Rel. Min. Cármen Lúcia, julgado em 08/04/2014.

» Como o último julgado do STF sobre o tema é relativamente antigo (2014), em provas, é mais provável que seja cobrado o entendimento do STJ.

Entendimento sumulado

» O STJ resumiu seus entendimentos sobre a confissão com a súmula 545: "Quando a confissão for utilizada para a formação do convencimento do julgador, o réu fará jus à atenuante prevista no artigo 65, III, d, do Código Penal."

» Desse modo, a Súmula 545 do STJ vale tanto para casos de confissão parcial, de confissão qualificada e confissão com retratação posterior. Em suma, se o juiz utilizou a confissão como fundamento (elemento de argumentação) para embasar a condenação, ele, obrigatoriamente, deverá aplicar a atenuante prevista no art. 65, inciso III, alínea "d", do CP.

» Ora, a confissão é um fato processual que gera um ônus e um bônus para o réu. O ônus está no fato de que isso será utilizado contra ele como elemento de prova no momento da sentença. O bônus foi concedido pela lei e consiste na atenuação de sua pena. Não seria justo que o magistrado utilizasse a confissão apenas para condenar o réu, sem lhe conferir o bônus, qual seja, o reconhecimento da confissão.

» Obs: em provas de concurso, penso que irão cobrar, durante um bom tempo, a mera redação da Súmula 545 do STJ. Algo como: "segundo o entendimento sumulado do STJ...".

Súmula 171-STJ: Cominadas cumulativamente, em lei especial, penas privativa de liberdade e pecuniária, é defeso a substituição da prisão por multa.

▶ *Aprovada em 23/10/1996, DJ 31/10/1996.*

» Válida.

FIXAÇÃO DO REGIME PRISIONAL

Súmula 719-STF: A imposição do regime de cumprimento mais severo do que a pena aplicada permitir exige motivação idônea.

▶ *Aprovada em 24/09/2003, DJ 09/10/2003.*

» Importante.

É possível que seja imposto ao condenado primário um regime inicial mais rigoroso do que o previsto para a quantidade de pena aplicada? Ex.: se uma pessoa pode ser condenada a 6 anos de reclusão e o juiz fixar o regime inicial fechado?

» SIM, é possível, desde que o juiz apresente motivação idônea na sentença.

Súmula 718-STF: A opinião do julgador sobre a gravidade em abstrato do crime não constitui motivação idônea para a imposição de regime mais severo do que o permitido segundo a pena aplicada.

▶ *Aprovada em 24/09/2003, DJ 09/10/2003.*

» Importante.

O juiz pode fundamentar a imposição do regime mais severo devido ao fato do crime praticado ser, abstratamente, um delito grave? Ex.: o juiz afirma que, em sua opinião, no caso de tráfico de drogas o regime deve ser o fechado em razão da gravidade desse delito. Isso é possível?

» NÃO. A opinião do julgador sobre a gravidade em abstrato do crime NÃO constitui motivação idônea para a imposição de regime mais severo do que o permitido segundo a pena aplicada (Súmula 718-STF).

O que é considerado, então, motivação idônea para impor ao condenado regime mais gravoso?

» Exige-se que o juiz aponte circunstâncias que demonstrem que o fato criminoso, concretamente, foi grave. Se as circunstâncias judiciais do art. 59 forem desfavoráveis, é possível que o juiz se fundamente nesses dados para impor ao condenado regime inicial mais gravoso que o previsto para a quantidade de pena aplicada. Nesse sentido:

> (...) Se as penas-base de ambos os crimes são fixadas acima do mínimo legal em face da valoração negativa das circunstâncias do art. 59 do Código Penal, não há ilegalidade na imposição de regime inicial mais gravoso do que o abstratamente previsto de acordo com a quantidade de pena aplicada. (...) STJ. 5ª Turma. AgRg no REsp 1471969/RN, Rel. Min. Jorge Mussi, julgado em 20/11/2014).

Súmula 440-STJ: Fixada a pena-base no mínimo legal, é vedado o estabelecimento de regime prisional mais gravoso do que o cabível em razão da sanção imposta, com base apenas na gravidade abstrata do delito.

▶ *Aprovada em 01/10/1964, DJ 08/10/1964.*

» Importante.

Fixação do regime inicial

» O juiz, ao prolatar a sentença condenatória, deverá fixar o regime no qual o condenado iniciará o cumprimento da pena privativa de liberdade. A isso se dá o nome de fixação do regime inicial.

» Os critérios para essa fixação estão previstos no art. 33 do Código Penal.

O que o juiz deve observar na fixação do regime inicial?

» O juiz, quando vai fixar o regime inicial do cumprimento da pena privativa de liberdade, deve observar quatro fatores:

1) o tipo de pena aplicada: se reclusão ou detenção;
2) o *quantum* da pena definitiva;
3) se o condenado é reincidente ou não;
4) as circunstâncias judiciais (art. 59 do CP).

» Vamos organizar a aplicação desses quatro fatores:

RECLUSÃO O regime inicial pode ser:	FECHADO: se a pena é superior a 8 anos.
	SEMIABERTO: se a pena foi maior que 4 e menor ou igual a 8 anos. Se o condenado for reincidente, o regime inicial, para esse *quantum* de pena, é o fechado.
	ABERTO: se a pena foi de até 4 anos. Se o condenado for reincidente, o regime inicial, para esse *quantum* de pena, será o semiaberto ou o fechado. O que irá definir isso vão ser as circunstâncias judiciais: • se desfavoráveis, vai para o fechado; • se favoráveis, vai para o semiaberto. Súmula 269-STJ: É admissível a adoção do regime prisional semiaberto aos reincidentes condenados a pena igual ou inferior a quatro anos se favoráveis as circunstâncias judiciais.
DETENÇÃO O regime inicial pode ser:	FECHADO: nunca
	SEMIABERTO: se a pena foi maior que 4 anos.
	ABERTO: se a pena foi de até 4 anos. Se o condenado for reincidente, o regime inicial é o semiaberto.

É possível que seja imposto ao condenado primário um regime inicial mais rigoroso do que o previsto para a quantidade de pena aplicada? Ex.: uma pessoa pode ser condenada a 6 anos de reclusão e o juiz fixar o regime inicial fechado?

» SIM, é possível, desde que o juiz apresente motivação idônea na sentença.

Súmula 719-STF: A imposição do regime de cumprimento mais severo do que a pena aplicada permitir exige motivação idônea.

O juiz pode fundamentar a imposição do regime mais severo devido ao fato do crime praticado ser, abstratamente, um delito grave? Ex.: o juiz afirma que, em sua opinião, no caso de tráfico de drogas o regime deve ser o fechado em razão da gravidade desse delito.

» NÃO. A opinião do julgador sobre a gravidade em abstrato do crime NÃO constitui motivação idônea para a imposição de regime mais severo do que o permitido segundo a pena aplicada (Súmula 718-STF).

O que é considerado, então, motivação idônea para impor ao condenado regime mais gravoso?

» Exige-se que o juiz aponte circunstâncias que demonstrem que o fato criminoso, concretamente, foi grave.
» Se as circunstâncias judiciais do art. 59 forem desfavoráveis, é possível que o juiz se fundamente nesses dados para impor ao condenado regime inicial mais gravoso que o previsto para a quantidade de pena aplicada. Nesse sentido:

> (...) Se as penas-base de ambos os crimes são fixadas acima do mínimo legal em face da valoração negativa das circunstâncias do art. 59 do Código Penal, não há ilegalidade na imposição de regime inicial mais gravoso do que o abstratamente previsto de acordo com a quantidade de pena aplicada. (...)
> STJ. 5ª Turma. AgRg no REsp 1471969/RN, Rel. Min. Jorge Mussi, julgado em 20/11/2014)

Se a pena privativa de liberdade foi fixada no mínimo legal, é possível a fixação de regime inicial mais severo do que o previsto pela quantidade de pena? Ex.: Paulo, réu primário, foi condenado a uma pena de seis anos de reclusão. As circunstâncias judiciais foram favoráveis. Pode o juiz fixar o regime inicial fechado?

» NÃO. A posição que prevalece é a de que, fixada a pena-base no mínimo legal e sendo o acusado primário e sem antecedentes criminais, não se justifica a fixação do regime prisional mais gravoso.
» STJ. 5ª Turma. AgRg no HC 303.275/SP, Rel. Min. Jorge Mussi, julgado em 03/02/2015.
» Esse é também o entendimento do STF: HC 118.230, Rel. Min. Dias Toffoli, julgado em 08/10/2013.

Súmula 269-STJ: É admissível a adoção do regime prisional semiaberto aos reincidentes condenados a pena igual ou inferior a quatro anos se favoráveis as circunstâncias judiciais.

▶ *Aprovada em 22/05/2002, DJ 29/05/2002.*

» Importante.
» Veja comentários à Súmula 440 do STJ.

EXECUÇÃO DA PENA DE MULTA

Súmula 521-STJ: A legitimidade para a execução fiscal de multa pendente de pagamento imposta em sentença condenatória é exclusiva da Procuradoria da Fazenda Pública.

▶ *Aprovada em 25/03/2015, DJe 06/04/2015.*

» Importante.

Multa

» Multa é uma espécie de pena, por meio da qual o condenado fica obrigado a pagar uma quantia em dinheiro que será revertida em favor do Fundo Penitenciário.

» Pagamento da multa. A pena de multa é fixada na própria sentença condenatória. Depois que a sentença transitar em julgado, o condenado terá um prazo máximo de 10 dias para pagar a multa imposta (art. 50 do CP). O Código prevê a possibilidade de o condenado requerer o parcelamento da multa em prestações mensais, iguais e sucessivas, podendo o juiz autorizar, desde que as circunstâncias justifiquem (ex.: réu muito pobre, multa elevadíssima etc.). O parcelamento deverá ser feito antes de esgotado o prazo de 10 dias. O Juiz, antes de decidir, poderá determinar diligências para verificar a real situação econômica do condenado e, ouvido o Ministério Público, fixará o número de prestações (art. 169, § 1º da LEP). Se o condenado for impontual ou se melhorar de situação econômica, o Juiz, de ofício ou a requerimento do Ministério Público, poderá revogar o benefício (art. 169, § 2º da LEP).

O que acontece caso o condenado não pague nem parcele a multa no prazo de 10 dias?

1) Antes da Lei nº 9.268/96: se o condenado, deliberadamente, deixasse de pagar a pena de multa, ela deveria ser convertida em pena de detenção. Em outras palavras, a multa era transformada em pena privativa de liberdade.

2) Atualmente: a Lei nº 9.268/96 alterou o art. 51 do CP e previu que, se a multa não for paga, ela será considerada dívida de valor e deverá ser cobrada do condenado pela Fazenda Pública por meio de execução fiscal.

» Importante, no entanto, esclarecer que, mesmo com essa mudança trazida pela Lei nº 9.268/96, a multa continua tendo caráter de sanção criminal, ou seja, permanece sendo uma pena. O que essa Lei fez foi mudar a consequência do não pagamento da multa e a sua forma de cobrança: antes, a multa não paga se convertia em pena de detenção; agora, ela deve ser cobrada por meio de execução fiscal.

Quem executa a pena de multa?

» A pena de multa é executada pela Fazenda Pública por meio de execução fiscal que tramita na vara de execuções fiscais. O rito a ser aplicado é o da Lei nº 6.830/80. Não se aplica a Lei nº 7.210/84 (LEP). A execução da pena de multa ocorre como se estivesse sendo cobrada uma multa tributária. Exemplo: João foi sentenciado por roubo e o juiz de direito (Justiça Estadual) o condenou a 4 anos de reclusão e mais 10 dias-multa no valor de meio salário mínimo cada. Depois do trânsito em julgado, o condenado foi intimado para pagar a pena de multa no prazo de 10 dias, mas não o fez. Diante disso, o escrivão da vara irá lavrar uma certidão na qual constarão as informações sobre a condenação e o valor da multa, e o magistrado a remeterá para a Procuradoria Geral do Estado. Um dos Procuradores do Estado irá ajuizar, em nome do Estado, uma execução fiscal, que tramitará na vara de execuções fiscais (não é na vara de execuções penais). Obs.: se João tivesse sido condenado pela Justiça Federal, quem iria ingressar com a execução seria a União, por intermédio da Procuradoria da Fazenda Nacional (PFN).

O Ministério Público pode executar a pena de multa?

» NÃO. A legitimidade para executar a pena de multa é da Fazenda Pública (União ou Estado-membro), a depender da "Justiça" que condenou o réu, e esta execução só pode ser proposta por meio da Procuradoria jurídica da Fazenda Pública (PFN ou PGE). A Lei nº 9.268/96, ao alterar a redação do art. 51 do CP, afastou a titularidade do Ministério Público para cobrar a pena de multa. Assim, a legitimidade para a execução fiscal de multa pendente de pagamento imposta em sentença condenatória é exclusiva da Procuradoria da Fazenda Pública (Súmula 521-STJ).

MEDIDA DE SEGURANÇA

Súmula 527-STJ: O tempo de duração da medida de segurança não deve ultrapassar o limite máximo da pena abstratamente cominada ao delito praticado.

▸ *Aprovada em 13/05/2015, DJe 18/05/2015.*

» Importante.

Sanção penal

» Sanção penal é a resposta dada pelo Estado à pessoa que praticou uma infração penal. Existem duas espécies de sanção penal: a) pena; b) medida de segurança.

Medida de segurança

» "Medida de segurança é a modalidade de sanção penal com finalidade exclusivamente preventiva, e de caráter terapêutico, destinada a tratar inimputáveis e semi-imputáveis portadores de periculosidade, com o escopo de evitar a prática de futuras infrações penais." (MASSON, Cleber. Direito Penal esquematizado. São Paulo: Método, 2012, p. 815).

» Assim, a medida de segurança é aplicável para o indivíduo que praticou uma conduta típica e ilícita, mas, no tempo do fato, ele era totalmente incapaz (inimputável) ou parcialmente capaz (semi-imputável) de entender o caráter ilícito de sua conduta e de se autodeterminar segundo tal entendimento. Em razão disso, em vez de receber uma pena, ele estará sujeito a receber uma medida de segurança (AVENA, Norberto. Execução penal esquematizado. São Paulo: Método, p. 363).

Qual é o procedimento necessário para se constatar a necessidade ou não de aplicação da medida de segurança?

» Se houver séria dúvida sobre a integridade mental do acusado, o juiz determina a instauração de um incidente de insanidade mental. O réu será submetido a um exame médico-legal que irá diagnosticar se ele, ao tempo da ação ou da omissão criminosa, tinha capacidade de entender o caráter ilícito do fato ou de determinar-se de acordo com esse entendimento.

Quais as conclusões a que o juiz pode chegar com o incidente de insanidade?

» Após o incidente e com base nas conclusões do médico perito, o juiz poderá concluir que o réu é...

1) **imputável:** nesse caso, ele será julgado normalmente e poderá ser condenado a uma pena;

2) **inimputável:** se ficar provado que o agente é inimputável, ou seja, que por doença mental ou desenvolvimento mental incompleto ou retardado ele era, ao tempo da ação ou da omissão, inteiramente incapaz de entender o caráter ilícito do fato ou de determinar-se de acordo com esse entendimento, ficará isento de pena (art. 26 do CP) e poderá ou não receber uma medida de segurança, a depender de existirem ou não provas de que praticou fato típico e ilícito;

3) **semi-imputável:** se ficar provado que, em virtude de perturbação de saúde mental ou por desenvolvimento mental incompleto ou retardado, o agente não era inteiramente capaz de entender o caráter ilícito do fato ou de determinar-se de acordo com esse entendimento, ele poderá:

» 3.1) ser condenado, mas sua pena será reduzida de 1/3 a 2/3, nos termos do parágrafo único do art. 26 do CP; OU

» 3.2) receber medida de segurança, se ficar comprovado que necessita de especial tratamento curativo (art. 98 do CP).

Espécies de medida de segurança (art. 96 do CP):

Detentiva (internação)	Restritiva (tratamento ambulatorial)
Consiste na internação do agente em um hospital de custódia e tratamento psiquiátrico. Obs.: se não houver hospital de custódia, a internação deverá ocorrer em outro estabelecimento adequado.	Consiste na determinação de que o agente se sujeite a tratamento ambulatorial.
É chamada de detentiva porque representa uma forma de privação da liberdade do agente.	O agente permanece livre, mas tem uma restrição em seu direito, qual seja, a obrigação de se submeter a tratamento ambulatorial.

Critério para escolha da internação ou tratamento ambulatorial

» O caput do art. 97 do CP determinou os seguintes critérios para guiar o juiz no momento de fixar a medida de segurança cabível:

1) se o agente praticou fato punido com RECLUSÃO, ele receberá, obrigatoriamente, a medida de internação;

2) por outro lado, se o agente praticou fato punido com DETENÇÃO, o juiz, com base na periculosidade do agente, poderá submetê-lo à medida de internação ou tratamento ambulatorial.

» Obs.: esse critério é alvo de críticas da doutrina e da jurisprudência e você encontrará julgados abrandando o rigor e concedendo tratamento ambulatorial para pessoas que praticaram fatos punidos com reclusão. No entanto, em provas, o mais comum é ser cobrada a redação do art. 97 do CP.

Prazo de duração da medida de segurança

» O Código Penal afirma que a medida de segurança será aplicada por tempo indeterminado e que deverá ser mantida enquanto o indivíduo for considerado perigoso:

Art. 97 (...)
§ 1º A internação, ou tratamento ambulatorial, será por tempo indeterminado, perdurando enquanto não for averiguada, mediante perícia médica, a cessação de periculosidade. O prazo mínimo deverá ser de 1 (um) a 3 (três) anos.

» Desse modo, pela redação literal do CP, a medida de segurança poderia durar por toda a vida do indivíduo já que, enquanto não ficasse provado que cessou a periculosidade, ele ainda teria que permanecer internado ou em tratamento ambulatorial.

Essa leitura do § 1º do art. 97 do CP é compatível com a CF/88? O prazo de cumprimento da medida de segurança é ilimitado?

» NÃO. O prazo de cumprimento da medida de segurança não pode ser ilimitado. Isso porque, conforme vimos acima, a medida de segurança é uma espécie de sanção penal e a CF/88 afirmou expressamente que, em nosso ordenamento jurídico não pode haver "penas de caráter perpétuo" (art. 5º, XLVII). Quando a Constituição fala em "penas de caráter perpétuo", deve-se interpretar a expressão em sentido amplo, ou seja, são proibidas sanções penais de caráter perpétuo, incluindo, portanto, tanto as penas como as medidas de segurança. Desse modo, atualmente, tanto o STJ como o STF afirmam que existe sim prazo máximo de duração das medidas de segurança porque estas possuem caráter punitivo.

A pergunta que surge, então, é a seguinte: qual é o prazo máximo de duração das medidas de segurança?

Posição do STF: 30 anos	Posição do STJ: máximo da pena abstratamente cominada ao delito praticado
O STF possui julgados afirmando que a medida de segurança deverá obedecer a um prazo máximo de 30 anos, estabelecendo uma analogia ao art. 75 do CP, e considerando que a CF/88 veda as penas de caráter perpétuo. Art. 75. O tempo de cumprimento das penas privativas de liberdade não pode ser superior a 30 (trinta) anos.	Súmula 527-STJ: O tempo de duração da medida de segurança não deve ultrapassar o limite máximo da pena abstratamente cominada ao delito praticado. Ex.: João, inimputável, pratica fato previsto como furto simples (art. 155, caput, do CP); o juiz aplica a ele medida de segurança de internação; após 4 anos cumprindo medida de segurança, o magistrado deverá determinar a desinternação de João, considerando que foi atingido o máximo da pena abstratamente cominada para o furto ("reclusão, de um a quatro anos, e multa").

Posição do STF: 30 anos	Posição do STJ: máximo da pena abstratamente cominada ao delito praticado
(...) Esta Corte já firmou entendimento no sentido de que o prazo máximo de duração da medida de segurança é o previsto no art. 75 do CP, ou seja, trinta anos. (...) (STF. 1ª Turma. HC 107432, Rel. Min. Ricardo Lewandowski, julgado em 24/05/2011)	A conclusão do STJ é baseada nos princípios da isonomia e proporcionalidade (proibição de excesso). Não se pode tratar de forma mais gravosa o infrator inimputável quando comparado ao imputável. Ora, se o imputável somente poderia ficar cumprindo a pena até o máximo previsto na lei para aquele tipo penal, é justo que essa mesma regra seja aplicada àquele que recebeu medida de segurança.

Súmula 422-STF: A absolvição criminal não prejudica a medida de segurança, quando couber, ainda que importe privação da liberdade.

▶ *Aprovada em 01/06/1964, DJ 06/07/1964.*

» Válida.

» A sentença que aplica medida de segurança ao réu é considerada como absolutória imprópria (art. 386, parágrafo único, III, do CPP).

Súmula 525-STF: A medida de segurança não será aplicada em segunda instância, quando só o réu tenha recorrido.

▶ *Aprovada em 03/12/1969, DJ 10/12/1969.*

» Polêmica.

» A maioria da doutrina e da jurisprudência afirmava que a Súmula 525 não mais subsistiria porque "foi editada quando vigia o sistema duplo binário, isto é, quando havia possibilidade de aplicação simultânea de pena privativa de liberdade e de medida de segurança. A reforma penal de 1984, autoriza a substituição da pena privativa de liberdade por medida de segurança ao condenado semi-imputável que necessitar de especial tratamento curativo, aplicando-se o mesmo regramento da medida de segurança para inimputáveis (art. 97 e 98)." (STJ HC 187.051/SP, Rel. julgado em 06/10/2011).

» Ocorre que, em julgado de 2012, a 2ª Turma do STF aplicou a referida Súmula e afirmou que, se o réu foi condenado a uma pena e somente a defesa recorreu, o Tribunal não poderá aplicar medida de segurança sem que isso tenha sido pedido, por representar reformatio in pejus. Veja: "(...) Determinação de exame de sanidade mental, determinada de ofício em recurso exclusivo do réu, que a não requereu. Inadmissibilidade. Coisa julgada sobre aplicação da pena. Decisão, ademais, viciada por disposição ultra petita e reformatio in peius. HC concedido. Aplicação da súmula 525 do Supremo. Votos vencidos. Não é lícito aplicar medida de segurança em grau de recurso, quando só o réu tenha recorrido sem requerê-la." (HC 111769, julgado em 26/06/2012).

» Deve-se ter cuidado com o tema porque a decisão do STF foi por maioria e o Min. Cezar Peluso, que conduziu a tese, já se aposentou.

» O STJ continua entendendo que a súmula está superada. Nesse sentido: STJ. 5ª Turma. HC 184.940/SP, Rel. Min. Gurgel de Faria, julgado em 23/06/2015.

Súmula 520-STF: Não exige a lei que, para requerer o exame a que se refere o art. 777 do Código de Processo Penal, tenha o sentenciado cumprido mais de metade do prazo da medida de segurança imposta.

▸ *Aprovada em 03/12/1969, DJ 10/12/1969.*

» O raciocínio transmitido pela súmula continua válido, mas agora o tema é tratado pelos arts. 175 e 176 da Lei nº 7.210/84 (LEP), que possuem praticamente a mesma redação dos arts. 775 e 777 do CPP.

Em suma, o que quer dizer a súmula:

» O exame de cessação da periculosidade poderá ser feito a qualquer tempo, ou seja, mesmo que não encerrado o prazo mínimo de duração da medida de segurança, desde que essa antecipação seja requerida, de forma fundamentada, pelo Ministério Público, pelo interessado, por seu procurador ou defensor.

SURSIS

Súmula 499-STF: Não obsta a concessão do "sursis" condenação anterior a pena de multa.

▸ *Aprovada em 03/12/1969, DJ 10/12/1969.*

» Válida.

» Depois que a súmula foi editada, essa regra foi inserida expressamente no § 1º do art. 77 do CP.

PRESCRIÇÃO

Súmula 146-STF: A prescrição da ação penal regula-se pela pena concretizada na sentença, quando não há recurso da acusação.

▸ *Aprovada em 13/12/1963.*

» Válida.

Súmula 604-STF: ~~A prescrição pela pena em concreto é somente da pretensão executória da pena privativa de liberdade.~~

▸ *Aprovada em 17/10/1984, DJ 29/10/1984.*

» Superada.

» De fato, a prescrição da pretensão executória é calculada pela pena em concreto. No entanto, ela não é a única. A prescrição intercorrente e a prescrição retroativa também são calculadas pela pena em concreto. Logo, não se pode dizer que a prescrição pela pena em concreto somente ocorre no caso de pretensão executória.

Súmula 497-STF: Quando se tratar de crime continuado, a prescrição regula-se pela pena imposta na sentença, não se computando o acréscimo decorrente da continuação.

▶ *Aprovada em 03/12/1969, DJ 10/12/1969.*

» Importante.

Exemplo:

» José segue duas mulheres que caminhavam juntas e pratica estupro consumado contra uma ("A") e estupro tentado contra a outra ("B"). O juiz condena José a 6 anos pelo estupro de "A" e a 4 anos pela tentativa de estupro de "B". Como o juiz reconheceu o crime continuado entre os dois estupros, ele aumenta a pena do crime mais grave em 2/3, fazendo com que a pena total fique em 10 anos.

Para que seja feito o cálculo da prescrição, o juiz irá considerar o total da pena com o aumento do crime continuado (10 anos) ou levará em conta a pena de cada crime, isoladamente?

» Para fins de calcular a prescrição, o juiz considera a pena aplicada para cada um dos delitos, isoladamente. Assim, não se calcula a prescrição com o aumento imposto pela continuidade delitiva. O objetivo é que seja mais benéfico ao réu.

» CP/Art. 119. No caso de concurso de crimes, a extinção da punibilidade incidirá sobre a pena de cada um, isoladamente.

Súmula 220-STJ: A reincidência não influi no prazo da prescrição da pretensão punitiva.

▶ *Aprovada em 12/05/1999, DJ 19/05/1999.*

» Importante.

Não confundir

» A reincidência influencia no prazo da prescrição da pretensão EXECUTÓRIA. Segundo o art. 110 do CP, os prazos necessários para que ocorra a prescrição executória são aumentados de um terço, no caso de o condenado ser reincidente.

» O que a súmula diz é que esse aumento previsto no art. 110 do CP não se aplica no caso da prescrição da pretensão punitiva.

Súmula 438-STJ: É inadmissível a extinção da punibilidade pela prescrição da pretensão punitiva com fundamento em pena hipotética, independentemente da existência ou sorte do processo penal.

▶ *Aprovada em 28/04/2010, DJe 13/05/2010.*

» Importante.

O que é a chamada prescrição virtual?

» Ocorre quando o juiz, verificando que já se passaram muitos anos desde o dia em que o prazo prescricional começou ou voltou a correr, entende que mesmo que o inquérito ou processo continue, ele não terá utilidade, porque muito provavelmente haverá a prescrição pela pena em concreto. Para tanto, o juiz analisa a possível pena que aplicaria ao réu se ele fosse condenado e, a partir daí, examina se, entre os marcos interruptivos presentes no processo, já se passou mais tempo do que o permitido pela lei.

Exemplo:

» João foi denunciado por furto simples, tendo a denúncia sido recebida em 2010 (marco interruptivo da prescrição). A pena para o furto simples vai de 1 a 4 anos (art. 155 do CP). O juiz novo chega na vara em 2015 e verifica que até agora o processo de João praticamente não evoluiu. Nem se marcou ainda a audiência de instrução. Diante disso, ele pensa: se João for condenado a 1 ano, a prescrição pela pena em concreto será em 4 anos (art. 109, V do CP). Já se passaram mais de 5 anos desde o último dia da interrupção da prescrição. Isso significa que a instrução e a sentença condenatória "não servirão para nada" já que, mesmo condenado, o crime estará prescrito. Se João for condenado a 2 anos, se repetirá a mesma situação acima, porque a prescrição pela pena em concreto também será em 4 anos (art. 109, V do CP) e já se passaram mais de 5 anos desde o recebimento da denúncia. Logo, para que o crime não esteja prescrito, é necessário que a pena imposta a João seja superior a 2 anos, porque aí a prescrição subiria para 8 anos (art. 109, IV, do CP). Ocorre que, na visão do juiz, não existem circunstâncias judiciais nem agravantes nem causas de aumento. Logo, não há motivos para que a pena de João (se ele for condenado) ultrapasse o mínimo legal (1 ano). Mesmo que seja maior que o mínimo, não existem razões para que ela supere 2 anos. Depois de fazer todo esse prognóstico, o juiz conclui que é inútil marcar instrução, expedir mandados de intimação, gastar recursos com oficial de justiça, ouvir testemunhas e o réu, sabendo (ou tendo praticamente certeza) que, mesmo se condenado, o réu não irá cumprir pena. Diante disso, ele profere uma sentença julgando extinta a punibilidade com base na "prescrição virtual", afirmando que não existe interesse de agir do Estado, já que o processo penal não terá utilidade.

Sinônimos

» A prescrição virtual é também chamada de prescrição "em perspectiva", "por prognose", "projetada" ou "antecipada".

A prescrição virtual possui previsão na lei?

» NÃO. Apesar de ser comum na prática, a prescrição virtual não tem previsão na lei, sendo considerada uma "criação" dos juízes e Tribunais.

A prescrição virtual é admitida pelo STF e pelo STJ?

» NÃO. O STF e o STJ afirmam que é inadmissível a prescrição virtual por dois motivos principais: a) em virtude da ausência de previsão legal; b) porque representaria uma afronta ao princípio da presunção de não-culpabilidade.

Súmula 191-STJ: A pronúncia é causa interruptiva da prescrição, ainda que o Tribunal do Júri venha a desclassificar o crime.

▶ *Aprovada em 25/06/1997, DJ 01/08/1997.*

» Válida.

» Art. 117, II, do CP.

Súmula 592-STF: Nos crimes falimentares, aplicam-se as causas interruptivas da prescrição, previstas no Código Penal.

▶ *Aprovada em 15/12/1976, DJ 03/01/1977.*

» Válida.

» Vide art. 182 da Lei nº 11.101/2005 (atual Lei de Falências).

Súmula 147-STF: A prescrição de crime falimentar começa a correr da data em que deveria estar encerrada a falência ou do trânsito em julgado da sentença que a encerrar ou que julgar cumprida a concordata.

▶ *Aprovada em 13/12/1963.*

» Superada.

Lei nº 11.101/2005:

> art. 182. A prescrição dos crimes previstos nesta Lei reger-se-á pelas disposições do Decreto-Lei nº 2.848, de 7 de dezembro de 1940 – Código Penal, começando a correr do dia da decretação da falência, da concessão da recuperação judicial ou da homologação do plano de recuperação extrajudicial.

PERDÃO JUDICIAL

Súmula 18-STJ: A sentença concessiva do perdão judicial é declaratória da extinção da punibilidade, não subsistindo qualquer efeito condenatório.

▶ *Aprovada em 20/11/1990, DJ 28/11/1990.*

» Importante.

» O perdão judicial é um instituto do direito penal, segundo o qual mesmo constatando que o fato praticado é típico, antijurídico e culpável, o juiz, com base em hipóteses

previstas na lei, deixa de punir o agente por entender que, naquele caso concreto, a punição seria desnecessária ou ilegítima.
» O perdão judicial consiste em uma causa de extinção da punibilidade (art. 107, IX, do CP).
» A sentença que concede o perdão judicial não é considerada condenatória nem absolutória, mas sim declaratória da extinção da punibilidade.
» Ressalte-se que, reconhecido o perdão judicial, não subsiste nenhum efeito negativo para o réu.
» Nesse sentido, veja o que diz o art. 120 do CP:

Art. 120. A sentença que conceder perdão judicial não será considerada para efeitos de reincidência.

FURTO

Súmula 567-STJ: Sistema de vigilância realizado por monitoramento eletrônico ou por existência de segurança no interior de estabelecimento comercial, por si só, não torna impossível a configuração do crime de furto.

▶ *Aprovada em 24/02/2016, DJe 29/02/2016.*

» Importante.

Se o agente praticou uma conduta que é descrita na lei como crime, mas o meio que ele escolheu para praticar o delito é ineficaz, ele deverá responder pelo delito? Ex.: João, pretendendo matar Pedro, pega uma arma que viu na gaveta e efetua disparos contra a vítima; o que João não sabia é que a arma tinha balas de festim, razão pela qual Pedro não morreu. O agente responderá por tentativa de homicídio?

Se o agente praticou uma conduta que é descrita na lei como crime, mas o objeto material (a pessoa ou a coisa sobre a qual recai a conduta) é inexistente, ele deverá responder pelo delito? Ex.: João pretende matar Pedro; ele avista seu inimigo deitado no sofá e, pensando que este estivesse dormindo, dispara diversos tiros nele; o que João não sabia é que Pedro havia morrido 15 minutos antes de parada cardíaca; João atirou, portanto, em um cadáver, em um corpo sem vida. Logo, não foram os tiros que mataram Pedro. O agente responderá por tentativa de homicídio?

» Para discutir as perguntas acima, os estudiosos do Direito Penal desenvolveram algumas teorias tratando sobre o "crime impossível". Vejamos:

1) **TEORIA SUBJETIVA.** Os que defendem a teoria subjetiva afirmam que não importa se o meio ou o objeto são absoluta ou relativamente ineficazes ou impróprios. Para que haja crime, basta que a pessoa tenha agido com vontade de praticar a infração penal. Tendo o agente agido com vontade, configura-se a tentativa de crime mesmo que o meio seja ineficaz ou o objeto seja impróprio. É chamada

de subjetiva porque, para essa teoria, o que importa é o elemento subjetivo. Assim, o agente é punido pela sua intenção delituosa, mesmo que, no caso concreto, não tenha colocado nenhum bem em situação de perigo.

2) **TEORIAS OBJETIVAS.** Os que defendem essa teoria afirmam que não se pode analisar apenas o elemento subjetivo para saber se houve crime. É indispensável examinar se está presente o elemento objetivo. Diz-se que há elemento objetivo quando a tentativa tinha possibilidade de gerar perigo de lesão para o bem jurídico. Se a tentativa não gera perigo de lesão, ela é inidônea. A inidoneidade pode ser:

a) absoluta (aquela conduta jamais conseguiria fazer com que o crime se consumasse); ou

b) relativa (a conduta poderia ter consumado o delito, o que somente não ocorreu em razão de circunstâncias estranhas à vontade do agente).

» A teoria objetiva se subdivide em:

2.1) OBJETIVA PURA: para esta corrente, não haverá crime se a tentativa for inidônea (não importa se inidoneidade absoluta ou relativa). Enfim, em caso de inidoneidade, não interessa saber se ela é absoluta ou relativa, não haverá crime.

2.2) OBJETIVA TEMPERADA: esta segunda corrente faz a seguinte distinção:

Se os meios ou objetos forem relativamente inidôneos, haverá crime tentado.

Se os meios ou objetos forem absolutamente inidôneos, haverá crime impossível.

Qual foi a teoria adotada pelo Brasil?

» A teoria OBJETIVA TEMPERADA. Veja o que diz o art. 17 do CP:

Art. 17. Não se pune a tentativa quando, por ineficácia absoluta do meio ou por absoluta impropriedade do objeto, é impossível consumar-se o crime.

Ineficácia absoluta do meio

» Ocorre quando o meio empregado jamais poderia levar à consumação do crime. Trata-se de um meio absolutamente ineficaz para aquele crime. Ex1: uma pessoa diz que vai fazer uma feitiçaria para que a outra morra. Não há crime de ameaça por absoluta ineficácia do meio. É crime impossível. Ex.2: tentar fazer uso de documento falso com uma falsificação muito grosseira.

Impropriedade absoluta do objeto

» A palavra objeto, aqui, significa a pessoa ou coisa sobre a qual recai a conduta criminosa. Diz-se que há impropriedade absoluta do objeto quando ele não existe antes do início da execução ou lhe falta alguma qualidade imprescindível para configurar-se a infração. Ex.1: João quer matar Pedro, razão pela qual invade seu quarto e, pensando que a vítima está dormindo, nela desfere três tiros. Ocorre que Pedro não estava dormindo, mas sim morto, vítima de um ataque cardíaco. Dessa forma, João atirou em um morto. Logo, trata-se de crime impossível, porque o objeto era absolutamente inidôneo. Ex.2: a mulher, acreditando equivocadamente que está grávida, toma medicamento abortivo.

Ineficácia ou impropriedade relativas = crime tentado

» Como no Brasil adotamos a teoria objetiva temperada, se a ineficácia do meio ou a impropriedade do objeto forem relativas, haverá crime tentado.

Qual é a natureza jurídica do crime impossível?

» Trata-se de excludente de tipicidade. Nesse sentido: (Juiz Federal TRF1 2013 CESPE) O crime impossível constitui causa de exclusão da tipicidade (CERTO).

Imagine agora a seguinte situação hipotética:

» João ingressa em um supermercado e, na seção de eletrônicos, subtrai para si um celular que estava na prateleira. Ele não percebeu, contudo, que acima deste setor havia uma câmera por meio da qual o segurança do estabelecimento monitorava os consumidores, tendo este percebido a conduta de João.

» Quando estava na saída do supermercado com o celular no bolso, João foi parado pelo segurança do estabelecimento, que lhe deu voz de prisão e chamou a PM, que o levou até a Delegacia de Polícia. João foi denunciado pela prática de tentativa de furto. A defesa alegou a tese do crime impossível por ineficácia absoluta do meio: como existia uma câmera acima da prateleira, não haveria nenhuma chance de o réu conseguir furtar o objeto sem ser visto. O cometimento do crime seria impossível porque o meio por ele escolhido (furtar um celular que era vigiado por uma câmera) foi absolutamente ineficaz.

A tese da defesa é aceita pela jurisprudência do STJ? O simples fato de o estabelecimento contar com sistema de segurança ou vigilância eletrônica (câmera) já é suficiente para caracterizar o crime impossível?

» NÃO. A existência de sistema de segurança ou de vigilância eletrônica não torna impossível, por si só, o crime de furto cometido no interior de estabelecimento comercial.

» No caso de furto praticado no interior de estabelecimento comercial (supermercado, p. ex.) equipado com câmeras e segurança, o STJ entende que, embora esses mecanismos de vigilância tenham por objetivo evitar a ocorrência de furtos, sua eficiência apenas MINIMIZA as perdas dos comerciantes, visto que não impedem, de modo absoluto (por completo), a ocorrência de furtos nestes locais.

» Existem muitas variáveis que podem fazer com que, mesmo havendo o equipamento, ainda assim o agente tenha êxito na conduta. Exs.: o equipamento pode falhar, o vigilante pode estar desatento e não ter visto a câmera no momento da subtração, o agente pode sair rapidamente da loja sem que haja tempo de ser parado etc.

» É certo que, na maioria dos casos, o agente não conseguirá consumar a subtração do produto por causa das câmeras; no entanto, sempre haverá o risco de que, mesmo com todos esses cuidados, o crime aconteça.

» Desse modo, concluindo: na hipótese aqui analisada, não podemos falar em ABSOLUTA ineficácia do meio. O que se tem, no caso, é a inidoneidade RELATIVA do meio. Em outras palavras, o meio escolhido pelo agente é relativamente ineficaz, visto que existe sim uma possibilidade (ainda que pequena) de o delito se consumar.

» Sendo assim, se a ineficácia do meio deu-se apenas de forma relativa, não é possível o reconhecimento do instituto do crime impossível previsto no art. 17 do CP.

Súmula 511-STJ: É possível o reconhecimento do privilégio previsto no § 2º do art. 155 do CP nos casos de crime de furto qualificado, se estiverem presentes a primariedade do agente, o pequeno valor da coisa e a qualificadora for de ordem objetiva.

▶ Aprovada em 11/06/2014, DJe 16/06/2014.

» Importante.

Crime de furto

» O crime de furto encontra-se tipificado no art. 155 do Código Penal.
» No caput está previsto o furto simples.
» O § 2º traz uma causa de diminuição de pena, chamada pela doutrina de "furto privilegiado".
» O § 4º, por sua vez, elenca hipóteses de "furto qualificado":

§ 4º – A pena é de reclusão de dois a oito anos, e multa, se o crime é cometido:
I – com destruição ou rompimento de obstáculo à subtração da coisa;
II – com abuso de confiança, ou mediante fraude, escalada ou destreza;
III – com emprego de chave falsa;
IV – mediante concurso de duas ou mais pessoas.

Qualificadoras de ordem objetiva e subjetiva

» Existem qualificadoras de natureza objetiva e subjetiva.
» *Qualificadoras objetivas (materiais, reais)*: são aquelas que estão relacionadas com o fato criminoso, ou seja, com o seu modo de execução, tempo e lugar do crime, instrumentos utilizados etc.
» *Qualificadoras subjetivas (pessoais)*: são aquelas que dizem respeito à pessoa do agente. Ex: crime praticado com abuso de confiança.

Furto privilegiado

» No § 2º, o CP prevê a figura do "furto privilegiado", "furto de pequeno valor" ou "furto mínimo":

§ 2º Se o criminoso é primário, e é de pequeno valor a coisa furtada, o juiz pode substituir a pena de reclusão pela de detenção, diminuí-la de um a dois terços, ou aplicar somente a pena de multa.

Requisitos:

1) Primariedade do agente. O agente (criminoso) deve ser primário. Primário é o indivíduo que não é reincidente, nos termos do art. 63 do CP.

2) Pequeno valor da coisa furtada. Segundo a jurisprudência, para os fins do § 2º do art. 155, coisa de pequeno valor é aquela cujo preço, no momento do crime, não seja superior a 1 salário-mínimo.

Furto privilegiado-qualificado

É possível que um furto seja, ao mesmo tempo, privilegiado (§ 2º) e qualificado (§ 4º)? Em outras palavras, é possível aplicar o privilégio previsto no § 2º aos casos de furto qualificado?

» SIM, é possível desde que:

   a) estejam preenchidos os requisitos do § 2º (primariedade e pequeno valor da coisa); e

   b) a qualificadora seja de natureza objetiva.

» Ex1: se o furto for qualificado por concurso de pessoas (qualificadora de índole objetiva), será possível o privilégio (STJ. 6ª Turma. REsp 1370395/DF, Rel. Min. Assusete Magalhães, julgado em 12/11/2013).

» Ex2: se o furto for qualificado por abuso de confiança (qualificadora subjetiva), não será possível o privilégio (STJ. 5ª Turma. AgRg no REsp 1392678/MG, Rel. Min. Laurita Vaz, julgado em 17/12/2013).

» O furto privilegiado-qualificado é também chamado de furto híbrido.

» Vale mencionar que o entendimento de que é possível furto privilegiado-qualificado é adotado não apenas pelo STJ como também pelo STF.

Súmula 442-STJ: É inadmissível aplicar, no furto qualificado, pelo concurso de agentes, a majorante do roubo.

▶ *Aprovada em 28/04/2010, DJe 13/05/2010.*

» Válida.

ROUBO

Súmula 582-STJ: Consuma-se o crime de roubo com a inversão da posse do bem mediante emprego de violência ou grave ameaça, ainda que por breve tempo e em seguida à perseguição imediata ao agente e recuperação da coisa roubada, sendo prescindível a posse mansa e pacífica ou desvigiada.

▶ *Aprovada em 14/09/2016, DJe 19/09/2016.*

» Importante.

Em que momento se consuma o crime de roubo?

» Existem quatro teorias sobre o tema:

» 1ª) Contrectacio: segundo esta teoria, a consumação se dá pelo simples contato entre o agente e a coisa alheia. Se tocou, já consumou.

» 2ª) Apprehensio (amotio): a consumação ocorre no momento em que a coisa subtraída passa para o poder do agente, ainda que por breve espaço de tempo, mesmo que o sujeito seja logo perseguido pela polícia ou pela vítima. Quando se diz que a coisa passou para o poder do agente, isso significa que houve a inversão da posse. Por isso, ela é também conhecida como teoria da inversão da posse. Vale ressaltar que, para esta corrente, o crime se consuma mesmo que o agente não fique com a posse mansa e pacífica. A coisa é retirada da esfera de disponibilidade da vítima (inversão da posse), mas não é necessário que saia da esfera de vigilância da vítima (não se exige que o agente tenha posse desvigiada do bem).

» 3ª) Ablatio: a consumação ocorre quando a coisa, além de apreendida, é transportada de um lugar para outro.

» 4ª) Ilatio: a consumação só ocorre quando a coisa é levada ao local desejado pelo ladrão para tê-la a salvo.

Qual foi a teoria adotada pelo STF e STJ?

» A teoria da APPREHENSIO (AMOTIO).

» Nos países cujos Códigos Penais utilizam expressões como "subtrair" ou "tomar" para caracterizar o furto e o roubo (Alemanha e Espanha, por exemplo), predomina, na doutrina e na jurisprudência, a utilização da teoria da apprehensio (ou amotio). Foi a corrente também adotada no Brasil.

Exemplo concreto:

» João apontou a arma de fogo para a vítima e disse: "perdeu, passa a bolsa". A vítima entregou o aparelho e o assaltante subiu em cima de uma moto e fugiu. Duas ruas depois, João foi parado em uma blitz da polícia e, como não conseguiu explicar o motivo de estar com uma bolsa feminina e uma arma de fogo, acabou confessando a prática do delito. Assim, por ter havido a inversão, ainda que breve, da posse do bem subtraído, o fato em tela configura roubo consumado.

» Este é também o entendimento do STF:

> Para a consumação do crime de roubo, basta a inversão da posse da coisa subtraída, sendo desnecessária que ela se dê de forma mansa e pacífica, como argumenta a impetrante.
> STF. 2ª Turma. HC 100.189/SP, Rel. Min. Ellen Gracie, DJe 16/4/2010.

Súmula 174-STJ: ~~No crime de roubo, a intimidação feita com arma de brinquedo autoriza o aumento da pena.~~

▸ *Aprovada em 23/10/1996, DJ 31/10/1996.*

▸ *Cancelada, em 24/10/2002, no julgamento do REsp 213.054-SP.*

» Atualmente, se a violência ou ameaça do roubo é exercida com emprego de "arma" de brinquedo, não incide o aumento de pena previsto no inciso I do § 2º do art. 157 do CP.

Súmula 443-STJ: O aumento na terceira fase de aplicação da pena no crime de roubo circunstanciado exige fundamentação concreta, não sendo suficiente para a sua exasperação a mera indicação do número de majorantes.

▸ *Aprovada em 28/04/2010, DJe 13/05/2010.*

» Importante.

Súmula 610-STF: Há crime de latrocínio, quando o homicídio se consuma, ainda que não se realize o agente a subtração de bens da vítima.

▸ *Aprovada em 17/10/1984, DJ 29/10/1984.*

» Importante.

EXTORSÃO

Súmula 96-STJ: O crime de extorsão consuma-se independentemente da obtenção da vantagem indevida.

▸ *Aprovada em 03/03/1994, DJ 10/03/1994.*

» Importante.

» Para fins de consumação não importa se o agente consegue ou não obter a vantagem indevida. Essa obtenção da vantagem constitui mero exaurimento, que só interessa para a fixação da pena.

ESTELIONATO

Súmula 246-STF: Comprovado não ter havido fraude, não se configura o crime de emissão de cheque sem fundos.

▸ *Aprovada em 13/12/1963.*

» Válida.

Súmula 554-STF: O pagamento de cheque emitido sem provisão de fundos, após o recebimento da denúncia, não obsta ao prosseguimento da ação penal.

▸ *Aprovada em 15/12/1976, DJ 03/01/1977.*

» Importante.

» Fazendo uma interpretação a contrario sensu da súmula, chega-se à seguinte conclusão: se o agente que emitiu o cheque sem fundos pagá-lo antes de a denúncia ser recebida, isso impedirá que a ação penal seja iniciada. Trata-se de uma exceção mais favorável ao réu do que a regra do art. 16 do CP.

» A jurisprudência afirma que a Súmula 554 do STF aplica-se unicamente para o crime de estelionato na modalidade de emissão de cheque sem fundos (art. 171, § 2º, VI). Assim, a referida súmula não se aplica ao estelionato no seu tipo fundamental (art. 171, caput) (STJ. 5ª Turma. HC 280.089-SP, Rel. Min. Jorge Mussi, julgado em 18/2/2014).

Súmula 17-STJ: Quando o falso se exaure no estelionato, sem mais potencialidade lesiva, é por este absorvido.

▶ *Aprovada em 20/11/1990, DJ 28/11/1990.*

» Importante.

» Essa súmula baseia-se no princípio da consunção e exige, para ser aplicada, que o crime de falsidade (crime meio) fique completamente exaurido (sem potencialidade lesiva), após ter sido empregado para a prática do estelionato (delito-fim).

» Exemplo típico da súmula: João falsifica um cheque e saca o dinheiro da conta; esse falso se esgotou (não poderá mais ser usado para nada) e o agente responderá apenas pelo crime-fim (estelionato).

Súmula 24-STJ: Aplica-se ao crime de estelionato, em que figure como vítima entidade autárquica da previdência social, a qualificadora do § 3º, do art. 171 do Código Penal.

▶ *Aprovada em 04/04/1991, DJ 10/04/1991.*

» Válida.

Estelionato praticado em detrimento do INSS:

» Configura, em tese, o delito do art. 171, § 3º do CP (competência da Justiça Federal).

Súmula 73-STJ: A utilização de papel moeda grosseiramente falsificado configura, em tese, o crime de estelionato, da competência da Justiça Estadual.

▶ *Aprovada em 15/04/1993, DJ 20/04/1993.*

» Importante.

» Para a configuração do crime de moeda falsa, previsto no art. 289, caput e § 1º, do CP, é necessário que se evidencie a chamada imitatio veri, ou seja, é preciso que a falsidade seja apta a enganar terceiros, dada a semelhança da cédula falsa com a verdadeira. Se ficar constatada pela perícia que a falsificação das cédulas contrafeitas poderia iludir o homem comum, como de fato ocorreu, verifica-se, em princípio, a configuração do referido crime, cuja competência é da Justiça Federal (CC 117.751/PR, j. em 28/03/2012).

» *Se a falsificação não é grosseira:*
» O crime é de moeda falsa (art. 289 do CP), de competência da Justiça Federal.
» *Se a falsificação é grosseira:*
» O crime pode ser o de estelionato (art. 171 do CP), de competência, em regra, da Justiça Estadual.

Súmula 521-STF: O foro competente para o processo e julgamento dos crimes de estelionato, sob a modalidade da emissão dolosa de cheque sem provisão de FUNDOS, é o do local onde se deu a RECUSA do pagamento pelo sacado.

▶ *Aprovada em 03/12/1969, DJ 10/12/1969.*

» Importante.

Súmula 244-STJ: Compete ao foro do local da RECUSA processar e julgar o crime de estelionato mediante cheque sem provisão de FUNDOS.

▶ *Aprovada em 13/12/2000, DJ 01/02/2001.*

» Importante.

Súmula 48-STJ: Compete ao juízo do local da obtenção da VANTAGEM ilícita processar e julgar crime de estelionato cometido mediante FALSIFICAÇÃO de cheque.

▶ *Aprovada em 20/08/1992, DJ 25/08/1992.*

» Importante.

» Vale ressaltar que, apesar de o STJ manter a validade da súmula, ele possui precedentes cujo raciocínio contraria este enunciado. Nesse sentido:

> A competência para o processo e julgamento do estelionato deve ser o local em que a vítima mantém a conta bancária.
>
> Ex: João, famoso estelionatário que mora em Belo Horizonte (MG), ligou para a casa de Maria, uma senhora que reside em Campo Grande (MS). Na conversa, João afirmou que trabalhava no Governo e que Maria tinha direito de receber de volta R$ 10 mil de impostos pagos a mais. Para isso, no entanto, ela precisaria apenas depositar previamente R$ 1 mil a título de honorários advocatícios em uma conta bancária cujo número ele forneceu. Maria, toda contente, depositou o valor na conta bancária, pertencente a João, que no dia seguinte, foi até a sua agência, em Belo Horizonte (MG) e sacou a quantia. João praticou o crime de estelionato (art. 171 do CP). A competência para processar e julgar o crime será da vara criminal de Campo Grande (lugar onde ocorreu o dano efetivo).
> STJ. 3ª Seção. CC 147811/CE, Rel. Min. Nefi Cordeiro, julgado em 14/09/2016.
> STJ. 3ª Seção. AgRg no CC 146524/SC, Rel. Min. Jorge Mussi, julgado em 22/03/2017.

» Para fins de concurso, se a redação da súmula for cobrada em prova, esta alternativa deverá ser assinalada como correta. Por outro lado, pode ser que o concurso exija, como correto, o entendimento manifestado nos precedentes acima mencionados.

» Enfim, para os concursos os dois entendimentos acima convivem e são válidos.

VIOLAÇÃO DE DIREITO AUTORAL

Súmula 502-STJ: Presentes a materialidade e a autoria, afigura-se típica, em relação ao crime previsto no artigo 184, parágrafo 2º, do Código Penal, a conduta de expor à venda CDs e DVDs piratas.

▸ *Aprovada em 23/10/2013, DJe 28/10/2013.*

Súmula 574-STJ: Para a configuração do delito de violação de direito autoral e a comprovação de sua materialidade, é suficiente a perícia realizada por amostragem do produto apreendido, nos aspectos externos do material, e é desnecessária a identificação dos titulares dos direitos autorais violados ou daqueles que os representem.

▸ *Aprovada em 22/06/2016, DJe 27/06/2016.*

» Importantes.

João foi preso em casa com dezenas de DVD's piratas que ele estava comercializando. Qual crime, em tese, ele praticou?

» Essa conduta amolda-se ao § 2º do art. 184 do CP:

Violação de direito autoral

Art. 184. Violar direitos de autor e os que lhe são conexos:

Pena – detenção, de 3 (três) meses a 1 (um) ano, ou multa.

(...)

§ 2º Na mesma pena do § 1º incorre quem, com o intuito de lucro direto ou indireto, distribui, vende, expõe à venda, aluga, introduz no País, adquire, oculta, tem em depósito, original ou cópia de obra intelectual ou fonograma reproduzido com violação do direito de autor, do direito de artista intérprete ou executante ou do direito do produtor de fonograma, ou, ainda, aluga original ou cópia de obra intelectual ou fonograma, sem a expressa autorização dos titulares dos direitos ou de quem os represente.

Como essa prática é cada vez mais comum, havendo, inclusive, "feiras" fiscalizadas pelo Poder Público onde esse comércio ocorre livremente, a Defensoria Pública alegou que não haveria crime, com base no princípio da adequação social. Essa tese é acolhida pela jurisprudência?

» NÃO. Tanto o STF como o STJ entendem que é típica, formal e materialmente, a conduta de expor à venda CDs e DVDs falsificados. Em suma, é crime.

» O fato de, muitas vezes, haver tolerância das autoridades públicas em relação a tal prática não significa que a conduta não seja mais tida como típica, ou que haja exclusão de culpabilidade, razão pela qual, pelo menos até que advenha modificação legislativa, incide o tipo penal, mesmo porque o próprio Estado tutela o direito autoral. Não se pode considerar socialmente tolerável uma conduta que causa sérios prejuízos à indústria fonográfica brasileira e aos comerciantes legalmente instituídos, bem como ao Fisco pelo não pagamento de impostos. Nesse sentido: STF HC 98898, julgado em 20/04/2010.

» Justamente para que não houvesse mais dúvidas, o STJ editou a Súmula 502-STJ.

Outra tese alegada pela defesa é a de que deveria ser aplicado o princípio da insignificância. Tal argumentação é aceita pelos Tribunais?

» NÃO. Não se aplica o princípio da insignificância ao crime de violação de direito autoral. Em que pese a aceitação popular à pirataria de CDs e DVDs, com certa tolerância das autoridades públicas em relação a tal prática, a conduta, que causa sérios prejuízos à indústria fonográfica brasileira, aos comerciantes legalmente instituídos e ao Fisco, não escapa à sanção penal, mostrando-se formal e materialmente típica (STJ. 6ª Turma. AgRg no REsp 1380149/RS, Rel. Min. Og Fernandes, julgado em 27/08/2013).

A pena prevista para esse crime é de 2 a 4 anos. Trata-se de reprimenda desproporcional para esse tipo de conduta?

» NÃO. De acordo com o STJ, não há desproporcionalidade da pena prevista, pois o próprio legislador, atento aos reclamos da sociedade que representa, entendeu merecer tal conduta pena considerável, especialmente pelos graves e extensos danos que acarreta, estando geralmente relacionada a outras práticas criminosas, como a sonegação fiscal e a formação de quadrilha (HC 191568/SP, Rel. Min. Jorge Mussi, Quinta Turma, julgado em 07/02/2013).

Qual é a ação penal nos crimes previstos no art. 184 do CP?

» Art. 184, caput: ação penal privada.

» Art. 184, §§ 1º e 2º (ex.: venda de DVD pirata): ação pública incondicionada.

» Art. 184, § 3º: ação penal pública condicionada.

Voltando ao nosso exemplo hipotético:

» Os peritos fizeram a perícia em apenas alguns DVD's, por amostragem, e esse exame se limitou a analisar os elementos externos dos DVD's apreendidos, como a impressão da capa, o código de barras, o nome do fabricante etc. A Defensoria Pública questionou a validade dessa perícia, afirmando que: 1) o art. 530-D do CPP exige que a perícia seja feita sobre TODOS os bens apreendidos, não podendo ser realizada por amostragem; 2) a perícia deveria ter examinado o conteúdo de cada um dos DVD's (e não apenas os aspectos exteriores); 3) para a configuração do delito em questão, é necessária a identificação dos titulares dos direitos autorais violados.

As teses suscitadas pela defesa são aceitas pela jurisprudência do STJ?

» NÃO.

1) É válida a perícia por amostragem. Realmente, a redação literal do art. 530-D do CPP afirma que a perícia deve ser realizada "sobre todos os bens apreendidos". Apesar disso, o STJ relativiza essa exigência e admite que a perícia seja feita por amostragem. Assim, basta que haja a apreensão de um único objeto e se a perícia realizada sobre ele constatar a falsidade, estará configurado o delito do art. 184, § 2º do CP. Entender de forma diversa apenas dificultaria a apuração do delito e retardaria o término do processo judicial, em inobservância ao princípio constitucional da razoável duração do processo. Assim, a exigência do legislador de que a perícia seja realizada sobre todos os bens apreendidos se presta, na verdade, não para fins de comprovação da materialidade delitiva, mas para fins de dosimetria da pena, mais especificamente para a exasperação da reprimenda-base, uma vez que se mostra mais acentuada a reprovabilidade do agente que reproduz, por exemplo, com intuito de lucro, 500 obras intelectuais do que aquele que, nas mesmas condições, reproduz apenas 20.

2) É suficiente a análise das características externas do material apreendido. É dispensável excesso de formalismo para a constatação da materialidade do crime de violação de direito autoral. Desse modo, a simples análise de características externas dos objetos apreendidos é suficiente para a aferição da falsidade necessária à configuração do delito descrito no art. 184, § 2º, do CP. Não é razoável exigir minúcias exageradas no laudo pericial, como a catalogação de centenas ou milhares de CD's e DVD's, indicação de cada título e autor da obra apreendida e contrafeita. Assim, é válida a perícia realizada nas características externas do material apreendido.

3) É dispensável a identificação individualizada dos titulares dos direitos autorais violados. Para a configuração do crime em questão, é dispensável a identificação individualizada dos titulares dos direitos autorais violados ou de quem os represente. Isso porque a violação de direito autoral extrapola a individualidade do titular do direito, devendo ser tratada como ofensa ao Estado e a toda a coletividade, visto que acarreta a diminuição na arrecadação de impostos, reduz a oferta de empregos formais, causa prejuízo aos consumidores e aos proprietários legítimos e fortalece o poder paralelo e a prática de atividades criminosas conexas à venda desses bens, aparentemente inofensiva. Além disso, o tipo penal do art. 184, § 2º, do CP, é crime de ação penal pública incondicionada, de modo que não é exigida nenhuma manifestação do detentor do direito autoral violado para que se dê início à ação penal. Consequentemente, não é coerente se exigir a sua individualização para a configuração do delito em questão. Ademais, o delito previsto no art. 184, § 2º, do CP é de natureza formal. Portanto, não é necessária, para a sua consumação, a ocorrência de resultado naturalístico, o que reforça a prescindibilidade (desnecessidade) de identificação dos titulares dos direitos autorais violados para a configuração do crime.

Em sede de recurso especial repetitivo, o STJ firmou a seguinte tese que resume essas três conclusões:

» "É suficiente, para a comprovação da materialidade do delito previsto no art. 184, § 2º, do CP, a perícia realizada, por amostragem, sobre os aspectos externos do material apreendido, sendo desnecessária a identificação dos titulares dos direitos autorais violados ou de quem os represente." STJ. 3ª Seção. REsp 1.456.239-MG e REsp 1.485.832-MG, Rel. Min. Rogerio Schietti Cruz, julgado em 12/8/2015 (recurso repetitivo) (Info 567).

ESTUPRO

Súmula 608-STF: ~~No crime de estupro, praticado mediante violência real, a ação penal é pública incondicionada.~~

▶ *Aprovada em 17/10/1984, DJ 29/10/1984.*

» Superada, por força da Lei nº 12.015/2009, que deu nova redação ao art. 225 do CP.

» Assim, no crime de estupro, mesmo se praticado com violência real, a ação penal, em regra, será pública CONDICIONADA. Nesse sentido: STJ HC 215.460/SC, julgado em 01/12/2011.

> Art. 225. Nos crimes definidos nos Capítulos I e II deste Título, procede-se mediante ação penal pública condicionada à representação. Parágrafo único. Procede-se, entretanto, mediante ação penal pública incondicionada se a vítima é menor de 18 (dezoito) anos ou pessoa vulnerável.

Súmula 593-STJ: O crime de estupro de vulnerável se configura com a conjunção carnal ou prática de ato libidinoso com menor de 14 anos, sendo irrelevante eventual consentimento da vítima para a prática do ato, sua experiência sexual anterior ou existência de relacionamento amoroso com o agente.

▶ *Aprovada em 25/10/2017, DJe 06/11/2017.*

» Importante.

» A Lei nº 12.015/2009 acrescentou o art. 217-A ao Código Penal, criando um novo delito, chamado de "estupro de vulnerável":

> Estupro de vulnerável
> Art. 217-A. Ter conjunção carnal ou praticar outro ato libidinoso com menor de 14 (catorze) anos:
> Pena – reclusão, de 8 (oito) a 15 (quinze) anos.

Antes do art. 217-A, ou seja, antes da Lei nº 12.015/2009, as condutas de praticar conjunção carnal ou ato libidinoso com menor de 14 anos já eram consideradas crimes?

» SIM. Tais condutas poderiam se enquadrar nos crimes previstos no art. 213 c/c art. 224, "a" (estupro com violência presumida por ser menor de 14 anos) ou art. 214 c/c art. 224, "a" (atentado violento ao pudor com violência presumida por ser menor de 14 anos), todos do Código Penal, com redação anterior à Lei n.º 12.015/2009.

» Desse modo, apesar dos arts. 213, 214 e 224 do CP terem sido revogados pela Lei nº 12.015/2009, não houve *abolitio criminis* dessas condutas, ou seja, continua sendo crime praticar estupro ou ato libidinoso com menor de 14 anos. No entanto, essas condutas, agora, são punidas pelo art. 217-A do CP. O que houve, portanto, foi a continuidade normativa típica, que ocorre quando uma norma penal é revogada, mas a mesma conduta continua sendo crime no tipo penal revogador, ou seja, a infração penal continua tipificada em outro dispositivo, ainda que topologicamente ou normativamente diverso do originário.

Antes da Lei nº 12.015/2009, se o agente praticasse atentado violento ao pudor (ex: coito anal) com um adolescente de 13 anos, haveria crime mesmo que a vítima consentisse (concordasse) com o ato sexual? Haveria crime mesmo que a vítima já tivesse tido outras relações sexuais com outros parceiros anteriormente? Essa presunção de violência era absoluta?

» SIM. A presunção de violência nos crimes contra os costumes cometidos contra menores de 14 anos, prevista na antiga redação do art. 224, alínea "a", do CP (antes da Lei nº 12.015/2009), possuía caráter absoluto, pois constituía critério objetivo para se verificar a ausência de condições de anuir com o ato sexual.

» Assim, essa presunção absoluta não podia ser afastada (relativizada) mesmo que a vítima tivesse dado seu "consentimento" porque nesta idade este consentimento seria viciado (inválido). Logo, mesmo que a vítima tivesse experiência sexual anterior, mesmo que fosse namorado do autor do fato, ainda assim haveria o crime.

» A presunção de violência era absoluta nos casos de estupro/atentado violento ao pudor contra menor de 14 anos. Nesse sentido: STJ. 3ª Seção. EREsp 1152864/SC, Rel. Min. Laurita Vaz, julgado em 26/02/2014.

E, atualmente, ou seja, após a Lei n.º 12.015/2009?

» Continua sendo crime praticar conjunção carnal ou qualquer outro ato libidinoso contra menor de 14 anos. Isso está expresso no art. 217-A do CP e não interessa se a vítima deu consentimento, se namorava o autor do fato etc. A discussão sobre presunção de violência perdeu sentido porque agora a lei incluiu a idade (menor de 14 anos) no próprio tipo penal. Manteve relação sexual com menor de 14 anos: estupro de vulnerável.

» A Lei nº 12.015/2009 acrescentou o art. 217-A ao Código Penal, criando um novo delito, chamado de "estupro de vulnerável":

Estupro de vulnerável
Art. 217-A. Ter conjunção carnal ou praticar outro ato libidinoso com menor de 14 (catorze) anos:
Pena – reclusão, de 8 (oito) a 15 (quinze) anos.

A fim de que não houvesse mais dúvidas sobre o tema, o STJ pacificou a questão, fixando a seguinte tese em recurso especial repetitivo:

> Para a caracterização do crime de estupro de vulnerável previsto no art. 217-A, caput, do CP, basta que o agente tenha conjunção carnal ou pratique qualquer ato libidinoso com pessoa menor de 14 anos.
>
> O consentimento da vítima, sua eventual experiência sexual anterior ou a existência de relacionamento amoroso entre o agente e a vítima não afastam a ocorrência do crime.
>
> STJ. 3ª Seção. REsp 1.480.881-PI, Rel. Min. Rogerio Schietti Cruz, julgado em 26/8/2015 (Info 568).

» Além disso, agora foi editada a Súmula 593 do STJ com redação semelhante.

Em algumas localidades do país (ex: determinadas comunidades do interior), seria possível dizer que não há crime, considerando que é costume a prática de atos sexuais com crianças? É possível excluir o crime de estupro de vulnerável com base no princípio da adequação social?

» NÃO. Segundo afirmou o Min. Rogério Schietti, a prática sexual envolvendo menores de 14 anos não pode ser considerada como algo dentro da "normalidade social". Não é correto imaginar que o Direito Penal deva se adaptar a todos os inúmeros costumes de cada uma das microrregiões do país, sob pena de se criar um verdadeiro caos normativo, com reflexos danosos à ordem e à paz públicas.

» Ademais, o afastamento do princípio da adequação social aos casos de estupro de vulnerável busca evitar a carga de subjetivismo que acabaria marcando a atuação do julgador nesses casos, com danos relevantes ao bem jurídico tutelado, que é o saudável crescimento físico, psíquico e emocional de crianças e adolescentes. Esse bem jurídico goza de proteção constitucional e legal, não estando sujeito a relativizações.

Na sentença, durante a dosimetria, o juiz pode reduzir a pena-base do réu alegando que a vítima (menor de 14 anos) já tinha experiência sexual anterior ou argumentando que a vítima era homossexual?

» Claro que NÃO.

> Em se tratando de crime sexual praticado contra menor de 14 anos, a experiência sexual anterior e a eventual homossexualidade do ofendido não servem para justificar a diminuição da pena-base a título de comportamento da vítima.
>
> A experiência sexual anterior e a eventual homossexualidade do ofendido, assim como não desnaturam (descaracterizam) o crime sexual praticado contra menor de 14 anos, não servem também para justificar a diminuição da pena-base, a título de comportamento da vítima.
>
> STJ. 6ª Turma. REsp 897.734-PR, Rel. Min. Nefi Cordeiro, julgado em 3/2/2015 (Info 555).

O que acontece se um garoto de 13 anos praticar sexo consensual com a sua namorada de 12 anos?

» Haverá o que a doutrina denomina de estupro bilateral. Assim, ocorre o "estupro bilateral" quando dois menores de 14 anos praticam conjunção carnal ou outro ato libidinoso entre si. Em outras palavras, tanto o garoto como a garota, neste exemplo, serão autores e vítimas, ao mesmo tempo, de ato infracional análogo ao crime de estupro de vulnerável.

Em que consiste a chamada "exceção de Romeu e Julieta"?

» Trata-se de uma tese defensiva segundo a qual se o agente praticasse sexo consensual (conjunção carnal ou ato libidinoso) com uma pessoa menor de 14 anos, não deveria ser condenado se a diferença entre o agente e a vítima não fosse superior a 5 anos. Ex: Lucas, 18 anos e 1 dia, pratica sexo com sua namorada de 13 anos e 8 meses. Pela "exceção de Romeu e Julieta" Lucas não deveria ser condenado por estupro de vulnerável (art. 217-A do CP).

» A teoria recebe esse nome por inspiração da peça de Willian Shakespeare na qual Julieta, com 13 anos, mantém relação sexual com Romeu. Assim, Romeu, em tese, teria praticado estupro de vulnerável.

» A "exceção de Romeu e Julieta" não é aceita pela jurisprudência, ou seja, mesmo que a diferença entre autor e vítima seja menor que 5 anos, mesmo que o sexo seja consensual e mesmo que eles sejam namorados, há crime.

USO DE DOCUMENTO FALSO

Súmula 546-STJ: A competência para processar e julgar o crime de uso de documento falso é firmada em razão da entidade ou órgão ao qual foi apresentado o documento público, não importando a qualificação do órgão expedidor.

▶ *Aprovada em 14/10/2015, DJ 19/10/2015.*

» Importante.

Imagine a seguinte situação hipotética:

» João e Ricardo já haviam feito inúmeras vezes o exame de direção para tirar carteira de motorista, mas nunca passavam. Decidiram, então, comprar de Pedro (conhecido falsário) a Carteira Nacional de Habilitação (CNH) falsificada, uma para cada.

FALSIFICAÇÃO COMETIDA POR PEDRO

Alguns meses depois, Pedro, que continuava falsificando carteiras para vender, foi preso em flagrante, tendo sido denunciado por falsificação de documento público (art. 297 do CP). De quem será a competência para julgar Pedro?

» A competência será da Justiça Estadual. Isso porque a Carteira de Habilitação, quando verdadeira, é um documento expedido pelo DETRAN, conforme previsto no art. 22, II, da Lei nº 9.503/97 (CTB). O DETRAN possui natureza jurídica de órgão ou de autarquia estadual (a depender da legislação de cada Estado). Logo, quando o agente falsifica uma Carteira de Habilitação, ele está lesando um serviço de interesse estadual.

USO DE DOCUMENTO FALSO POR JOÃO

Determinado dia, João, em uma blitz do órgão municipal de trânsito, apresentou sua Carteira de Habilitação falsificada. O agente de trânsito, percebendo a falsificação, pediu apoio a um PM e João foi preso em flagrante por uso de documento falso (art. 304 do CP). De quem será a competência para julgar João?

» Também será competente a Justiça Estadual. Isso porque o uso do documento falso teve o intuito de iludir o serviço de segurança viária realizado pelo Município. Logo, não há nenhum interesse federal no crime praticado, não sendo competência da Justiça Federal por não se enquadrar em nenhuma das hipóteses do art. 109 da CF/88.

USO DE DOCUMENTO FALSO POR RICARDO

Mais alguns meses depois, Ricardo foi viajar de carro para outro Estado e, na fiscalização montada pela Polícia Rodoviária Federal, foi solicitado a ele que apresentasse a habilitação, o que foi feito. Ao consultar no sistema informatizado, o Policial Rodoviário Federal constatou que se tratava de documento falsificado, uma vez que o número não constava nos registros do DENATRAN. Ricardo foi preso em flagrante por uso de documento falso (art. 304 do CP). Ficou agora a dúvida: a Carteira Nacional de Habilitação é um documento expedido por ente estadual, mas a Polícia Rodoviária é um órgão federal. Diante disso, indaga-se: de quem será a competência para julgar o crime: da Justiça Estadual ou Federal?

» Neste caso, é da Justiça Federal. A competência para processar e julgar o crime de uso de documento falso é firmada em razão da entidade ou órgão ao qual foi apresentado o documento público, não importando a qualificação do órgão expedidor. Para o STJ, no caso do crime de uso de documento falso, a qualificação do órgão expedidor do documento público é irrelevante para determinar a competência. No uso de documento falso, o critério a ser utilizado para definir a competência é analisar a natureza do órgão ou da entidade a quem o documento foi apresentado, considerando que são estes quem efetivamente sofrem os prejuízos em seus bens ou serviços. Assim, se o documento falso é apresentado perante um órgão ou entidade federal, a vítima é este órgão ou entidade que teve seu serviço ludibriado.

FALSA IDENTIDADE

Súmula 522-STJ: A conduta de atribuir-se falsa identidade perante autoridade policial é típica, ainda que em situação de alegada autodefesa.

▶ *Aprovada em 25/03/2015, DJe 06/04/2015.*

» Importante.

Ampla defesa

» A CF/88 garante a ampla defesa em seu art. 5º, incisos LV e LXIII. No processo penal a ampla defesa abrange: a) defesa técnica: exercida por advogado ou defensor público; b) autodefesa: exercida pelo próprio réu. Por conta da autodefesa, o réu não é obrigado a se autoincriminar.

» O Pacto de San José da Costa Rica, que vige em nosso ordenamento jurídico com caráter supralegal, estabelece em seu art. 8º, inciso II, alínea "g", que "toda pessoa tem direito de não ser obrigada a depor contra si mesma, nem a declarar-se culpada".

» Por fim, o Código de Processo Penal também preconiza:

> Art. 186. Depois de devidamente qualificado e cientificado do inteiro teor da acusação, o acusado será informado pelo juiz, antes de iniciar o interrogatório, do seu direito de permanecer calado e de não responder perguntas que lhe forem formuladas.
>
> Parágrafo único. O silêncio, que não importará em confissão, não poderá ser interpretado em prejuízo da defesa.

» Por força desses dispositivos, a doutrina e a jurisprudência entendem que, no interrogatório, tanto na fase policial, como em juízo, o réu poderá:

a) ficar em silêncio, recusando-se a responder as perguntas sobre os fatos pelos quais ele está sendo acusado. Obs.1: prevalece que o réu não pode negar-se a responder as perguntas relativas à sua qualificação, sendo o direito ao silêncio relativo apenas à segunda parte do interrogatório. Obs.2: o silêncio do interrogado não pode ser interpretado como confissão ficta, devendo ser encarado pelo magistrado como mera ausência de resposta. Obs.3: o direito ao silêncio também é conhecido como nemo tenetur se detegere.

b) mentir ou faltar com a verdade quanto às perguntas relativas aos fatos.

» Obs.1: diferentemente das testemunhas, o réu não tem o dever de dizer a verdade, porque tem o direito constitucional de não se autoincriminar. Logo, o réu, ao ser interrogado e mentir, não responde por falso testemunho (art. 342 do CP).

» Obs.2: o direito de mentir não permite que impute falsamente o crime a terceira pessoa inocente. Caso isso ocorra, responderá por denunciação caluniosa (art. 399, CP). A mentira que incrima terceiros é chamada pela doutrina de "mentira agressiva". Alguns doutrinadores afirmam que o réu não tem "direito" de mentir, mas sim que a mentira é apenas "tolerável". É o caso, por exemplo, de Renato Brasileiro.

» Obs.3: em alguns países, como nos EUA, é crime mentir durante o interrogatório. Ressalte-se que, no direito norte-americano, também se garante ao acusado o direito ao silêncio e à não autoincriminação (privilegie against self-incrimination); no entanto, na hipótese de o réu decidir responder as perguntas, não poderá faltar com a verdade. Trata-se do chamado crime de perjúrio.

LIMITES DA AUTODEFESA

A autodefesa é um direito ilimitado?

» Não. A autodefesa não é um direito absoluto. Exemplo disso, já consagrado há muito tempo, é o fato de que se o réu, em seu interrogatório, imputar falsamente o crime a pessoa inocente, responderá por denunciação caluniosa (art. 399, CP).

AUTODEFESA E USO DE DOCUMENTO FALSO (ART. 304 DO CP).

Como expressão do direito à autodefesa, o réu pode apresentar um documento falso para não se prejudicar criminalmente? Ex.: João é parado em uma blitz da PM e, sabendo que havia um mandado de prisão contra si expedido, apresenta a cédula de identidade de seu irmão com sua foto no lugar. Isso é permitido?

» Não. Na hipótese retratada, João poderia ser condenado por uso de documento falso. Esse é o entendimento do STF e STJ: "O fato de o paciente ter apresentado à polícia identidade com sua foto e assinatura, porém com impressão digital de outrem, configura o crime do art. 304 do Código Penal. Havendo adequação entre a conduta e a figura típica concernente ao uso de documento falso, não cabe cogitar de que a atribuição de identidade falsa para esconder antecedentes criminais consubstancia autodefesa." (STF. 2ª Turma. HC 92763, Rel. Min. Eros Grau, julgado em 12/02/2008).

Autodefesa e falsa identidade (art. 307 do CP)

» Inicialmente, cumpre estabelecer a distinção entre falsa identidade e uso de documento falso:

Art. 307 – Falsa identidade	Art. 304 – Uso de documento falso
Consiste na simples atribuição de falsa identidade, sem a utilização de documento falso.	Aqui, há obrigatoriamente o uso de documento falso.
Ex.: ao ser parado em uma blitz, o agente afirma que seu nome é Pedro Silva, quando, na verdade, ele é João Lima.	Ex.: ao ser parado em uma blitz, o agente, João Lima, afirma que seu nome é Pedro Silva e apresenta o RG falsificado com este nome.

» Assim como no caso do uso de documento falso, também na hipótese de falsa identidade, o STF entende que há crime quando o agente, para não se incriminar, atribui a si uma identidade que não é sua. Essa questão já foi, inclusive, analisada pelo Pleno do STF em regime de repercussão geral: "O princípio constitucional da autodefesa (art. 5º, inciso LXIII, da CF/88) não alcança aquele que atribui falsa identidade perante autoridade policial com o intento de ocultar maus antecedentes, sendo, portanto, típica a conduta praticada pelo agente (art. 307 do CP). O tema possui densidade constitucional e extrapola os limites subjetivos das partes." (STF. Plenário. RE 640139 RG, Rel. Min. Dias Toffoli, julgado em 22/09/2011).

» Trata-se também da posição do STJ: "É típica a conduta do acusado que, no momento da prisão em flagrante, atribui para si falsa identidade (art. 307 do CP), ainda que em alegada situação de autodefesa. Isso porque a referida conduta não constitui extensão da garantia à ampla defesa, visto tratar-se de conduta típica, por ofensa à fé pública e aos interesses de disciplina social, prejudicial, inclusive, a eventual terceiro cujo nome seja utilizado no falso." (STJ. 3ª Seção. REsp 1.362.524-MG, Rel. Min. Sebastião Reis Júnior, julgado em 23/10/2013 (recurso repetitivo)).

» Em suma, tanto o STF como o STJ entendem que a alegação de autodefesa não serve para descaracterizar a prática dos delitos do art. 304 ou do art. 307 do CP.

CRIMES CONTRA A ADMINISTRAÇÃO PÚBLICA

Súmula 599-STJ: O princípio da insignificância é inaplicável aos crimes contra a administração pública.

▶ *Aprovada em 20/11/2017.*

» **Importante.**

Princípio da insignificância

» Quem primeiro tratou sobre o princípio da insignificância no direito penal foi Claus Roxin, em 1964.

» Também é chamado de "princípio da bagatela" ou "infração bagatelar própria".

» O princípio da insignificância não tem previsão legal no direito brasileiro. Trata-se de uma criação da doutrina e da jurisprudência.

» Para a posição majoritária, o princípio da insignificância é uma causa supralegal de exclusão da tipicidade material.

» Se o fato for penalmente insignificante, significa que não lesou nem causou perigo de lesão ao bem jurídico. Logo, aplica-se o princípio da insignificância e o réu é absolvido por atipicidade material, com fundamento no art. 386, III do CPP.

» O princípio da insignificância atua, então, como um instrumento de interpretação restritiva do tipo penal.

O princípio da insignificância pode ser aplicado aos crimes contra a Administração Pública?

» Para o STJ, não. Não se aplica o princípio da insignificância aos crimes contra a Administração Pública, ainda que o valor da lesão possa ser considerado ínfimo.

» Segundo o STJ, os crimes contra a Administração Pública têm como objetivo resguardar não apenas o aspecto patrimonial, mas, principalmente, a moral administrativa. Logo, mesmo que o valor do prejuízo seja insignificante, deverá haver a sanção penal considerando que houve uma afronta à moralidade administrativa, que é insuscetível de valoração econômica.

Exceção

» Existe uma exceção. A jurisprudência é pacífica em admitir a aplicação do princípio da insignificância ao crime de descaminho (art. 334 do CP), que, topograficamente, está inserido no Título XI do Código Penal, que trata sobre os crimes contra a Administração Pública.

» De acordo com o STJ, "a insignificância nos crimes de descaminho tem colorido próprio, diante das disposições trazidas na Lei n. 10.522/2002", o que não ocorre com outros delitos, como o peculato etc. (AgRg no REsp 1346879/SC, Rel. Min. Marco Aurélio Bellizze, julgado em 26/11/2013).

O STF concorda com a Súmula 599 do STJ?

» NÃO. No STF, há julgados admitindo a aplicação do princípio mesmo em outras hipóteses além do descaminho, como foi o caso do HC 107370, Rel. Min. Gilmar Mendes, julgado em 26/04/2011 e do HC 112388, Rel. p/ Acórdão Min. Cezar Peluso, julgado em 21/08/2012.

» Segundo o entendimento que prevalece no STF, a prática de crime contra a Administração Pública, por si só, não inviabiliza a aplicação do princípio da insignificância, devendo haver uma análise do caso concreto para se examinar se incide ou não o referido postulado.

CONTRABANDO E DESCAMINHO

Súmula 560-STF: A extinção de punibilidade, pelo pagamento do tributo devido, estende-se ao crime de ~~contrabando ou~~ descaminho, ~~por força do art. 18, parágrafo 2, do Decreto-Lei 157/67~~.

▶ *Aprovada em 15/12/1976, DJ 03/01/1977.*

» Superada.

Súmula 151-STJ: A competência para o processo e julgamento por crime de contrabando ou descaminho define-se pela prevenção do juízo federal do lugar da apreensão dos bens.

▶ *Aprovada em 14/02/1996, DJ 26/02/1996.*

» Válida.

CONTRAVENÇÕES PENAIS

Súmula 51-STJ: A punição do intermediador, no jogo do bicho, independe da identificação do "apostador" ou do "banqueiro".

▶ *Aprovada em 17/09/1992, DJ 24/09/1992.*

» Válida.

Súmula 720-STF: O art. 309 do Código de Trânsito Brasileiro, que reclama decorra do fato perigo de dano, derrogou o art. 32 da Lei das Contravenções Penais no tocante à direção sem habilitação em vias terrestres.

▶ *Aprovada em 24/09/2003, DJ 09/10/2003.*

» Válida.

CRIMES DE RESPONSABILIDADE DOS PREFEITOS

Súmula 164-STJ: O prefeito municipal, após a extinção do mandato, continua sujeito a processo por crime previsto no art. 1º do Dec. Lei nº 201, de 27/02/67.

▶ *Aprovada em 14/08/1996, DJ 23/08/1996.*

Súmula 703-STF: A extinção do mandato do Prefeito não impede a instauração de processo pela prática dos crimes previstos no art. 1º do DL 201/67.

▶ *Aprovada em 24/09/2003, DJ 09/10/2003.*

» Importantes.

Súmula 301-STF: Por crime de responsabilidade, o procedimento penal contra Prefeito Municipal fica condicionado ao seu afastamento do cargo por "impeachment", ou a cessação do exercício por outro motivo.

▶ *Aprovada em 13/12/1963.*

» Cancelada pelo STF no julgamento do RHC 49038 (DJ 19/11/1971).

» O cancelamento da Súmula 301 do STF significa que o prefeito pode ser denunciado, processado e condenado pelos crimes do DL 201/67 mesmo que continue no cargo. O processo penal pode seguir seu curso normalmente mesmo que ele não sofra impeachment.

CORRUPÇÃO DE MENORES (ART. 244-B DO ECA)

Súmula 500-STJ: A configuração do crime previsto no artigo 244-B do Estatuto da Criança e do Adolescente independe da prova da efetiva corrupção do menor, por se tratar de delito formal.

▶ *Aprovada em 23/10/2013, DJ 28/10/2013.*

» Importante.

Previsão legal

» O crime de corrupção de menores era previsto no art. 1º da Lei nº 2.252/54.

> Art. 1º Constitui crime, punido com a pena de reclusão de 1 (um) a 4 (quatro) anos e multa de Cr$1.000,00 (mil cruzeiros) a Cr$10.000,00 (dez mil cruzeiros), corromper ou facilitar a corrupção de pessoa menor de 18 (dezoito) anos, com ela praticando infração penal ou induzindo-a a praticá-la.

Em 2009, esse art. 1º da Lei nº 2.252/54 foi revogado pela Lei nº 12.015/2009. Houve abolitio criminis?

» NÃO, não houve abolitio criminis, mas sim continuidade normativo-típica, considerando que a Lei nº 12.015/2009, ao revogar o referido art. 1º, inseriu o mesmo crime no Estatuto da Criança e do Adolescente (art. 244-B). Houve, então, apenas uma mudança no local onde o delito era previsto, mantendo-se, contudo, a previsão de que essa conduta se trata de crime.

» Segundo o STJ, "o princípio da continuidade normativa típica ocorre quando uma norma penal é revogada, mas a mesma conduta continua sendo crime no tipo penal revogador, ou seja, a infração penal continua tipificada em outro dispositivo, ainda que topologicamente ou normativamente diverso do originário." (HC 204.416/SP, Rel. Min. Gilson Dipp, Quinta Turma, julgado em 17/05/2012).

» Desse modo, o art. 1º da Lei nº 2.252/54 foi revogado, mas a conduta de corromper menores, fazendo com que estes pratiquem crimes, continua sendo tipificada, agora porém no art. 244-B do ECA:

> Art. 244-B. Corromper ou facilitar a corrupção de menor de 18 (dezoito) anos, com ele praticando infração penal ou induzindo-o a praticá-la:
>
> Pena – reclusão, de 1 (um) a 4 (quatro) anos.
>
> § 1º Incorre nas penas previstas no caput deste artigo quem pratica as condutas ali tipificadas utilizando-se de quaisquer meios eletrônicos, inclusive salas de bate-papo da internet.
>
> § 2º As penas previstas no caput deste artigo são aumentadas de um terço no caso de a infração cometida ou induzida estar incluída no rol do art. 1º da Lei n.º 8.072, de 25 de julho de 1990.

O crime de corrupção de menores (art. 244-B do ECA) é FORMAL ou MATERIAL? Para que este delito se consuma, exige-se a prova de que o menor foi corrompido?

» Trata-se de crime FORMAL. Assim, NÃO se exige prova de que o menor tenha sido corrompido (obs.: no crime formal, não é necessária a ocorrência de um resultado naturalístico). Desse modo, a simples participação de menor de 18 anos em infração penal cometida por agente imputável é suficiente à consumação do crime de corrupção de menores (art. 244-B do ECA), sendo dispensada, para sua configuração, prova de que o menor tenha sido efetivamente corrompido.

» Vale ressaltar que este é também o entendimento do STF: "(...) O crime de corrupção de menores é formal, não havendo necessidade de prova efetiva da corrupção ou da idoneidade moral anterior da vítima, bastando indicativos do envolvimento de menor na companhia do agente imputável. Precedentes. (...)" (RHC 111434, Rel. Min. Cármen Lúcia, Primeira Turma, julgado em 03/04/2012)

» Em 2013 foi editada a Súmula 500 com o objetivo de deixar expresso e mais conhecido esse entendimento do STJ.

Na prática, qual é a diferença entre a corrupção de menores ser formal ou material?

» Veja o seguinte exemplo hipotético e você irá entender: João (com 20 anos de idade) e Maikon (com 16 anos), mediante grave ameaça, subtraem a carteira da vítima. Vale ressaltar que, antes desse evento, Maikon já respondia a cinco ações socioeducativas pela participação em outros atos infracionais equiparados a roubo. João foi denunciado pela prática de dois crimes em concurso: roubo circunstanciado (art. 157, § 2º, II, do CP); e corrupção de menores (art. 244-B do ECA). A defesa de João pediu a sua absolvição quanto ao delito do art. 244-B do ECA, argumentando que o tipo penal fala em "corromper" menor de 18 anos. No entanto, no caso concreto, o adolescente já estaria "corrompido", considerando que tinha participado de outros atos infracionais equiparados a crime (era infrator contumaz). Logo, disse o advogado, não foi o réu (João) quem corrompeu o menor.

A tese defensiva poderá ser aceita segundo a jurisprudência?

» NÃO. A configuração do crime previsto no artigo 244-B do Estatuto da Criança e do Adolescente independe da prova da efetiva corrupção do menor, por se tratar de delito formal (súmula 500 do STJ). Assim, pouco importa se houve ou não a corrupção efetiva do menor. Basta que o Ministério Público comprove a participação do inimputável na prática delituosa em companhia do maior de 18 anos.

Qual é a justificativa para esse entendimento?

» Segundo o Min. Sebastião Reis Júnior, a simples participação do menor no ato delitivo é suficiente para a sua consumação, sendo irrelevante seu grau prévio de corrupção, "já que cada nova prática criminosa na qual é inserido contribui para aumentar sua degradação" (HC 164.359/DF). Dessa feita, a cada nova participação a moralidade do menor (bem jurídico protegido) é novamente violada. Em suma, se o art. 244-B ECA fosse material, João seria absolvido; como é formal, será condenado.

CRIMES CONTRA A ORDEM TRIBUTÁRIA

Súmula vinculante 24-STF: Não se tipifica crime material contra a ordem tributária, previsto no artigo 1º, incisos I a IV, da Lei nº 8.137/90, antes do lançamento definitivo do tributo.

▶ *Aprovada em 02/12/2009, DJe 11/12/2009.*

» Importante.

Súmula 609-STF: É pública incondicionada a ação penal por crime de sonegação fiscal.

▶ *Aprovada em 17/10/1984, DJ 29/10/1984.*

» Válida (art. 15 da Lei nº 8.137/90).

CÓDIGO DE TRÂNSITO BRASILEIRO

Súmula 575-STJ: Constitui crime a conduta de permitir, confiar ou entregar a direção de veículo automotor a pessoa que não seja habilitada, ou que se encontre em qualquer das situações previstas no art. 310 do CTB, independentemente da ocorrência de lesão ou de perigo de dano concreto na condução do veículo.

▶ *Aprovada em 22/06/2016, DJe 27/06/2016.*

» Importante.

Imagine a seguinte situação hipotética:

» João, 55 anos, entregou seu carro para que seu filho Igor (17 anos) fosse a uma festa. Na volta para casa, Igor foi parado em uma blitz. Além de aplicar a multa, os agentes de trânsito encaminharam cópia do processo administrativo para o Ministério Público, que denunciou João pela prática do crime previsto no art. 310 do CTB:

> Art. 310. Permitir, confiar ou entregar a direção de veículo automotor a pessoa não habilitada, com habilitação cassada ou com o direito de dirigir suspenso, ou, ainda, a quem, por seu estado de saúde, física ou mental, ou por embriaguez, não esteja em condições de conduzi-lo com segurança:
>
> Penas – detenção, de seis meses a um ano, ou multa.

» Em sua defesa, João alegou que Igor não causou nenhum tipo de perigo porque sabe dirigir há anos e estava em velocidade compatível no local, não tendo os agentes de trânsito observado qualquer condução irregular do veículo por sua parte.

Os argumentos da defesa poderão ser aceitos?

» NÃO. Para o STJ, o delito previsto no art. 310 do CP é crime de perigo ABSTRATO. Assim, não é exigível, para o aperfeiçoamento do delito, a ocorrência de lesão ou de perigo de dano concreto na conduta de quem permite, confia ou entrega a direção de veículo automotor a pessoa não habilitada, com habilitação cassada ou com o direito de dirigir suspenso, ou ainda a quem, por seu estado de saúde, física ou mental, ou por embriaguez, não esteja em condições de conduzi-lo com segurança.

» O art. 310, mais do que tipificar uma conduta idônea a lesionar, estabelece um dever de garante ao possuidor do veículo automotor. Neste caso, estabelece-se um dever de não permitir, confiar ou entregar a direção de um automóvel a determinadas pessoas, indicadas no tipo penal, com ou sem habilitação, com problemas psíquicos ou físicos, ou embriagadas, ante o perigo geral que encerra a condução de um veículo nessas condições. STJ. 3ª Seção. REsp 1.485.830-MG, Rel. Min. Sebastião Reis Júnior, Rel. para acórdão Min. Rogerio Schietti Cruz, julgado em 11/3/2015 (recurso repetitivo) (Info 563). STJ. 6ª Turma. REsp 1.468.099-MG, Rel. Min. Nefi Cordeiro, julgado em 19/3/2015 (Info 559).

Súmula 720-STF: O art. 309 do Código de Trânsito Brasileiro, que reclama decorra do fato perigo de dano, derrogou o art. 32 da Lei das Contravenções Penais no tocante à direção sem habilitação em vias terrestres.

▶ *Aprovada em 24/09/2003, DJ 09/10/2003.*

» Válida.

ESTATUTO DO DESARMAMENTO

Súmula 513-STJ: A abolitio criminis temporária prevista na Lei nº 10.826/2003 aplica-se ao crime de posse de arma de fogo de uso permitido com numeração, marca ou qualquer outro sinal de identificação raspado, suprimido ou adulterado, praticado somente até 23/10/2005.

▶ *Aprovada em 11/06/2014, DJe 16/06/2014.*

» Importante.

Estatuto do Desarmamento

» O Estatuto do Desarmamento (Lei nº 10.826/2003), com o intuito de estimular a regularização das armas existentes no país, trouxe a possibilidade de aqueles que tivessem armas ilegais pudessem resolver tal situação (art. 30).

» Assim, o Estatuto estabeleceu que os possuidores e proprietários de arma de fogo de uso permitido não registradas teriam um prazo de 180 dias após a publicação da Lei (que ocorreu em 23/12/2003) para solicitar o registro da arma.

» Se a arma tivesse sua numeração raspada ou fosse de uso restrito e, assim, não pudesse ser regularizada, o indivíduo tinha a opção de entregá-la à Polícia Federal, sendo indenizado por isso.

» Durante o período previsto na Lei, a pessoa que fosse encontrada em sua casa ou trabalho com uma arma de fogo de uso permitido ou de uso restrito não cometia os crimes dos arts. 12 ou 16 do Estatuto. Havia uma abolitio criminis temporária (também chamada de descriminalização temporária ou vacatio legis indireta).

Ampliação do prazo para regularização

» Segundo a redação inicial do Estatuto, a pessoa tinha até o dia 23/12/2003 para regularizar ou entregar a arma. Esse prazo foi sendo ampliado por diversas leis que se sucederam. Todas as vezes em que ia chegando ao fim o prazo, era editada uma MP ou uma lei ampliando esse limite.

A quais crimes se aplica essa abolitio criminis temporária?

» No período compreendido entre 23/12/2003 a 23/10/2005, a abolitio criminis temporária abrangia as condutas de posse de arma de fogo de uso permitido (art. 12) e de posse de arma de uso restrito (art. 16), incluindo as condutas equiparadas (art. 16, parágrafo único). A partir de 23/10/2005 até 31/12/2009, a abolitio passou a incidir somente sobre a conduta de posse de arma de fogo de uso permitido (art. 12).

» Repetindo:

A abolitio criminis temporária abrangia quais crimes?	
De 23/12/2003 a 23/10/2005	**De 24/10/2005 até 31/12/2009**
Arts. 12 e 16	Somente o art. 12
Posse de arma de fogo de uso permitido e restrito, incluindo as condutas equiparas (ex: arma permitida com numeração raspada).	Apenas a posse de arma de fogo de uso PERMITIDO.

Por que houve essa mudança?

» Porque a MP 417/2008 (convertida na Lei nº 11.706/2008), ao revigorar o art. 30 do Estatuto do Desarmamento e reabrir o prazo para regularização, não mais previu que os possuidores de arma de fogo de uso restrito pudessem fazer o registro da arma. Desse modo, para o STJ, no período compreendido entre 23/12/2003 a 23/10/2005, quem foi encontrado na posse de arma de fogo com numeração, marca ou qualquer outro sinal de identificação raspado, suprimido ou adulterado, não cometia crime porque estava resguardado pela vacatio legis indireta. De 24/10/2005 em diante, quem foi encontrado na posse de arma de fogo com numeração, marca ou qualquer outro sinal de identificação raspado, suprimido ou adulterado, cometeu sim crime porque vacatio legis indireta para o crime do art. 16 durou até 23/10/2005.

Dito de outra forma:

1) De 23/12/2003 a 31/12/2009: não é crime a posse de arma de fogo de que trata o art. 12.

2) De 24/12/2003 a 23/10/2005: não é crime a posse de arma de fogo de que trata o art. 16.

LEI MARIA DA PENHA

Súmula 600-STJ: Para a configuração da violência doméstica e familiar prevista no artigo 5º da Lei nº 11.340/2006 (Lei Maria da Penha) não se exige a coabitação entre autor e vítima.

▶ *STJ. 3ª Seção. Aprovada em 22/11/2017, DJe 27/11/2017.*

» Importante.

Requisitos para que se configure a violência doméstica e familiar prevista na Lei Maria da Penha:

» a) sujeito passivo (vítima) deve ser pessoa do sexo feminino (não importa se criança, adulta ou idosa, desde que seja do sexo feminino);

» b) sujeito ativo pode ser pessoa do sexo masculino ou feminino;

» c) ocorrência de violência baseada em relação íntima de afeto, motivação de gênero ou situação de vulnerabilidade, nos termos do art. 5º da Lei.

» Veja o que diz o art. 5º da Lei nº 11.340/2006:

> Art. 5º Para os efeitos desta Lei, configura violência doméstica e familiar contra a mulher qualquer ação ou omissão baseada no gênero que lhe cause morte, lesão, sofrimento físico, sexual ou psicológico e dano moral ou patrimonial:
>
> I – no âmbito da unidade doméstica, compreendida como o espaço de convívio permanente de pessoas, com ou sem vínculo familiar, inclusive as esporadicamente agregadas;
>
> II – no âmbito da família, compreendida como a comunidade formada por indivíduos que são ou se consideram aparentados, unidos por laços naturais, por afinidade ou por vontade expressa;
>
> III – em qualquer relação íntima de afeto, na qual o agressor conviva ou tenha convivido com a ofendida, independentemente de coabitação.
>
> Parágrafo único. As relações pessoais enunciadas neste artigo independem de orientação sexual.

Coabitação significa morar sob o mesmo teto. É possível a aplicação da Lei Maria da Penha (Lei nº 11.340/2006) mesmo que não haja coabitação entre autor e vítima?

» SIM. É possível que haja violência doméstica mesmo que agressor e vítima não convivam sob o mesmo teto (não morem juntos). Isso porque o art. 5º, III, da Lei afirma que há violência doméstica em qualquer relação íntima de afeto, na qual o agressor conviva ou tenha convivido com a ofendida, independentemente de coabitação.

Exemplos:

» Ex1: violência praticada por irmão contra irmã, ainda que eles nem mais morem sob o mesmo teto (STJ. 5ª Turma. REsp 1239850/DF, Rel. Min. Laurita Vaz, julgado em 16/02/2012);

» Ex2: é possível que a agressão cometida por ex-namorado configure violência doméstica contra a mulher ensejando a aplicação da Lei nº 11.340/2006 (STJ. 5ª Turma. HC 182.411/RS, Rel. Min. Adilson Vieira Macabu (Des. Conv. do TJ/RJ), julgado em 14/08/2012).

Alguns precedentes do STJ sobre o tema:

> A Lei nº 11.340/06 buscou proteger não só a vítima que coabita com o agressor, mas também aquela que, no passado, já tenha convivido no mesmo domicílio, contanto que haja nexo entre a agressão e a relação íntima de afeto que já existiu entre os dois.
> STJ. 3ª Seção. CC 102.832/MG, Rel. Min. Napoleão Nunes Maia Filho, DJe 22/04/2009.

A intenção do legislador, ao editar a Lei Maria da Penha, foi de dar proteção à mulher que tenha sofrido agressão decorrente de relacionamento amoroso, e não de relações transitórias, passageiras, sendo desnecessária, para a comprovação do aludido vínculo, a coabitação entre o agente e a vítima ao tempo do crime.
STJ. 6ª Turma. HC 181.246/RS, Rel. Min. Sebastião Reis Júnior, DJe 06/09/2013.

A caracterização da violência doméstica e familiar contra a mulher não depende do fato de agente e vítima conviverem sob o mesmo teto.

Assim, embora a agressão tenha ocorrido em local público, ela foi nitidamente motivada pela relação familiar que o agente mantém com a vítima, sua irmã, circunstância que dá ensejo à incidência da Lei Maria da Penha.
STJ. 5ª Turma. HC 280.082/RS, Rel. Min. Jorge Mussi, julgado em 12/02/2015.

Súmula 536-STJ: A suspensão condicional do processo e a transação penal não se aplicam na hipótese de delitos sujeitos ao rito da Lei Maria da Penha.

▶ *Aprovada em 10/06/2015, DJe 15/06/2015.*

» Importante.

» A Lei nº 11.340/2006 (Lei de Violência Doméstica) é conhecida como "Lei Maria da Penha", em uma homenagem à Sra. Maria da Penha Maia Fernandes que, durante anos, foi vítima de violências domésticas e lutou bastante para a aprovação deste diploma.

» A Lei nº 11.340/2006 prevê regras processuais instituídas para proteger a mulher vítima de violência doméstica.

» Desse modo, se uma mulher for vítima de violência doméstica e familiar, a apuração deste delito (crime ou contravenção penal) deverá obedecer ao rito da Lei Maria da Penha e, de forma subsidiária, ao CPP e às demais leis processuais penais, naquilo que não for incompatível (art. 13).

O réu que praticou violência doméstica ou familiar contra mulher pode ser beneficiado com TRANSAÇÃO PENAL ou com SUSPENSÃO CONDICIONAL DO PROCESSO?

» NÃO. A suspensão condicional do processo e a transação penal não se aplicam na hipótese de delitos sujeitos ao rito da Lei Maria da Penha.

Por quê?

» A suspensão condicional do processo e a transação penal estão previstas na Lei nº 9.099/95. Ocorre que a Lei Maria da Penha expressamente proíbe que se aplique a Lei nº 9.099/95 para os crimes praticados com violência doméstica e familiar contra a mulher. Veja:

> Art. 41. Aos crimes praticados com violência doméstica e familiar contra a mulher, independentemente da pena prevista, não se aplica a Lei 9.099, de 26 de setembro de 1995.

» Vale ressaltar que a Lei nº 9.099/95 não se aplica NUNCA E PARA NADA que se refira à Lei Maria da Penha.

Esse art. 41 da Lei Maria da Penha é compatível com a CF/88? O legislador poderia ter proibido isso?

» SIM. O STF decidiu que este art. 41 é constitucional e que, para a efetiva proteção das mulheres vítimas de violência doméstica, foi legítima a opção do legislador de excluir tais crimes do âmbito de incidência da Lei nº 9.099/95 (STF. Plenário. ADI 4424/DF, rel. Min. Marco Aurélio, 9/2/2012).

» O art. 41 fala apenas em CRIMES.

Se o agente praticar uma contravenção penal com violência doméstica, será possível aplicar a Lei nº 9.099/95? É cabível a transação penal (art. 76 da Lei nº 9.099/95) para contravenções cometidas com violência doméstica contra a mulher?

» NÃO. A transação penal NÃO é aplicável na hipótese de contravenção penal praticada com violência doméstica e familiar contra a mulher. De fato, a interpretação literal do art. 41 da Lei Maria da Penha poderia indicar, em uma análise rápida, a conclusão de que os institutos despenalizadores da Lei nº 9.099/1995, entre eles a transação penal, seriam aplicáveis às contravenções penais praticadas com violência doméstica e familiar contra a mulher. Entretanto, em uma interpretação que atenda os fins sociais a que a lei se destina, deve-se concluir que o art. 41 da Lei nº 11.340/2006 afasta a Lei nº 9.099/1995 tanto em relação aos crimes quanto às contravenções penais praticados contra mulheres no âmbito doméstico e familiar. Nesse sentido: STJ. 6ª Turma. HC 280.788-RS, Rel. Min. Rogerio Schietti Cruz, julgado em 3/4/2014 (Info 539).

» Em suma, os institutos despenalizadores da Lei 9.099/1995, entre eles a transação penal e a suspensão condicional do processo, não se aplicam a nenhuma prática delituosa contra a mulher no âmbito doméstico e familiar, ainda que configure contravenção penal.

Repetindo:

» A Lei nº 9.099/95 não se aplica NUNCA E PARA NADA que se refira à Lei Maria da Penha. Nada que esteja na Lei nº 9.099/95 poderá ser utilizado para delitos praticados com violência doméstica (outros exemplos: composição civil dos danos, termo circunstanciado de ocorrência como substituto do flagrante etc.).

Súmula 588-STJ: A prática de crime ou contravenção penal contra a mulher com violência ou grave ameaça no ambiente doméstico impossibilita a substituição da pena privativa de liberdade por restritiva de direitos.

▸ *Aprovada em 13/09/2017, DJe 18/09/2017.*

» Importante.

Penas restritivas de direitos

» O Código Penal prevê que, em determinadas situações, em se tratando de pessoa condenada a uma pena privativa de liberdade, pode ser esta reprimenda substituída por uma ou duas penas restritivas de direito.

Quais são os requisitos cumulativos para a conversão da pena privativa de liberdade em penas restritivas de direitos?

» Estão previstos no art. 44 do CP e podem ser assim resumidos:

1º requisito (objetivo): Natureza do crime e quantum da pena	2º requisito (subjetivo): Não ser reincidente em crime doloso	3º requisito (subjetivo): A substituição seja indicada e suficiente
a) Se for crime doloso: • a pena aplicada deve ser igual ou inferior a 4 anos; ▫ o crime deve ter sido cometido sem violência ou grave ameaça a pessoa. b) Se for crime culposo: pode haver a substituição qualquer que seja a pena aplicada.	*Regra*: para ter direito, o réu não pode ser reincidente em crime doloso. *Exceção*: se o condenado for reincidente, o juiz poderá aplicar a substituição, desde que, em face de condenação anterior, a medida seja socialmente recomendável e a reincidência não se tenha operado em virtude da prática do mesmo crime.	A culpabilidade, os antecedentes, a conduta social e a personalidade do condenado, bem como os motivos e as circunstâncias, indicarem que essa substituição seja suficiente (Princípio da suficiência da resposta alternativa ao delito).

» Veja a redação do art. 44:

Art. 44. As penas restritivas de direitos são autônomas e substituem as privativas de liberdade, quando:

I – aplicada pena privativa de liberdade não superior a quatro anos e o crime não for cometido com violência ou grave ameaça à pessoa ou, qualquer que seja a pena aplicada, se o crime for culposo;

II – o réu não for reincidente em crime doloso;

III – a culpabilidade, os antecedentes, a conduta social e a personalidade do condenado, bem como os motivos e as circunstâncias indicarem que essa substituição seja suficiente.

Se o réu pratica um crime com violência ou grave ameaça, mas se trata de uma infração penal de menor potencial ofensivo (pena máxima de 2 anos), ele terá direito à substituição da pena?

» A doutrina majoritária afirma que sim. Se o agente for condenado por uma infração penal de menor potencial ofensivo, sua pena privativa de liberdade poderá ser substituída por restritiva de direitos mesmo que tenha sido cometida com violência ou grave ameaça. Trata-se de exceção ao inciso I do art. 44 do CP.

» O argumento utilizado pela doutrina é o de que a Lei nº 9.099/95 (que é posterior ao Código Penal) previu uma série de medidas despenalizadoras para as infrações penais de menor potencial ofensivo (exs: transação penal e composição civil). Logo, seria irrazoável e contrário ao espírito da lei não permitir a aplicação de penas restritivas de direito para tais infrações consideradas de menor gravidade.

Quantas penas restritivas de direito o réu terá que cumprir:

Se a pessoa for condenada a...	
Pena igual ou inferior a 1 ano de prisão:	**Pena superior a 1 ano (até 4 anos) de prisão:**
A pena privativa de liberdade aplicada poderá ser substituída por:	A pena privativa de liberdade aplicada poderá ser substituída por:
a) multa OU	a) 1 pena restritiva de direito + multa OU
b) 1 pena restritiva de direito	b) 2 penas restritivas de direito.

Discussão sobre a aplicação das penas restritivas para infrações praticadas no âmbito da violência doméstica

» O art. 17 da Lei Maria da Penha (Lei nº 11.340/2006) prevê o seguinte:

» Art. 17. É vedada a aplicação, nos casos de violência doméstica e familiar contra a mulher, de penas de cesta básica ou outras de prestação pecuniária, bem como a substituição de pena que implique o pagamento isolado de multa.

» Veja, portanto, que esse dispositivo proíbe que o juiz aplique as seguintes penas restritivas de direitos à pessoa que praticou violência doméstica e familiar contra a mulher:

» Pena de "cesta básica";

» Quaisquer espécies de prestação pecuniária (art. 45, §§ 1º e 2º);

» Pagamento isolado de multa (art. 44, § 2º do CP).

» Diante disso, alguns doutrinadores sustentaram a tese de que o art. 17, ao proibir apenas esses tipos de penas, teria, *a contrario sensu*, permitido que fossem aplicadas outras espécies de penas restritivas de direitos.

Essa interpretação foi aceita pela jurisprudência do STJ? É possível a aplicação de penas restritivas de direito para os crimes cometidos contra a mulher com violência ou grave ameaça no ambiente doméstico?

» NÃO. O STJ pacificou o entendimento de que não cabe a substituição da pena privativa de liberdade por restritiva de direitos nos crimes ou contravenções penais cometidos contra a mulher com violência ou grave ameaça no ambiente doméstico.

» O STJ editou a súmula 588 para espelhar essa sua posição consolidada.

E o art. 17 da Lei nº 11.340/2006?

» A interpretação que prevaleceu foi a seguinte: além das sanções previstas no art. 17, são proibidas quaisquer penas restritivas para os condenados por violência doméstica e familiar contra a mulher. Isso porque o art. 44, I, do CP veda penas restritivas de direito em caso de crimes cometidos com violência ou grave ameaça à pessoa. Nesse sentido:

> (...) Embora a Lei nº 11.340/2006 não vede a substituição da pena privativa de liberdade por restritiva de direitos, obstando apenas a imposição de prestação pecuniária e o pagamento isolado de multa, o art. 44, I, do CP proíbe a conversão da pena corporal em restritiva de direitos quando o crime for cometido com violência à pessoa (...)
> STJ. 5ª Turma. AgRg no REsp 1521993/RO, Rel. Min. Ribeiro Dantas, julgado em 04/08/2016.

» Vale ressaltar que a Lei nº 9.099/95 não se aplica para os delitos praticados com violência doméstica contra a mulher, por força do art. 41 da Lei nº 11.340/2006:

> Art. 41. Aos crimes praticados com violência doméstica e familiar contra a mulher, independentemente da pena prevista, não se aplica a Lei nº 9.099, de 26 de setembro de 1995.

IMPORTANTE. O STF concorda com o teor da súmula 588 do STJ?

» Em parte.

» Em caso de CRIMES praticados contra a mulher com violência ou grave ameaça no ambiente doméstico: o STF possui o mesmo entendimento do STJ e afirma que não cabe a substituição por penas restritivas de direitos. Nesse sentido:

» Não é possível a substituição de pena privativa de liberdade por restritiva de direitos ao condenado pela prática do crime de lesão corporal praticado em ambiente doméstico (art. 129, § 9º do CP).

» A substituição da pena privativa de liberdade por restritiva de direitos pressupõe, entre outras coisas, que o crime não tenha sido cometido com violência ou grave ameaça (art. 44, I, do CP).

» STF. 2ª Turma. HC 129446/MS, Rel. Min. Teori Zavascki, julgado em 20/10/2015 (Info 804).

» Em caso de CONTRAVENÇÕES PENAIS praticadas contra a mulher com violência ou grave ameaça no ambiente doméstico há uma discordância. Ex: imagine que o marido pratica vias de fato (art. 21 da Lei de Contravenções Penais) contra a sua esposa; ele poderá ser beneficiado com pena restritiva de direitos?

» STJ e 1ª Turma do STF: NÃO. Não é possível a substituição da pena privativa de liberdade por restritiva de direitos tanto no caso de crime como contravenção penal praticados contra a mulher com violência ou grave ameaça no ambiente doméstico. É o teor da Súmula 588-STJ. A 1ª Turma do STF também comunga do mesmo entendimento: HC 137888/MS, Rel. Min. Rosa Weber, julgado em 31/10/2017.

» **2ª Turma STF: SIM.** Afirma que é possível a conversão da pena privativa de liberdade por restritiva de direito, nos moldes previstos no art. 17 da Lei Maria da Penha, aos condenados pela prática da <u>contravenção penal</u>. Isso porque a contravenção penal não está na proibição contida no inciso I do art. 44 do CP, que fala apenas em <u>crime</u>. Logo, não existe proibição no ordenamento jurídico para a aplicação de pena restritiva de direitos em caso de contravenções. Nesse sentido: STF. 2ª Turma. HC 131160, Rel. Min. Teori Zavascki, julgado em 18/10/2016. Relembre o que diz o inciso I do Código Penal:

> Art. 44. As penas restritivas de direitos são autônomas e substituem as privativas de liberdade, quando:
>
> I – aplicada pena privativa de liberdade não superior a quatro anos e o crime não for cometido com violência ou grave ameaça à pessoa ou, qualquer que seja a pena aplicada, se o crime for culposo;

» O STJ e a 1ª Turma do STF fazem, portanto, uma ampliação do inciso I do art. 44 do CP para abranger também os casos de contravenção penal praticados com violência ou grave ameaça (STJ. 6ª Turma. AgRg no REsp 1607382/MS, Rel. Min. Sebastião Reis Júnior, julgado em 27/09/2016). A 2ª Turma do STF não admite essa ampliação e trabalha com o texto literal do art. 44, I, do CP.

» **RESUMINDO:**

» *É possível a substituição da pena privativa de liberdade por restritiva de direitos nos casos de crimes ou contravenções praticadas contra a mulher com violência ou grave ameaça no ambiente doméstico?*

1) Crime: NÃO. Posição tanto do STJ como do STF.

2) Contravenção penal:

» 2ª Turma do STF: entende que é possível a substituição.

» 1ª Turma do STF e STJ: afirmam que também não é permitida a substituição.

» Em concursos, se o enunciado não estiver fazendo qualquer distinção, fiquem com a posição exposta na súmula e que também é adotada pela 1ª Turma do STF.

Súmula 589-STJ: É inaplicável o princípio da insignificância nos crimes ou contravenções penais praticados contra a mulher no âmbito das relações domésticas.

▶ *Aprovada em 13/09/2017, DJe 18/09/2017.*

» Importante.

O princípio da insignificância pode ser aplicado aos delitos praticados em situação de violência doméstica?

» NÃO. Não se aplica o princípio da insignificância nos crimes ou contravenções penais praticados contra a mulher no âmbito das relações domésticas.

» Os delitos praticados com violência contra a mulher, devido à expressiva ofensividade, periculosidade social, reprovabilidade do comportamento e lesão jurídica causada, perdem a característica da bagatela e devem submeter-se ao direito penal.

» Assim, o STJ e o STF não admitem a aplicação dos princípios da insignificância aos crimes e contravenções praticados com violência ou grave ameaça contra a mulher, no âmbito das relações domésticas, dada a relevância penal da conduta.

» Precedentes nesse sentido:

» STJ. 5ª Turma. HC 333.195/MS, Rel. Min. Ribeiro Dantas, julgado em 12/04/2016.

» STJ. 6ª Turma. AgRg no HC 318.849/MS, Rel. Min. Sebastião Reis Júnior, julgado em 27/10/2015.

» STF. 2ª Turma. RHC 133043/MT, Rel. Min. Cármen Lúcia, julgado em 10/5/2016 (Info 825).

Surgiu uma tese defensiva afirmando que se o casal se reconciliasse durante o curso do processo criminal, o juiz poderia absolver o réu com base no chamado "princípio da bagatela imprópria". Essa tese é aceita pelos Tribunais Superiores?

» NÃO. Assim como ocorre com o princípio da insignificância, também não se admite a aplicação do princípio da bagatela imprópria para os crimes ou contravenções penais praticados contra mulher no âmbito das relações domésticas, tendo em vista a relevância do bem jurídico tutelado (STJ. 6ª Turma. AgInt no HC 369.673/MS, Rel. Min. Rogerio Schietti Cruz, julgado em 14/02/2017).

» O fato de o casal ter se reconciliado ou de a vítima ter perdoado não importará na absolvição do réu. Nesse sentido:

> O princípio da bagatela imprópria não tem aplicação aos delitos praticados com violência à pessoa, no âmbito das relações domésticas, dada a relevância penal da conduta, não implicando a reconciliação do casal em desnecessidade da pena.
> STJ. 6ª Turma. AgRg no REsp 1463975/MS, Rel. Min. Nefi Cordeiro, julgado em 09/08/2016.

Princípio da insignificância x Princípio da bagatela imprópria

» Não se pode confundir o princípio da insignificância com a chamada "infração bagatelar imprópria".

» Infração bagatelar imprópria é aquela que nasce relevante para o Direito penal, mas depois se verifica que a aplicação de qualquer pena no caso concreto apresenta-se totalmente desnecessária (GOMES, Luiz Flávio; Antonio Garcia-Pablos de Molina. *Direito Penal* Vol. 2, São Paulo: RT, 2009, p.305).

» Em outras palavras, o fato é típico, tanto do ponto de vista formal como material. No entanto, em um momento posterior à sua prática, percebe-se que não é necessária a aplicação da pena. Logo, a repreenda não deve ser imposta, deve ser relevada (assim como ocorre nos casos de perdão judicial).

» Segundo LFG, a infração bagatelar imprópria possui um fundamento legal no direito brasileiro. Trata-se do art. 59 do CP, que prevê que o juiz deverá aplicar a pena "*conforme seja necessário e suficiente para reprovação e prevenção do crime*".

» Dessa forma, se a pena não for mais necessária, ela não deverá ser imposta (princípio da desnecessidade da pena conjugado com o princípio da irrelevância penal do fato).

» Ainda de acordo com LFG, no direito legislado já contamos com vários exemplos de infração bagatelar imprópria:

» No crime de peculato culposo, a reparação dos danos antes da sentença irrecorrível extingue a punibilidade. Assim, havendo a reparação, a infração torna-se bagatelar (em sentido impróprio) e a pena desnecessária. No princípio havia desvalor da ação e do resultado. Mas depois, em razão da reparação dos danos (circunstância post-factum), torna-se desnecessária a pena.

» Pagamento do tributo nos crimes tributários;

» Colaboradores da justiça (delator etc.) quando o juiz deixa de aplicar a pena.

Infração bagatelar própria = princípio da insignificância	Infração bagatelar imprópria = princípio da irrelevância penal do fato
A situação já nasce atípica. O fato é atípico por atipicidade material.	A situação nasce penalmente relevante. O fato é típico do ponto vista formal e material. Em virtude de circunstâncias envolvendo o fato e o seu autor, constata-se que a pena se tornou desnecessária.
O agente não deveria nem mesmo ser processado já que o fato é atípico.	O agente tem que ser processado (a ação penal deve ser iniciada) e somente após a análise das peculiaridades do caso concreto, o juiz poderia reconhecer a desnecessidade da pena.
Não tem previsão legal no direito brasileiro.	Está previsto no art. 59 do CP.

» Portanto, nem o princípio da insignificância nem o princípio da bagatela imprópria são aplicados aos crimes ou contravenções penais praticados contra a mulher no âmbito das relações domésticas.

» A súmula 589 do STJ deixou isso expresso quanto ao princípio da insignificância.

Súmula 542-STJ: A ação penal relativa ao crime de lesão corporal resultante de violência doméstica contra a mulher é pública incondicionada.

▶ *Aprovada em 26/08/2015, DJe 31/08/2015.*

» **Importante.**

» O crime de lesões corporais está previsto no art. 129 do Código Penal. Dentro desse artigo existem várias espécies de lesão corporal.

O CP prevê, em algum dispositivo, que o crime de lesões corporais é de ação pública condicionada?

» NÃO. O CP não prevê, em nenhum lugar, que o crime de lesões corporais seja de ação pública condicionada. Quando a lei não afirma que determinado crime é de ação pública condicionada, a regra é que este delito seja de ação pública incondicionada. Assim, em regra, todos os crimes são de ação pública incondicionada, salvo se a lei prevê expressamente que ele seja de ação pública condicionada ou de ação privada. Esse comando está no art. 100, § 1º do CP:

» Art. 100. A ação penal é pública, salvo quando a lei expressamente a declara privativa do ofendido.

» § 1º A ação pública é promovida pelo Ministério Público, dependendo, quando a lei o exige, de representação do ofendido ou de requisição do Ministro da Justiça.

» Logo, se formos analisar unicamente o texto do CP, deveríamos entender que o crime de lesões corporais é sempre de ação pública incondicionada. Isso porque não existe nenhum dispositivo do CP que afirme o contrário. Por essa razão, até 1995, sempre se entendeu que todas as espécies de lesão corporal (incluindo a leve e a culposa) seriam crimes de ação penal pública incondicionada.

Lei nº 9.099/95 veio alterar esse cenário

» Ocorre que, em 1995, foi editada a Lei dos Juizados Especiais (Lei nº 9.099/95). Essa Lei, com o objetivo de instituir medidas despenalizadoras, afirmou que os delitos de lesões corporais leves e de lesões corporais culposas deveriam ser crimes de ação penal pública condicionada. Veja a redação do art. 88 da Lei nº 9.099/95:

» Art. 88. Além das hipóteses do Código Penal e da legislação especial, dependerá de representação a ação penal relativa aos crimes de lesões corporais leves e lesões culposas.

» Assim, por exemplo, quando, em uma briga de bar, João desfere um soco em Ricardo, causando-lhe lesões corporais leves, este crime é de ação penal pública condicionada, ou seja, qualquer providência para apurar este delito e para dar início ao procedimento criminal só se inicia se o ofendido (no caso, Ricardo) tiver interesse e provocar os órgãos públicos (procurar a polícia ou o Ministério Público).

» Repita-se que, se não houvesse este art. 88 da Lei nº 9.099/95, a ação penal nos crimes de lesões corporais leves e culposas seria pública incondicionada, considerando que o CP não exige representação para este crime (art. 129 c/c art. 100, § 1º do CP).

As lesões corporais leves e culposas praticadas contra a mulher no âmbito de violência doméstica são de ação pública incondicionada ou condicionada? Em outras palavras, este art. 88 da Lei nº 9.099/95 também vale para as lesões corporais leves e culposas praticadas contra a mulher no âmbito de violência doméstica?

» NÃO. Qualquer lesão corporal, mesmo que leve ou culposa, praticada contra mulher no âmbito das relações domésticas é crime de ação penal INCONDICIONADA, ou seja, o Ministério Público pode dar início à ação penal sem necessidade de representação da vítima.

O art. 88 da Lei nº 9.099/95 NÃO vale para as lesões corporais praticadas contra a mulher no âmbito de violência doméstica. Por quê?

» Porque a Lei nº 9.099/95 NÃO se aplica aos crimes de violência doméstica e familiar contra a mulher. Veja o que diz o art. 41 da Lei Maria da Penha (Lei nº 11.340/2006):

» Art. 41. Aos crimes praticados com violência doméstica e familiar contra a mulher, independentemente da pena prevista, não se aplica a Lei 9.099, de 26 de setembro de 1995.

» Desse modo, a Lei nº 11.340/06 exclui de forma absoluta a aplicação da Lei nº 9.099/95 aos delitos praticados contra a mulher no âmbito das relações domésticas e familiares.

» Vale ressaltar que a Súmula nº 542-STJ reflete o entendimento do STF construído no julgamento da ADI 4424/DF, Rel. Min. Marco Aurélio, Tribunal Pleno, julgado em 09/02/2012).

LEI DE DROGAS

Súmula 587-STJ: Para a incidência da majorante prevista no artigo 40, V, da Lei 11.343/06, é desnecessária a efetiva transposição de fronteiras entre estados da federação, sendo suficiente a demonstração inequívoca da intenção de realizar o tráfico interestadual.

▸ Aprovada em 13/09/2017, DJe 18/09/2017.

» **Importante.**

Imagine a seguinte situação hipotética:

» João pegou um ônibus em Campo Grande (MS) com destino a São Paulo (SP).

» Ocorre que algumas horas depois, antes que o ônibus cruzasse a fronteira entre os dois Estados, houve uma blitz da polícia no interior do coletivo, tendo sido encontrados 10kg de cocaína na mochila de João, que confessou que iria levá-la para um traficante de São Paulo.

» O agente foi denunciado pela prática de tráfico de drogas (art. 33 da Lei nº 11.343/2006), com a incidência de duas causas de aumento previstas no art. 40, III e V:

Art. 40. As penas previstas nos arts. 33 a 37 desta Lei são aumentadas de um sexto a dois terços, se:

(...)

III – a infração tiver sido cometida nas dependências ou imediações de estabelecimentos prisionais, de ensino ou hospitalares, de sedes de entidades estudantis, sociais, culturais,

recreativas, esportivas, ou beneficentes, de locais de trabalho coletivo, de recintos onde se realizem espetáculos ou diversões de qualquer natureza, de serviços de tratamento de dependentes de drogas ou de reinserção social, de unidades militares ou policiais ou em transportes públicos;
(...)
V – caracterizado o tráfico entre Estados da Federação ou entre estes e o Distrito Federal;

» Quando caracterizado o tráfico entre estados da Federação ou entre estes e o Distrito Federal, o réu deverá sofrer uma sanção maior do que aquele que, por exemplo, vende entorpecente a um usuário local. Isso está de acordo como princípio da individualização da pena (art. 5º, XLVI, da CF/88).

A defesa alegou que o agente não chegou a atravessar a fronteira de nenhum Estado, de forma que não houve tráfico "entre Estados da Federação". Logo, não deveria incidir a causa de aumento do inciso V. Essa tese é aceita pela jurisprudência? Para incidir essa causa de aumento, é necessário que o agente atravesse as fronteiras?

» NÃO.
» Para que incida a causa de aumento de pena prevista no inciso V do art. 40, não se exige a efetiva transposição da fronteira interestadual pelo agente, sendo suficiente a comprovação de que a substância tinha como destino localidade em outro Estado da Federação.
» STF. 1ª Turma. HC 122791/MS, Rel. Min. Dias Toffoli, julgado em 17/11/2015 (Info 808).
» STJ. 6ª Turma. REsp 1370391/MS, Rel. Min. Rogerio Schietti Cruz, julgado em 03/11/2015.
» Esse era o entendimento pacificado no STJ e STF e agora foi sumulado.

Súmula 501-STJ: É cabível a aplicação retroativa da Lei 11.343/06, desde que o resultado da incidência das suas disposições, na íntegra, seja mais favorável ao réu do que o advindo da aplicação da Lei 6.368/76, sendo vedada a combinação de leis.

▶ *Aprovada em 23/10/2013, DJe 28/10/2003.*

» Importante.
» Por conta dessa súmula, a causa de diminuição de pena prevista no § 4º do art. 33 da Lei nº 11.343/2006 não pode ser aplicada incidindo sobre a pena do art. 12 da Lei nº 6.368/76.
» Assim, a redução prevista no § 4º do art. 33 da Lei nº 11.343/2006 deverá sempre incidir sobre a pena prevista no caput do art. 33 (de 5 a 15 anos).
» A causa de diminuição de pena prevista no § 4º do art. 33 da Lei nº 11.343/2006 pode até ser aplicada a fatos ocorridos antes da sua vigência. No entanto, para isso, é necessário que, no caso concreto, se verifique qual o percentual de redução que seria

aplicado ao réu e, então, se compare se para ele será mais vantajoso receber a pena do art. 33, caput c/c o § 4º, da Lei nº 11.343/2006 ou se será melhor ficar com a pena do art. 12 da Lei nº 6.368/76.

> **Súmula 512-STJ:** A aplicação da causa de diminuição de pena prevista no art. 33, § 4º, da Lei nº 11.343/2006 não afasta a hediondez do crime de tráfico de drogas.

▸ *Aprovada em 11/06/2014, DJe 16/06/2014.*

» Cancelada.

» O chamado "tráfico privilegiado", previsto no § 4º do art. 33 da Lei nº 11.343/2006 (Lei de Drogas), não deve ser considerado crime equiparado a hediondo. STF. Plenário. HC 118533/MS, Rel. Min. Cármen Lúcia, julgado em 23/6/2016 (Info 831).

» Principais argumentos:

a) Para que um crime seja considerado hediondo ou equiparado, é indispensável que a lei assim o preveja. Ao se analisar a Lei nº 11.343/2006, percebe-se que apenas as modalidades de tráfico de entorpecentes definidas no art. 33, caput e § 1º são equiparadas a crimes hediondos.

b) O art. 33, § 4º não foi incluído pelo legislador como sendo equiparado a hediondo. O legislador entendeu que deveria conferir ao tráfico privilegiado um tratamento distinto das demais modalidades de tráfico previstas no art. 33, caput e § 1º.

c) A redação dada ao art. 33, § 4º demonstram que existe um menor juízo de reprovação nesta conduta e, em consequência, de punição dessas pessoas. Não se pode, portanto, afirmar que este crime tem natureza hedionda.

d) Os Decretos 6.706/2008 e 7.049/2009 beneficiaram com indulto os condenados pelo tráfico de entorpecentes privilegiado, a demonstrar inclinação no sentido de que esse delito não é hediondo.

e) Vale ressaltar, ainda, que o crime de associação para o tráfico, que exige liame subjetivo estável e habitual direcionado à consecução da traficância, não é equiparado a hediondo. Dessa forma, afirmar que o tráfico minorado é crime equiparado a hediondo significaria concluir que a lei conferiu ao traficante ocasional tratamento penal mais severo que o dispensado ao agente que se associa de forma estável para exercer a traficância de modo habitual.

Houve uma mudança de entendimento do STF?

» SIM. Houve um *overruling*, ou seja, a superação de um entendimento jurisprudencial anterior da Corte. Antes deste julgamento, o STF decidia que o § 4º do art. 33 da Lei nº 11.343/2006 era também equiparado a hediondo. O argumento do STF era o de que a causa de diminuição de pena prevista no art. 33, § 4º não constituía tipo penal distinto do caput do mesmo artigo, sendo o mesmo crime, no entanto, com uma causa de diminuição. Em outras palavras, o § 4º não era um delito diferente do caput. Logo, também deveria ser equiparado a hediondo. Nesse sentido: STF. 1ª Turma. RHC 114842, Rel. Min. Rosa Weber, julgado em 18/02/2014.

E o STJ?

» O STJ seguia o mesmo caminho do entendimento anterior do STF, ou seja, também decidia que o § 4º do art. 33 seria equiparado a hediondo. A posição era tão consolidada que o Tribunal editou esta Súmula 512.

» Ocorre que, com a mudança de entendimento do STF, o STJ decidiu acompanhar o Supremo e cancelou a Súmula 512 passando a decidir também que o art. 33, § 4º da Lei nº 11.343/2006 não é hediondo.

OUTRAS SÚMULAS SUPERADAS

Súmula 558-STF: É constitucional o art. 27, do Decreto-Lei 898, de 29.09.1969.

▶ *Aprovada em 15/12/1976, DJ 03/01/1977.*

» Superada.

Súmula 601-STF: Os artigos 3, 11 e 55 da Lei Complementar nº 40/81 (Lei orgânica do Ministério Público) não revogaram a legislação anterior que atribui a iniciativa para a ação penal pública, no processo sumário, ao juiz ou a autoridade policial, mediante portaria ou auto de prisão em flagrante.

▶ *Aprovada em 17/10/1984, DJ 29/10/1984.*

» Superada.

Súmula 607-STF: Na ação penal regida pela Lei nº 4.611/65, a denúncia, como substitutivo da portaria, não interrompe a prescrição.

▶ *Aprovada em 17/10/1984, DJ 29/10/1984.*

» Superada.

8. DIREITO PROCESSUAL PENAL

INQUÉRITO POLICIAL

Súmula vinculante 14-STF: É direito do defensor, no interesse do representado, ter acesso amplo aos elementos de prova que, já documentados em procedimento investigatório realizado por órgão com competência de polícia judiciária, digam respeito ao exercício do direito de defesa.

▶ *Aprovada em 02/02/2009, DJe 09/02/2009.*

» Importante.
» Fundamento: Art. 5º, XXXIII, LIV e LV, da CF/88; art. 7º, XIII e XIV, do Estatuto da OAB.
» Vale ressaltar que, depois de a súmula ter sido editada, houve alteração no inciso XIV do art. 7º do Estatuto da OAB, que agora tem a seguinte redação:

> Art. 7º São direitos do advogado:
> (...)
> XIV – examinar, em qualquer instituição responsável por conduzir investigação, mesmo sem procuração, autos de flagrante e de investigações de qualquer natureza, findos ou em andamento, ainda que conclusos à autoridade, podendo copiar peças e tomar apontamentos, em meio físico ou digital;

» A súmula vinculante continua válida. Contudo, depois da alteração promovida pela Lei nº 13.245/2016, é importante que você saiba que o direito dos advogados foi ampliado e que eles possuem direito de ter amplo acesso a qualquer procedimento investigatório realizado por qualquer instituição (e não mais apenas aquele realizado "por órgão com competência de polícia judiciária", como prevê o texto da SV 14).

» Se for negado o direito do advogado de ter acesso a procedimento investigatório realizado por órgão com competência de polícia judiciária: o profissional poderá propor reclamação diretamente no STF invocando violação à SV 14.

» Se for negado o direito do advogado de ter acesso a procedimento investigatório realizado por outros órgãos: o profissional não poderá propor reclamação porque esta situação não está prevista na SV 14. Deverá impetrar mandado de segurança ou ação ordinária alegando afronta ao art. 7º, XIV, do Estatuto da OAB.

Súmula 524-STF: Arquivado o inquérito policial, por despacho do juiz, a requerimento do Promotor de Justiça, não pode a ação penal ser iniciada, sem novas provas.

▶ *Aprovada em 03/12/1969, DJ 10/12/1969.*

» Importante.

» Art. 18 do CPP.

Súmula 568-STF: A identificação criminal não constitui constrangimento ilegal, ainda que o indiciado já tenha sido identificado civilmente.

▶ *Aprovada em 15/12/1976, DJ 03/01/1977.*

» Superada.

» A presente súmula foi editada em 1976. Segundo a CF/88, a pessoa que for civilmente identificada não poderá ser submetida à identificação criminal, salvo nas hipóteses previstas em lei (art. 5º, LVIII).

» A Lei que traz as hipóteses de identificação criminal do civilmente identificado é a Lei nº 12.037/2009.

USO DE ALGEMAS

Súmula vinculante 11-STF: Só é lícito o uso de algemas em casos de resistência e de fundado receio de fuga ou de perigo à integridade física própria ou alheia, por parte do preso ou de terceiros, justificada a excepcionalidade por escrito, sob pena de responsabilidade disciplinar, civil e penal do agente ou da autoridade e de nulidade da prisão ou do ato processual a que se refere, sem prejuízo da responsabilidade civil do estado.

▶ *Aprovada em 13/08/2008, DJe 22/08/2008.*

» Importante.

Lei de Execuções Penais

» A Lei nº 7.210/84 (Lei de Execuções Penais) prevê o seguinte:

» Art. 199. O emprego de algemas será disciplinado por decreto federal.

» Em 2016, ou seja, após a SV 11-STF, finalmente foi editado o Decreto federal mencionado pelo art. 199 da LEP e que trata sobre o emprego de algemas.

DECRETO Nº 8.858/2016

Sobre o que trata o Decreto nº 8.858/2016?

» Regulamenta o art. 199 da Lei de Execução Penal com o objetivo de disciplinar como deve ser o emprego de algemas.

» O emprego de algemas terá como diretrizes:

a) a dignidade da pessoa humana (art. 1º, III, da CF/88);

b) a proibição de que qualquer pessoa seja submetida a tortura, tratamento desumano ou degradante (art. 5º, III, da CF/88);

c) a Resolução nº 2010/16, de 22 de julho de 2010, das Nações Unidas sobre o tratamento de mulheres presas e medidas não privativas de liberdade para mulheres infratoras (Regras de Bangkok); e

d) o Pacto de San José da Costa Rica, que determina o tratamento humanitário dos presos e, em especial, das mulheres em condição de vulnerabilidade.

A pessoa presa pode ser algemada?

» Como regra, NÃO. Existem três exceções. Quais são elas? É permitido o emprego de algemas apenas em casos de:

a) resistência;

b) fundado receio de fuga; ou

c) perigo à integridade física própria ou alheia, causado pelo preso ou por terceiros.

Formalidade que deve ser adotada no caso do uso de algemas

» Caso tenha sido verificada a necessidade excepcional do uso de algemas, com base em uma das três situações acima elencadas, essa circunstância deverá ser justificada, por escrito.

Situação especial das mulheres em trabalho de parto ou logo após

» É proibido usar algemas em mulheres presas:

a) durante o trabalho de parto

b) no trajeto da parturiente entre a unidade prisional e a unidade hospitalar; e

c) após o parto, durante o período em que se encontrar hospitalizada.

A proibição das algemas vale somente no momento da prisão?

» NÃO. Essa regra vale para todas as situações. A vedação quanto ao uso de algemas incide tanto no momento da prisão (seja em flagrante ou por ordem judicial) como também nas hipóteses em que o réu preso comparece em juízo para participar de um ato processual (ex: réu durante a audiência). Em outras palavras, a pessoa que acaba de ser presa, em regra, não pode ser algemada. Se ela tiver que ser deslocada para a delegacia, por exemplo, em regra, não pode ser algemada. Se tiver que comparecer para seu interrogatório, em regra, não pode ser algemada.

Quais são as consequências caso o preso tenha sido mantido algemado fora das hipóteses mencionadas ou sem que tenha sido apresentada justificativa por escrito?

» O Decreto nº 8.858/2016 não prevê consequências ou punições para o descumprimento das regras impostas para o emprego de algemas. No entanto, a SV 11 do STF impõe as seguintes consequências:

   a) Nulidade da prisão;

   b) Nulidade do ato processual no qual participou o preso;

   c) Responsabilidade disciplinar civil e penal do agente ou da autoridade responsável pela utilização das algemas;

   d) Responsabilidade civil do estado.

» Vale ressaltar que, se durante audiência de instrução e julgamento o juiz recusa, de forma motivada, o pedido para que sejam retiradas as algemas do acusado, não haverá nulidade processual (STJ HC 140.718-RJ).

A SV 11-STF continua valendo mesmo após o Decreto nº 8.858/2016?

» SIM. O Decreto nº 8.858/2016 praticamente repetiu as mesmas hipóteses previstas na súmula vinculante, acrescentando, contudo, a proibição das algemas para mulheres em trabalho de parto e logo após. Apesar disso, a SV 11 continua tendo grande importância porque ela prevê, em sua parte final, as consequências caso o preso tenha sido mantido algemado fora das hipóteses mencionadas ou sem que tenha sido apresentada justificativa por escrito.

AÇÃO PENAL

Súmula 594-STF: Os direitos de queixa e de representação podem ser exercidos, independentemente, pelo ofendido ou por seu representante legal.

▶ *Aprovada em 15/12/1976, DJ 03/01/1977.*

» Válida, mas com adaptações em sua interpretação.

» Esta súmula foi editada em 1917. Nesta época, vigorava o Código Civil de 1916 que previa as seguintes regras (sem contar as exceções):

   a) pessoas menores de 18 anos: eram absolutamente incapazes;

   b) pessoas entre 18 e 21 anos: relativamente incapazes;

   c) pessoas acima de 21 anos: plenamente capazes.

» Assim, quando estava em vigor o CC-1916, prevalecia o seguinte:

a) se uma pessoa menor de 18 anos foi vítima de crime de ação penal privada ou pública condicionada à representação: a legitimidade para oferecer a queixa ou a representação era dos seus representantes legais.

b) se a vítima tinha entre 18 e 21 anos: a legitimidade era concorrente, ou seja, poderia ser a queixa ou representação poderia ser oferecida tanto pelo ofendido como por seu representante legal (art. 34 do CPP).

c) se a vítima tina mais de 21 anos: em regra, não precisava de representante e ela mesma é quem tinha legitimidade para a queixa ou representação.

» Veja a redação do art. 34 do CPP:

» Art. 34. Se o ofendido for menor de 21 (vinte e um) e maior de 18 (dezoito) anos, o direito de queixa poderá ser exercido por ele ou por seu representante legal.

» A Súmula 594 do STF tinha, portanto, como fundamento este art. 34 do CPP.

» Ocorre que o Código Civil de 2002 trouxe outras regras sobre a capacidade:

a) pessoas menores de 16 anos: são absolutamente incapazes;

b) pessoas entre 16 e 18 anos: relativamente incapazes;

c) pessoas acima de 18 anos: plenamente capazes.

» Com isso, a doutrina entendeu que o CC-2002 revogou tacitamente o art. 34 do CPP. Isso porque se a pessoa tem mais de 18 anos, ela atualmente é plenamente capaz e não necessita de representante legal (ex: pais) para oferecer queixa ou representação.

» Também na visão da doutrina majoritária, se o art. 34 do CPP foi revogado isso significa que a Súmula 594 do STF também teria perdido aplicabilidade já que este enunciado se baseava no referido artigo do CPP. Essa é a posição, por exemplo, de Renato Brasileiro (Código de Processo Penal comentado. Salvador: Juspodivm, 2016, p. 1694).

» Com a devida vênia, penso que o âmbito de aplicação da Súmula 594 do STF foi reduzido com a revogação do art. 34 do CPP, mas ela permanece válida.

» A Súmula 594 do STF não mais se refere ao art. 34 do CPP. Este dispositivo do Código realmente foi revogado tacitamente pelo CC-2002, já que a vítima com mais de 18 anos, em regra, é plenamente capaz (não tem representante legal) e, portanto, possui legitimidade exclusiva para queixa ou representação. No entanto, a Súmula continua sendo utilizada pela jurisprudência para dizer o seguinte: se a vítima tinha menos de 18 anos, a legitimidade para a queixa ou representação era dos seus pais (ou outros representantes legais). Se o representante legal da vítima menor de 18 anos não fez a representação no prazo de 6 meses, isso significa que, em tese, teria havido a decadência. Ocorre que, segundo a Súmula 594 do STF, existe uma autonomia (independência) entre o exercício do direito de queixa ou representação pelo ofendido em relação ao seu representante legal. Logo, o ofendido, ao completar 18 anos, poderá exercer a representação mesmo que seu representante legal não o tenha feito quando ele era menor já que, nos termos da Súmula 594, "os direitos de queixa e de representação podem ser exercidos, independentemente, pelo ofendido ou por seu representante legal."

A Súmula 594-STF atualmente serve para transmitir o seguinte entendimento:

» Se esgotou o prazo de queixa ou representação para o representante da vítima menor de idade, mesmo assim ela poderá propor queixa ou representação, iniciando-se seu prazo a partir do momento em que completa 18 anos.

» Nesse sentido, confira:

(...) I – Os prazos para o exercício do direito de queixa ou representação correm separadamente para o ofendido e seu representante legal (Súmula nº 594/STF).

II – Escoado o prazo para o representante de uma das vítimas, conserva-se o direito de representação da ofendida, a ser contado a partir da sua maioridade (Precedentes). (...)

STJ. 5ª Turma. RHC 39.141/SP, Rel. Min. Felix Fischer, julgado em 25/11/2014.

(...) Na ocorrência do delito descrito no art. 214 do Código Penal – antes da revogação pela Lei n. 12.015/2009 -, o prazo decadencial para apresentação de queixa ou de representação é de 6 meses, após a vítima completar a maioridade, em decorrência da dupla titularidade, lato sensu, do direito de ação (Súmula 594/STF). (...)

STJ. 6ª Turma. EDcl no AgRg no REsp 1189268/SP, Rel. Min. Sebastião Reis Júnior, julgado em 28/08/2012.

1. Na ocorrência do delito descrito no art. 214 do Código Penal – antes da revogação pela Lei nº 12.015/2009 -, o prazo decadencial para a apresentação de queixa ou de representação era de 6 meses após a vítima completar a maioridade, em decorrência da dupla titularidade. 2. Esta Suprema Corte tem reconhecido a dualidade de titulares do direito de representar ou oferecer queixa, cada um com o respectivo prazo: um para o ofendido e outro para seu representante legal. Súmula nº 594 do STF. (...)

STF. 1ª Turma. HC 115341, Rel. Min. Dias Toffoli, julgado em 14/10/2014.

Súmula 714-STF: É concorrente a legitimidade do ofendido, mediante queixa, e do Ministério Público, condicionada à representação do ofendido, para a ação penal por crime contra a honra de servidor público em razão do exercício de suas funções.

▶ *Aprovada em 24/09/2003, DJ 09/10/2003.*

» Importante.

Súmula 234-STJ: A participação de membro do Ministério Público na fase investigatória criminal não acarreta o seu impedimento ou suspeição para o oferecimento da denúncia.

▶ *Aprovada em 13/12/1999, DJ 07/02/2000.*

» Importante.

» Esse é também o entendimento do STF: HC 85011, Relator p/ Acórdão Min. Teori Zavascki, Primeira Turma, julgado em 26/05/2015.

Súmula 542-STJ: A ação penal relativa ao crime de lesão corporal resultante de violência doméstica contra a mulher é pública incondicionada.

▸ *Aprovada em 26/08/2015, DJe 31/08/2015.*

» Importante.
» Vide comentários no tópico sobre a Lei Maria da Penha.

RESPOSTA PRELIMINAR DO ART. 514 DO CPP

Súmula 330-STJ: É desnecessária a resposta preliminar de que trata o artigo 514 do Código de Processo Penal, na ação penal instruída por inquérito policial.

▸ *Aprovada em 13/09/2006, DJ 20/09/2006.*

» Polêmica.
» O STF possui julgados em sentido contrário a essa súmula, ou seja, afirmando que "é indispensável a defesa prévia nas hipóteses do art. 514 do Código de Processo Penal, mesmo quando a denúncia é lastreada em inquérito policial" (HC 110361, j. em 05/06/2012). Veja também: STF HC 110361.
» Apesar disso, o STJ continua aplicando normalmente o entendimento sumulado. Nesse sentido: HC 173.864/SP, julgado em 03/03/2015.

COMPETÊNCIA DA JUSTIÇA ESTADUAL

Súmula 42-STJ: Compete à Justiça Comum Estadual processar e julgar as causas cíveis em que é parte sociedade de economia mista e os crimes praticados em seu detrimento.

▸ *Aprovada em 14/05/1992, DJ 20/05/1992.*

» Válida.

Súmula 62-STJ: Compete à Justiça Estadual processar e julgar o crime de falsa anotação na carteira de trabalho e previdência social, atribuído à empresa privada.

▸ *Aprovada em 19/11/1992, DJ 26/11/1992.*

» O enunciado não foi formalmente cancelado, mas a tendência é que seja superado já que no julgamento do CC 135.200-SP, Rel. originário Min. Nefi Cordeiro, Rel. para acórdão Min. Sebastião Reis Júnior, julgado em 22/10/2014 (Info 554), o STJ decidiu que compete à Justiça Federal (e não à Justiça Estadual) processar e julgar o crime caracterizado pela omissão de anotação de vínculo empregatício na CTPS (art. 297, § 4º, do CP). Esse mesmo raciocínio pode ser aplicado para a falsa anotação na CTPS (art. 297, § 3º do CP).

Súmula 104-STJ: Compete à Justiça Estadual o processo e julgamento dos crimes de falsificação e uso de documento falso relativo a estabelecimento particular de ensino.

▶ *Aprovada em 19/05/1994, DJ 26/05/1994.*

» Válida.

Súmula 107-STJ: Compete à Justiça Comum Estadual processar e julgar crime de estelionato praticado mediante falsificação das guias de recolhimento das contribuições previdenciárias, quando não ocorrente lesão à autarquia federal.

▶ *Aprovada em 16/06/1994, DJ 22/06/1994.*

» Válida.

Súmula 522-STF: Salvo ocorrência de tráfico com o exterior, quando, então, a competência será da Justiça Federal, compete a justiça dos estados o processo e o julgamento dos crimes relativos a entorpecentes.

▶ *Aprovada em 03/12/1969, DJ 10/12/1969.*

» Válida.

Súmula 208-STJ: Compete à justiça federal processar e julgar prefeito municipal por desvio de verba sujeita a prestação de contas perante órgão federal.

Súmula 209-STJ: Compete à justiça estadual processar e julgar prefeito por desvio de verba transferida e incorporada ao patrimônio municipal.

▶ *Aprovadas em 27/05/1998, DJ 03/06/1998.*

» Importantes.

Súmula 498-STF: Compete a justiça dos estados, em ambas as instâncias, o processo e o julgamento dos crimes contra a economia popular.

▶ *Aprovada em 03/12/1969, DJ 10/12/1969.*

» Válida.

Súmula 140-STJ: Compete à Justiça Comum Estadual processar e julgar crime em que o indígena figure como autor ou vitima.

▶ *Aprovada em 18/05/1995, DJ 24/05/1995.*

» Importante.

Súmula 38-STJ: Compete à Justiça Estadual Comum, na vigência da Constituição de 1988, o processo por contravenção penal, ainda que praticada em detrimento de bens, serviços ou interesse da União ou de suas entidades.

▸ *Aprovada em 19/03/1992, DJ 27/03/1992.*

» Importante.

» Como se vê, pela redação do art. 109, a Justiça Federal NÃO julga contravenções penais, uma vez que esse dispositivo fala apenas em crimes.

E se a contravenção penal for conexa com crime federal?

» Haverá a cisão dos processos, de forma que o crime será julgado pela Justiça Federal e a contravenção pela Justiça Estadual (STJ. CC 20454/RO, j. em 13.12.1999).

» A doutrina afirma que existe uma exceção na qual a Justiça Federal julgaria contravenção penal. Trata-se da hipótese de contravenção penal praticada por pessoa com foro privativo no Tribunal Regional Federal. Seria o caso, por exemplo, de contravenção penal cometida por Juiz Federal ou Procurador da República. Em tais situações, o julgamento ocorreria no TRF (e não na Justiça Estadual). É a posição, dentre outros, de Renato Brasileiro de Lima.

Súmula 546-STJ: A competência para processar e julgar o crime de uso de documento falso é firmada em razão da entidade ou órgão ao qual foi apresentado o documento público, não importando a qualificação do órgão expedidor.

▸ *Aprovada em 14/10/2015, DJ 19/10/2015.*

» Importante.

COMPETÊNCIA DA JUSTIÇA COMUM FEDERAL

Súmula 147-STJ: Compete à Justiça Federal processar e julgar os crimes praticados contra funcionário público federal, quando relacionados com o exercício da função.

▸ *Aprovada em 07/12/1995, DJ 18/12/1995.*

» Válida (art. 109, IV, da CF/88).

Súmula 200-STJ: O juízo federal competente para processar e julgar acusado de crime de uso de passaporte falso é o do lugar onde o delito se consumou.

▸ *Aprovada em 22/10/1997, DJ 29/10/1997.*

» Válida.

Súmula 165-STJ: Compete à Justiça Federal processar e julgar crime de falso testemunho cometido no processo trabalhista.

▸ *Aprovada em 14/08/1996, DJ 23/08/1996.*

» Válida.

Súmula vinculante 36-STF: Compete à Justiça Federal comum processar e julgar civil denunciado pelos crimes de falsificação e de uso de documento falso quando se tratar de falsificação da Caderneta de Inscrição e Registro (CIR) ou de Carteira de Habilitação de Amador (CHA), ainda que expedidas pela Marinha do Brasil.

▶ *Aprovada em 16/10/2014, DJe 24/10/2014.*

» Importante.

Súmula 91-STJ: ~~Compete à Justiça Federal processar e julgar os crimes praticados contra a fauna.~~

▶ *Aprovada em 21/10/1993, DJ 26/10/1993.*

» Cancelada.

» Atualmente, a competência para tais delitos, em regra, é da justiça estadual.

Súmula 208-STJ: Compete à justiça federal processar e julgar prefeito municipal por desvio de verba sujeita a prestação de contas perante órgão federal.

Súmula 209-STJ: Compete à justiça estadual processar e julgar prefeito por desvio de verba transferida e incorporada ao patrimônio municipal.

▶ *Aprovadas em 27/05/1998, DJ 03/06/1998.*

» Importantes.

Súmula 122-STJ: Compete à Justiça Federal o processo e julgamento unificado dos crimes conexos de competência federal e estadual, não se aplicando a regra do art. 78, II, "a", do Código de Processo Penal.

▶ *Aprovada em 01/12/1994, DJ 07/12/1994.*

» Importante.

» A competência da Justiça Federal é prevista na Constituição Federal, sendo taxativa, enquanto que a competência da Justiça estadual é residual. Assim, só será competência da Justiça Estadual quando o crime não for previsto como de competência da Justiça Federal.

» Desse modo, havendo um crime da Justiça Federal e outro da Justiça Estadual e devendo ambos ser julgados conjuntamente, a reunião deverá ser feita na Justiça Federal, a fim de que o art. 109 da CF/88 não seja descumprido.

» Com exceção de eventuais hipóteses de competência delegada (§ 3º do art. 109 da CF/88), a Justiça Estadual não poderá julgar crimes que se enquadrem nos incisos do art. 109. Em compensação, a Justiça Federal poderá, eventualmente, julgar um delito que, originalmente, era de competência da Justiça Estadual. É o caso, por exemplo, do crime "estadual" conexo ao crime "federal".

Súmula 528-STJ: Compete ao juiz federal do local da apreensão da droga remetida do exterior pela via postal processar e julgar o crime de tráfico internacional.

▸ *Aprovada em 13/05/2015, DJe 18/05/2015.*

» Importante.

Imagine a seguinte situação hipotética:

» Pablo, que mora na Espanha, enviou de lá, por correio, uma caixa contendo droga. O destinatário da encomenda seria alguém que mora em Londrina (PR) e que encomendou pela internet o entorpecente. Ocorre que, ao chegar no Brasil, em um voo que veio de Madrid e pousou em São Paulo, a caixa foi levada para inspeção no posto da Receita Federal e lá se descobriu, por meio da máquina de raio X, a existência da droga.

Qual foi o delito em tese praticado pela pessoa que seria destinatária da droga (que encomendou o entorpecente)?

» Tráfico transnacional de drogas (art. 33 c/c art. 40, I, da Lei nº 11.343/2006). Essa pessoa, em tese, importou a droga.

A competência para julgar será da Justiça Estadual ou Federal?

» Será da Justiça Federal, nos termos do art. 109, V, da CF/88 e art. 70 da Lei nº 11.343/2006:

> Art. 109. Aos juízes federais compete processar e julgar:
>
> V – os crimes previstos em tratado ou convenção internacional, quando, iniciada a execução no País, o resultado tenha ou devesse ter ocorrido no estrangeiro, ou reciprocamente;
>
> (...)
>
> Art. 70. O processo e o julgamento dos crimes previstos nos arts. 33 a 37 desta Lei, se caracterizado ilícito transnacional, são da competência da Justiça Federal.

A competência será da Justiça Federal de São Paulo ou de Londrina?

» Será da Justiça Federal de São Paulo (local da apreensão). Na hipótese em que drogas enviadas via postal do exterior tenham sido apreendidas na alfândega, competirá ao juízo federal do local da apreensão da substância processar e julgar o crime de tráfico de drogas, ainda que a correspondência seja endereçada a pessoa não identificada residente em outra localidade.

Por quê?

» O CPP prevê que a competência é definida pelo local em que o crime se consumar:

> Art. 70. A competência será, de regra, determinada pelo lugar em que se consumar a infração, ou, no caso de tentativa, pelo lugar em que for praticado o último ato de execução.

» A conduta prevista no art. 33, caput, da Lei nº 11.343/2006 constitui delito formal, multinuclear, sendo que, para sua consumação, basta a execução de qualquer das condutas previstas no dispositivo legal.

» No caso em tela, a pessoa que encomendou a droga, praticou o verbo "importar", que significa "fazer vir de outro país, estado ou município; trazer para dentro." Logo, pode-se afirmar que o delito se consumou no instante em que o produto importado tocou o território nacional, entrada essa consubstanciada na apreensão da droga.

» Vale ressaltar que, para que ocorra a consumação do delito de tráfico transnacional de drogas, é desnecessário que a correspondência chegue ao destinatário final. Se chegar, haverá mero exaurimento da conduta. Também não importa, para fins de consumação e competência, se a pessoa que encomendou a droga já foi identificada ou não pela polícia. A consumação (importação) ocorreu quando a encomenda entrou no território nacional.

» Dessa forma, o delito se consumou em São Paulo, local de entrada da mercadoria, sendo esse o juízo competente, nos termos do art. 70 do CPP.

COMPETÊNCIA DA JUSTIÇA MILITAR

Súmula 53-STJ: Compete à Justiça Comum Estadual processar e julgar civil acusado de prática de crime contra instituições militares estaduais.

▸ *Aprovada em 17/09/1992, DJ 24/09/1992.*

» Válida.

» A Justiça Militar estadual não tem competência para processar e julgar civis. Nos termos do art. 125, § 4º, da CF/88, a Justiça Militar Estadual é competente para processar e julgar os crimes militares praticados apenas pelos militares estaduais.

Súmula vinculante 36-STF: Compete à Justiça Federal comum processar e julgar civil denunciado pelos crimes de falsificação e de uso de documento falso quando se tratar de falsificação da Caderneta de Inscrição e Registro (CIR) ou de Carteira de Habilitação de Arrais-Amador (CHA), ainda que expedidas pela Marinha do Brasil.

▸ *Aprovada em 16/04/2014, DJe 24/10/2014.*

» Importante.

Imagine a seguinte situação hipotética:

» Pedro, civil, foi convidado para trabalhar em um navio mercante como aquaviário. Ocorre que ele nunca concluiu o Ensino Profissional Marítimo (EPM), razão pela qual não possuía a chamada "Caderneta de Inscrição e Registro (CIR)", documento necessário para o exercício da atividade profissional em embarcações. Diante disso, Pedro comprou uma CIR falsificada que apresentou para embarcar e prestar serviço em um navio de frota privada. Vale ressaltar que a expedição da CIR é de responsabilidade da Capitania dos Portos (Marinha do Brasil).

De quem será a competência para julgar esse delito? Justiça Federal ou Justiça Militar?

» A competência caberá à JUSTIÇA FEDERAL COMUM:

> A jurisprudência do STF é firme no sentido de que cabe à Justiça Federal processar e julgar civil denunciado pelo crime de uso de documento falso (art. 315 do CPM), quando se tratar de falsificação de Caderneta de Inscrição e Registro (CIR), expedida pela Marinha do Brasil, por aplicação dos arts. 21, XXII, 109, IV, e 144, § 1º, III, todos da Constituição da República. (STF. 2ª Turma. HC 112142, Rel. Min. Ricardo Lewandowski, julgado em 11/12/2012).

Vejamos outro caso hipotético:

» Eduardo estava passeando em sua lancha quando foi parado por uma fiscalização da Capitania dos Portos. Na ocasião, ele apresentou uma Carteira de Habilitação Naval de Amador falsificada.

De quem será a competência para julgar esse crime?

» Será também da JUSTIÇA FEDERAL COMUM. Nesse sentido:

> Compete à Justiça Federal, quando se tratar de Carteira de Habilitação Naval de Amador expedida pela Marinha do Brasil, processar e julgar civil denunciado pelos delitos de falsificação de documento e uso de documento falso (arts. 311 e 315 do Código Penal Militar) (STF. 1ª Turma. HC 108744, Rel. Min. Dias Toffoli, julgado em 13/03/2012).

VAMOS ENTENDER O MOTIVO.

Competências da Justiça Militar

» Compete à Justiça Militar processar e julgar os crimes militares, assim definidos em lei (art. 124 da CF/88). A lei que prevê os crimes militares é o Código Penal Militar (Decreto-Lei 1.001/1969). No art. 9º do CPM são conceituados os crimes militares, em tempo de paz. No art. 10 do CPM são definidos os crimes militares em tempo de guerra.

» Art. 9º. Em regra, os crimes militares em tempo de paz são praticados somente por militares. No entanto, excepcionalmente, é possível que civis também cometam crimes militares. O inciso III do art. 9º define os crimes militares impróprios, ou seja, aqueles em que a Justiça Militar irá julgar condutas ilícitas praticadas por civis, ainda que em tempo de paz. Veja a redação do dispositivo:

> Art. 9º Consideram-se crimes militares, em tempo de paz:
> (...)
> III – os crimes praticados por militar da reserva, ou reformado, ou por civil, contra as instituições militares, considerando-se como tais não só os compreendidos no inciso I, como os do inciso II, nos seguintes casos:
> a) contra o patrimônio sob a administração militar, ou contra a ordem administrativa militar;

b) em lugar sujeito à administração militar contra militar em situação de atividade ou assemelhado, ou contra funcionário de Ministério militar ou da Justiça Militar, no exercício de função inerente ao seu cargo;

c) contra militar em formatura, ou durante o período de prontidão, vigilância, observação, exploração, exercício, acampamento, acantonamento ou manobras;

d) ainda que fora do lugar sujeito à administração militar, contra militar em função de natureza militar, ou no desempenho de serviço de vigilância, garantia e preservação da ordem pública, administrativa ou judiciária, quando legalmente requisitado para aquêle fim, ou em obediência a determinação legal superior.

» O STF confere interpretação restritiva às hipóteses do inciso III do art. 9º do CPM. Assim, para a Corte, as condutas praticadas por civis somente devem ser enquadradas como crimes militares em caráter excepcional, apenas nos casos em que o ato praticado ofender bens jurídicos tipicamente ligados à função castrense (militar), tais como a defesa da pátria, a garantia dos poderes constitucionais, a garantia da Lei e da ordem etc. Nesse sentido:

(...) é excepcional a competência da Justiça castrense para o julgamento de civis, em tempo de paz. A tipificação da conduta de agente civil como crime militar está a depender do "intuito de atingir, de qualquer modo, a Força, no sentido de impedir, frustrar, fazer malograr, desmoralizar ou ofender o militar ou o evento ou situação em que este esteja empenhado" (CC 7.040, da relatoria do ministro Carlos Velloso).

2. O cometimento do delito militar por agente civil em tempo de paz se dá em caráter excepcional. Tal cometimento se traduz em ofensa àqueles bens jurídicos tipicamente associados à função de natureza militar: defesa da Pátria, garantia dos poderes constitucionais, da lei e da ordem (art. 142 da Constituição Federal). (...)

(STF. 2ª Turma. HC 104617, Rel. Min. Ayres Britto, julgado em 24/08/2010)

» Em outras palavras, somente deverá ser configurada hipótese de crime militar a prática pelo civil de conduta que tenha por objetivo ofender os valores inerentes às Forças Armadas, previstos no art. 142 da CF/88:

Art. 142. As Forças Armadas, constituídas pela Marinha, pelo Exército e pela Aeronáutica, são instituições nacionais permanentes e regulares, organizadas com base na hierarquia e na disciplina, sob a autoridade suprema do Presidente da República, e destinam-se à defesa da Pátria, à garantia dos poderes constitucionais e, por iniciativa de qualquer destes, da lei e da ordem.

» Para o STF, a conduta do réu civil de falsificar ou usar a Caderneta de Inscrição e Registro (CIR) ou a Carteira de Habilitação de Arrais-Amador (CHA), ainda que expedidas pela Marinha do Brasil, não afronta diretamente a ordem militar (nenhum dos valores previstos no art. 142 da CF/88).

» A Caderneta de Inscrição e Registro (CIR) e a Carteira de Habilitação Naval de Amador são licenças necessárias para se pilotar embarcações. Apesar de serem documentos expedidos pela Marinha, a licença por eles conferida é de natureza civil. Logo, a sua expedição e fiscalização são atividades inerentes ao poder de polícia administrativa. São funções ligadas, portanto, ao policiamento naval, que não é atribuição exclusiva da Marinha.

» Por não serem exclusivas, as atividades de fiscalização e policiamento marítimo não se caracterizam como função de natureza militar típica, uma vez que podem ser desempenhadas por outros órgãos estaduais ou federais, como, por exemplo, a Polícia Fluvial, Guarda Costeira e a Polícia Federal. Dessa forma, trata-se de uma atribuição secundária da Marinha.

E por que a competência é da Justiça Federal comum?

» Porque o crime foi cometido contra um serviço fiscalizado pela Marinha, que é um órgão da União. Logo, amolda-se na hipótese prevista no art. 109, IV, da CF/88:

> Art. 109. Aos juízes federais compete processar e julgar:
>
> IV – os crimes políticos e as infrações penais praticadas em detrimento de bens, serviços ou interesse da União ou de suas entidades autárquicas ou empresas públicas, excluídas as contravenções e ressalvada a competência da Justiça Militar e da Justiça Eleitoral;

Súmula 6-STJ: ~~Compete à Justiça Comum Estadual processar e julgar delito decorrente de acidente de trânsito envolvendo viatura de Polícia Militar, salvo se autor e vítima forem policiais militares em situação de atividade.~~

▸ *Aprovada em 07/06/1990, DJ 15/06/1990.*

» Superada.

» Entendo que o presente enunciado foi superado com a edição da Lei nº 13.491/2017, que alterou o art. 9º, II, do CPM.

» Antes da alteração, para se enquadrar como crime militar com base no inciso II do art. 9º, a conduta praticada pelo agente deveria ser obrigatoriamente prevista como crime no Código Penal Militar.

» O que fez a Lei nº 13.491/2017: disse que a conduta praticada pelo agente, para ser crime militar com base no inciso II do art. 9º, pode estar prevista no Código Penal Militar ou na legislação penal "comum". Dessa forma, as condutas previstas no Código de Trânsito Brasileiro podem agora ser consideradas crimes militares (julgados pela Justiça Militar) com base no art. 9º, II, do CPM.

» Em suma, se o policial militar estiver em situação de atividade e cometer crime de trânsito previsto no CTB, esta conduta será considerada crime militar e deverá ser julgada pela Justiça Militar, mesmo que a vítima seja civil.

Súmula 75-STJ: ~~Compete à Justiça Comum Estadual processar e julgar o policial militar por crime de promover ou facilitar a fuga de preso de estabelecimento penal.~~

▸ *Aprovada em 15/04/1993, DJ 20/04/1993.*

» Superada.

Se o policial militar promove ou facilita a fuga de preso por qual crime ele responde?

» Depende:

» Se o preso estava recolhido em quartel da corporação ou outro local sujeito à administração militar: trata-se do crime previsto no art. 178 do CPM. Neste caso, a competência é da Justiça Militar.

» Se o preso estava recolhido em estabelecimento penal comum: a conduta amolda-se ao art. 351 do CP. Neste caso, a Súmula 75 dizia que a competência era da Justiça Comum Estadual.

A súmula 75 do STJ continua válida?

» NÃO. A súmula foi superada com a Lei nº 13.491/2017, que alterou o art. 9º, II, do CPM.

» Antes da alteração, para se enquadrar como crime militar com base no inciso II do art. 9º, a conduta praticada pelo agente deveria ser obrigatoriamente prevista como crime no Código Penal Militar. Como o art. 351 estava previsto no Código Penal comum, entendia-se que a competência para julgá-lo era da Justiça Comum.

O que fez a Lei nº 13.491/2017:

» Disse que a conduta praticada pelo agente, para ser crime militar com base no inciso II do art. 9º, pode estar prevista no Código Penal Militar ou na legislação penal "comum". Dessa forma, a conduta descrita no art. 351, mesmo estando prevista no Código Penal comum, pode agora ser considerado crime militar (julgado pela Justiça Militar) com base no art. 9º, II, do CPM.

Súmula 172-STJ: ~~Compete à justiça comum processar e julgar militar por crime de abuso de autoridade, ainda que praticado em serviço.~~

▸ *Aprovada em 23/10/1996, DJ 31/10/1996.*

» Superada.

» A súmula foi superada pela Lei nº 13.491/2017, que alterou o art. 9º, II, do CPM. Antes da alteração, se o militar, em serviço, cometesse abuso de autoridade, ele seria julgado pela Justiça Comum porque o art. 9º, II, do CPM afirmava que somente poderia ser considerado como crime militar as condutas que estivessem tipificadas no CPM. Assim, como o abuso de autoridade não está previsto no CPM, mas sim na Lei nº 4.898/65, este delito não podia ser considerado crime militar nem podia ser julgado pela Justiça Militar. Isso, contudo, mudou com a nova redação dada pela Lei nº 13.491/2017 ao art. 9º, II, do CPM.

» Com a mudança, a conduta praticada pelo agente, para ser crime militar com base no inciso II do art. 9º, pode estar prevista no Código Penal Militar ou na legislação penal "comum". Dessa forma, o abuso de autoridade, mesmo não estando previsto no CPM pode agora ser considerado crime militar (julgado pela Justiça Militar) com base no art. 9º, II, do CPM.

Súmula 47-STJ: ~~Compete à Justiça Militar processar e julgar crime cometido por militar contra civil, com emprego de arma pertencente à corporação, mesmo não estando em serviço.~~

▸ *Aprovada em 20/08/1992, DJ 25/08/1992.*

» Superada em razão de o art. 9º, II, "f" do Código Penal Militar ter sido revogado pela Lei nº 9.299/96. Nesse sentido: FOUREAUX, Rodrigo (Justiça Militar: aspectos gerais e controversos. São Paulo: Fiuza, 2012).

» A circunstância de ter o corréu, policial militar, utilizado revólver de propriedade da corporação militar para matar a vítima e, assim, assegurar o sucesso do delito de roubo, tornou-se irrelevante em razão da vigência da Lei nº 9.299/96, que revogou o disposto no art. 9.º, inc. II, alínea "f", do Código Penal Militar (STJ. 5ª Turma. HC 59.489/MG, Rel. Min. Laurita Vaz, julgado em 22/08/2006.

» O policial militar que, embora de folga, age em razão da função, valendo-se de sua condição e utilizando os armamentos da corporação pratica crime militar nos termos expressos do art. 9º, II, c, do Código Militar, estando sujeito à competência da Justiça Militar. Verifica-se, in casu, que, embora de folga, os policiais militares puseram-se em serviço e agiram em razão da função e em nome da instituição, utilizando-se dos armamentos da corporação, tanto que efetuaram a prisão em flagrante dos civis que supostamente praticavam o delito de tráfico de drogas.

Conflito conhecido para declarar a competência do Juízo Auditor da 1ª Auditoria de Justiça Militar de Porto Alegre, o suscitado (STJ. 3ª Seção. CC 131.306/RS, Rel. Min. Marilza Maynard (Desembargadora Convocada do TJ/SE), julgado em 26/02/2014.

Súmula 78-STJ: Compete à Justiça Militar processar e julgar policial de corporação estadual, ainda que o delito tenha sido praticado em outra unidade federativa.

▸ *Aprovada em 08/06/1993, DJ 16/06/1993.*

» Válida.

Súmula 90-STJ: ~~Compete à Justiça Estadual Militar processar e julgar o policial militar pela prática do crime militar, e à Comum pela prática do crime comum simultâneo àquele.~~

▸ *Aprovada em 21/10/1993, DJ 26/10/1993.*

» Superada.

» Entendo que a súmula foi superada pela Lei nº 13.491/2017, que alterou o art. 9º, II, do CPM. Antes da alteração, se o policial, em serviço, cometesse, por exemplo, violação de domicílio e abuso de autoridade, o primeiro delito seria julgado pela Justiça Militar (porque a violação de domicílio está prevista no CPM) e o segundo crime seria julgado pela Justiça Comum (considerando que o abuso de autoridade não está tipificado no CPM). Isso, contudo, mudou com a nova redação dada pela Lei nº 13.491/2017 ao art. 9º, II, do CPM. Com a mudança, a conduta praticada pelo agente, para ser crime militar com base no inciso II do art. 9º, pode estar prevista no Código Penal Militar ou na legislação penal "comum". Dessa forma, o abuso de autoridade, mesmo não estando previsto no CPM, mas sim na Lei nº 4.898/65, pode agora ser considerado crime militar (julgado pela Justiça Militar) com base no art. 9º, II, do CPM (com a nova redação dada pela Lei nº 13.491/2017). Logo, não há mais necessidade de desmembramento, tal qual preconizava a súmula 90 do STJ.

FORO POR PRERROGATIVA DE FUNÇÃO

Súmula 451-STF: A competência especial por prerrogativa de função não se estende ao crime cometido após a cessação definitiva do exercício funcional.

▶ Aprovada em 01/10/1964, DJ 08/10/1964.

» Importante.

Súmula 394-STF: ~~Cometido o crime durante o exercício funcional, prevalece a competência especial por prerrogativa de função, ainda que o inquérito ou a ação penal sejam iniciados após a cessação daquele exercício.~~

▶ Aprovada em 23/09/2009, DJe 07/10/2009.

» Cancelada pelo STF, em 25/08/1999, no Inq 687 QO.

» Desde essa data, o STF passou a entender que a CF/88 somente garante foro por prerrogativa de função às pessoas que, no momento do julgamento, estejam no exercício do cargo. Ex: Senador praticou o crime enquanto estava no cargo. Seu foro privativo é o STF. Antes de ser julgado, acabou seu mandato. Como deixou de ser Senador, não poderá mais ser julgado pelo STF, devendo seu processo ser apreciado em primeira instância, como qualquer outra pessoa.

Súmula 704-STF: Não viola as garantias do juiz natural, da ampla defesa e do devido processo legal a atração por continência ou conexão do processo do co-réu ao foro por prerrogativa de função de um dos denunciados.

▶ Aprovada em 24/09/2003, DJ 09/10/2003.

» Importante.

Exemplo:

João e Pedro são Desembargadores e estão respondendo a uma ação penal no STJ (art. 105, I, "a", da CF/88) por crime que teriam praticado conjuntamente. João se aposenta. Com a aposentadoria, cessa o foro por prerrogativa de função?

» SIM. O foro especial por prerrogativa de função não se estende a magistrados aposentados. Desse modo, após se aposentar, o magistrado (seja ele juiz, Desembargador, Ministro) perde o direito ao foro por prerrogativa de função, mesmo que o fato delituoso tenha ocorrido quando ele ainda era magistrado. Assim, deverá ser julgado pela 1ª instância (STF. Plenário. RE 549560/CE, Rel. Min. Ricardo Lewandowski, julgado em 22/3/2012. Info 659).

Neste caso, mesmo com a aposentadoria de um dos réus, o STJ poderá se dizer competente e continuar a julgar os dois?

» SIM.

» A regra geral é a de que, cessando o exercício do cargo com a aposentadoria, haja um desmembramento dos processos e o réu que perdeu o foro por prerrogativa de função seja julgado pela 1ª instância.

» No entanto, excepcionalmente, o Tribunal pode reconhecer que existe conexão entre os fatos e entender que será útil ao deslinde da causa que os dois réus continuem a ser julgados conjuntamente. Neste caso, não haverá desmembramento e o réu sem foro privativo será julgado também no Tribunal juntamente com o réu que tem foro por prerrogativa de função.

Quem decide se haverá o julgamento conjunto ou o desmembramento?

» É o próprio Tribunal competente para a causa (em nosso exemplo, o STJ). A decisão pela manutenção da unidade de julgamento ou pelo desmembramento da ação penal é do Tribunal competente para julgar a autoridade e esta escolha está sujeita a questões de conveniência e oportunidade.

Se o réu que não tem foro por prerrogativa de função for julgado pelo Tribunal, isso não irá ofender o princípio do juiz natural? Em nosso exemplo, o fato de João, mesmo não sendo mais autoridade, ser julgado pelo STJ, não ofende a Constituição Federal?

» NÃO. Este é o teor da Súmula 704 do STF.

Súmula vinculante 45-STF: A competência constitucional do Tribunal do Júri prevalece sobre o foro por prerrogativa de função estabelecido exclusivamente pela Constituição estadual.

▸ *Aprovada em 08/04/2015, DJe 17/04/2015.*

» Importante.

Competência constitucional do Tribunal do Júri

» Dizemos que a competência do Tribunal do Júri é constitucional porque ela é prevista na própria CF/88 (e não no CPP ou em qualquer lei ordinária). O art. 5º, XXXVIII, alínea "d", da CF/88 afirma expressamente que o Tribunal do Júri terá competência para julgar os "crimes dolosos contra a vida".

Quais são os crimes dolosos contra a vida (de competência do Tribunal do Júri)?

a) homicídio (art. 121 do CP); b) induzimento, instigação ou auxílio a suicídio (art. 122 do CP); c) infanticídio (art. 123 do CP); d) aborto em suas três espécies (arts.

124, 125 e 126 do CP). Desse modo, em regra, ocorrendo a prática de um desses crimes, o autor será julgado pelo Tribunal do Júri (e não por um juízo singular).

O que é o foro por prerrogativa de função?

» Trata-se de uma prerrogativa prevista pela Constituição segundo a qual as pessoas ocupantes de determinados cargos ou funções somente serão processadas e julgadas criminalmente (não engloba processos cíveis) em foros privativos colegiados (TJ, TRF, STJ, STF). A Constituição Federal prevê diversos casos de foro por prerrogativa de função. Ex.: os Senadores deverão ser julgados criminalmente pelo STF (art. 102, I, "b" da CF/88).

» A CF/88 previu que determinadas autoridades deveriam ser julgadas pelo Tribunal de Justiça e, como o tema interessa aos Estados, as Constituições estaduais acabaram repetindo essas regras. Ex.1: a CF/88 afirma que os Prefeitos devem ser julgados pelo TJ (art. 29, X, da CF/88). Mesmo sendo desnecessário, todas as Constituições Estaduais decidiram repetir, em seus textos, essa regra. Assim, você irá encontrar tanto na CF/88 como nas Constituições Estaduais que a competência para julgar os Prefeitos é do TJ.

Surge, por fim, uma dúvida: a Constituição Estadual pode estabelecer que determinadas autoridades deverão ser julgadas pelo Tribunal de Justiça mesmo isso não estando previsto na CF/88? É possível foro por prerrogativa de função estabelecido exclusivamente pela Constituição Estadual?

» SIM. A CF/88 autoriza que a competência dos Tribunais de Justiça seja definida na Constituição do Estado (art. 125, § 1º). No entanto, essa liberdade de definição não é absoluta. Quando a Constituição Estadual for definir quais são as autoridades que serão julgadas pelo TJ, deverá respeitar o princípio da simetria ou paralelismo com a CF/88. Explicando melhor: as autoridades estaduais que podem ter foro privativo são aquelas que, se comparadas com as mesmas autoridades em nível federal, teriam direito de foro por prerrogativa de função na CF/88.

» Ex.1: a CE pode prever que o Vice-Governador terá foro por prerrogativa de função no TJ. Isso porque a autoridade correspondente em nível federal (Vice-Presidente) também possui foro privativo no STF.

» Ex.2: a CE pode prever que os Secretários de Estado terão foro por prerrogativa de função no TJ. Isso porque as autoridades correspondentes em nível federal (Ministros de Estado) também possuem foro privativo no STF.

» Obs.: existem ainda algumas polêmicas envolvendo o tema, mas, para fins de concurso, a resposta mais adequada é o que foi explicado acima.

» Desse modo, podemos concluir que existem hipóteses em que o foro por prerrogativa de função é estabelecido exclusivamente pela Constituição Estadual. Exs.: Vice-Governador, Secretários de Estado.

Feitos esses esclarecimentos, imagine o seguinte exemplo hipotético:

» A Constituição do Estado do Amazonas prevê que os Secretários de Estado, se praticarem algum crime, deverão ser julgados pelo Tribunal de Justiça (e não pelo juízo de 1ª instância). Em outras palavras, a Constituição do Estado confere aos Secretários de Estado foro por prerrogativa de função. Pode-se dizer que esse foro por prerrogativa de função é estabelecido exclusivamente pela Constituição Estadual (a CF/88 não traz uma regra com essa previsão). Suponha, então, que um Secretário do Estado do Amazonas cometa homicídio doloso contra alguém.

Quem julgará esse Secretário Estadual pelo homicídio por ele praticado?

» Temos aqui um impasse: a CF/88 determina que esse réu seja julgado pelo Tribunal do Júri e a Constituição Estadual preconiza que o foro competente é o Tribunal de Justiça. Qual dos dois comandos deverá prevalecer? A Constituição Federal, por ser hierarquicamente superior. Logo, qual é a conclusão:

» Se determinada pessoa possui por foro prerrogativa de função previsto na Constituição Estadual e comete crime doloso contra a vida, deverá ser julgada pelo Tribunal do Júri, não prevalecendo o foro privativo estabelecido na Constituição Estadual. Este é o entendimento que consta na SV 45.

Imaginemos outra seguinte situação hipotética para verificar se você entendeu:

» "BB" é Vice-Governador do Estado "XX". A Constituição do Estado "XX" prevê que os Vice-Governadores serão julgados criminalmente pelo TJ.

   1) Se "BB" pratica um crime contra licitação (art. 89, da Lei nº 8.666/93), ele será julgado pelo Tribunal de Justiça.

   2) Se "BB" pratica crime doloso contra a vida (arts. 121 a 126 do CP), será julgado pelo Tribunal do Júri.

» Vale ressaltar que esta diferença entre crimes dolosos contra a vida e demais delitos somente se aplica para os casos em que o foro por prerrogativa de função for previsto apenas na Constituição Estadual.

» Se o foro por prerrogativa de função for previsto na Constituição Federal, a pessoa será julgada no foro privativo, mesmo que o crime seja doloso contra a vida.

Vamos a mais um exemplo:

» "CC" é Prefeito de uma cidade do interior.

   1) Se "CC" pratica crime contra licitação (art. 89, da Lei nº 8.666/93), ele será julgado pelo Tribunal de Justiça.

   2) Se "CC" pratica crime doloso contra a vida (arts. 121 a 126 do CP), ele será julgado pelo Tribunal de Justiça (e não pelo Tribunal do Júri).

Por quê?

» Porque o foro por prerrogativa de função dos prefeitos é previsto na própria Constituição Federal (art. 29, X).

» Logo, temos a previsão da CF/88 dizendo que as pessoas que cometem crimes dolosos contra a vida serão julgadas pelo Tribunal do Júri (art. 5º, XXXVIII, d). E temos a previsão, também da CF/88, dizendo que os Prefeitos serão julgados pelo Tribunal de Justiça (art. 29, X). As duas normas são de mesma hierarquia (as duas são da CF/88). Qual deve ser aplicada então? A norma mais específica, ou seja, a norma que prevê o foro por prerrogativa de função (os crimes cometidos por Prefeito serão julgados pelo Tribunal de Justiça).

» Vale ressaltar, no entanto, que o Prefeito será julgado pelo TJ se o crime for de competência da Justiça Estadual. Se for da competência da Justiça Federal, será julgado pelo TRF e se for da Justiça Eleitoral, pelo TRE. Este é o entendimento sumulado do STF. Confira:

> Súmula 702-STF: A competência do Tribunal de Justiça para julgar prefeitos restringe-se aos crimes de competência da justiça comum estadual; nos demais casos, a competência originária caberá ao respectivo tribunal de segundo grau.

Crime comum praticado por Prefeito:

a) Crime estadual: a competência será do TJ.
b) Crime federal: a competência será do TRF.
c) Crime eleitoral: a competência será do TRE.

Súmula 721-STF: A competência constitucional do Tribunal do Júri prevalece sobre o foro por prerrogativa de função estabelecido exclusivamente pela Constituição estadual.

▶ *Aprovada em 24/09/2003, DJ 09/10/2003.*

» O entendimento acima continua válido, mas foi aprovada a súmula vinculante 45 com o mesmo teor.

Súmula 702-STF: A competência do Tribunal de Justiça para julgar Prefeitos restringe-se aos crimes de competência da Justiça comum estadual; nos demais casos, a competência originária caberá ao respectivo tribunal de segundo grau.

▶ *Aprovada em 24/09/2003, DJ 09/10/2003.*

» Válida.

» Crime comum praticado por Prefeito:

a) Crime estadual: a competência será do TJ.
b) Crime federal: a competência será do TRF.
c) Crime eleitoral: a competência será do TRE.

CONFLITO DE COMPETÊNCIA

Súmula 555-STF: É competente o Tribunal de Justiça para julgar conflito de jurisdição entre juiz de direito do estado e a justiça militar local.

▶ *Aprovada em 15/12/1976, DJ 03/01/1977.*

» Válida, mas deve ser feita uma ressalva: o art. 125, § 3º da CF/88 prevê a possibilidade de lei estadual criar Tribunal de Justiça Militar nos Estados em que o efetivo militar seja superior a 20 mil integrantes.

» Se no Estado-membro houver o Tribunal de Justiça Militar: não vale a Súmula 555 do STF. O conflito será resolvido pelo STJ, porque os juízes estarão vinculados a tribunais de diferentes (Tribunal de Justiça e Tribunal de Justiça Militar). É o que acontece em SP, MG e RS.

» Se no Estado-membro não houver o Tribunal de Justiça Militar: vale a Súmula 555 do STF. O conflito será resolvido pelo próprio TJ, uma vez que ambos os juízes estarão vinculados a ele.

CITAÇÃO POR EDITAL E SUSPENSÃO DO PROCESSO

Súmula 366-STF: Não é nula a citação por edital que indica o dispositivo da lei penal, embora não transcreva a denúncia ou queixa, ou não resuma os fatos em que se baseia.

▶ *Aprovada em 13/12/1963.*

» Válida.

Súmula 351-STF: É nula a citação por edital de réu preso na mesma unidade da federação em que o juiz exerce a sua jurisdição.

▶ *Aprovada em 13/12/1963.*

» Válida.

» Esta súmula é bastante criticada pela doutrina que afirma que ela não mais deveria prevalecer em virtude do art. 360 do CPP, com redação dada pela Lei nº 10.792/2003, e que assim prevê:

Art. 360. Se o réu estiver preso, será pessoalmente citado.

» Apesar disso, a jurisprudência continua aplicando normalmente a súmula que, portanto, encontra-se válida. Nesse sentido: STJ. 6ª Turma. HC 363.156/SC, Rel. Min. Nefi Cordeiro, julgado em 20/09/2016.

» Importante, contudo, fazer uma ressalva: o STJ amplia a súmula 351 e afirma que haverá também nulidade se o réu, citado por edital, estava preso em outro Estado da federação, mas esta informação estava nos autos. Isso porque se o juiz sabia que o réu estava preso não deveria ter determinado a citação por edital, devendo estar comunicação ter sido feita por citação pessoal. Veja:

Este Tribunal Superior possui o entendimento de que é possível estender a aplicação da Súmula 351 do STF aos casos em que o réu estiver segregado em estado distinto daquele no qual o Juízo processante atua, se houver nos autos informação acerca do paradeiro do acusado, sendo possível localizá-lo para citação pessoal.

STJ. 5ª Turma. RHC 60.738/RO, Rel. Min. Gurgel de Faria, julgado em 23/02/2016.

> **Súmula 455-STJ:** A decisão que determina a produção antecipada de provas com base no artigo 366 do CPP deve ser concretamente fundamentada, não a justificando unicamente o mero decurso do tempo.

▸ *Aprovada em 25/08/2010, DJe 08/09/2010.*

» Importante.

Se o acusado é citado por edital, mesmo assim o processo continua normalmente?

» O art. 366 do CPP estabelece que:

» - se o acusado for citado por edital e

» - não comparecer ao processo nem constituir advogado

» - o processo e o curso da prescrição ficarão suspensos.

» Se o réu comparecer ao processo ou constituir advogado, o processo e o prazo prescricional voltam a correr normalmente.

» O objetivo do art. 366 é garantir que o acusado que não foi pessoalmente citado não seja julgado à revelia.

Produção antecipada de provas urgentes e prisão preventiva

» O art. 366 do CPP afirma que se o acusado, citado por edital, não comparecer nem constituir advogado, o juiz poderá determinar:

   a) a produção antecipada de provas consideradas urgentes e

   b) decretar prisão preventiva do acusado se estiverem presentes os requisitos do art. 312 do CPP (o simples fato do acusado não ter sido encontrado não é motivo suficiente para decretar sua prisão preventiva).

Produção antecipada das provas consideradas urgentes

» No caso do art. 366 do CPP, o juiz poderá determinar a produção antecipada de provas consideradas urgentes. Para que o magistrado realize a colheita antecipada das provas, exige-se que seja demonstrada a real necessidade da medida. Assim, toda produção antecipada de provas realizada nos termos do art. 366 do CPP está adstrita à sua necessidade concreta, devidamente fundamentada. Nesse sentido é o teor da Súmula 455-STJ.

A oitiva de testemunhas pode ser considerada prova urgente para os fins do art. 366 do CPP?

» Sim, desde que as circunstâncias do caso concreto revelem a possibilidade concreta de perecimento. Ex: a testemunha possui idade avançada e se encontra enferma, com possibilidade concreta de morte.

Existe um argumento no sentido de que se as testemunhas forem policiais, deverá ser autorizada a sua oitiva como prova antecipada, considerando que os policiais lidam diariamente com inúmeras ocorrências e, se houvesse o decurso do tempo,

eles poderiam esquecer dos fatos. Esse argumento é aceito pela jurisprudência? A oitiva das testemunhas que são policiais é considerada como prova urgente para os fins do art. 366 do CPP?

1) SIM. É a posição do STJ. O fato de o agente de segurança pública atuar constantemente no combate à criminalidade faz com que ele presencie crimes diariamente. Em virtude disso, os detalhes de cada uma das ocorrências acabam se perdendo em sua memória. Essa peculiaridade justifica que os policiais sejam ouvidos como produção antecipada da prova testemunhal, pois além da proximidade temporal com a ocorrência dos fatos proporcionar uma maior fidelidade das declarações, possibilita ainda o registro oficial da versão dos fatos vivenciados por ele, o que terá grande relevância para a garantia da ampla defesa do acusado, caso a defesa técnica repute necessária a repetição do seu depoimento por ocasião da retomada do curso da ação penal. STJ. 5ª Turma. RHC 51.232-DF, Rel. Min. Jorge Mussi, julgado em 2/10/2014 (Info 549).

2) NÃO. É incabível a produção antecipada de prova testemunhal fundamentada na simples possibilidade de esquecimento dos fatos, sendo necessária a demonstração do risco de perecimento da prova a ser produzida (art. 225 do CPP). Não serve como justificativa a alegação de que as testemunhas são policiais responsáveis pela prisão, cuja própria atividade contribui, por si só, para o esquecimento das circunstâncias que cercam a apuração da suposta autoria de cada infração penal. Nesse sentido: STF. 2ª Turma. HC 130038/DF, Rel. Min. Dias Toffoli, julgado em 3/11/2015 (Info 806).

Súmula 415-STJ: O período de suspensão do prazo prescricional é regulado pelo máximo da pena cominada.

▶ *Aprovada em 09/12/2009, DJe 16/12/2009.*

» Importante.

A súmula não é tão fácil de entender, mas com um exemplo fica melhor:

» "João" foi acusado de estelionato (art. 171 do CP). O juiz recebeu a denúncia e determinou sua citação. Como "João" não foi encontrado, realizou-se sua citação por edital. Citado por edital, "João" não compareceu ao processo nem constituiu advogado. Logo, o juiz determinou a suspensão do processo e do curso do prazo prescricional (art. 366 do CPP).

Por quanto tempo o prazo prescricional poderá ficar suspenso?

» A pena do estelionato é de 1 a 5 anos.
» O prazo prescricional do estelionato, considerando o máximo da pena cominada (imposta), é de 12 anos (art. 109, III, do CP).
» Assim, o prazo prescricional neste processo de "João" ficará suspenso aguardando ele ser encontrado pelo prazo de 12 anos.

» Se, passados os 12 anos, ele não for localizado, o prazo prescricional volta a correr (o que é bom para "João").

» Depois de 12 anos contados do dia em que o prazo prescricional voltou a tramitar, o juiz deverá declarar a prescrição da pretensão punitiva.

» Em suma, neste exemplo, para que ocorra a prescrição, deverão ser passados 24 anos: 12 anos em que o prazo prescricional ficará suspenso e mais 12 anos que correspondem ao prazo para que a prescrição ocorra.

» Obs.: a 1ª Turma do STF possui um julgado afirmando que o prazo prescricional no caso do art. 366 do CPP ficaria suspenso de forma indefinida (indeterminada): RE 460.971, Re. Min. Sepúlveda Pertence, Primeira Turma, julgado em 13/02/2007. Na prática forense e em provas de concurso, contudo, tem prevalecido a Súmula 415-STJ.

PRISÃO

Súmula 64-STJ: Não constitui constrangimento ilegal o excesso de prazo na instrução, provocado pela defesa.

▸ *Aprovada em 03/12/1992, DJ 09/12/1992.*

» Importante.

» Alguns autores criticam esse enunciado, como é o caso de Gustavo Badaró e Aury Lopes Júnior. Isso poderá ser alegado em uma prova da Defensoria Pública, por exemplo.

» Vale ressaltar, no entanto, que, apesar da crítica doutrinária, o STJ continua aplicando constantemente a súmula.

Súmula 52-STJ: Encerrada a instrução criminal, fica superada a alegação de constrangimento por excesso de prazo.

▸ *Aprovada em 17/09/1992, DJ 24/09/1992.*

Súmula 21-STJ: Pronunciado o réu, fica superada a alegação do constrangimento ilegal da prisão por excesso de prazo na instrução.

▸ *Aprovada em 06/12/1990, DJ 11/12/1990.*

» Importantes.

» As duas súmulas continuam válidas e esse entendimento é aplicado tanto pelo STJ como pelo STF. Logo, se constarem em uma prova tais afirmações estão corretas.

» No entanto, é importante esclarecer que esses enunciados, em alguns casos excepcionais, são relativizados pelo STF e STJ quando, mesmo após a instrução ter se encerrado, o réu permanece preso durante um longo período sem que tal demora possa ser atribuída à defesa.

» Assim, em regra, encerrada a instrução criminal ou pronunciado o réu, fica superada a alegação de constrangimento por excesso de prazo. No entanto, de forma excepcionalíssima, é possível reconhecer esse excesso caso a demora para o término do julgamento seja muito elevada, sem que isso possa ser atribuído à defesa.

Súmula 81-STJ: Não se concede fiança quando, em concurso material, a soma das penas mínimas cominadas for superior a dois anos de reclusão.

▸ *Aprovada em 17/06/1993, DJ 29/06/1993.*

» Superada por força da Lei nº 12.403/2001, que alterou os arts. 323 e 324 do CPP.

Súmula 9-STJ: A exigência da prisão provisória, para apelar, não ofende a garantia constitucional da presunção de inocência.

▸ *Aprovada em 06/09/1990, DJ 12/09/1990.*

» Superada.

» Vide Súmula 347 do STJ abaixo.

Súmula 347-STJ: O conhecimento de recurso de apelação do réu independe de sua prisão.

▸ *Aprovada em 23/04/2008, DJe 29/04/2008.*

» Importante.

LIBERDADE PROVISÓRIA

Súmula 697-STF: A proibição de liberdade provisória nos processos por crimes hediondos não veda o relaxamento da prisão processual por excesso de prazo.

▸ *Aprovada em 24/09/2003, DJ 09/10/2003.*

» Superada.

» Atualmente, é permitida a liberdade provisória para crimes hediondos e equiparados.

» O STF entende que a CF/88 não permite a prisão ex lege (ou seja, apenas por força de lei). Logo, é inconstitucional qualquer lei que vede, de forma abstrata e genérica, a liberdade provisória para determinados delitos.

CARTA PRECATÓRIA

Súmula 273-STJ: Intimada a defesa da expedição da carta precatória, torna-se desnecessária intimação da data da audiência no juízo deprecado.

▸ *Aprovada em 11/09/2002, DJ 19/09/2002.*

» Importante.

Exemplo:

Em um processo penal que tramita em Feira de Santana (BA), se for necessário ouvir testemunhas ou interrogar o réu e eles residirem em Salvador (BA), como é praticado esse ato processual?

» 1ª opção: o juízo poderá inquirir essas testemunhas ou interrogar o réu por meio de videoconferência (art. 185, § 2º e art. 222, § 3º do CPP);

» 2ª opção: o juízo poderá expedir uma carta precatória para que as testemunhas ou o réu sejam ouvidos no local em que residem pelo juízo de lá.

» Suponhamos que o juízo de Feira de Santana (BA) expediu uma carta precatória para que o juízo de Salvador (BA) ouvisse uma testemunha que lá reside. O despacho determinando a expedição da carta precatória foi proferido em 02/03/2012, tendo sido a defesa e o MP intimados sobre isso.

Caso a defesa não tivesse sido intimada da expedição da carta precatória, haveria nulidade?

» SIM. No entanto, trata-se de nulidade relativa. Veja o que diz o STF:

Súmula 155-STF: É relativa a nulidade do processo criminal por falta de intimação da expedição de precatória para inquirição de testemunha.

Chegando a carta no juízo de Salvador (BA), chamado de juízo deprecado, foi designada audiência para oitiva da testemunha no dia 02/06/2012. A defesa precisará ser intimada da data da audiência no juízo deprecado?

» NÃO. Este é o teor da Súmula 273-STJ: Intimada a defesa da expedição da carta precatória, torna-se desnecessária intimação da data da audiência no juízo deprecado.

Importante. Exceção à Súmula 273-STJ:

» Se o réu for assistido pela Defensoria Pública e, na sede do juízo deprecado, a Instituição estiver instalada e estruturada, será obrigatória a intimação da Defensoria acerca do dia do ato processual designado, sob pena de nulidade. Nesse sentido:

» (...) 1. Jurisprudência consolidada do Supremo Tribunal Federal – e na mesma linha a do Superior Tribunal de Justiça –, no sentido de que, intimadas as partes da expedição da precatória, a elas cabe o respectivo acompanhamento, sendo desnecessária a intimação da data designada para a audiência no Juízo deprecado.

» 2. Mitigação desse entendimento em relação à Defensoria Pública. As condições da Defensoria são variadas em cada Estado da Federação. Por vezes, não estão adequadamente estruturadas, com centenas de assistidos para poucos defensores, e, em especial, sem condições de acompanhar a prática de atos em locais distantes da sede do Juízo. Expedida precatória para localidade na qual existe Defensoria Pública estruturada, deve a instituição ser intimada da audiência designada para nela comparecer e defender o acusado necessitado. Não se justifica, a nomeação de defensor dativo, quando há instituição criada e habilitada à defesa do hipossuficiente. Nulidade reconhecida. (...) STF. 1ª Turma. RHC 106394, Rel. Min. rosa weber, julgado em 30/10/2012.

Súmula 155-STF: É relativa a nulidade do processo criminal por falta de intimação da expedição de precatória para inquirição de testemunha.

▸ *Aprovada em 13/12/1963.*

» Importante.

» Assim, mesmo que a defesa não tenha sido intimada da expedição da precatória, isso não significa necessariamente que haverá nulidade. Para que o ato seja anulado, é necessário que a defesa alegue o vício no tempo oportuno e demonstre a ocorrência de prejuízo sofrido.

» Vale ressaltar que a simples prolação de sentença condenatória não revela, por si só, o prejuízo sofrido em virtude da suposta nulidade, pois o édito condenatório pode se embasar em arcabouço probatório mais amplo, sendo imprescindível a real demonstração de que a oitiva da testemunha em tela, com a prévia intimação do advogado do réu, poderia determinar desfecho diverso (STJ HC 265.989/PE, julgado em 13/08/2013).

PRAZOS

Súmula 710-STF: No processo penal, contam-se os prazos da data da intimação, e não da juntada aos autos do mandado ou da carta precatória ou de ordem.

▸ *Aprovada em 24/09/2003, DJ 09/10/2003.*

» Importante.

» Essa súmula vale também para os prazos recursais. Assim, o início da contagem do prazo para interposição da apelação conta-se da intimação da sentença, e não da juntada aos autos do mandado respectivo (STJ HC 217.554/SC, julgado em 19/06/2012).

ASSISTENTE DE ACUSAÇÃO

Súmula 448-STF: O prazo para o assistente recorrer, supletivamente, começa a correr imediatamente após o transcurso do prazo do Ministério Público.

▶ *Aprovada em 01/10/1964, DJ 08/10/1964.*

» Válida.

» Se o assistente já estava habilitado nos autos: o prazo de recurso será de 5 dias (art. 593 do CPP).

» Se ainda não estava habilitado: o prazo será de 15 dias (art. 598, parágrafo único, do CPP).

Súmula 210-STF: O assistente do Ministério Público pode recorrer, inclusive extraordinariamente, na ação penal, nos casos dos arts. 584, parágrafo 1º e 598 do Código de Processo Penal.

▶ *Aprovada em 13/12/1963.*

» Válida.

Súmula 208-STF: O assistente do Ministério Público não pode recorrer, extraordinariamente, de decisão concessiva de habeas corpus.

▶ *Aprovada em 13/12/1963.*

» Superada.

» A maioria da doutrina defende que essa súmula foi superada. Isso porque a Lei nº 12.403/2011 alterou o art. 311 do CPP permitindo que o assistente do MP tenha legitimidade para requerer a decretação da prisão preventiva do réu. Logo, ele também tem legitimidade para recorrer contra a decisão concessiva de habeas corpus.

MUTATIO LIBELLI

Súmula 453-STF: Não se aplicam à segunda instância o art. 384 e parágrafo único do Código de Processo Penal, que possibilitam dar nova definição jurídica ao fato delituoso, em virtude de circunstância elementar não contida, explícita ou implicitamente, na denúncia ou queixa.

▶ *Aprovada em 01/10/1964, DJ 08/10/1964.*

» Válida.

» A mutatio libelli ocorre quando, no curso da instrução processual, surge prova de alguma elementar ou circunstância que não havia sido narrada expressamente na denúncia ou queixa.

» Requisitos para que ocorra a mutatio:

1) É acrescentada alguma circunstância ou elementar que não estava descrita originalmente na peça acusatória e cuja prova surgiu durante a instrução.
2) É modificada a tipificação penal.

Exemplo:

» O MP narrou, na denúncia, que o réu praticou furto simples (art. 155, caput, do CP). Durante a instrução, os depoimentos revelaram que o acusado utilizou-se de uma chave falsa para entrar na furtada. Com base nessa nova elementar, que surgiu em consequência de prova trazida durante a instrução, verifica-se que é cabível uma nova definição jurídica do fato, mudando o crime de furto simples para furto qualificado (art. 155, § 4º, III, do CP).

Previsão no CPP:

Art. 384. Encerrada a instrução probatória, se entender cabível nova definição jurídica do fato, em consequência de prova existente nos autos de elemento ou circunstância da infração penal não contida na acusação, o Ministério Público deverá aditar a denúncia ou queixa, no prazo de 5 (cinco) dias, se em virtude desta houver sido instaurado o processo em crime de ação pública, reduzindo-se a termo o aditamento, quando feito oralmente.

Mutatio libelli em 2º grau de jurisdição:

» Não é possível, porque se o Tribunal, em grau de recurso, apreciasse um fato não valorado pelo juiz, haveria supressão de instância. Nesse sentido:

"(...) o duplo grau visa a assegurar que as questões fáticas e jurídicas possam ser reexaminadas, isto é, examinadas no primeiro grau. Portanto, não se pode admitir que o Tribunal faça o exame direto de determinada matéria pela primeira vez, sob pena de supressão do primeiro grau de jurisdição, o que também seria causa de violação ao duplo grau de jurisdição. É exatamente este o motivo pelo qual não se admite a mutatio libelli na 2ª instância. Afinal, se fosse possível sua aplicação em segunda instância, haveria supressão do primeiro grau de jurisdição, já que o acusado se veria impossibilitado de se defender quanto à imputação diversa perante o juiz de 1ª instância. Logo, se o art. 384 do CPP não foi aplicado no primeiro grau de jurisdição, não poderá haver o aditamento da peça acusatória em sede recursal, nem tampouco poderá o tribunal considerar fatos diversos daqueles constantes da imputação. Há, pois, uma limitação cronológica à mutatio libelli: não se admite a possibilidade de mudança da imputação em seu aspecto fático após o juiz proferir a sentença." (LIMA, Renato Brasileiro de. Código de Processo Penal comentado. Salvador: Juspodivm, 2016, p. 1675).

» **Obs:** na época em que a Súmula foi editada, o art. 384 do CPP possui apenas um parágrafo. Foram incluídos outros com a Lei nº 11.719/2008. Isso, contudo, não prejudica o entendimento e a validade do enunciado.

SUSPENSÃO CONDICIONAL DO PROCESSO

Súmula 696-STF: Reunidos os pressupostos legais permissivos da suspensão condicional do processo, mas se recusando o Promotor de Justiça a propô-la, o Juiz, dissentindo, remeterá a questão ao Procurador-Geral, aplicando-se por analogia o art. 28 do Código de Processo Penal.

▸ *Aprovada em 24/09/2003, DJ 09/10/2003.*

» Importante.

O que acontece se o Promotor de Justiça se recusa a oferecer a proposta e o juiz entender que o acusado preenche os requisitos legais para a obtenção do benefício?

» O juiz, aplicando por analogia o art. 28 do CPP, deverá remeter os autos ao Procurador-Geral de Justiça, comunicando as razões pelas quais discorda da recusa do membro do MP em oferecer a proposta. O PGJ irá decidir se os motivos da recusa são pertinentes ou não.

» Caso o PGJ entenda que o acusado não tenha realmente direito ao benefício, o juiz nada mais poderá fazer, não podendo o próprio magistrado formular a proposta.

» Se entender que o acusado tem direito ao benefício, o PGJ determinará que outro membro do MP ofereça a proposta.

» Obs: existe um julgado do STJ afirmando que, se perceber que os fundamentos utilizados pelo Ministério Público para negar o benefício são insubsistentes e que o acusado preenche os requisitos especiais previstos no art. 89 da Lei nº 9.099/95, o próprio juiz deveria oferecer a proposta de suspensão condicional do processo ao acusado. STJ. HC 131.108-RJ, Rel. Min. Jorge Mussi, julgado em 18/12/2012 (Info 513). Trata-se, contudo, de posição minoritária. Portanto, o entendimento majoritário, para fins de concurso, é a posição constante da Súmula 696 do STF.

» Transação penal. Vale ressaltar, por fim, que o raciocínio da Súmula 696 do STF pode ser aplicado também para a transação penal.

Súmula 723-STF: Não se admite a suspensão condicional do processo por crime continuado, se a soma da pena mínima da infração mais grave com o aumento mínimo de um sexto for superior a um ano.

▸ *Aprovada em 26/11/2003, DJ 09/12/2003.*

» Importante.

Súmula 243-STJ: O benefício da suspensão do processo não é aplicável em relação às infrações penais cometidas em concurso material, concurso formal ou continuidade delitiva, quando a pena mínima cominada, seja pelo somatório, seja pela incidência da majorante, ultrapassar o limite de um (01) ano.

▸ *Aprovada em 11/12/2000, DJ 05/02/2011.*

» Importante.

Súmula 337-STJ: É cabível a suspensão condicional do processo na desclassificação do crime e na procedência parcial da pretensão punitiva.

▸ *Aprovada em 09/05/2007, DJ 16/05/2007.*

» Importante.

Desclassificação do crime

» Algumas vezes pode acontecer de a pessoa ser denunciada por um crime que não admite suspensão condicional do processo (pelo fato de a pena mínima ser superior a 1 ano) e, ao final, o juiz percebe que aquela imputação estava incorreta e que o réu praticou crime diferente, cuja pena mínima é igual ou inferior a 1 ano.

» Ex: o réu foi denunciado por contrabando, crime previsto no art. 334-A do CP. Como a pena mínima do contrabando é de 2 anos, no momento da denúncia não cabia ao MP oferecer suspensão condicional do processo. Houve toda a instrução e, ao final, o juiz constata que a mercadoria importada não era proibida e que, na verdade, o agente poderia tê-la importado, mas desde que pagasse regularmente os impostos devidos, o que não aconteceu. O magistrado conclui, portanto, que a conduta se amolda ao descaminho, delito que permite suspensão condicional do processo porque a pena mínima é de 1 ano (art. 334).

» Nesta situação, o juiz deverá intimar o MP para, diante da nova classificação jurídica, oferecer ao réu a proposta de suspensão condicional do processo.

» Repare que como a instrução já acabou, o magistrado poderia, em tese, condenar o réu por descaminho. No entanto, isso não seria justo porque em virtude da imputação equivocada feito pelo MP o acusado ficou privado de aceitar um benefício despenalizador que é, na maioria das vezes, mais benéfico do que ser condenado.

» Pensando nessa situação, o STJ editou, em 2007, a Súmula 337 afirmando que se houver desclassificação do crime, será cabível a suspensão condicional do processo.

» Em 2008, o legislador, percebendo que este entendimento jurisprudencial está correto, resolveu alterar o CPP a fim de deixar isso expressamente previsto. Foi, então, incluído o § 1º ao art. 383, com a seguinte redação:

> Art. 383. O juiz, sem modificar a descrição do fato contida na denúncia ou queixa, poderá atribuir-lhe definição jurídica diversa, ainda que, em consequência, tenha de aplicar pena mais grave.
>
> § 1º Se, em consequência de definição jurídica diversa, houver possibilidade de proposta de suspensão condicional do processo, o juiz procederá de acordo com o disposto na lei. (Incluído pela Lei nº 11.719/2008).

Procedência parcial da pretensão punitiva

» Vimos também que, no cálculo da pena mínima inferior ou igual a 1 ano, deverá ser incluído o aumento decorrente de concurso material, formal ou crime continuado. Assim, não caberá suspensão condicional do processo se a pessoa cometeu dois ou mais crimes em concurso material, concurso formal ou continuidade delitiva, e a pena mínima cominada, seja pelo somatório, seja pela incidência da majorante, ultrapassa o limite de 1 ano (Súmula 243 do STJ).

» Ex: o MP denuncia o agente pela prática de descaminho (art. 334) em concurso formal com a falsidade ideológica (art. 299). A pena mínima do descaminho e a pena mínima da falsidade ideológica são iguais a 1 ano, quando isoladamente consideradas. No entanto, para fins de suspensão, elas deverão ser contadas aplicando-se a regra do concurso formal (art. 70). Logo, deverá haver aumento de 1/6 até 1/2. Enfim, havendo este aumento, não caberá suspensão porque a pena mínima ultrapassa 1 ano.

» Pode acontecer, no entanto, de o MP denunciar o réu por dois ou mais crimes supostamente praticados em concurso material, formal ou em continuidade delitiva e, o juiz, ao final da instrução, perceber que este concurso ou continuidade não cabe naquele caso concreto. Desse modo, desaparece o óbice que havia para a concessão da suspensão condicional e o benefício deverá ser oferecido mesmo já estando, em tese, no final do processo.

» Ex: o MP denuncia o réu pela prática de descaminho (art. 334) em concurso formal com a falsidade ideológica (art. 299). Ao final da instrução, o juiz constata que o documento falso foi utilizado unicamente para praticar o crime de descaminho e que não poderá mais ser empregado em nenhum outro delito (perdeu sua potencialidade lesiva). Neste caso, segundo a jurisprudência, o falso deverá ser absorvido pelo crime-fim (descaminho). Em outras palavras, a acusação quanto à falsidade ideológica deverá ser julgada improcedente, mantendo-se apenas a imputação de descaminho.

» Mais uma vez, não seria justo condenar direto o réu por descaminho sem lhe oferecer o benefício da suspensão do processo já que ele só não teve direito a essa proposta por causa da imputação do MP que foi excessiva. Pensando nessa situação, o STJ preconiza, na Súmula 337, que, em caso de procedência parcial da pretensão punitiva, será cabível a suspensão condicional do processo.

TRANSAÇÃO PENAL

Súmula vinculante 35-STF: A homologação da transação penal prevista no artigo 76 da Lei 9.099/1995 não faz coisa julgada material e, descumpridas suas cláusulas, retoma-se a situação anterior, possibilitando-se ao Ministério Público a continuidade da persecução penal mediante oferecimento de denúncia ou requisição de inquérito policial.

▶ Aprovada em 16/10/2014.

» Importante.

Conceito

» Transação penal é um acordo celebrado entre o MP (se a ação penal for pública) ou o querelante (se for privada) e o indivíduo apontado como autor do crime, por meio do qual a acusação, antes de oferecer a denúncia (ou queixa-crime), propõe ao suspeito que ele, mesmo sem ter sido ainda condenado, aceite cumprir uma pena restritiva de direitos ou pagar uma multa e em troca disso a ação penal não é proposta e o processo criminal nem se inicia.

Previsão legal

» O instituto da transação penal é previsto na Lei dos Juizados Especiais (Lei nº 9.099/95):

> Art. 76. Havendo representação ou tratando-se de crime de ação penal pública incondicionada, não sendo caso de arquivamento, o Ministério Público poderá propor a aplicação imediata de pena restritiva de direitos ou multas, a ser especificada na proposta.

» A transação penal é, inclusive, uma determinação constitucional. Confira:

> Art. 98. A União, no Distrito Federal e nos Territórios, e os Estados criarão:
>
> I – juizados especiais, providos por juízes togados, ou togados e leigos, competentes para a conciliação, o julgamento e a execução de causas cíveis de menor complexidade e infrações penais de menor potencial ofensivo, mediante os procedimentos oral e sumariíssimo, permitidos, nas hipóteses previstas em lei, a transação e o julgamento de recursos por turmas de juízes de primeiro grau;

» A transação penal não ofende os princípios do contraditório e da ampla defesa porque se trata de uma escolha (faculdade) colocada à disposição do suposto autor do fato, que pode preferir fazer logo o acordo e cumprir uma medida restritiva de direitos (mesmo sem ter sido julgado), do que se submeter aos transtornos de um processo criminal. Logo, por não ser obrigatória, a transação penal não é incompatível com as garantias constitucionais.

Procedimento:

» 1. Se a autoridade policial tomar conhecimento da prática de uma infração penal de menor potencial ofensivo, ela deverá lavrar um termo circunstanciado. O termo circunstanciado é um "substituto" bem mais simples que o inquérito policial, realizado pela polícia nos casos de infrações de menor potencial ofensivo. O objetivo do legislador foi facilitar e desburocratizar o procedimento. No termo circunstanciado é narrado o fato criminoso, com todos os dados necessários para identificar a sua ocorrência e autoria, devendo ser feita a qualificação do autor, da vítima e indicadas as provas existentes, inclusive o rol de testemunhas. Vale ressaltar que, se não for realizada transação penal e o MP entender que o caso é complexo, ele poderá requisitar que seja feito um inquérito policial. Em outras palavras, a regra nas infrações penais de menor potencial ofensivo é o termo circunstanciado, mas é possível que seja feito IP se assim entender necessário o titular da ação penal.

» 2. Após lavrar o termo circunstanciado, a autoridade policial deverá encaminhá-lo imediatamente ao Juizado Especial Criminal, com o autor do fato e a vítima, providenciando-se as requisições dos exames periciais necessários (ex.: exame de corpo de delito).

» 3. Recebendo o termo, o juiz deverá designar uma audiência preliminar. Obs.: a Lei prevê que a audiência preliminar deverá ser preferencialmente realizada no mesmo dia em que o fato ocorreu ou, não sendo isso possível, que seja marcada uma data próxima. Na prática, a audiência nunca ocorre no mesmo dia do fato.

» 4. Na audiência preliminar deverão estar presentes o representante do MP, o autor do fato e a vítima, acompanhados por seus advogados.

» 5. A conciliação poderá ser conduzida pelo Juiz ou por conciliador sob sua orientação.

» 6. Logo ao abrir a audiência, o Juiz esclarecerá que, neste tipo de infração de menor potencial ofensivo é possível que o autor do fato faça:

   a) um acordo de composição civil dos danos com o ofendido (acordo de natureza cível);

   b) também, um acordo de transação penal com o MP (acordo de natureza criminal).

» 7. Importante ressaltar que, apesar de a audiência preliminar ser realizada no Poder Judiciário, com a participação do juiz e do MP, ainda não existe ação penal (ainda não houve denúncia nem queixa-crime e o autor ainda não é réu).

» 8. Caso o autor do fato e a vítima aceitem celebrar o acordo de composição civil:

   a) Se o crime for de ação penal privada (ex.: dano): a celebração do acordo acarreta a renúncia ao direito de queixa, significando dizer que a punibilidade do agente está extinta (art. 107, V, do CP). O autor está livre do processo criminal.

   b) Se o crime for de ação pública condicionada (ex.: lesão corporal leve): a celebração do acordo acarreta a renúncia ao direito de representação, extinguindo a punibilidade, de forma que o autor também estará livre do processo criminal.

   c) Se o crime for de ação pública incondicionada (ex.: violação de domicílio): a celebração do acordo não acarreta a extinção da punibilidade. A composição civil no caso de crimes de ação pública incondicionada não produz efeitos penais. A única vantagem para o autor do fato é que ele já resolveu a questão cível, ou seja, não poderá mais ser demandado em uma ação de indenização. No entanto, o processo criminal permanece intacto e a etapa seguinte será verificar se ele tem direito de (e quer) fazer a transação penal.

» 9. Caso o autor do fato e a vítima NÃO aceitem fazer o acordo de composição civil: o MP (ou querelante) irá fazer a proposta de transação penal (desde que cumpridos os requisitos).

» 10. Imaginemos que o MP fez a proposta de transação penal ao autor do fato.

» 11. Se o autor do fato não aceitar a transação (ou nem comparecer injustificadamente), o membro do MP, na própria audiência, terá duas opções:

   a) formulará denúncia oral, que será reduzida a escrito no termo de audiência (isso se o Parquet entender que já existem indícios suficientes de autoria e prova da materialidade); ou

b) requisitará a instauração de um inquérito policial para a realização de novas diligências que sejam imprescindíveis para a definição da autoria ou materialidade.

» 12. Se o autor do fato aceitar a transação, o juiz deverá analisar a legalidade das condições propostas e, estando conforme o ordenamento jurídico, irá homologar a transação penal realizada. A sentença que homologa a transação penal tem natureza declaratória e somente faz coisa julgada formal (não produz coisa julgada material).

» 13. Lembrando que, se o autor do fato aceitou a transação, é porque se comprometeu a cumprir uma pena restritiva de direitos ou a pagar uma multa, segundo as condições que foram fixadas na proposta. Ex.: o MP propôs e o autor do fato concordou em prestar 60h de serviços comunitários no prazo máximo de 6 meses em um hospital. O autor terá que atender a essa exigência imposta no prazo assinalado.

DESCUMPRIMENTO INJUSTIFICADO DA TRANSAÇÃO PENAL

O que acontece se o autor do fato aceitar a proposta, mas acabar descumprindo a obrigação por ele assumida no acordo (ex.: o autor tinha que prestar 60h, mas acabou realizado apenas 40h de trabalhos comunitários)?

» O juiz deverá determinar a abertura de vista dos autos ao MP. O membro do Parquet terá, então, duas opções:

1) oferecer denúncia; ou

2) requerer mais investigações, por meio da realização de um inquérito policial, caso entenda que ainda não existem provas suficientes.

» Tal entendimento é baseado no fato de que a decisão homologatória da transação penal não faz coisa julgada material. Dessa forma, diante do descumprimento das cláusulas estabelecidas na transação penal, retorna-se ao status quo ante (volta-se para a fase 11 acima explicada), viabilizando-se, assim, ao Parquet a continuidade da persecução penal.

Essa solução não viola o contraditório e a ampla defesa?

» NÃO. Isso porque o acusado terá direito ao contraditório e a ampla defesa durante a ação penal que ainda irá se iniciar. Haveria sim violação ao devido processo legal se, após descumprir a transação, o autor do fato fosse desde logo condenado (sem processo) ou preso.

Confira agora novamente a redação da súmula para ver se entendeu:

» A homologação da transação penal prevista no artigo 76 da Lei 9.099/1995 não faz coisa julgada material e, descumpridas suas cláusulas, retoma-se a situação anterior, possibilitando-se ao Ministério Público a continuidade da persecução penal mediante oferecimento de denúncia ou requisição de inquérito policial.

» O entendimento exposto na súmula já era adotado não apenas pelo STF como também pelo STJ. Nesse sentido: STF. Plenário. RE 602072 QO-RG, Rel. Min. Cezar Peluso, julgado em 19/11/2009 (repercussão geral). STJ. 6ª Turma. RHC 34.580/SP, Rel. Min. Maria Thereza De Assis Moura, julgado em 12/03/2013.

TRIBUNAL DO JÚRI

Súmula vinculante 45-STF: A competência constitucional do Tribunal do Júri prevalece sobre o foro por prerrogativa de função estabelecido exclusivamente pela Constituição estadual.

▶ *Aprovada em 08/04/2015, DJe 17/04/2015.*

» Importante.

» Vide comentários no tópico sobre "competência".

Súmula 603-STF: A competência para o processo e julgamento de latrocínio é do juiz singular e não do Tribunal do Júri.

▶ *Aprovada em 17/10/1984, DJ 29/10/1984.*

» Válida.

Súmula 712-STF: É nula a decisão que determina o desaforamento de processo da competência do Júri sem audiência da defesa.

▶ *Aprovada em 24/09/2003, DJ 09/10/2003.*

» Importante.

Súmula 206-STF: É nulo o julgamento ulterior pelo júri com a participação de jurado que funcionou em julgamento anterior do mesmo processo.

▶ *Aprovada em 13/12/1964.*

» Válida.

Súmula 162-STF: É absoluta a nulidade do julgamento pelo júri, quando os quesitos da defesa não precedem aos das circunstâncias agravantes.

▶ *Aprovada em 13/12/1964.*

» Válida.

» Renato Brasileiro explica que, por força da Lei nº 11.689/2008, as agravantes e atenuantes não são mais quesitadas aos jurados. No entanto, as circunstâncias agravantes mencionadas pela súmula devem ser entendidas em sentido amplo, abrangendo não apenas as circunstâncias agravantes em sentido estrito, como também qualificadoras e causas de aumento de pena. (ob. cit., p. 1.409). Desse modo, a súmula continuaria sendo aplicável nesses casos.

Súmula 156-STF: É absoluta a nulidade do julgamento, pelo júri, por falta de quesito obrigatório.

▶ *Aprovada em 13/12/1964.*

» Válida.

Súmula 713-STF: O efeito devolutivo da apelação contra decisões do Júri é adstrito aos fundamentos da sua interposição.

▶ *Aprovada em 24/09/2003, DJ 09/10/2003.*

» Válida.

NULIDADES

Súmula 361-STF: No processo penal, é nulo o exame realizado por um só perito, considerando-se impedido o que tiver funcionando anteriormente na diligência de apreensão.

▶ *Aprovada em 13/12/1963.*

» Válida, mas deve ser feita uma ressalva: o Enunciado 361/STF é aplicável apenas nos casos em que a perícia for realizada por peritos não oficiais.

» Se a perícia for realizada por perito oficial: basta um único perito.

» Se a perícia for realizada por perito não oficial: serão necessários dois peritos não oficiais.

» Assim, para que a perícia seja válida, é necessário que ela seja realizada: a) por um perito oficial; ou b) por dois peritos não oficiais.

» Vide art. 159, caput e § 1º do CPP.

Súmula 706-STF: É relativa a nulidade decorrente da inobservância da competência penal por prevenção.

▶ *Aprovada em 24/09/2003, DJ 09/10/2003.*

» Válida.

Súmula 523-STF: No processo penal, a falta da defesa constitui nulidade absoluta, mas a sua deficiência só o anulará se houver prova de prejuízo para o réu.

▶ *Aprovada em 03/12/1969, DJ 10/12/1969.*

» Válida.

Súmula 707-STF: Constitui nulidade a falta de intimação do denunciado para oferecer contra-razões ao recurso interposto da rejeição da denúncia, não a suprindo a nomeação de defensor dativo.

▶ *Aprovada em 24/09/2003, DJ 09/10/2003.*

» Válida.

Súmula 708-STF: É nulo o julgamento da apelação se, após a manifestação nos autos da renúncia do único defensor, o réu não foi previamente intimado para constituir outro.

» Válida.

▶ *Aprovada em 24/09/2003, DJ 09/10/2003.*

Súmula 564-STF: ~~A ausência de fundamentação do despacho de recebimento de denúncia por crime falimentar enseja nulidade processual, salvo se já houver sentença condenatória.~~

» Superada.

▶ *Aprovada em 15/12/1976, DJ 03/01/1977.*

Súmula 352-STF: ~~Não é nulo o processo penal por falta de nomeação de curador ao réu menor que teve a assistência de defensor dativo.~~

» Superada.

▶ *Aprovada em 13/12/1963.*

RECURSOS

Súmula 347-STJ: O conhecimento de recurso de apelação do réu independe de sua prisão.

» Importante.

▶ *Aprovada em 23/04/200, DJe 29/04/2000.*

Súmula 267-STJ: ~~A interposição de recurso, sem efeito suspensivo, contra decisão condenatória não obsta a expedição de mandado de prisão.~~

» Superada.

▶ *Aprovada em 22/05/2002, DJ 29/05/2002.*

Súmula 709-STF: Salvo quando nula a decisão de primeiro grau, o acórdão que provê o recurso contra a rejeição da denúncia vale, desde logo, pelo recebimento dela.

» Importante.

▶ *Aprovada em 24/09/2003, DJ 09/10/2003.*

Súmula 705-STF: A renúncia do réu ao direito de apelação, manifestada sem a assistência do defensor, não impede o conhecimento da apelação por este interposta.

» Válida.

▶ *Aprovada em 24/09/2003, DJ 09/10/2003.*

» Havendo divergência entre o condenado e seu defensor quanto ao desejo de recorrer, deve prevalecer a vontade de quem detém os conhecimentos técnicos e visualiza a viabilidade recursal, prestigiando-se o princípio do duplo grau de jurisdição e da ampla defesa (HC 235.498/SP, julgado em 12/06/2012).

Súmula 699-STF: ~~O prazo para interposição de agravo, em processo penal, é de cinco dias, de acordo com a Lei 8.038/90, não se aplicando o disposto a respeito nas alterações da Lei 8.950/94 ao Código de Processo Civil.~~

▶ *Aprovada em 24/09/2003, DJ 09/10/2003.*

» Superada.

» O agravo de que trata esta súmula é aquele interposto contra a decisão do Presidente ou Vice-Presidente do Tribunal de origem que inadmite o recurso especial ou extraordinário.

» Segundo a súmula, em um processo criminal, se a parte interpusesse RE ou REsp e o Tribunal de origem inadmitisse algum deles, caberia agravo e este deveria ser interposto no prazo de 5 dias.

» Este prazo de 5 dias era previsto no art. 28 da Lei nº 8.038/90 (Art. 28. Denegado o recurso extraordinário ou o recurso especial, caberá agravo de instrumento, no prazo de cinco dias, para o Supremo Tribunal Federal ou para o Superior Tribunal de Justiça, conforme o caso.).

Como o CPC/1973 previa o prazo de 15 dias, antes da súmula ser editada ficou uma dúvida: aplica-se o CPC ou o art. 28 da Lei nº 8.038/90?

» O STF, a fim de pacificar o tema, editou a súmula para afirmar: não se aplica o prazo do CPC, mas sim o prazo especial do art. 28 da Lei nº 8.038/90. O prazo do CPC só vale para os processos cíveis e no caso dos feitos criminais existe esta regra específica.

» Ocorre que o art. 28 da Lei nº 8.038/90 foi agora expressamente revogado pelo novo CPC. Logo, o argumento de que havia um prazo especial para os agravos envolvendo recurso extraordinário em matéria criminal caiu por terra.

» Em virtude disso, ainda há polêmica, mas prevalece que a súmula está superada.

Qual será o prazo a ser aplicado, então? Em um processo penal, se a parte interpõe RE ou Resp e o Tribunal de origem inadmite o recurso, caberá agravo em quantos dias?

» A questão ainda é polêmica, mas prevalece que o prazo é de 15 dias, nos termos do art. 1.003, § 5º e do art. 1.070 do CPC/2015.

» Nesse sentido:

» STJ. 6a Turma. AgRg no AREsp 840.620/SP, Rel. Min. Rogerio Schietti Cruz, julgado em 21/11/2017.

» STF. 1ª Turma. ARE 1057146 AgR, Rel. Min. Roberto Barroso, julgado em 22/09/2017.

» **O CPC/2015 previu que os prazos devem ser contados somente em dias úteis (art. 219). Esta regra vale também para o agravo envolvendo processos criminais?**

» NÃO. Não se aplica o art. 219 do CPC/2015, considerando que existe regra específica no processo penal determinando que todos os prazos serão contínuos, não se interrompendo por férias, domingo ou dia feriado (art. 798 do CPP).

Resumindo:

» A Súmula 699 do STF está superada. Isso porque depois do novo CPC o prazo para interposição de agravo contra a decisão do Tribunal de origem que inadmite o recurso especial ou extraordinário, mesmo em processo penal, é de 15 dias, conforme determina o art. 1.003, § 5º do CPC/2015. Apesar disso, este prazo é corrido porque não existe contagem em dias úteis no processo penal.

Importante fazer um último alerta:

» Esta súmula 699 do STF não tem nada a ver com agravos internos interpostos contra decisões monocráticas de Ministros do STF e STJ.

» No caso de agravo interposto contra decisão monocrática do Ministro Relator no STF e STJ, em recursos ou ações originárias que versem sobre matéria penal ou processual penal, o prazo continua sendo de 5 dias, nos termos do art. 39 da Lei nº 8.038/90 (não se aplicando o art. 1.070 do CPC/2015).

» Para maiores informações sobre este último agravo, veja STF. Decisão monocrática. HC 134554 Rcon, Rel. Min. Celso de Mello, julgado em 10/06/2016 (Info 830); STJ. 3ª Seção. AgRg nos EDcl nos EAREsp 316.129-SC, Rel. Min. Reynaldo Soares da Fonseca, julgado em 25/5/2016 (Info 585).

Súmula 602-STF: ~~Nas causas criminais, o prazo de interposição de recurso extraordinário é de 10 (dez) dias.~~

▸ *Aprovada em 17/10/1976, DJ 03/01/1977.*

» Superada (o prazo é de 15 dias).

Súmula 431-STF: É nulo o julgamento de recurso criminal, na segunda instância, sem prévia intimação, ou publicação da pauta, salvo em habeas corpus.

▸ *Aprovada em 01/06/1964, DJ 06/07/1964.*

» Válida.

» Como regra geral, a falta de intimação do defensor para a sessão de julgamento é causa de nulidade. Contudo, o STF e o STJ podem deixar de declarar a nulidade do julgamento se esse vício não foi alegado no momento oportuno (STF HC 110954, julgado em 22/05/2012).

» Em regra, como afirma a súmula, a defesa não precisa ser intimada da sessão de julgamento do habeas corpus. No entanto, o impetrante poderá requerer expressamente que seja comunicado dessa data para realizar sustentação oral. Nesse caso, se não for intimado, haverá nulidade.

(...) Por não depender de pauta, a jurisprudência desta Corte tem acolhido a tese de que somente haverá nulidade do julgamento de habeas corpus, por ausência de comunicação prévia, quando a defesa requerer que seja cientificada da data do julgamento. Assim, ausente requerimento de sustentação oral, não há falar em cerceamento de defesa. (STF. 2ª Turma. RHC 124313, Rel. Min. Teori Zavascki, julgado em 10/03/2015).

A intimação pessoal da Defensoria Pública quanto à data de julgamento de habeas corpus só é necessária se houver pedido expresso para a realização de sustentação oral (STF. 2ª Turma. HC 134.904/SP, Rel. Min. Dias Toffoli, julgado em 13/9/2016. Info 839).

Súmula 160-STF: É nula a decisão do tribunal que acolhe, contra o réu, nulidade não arguida no recurso da acusação, ressalvados os casos de recurso de ofício.

▶ *Aprovada em 13/12/1963.*

» Importante.

» Trata-se de aplicação do princípio da non reformatio in pejus, que impede o agravamento da situação do réu sem uma manifestação formal e tempestiva da acusação nesse sentido.

» O art. 617 do CPP proíbe que a situação do réu seja agravada quando apenas ele recorre. Desse modo, ainda que haja nulidade absoluta no processo, esta não poderá ser reconhecida em prejuízo ao réu se apenas a defesa houver recorrido. Essa é a inteligência do enunciado 160 do STF (STJ HC 233.856/SP, julgado em 15/10/2013).

HABEAS CORPUS

Súmula 694-STF: Não cabe habeas corpus contra a imposição da pena de exclusão de militar ou de perda de patente ou de função pública.

▶ *Aprovada em 24/09/2003, DJ 09/10/2003.*

» Importante.

» O STF entende que nesses casos não há risco ou ameaça à liberdade de locomoção.

» Não caberá "habeas corpus" em relação a punições disciplinares militares (art. 142, § 2º, da CF/88).

Súmula 693-STF: Não cabe habeas corpus contra decisão condenatória a pena de multa, ou relativo a processo em curso por infração penal a que a pena pecuniária seja a única cominada.

▶ *Aprovada em 24/09/2003, DJ 09/10/2003.*

» Importante.

Súmula 395-STF: Não se conhece de recurso de habeas corpus cujo objeto seja resolver sobre o ônus das custas, por não estar mais em causa a liberdade de locomoção.

▶ *Aprovada em 03/04/1964, DJ 08/05/1964.*

» Válida.

Súmula 695-STF: Não cabe habeas corpus quando já extinta a pena privativa de liberdade.

▶ *Aprovada em 24/09/2003, DJ 09/10/2003.*

» Importante.

Súmula 690-STF: ~~Compete originariamente ao Supremo Tribunal Federal o julgamento de habeas corpus contra decisão de turma recursal de juizados especiais criminais.~~

▶ *Aprovada em 24/09/2003, DJ 09/10/2003.*

» Superada.

» No julgamento do HC 86.834-7/SP (23/08/2006), o STF reviu seu posicionamento sobre o tema e passou a decidir que a competência para julgar HC impetrado contra ato da Turma Recursal é do Tribunal de Justiça (se for turma recursal estadual) ou do Tribunal Regional Federal (se a turma recursal for do JEF).

Desse modo, muito cuidado!

» A competência para julgar HC contra ato da Turma Recursal é do TJ ou do TRF.

Súmula 691-STF: Não compete ao Supremo Tribunal Federal conhecer de habeas corpus impetrado contra decisão do Relator que, em habeas corpus requerido a Tribunal Superior, indefere a liminar.

▶ *Aprovada em 24/09/2003, DJ 09/10/2003.*

» Válida, mas com ressalva.

» A Súmula 691 pode ser afastada em casos excepcionais, quando a decisão atacada se mostrar teratológica, flagrantemente ilegal, abusiva ou manifestamente contrária à jurisprudência do STF (HC 118684, julgado em 03/12/2013).

Súmula 692-STF: Não se conhece de habeas corpus contra omissão de relator de extradição, se fundado em fato ou direito estrangeiro cuja prova não constava dos autos, nem foi ele provocado a respeito.

▶ *Aprovada em 24/09/2003, DJ 09/10/2003.*

» Válida.

Súmula 606-STF: Não cabe habeas corpus originário para o Tribunal Pleno de decisão de turma, ou do plenário, proferida em habeas corpus ou no respectivo recurso.

▶ *Aprovada em 17/10/1984, DJ 29/10/1984.*

» Válida.

Súmula 344-STF: Sentença de primeira instância concessiva de habeas corpus, em caso de crime praticado em detrimento de bens, serviços ou interesses da união, está sujeita a recurso "ex officio".

▶ *Aprovada em 13/12/1963.*

» Válida.

» Vide art. 574, I, do CPP:

> Art. 574. Os recursos serão voluntários, excetuando-se os seguintes casos, em que deverão ser interpostos, de ofício, pelo juiz:
>
> I – da sentença que conceder habeas corpus;

MANDADO DE SEGURANÇA

Súmula 701-STF: No mandado de segurança impetrado pelo Ministério Público contra decisão proferida em processo penal, é obrigatória a citação do réu como litisconsorte passivo.

▶ *Aprovada em 24/03/2003, DJ 09/10/2003.*

» Importante.

REVISÃO CRIMINAL

Súmula 393-STF: Para requerer revisão criminal, o condenado não é obrigado a recolher-se à prisão.

▶ *Aprovada em 03/04/1964, DJ 08/05/1964.*

» Válida.

MEIOS DE PROVA

Súmula 74-STJ: Para efeitos penais, o reconhecimento da menoridade do réu requer prova por documento hábil.

▶ *Aprovada em 15/04/1993, DJ 20/04/1993.*

» Válida.

» O documento hábil ao qual a súmula faz referência não se restringe à certidão de nascimento. Outros documentos, dotados de fé pública e, portanto, igualmente hábeis para comprovar a menoridade, também podem atestar a referida situação jurídica, como, por exemplo, a identificação realizada pela polícia civil (HC 134.640/DF, j. em 06/08/2013).

EMBARGOS INFRINGENTES

Súmula 355-STF: Em caso de embargos infringentes parciais, é tardio o recurso extraordinário interposto após o julgamento dos embargos, quanto a parte da decisão embargada que não fora por eles abrangida.

▶ *Aprovada em 13/12/1963.*

» Válida.

» Na AI 432884 QO, a 1ª Turma do STF afirmou que a presente súmula não vale mais no processo civil, tendo em vista a alteração promovida no art. 498 do CPC pela Lei nº 10.352/2001. No entanto, os Ministros decidiram que o enunciado ainda deve ser aplicado nos processos criminais, uma vez que são regidos pela regra do art. 609 do CPP. Em suma, a Súmula 355-STF vale para o processo penal, mas não é aplicada no processo civil.

EXECUÇÃO PENAL

Súmula 192-STJ: Compete ao juízo das execuções penais do Estado a execução das penas impostas a sentenciados pela Justiça Federal, Militar ou Eleitoral, quando recolhidos a estabelecimentos sujeitos à administração estadual.

▶ *Aprovada em 25/06/1997, DJ 01/08/1997.*

» Importante.

» Mesmo que a condenação ainda não tenha transitado em julgado (condenado provisório), se o réu estiver preso em unidade prisional estadual, a competência para decidir sobre os incidentes da execução penal, como por exemplo, a antecipação da progressão de regime, será da Justiça Estadual. Nesse sentido: STJ. CC 125.816/RN, j. em 09/10/2013.

Súmula 471-STJ: Os condenados por crimes hediondos ou assemelhados cometidos antes da vigência da Lei nº 11.464/2007 sujeitam-se ao disposto no artigo 112 da Lei 7.210/1984 (Lei de Execução Penal) para a progressão de regime prisional.

▶ *Aprovada em 23/02/2011, DJ 28/02/2011.*

» Importante.

» Para os crimes hediondos ou equiparados praticados antes da Lei nº 11.464/2007, exige-se o cumprimento de um 1/6 da pena para a progressão de regime.

» A Lei nº 11.464/2007, ao alterar a redação do art. 2º da Lei 8.072/90, passou a exigir o cumprimento de 2/5 da pena, para condenado primário, e 3/5, para reincidente.

Súmula 439-STJ: Admite-se o exame criminológico pelas peculiaridades do caso, desde que em decisão motivada.

▶ *Aprovada em 28/04/2010, DJe 13/05/2010.*

» Importante.

» O art. 112 da Lei de Execuções Penais, em sua redação original, exigia, como condição para a progressão de regime e concessão de livramento condicional, que o condenado se submetesse a exame criminológico.

» A Lei nº 10.792/2003 alterou esse art. 112 e deixou de exigir a submissão do reeducando ao referido exame criminológico. No entanto, o exame criminológico poderá ser ainda realizado se o juiz, de forma fundamentada e excepcional, entender que a perícia é absolutamente necessária para a formação de seu convencimento.

» Em suma, a Lei nº 10.792/2003 não dispensou, mas apenas tornou facultativa a realização do exame criminológico, que ainda poderá ser feito para a aferição da personalidade e do grau de periculosidade do sentenciado.

Súmula 520-STJ: O benefício de saída temporária no âmbito da execução penal é ato jurisdicional insuscetível de delegação à autoridade administrativa do estabelecimento prisional.

▶ *Aprovada em 25/03/2015, DJe 06/04/2015.*

» Importante.

» O que a Súmula 520 quer dizer não é que seja proibida a saída temporária automatizada. O que o enunciado proíbe é apenas que o juiz delegue ao diretor do presídio a fixação das datas da saída.

» Segundo o STJ, é possível que seja fixado um calendário anual de saídas temporárias por ato judicial único. No entanto, este calendário prévio das saídas temporárias deverá ser fixado, obrigatoriamente, pelo Juízo das Execuções, não se lhe permitindo delegar à autoridade prisional a escolha das datas específicas nas quais o apenado irá usufruir os benefícios (STJ. 3ª Seção. REsp 1.544.036-RJ, Rel. Min. Rogerio Schietti Cruz, julgado em 14/9/2016. Recurso repetitivo. Info 590).

» Assim, a Súmula 520 do STJ mantém-se válida, proibindo que o juiz transfira para o diretor do presídio a competência para fixar as datas das saídas temporárias.

Súmula 40-STJ: Para obtenção dos benefícios de saída temporária e trabalho externo, considera-se o tempo de cumprimento da pena no regime fechado.

▶ *Aprovada em 07/05/1992, DJ 12/05/1992.*

» Válida.

Súmula 341-STJ: A frequência a curso de ensino formal é causa de remição de parte do tempo de execução de pena sob regime fechado ou semiaberto.

▶ *Aprovada em 27/06/2007, DJ 13/08/2007.*

» Válida, no entanto, a súmula está, atualmente, incompleta. Segundo o § 6º do art. 126 da LEP, incluído pela Lei nº 12.433/2011, o condenado que cumpre pena em regime ABERTO e o sentenciado que esteja usufruindo de LIBERDADE CONDICIONAL também poderão remir, pela frequência a curso de ensino regular ou de educação profissional, parte do tempo de execução da pena ou do período de prova.

É possível a remição para condenados que cumprem pena em regime aberto ou estejam em livramento condicional?

1) remição pelo trabalho: NÃO;
2) remição pelo estudo: SIM.

Súmula 533-STJ: Para o reconhecimento da prática de falta disciplinar no âmbito da execução penal, é imprescindível a instauração de procedimento administrativo pelo diretor do estabelecimento prisional, assegurado o direito de defesa, a ser realizado por advogado constituído ou defensor público nomeado.

▶ *Aprovada em 10/06/2015, DJe 15/06/2015.*

» Importante.

Disciplina

» O condenado que está cumprindo pena, bem como o preso provisório, possuem o dever de cumprir determinadas normas disciplinares. A LEP trata sobre o tema nos arts. 44 a 60.

Faltas disciplinares

» Caso o indivíduo descumpra alguma das normas de disciplina impostas, dizemos que ele praticou uma falta disciplinar. As faltas disciplinares classificam-se em: leves, médias e graves.

Faltas leves e médias:

» São definidas pela legislação local (estadual), que deverá prever ainda as punições aplicáveis. Faltas graves: estão previstas nos arts. 50 a 52 da LEP. Vale lembrar que a competência para legislar sobre direito penitenciário é concorrente, conforme determina o art. 24, I, da CF/88.

Sanções disciplinares

» Se ficar realmente comprovado que o reeducando praticou uma falta, ele receberá uma sanção disciplinar. Como vimos, no caso de faltas leves e médias, as sanções disciplinares devem ser definidas pela lei estadual. Na hipótese de faltas graves, a própria LEP é quem as prevê.

Para que seja aplicada a sanção disciplinar, exige-se a realização de processo administrativo disciplinar?

» SIM. A aplicação das sanções disciplinares somente poderá ocorrer após ter sido instaurado procedimento administrativo disciplinar. Isso está previsto expressamente na LEP:

Art. 59. Praticada a falta disciplinar, deverá ser instaurado o procedimento para sua apuração, conforme regulamento, assegurado o direito de defesa.

Parágrafo único. A decisão será motivada.

Quem instaura e conduz esse procedimento?

» O diretor do estabelecimento prisional. O "processo" de apuração da falta disciplinar (investigação e subsunção), assim como a aplicação da respectiva punição, é realizado dentro da unidade penitenciária, cuja responsabilidade é do seu diretor.

É o diretor do estabelecimento prisional quem aplica as sanções disciplinares?

» Em regra sim. Deve-se, no entanto, observar o seguinte:

1) Se a sanção disciplinar for leve ou média: quem aplicará a sanção disciplinar será sempre o diretor do estabelecimento.

2) Se a sanção disciplinar for grave: o diretor deverá comunicar o juiz da execução penal para que este aplique determinadas sanções que o legislador quis que ficassem a cargo do magistrado.

Quais sanções são essas que somente podem ser aplicadas pelo juiz da execução?

» Elas estão previstas no parágrafo único do art. 48:

a) regressão de regime (art. 118, I);

b) perda (revogação) do direito à saída temporária (art. 125);

c) perda de dias remidos pelo trabalho (art. 127);

d) conversão da pena restritiva de direitos em privativa de liberdade (art. 181, §§ 1º, "d" e 2º).

» Antes de representar ao juiz, o diretor do presídio deve apurar a conduta do detento, identificá-la como falta leve, média ou grave, aplicar as medidas sancionatórias que lhe competem, no exercício de seu poder disciplinar, e, somente após esse procedimento, quando ficar constatada a prática de falta disciplinar de natureza grave, comunicar ao juiz da Vara de Execuções Penais para que decida a respeito das referidas sanções de sua competência, sem prejuízo daquelas já aplicadas pela autoridade administrativa (Min. Marco Aurélio Bellizze).

No procedimento administrativo instaurado para apurar a sanção disciplinar, o preso investigado terá que ser assistido por advogado ou Defensor Público?

» SIM. O direito de defesa do preso abrange não só a autodefesa, mas também a defesa técnica, a ser realizada por profissional devidamente inscrito nos quadros da OAB ou Defensor Público. Nesse sentido:

» (...) Para o reconhecimento da prática de falta disciplinar, no âmbito da execução penal, é imprescindível a instauração de procedimento administrativo pelo diretor do estabelecimento prisional, assegurado o direito de defesa, a ser realizado por advogado constituído ou defensor público nomeado. (...) STJ. 3ª Seção. REsp 1378557/RS, Rel. Min. Marco Aurélio Bellizze, julgado em 23/10/2013 (recurso repetitivo).

Mas e a SV 5-STF?

» A Súmula Vinculante nº 5-STF diz o seguinte: "A falta de defesa técnica por advogado no processo administrativo disciplinar não ofende a Constituição".

» Ocorre que o STF entende que essa SV NÃO se aplica à execução penal. Ela é aplicável apenas em procedimentos de natureza não-criminal.

» Em procedimento administrativo disciplinar instaurado para apurar o cometimento de falta grave por réu condenado, tendo em vista estar em jogo a liberdade de ir e vir, deve ser observado amplamente o princípio do contraditório, com a presença de advogado constituído ou defensor público nomeado, devendo ser-lhe apresentada defesa, em observância às regras específicas contidas na LEP (STF. 2ª Turma. RE 398.269, Rel. Min. Gilmar Mendes, julgado em 15/12/2009).

Súmula 526-STJ: O reconhecimento de falta grave decorrente do cometimento de fato definido como crime doloso no cumprimento da pena prescinde do trânsito em julgado de sentença penal condenatória no processo penal instaurado para apuração do fato.

▶ Aprovada em 13/05/2015, DJe 18/05/2015.

» Importante.

Faltas disciplinares

» Caso o indivíduo descumpra alguma das normas de disciplina impostas, dizemos que ele praticou uma falta disciplinar. As faltas disciplinares classificam-se em: leves, médias e graves. Faltas leves e médias: são definidas pela legislação local (estadual), que deverá prever ainda as punições aplicáveis. Faltas graves: estão previstas nos arts. 50 a 52 da LEP.

Prática de fato previsto como crime doloso

» A LEP prevê uma hipótese que constitui falta grave tanto para condenados que estejam cumprindo pena privativa de liberdade como para os que estejam cumprindo pena restritiva de direitos. Trata-se da prática de crime doloso, situação trazida pelo art. 52, caput, 1ª parte da LEP. Veja:

> Art. 52. A prática de fato previsto como crime doloso constitui falta grave (...)

Para que o reeducando seja punido administrativamente com a sanção disciplinar da falta grave, é necessário que, antes disso, ele já tenha sido condenado judicialmente pela prática do crime doloso? Em outras palavras, para que se puna administrativamente a falta grave, exige-se prévia sentença judicial condenatória?

» NÃO. Para que o reeducando seja punido administrativamente com a sanção disciplinar da falta grave NÃO é necessário que, antes disso, ele seja condenado judicialmente pela prática do crime doloso. Esse é o entendimento consolidado no STJ:

> (...) O reconhecimento de falta grave decorrente do cometimento de fato definido como crime doloso no cumprimento da pena prescinde do trânsito em julgado de sentença penal condenatória no processo penal instaurado para apuração do fato. (...) (STJ. 3ª Seção. REsp 1336561/RS, Rel. p/ Acórdão Min. Maria Thereza de Assis Moura, julgado em 25/09/2013. Recurso repetitivo)

Os três principais argumentos para sustentar esse entendimento são os seguintes:

1) Para configurar falta grave, o art. 52 da LEP não exige a condenação por crime doloso. O referido artigo menciona que a prática de fato previsto como crime doloso já representa falta grave.

2) Caso fosse necessário aguardar a condenação do réu com trânsito em julgado, a previsão do art. 52 seria inócua na prática, uma vez que um processo penal, para transitar em julgado, demora, em regra, anos, havendo assim possibilidade concreta de o réu terminar o cumprimento da pena anterior sem que tivesse sido julgado o novo delito cometido.

3) O procedimento administrativo de apuração e punição pela falta grave decorrente da prática de crime doloso deve respeitar a ampla defesa e o contraditório, de forma que não há prejuízo ao apenado.

» Com o intuito de divulgar ainda mais esse entendimento, tornando-o mais difundido e seguido pelos juízes e Tribunais, o STJ resolveu editar a Súmula 526 espelhando tal conclusão.

Súmula 441-STJ: A falta grave não interrompe o prazo para obtenção do livramento condicional.

▶ *Aprovada em 28/04/2010, DJe 13/05/2010.*

» Importante.

» A falta grave não interfere no livramento condicional por ausência de previsão legal, ou seja, porque a LEP não determinou essa consequência (STJ. 5ª Turma. HC 263.361/SP, Rel. Min. Laurita Vaz, julgado em 07/05/2013).

» A prática de falta grave, em regra, não interfere no lapso necessário à concessão de indulto e comutação da pena, salvo se o requisito for expressamente previsto no decreto presidencial.

» Por fim, o cometimento de falta disciplinar grave pelo apenado interrompe o prazo para a concessão da progressão de regime prisional (STJ REsp 1.364.192-RS, j. em 12/2/2014).

Súmula 534-STJ: A prática de falta grave interrompe a contagem do prazo para a progressão de regime de cumprimento de pena, o qual se reinicia a partir do cometimento dessa infração.

> *Aprovada em 10/06/2015, DJe 15/06/2015.*

» **Importante.**

» Se o condenado comete falta grave, há a interrupção da contagem do tempo para a concessão da progressão de regime. Em outras palavras, a contagem do requisito objetivo é zerada e deve reiniciar-se. Para a jurisprudência do STJ, se assim não fosse, ao custodiado em regime fechado que comete falta grave não se aplicaria sanção em decorrência dessa falta, o que seria um estímulo ao cometimento de infrações no decorrer da execução.

Vejamos o seguinte exemplo:

» "A" foi condenado a 6 anos por roubo (roubo não é hediondo, salvo o latrocínio). "A" começou a cumprir a pena em 01/01/2010 no regime fechado. Para progredir ao regime semiaberto, "A" precisa cumprir 1/6 da pena (1 ano) e ter bom comportamento carcerário. "A" completaria 1/6 da pena em 31/12/2010. Ocorre que, em 30/11/2010, "A" fugiu, tendo sido recapturado em 15/12/2010. A fuga é considerada falta grave do condenado (art. 50, II, da LEP). Como "A" praticou falta grave, seu período de tempo para obter a progressão de regime irá reiniciar do zero.

» O prazo se reinicia a partir do cometimento da infração disciplinar. No caso de fuga, a contagem do tempo é recomeçada a partir do dia da recaptura. Isso porque enquanto o reeducando está foragido, ele continua praticando a falta grave. É como se fosse um estado de permanente falta grave. Assim, o prazo para a progressão só irá recomeçar quando ele for novamente preso.

» Logo, para que "A" obtenha o direito à progressão, precisará cumprir 1/6 do restante da pena período contado a partir de 15/12/2010.

» Até o dia da fuga, "A" cumpriu 11 meses. Restam ainda 5 anos e 1 mês de pena. Desse período, "A" terá que cumprir 1/6. Conta-se esse 1/6 do dia da recaptura (15/12/2010).

» Dessa feita, "A" atingirá 1/6 em 19/10/2011.

» Em suma, o cometimento de falta grave pelo apenado implica o reinício da contagem do prazo para obter os benefícios relativos à execução da pena, inclusive para a progressão de regime prisional.

Súmula 535-STJ: A prática de falta grave não interrompe o prazo para fim de comutação de pena ou indulto.

> *Aprovada em 10/06/2015, DJ 15/06/2015.*

» **Importante.**

Indulto

» É um benefício concedido por Decreto do Presidente da República por meio do qual os efeitos executórios da condenação são apagados (deixam de existir).

Comutação

» É o mesmo que indulto parcial, ou seja, ocorre quando o Presidente da República, em vez de extinguir os efeitos executórios da condenação, decide apenas diminuir a pena imposta ou substituí-la por outra mais branda.

» Assim, temos:

a) indulto pleno: quando extingue totalmente a pena.

b) indulto parcial: quando somente diminui ou substitui a pena. Neste caso, é chamado de comutação.

A falta grave interfere, em regra, na concessão de indulto ou comutação de pena?

» NÃO. Em regra, não.

» O cometimento de falta grave não interrompe automaticamente o prazo para o deferimento do indulto ou da comutação de pena.

» A concessão do indulto e da comutação é regulada por requisitos previstos no decreto presidencial pelo qual foram instituídos.

» Assim, a prática de falta disciplinar de natureza grave, em regra, não interfere no lapso necessário à concessão de indulto e comutação da pena, salvo se o requisito for expressamente previsto no decreto presidencial.

Exemplo:

» O Presidente da República editou um Decreto Presidencial concedendo o "indulto natalino" para aqueles que tivessem cumprido 1/3 da pena. João já cumpriu 1/3 da pena (requisito objetivo). Ocorre que ele praticou, há um mês, falta grave. O juiz negou a concessão do indulto, afirmando que, como o condenado praticou falta grave, a contagem do prazo deverá ser interrompida (reiniciar-se do zero). Ocorre que o Decreto não previu isso. Desse modo, essa exigência imposta pelo juiz é ilegal e não pode ser feita. Não cabe ao magistrado criar pressupostos não previstos no Decreto Presidencial, para que não ocorra violação do princípio da legalidade.

» Assim, preenchidos os requisitos estabelecidos no mencionado Decreto, não há como condicionar ou impedir a concessão da comutação da pena ao reeducando sob nenhum outro fundamento, sendo a sentença meramente declaratória.

Redação incompleta do enunciado

» Ressalte-se que a redação do enunciado, com a devida vênia, poderia ser mais completa. Isso porque o cometimento de falta grave não interrompe o prazo para o deferimento do indulto ou da comutação de pena. Ocorre que é possível imaginar que o

Presidente da República decida prever, no Decreto, a interrupção do prazo em caso de falta grave. Se isso for fixado no Decreto, tal consequência poderá ser exigida.

» Logo, o ideal seria que a súmula tivesse dito: a prática de falta grave não interrompe o prazo para fim de comutação de pena ou indulto, salvo disposição expressa em contrário no decreto presidencial.

Súmula vinculante 9-STF: O disposto no artigo 127 da Lei 7.210/84 foi recebido pela ordem constitucional vigente e não se lhe aplica o limite temporal previsto no caput do artigo 58.

▶ *Aprovada em 12/06/2008, DJe 20/06/2008.*

» Válida.
» Este enunciado foi editado em 2008. A redação do art. 127 foi alterada pela Lei nº 12.433/2011, no entanto, o sentido da súmula permanece sendo válido, ou seja, o referido dispositivo é compatível com a CF/88.

Súmula 715-STF: A pena unificada para atender ao limite de trinta anos de cumprimento, determinado pelo art. 75 do Código Penal, não é considerada para a concessão de outros benefícios, como o livramento condicional ou regime mais favorável de execução.

▶ *Aprovada em 24/09/2003, DJ 09/10/2003.*

» Importante.

Art. 75. O tempo de cumprimento das penas privativas de liberdade não pode ser superior a 30 (trinta) anos.

Súmula vinculante 26-STF: Para efeito de progressão de regime de cumprimento de pena, por crime hediondo ou equiparado, praticado antes de 29 de marco de 2007, o juiz da execução, ante a inconstitucionalidade do artigo 2º, parágrafo 1º da Lei 8.072/90, aplicará o artigo 112 da Lei de Execuções Penais, na redação original, sem prejuízo de avaliar se o condenado preenche ou não os requisitos objetivos e subjetivos do benefício podendo determinar para tal fim, de modo fundamentado, a realização de exame criminológico.

▶ *Aprovada em 16/12/2009, DJe 23/12/2009.*

» Importante.

Súmula 716-STF: Admite-se a progressão de regime de cumprimento da pena ou a aplicação imediata de regime menos severo nela determinada, antes do trânsito em julgado da sentença condenatória.

▶ *Aprovada em 24/09/2003, DJ 09/10/2003.*

» Importante.

» A jurisprudência é no sentido de que o processo de execução criminal provisória pode ser formado ainda que haja recurso de apelação interposto pelo Ministério Público pendente de julgamento, não sendo este óbice à obtenção de benefícios provisórios na execução da pena (STJ RHC 31.222/RJ, julgado em 24/04/2012).

Súmula 717-STF: Não impede a progressão de regime de execução da pena, fixada em sentença não transitada em julgado, o fato de o réu se encontrar em prisão especial.

▶ *Aprovada em 24/09/2003, DJ 09/10/2003.*

» Válida.

Súmula 698-STF: ~~Não se estende aos demais crimes hediondos a admissibilidade de progressão no regime de execução da pena aplicada ao crime de tortura.~~

▶ *Aprovada em 24/09/2003, DJ 09/10/2003.*

» Superada.
» A súmula foi editada em 24/09/2003. Ocorre que, em 23/02/2006, o STF declarou que era inconstitucional proibir a progressão de regime no caso de crimes hediondos ou equiparados (HC 82959).

Súmula 562-STJ: É possível a remição de parte do tempo de execução da pena quando o condenado, em regime fechado ou semiaberto, desempenha atividade laborativa, ainda que extramuros.

▶ *Aprovada em 24/02/2016, DJe 29/02/2016.*

» Importante.

O preso que está cumprindo pena no regime semiaberto pode trabalhar

» Esse trabalho pode ser: a) interno (intramuros): é aquele que ocorre dentro da própria unidade prisional; b) externo (extramuros): é aquele realizado pelo detento fora da unidade prisional. O reeducando é autorizado a sair para trabalhar, retornando ao final do expediente. As regras sobre o trabalho externo variam de acordo com o regime prisional.

Três principais vantagens do trabalho para o preso:

1) O condenado que cumpre a pena em regime fechado ou semiaberto poderá remir, por trabalho ou por estudo, parte do tempo de execução da pena (art. 126 da LEP). Assim, para cada 3 dias de trabalho, o preso tem direito de abater 1 dia de pena.

2) Um dos requisitos para que o preso obtenha a progressão do regime semiaberto para o aberto é a de que ele esteja trabalhando ou comprove a possibilidade de trabalhar imediatamente quando for para o regime aberto (inciso I do art. 114 da LEP);

3) É reinserido ao mercado de trabalho, recebe salários por isso e, se o trabalho for externo, ainda poderá passar um tempo fora do estabelecimento prisional.

A pergunta que surge é a seguinte: a remição pelo trabalho abrange apenas o trabalho interno ou também o externo? Se o preso que está no regime fechado ou semiaberto é autorizado a realizar trabalho externo, ele terá direito à remição?

» SIM. É possível a remição de parte do tempo de execução da pena quando o condenado, em regime fechado ou semiaberto, desempenha atividade laborativa extramuros (trabalho externo).

» A LEP, ao tratar sobre a remição pelo trabalho, não restringiu esse benefício apenas para o trabalho interno (intramuros). Desse modo, mostra-se indiferente o fato de o trabalho ser exercido dentro ou fora do ambiente carcerário. Na verdade, a lei exige apenas que o condenado esteja cumprindo a pena em regime fechado ou semiaberto para que ele tenha direito à remição pelo trabalho.

» Esta tese já havia sido definida pelo STJ em sede de recurso especial repetitivo (3ª Seção. REsp 1.381.315-RJ, Rel. Min. Rogerio Schietti Cruz, julgado em 13/5/2015) e agora transformou-se em súmula.

A Súmula 562, com outras palavras:

» O condenado que estiver em regime fechado ou semiaberto, se trabalhar dentro (intramuros) ou fora (extramuros) da unidade prisional, terá direito à remição da pena (abatimento de parte da pena). O reeducando que cumpre pena em regime aberto não possui direito à remição pelo trabalho (mas poderá remir caso estude).

Súmula 491-STJ: É inadmissível a chamada progressão per saltum de regime prisional.

▶ *Aprovada em 08/08/2012, DJe 13/08/2012.*

» Importante.

» Progressão per saltum significa a possibilidade do apenado que está cumprindo pena no regime fechado progredir diretamente para o regime aberto, ou seja, sem passar antes pelo semiaberto. Não é admitida pelo STF e STJ.

» Assim, se o apenado está cumprindo pena no regime fechado, ele não poderá ir diretamente para o regime aberto, mesmo que tenha, em tese, preenchido os requisitos para tanto.

Súmula 493-STJ: É inadmissível a fixação de pena substitutiva (art. 44 do CP) como condição especial ao regime aberto.

▶ *Aprovada em 08/08/2012, DJe 13/08/2012.*

» Importante.

» A LEP impõe ao reeducando condições gerais e obrigatórias para que ele possa ir do regime semiaberto para o aberto (art. 115). A Lei estabelece também que o juiz poderá fixar outras condições especiais, em complementação daquelas previstas em lei. No entanto, a súmula afirma que o magistrado, ao fixar essas condições especiais, não poderá impor nenhuma obrigação que seja prevista em lei como pena restritiva de direitos (art. 44 do CP). Isso porque é como se o juiz estivesse aplicando uma nova pena ao condenado pelo simples fato de ele estar progredindo de regime. Haveria aí um bis in idem, importando na aplicação de dúplice sanção.

» Assim, por exemplo, o juiz não pode impor que o reeducando preste serviços à comunidade como condição especial para que fique no regime aberto.

Súmula vinculante 56-STF: A falta de estabelecimento penal adequado não autoriza a manutenção do condenado em regime prisional mais gravoso, devendo-se observar, nesta hipótese, os parâmetros fixados no Recurso Extraordinário (RE) 641320.

▶ *Aprovada em 29/06/2016, DJe 08/08/2016.*

» Importante.

Ausência de vagas na unidade prisional adequada e cumprimento da pena no regime mais gravoso (primeira parte da súmula).

» *Imagine a seguinte situação hipotética:*
» João foi condenado à pena de 5 anos de reclusão, tendo o juiz fixado o regime semiaberto. Ocorre que, no momento de cumprir a pena, verificou-se que não havia no local estabelecimento destinado ao regime semiaberto que atendesse todos os requisitos da LEP.
» *João poderá cumprir a pena no regime fechado enquanto não há vagas no semiaberto?*
» NÃO.
» A falta de estabelecimento penal adequado não autoriza a manutenção do condenado em regime prisional mais gravoso. STF. Plenário. RE 641320/RS, Rel. Min. Gilmar Mendes, julgado em 11/5/2016 (repercussão geral) (Info 825).
» No Brasil, adota-se o sistema progressivo. Assim, de acordo com o CP e com a LEP, as penas privativas de liberdade deverão ser executadas (cumpridas) em forma progressiva, com a transferência do apenado de regime mais gravoso para menos gravoso tão logo ele preencha os requisitos legais.
» O STF destacou, no entanto, que este sistema progressivo de cumprimento de penas não está funcionando na prática. Isso porque há falta de vagas nos regimes semiaberto e aberto.
» Desse modo, os presos dos referidos regimes estão sendo mantidos nos mesmos estabelecimentos que os presos em regime fechado e provisórios. Essa situação viola duas garantias constitucionais da mais alta relevância: a individualização da pena (art. 5º, XLVI) e a legalidade (art. 5º, XXXIX).
» A manutenção do condenado em regime mais gravoso do que é devido caracteriza-se como "excesso de execução", havendo, no caso, violação ao direito do apenado.

» Vale ressaltar que não é possível "relativizar" esse direito do condenado com base em argumentos ligados à manutenção da segurança pública. A proteção à integridade da pessoa e ao seu patrimônio contra agressões injustas está na raiz da própria ideia de Estado Constitucional. A execução de penas corporais em nome da segurança pública só se justifica se for feita com observância da estrita legalidade. Permitir que o Estado execute a pena de forma excessiva é negar não só o princípio da legalidade, mas a própria dignidade humana dos condenados (art. 1º, III, da CF/88). Por mais grave que seja o crime, a condenação não retira a humanidade da pessoa condenada. Ainda que privados de liberdade e dos direitos políticos, os condenados não se tornam simples objetos de direito (art. 5º, XLIX, da CF/88).

Conceito de "estabelecimento similar" e de "estabelecimento adequado".

» O Código Penal, ao tratar sobre os regimes semiaberto e aberto, prevê o seguinte:

Art. 33 (...)

§ 1º – Considera-se:

b) regime semiaberto a execução da pena em colônia agrícola, industrial ou estabelecimento similar;

c) regime aberto a execução da pena em casa de albergado ou estabelecimento adequado.

» Há importante discussão acerca do que vêm a ser estabelecimento similar e estabelecimento adequado. A Lei de Execuções Penais trata do tema nos arts. 91 a 95, mas também não define em que consistem tais estabelecimentos. Na prática, existem pouquíssimas colônias agrícolas e industriais no país. Dessa forma, alguns Estados mantêm os presos do regime semiaberto em estabelecimentos similares, ou seja, unidades prisionais diferentes do regime semiaberto, onde os presos possuem um pouco mais de liberdade. De igual forma, em muitos Estados não existem casas de albergado e os detentos que estão no regime aberto ficam em unidades diferentes dos demais presos. Há discussão se essa prática é válida ou não.

» O STF decidiu que os magistrados possuem competência para verificar, no caso concreto, se tais estabelecimentos onde os presos do regime semiaberto e aberto ficam podem ser enquadrados como "estabelecimento similar" ou "estabelecimento adequado". Assim, os presos do regime semiaberto podem ficar em outra unidade prisional que não seja colônia agrícola ou industrial, desde que se trate de estabelecimento similar (adequado às características do semiaberto). De igual forma, os presos do regime aberto podem cumprir pena em outra unidade prisional que não seja casa de albergado, desde que se trate de um estabelecimento adequado.

» Veja como o STF resumiu este entendimento em uma tese:

Os juízes da execução penal podem avaliar os estabelecimentos destinados aos regimes semiaberto e aberto, para qualificação como adequados a tais regimes.

São aceitáveis estabelecimentos que não se qualifiquem como "colônia agrícola, industrial" (regime semiaberto) ou "casa de albergado ou estabelecimento adequado" (regime aberto) (art. 33, §1º, "b" e "c", do CP).

No entanto, não deverá haver alojamento conjunto de presos dos regimes semiaberto e aberto com presos do regime fechado.

STF. Plenário. RE 641320/RS, Rel. Min. Gilmar Mendes, julgado em 11/5/2016 (repercussão geral) (Info 825).

Déficit de vagas no estabelecimento adequado e parâmetros adotados no RE 641.320/RS (parte final da SV).

O que fazer em caso de déficit de vagas no estabelecimento adequado?

» Havendo "déficit" de vagas, deve ser determinada:
1) a saída antecipada de sentenciado no regime com falta de vagas;
2) a liberdade eletronicamente monitorada ao sentenciado que sai antecipadamente ou é posto em prisão domiciliar por falta de vagas;
3) o cumprimento de penas restritivas de direito e/ou estudo ao sentenciado que progrida ao regime aberto.

» O objetivo das medidas acima é o de que surjam novas vagas nos regimes semiaberto e aberto. As vagas nos regimes semiaberto e aberto não são inexistentes, são insuficientes. Assim, de um modo geral, a falta de vagas decorre do fato de que já há um sentenciado ocupando o lugar. Dessa forma, o STF determinou, como alternativa para resolver o problema, antecipar a saída de sentenciados que já estão no regime semiaberto ou aberto, abrindo vaga para aquele que acaba de progredir.

Exemplo de como essas medidas fazem surgir vaga no regime semiaberto:

» João estava cumprindo pena no regime fechado e progrediu para o regime semiaberto. Ocorre que não há vagas na unidade prisional destinada ao regime semiaberto. João não poderá continuar cumprindo pena no fechado porque haveria excesso de execução. Nestes casos, o que acontecia normalmente é que João seria colocado em prisão domiciliar. No entanto, o STF afirmou que essa alternativa (prisão domiciliar) não deve ser a primeira opção para o caso. Diante disso, o STF entendeu que o juiz das execuções penais deverá antecipar a saída de um detento que já estava no regime semiaberto, fazendo com que surja a vaga para João. Em nosso exemplo, Francisco, que estava cumprindo pena no regime semiaberto, só teria direito de ir para o regime aberto em 2018. No entanto, para dar lugar a João, Francisco receberá o benefício da "saída antecipada" e ficará em liberdade eletronicamente monitorada, ou seja, ficará livre para trabalhar e estudar, recolhendo-se em casa nos dias de folgas, sendo sempre monitorado com tornozeleira eletrônica. Com isso, surgirá mais uma vaga no regime semiaberto e esta será ocupada por João.

E se a ausência de vaga for no regime aberto? Ex: Pedro progrediu para o regime aberto, mas não há vagas, o que fazer?

» Neste caso, o Juiz deverá conceder a um preso que está no regime aberto a possibilidade de cumprir o restante da pena não mais no regime aberto (pena privativa de liberdade), mas sim por meio de pena restritiva de direitos e/ou estudo. Ex: Tiago, que estava no regime aberto, só acabaria de cumprir sua pena em 2018. No entanto, para dar lugar a Pedro, o Juiz oferece a ele a oportunidade de sair do regime aberto e cumprir penas restritivas de direito e/ou estudo. Com isso, surgirá nova vaga no aberto. Assim, se não há estabelecimentos adequados ao regime aberto, a melhor alternativa não é a prisão domiciliar, mas a substituição da pena privativa de liberdade que resta a cumprir por penas restritivas de direito e/ou estudo.

Benefícios devem ser concedidos aos detentos que estão mais próximos de progredir ou de acabar a pena

» Vale ressaltar que os apenados que serão beneficiados com a saída antecipada ou com as penas alternativas deverão ser escolhidos com base em critérios isonômicos. Assim, tais benefícios deverão ser deferidos aos sentenciados que satisfaçam os requisitos subjetivos (bom comportamento) e que estejam mais próximos de satisfazer o requisito objetivo, ou seja, aqueles que estão mais próximos de progredir ou de encerrar a pena. Para isso, o STF determinou que o CNJ faça um "Cadastro Nacional de Presos", com as informações sobre a execução penal de cada um deles. Isso permitirá verificar os apenados com expectativa de progredir ou de encerrar a pena no menor tempo e, em consequência, organizar a fila de saída com observação da igualdade.

Por que o STF afirma que a prisão domiciliar não pode ser a primeira opção, devendo-se adotar as medidas acima propostas?

» Segundo o STF, a prisão domiciliar apresenta vários inconvenientes, que irei aqui resumir:

1º) Para ter esse benefício, cabe ao condenado providenciar uma casa, na qual vai ser acolhido. Nem sempre ele tem meios para manter essa residência. Nem sempre tem uma família que o acolha.

2º) O recolhimento domiciliar puro e simples, em tempo integral, gera dificuldades de caráter econômico e social. O sentenciado passa a necessitar de terceiros para satisfazer todas as suas necessidades – comida, vestuário, lazer. De certa forma, há uma transferência da punição para a família, que terá que fazer todas as atividades externas do sentenciado. Surge a necessidade de constante comunicação com os órgãos de execução da pena, para controlar saídas indispensáveis – atendimento médico, manutenção da casa etc.

3º) Existe uma dificuldade grande de fiscalização se o apenado está realmente cumprindo a restrição imposta.

4º) A prisão domiciliar pura e simples não garante a ressocialização porque é extremamente difícil para o apenado conseguir um emprego no qual ele trabalhe apenas em casa.

Súmula 700-STF: É de cinco dias o prazo para interposição de agravo contra decisão do juiz da execução penal.

▶ *Aprovada em 24/09/2003, DJ 09/10/2003.*

» Válida (art. 586 do CPP).

OUTRAS SÚMULAS SUPERADAS

Súmula 388-STF: ~~O casamento da ofendida com quem não seja o ofensor faz cessar a qualidade do seu representante legal, e a ação penal só pode prosseguir por iniciativa da própria ofendida, observados os prazos legais de decadência e perempção.~~

> ▸ *Aprovada em 03/04/1964, DJ 08/05/1964.*

» Cancelada pelo STF no julgamento do HC 53.777 (DJ 10/09/1976).

Súmula 396-STF: ~~Para a ação penal por ofensa a honra, sendo admissível a exceção da verdade quanto ao desempenho de função pública, prevalece a competência especial por prerrogativa de função, ainda que já tenha cessado o exercício funcional do ofendido.~~

> ▸ *Aprovada em 03/04/1964, DJ 08/05/1964.*

» Superada.

Súmula 398-STF: ~~O Supremo Tribunal Federal não é competente para processar e julgar, originariamente, Deputado ou Senador acusado de crime.~~

> ▸ *Aprovada em 03/04/1964, DJ 08/05/1964.*

» Superada.

Súmula 452-STF: ~~Oficiais e praças do Corpo de Bombeiros do Estado da Guanabara respondem perante a justiça comum por crime anterior a Lei 427, de 11.10.1948.~~

> ▸ *Aprovada em 01/10/1964, DJ 08/10/1964.*

» Superada.

Súmula 526-STF: ~~Subsiste a competência do Supremo Tribunal Federal para conhecer e julgar a apelação, nos crimes da Lei de Segurança Nacional, se houve sentença antes da vigência do AI 2.~~

> ▸ *Aprovada em 03/12/1969, DJ 10/12/1969.*

» Superada.

9. ESTATUTO DA CRIANÇA E DO ADOLESCENTE

Súmula 383-STJ: A competência para processar e julgar as ações conexas de interesse de menor é, em princípio, do foro do domicílio do detentor de sua guarda.

▶ *Aprovada em 27/05/2009, DJe 08/06/2009.*

» Importante.

Súmula 108-STJ: A aplicação de medidas socioeducativas ao adolescente, pela prática de ato infracional, é da competência exclusiva do juiz.

▶ *Aprovada em 16/06/1994, DJ 22/06/1994.*

» Válida.

Súmula 265-STJ: É necessária a oitiva do menor infrator antes de decretar-se a regressão da medida socioeducativa.

▶ *Aprovada em 22/05/2002, DJ 29/05/2002.*

» Importante.

Súmula 342-STJ: No procedimento para aplicação de medida socioeducativa, é nula a desistência de outras provas em face da confissão do adolescente.

▶ *Aprovada em 27/06/2007, DJ 13/08/2007.*

» Válida.

Súmula 492-STJ: O ato infracional análogo ao tráfico de drogas, por si só, não conduz obrigatoriamente à imposição de medida socioeducativa de internação do adolescente.

▸ *Aprovada em 08/08/2012, DJe 13/08/2012.*

» Importante.

» Observa-se com frequência, na prática, diversas sentenças que aplicam a medida de internação ao adolescente pela prática de tráfico de drogas, valendo-se como único argumento o de que tal ato infracional é muito grave e possui natureza hedionda. O STJ não concorda com este entendimento e tem decidido, reiteradamente, que não é admitida a internação com base unicamente na alegação da gravidade abstrata ou na natureza hedionda do ato infracional perpetrado. O tema revelou-se tão frequente que a Corte decidiu editar a Súmula 492 expondo esta conclusão.

» O adolescente que pratica tráfico de drogas pode até receber a medida de internação. No entanto, para que isso ocorra, o juiz deverá vislumbrar, no caso concreto, e fundamentar sua decisão em alguma das hipóteses do art. 122 do ECA.

» O magistrado não poderá utilizar, como único argumento, o fato de que esse ato infracional é muito grave e possui natureza hedionda.

Súmula 338-STJ: A prescrição penal é aplicável nas medidas socioeducativas.

▸ *Aprovada em 09/05/2007, DJ 16/05/2007.*

» Importante.

10. DIREITO TRIBUTÁRIO

PRINCÍPIO DA ANTERIORIDADE TRIBUTÁRIA

Súmula vinculante 50-STF: Norma legal que altera o prazo de recolhimento da obrigação tributária não se sujeita ao princípio da anterioridade.

▶ *Aprovada em 17/06/2015, DJe 23/06/2015.*

» Importante.

Existem, atualmente, dois princípios (ou subprincípios) da anterioridade tributária:

1) Princípio da anterioridade anual ou de exercício ou comum. Segundo esse princípio (rectius: uma regra), o Fisco não pode cobrar tributos no mesmo exercício financeiro (ano) em que haja sido publicada a lei que os instituiu ou aumentou (art. 150, III, "b", da CF/88):

   Art. 150. Sem prejuízo de outras garantias asseguradas ao contribuinte, é vedado à União, aos Estados, ao Distrito Federal e aos Municípios:

   III – cobrar tributos:

   b) no mesmo exercício financeiro em que haja sido publicada a lei que os instituiu ou aumentou;

2) Princípio da anterioridade privilegiada, qualificada ou nonagesimal. Segundo o princípio da anterioridade nonagesimal, o Fisco não pode cobrar tributos antes de decorridos 90 dias da data em que haja sido publicada a lei que os instituiu ou aumentou. Trata-se de regra prevista no art. 150, III, "c" (para os tributos em geral) e também no art. 195, § 6º (no que se refere às contribuições sociais).

   Art. 150. Sem prejuízo de outras garantias asseguradas ao contribuinte, é vedado à União, aos Estados, ao Distrito Federal e aos Municípios:

III – cobrar tributos:

c) antes de decorridos noventa dias da data em que haja sido publicada a lei que os instituiu ou aumentou, observado o disposto na alínea b;

» Esses dois princípios foram previstos para serem aplicados cumulativamente, ou seja, se um tributo é instituído ou aumentado em um determinado ano, ele somente poderá ser cobrado no ano seguinte. Além disso, entre a data em que foi publicada a lei e o início da cobrança deverá ter transcorrido um prazo mínimo de 90 dias. Tudo isso para que o contribuinte possa programar suas finanças pessoais e não seja "pego de surpresa" por um novo tributo ou seu aumento.

» Ex: a Lei "X", publicada em 10 de dezembro de 2014, aumentou o tributo "Y". Esse aumento deverá respeitar a anterioridade anual (somente poderá ser cobrado em 2015) e também deverá obedecer a anterioridade nonagesimal (é necessário que exista um tempo mínimo de 90 dias). Logo, esse aumento somente poderá ser cobrado a partir de 11 de março de 2015.

» Obs.: existem alguns tributos que estão fora da incidência desses dois princípios. Em outras palavras, são exceções a essas regras. Ao estudar para concursos, lembre-se de memorizar essas exceções, considerando que são bastante cobradas nas provas.

Modificação do prazo de pagamento do tributo

Se uma lei (ou mesmo Decreto) antecipa a data de pagamento do tributo, essa lei terá que respeitar o princípio da anterioridade?

» Ex: o Decreto previa que o IPTU deveria ser pago em julho de cada ano; ocorre que em janeiro de 2015, o Prefeito edita um Decreto antecipando o pagamento para março; essa mudança só valerá em 2016? NÃO. Segundo o STF, o princípio da anterioridade só se aplica para os casos em que o Fisco institui ou aumenta o tributo. A modificação do prazo para pagamento não pode ser equiparada à instituição ou ao aumento de tributo, mesmo que o prazo seja menor do que o anterior, ou seja, mesmo que tenha havido uma antecipação do dia de pagamento.

» Em outras palavras, quando o Poder Público alterar o prazo de pagamento de um tributo, isso poderá produzir efeitos imediatos, não sendo necessário respeitar o princípio da anterioridade (nem a anual nem a nonagesimal).

» Repare que no exemplo que demos acima, foi falado em Decreto. Isso porque a alteração do prazo de pagamento não precisa ser feita por lei, podendo ser realizada por ato infralegal. Assim, pode-se dizer que a alteração do prazo de pagamento não se submete ao princípio da legalidade.

Súmula 669-STF: Norma legal que altera o prazo de recolhimento da obrigação tributária não se sujeita ao princípio da anterioridade.

▶ *Aprovada em 24/09/2003, DJ 09/10/2003.*

» O entendimento acima continua válido, mas foi aprovada a súmula vinculante 50 com o mesmo teor, substituindo esta.

COMPETÊNCIAS TRIBUTÁRIAS

Súmula 69-STF: A Constituição Estadual não pode estabelecer limite para o aumento de tributos municipais.

▶ *Aprovada em 13/12/1963.*

» Válida.
» Está de acordo com os arts. 18 e 30, III, da CF/88.

IMUNIDADES TRIBUTÁRIAS

Súmula vinculante 52-STF: Ainda quando alugado a terceiros, permanece imune ao IPTU o imóvel pertencente a qualquer das entidades referidas pelo art. 150, VI, c, da CF, desde que o valor dos aluguéis seja aplicado nas atividades para as quais tais entidades foram constituídas.

▶ *Aprovada em 18/06/2015, DJe 23/06/2015.*

» Importante.
» ***Imunidade tributária***
» O art. 150, VI, "c" da CF/88 prevê que os partidos políticos, entidades sindicais de trabalhadores e instituições educacionais e de assistência social gozam de imunidade tributária quanto aos impostos, desde que atendidos os requisitos previstos na lei. Vejamos a redação do dispositivo constitucional:

> Art. 150. Sem prejuízo de outras garantias asseguradas ao contribuinte, é vedado à União, aos Estados, ao Distrito Federal e aos Municípios:
> VI – instituir impostos sobre:
> c) patrimônio, renda ou serviços dos partidos políticos, inclusive suas fundações, das entidades sindicais dos trabalhadores, das instituições de educação e de assistência social, sem fins lucrativos, atendidos os requisitos da lei;

» Exemplos dessa imunidade (o partido/entidade/instituição não pagará):
» Ex.1: IPTU sobre o prédio utilizado para a sua sede.
» Ex.2: IPVA sobre os veículos utilizados em sua atividade-fim;
» Ex.3: ITBI sobre a aquisição de prédio onde funcionará uma filial da entidade;
» Ex.4: IR sobre os valores recebidos com doações;
» Ex.5: ISS sobre os serviços prestados pela instituição.
» Essa imunidade abrange apenas o patrimônio, a renda e os serviços relacionados com as finalidades essenciais do partido, entidade ou instituição. Isso está previsto no art. 150, § 4º da CF/88:

> Art. 150 (...)

§ 4º – As vedações (leia-se: proibição de cobrar impostos) expressas no inciso VI, alíneas "b" e "c", compreendem somente o patrimônio, a renda e os serviços, relacionados com as finalidades essenciais das entidades nelas mencionadas.

Se o partido, entidade ou instituição possui um imóvel onde ali realiza suas atividades, esse bem é imune (estará livre do pagamento de IPTU)?

» SIM.

Se o partido, entidade ou instituição possui um imóvel e o aluga a um terceiro, esse bem continua sendo imune (estará livre do pagamento de IPTU)?

» SIM. Persiste a imunidade, mas desde que o valor dos aluguéis seja aplicado nas atividades para as quais tais entidades foram constituídas. É o que afirma a jurisprudência do STF que conferiu uma interpretação teleológica à imunidade afirmando que o fator que realmente importa é saber se os recursos serão utilizados para as finalidades incentivadas pela Constituição.

» Obs: repare que a SV 52 tem uma redação mais "flexível", mais elástica que a antiga Súmula 724 porque agora não se exige mais que o valor dos alugueis seja aplicado nas atividades ESSENCIAIS da entidade, tendo sido suprimido esse adjetivo. Atualmente, basta que o valor dos alugueis seja investido nas atividades da entidade.

» Obs2: apesar da súmula referir-se à imunidade do art. 150, VI, "c", seu enunciado também se aplica à imunidade religiosa prevista no art. 150, VI, "b" (imunidade religiosa: "templos de qualquer culto"). Nesse sentido: STF. 2ª Turma. ARE 694453/DF, Rel. Min. Ricardo Lewandowski, DJe 09/08/2013.

Súmula 724-STF: ~~Ainda quando alugado a terceiros, permanece imune ao IPTU o imóvel pertencente a qualquer das entidades referidas pelo art. 150, VI, c, da Constituição, desde que o valor dos aluguéis seja aplicado nas atividades essenciais de tais entidades.~~

▶ *Aprovada em 26/11/2003, DJ 09/12/2003.*

» Superada pela SV 52, que tem redação ligeiramente mais ampla.

Súmula 730-STF: A imunidade tributária conferida a instituições de assistência social sem fins lucrativos pelo art. 150, VI, c, da Constituição, somente alcança as entidades fechadas de previdência social privada se não houver contribuição dos beneficiários.

▶ *Aprovada em 26/11/2003, DJ 09/12/2003.*

» Importante.

Imunidade tributária

» Consiste na determinação de que certas atividades, rendas, bens ou pessoas não poderão sofrer a incidência de tributos. Trata-se de uma dispensa constitucional de tributo. A imunidade é uma limitação ao poder de tributar, sendo sempre prevista na própria CF.

» O art. 150, VI, da CF/88 prevê que as instituições de assistência social, sem fins lucrativos, e que atendam os requisitos previstos na lei gozam de imunidade tributária quanto aos impostos. Em outras palavras, essas instituições de assistência social não pagam impostos. Vejamos a redação do dispositivo constitucional:

> Art. 150. Sem prejuízo de outras garantias asseguradas ao contribuinte, é vedado à União, aos Estados, ao Distrito Federal e aos Municípios:
>
> VI – instituir impostos sobre:
>
> c) patrimônio, renda ou serviços dos partidos políticos, inclusive suas fundações, das entidades sindicais dos trabalhadores, das instituições de educação e de assistência social, sem fins lucrativos, atendidos os requisitos da lei;

As entidades de previdência privada alegaram que tinham direito a essa imunidade porque poderiam ser enquadradas como "entidades de assistência social", considerando que auxiliam o Estado no desempenho da "previdência social". O que o STF entendeu sobre isso?

» O STF afirmou que a análise do tema deveria ser dividida da seguinte forma:

» As entidades de previdência privada podem ser:

ABERTAS	FECHADAS
São acessíveis a qualquer pessoa que as queira contratar para fazer um plano de previdência privada. Ex: previdência privada do Banco Bradesco, do Banco Itaú etc.	São mantidas por grandes empresas ou grupos de empresa para oferecer planos de previdência privada aos seus funcionários. Essas entidades são normalmente chamadas de "fundos de pensão" e não possuem finalidade lucrativa. Essas entidades fechadas podem ser: b.1) <u>com contribuição do beneficiário</u>: o beneficiário paga uma parte e a empresa (chamada de "patrocinador") paga o restante para a formação do fundo. Ex: Previ (o Banco do Brasil paga uma parte e os funcionários do banco pagam o restante). b.2) <u>sem contribuição do beneficiário</u>: apenas a empresa contribui para a formação do fundo, não havendo dinheiro do beneficiário. Ex: Previbosch (no qual a empresa Bosch contribui exclusivamente para a formação do fundo que garante o plano de previdência de seus funcionários).
NÃO gozam de imunidade tributária, considerando que possuem fins lucrativos.	b.1) <u>com contribuição do beneficiário</u>: NÃO gozam de imunidade tributária. b.2) <u>sem contribuição dos beneficiários</u>: GOZAM de imunidade tributária.

» Portanto, somente serão imunes as entidades fechadas de previdência social privada e nas quais não haja contribuição dos beneficiários.

Por que essa distinção?

» A principal diferença entre a previdência social e a assistência social é que a previdência social é contributiva (o beneficiário tem que, antes de receber o benefício, contribuir para o sistema), enquanto que a assistência social não é contributiva (o beneficiário não precisa contribuir para receber o benefício).

» Logo, o STF construiu a teoria de que essas entidades de previdência social somente poderiam ser equiparadas a entidades de assistência social se fosse eliminada a circunstância que diferencia uma da outra, qual seja, a necessidade de contribuição do beneficiário.

» Assim, se uma entidade de previdência social privada oferece o benefício da aposentadoria sem a necessidade de contribuição dos beneficiários, isso significa que ela atua como se fosse uma entidade de assistência social. Desse modo, merece o mesmo tratamento tributário das entidades de assistência social.

Súmula 657-STF: A imunidade prevista no art. 150, VI, d, da CF abrange os filmes e papéis fotográficos necessários à publicação de jornais e periódicos.

▶ *Aprovada em 24/09/2003, DJ 09/10/2003.*

» Importante.

Súmula 591-STF: A imunidade ou a isenção tributária do comprador não se estende ao produtor, contribuinte do imposto sobre produtos industrializados.

▶ *Aprovada em 15/12/1976, DJ 03/01/1977.*

» Válida.

Súmula 75-STF: Sendo vendedora uma autarquia, a sua imunidade fiscal não compreende o imposto de transmissão "inter vivos", que é encargo do comprador.

▶ *Aprovada em 13/12/1963.*

» Válida.

Súmula 336-STF: A imunidade da autarquia financiadora, quanto ao contrato de financiamento, não se estende a compra e venda entre particulares, embora constantes os dois atos de um só instrumento.

▶ *Aprovada em 13/12/1963.*

» Válida.

Súmula 352-STJ: A obtenção ou a renovação do Certificado de Entidade Beneficente de Assistência Social (Cebas) não exime a entidade do cumprimento dos requisitos legais supervenientes.

▶ *Aprovada em 11/06/2008, DJe 19/06/2008.*

» Válida.

CONSTITUIÇÃO DO CRÉDITO TRIBUTÁRIO

> **Súmula 436-STJ:** A entrega de declaração pelo contribuinte reconhecendo débito fiscal constitui o crédito tributário, dispensada qualquer outra providência por parte do fisco.

▶ *Aprovada em 14/04/2010, DJe 13/05/2010.*

» Válida.

> **Súmula 555-STJ:** Quando não houver declaração do débito, o prazo decadencial quinquenal para o Fisco constituir o crédito tributário conta-se exclusivamente na forma do art. 173, I, do CTN, nos casos em que a legislação atribui ao sujeito passivo o dever de antecipar o pagamento sem prévio exame da autoridade administrativa.

▶ *Aprovada em 09/12/2015, DJe 15/12/2015.*

» Importante.

Crédito tributário

» É constituído (nasce) com um ato do Fisco chamado de "lançamento". Só depois que a obrigação tributária se transforme em crédito tributário é que ela se torna líquida e exigível e poderá ser executada. O Fisco possui, no entanto, um prazo para efetuar o lançamento. Se não fizer no prazo, haverá decadência.

Existem três espécies de lançamento:

a) LANÇAMENTO DE OFÍCIO (DIRETO): ocorre quando o Fisco, sem a ajuda do contribuinte, calcula o valor do imposto devido e o cobra do sujeito passivo. Ex: IPTU.

b) LANÇAMENTO POR DECLARAÇÃO (MISTO): ocorre quando, para que o Fisco calcule o valor devido, é necessário que o contribuinte forneça antes algumas informações sobre matéria de fato. Aqui o contribuinte não antecipa o pagamento. Apenas fornece esses dados e aguarda o valor que lhe vai ser cobrado. Ex: ITBI.

c) LANÇAMENTO POR HOMOLOGAÇÃO ("AUTOLANÇAMENTO"): será visto abaixo.

» A lei é que determina qual modalidade de lançamento é aplicável para cada imposto.

Lançamento por homologação ("autolançamento")

» No lançamento por homologação, a lei determina que é o próprio contribuinte quem, sem prévio exame da autoridade administrativa, deverá calcular e declarar o quanto deve, antecipando o pagamento do imposto. Depois que ele fizer isso, o Fisco irá conferir se o valor pago foi correto e, caso tenha sido, fará a homologação deste pagamento. Esta espécie de homologação encontra-se prevista no art. 150 do CTN:

Art. 150. O lançamento por homologação, que ocorre quanto aos tributos cuja legislação atribua ao sujeito passivo o dever de antecipar o pagamento sem prévio exame da autoridade administrativa, opera-se pelo ato em que a referida autoridade, tomando conhecimento da atividade assim exercida pelo obrigado, expressamente a homologa.

» A doutrina afirma que o lançamento por homologação ocorre sob a sistemática do "débito declarado" em contraposição à expressão "débito apurado" (que é utilizada para o lançamento de ofício). Exemplos de tributos sujeitos ao lançamento por homologação: IR, IPI, ITR, ICMS e ISS.

Homologação expressa ou tácita

» A homologação do pagamento feito pode ser expressa ou tácita.

» Será expressa se a autoridade administrativa examinar o pagamento e editar um ato concordando com o valor recolhido.

» Será tácita quando o Fisco não examinar o pagamento no prazo legal. Aí neste caso, o pagamento é homologado tacitamente porque a Fazenda perde o direito de questionar o valor pago. A homologação tácita está prevista no § 4º do art. 150:

> § 4º Se a lei não fixar prazo a homologação, será ele de cinco anos, a contar da ocorrência do fato gerador; expirado esse prazo sem que a Fazenda Pública se tenha pronunciado, considera-se homologado o lançamento e definitivamente extinto o crédito, salvo se comprovada a ocorrência de dolo, fraude ou simulação.

» Havendo a homologação (expressa ou tácita) ocorre a extinção do crédito tributário (art. 156, VII, do CTN). Vale ressaltar que a extinção não acontece com o pagamento antecipado, mas sim com a homologação.

O que acontece se o sujeito passivo antecipa o pagamento no prazo fixado pela lei, mas o Fisco constata que o contribuinte pagou menos do que seria devido?

» Em caso de pagamento menor do que o devido, o Fisco possui um prazo de 5 anos para apurar eventual diferença nos valores recolhidos e efetuar, de ofício, o lançamento suplementar daquilo que faltar. Esse prazo de 5 anos é contado do dia em que ocorreu o fato gerador, na forma do § 4º do art. 150.

» Conforme explica Ricardo Alexandre, "o prazo decadencial é contado exatamente da data da ocorrência do fato gerador. Entende-se que não se justificaria esperar um prazo razoável para o início da contagem de prazo (conforme ocorre na regra geral) porque a antecipação do pagamento provoca imediatamente o Estado a verificar sua correção, de forma que a inércia inicial já configura cochilo." (Direito Tributário esquematizado. São Paulo: Método, 2012).

» Passados os 5 anos, se o Fisco não realizou o lançamento das diferenças, ele perderá o direito de fazê-lo porque terá havido decadência e homologação tácita e a Fazenda Pública terá que se contentar com o valor que foi pago pelo contribuinte.

E se o sujeito passivo não antecipar o pagamento no prazo fixado pela lei? Se ele não pagar nada, o que acontece?

» Aqui o Fisco também deverá fazer o lançamento de ofício. Assim, se a lei prevê que o contribuinte deveria ter feito o pagamento antecipado do imposto e, mesmo assim, o sujeito passivo não o realiza, não fazendo a declaração prévia do débito, então, neste caso, a Administração Tributária deverá fazer o lançamento direto substitutivo (art. 149, V, do CTN). O Auditor Fiscal irá identificar quem é o sujeito passivo, calcular o quanto do tributo é devido e o valor da multa aplicável. Dessa forma, o lançamento era inicialmente por homologação, mas como o sujeito passivo não fez o pagamento, o Fisco passa a ter o poder dever de agir e cobrar o imposto diretamente, por meio do lançamento de ofício.

» Vale ressaltar que, se o contribuinte não paga nada, significa que é praticamente certo que ele também não fez a "declaração do débito". Isso porque no lançamento por homologação, o contribuinte declara o quanto acha que deve e antecipa o pagamento para só depois isso ser analisado pelo Fisco. Se ele não pagou nada, é intuitivo que também não tenha declarado o débito.

Vimos acima que, no caso de pagamento PARCIAL, o termo inicial do prazo para a realização do lançamento de ofício é a data da ocorrência do fato gerador (§ 4º do art. 150). Na hipótese de ausência de pagamento, aplica-se esta mesma regra? Qual é o termo inicial do prazo decadencial para lançamento de ofício no caso de AUSÊNCIA DE PAGAMENTO antecipado?

» NÃO. O termo inicial no caso de pagamento parcial é diferente da hipótese de ausência de pagamento.

» Se o contribuinte não antecipa o pagamento, ou seja, se ele não paga nada, o prazo decadencial para que o Fisco faça o lançamento de ofício não será calculado com base no § 4º do art. 150, mas sim de acordo com o inciso I do art. 173 do CTN:

> Art. 173. O direito de a Fazenda Pública constituir o crédito tributário extingue-se após 5 (cinco) anos, contados:
> I – do primeiro dia do exercício seguinte àquele em que o lançamento poderia ter sido efetuado;

» Quando o inciso I fala em "primeiro dia do exercício seguinte àquele em que o lançamento poderia ter sido efetuado" ele quer dizer primeiro dia do exercício seguinte à ocorrência do fato gerador (REsp 973.733-SC). Assim, se o fato gerador ocorreu em 15 de março de 2015 e o contribuinte não apresentou a declaração do débito e não fez a antecipação do pagamento, o Fisco terá 5 anos para realizar o lançamento de ofício, sendo que este prazo se iniciou em 01 de janeiro de 2016.

Comparando:

Tributo sujeito à lançamento por homologação	
Se o sujeito passivo antecipa o pagamento, mas paga menos do que deveria:	Se o sujeito passivo não antecipa nada do pagamento (não paga nada):
O Fisco terá o poder-dever de realizar o lançamento de ofício cobrando as diferenças. O prazo decadencial para o lançamento de ofício é de 5 anos. O termo inicial do prazo é a data do fato gerador. Aplica-se a regra do art. 150, § 4º do CTN. Vale ressaltar que, se ficar comprovado que o contribuinte pagou apenas parte do valor, mas agiu com dolo, fraude ou simulação, ficará afastada a regra do § 4º do art. 150 (mais benéfica ao contribuinte), devendo ser aplicado o art. 173, I, do CTN (um pouco mais favorável ao Fisco, que ganhará um tempo maior para lançar).	O Fisco terá o poder-dever de fazer o lançamento de ofício cobrando todo o valor que não foi pago. O prazo decadencial para o lançamento de ofício é de 5 anos. O termo inicial do prazo será o primeiro dia do ano seguinte àquele em que ocorreu o fato gerador. Aplica-se a regra do art. 173, I, do CTN. Obs: chamo a atenção novamente para o fato de que o prazo é de 5 anos. Digo isso porque o Fisco, durante um bom tempo, defendeu a tese de que, no caso de não pagamento, o prazo decadencial seria de 10 anos (a Fazenda queria somar o prazo do art. 105, § 4º com o do art. 173, I). Após um tempo de polêmica, esta tese, foi finalmente rechaçada pelo STJ (REsp 973.733-SC).

» Este é o entendimento exposto pela doutrina: "No caso dos tributos sujeitos a lançamento por homologação, podem ocorrer duas hipóteses quanto à contagem do prazo decadencial do Fisco para a constituição de crédito tributário: 1) quando o contribuinte efetua o pagamento no vencimento, o prazo para o lançamento de ofício de eventual diferença a maior, ainda devida, é de cinco anos contados da ocorrência do fato gerador, forte no art. 150, § 4º, do CTN; 2) quando o contribuinte não efetua o pagamento no vencimento, o prazo para o lançamento de ofício é de cinco anos contado do primeiro dia do exercício seguinte ao de ocorrência do fato gerador, o que decorre da aplicação, ao caso, do art. 173, I, do CTN. Importante é considerar que, conforme o caso, será aplicável um ou outro prazo; jamais os dois sucessivamente, pois são excludente um do outro. Ou é o caso de aplicação da regra especial ou da regra geral, jamais aplicando-se as duas no mesmo caso." (PAULSEN, Leandro. Direito Tributário: Constituição e Código Tributário à luz da doutrina e da jurisprudência, 9ª ed. Porto Alegre: Livraria do Advogado, 2007, p. 1109).

DENÚNCIA ESPONTÂNEA

Súmula 360-STJ: O benefício da denúncia espontânea não se aplica aos tributos sujeitos a lançamento por homologação regularmente declarados, mas pagos a destempo.

▶ *Aprovada em 27/08/2008, DJe 08/09/2008.*

» Importante.

SUSPENSÃO DO CRÉDITO TRIBUTÁRIO

Súmula 112-STJ: O depósito somente suspende a exigibilidade do crédito tributário se for integral e em dinheiro.

▶ *Aprovada em 25/10/1994, DJ 03/11/1994.*

» Válida.

Súmula vinculante 28-STF: É inconstitucional a exigência de depósito prévio como requisito de admissibilidade de ação judicial na qual se pretenda discutir a exigibilidade de crédito tributário.

▶ *Aprovada em 03/02/2010, DJ 17/02/2010.*

» Importante.

COMPENSAÇÃO TRIBUTÁRIA

Súmula 464-STJ: A regra de imputação de pagamentos estabelecida no art. 354 do Código Civil não se aplica às hipóteses de compensação tributária.

▶ *Aprovada em 25/08/2010, DJe 08/09/2010.*

» Válida.

Súmula 213-STJ: O mandado de segurança constitui ação adequada para a declaração do direito à compensação tributária.

▶ *Aprovada em 23/09/1998, DJ 02/10/1998.*

Súmula 212-STJ: A compensação de créditos tributários não pode ser deferida em ação cautelar ou por medida liminar cautelar ou antecipatória.

▶ *Aprovada em 23/09/1998, DJ 02/10/1998.*

Súmula 460-STJ: É incabível o mandado de segurança para convalidar a compensação tributária realizada pelo contribuinte.

▶ *Aprovada em 25/08/2010, DJe 08/09/2010.*

» Importantes.

» Segundo o STJ, para convalidar a compensação, seria necessária dilação probatória, o que é inviável em mandado de segurança.

Súmula 461-STJ: O contribuinte pode optar por receber, por meio de precatório ou por compensação, o indébito tributário certificado por sentença declaratória transitada em julgado.

▶ *Aprovada em 25/08/2010, DJe 08/09/2010.*

» Válida.

PRESCRIÇÃO E DECADÊNCIA

Súmula vinculante 8-STF: São inconstitucionais o parágrafo único do artigo 5º do Decreto-lei nº 1.569/1977 e os artigos 45 e 46 da Lei nº 8.212/1991, que tratam de prescrição e decadência de crédito tributário.

▶ *Aprovada em 12/06/2008, DJe 20/06/2008.*

» A edição da SV 8, ocorrida em 12/06/2008, motivou o Congresso Nacional a aprovar a Lei Complementar nº 128, de 19/12/2008, revogando os arts. 45 e 46 da Lei nº 8.212/91.

Súmula 467-STJ: Prescreve em cinco anos, contados do término do processo administrativo, a pretensão da Administração Pública de promover a execução da multa por infração ambiental.

▶ *Aprovada em 13/10/2010, DJe 25/10/2010.*

» Válida.

Súmula 106-STJ: Proposta a ação no prazo fixado para o seu exercício, a demora na citação, por motivos inerentes ao mecanismo da justiça, não justifica o acolhimento da arguição de prescrição ou decadência.

▶ *Aprovada em 26/05/1994, DJ 03/06/1994.*

» Válida.

CONCURSO DE PREFERÊNCIA

Súmula 563-STF: O concurso de preferência a que se refere o parágrafo único, do art. 187, do Código Tributário Nacional, é compatível com o disposto no art. 9º, inciso I, da Constituição Federal.

▸ *Aprovada em 24/02/2016, DJe 29/02/2016.*

» A doutrina critica a súmula, mas ela continua válida segundo a jurisprudência.

» O art. 9º, I, mencionado, é da CF/69. No entanto, a CF/88 repetiu essa regra no art. 19, III (é vedado à União, aos Estados, ao Distrito Federal e aos Municípios criar distinções entre brasileiros ou preferências entre si).

» A vedação estabelecida pelo art. 19, III, da CF/88 (correspondente àquele do art. 9º, I, da EC n. 1/69) não atinge as preferências estabelecidas por lei em favor da União (STF AI 608769 AgR).

REPETIÇÃO DE INDÉBITO

Súmula 546-STF: Cabe a restituição do tributo pago indevidamente, quando reconhecido por decisão, que o contribuinte "de jure" não recuperou do contribuinte "de facto" o "quantum" respectivo.

▸ *Aprovada em 03/12/1969, DJ 10/12/1969.*

» Válida.

Súmula 71-STF: ~~Embora pago indevidamente, não cabe restituição de tributo indireto~~.

▸ *Aprovada em 13/12/1963.*

» Superada.

Súmula 162-STJ: Na repetição de indébito tributário, a correção monetária incide a partir do pagamento indevido.

▸ *Aprovada em 12/06/1996, DJ 19/06/1996.*

» Válida.

Súmula 188-STJ: Os juros moratórios, na repetição do indébito tributário, são devidos a partir do transito em julgado da sentença.

▸ *Aprovada em 11/06/1997, DJ 21/11/1991.*

» Válida.

> **Súmula 523-STJ:** A taxa de juros de mora incidente na repetição de indébito de tributos estaduais deve corresponder à utilizada para cobrança do tributo pago em atraso, sendo legítima a incidência da taxa Selic, em ambas as hipóteses, quando prevista na legislação local, vedada sua cumulação com quaisquer outros índices.

▶ *Aprovada em 27/03/2015, DJe 06/04/2015.*

» Importante.

Ação de repetição de indébito (ou ação de restituição de indébito)

» É a ação na qual o requerente pleiteia a devolução de determinada quantia que pagou indevidamente.

» A ação de repetição de indébito, ao contrário do que muitos pensam, não é restrita ao direito tributário. Assim, por exemplo, se um consumidor é cobrado pelo fornecedor e paga um valor que não era devido, poderá ingressar com ação de repetição de indébito para pleitear valor igual ao dobro do que pagou em excesso, acrescido de correção monetária e juros legais, salvo hipótese de engano justificável (art. 42, parágrafo único do CDC).

» No âmbito tributário, o contribuinte que pagar tributo indevido (exs: pagou duas vezes, pagou imposto que era inconstitucional, houve erro na alíquota etc.) terá direito à repetição de indébito, ou seja, poderá ajuizar ação cobrando a devolução daquilo que foi pago.

» As hipóteses em que o contribuinte terá direito à repetição de indébito, no âmbito tributário, estão previstas no art. 165 do CTN:

> Art. 165. O sujeito passivo tem direito, independentemente de prévio protesto, à restituição total ou parcial do tributo, seja qual for a modalidade do seu pagamento, ressalvado o disposto no § 4º do artigo 162, nos seguintes casos:
>
> I – cobrança ou pagamento espontâneo de tributo indevido ou maior que o devido em face da legislação tributária aplicável, ou da natureza ou circunstâncias materiais do fato gerador efetivamente ocorrido;
>
> II – erro na edificação do sujeito passivo, na determinação da alíquota aplicável, no cálculo do montante do débito ou na elaboração ou conferência de qualquer documento relativo ao pagamento;
>
> III – reforma, anulação, revogação ou rescisão de decisão condenatória.

» O mencionado art. 165 afirma que o sujeito passivo tem direito à restituição, independentemente de prévio protesto (isto é, mesmo que na hora de pagar não tenha "reclamado" do tributo indevido ou tenha feito qualquer ressalva; não interessa o estado de espírito do sujeito passivo no momento do pagamento, ou seja, se sabia ou não que o pagamento era indevido). Pagou indevidamente, tem direito de receber de volta a fim de evitar o enriquecimento sem causa da outra parte (no caso, o Fisco).

O valor que será devolvido ao sujeito passivo deverá ser acrescido de juros moratórios e correção monetária?

» SIM. Na repetição de indébito, o contribuinte deverá receber de volta o valor principal que foi pago, acrescido de juros moratórios e correção monetária pelo tempo que ficou sem o dinheiro.

A correção monetária é contada desde a data em que o contribuinte pagou o tributo indevido?

» SIM. A correção monetária incide desde o dia em que houve o pagamento indevido:

Súmula 162-STJ: Na repetição de indébito tributário, a correção monetária incide a partir do pagamento indevido.

Os juros moratórios seguem o mesmo raciocínio? Eles também serão contados desde a data em que o contribuinte pagou o tributo indevido?

» NÃO. Aqui a regra é diferente. De forma prejudicial ao contribuinte, o CTN previu que os juros serão devidos não do dia em que houve o pagamento, mas sim a partir da data em que houve o trânsito em julgado da decisão que determinou a devolução. Veja:

> Art. 167. (...) Parágrafo único. A restituição vence juros não capitalizáveis, a partir do trânsito em julgado da decisão definitiva que a determinar.

» Desse modo, imagine que o contribuinte pagou, em 02/02/2012, R$ 100 mil de ICMS indevidamente. Posteriormente, ele ajuizou ação de repetição de indébito e foi prolatada sentença determinando a devolução da quantia. Essa sentença transitou em julgado em 04/04/2014. A Fazenda Pública só pagou o valor em 06/06/2016. O contribuinte terá direito de receber os R$ 100 mil mais os juros moratórios que serão contados a partir de 04/04/2014 (data do trânsito em julgado).

» Apesar de esse dispositivo ser classificado como injusto pela doutrina, existe até mesmo um enunciado do STJ que reforça sua conclusão:

> Súmula 188-STJ: Os juros moratórios, na repetição do indébito tributário, são devidos a partir do trânsito em julgado da sentença.

Vou abrir um parêntese para fazer uma observação aprofundada (se achar que irá se confundir, não leia):

» Entendo que as informações acima são suficientes para fins de concurso e penso que basta que você as guarde para as principais provas. No entanto, por desencargo de consciência, preciso fazer um esclarecimento sobre determinado ponto mais profundo da matéria.

» Vimos acima que, depois do trânsito em julgado da sentença que determinou a restituição, começa a correr os juros moratórios (em nosso exemplo: 04/04/2014). Isso é o que está na súmula 188 do STJ. No entanto, o § 5º do art. 100 da CF/88 afirma que se a dívida deve ser paga pelo Poder Público por meio de precatório e se este precatório for apresentado até o dia 01/07, ele deverá ser quitado até o dia 31/12 do ano seguinte. Ex: se o precatório foi apresentado e entrou na fila no dia 20/04/2014, ele deverá ser pago pelo Poder Público até o dia 31/12/2015 (último dia do ano seguinte). Veja o § 5º do art. 100 da CF/88:

> § 5º É obrigatória a inclusão, no orçamento das entidades de direito público, de verba necessária ao pagamento de seus débitos, oriundos de sentenças transitadas em julgado, constantes de precatórios judiciários apresentados até 1º de julho, fazendo-se o pagamento até o final do exercício seguinte, quando terão seus valores atualizados monetariamente.

» Ocorre que, entre o dia 01/07 de um ano até o dia 31/12 do ano seguinte (em nosso exemplo: de 01/07/2014 até 31/12/2015), não haverá incidência de juros moratórios porque o STF entende que esse foi o prazo normal que a CF/88 deu para o Poder Público pagar seus precatórios, não havendo razão para que a Fazenda Pública tenha que pagar juros referentes a esse interregno. Esse entendimento está previsto em uma súmula vinculante do STF:

> SV 17-STF: Durante o período previsto no parágrafo 1º (obs: atual § 5º) do artigo 100 da Constituição, não incidem juros de mora sobre os precatórios que nele sejam pagos.

» Logo, voltando ao nosso exemplo: Pagamento indevido: 02/02/2012. Sentença transitada em julgado: 04/04/2014. Início dos juros moratórios: 04/04/2014 (Súmula 188 STJ). Dia em que o precatório foi apresentado para pagamento: 20/04/2014. Suspensão dos juros moratórios: 01/07/2014 (SV 17-STF). Prazo máximo para a Fazenda Pública pagar: 31/12/2015 (§ 5º do art. 100 da CF/88). Se a Fazenda não pagar até o prazo máximo (31/12/2015): voltam a correr os juros moratórios.

» O entendimento acima exposto é explicado, de forma melhor e mais detalhada por ALEXANDRE, Ricardo. Direito Tributário esquematizado. São Paulo: Método, 2015, cuja obra sempre se recomenda.

Fechando o parêntese e recapitulando:

» Se o sujeito passivo pagou indevidamente o tributo, ele terá direito de receber de volta o que pagou por meio de repetição de indébito. O contribuinte, além de receber de volta o que pagou, também terá direito aos juros moratórios e correção monetária. A correção monetária será contada desde a data do pagamento (Súmula 162 do STJ). Os juros moratórios serão contados desde a data do trânsito em julgado (Súmula 188 do STJ).

Surge agora outra pergunta: qual é a taxa de juros de mora que deverá ser aplicada na repetição de indébito?

» Nas repetições de indébito, a taxa de juros a ser aplicada em favor do sujeito passivo é a mesma que a lei prevê que o Fisco poderá cobrar do contribuinte em caso de tributo atrasado. Ex: no âmbito federal, se o contribuinte deixar de recolher o tributo no dia do vencimento, ele terá que pagá-lo com juros de mora. A lei determina que a taxa de juros é a SELIC. Isso significa que, se o sujeito passivo pagar determinado tributo federal e, posteriormente, constatar-se que era indevido, ele terá direito à repetição de indébito, recebendo de volta o valor que pagou mais juros de mora. A taxa de juros dessa restituição também será a SELIC. Trata-se de aplicação do princípio da isonomia: ora, se é exigido do contribuinte que pague os juros com o índice SELIC, quando ele for receber, também deverá ser assegurado a ele o mesmo tratamento (receber com SELIC).

Fundamento legal da SELIC no âmbito federal

» O fundamento legal para a aplicação da taxa SELIC na cobrança de tributos federais é a Lei nº 9.065/95. A utilização da SELIC em caso de restituição de tributos (repetição de indébito) foi determinada pela Lei nº 9.250/95.

Em caso de repetição de indébito de tributos ESTADUAIS, aplica-se também a SELIC?

» Depende. O legislador estadual tem liberdade para prever o índice de juros em caso de atraso no pagamento dos tributos estaduais. Ex: o legislador pode dizer que é 1% ao mês (e não a SELIC). Quanto às repetições de indébito de tributos estaduais, vale o mesmo entendimento exposto na pergunta anterior: a taxa de juros a ser aplicada em favor do sujeito passivo será a mesma que a lei estadual prevê que o Fisco estadual poderá cobrar do contribuinte em caso tributo atrasado. Em outras palavras, a taxa de juros de mora incidente na repetição de indébito de tributos estaduais deve corresponder à utilizada para cobrança do tributo pago em atraso. Logo, se a lei estadual prevê que na cobrança do tributo em atraso incidirá a taxa de juros de 1% ao mês, a taxa de juros na repetição de indébito será também de 1% ao mês.

A lei estadual poderá fixar a SELIC como taxa de juros?

» SIM. Será possível que incida a SELIC tanto para a cobrança do tributo em atraso, como também no caso da ação de repetição de indébito. Para isso, no entanto, é necessário que a lei estadual (legislação local) preveja. Ex: no Estado de São Paulo, o art. 1º da Lei Estadual 10.175/98 prevê a aplicação da taxa SELIC sobre impostos estaduais pagos com atraso, o que impõe a adoção da mesma taxa na repetição do indébito.

Por que a súmula diz que a SELIC não pode ser cumulada com quaisquer outros índices?

» Porque a SELIC é um tipo de índice de juros moratórios que já abrange juros e correção monetária. Como assim? No cálculo da SELIC (em sua "fórmula matemática"), além de um percentual a título de juros moratórios, já é embutida a taxa de inflação estimada para o período (correção monetária). Em outras palavras, a SELIC é uma espécie de índice que engloba juros e correção monetária. Logo, se o credor exigir a SELIC e mais a correção monetária, ele estará cobrando duas vezes a correção monetária, o que configura bis in idem. Por isso, o STJ afirma que, se a lei estadual prevê a aplicação da SELIC, é proibida a sua cobrança cumulada com quaisquer outros índices, seja de atualização monetária (correção monetária), seja de juros. Basta a SELIC.

RESPONSABILIDADE TRIBUTÁRIA

Súmula 554-STJ: Na hipótese de sucessão empresarial, a responsabilidade da sucessora abrange não apenas os tributos devidos pela sucedida, mas também as multas moratórias ou punitivas referentes a fatos geradores ocorridos até a data da sucessão.

> Aprovada em 09/12/2015, DJ 15/12/2015.

» Importante.

» A Súmula 554-STJ trata sobre a responsabilidade tributária na sucessão empresarial.

Sucessão empresarial

» Ao falar em responsabilidade tributária por "sucessão empresarial", a jurisprudência abrange duas hipóteses: a) Responsabilidade em caso de fusão, transformação ou incorporação de pessoas jurídicas (art. 132); b) Responsabilidade do adquirente de fundo de comércio ou estabelecimento (art. 133 do CTN).

A sucessora terá que pagar apenas os tributos ou também as multas tributárias que a sucedida tivesse contra si?

» As empresas argumentavam que a sucessora deveria pagar apenas os tributos, estando dispensadas de arcar com o pagamento das multas. Isso porque os arts. 132 e 133, que tratam sobre a responsabilidade tributária na sucessão empresarial, falam expressamente apenas em tributos. Veja:

> Art. 132. A pessoa jurídica de direito privado que resultar de fusão, transformação ou incorporação de outra ou em outra é responsável pelos TRIBUTOS devidos (...)

> Art. 133. A pessoa natural ou jurídica de direito privado que adquirir de outra, por qualquer título, fundo de comércio ou estabelecimento comercial, industrial ou profissional, e continuar a respectiva exploração, sob a mesma ou outra razão social ou sob firma ou nome individual, responde pelos TRIBUTOS, relativos ao fundo ou estabelecimento adquirido, devidos até à data do ato:

» Outro argumento dos responsáveis era o de que a multa, por possuir caráter de sanção, seria pessoal e, por isso, não se transmitiria a terceiros.

A tese das empresas foi acolhida pela jurisprudência?

» NÃO. O STJ decidiu que, na hipótese de sucessão empresarial, a responsabilidade da sucessora abrange não apenas os tributos devidos pela sucedida, mas também as multas moratórias ou punitivas referentes a fatos geradores ocorridos até a data da sucessão.

Dívidas de valor que acompanham o patrimônio passivo transmitido ao sucessor

» Segundo o STJ, as multas moratórias ou punitivas representam dívida de valor e, como tal, acompanham o passivo do patrimônio transmitido ao sucessor, desde que seu fato gerador tenha ocorrido até a data da sucessão.

Evitar simulações

» Outro argumento invocado, este de ordem metajurídico, é o de que se as multas fossem excluídas da responsabilidade por sucessão, as empresas que possuíssem contra si multas impostas poderiam simular uma sucessão e, com isso, poderiam reiniciar as atividades pagando apenas os tributos e ficando livres das multas.

Abrange multas moratórias e punitivas

» Vale chamar a atenção para o fato de que a multa será devida pelo sucessor, não importando se ela é de caráter moratório ou punitivo. Havia divergência quanto a isso e agora está pacificado. Repetindo: são transmitidas tanto as multas moratórias, como também as de caráter punitivo. As multas moratórias, também chamadas de multas administrativas, são aquelas impostas ao contribuinte pelo fato de ele ter atrasado o pagamento do tributo. As multas punitivas, também denominadas de multas de ofício, são aquelas impostas pelo descumprimento de uma obrigação acessória do contribuinte. O exemplo típico está no art. 44 da Lei nº 9.430/96.

Multa continua sendo diferente de tributo

» Por fim, uma última observação: multa não é tributo. O conceito de tributo é previsto no art. 3º do CTN e nele é previsto expressamente que tributo não constitui "sanção de ato ilícito". A multa é uma sanção por ato ilícito e, portanto, está fora da definição de tributo. Apesar de multa não ser tributo, ela também é transmitida para o sucessor em caso de sucessão empresarial. Essa transmissão ocorre porque a multa é uma dívida de valor que faz parte do patrimônio passivo do sucedido e, como tal, transfere-se ao sucessor.

RESPONSABILIDADE SOLIDÁRIA DE SÓCIO-GERENTE

Súmula 430-STJ: O inadimplemento da obrigação tributária pela sociedade não gera, por si só, a responsabilidade solidária do sócio-gerente.

▶ *Aprovada em 24/03/2010, DJ 13/05/2010.*

» Importante.

» Quando a Fazenda Pública ajuíza uma execução fiscal contra a empresa e não consegue localizar bens penhoráveis, o CTN prevê a possibilidade de o Fisco REDIRECIONAR a execução incluindo no polo passivo, ou seja, como executadas, algumas pessoas físicas que tenham relação com a empresa, desde que fique demonstrado que elas agiram com excesso de poderes ou praticando ato que violaram a lei, o contrato social ou os estatutos, nos termos do art. 135 do CTN:

> Art. 135. São pessoalmente responsáveis pelos créditos correspondentes a obrigações tributárias resultantes de atos praticados com excesso de poderes ou infração de lei, contrato social ou estatutos:
>
> I – as pessoas referidas no artigo anterior;

II – os mandatários, prepostos e empregados;

III – os diretores, gerentes ou representantes de pessoas jurídicas de direito privado.

» Os sócios, como regra geral, não respondem pessoalmente (com seu patrimônio pessoal) pelas dívidas da sociedade empresária. Isso porque vigora o princípio da autonomia jurídica da pessoa jurídica em relação aos seus sócios. A pessoa jurídica possui personalidade e patrimônio autônomos, que não se confundem com a personalidade e patrimônio de seus sócios. No entanto, se o sócio praticou atos com excesso de poderes ou infração de lei, contrato social ou estatutos (art. 135, III), ele utilizou o instituto da personalidade jurídica de forma fraudulenta ou abusiva, podendo, portanto, ser responsabilizado pessoalmente pelos débitos.

» Vale ressaltar, no entanto, que o simples fato de a pessoa jurídica estar em débito com o Fisco não autoriza que o sócio pague pela dívida com seu patrimônio pessoal. É necessário que ele tenha praticado atos com excesso de poderes ou infração de lei, contrato social ou estatutos (art. 135, III).

Súmula 435-STJ: Presume-se dissolvida irregularmente a empresa que deixar de funcionar no seu domicílio fiscal, sem comunicação aos órgãos competentes, legitimando o redirecionamento da execução fiscal para o sócio-gerente.

▸ *Aprovada em 14/04/2010, DJe 13/05/2010.*

» Importante.

Domicílio tributário (ou fiscal)

» É o lugar, cadastrado na repartição tributária, onde o sujeito passivo poderá ser encontrado pelo Fisco. Dessa feita, se a Administração Tributária tiver que enviar uma notificação fiscal para aquele contribuinte, deverá encaminhar para o endereço constante como seu domicílio fiscal.

» As regras para a definição do domicílio tributário estão previstas no art. 127 do CTN.

» Se a empresa deixa de funcionar no seu domicílio fiscal, presume-se que ela deixou de existir (foi dissolvida). E o pior: foi dissolvida de forma irregular, o que caracteriza infração à lei e permite o redirecionamento da execução.

» Assim, por exemplo, em uma execução fiscal, caso não se consiga fazer a citação da empresa porque ela não mais está funcionando no endereço indicado como seu domicílio fiscal, será possível concluir que ela foi dissolvida irregularmente, ensejando o redirecionamento da execução, conforme entendimento da Súmula 435.

» Segundo explica o Min. Mauro Campbell Marques ao comentar a origem da súmula, "o sócio-gerente tem o dever de manter atualizados os registros empresariais e comerciais, em especial quanto à localização da empresa e a sua dissolução. Ocorre aí uma presunção da ocorrência de ilícito. Este ilícito é justamente a não obediência ao rito próprio para a dissolução empresarial (...)" (REsp 1.371.128-RS).

ISENÇÕES

Súmula 544-STF: Isenções tributárias concedidas, sob condição onerosa, não podem ser livremente suprimidas.

» Válida.
▸ *Aprovada em 03/12/1969, DJ 10/12/1969.*

Súmula 581-STF: A exigência de transporte em navio de bandeira brasileira, para efeito de isenção tributária, legitimou-se com o advento do Decreto-Lei 666, de 02.07.69.

» Válida.
▸ *Aprovada em 15/12/1976, DJ 03/01/1977.*

COISA JULGADA

Súmula 239-STF: Decisão que declara indevida a cobrança do imposto em determinado exercício não faz coisa julgada em relação aos posteriores.

» Válida.
▸ *Aprovada em 13/12/1963.*

» No entanto, deve-se tomar cuidado porque se a decisão judicial declara que a cobrança daquele imposto é materialmente indevida (ex: o tributo é inconstitucional), então, neste caso, não se aplica a súmula 239 do STF. Nesse sentido:

> Afirmada a inconstitucionalidade material da cobrança da CSLL, não tem aplicação o enunciado 239 do STF.
> STJ. 1ª Turma. EDcl no AgRg no REsp 1185049/MG, Rel. Min. Francisco Falcão, julgado em 06/03/2012.

CERTIDÃO NEGATIVA

Súmula 446-STJ: Declarado e não pago o débito tributário pelo contribuinte, é legítima a recusa de expedição de certidão negativa ou positiva com efeito de negativa.

» Válida.
▸ *Aprovada em 28/04/2010, DJ 13/05/2010.*

Cobrança do tributo por vias oblíquas (sanções políticas)

» A Fazenda Pública deverá cobrar os tributos em débito mediante os meios judiciais (execução fiscal) ou extrajudiciais (lançamento tributário, protesto de CDA) legalmente previstos. O Fisco possui, portanto, instrumentos legais para satisfazer seus créditos.

» Justamente por isso, a Administração Pública não pode fazer a cobrança do tributo por meios indiretos, impedindo, cerceando ou dificultando a atividade econômica desenvolvida pelo contribuinte devedor. Quando isso ocorre, a jurisprudência afirma que o Poder Público aplicou "sanções políticas", ou seja, formas "enviesadas de constranger o contribuinte, por vias oblíquas, ao recolhimento do crédito tributário" (STF ADI 173). Exs: apreensão de mercadorias, não liberação de documentos, interdição de estabelecimentos.

» A cobrança do tributo por vias oblíquas (sanções políticas) é rechaçada por quatro súmulas do STF e STJ.

Súmula 70-STF: É inadmissível a interdição de estabelecimento como meio coercitivo para cobrança de tributo.

» Válida.

▶ Aprovada em 13/12/1963.

Súmula 323-STF: É inadmissível a apreensão de mercadorias como meio coercitivo para pagamento de tributos.

» Importante.

▶ Aprovada em 13/12/1969.

Súmula 547-STF: Não é lícito à autoridade proibir que o contribuinte em débito adquira estampilhas, despache mercadorias nas alfândegas e exerça suas atividades profissionais.

» Válida.

▶ Aprovada em 15/12/1976, DJ 03/01/1977.

Súmula 127-STJ: É ilegal condicionar a renovação da licença de veículo ao pagamento de multa, da qual o infrator não foi notificado.

» Válida.

▶ Aprovada em 14/03/1995, DJ 23/03/1995.

REFIS

Súmula 437-STJ: A suspensão da exigibilidade do crédito tributário superior a quinhentos mil reais para opção pelo Refis pressupõe a homologação expressa do comitê gestor e a constituição de garantia por meio do arrolamento de bens.

» Válida.

▶ Aprovada em 14/04/2010, DJe 13/05/2010.

Súmula 355-STJ: É válida a notificação do ato de exclusão do programa de recuperação fiscal do Refis pelo Diário Oficial ou pela Internet.

▶ *Aprovada em 25/06/2008, DJe 08/09/2008.*

» Válida.

SIMPLES

Súmula 448-STJ: A opção pelo Simples de estabelecimentos dedicados às atividades de creche, pré-escola e ensino fundamental é admitida somente a partir de 24/10/2000, data de vigência da Lei nº 10.034/2000.

▶ *Aprovada em 28/04/2010, DJe 13/05/2010.*

» Válida.

Súmula 425-STJ: A retenção da contribuição para a seguridade social pelo tomador do serviço não se aplica às empresas optantes pelo Simples

▶ *Aprovada em 10/03/2010, DJe 13/05/2010.*

» Válida.

IMPOSTO DE RENDA

Súmula 587-STF: Incide imposto de renda sobre o pagamento de serviços técnicos contratados no exterior e prestados no Brasil.

▶ *Aprovada em 15/12/1976, DJ 03/01/1977.*

» Válida.

Súmula 586-STF: Incide imposto de renda sobre os juros remetidos para o exterior, com base em contrato de mútuo.

▶ *Aprovada em 15/12/1976, DJ 03/01/1977.*

» Válida.

Súmula 262-STJ: Incide o Imposto de Renda sobre o resultado das aplicações financeiras realizadas pelas cooperativas.

▶ *Aprovada em 24/04/2002, DJ 07/05/2002.*

» Válida.

Súmula 463-STJ: Incide Imposto de Renda sobre os valores percebidos a título de indenização por horas extraordinárias trabalhadas, ainda que decorrentes de acordo coletivo.

▶ *Aprovada em 25/08/2010, DJe 08/09/2010.*

» Válida.

Súmula 125-STJ: O pagamento de férias não gozadas por necessidade do serviço não está sujeito à incidência do Imposto de Renda.

▶ *Aprovada em 06/12/1994, DJ 15/12/1994.*

» Válida.

Súmula 136-STJ: O pagamento de licença-prêmio não gozada por necessidade do serviço não está sujeito ao Imposto de Renda.

▶ *Aprovada em 09/05/1995, DJ 16/05/1995.*

» Válida.

Súmula 215-STJ: A indenização recebida pela adesão a programa de incentivo à demissão voluntária não está sujeita à incidência do Imposto de Renda.

▶ *Aprovada em 24/11/1998, DJ 24/12/1998.*

» Válida.

Súmula 556-STJ: É indevida a incidência de imposto de renda sobre o valor da complementação de aposentadoria pago por entidade de previdência privada e em relação ao resgate de contribuições recolhidas para referidas entidades patrocinadoras no período de 1º/1/1989 a 31/12/1995, em razão da isenção concedida pelo art. 6º, VII, b, da Lei nº 7.713/1988, na redação anterior à que lhe foi dada pela Lei nº 9.250/1995.

▶ *Aprovada em 09/12/2015, DJe 15/12/2015.*

» Válida.

Previdência complementar

» É um plano de benefícios feito pela pessoa que deseja receber, no futuro, aposentadoria paga por uma entidade privada de previdência. A pessoa paga todos os meses uma prestação e este valor é aplicado por uma pessoa jurídica, que é a entidade gestora do plano (ex: Bradesco Previdência). É chamada de "complementar" porque normalmente é feita por alguém que já trabalha na iniciativa privada ou como servidor público e, portanto, já teria direito à aposentadoria pelo INSS ou pelo regime próprio. Apesar disso, ela resolve fazer a previdência privada como forma de "complementar" a renda no momento da aposentadoria. O plano de previdência complementar é prestado por uma pessoa jurídica chamada de "entidade de previdência complementar" (entidade de previdência privada).

Existem duas espécies de entidade de previdência privada (entidade de previdência complementar):

» As entidades de previdência privada abertas e as fechadas.
» A súmula trata sobre plano de previdência privada FECHADA.
» Antes de explicar o que diz o enunciado, é necessário entender algumas nomenclaturas utilizadas na redação da súmula.

Patrocinador (ou entidade patrocinadora):

» É a empresa ou grupo de empresas que oferece plano de previdência privada fechada aos seus funcionários. Funciona da seguinte forma: os empregados pagam uma parte da mensalidade e o patrocinador arca com a outra. Obs: existem alguns entes públicos que também oferecem plano de previdência privada aos servidores. Neste caso, este ente público é que será o patrocinador. A entidade patrocinadora oferece o plano de previdência privada por meio de uma entidade fechada de previdência privada. Enfim, só existe entidade patrocinadora no caso de plano fechado de previdência privada. Os benefícios mais comuns que são oferecidos pela previdência complementar fechada são os seguintes: aposentadoria por tempo de contribuição, aposentadoria por invalidez e pensão por morte.

Participante:

» É a pessoa física que adere ao plano de previdência complementar oferecido por uma entidade fechada de previdência complementar (EFPC). O participante, para poder aderir a esse plano, tem que estar vinculado à entidade patrocinadora (ex: ser funcionário do patrocinador). O valor das contribuições vertidas pelo participante para a entidade de previdência é descontado de seu salário no momento do pagamento.

"Valor da complementação de aposentadoria":

» É a quantia paga pela entidade de previdência privada como aposentadoria à pessoa que contratou a previdência complementar.

"Resgate de contribuições recolhidas para entidades patrocinadoras":

» Pode acontecer de o participante, antes de chegar no momento em que poderia receber a aposentadoria, decidir fazer o resgate, total ou parcial, das contribuições que pagou. O período de carência, a forma e os percentuais de resgate devem estar previstos no regulamento que disciplina o plano de previdência.
» *Vamos agora passar a tratar especificamente sobre o que diz a súmula*

Benefícios recebidos de entidades de previdência privada e isenção de IR

» A Lei nº 7.713/88 trata sobre o imposto de renda e entrou em vigor no dia 1º de janeiro de 1989. Em seu art. 6º, a Lei traz uma lista de hipóteses de isenção do imposto.

Em sua versão original, pela interpretação do inciso VII, alínea "b" do art. 6º da Lei nº 7.713/88 era possível concluir que o participante da previdência privada não precisava pagar imposto de renda quando recebia: i) a complementação de aposentadoria (valor da aposentadoria paga pela entidade de previdência complementar); ou ii) o resgate das contribuições recolhidas.

» O participante não precisava pagar imposto de renda ao receber essas quantias porque ele já havia pago o tributo na fonte, ou seja, no momento em que recebeu o salário e, parte deste foi utilizada para a contribuição destinada à entidade de previdência. Em outras palavras, a contribuição paga pelo participante para a entidade fechada de previdência privada já era tributada na fonte. Justamente por isso, quando o participante iria receber o benefício, não podia haver nova incidência de IR, sob pena de bis in idem. Daí a previsão do legislador isentando do imposto no art. 6º, VII, "b".

Fim da isenção com a Lei nº 9.250/95

» A situação acima relatada durou até 31/12/1995, após o que entrou em vigor a Lei nº 9.250/95, que alterou a redação do inciso VII do art. 6º da Lei nº 7.713/88, acabando com a isenção dada para as contribuições pagas pelos participantes. Além de alterar a redação do inciso VII, a Lei nº 9.250/95 determinou, expressamente, a incidência de imposto de renda para os valores recebidos pelo participante a título de complementação de aposentadoria e resgate de contribuições. Veja:

Art. 33. Sujeitam-se à incidência do imposto de renda na fonte e na declaração de ajuste anual os benefícios recebidos de entidade de previdência privada, bem como as importâncias correspondentes ao resgate de contribuições.

Por que a Lei nº 9.250/95 acabou com a isenção de IR sobre o valor que o participante iria receber a título de complementação de aposentadoria ou resgate?

» Porque esta Lei passou a prever que os valores descontados do salário do participante e destinados ao pagamento da previdência privada não estão sujeitos ao recolhimento de imposto de renda na fonte. A Lei permitiu ao contribuinte abater do imposto de renda o valor recolhido à previdência privada. Como o participante não paga mais o IR no momento em verte as contribuições, passou a ser obrigado a recolher este no instante em que aufere a aposentadoria complementar ou recebe de volta as contribuições.

Redação original da Lei nº 7.713/88 (período de 1º/1/1989 a 31/12/1995)	Redação dada pela Lei nº 9.250/95 Período a partir de 01/01/1996
O participante, quando recolhia a contribuição para a previdência privada, pagava IR. Logo, quando recebia a complementação de aposentadoria ou o resgate das contribuições recolhidas era isento de IR (para não pagar duas vezes – bis in idem).	A Lei nº 9.250/95 inverteu a sistemática. O participante não é obrigado a recolher IR sobre o valor das contribuições pagas à previdência privada. Logo, quando recebe a complementação de aposentadoria ou resgate das contribuições, deverá pagar o IR.

» A fim de evitar bis in idem, o próprio Governo editou a MP 1.943-52 (reeditada ao final sob o nº 2.159-70) reconhecendo que não incide imposto de renda quanto às parcelas resgatadas e referentes a este período. Confira:

» Art. 7º Exclui-se da incidência do imposto de renda na fonte e na declaração de rendimentos o valor do resgate de contribuições de previdência privada, cujo ônus tenha sido da pessoa física, recebido por ocasião de seu desligamento do plano de benefícios da entidade, que corresponder às parcelas de contribuições efetuadas no período de 1º de janeiro de 1989 a 31 de dezembro de 1995.

Reescrevendo a súmula com outras palavras:

» No período de 1º/1/1989 a 31/12/1995, o participante de plano de previdência privada fechada não tinha que pagar imposto de renda no momento em que recebia a aposentadoria complementar (complementação de aposentadoria) ou se optasse por resgatar as contribuições recolhidas. Havia a previsão de uma isenção no art. 6º, VII, b, da Lei nº 7.713/88, que foi revogada pela Lei nº 9.250/95.

Súmula 590-STJ: Constitui acréscimo patrimonial a atrair a incidência do Imposto de Renda, em caso de liquidação de entidade de previdência privada, a quantia que couber a cada participante, por rateio do patrimônio, superior ao valor das respectivas contribuições à entidade em liquidação, devidamente atualizadas e corrigidas.

▶ *Aprovada em 13/09/2017, DJe 18/09/2017.*

Previdência complementar

» Previdência complementar é um plano de benefícios feito pela pessoa que deseja receber, no futuro, aposentadoria paga por uma entidade privada de previdência.

» A pessoa paga todos os meses uma prestação e este valor é aplicado por uma pessoa jurídica, que é a entidade gestora do plano (ex: Bradesco Previdência).

» É chamada de "complementar" porque normalmente é feita por alguém que já trabalha na iniciativa privada ou como servidor público e, portanto, já teria direito à aposentadoria pelo INSS ou pelo regime próprio. Apesar disso, ela resolve fazer a previdência privada como forma de "complementar" a renda no momento da aposentadoria.

» O plano de previdência complementar é prestado por uma pessoa jurídica chamada de "entidade de previdência complementar" (entidade de previdência privada).

Entidades de previdência privada

» Existem duas espécies de entidade de previdência privada (entidade de previdência complementar): as entidades de previdência privada abertas e as fechadas.

ABERTAS (EAPC)	FECHADAS (EFPC)
As entidades abertas são empresas privadas constituídas sob a forma de sociedade anônima, que oferecem planos de previdência privada que podem ser contratados por qualquer pessoa física ou jurídica. As entidades abertas normalmente fazem parte do mesmo grupo econômico de um banco ou seguradora. Exs: Bradesco Vida e Previdência S.A., Itaú Vida e Previdência S.A., Mapfre Previdência S.A., Porto Seguro Vida e Previdência S/A., Sul América Seguros de Pessoas e Previdência S.A.	As entidades fechadas são pessoas jurídicas, organizadas sob a forma de fundação ou sociedade civil, mantidas por grandes empresas ou grupos de empresa, para oferecer planos de previdência privada aos seus funcionários. Essas entidades são conhecidas como "fundos de pensão". Os planos não podem ser comercializados para quem não é funcionário daquela empresa. Ex: Previbosch (dos funcionários da empresa Bosch).
Possuem finalidade de lucro.	Não possuem fins lucrativos.
São geridas (administradas) pelos diretores e administradores da sociedade anônima.	A gestão é compartilhada entre os representantes dos participantes e assistidos e os representantes dos patrocinadores.

"Entidades patrocinadoras" (patrocinador)

» Patrocinador (ou entidade patrocinadora) é a empresa ou grupo de empresas que oferece plano de previdência privada fechada aos seus funcionários. Funciona da seguinte forma: os empregados pagam uma parte da mensalidade e o patrocinador arca com a outra.

» Obs: existem alguns entes públicos que também oferecem plano de previdência privada aos servidores. Neste caso, este ente público é que será o patrocinador.

» A entidade patrocinadora oferece o plano de previdência privada por meio de uma entidade fechada de previdência privada. Enfim, só existe entidade patrocinadora no caso de plano fechado de previdência privada.

» Os benefícios mais comuns que são oferecidos pela previdência complementar fechada são os seguintes: aposentadoria por tempo de contribuição, aposentadoria por invalidez e pensão por morte.

Participante

» Participante é a pessoa física que adere ao plano de previdência complementar oferecido por uma entidade fechada de previdência complementar (EFPC). O participante, para poder aderir a esse plano, tem que estar vinculado à entidade patrocinadora (ex: ser funcionário do patrocinador).

» O valor das contribuições vertidas pelo participante para a entidade de previdência é descontado de seu salário no momento do pagamento.

Liquidação extrajudicial

» As entidades de previdência privada, quando quebram, submetem-se a um processo especial de "falência", que não é chamado de falência, mas sim de "liquidação extrajudicial".

» O processo de liquidação extrajudicial das entidades de previdência complementar é regido pela LC 109/2001 e apenas subsidiariamente será aplicada a Lei de Falências.

» Veja o que diz a LC 109/2001:

Art. 47. As entidades fechadas não poderão solicitar concordata e não estão sujeitas a falência, mas somente a liquidação extrajudicial.

Art. 48. A liquidação extrajudicial será decretada quando reconhecida a inviabilidade de recuperação da entidade de previdência complementar ou pela ausência de condição para seu funcionamento.

Imagine a seguinte situação hipotética:

» João, assim como milhares de outras pessoas, todos os meses, pagava contribuição para uma entidade de previdência privada com o intuito de, no futuro, usufruir de uma aposentadoria complementar.

» Após alguns anos, essa entidade de previdência entra em processo de liquidação extrajudicial para ser encerrada.

» Diante disso, os valores depositados na entidade foram distribuídos entre todos os participantes, dentre eles João.

» João ficou feliz porque, no total, ele pagou R$ 50 mil (em valores corrigidos) e recebeu no rateio R$ 80 mil, considerando os resultados positivos que a entidade fez de investimentos. Isso pode acontecer, ou seja, o participante pode receber mais do que contribuiu porque o patrimônio das entidades fechadas de previdência privada não é formado somente por contribuições de seus participantes, mas também por quantias recolhidas pelo patrocinador/instituidor e por resultados superavitários de suas operações (ex: a entidade fez investimentos com os valores depositados pelos participantes e estes investimentos tiveram êxito). Assim, em caso de liquidação da entidade, é possível que o valor do rateio para os participantes seja superior às reservas constituídas por suas contribuições.

Surgiu, no entanto, uma dúvida: João terá que pagar imposto de renda sobre esse valor recebido?

» Sobre o crédito correspondente ao valor da contribuição que ele aportou à entidade em liquidação (R$ 50 mil): NÃO.

» Sobre o crédito que exceder ao referido valor (R$ 30 mil): SIM, considerando que se trata de acréscimo patrimonial, que é o fato gerador do imposto de renda, nos termos do art. 43, II, do CTN:

Art. 43. O imposto, de competência da União, sobre a renda e proventos de qualquer natureza tem como fato gerador a aquisição da disponibilidade econômica ou jurídica:

I – de renda, assim entendido o produto do capital, do trabalho ou da combinação de ambos;

II – de proventos de qualquer natureza, assim entendidos os acréscimos patrimoniais não compreendidos no inciso anterior.

» Assim, sobre o montante restituído ao participante a título de rateio da entidade de previdência privada, deve incidir o imposto de renda na parte que, porventura, exceder ao valor total das contribuições realizadas pelo participante, atualizadas monetariamente.

» Esse entendimento foi materializado na súmula 590 do STJ, que pode ser assim reescrita:

» Em caso de liquidação de entidade de previdência privada, haverá rateio do patrimônio entre os participantes, cada um recebendo uma quantia proporcional às contribuições que fez. Se o valor recebido for igual ou menor do que as contribuições que o participante fez, ele não terá que pagar imposto de renda. Se o valor for maior, ele terá que pagar o imposto sobre a diferença, ou seja, sobre o valor que exceder o total das contribuições vertidas (atualizadas monetariamente). Isso porque, neste caso, terá havido acréscimo patrimonial, que é o fato gerador do imposto de renda.

Súmula 498-STJ: Não incide imposto de renda sobre a indenização por danos morais.

▶ *Aprovada em 08/08/2012, DJe 13/08/2012.*

» Importante.

» O fato gerador do IR é a aquisição de disponibilidade econômica ou jurídica decorrente de acréscimo patrimonial (art. 43 do CTN). O STJ entende que as verbas recebidas a título de indenização por danos morais não representam acréscimo patrimonial.

Súmula 598-STJ: É desnecessária a apresentação de laudo médico oficial para o reconhecimento judicial da isenção do Imposto de Renda, desde que o magistrado entenda suficientemente demonstrada a doença grave por outros meios de prova.

▶ *Aprovada em 08/10/2017.*

» Importante.

Isenção de imposto de renda sobre os proventos da aposentadoria para doentes graves

» O imposto de renda é regido pela Lei nº 7.713/88. Esta Lei prevê que as pessoas portadoras de neoplasia maligna ou outras doenças graves e que estejam na inatividade não pagarão imposto de renda sobre os rendimentos recebidos a título de aposentadoria, pensão ou reforma (art. 6º, XIV).

» Em palavras mais simples: pessoas portadoras de doenças elencadas pela legislação não pagarão imposto de renda sobre os rendimentos que receberem a título de aposentadoria, pensão ou reforma.

Para ter direito à isenção do imposto de renda é necessária a cumulação de dois requisitos pelo contribuinte:

a) receber proventos de aposentadoria, pensão ou reforma; e

b) estar acometido de uma das doenças arroladas no dispositivo legal.

» Veja a previsão legal:

> Art. 6º Ficam isentos do imposto de renda os seguintes rendimentos percebidos por pessoas físicas:
>
> XIV - os proventos de aposentadoria ou reforma motivada por acidente em serviço e os percebidos pelos portadores de moléstia profissional, tuberculose ativa, alienação mental, esclerose múltipla, neoplasia maligna, cegueira, hanseníase, paralisia irreversível e incapacitante, cardiopatia grave, doença de Parkinson, espondiloartrose anquilosante, nefropatia grave, hepatopatia grave, estados avançados da doença de Paget (osteíte deformante), contaminação por radiação, síndrome da imunodeficiência adquirida, com base em conclusão da medicina especializada, mesmo que a doença tenha sido contraída depois da aposentadoria ou reforma;

Imagine agora a seguinte situação hipotética:

» João, aposentado, estava apresentando problemas de saúde e foi internado em um hospital particular.

» Fez diversos exames nos quais ficou constatado que ele está com neoplasia maligna (câncer).

» Diante disso, ele requereu isenção do imposto de renda sobre os valores que ele recebe a título de aposentadoria. Para tanto, ele juntou todos os laudos dos exames que realizou, assim como uma declaração do médico do hospital.

» A Receita Federal, contudo, indeferiu o pedido alegando que, para ter direito à isenção, seria indispensável a apresentação de um laudo médico oficial, conforme exige o art. 30 da Lei nº 9.250/95:

> Art. 30. A partir de 1º de janeiro de 1996, para efeito do reconhecimento de novas isenções de que tratam os incisos XIV e XXI do art. 6º da Lei nº 7.713, de 22 de dezembro de 1988, com a redação dada pelo art. 47 da Lei nº 8.541, de 23 de dezembro de 1992, a moléstia deverá ser comprovada mediante laudo pericial emitido por serviço médico oficial, da União, dos Estados, do Distrito Federal e dos Municípios.

» Inconformado, João ingressou com ação judicial pedindo o reconhecimento de seu direito à isenção com base nos inúmeros laudos médicos particulares que examinaram a sua situação e que atestaram a existência da moléstia.

O juiz poderá acolher o pedido de João? O magistrado pode reconhecer o direito à isenção do Imposto de Renda de que trata o art. 6º, XIV, da Lei nº 7.713/88 apenas com base em documentos médicos particulares (sem um laudo médico oficial)?

» SIM. A comprovação da moléstia grave para fins de isenção de imposto de renda não precisa ser comprovada mediante laudo médico OFICIAL podendo o magistrado valer-se de outras provas produzidas. Esse entendimento reiterado do STJ deu origem à Súmula 598.

E o art. 30 da Lei nº 9.250/95?

» O STJ entende que a norma prevista no art. 30 da Lei nº 9.250/95 é uma regra aplicável apenas para a Administração Pública, de forma que ela não vincula (limita) o juiz. Isso porque o magistrado, no momento de julgar, goza do "livre convencimento motivado" (persuasão racional), podendo apreciar, de forma motivada, as provas produzidas, conforme autorizado pelos arts. 371 e 479 do CPC/2015:

> Art. 371. O juiz apreciará a prova constante dos autos, independentemente do sujeito que a tiver promovido, e indicará na decisão as razões da formação de seu convencimento.
>
> Art. 479. O juiz apreciará a prova pericial de acordo com o disposto no art. 371, indicando na sentença os motivos que o levaram a considerar ou a deixar de considerar as conclusões do laudo, levando em conta o método utilizado pelo perito.

» Nesse sentido: STJ. 1ª Turma. AgRg no AREsp 533.874/RS, Rel. Min. Napoleão Nunes Maia Filho, julgado em 16/05/2017.

» Como explica Daniel Amorim Assumpção Neves:

> "O sistema de valoração das provas, adotado pelo sistema processual brasileiro, é o da persuasão racional, também chamado de livre convencimento motivado. Significa dizer que não existem cargas de convencimento pré-estabelecidas dos meios de prova, sendo incorreto afirmar abstratamente que determinado meio de prova é mais eficaz no convencimento do juiz do que outro. Com inspiração nesse sistema de valoração das provas, o art. 479 do Novo CPC prevê que o juiz não está adstrito ao laudo pericial, podendo se convencer com outros elementos ou fatos provados no processo." (*Comentários ao Novo Código de Processo Civil*. Salvador: JusPodivm, 2016, p. 817).

» Obs: alguns autores afirmam que, com o novo CPC, não seria mais correto falar em "livre" convencimento motivado. É o caso, por exemplo, de Fredie Didier:

> "Todas as referências ao 'livre convencimento motivado' foram extirpadas do texto do Código. O silêncio é eloquente. O convencimento do julgador deve ser racionalmente motivado: isso é quanto basta para a definição do sistema de valoração da prova pelo juiz adotado pelo CPC-2015.
>
> Não é mais correta, então, a referência ao 'livre convencimento motivado' como princípio fundamental do processo civil brasileiro; não é dogmaticamente aceitável, do mesmo modo, valer-se desse jargão para fundamentar as decisões judiciais. (...)" (DIDIER, Fredie. *Curso de Direito Processual Civil*. Vol. 2., Salvador: Juspodivm, 2015, p. 102-103).

» Apesar dessa relevantíssima posição doutrinária acima, é importante registrar que, para a maioria da doutrina e da jurisprudência, continua sendo possível falar em livre convencimento motivado. O próprio STJ permanece utilizado essa nomenclatura:

> (...) O art. 370 do Novo Código de Processo Civil (art. 130 do CPC/1973) consagra o princípio do livre convencimento motivado, segundo o qual o magistrado fica habilitado a valorar, livremente, as provas trazidas à demanda. (...)

STJ. 1ª Turma. AgRg no REsp 1169112/SC, Rel. Min. Napoleão Nunes Maia Filho, julgado em 27/06/2017.

Súmula 386-STJ: São isentas de Imposto de Renda as indenizações de férias proporcionais e o respectivo adicional.

▸ *Aprovada em 26/08/2009, DJe 01/09/2009.*

» Válida.

Súmula 93-STF: Não está isenta do imposto de renda a atividade profissional do arquiteto.

▸ *Aprovada em 13/12/1963.*

» Válida.

Súmula 584-STF: Ao imposto de renda calculado sobre os rendimentos do ano-base, aplica-se a lei vigente no exercício financeiro em que deve ser apresentada a declaração.

▸ *Aprovada em 15/12/1976, DJ 03/01/1977.*

» Polêmica, mas prevalece que continua válida.

» A doutrina critica esse enunciado. Isso porque o IR está sujeito ao princípio da anterioridade anual. Logo, se uma lei majora o IR, ela somente poderia ser exigida no exercício financeiro seguinte ao da sua publicação. O STJ também possui precedentes afastando a Súmula 584 (ex: STJ. 2ª Turma. AgRg no Ag 1363478/MS, Rel. Min. Castro Meira, julgado em 15/03/2011).

» Apesar das críticas da doutrina, o STF afirma que a Súmula 584 continua válida. O fato gerador do imposto de renda, na visão do STF, somente ocorre em 31 de dezembro do ano. Por isso, em regra, não viola o princípio da irretroatividade a edição de lei editada nos últimos dias mesmo que se aplique ao seu ano de edição. No entanto, esse entendimento do STF, cristalizado na Súmula 584, foi construído e vale para as hipóteses em que o imposto de renda tenha função meramente fiscal (arrecadatória), o que é a regra geral. Esse enunciado, contudo, não se aplica ao caso do art. 1º, I, da Lei nº 7.988/89 porque nesta hipótese o imposto de renda incidia sobre importações incentivadas pelo Governo, ou seja, o tributo aí tinha função extrafiscal. Nesse sentido: STF. RE 183130, Rel. p/ Acórdão Min. Teori Zavascki, julgado em 25/09/2014.

Súmula 447-STJ: Os Estados e o Distrito Federal são partes legítimas na ação de restituição de imposto retido na fonte proposta por seus servidores.

▸ *Aprovada em 28/04/2010, DJe 13/05/2010.*

» Válida.

Súmula 184-STJ: ~~A microempresa de representação comercial é isenta do Imposto de Renda.~~

▸ *Aprovada em 12/03/1997, DJ 31/03/1997.*

» Superada.

ICMS

Súmula 573-STF: Não constitui fato gerador do imposto de circulação de mercadorias a saída física de máquinas, utensílios e implementos a título de comodato.

▸ *Aprovada em 15/12/1976, DJ 03/01/1977.*

» Válida.

Súmula 433-STJ: O produto semielaborado, para fins de incidência de ICMS, é aquele que preenche cumulativamente os três requisitos do art. 1º da Lei Complementar n. 65/1991.

▸ *Aprovada em 24/03/2010, DJe 13/05/2010.*

» Válida.

Súmula vinculante 32-STF: O ICMS não incide sobre alienação de salvados de sinistro pelas seguradoras.

▸ *Aprovada em 08/04/2015, DJe 17/04/2015.*

» Válida.

Súmula 152-STJ: ~~Na venda pelo segurador, de bens salvados de sinistros, incide o ICMS.~~

▸ *Aprovada em 08/03/1996, DJ 14/03/1996.*

» Cancelada.

Súmula 155-STJ: O ICMS incide na importação de aeronave, por pessoa física, para uso próprio.

▸ *Aprovada em 22/03/1996, DJ 15/04/1996.*

» Válida.

Súmula 166-STJ: Não constitui fato gerador do ICMS o simples deslocamento de mercadoria de um para outro estabelecimento do mesmo contribuinte.

▸ *Aprovada em 14/08/1996, DJ 23/08/1996.*

» Válida.

Súmula 334-STJ: O ICMS não incide no serviço dos provedores de acesso à Internet.

▶ *Aprovada em 13/12/2006, DJ 14/02/2007.*

» Importante.

Súmula 350-STJ: O ICMS não incide sobre o serviço de habilitação de telefone celular.

▶ *Aprovada em 11/06/2008, DJe 19/06/2008.*

» Válida.

» No mesmo sentido: STF. RE 572020/DF, j. em 6/2/2014.

» Segundo entendimento consolidado do STJ e do STF, a prestação de serviços conexos ao de comunicação (que são preparatórios, acessórios ou intermediários da comunicação) não se confunde com a prestação da atividade fim – processo de transmissão (emissão ou recepção) de informações de qualquer natureza —, esta sim, passível de incidência do ICMS.

» O serviço de habilitação de celular configura atividade preparatória ao serviço de comunicação e, portanto, não sujeita à incidência do ICMS.

» Vale ressaltar que a própria Lei Geral de Telecomunicações prevê que o serviço de habilitação de telefonia móvel não é atividade-fim, mas sim atividade-meio para o serviço de comunicação.

» Desse modo, no ato de habilitação, não ocorre qualquer serviço efetivo de telecomunicação, sendo apenas disponibilizado o celular para se permitir a sua utilização pelo usuário.

» Sendo atividade-meio, a habilitação não pode ser enquadrada como serviço de comunicação prevista no art. 2º, III, da LC 87/1996.

Súmula 432-STJ: As empresas de construção civil não estão obrigadas a pagar ICMS sobre mercadorias adquiridas como insumos em operações interestaduais.

▶ *Aprovada em 24/03/2010, DJe 13/05/2010.*

» Válida.

Súmula 391-STJ: O ICMS incide sobre o valor da tarifa de energia elétrica correspondente à demanda de potência efetivamente utilizada.

▶ *Aprovada em 23/09/2009, DJe 07/10/2009.*

» Válida.

Súmula 661-STF: Na entrada de mercadoria importada do exterior, é legítima a cobrança do ICMS por ocasião do desembaraço aduaneiro.

▶ *Aprovada em 24/09/2003, DJ 09/10/2003.*

» Válida.

Súmula 660-STF: ~~Não incide ICMS na importação de bens por pessoa física ou jurídica que não seja contribuinte do imposto.~~

> ▸ *Aprovada em 24/09/2003, DJ 09/10/2003.*

» Superada desde a edição da EC 33/2001.

» Atualmente, o ICMS incide sobre toda e qualquer importação. Independentemente de a pessoa ser contribuinte ou não do ICMS, deverá pagar o ICMS importação.

» Veja a redação do art. 155, § 2º, IX, "a", da CF/88:

» Incide também o ICMS:

a) sobre a entrada de bem ou mercadoria importados do exterior por pessoa física ou jurídica, ainda que não seja contribuinte habitual do imposto, qualquer que seja a sua finalidade, assim como sobre o serviço prestado no exterior, cabendo o imposto ao Estado onde estiver situado o domicílio ou o estabelecimento do destinatário da mercadoria, bem ou serviço; (Redação dada pela EC 33/2001)

Súmula 198-STJ: Na importação de veículo por pessoa física, destinado a uso próprio, incide o ICMS.

> ▸ *Aprovada em 08/10/1997, DJ 21/10/1997.*

» Válida.

Súmula vinculante 48-STF: Na entrada de mercadoria importada do exterior, é legítima a cobrança do ICMS por ocasião do desembaraço aduaneiro.

> ▸ *Aprovada em 27/05/2015, DJe 02/06/2015.*

» Importante.

» A CF/88 prevê que haverá cobrança de ICMS nos casos de mercadoria importada do exterior ou nas hipóteses de serviço prestado no exterior. Ex: uma empresa que fabrica roupas deverá pagar ICMS se importou da China uma máquina têxtil para utilizar em sua linha de produção.

Se a pessoa que importou a mercadoria era uma pessoa física não contribuinte habitual do imposto, haverá incidência de ICMS?

» SIM.

Se a pessoa que importou a mercadoria era uma pessoa jurídica não comerciante (não contribuinte habitual do imposto), haverá incidência de ICMS?

» SIM.

Se a mercadoria foi importada pela empresa sem finalidade comercial (não seria utilizada em sua cadeia produtiva), mesmo assim haverá incidência de ICMS?

» SIM.

» Desde a edição da EC 33/2001, o ICMS incide sobre toda e qualquer importação. Independentemente de a pessoa ser contribuinte ou não do ICMS, deverá pagar o ICMS importação.

» Veja a redação do art. 155, 2º, IX, "a", da CF/88:

Art. 155 (...)

§ 2º (...)

IX – incidirá também:

a) sobre a entrada de bem ou mercadoria importados do exterior por pessoa física ou jurídica, ainda que não seja contribuinte habitual do imposto, qualquer que seja a sua finalidade, assim como sobre o serviço prestado no exterior, cabendo o imposto ao Estado onde estiver situado o domicílio ou o estabelecimento do destinatário da mercadoria, bem ou serviço; (Redação dada pela EC 33/2001)

Momento da cobrança do ICMS importação

O fato gerador do ICMS importação é a importação. Em que momento ocorre a importação e, consequentemente, o fato gerador do imposto?

» Considera-se ocorrido o fato gerador no momento do desembaraço aduaneiro da mercadoria ou bem importado do exterior (art. 12, IX, da LC 87/96). O despacho aduaneiro consiste na liberação da mercadoria ou bem importado após ser verificado que todas as formalidades exigidas foram cumpridas. Como o fato gerador ocorre com o despacho aduaneiro, a jurisprudência entende que exatamente neste momento já pode ser exigido o ICMS. Daí ter sido editada a SV 48 súmula afirmando isso.

Cuidado com a Súmula 577 do STF

» O STF possui um enunciado antigo (de 15/12/1976), que dizia o seguinte:

Súmula 577-STF: Na importação de mercadorias do exterior, o fato gerador do imposto de circulação de mercadorias ocorre no momento de sua entrada no estabelecimento do importador.

» Esta súmula encontra-se SUPERADA porque era baseada na legislação anterior e não mais subsiste, já que o art. 12, IX, da LC 87/96 afirma que o fato gerador do imposto é o desembaraço aduaneiro, situação que ocorre ainda na alfândega, ou seja, antes de o bem ou a mercadoria ser levada ao estabelecimento do importador.

Súmula 574-STF: Sem lei estadual que a estabeleça, é ilegítima a cobrança do imposto de circulação de mercadorias sobre o fornecimento de alimentação e bebidas em restaurante ou estabelecimento similar.

▸ *Aprovada em 15/12/1976, DJ 03/01/1977.*

» Válida.

Súmula 163-STJ: O fornecimento de mercadorias com a simultânea prestação de serviços em bares, restaurantes e estabelecimentos similares constitui fato gerador do ICMS a incidir sobre o valor total da operação.

▶ *Aprovada em 12/06/1996, DJ 11/11/1996.*

» Válida.

Súmula 135-STJ: O ICMS não incide na gravação e distribuição de filmes e videoteipes.

▶ *Aprovada em 09/05/1995, DJ 16/05/1995.*

Súmula 662-STF: É legítima a incidência do ICMS na comercialização de exemplares de obras cinematográficas, gravados em fitas de videocassete.

▶ *Aprovada em 24/09/2003, DJ 09/10/2003.*

» As duas súmulas são válidas, devendo ser interpretadas da seguinte forma:

» Venda de fitas de vídeo produzidas por encomenda de forma personalizada para um cliente: incide ISS (trata-se de prestação de um serviço).

» Venda de fitas de vídeo produzidas em série e ofertadas ao público em geral: incide ICMS (trata-se de comercialização de mercadoria).

Súmula 95-STJ: A redução da alíquota do imposto sobre produtos industrializados ou do imposto de importação não implica redução do ICMS.

▶ *Aprovada em 22/02/1994, DJ 28/02/1994.*

» Válida.

Súmula 431-STJ: É ilegal a cobrança de ICMS com base no valor da mercadoria submetido ao regime de pauta fiscal.

▶ *Aprovada em 24/03/2010, DJe 13/05/2010.*

» Importante.

Súmula 395-STJ: O ICMS incide sobre o valor da venda a prazo constante da nota fiscal.

▶ *Aprovada em 23/09/2009, DJe 07/10/2009.*

» Válida.

Súmula 237-STJ: Nas operações com cartão de crédito, os encargos relativos ao financiamento não são considerados no cálculo do ICMS.

▶ *Aprovada em 10/04/2000, DJ 25/04/2000.*

» Válida.

Súmula 68-STJ: A parcela relativa ao ICM inclui-se na base de calculo do PIS.

▶ *Aprovada em 15/12/1992, DJ 04/02/1993.*

» Válida.

Súmula 129-STJ: O exportador adquire o direito de transferência de crédito do ICMS quando realiza a exportação do produto e não ao estocar a matéria-prima.

▶ *Aprovada em 14/03/1995, DJ 23/03/1995.*

» Válida.

Súmula 457-STJ: Os descontos incondicionais nas operações mercantis não se incluem na base de cálculo do ICMS.

▶ *Aprovada em 25/08/2010, DJe 08/09/2010.*

» Válida.

Súmula vinculante 30-STF: ~~É inconstitucional lei estadual que, a título de incentivo fiscal, retém parcela do ICMS pertencente aos municípios.~~

▶ *Aprovada em 03/02/2010, porém pendente de publicação.*

» Esta súmula foi aprovada em 03/02/2010, mas, no dia seguinte, os Ministros decidiram que ela não deveria ser publicada, uma vez que concluíram que seria necessário analisar com mais calma o tema.

» Em suma, o enunciado não está valendo.

Súmula 509-STJ: É lícito ao comerciante de boa-fé aproveitar os créditos de ICMS decorrentes de nota fiscal posteriormente declarada inidônea, quando demonstrada a veracidade da compra e venda.

▶ *Aprovada em 26/03/2014, DJe 31/03/2014.*

» Importante.

Imagine a seguinte situação hipotética:

» A distribuidora "A" comprou diversas mercadorias da empresa "X" e depois as revendeu. Por força do princípio da não-cumulatividade, a distribuidora "A" registrou como crédito o valor que a empresa "X" teria pago de ICMS ao vender-lhe as mercadorias. Esse crédito foi utilizado pela distribuidora para abater o valor de ICMS que teria que pagar ao revender as mercadorias. Ocorre que, posteriormente, as notas fiscais emitidas pela empresa "X" (vendedora) foram declaradas inidôneas pela Receita estadual. Diante disso, o Fisco, com base no art. 23 da LC 87/96, cobrou o valor que a distribuidora "A" utilizou como crédito decorrente da aquisição das mercadorias. Veja o dispositivo legal:

Art. 23. O direito de crédito, para efeito de compensação com débito do imposto, reconhecido ao estabelecimento que tenha recebido as mercadorias ou para o qual tenham sido prestados os serviços, está condicionado à idoneidade da documentação e, se for o caso, à escrituração nos prazos e condições estabelecidos na legislação.

Agiu de maneira correta o Fisco estadual?

» NÃO. Segundo a jurisprudência do STJ, o comerciante que adquire mercadoria, cuja nota fiscal (emitida pela empresa vendedora) tenha sido, posteriormente, declarada inidônea, é considerado terceiro de boa-fé, o que autoriza o aproveitamento do crédito do ICMS pelo princípio da não-cumulatividade, desde que demonstrada a veracidade da compra e venda efetuada (em observância ao disposto no art. 136, do CTN).

» O ato declaratório da inidoneidade somente produz efeitos a partir de sua publicação. Assim, somente se a distribuidora comprasse os produtos após a declaração de inidoneidade é que não poderia ser feito o creditamento do ICMS.

» (...) A jurisprudência do Superior Tribunal de Justiça pacificou-se no sentido de que o adquirente de boa-fé não pode ser responsabilizado pela inidoneidade de notas fiscais emitidas pela empresa vendedora. Nesse caso, é possível o aproveitamento de crédito de ICMS relativo às referidas notas fiscais. Todavia, para tanto, é necessário que o contribuinte demonstre, pelos registros contábeis, que a operação de compra e venda efetivamente se realizou, incumbindo-lhe, portanto, o ônus da prova. (...) STJ. 1ª Turma. EDcl nos EDcl no REsp 623.335/PR, Rel. Min. Denise Arruda, julgado em 11/03/2008.

IPVA

Súmula 585-STJ: A responsabilidade solidária do ex-proprietário, prevista no art. 134 do Código de Trânsito Brasileiro – CTB, não abrange o IPVA incidente sobre o veículo automotor, no que se refere ao período posterior à sua alienação.

▸ *Aprovada em 14/12/2016, DJe 01/02/2017.*

» Importante.

Art. 134. No caso de transferência de propriedade, o proprietário antigo deverá encaminhar ao órgão executivo de trânsito do Estado dentro de um prazo de trinta dias, cópia autenticada do comprovante de transferência de propriedade, devidamente assinado e datado, sob pena de ter que se responsabilizar solidariamente pelas penalidades impostas e suas reincidências até a data da comunicação.

Parágrafo único. O comprovante de transferência de propriedade de que trata o caput poderá ser substituído por documento eletrônico, na forma regulamentada pelo Contran.

ITCMD

Súmula 331-STF: É legítima a incidência do imposto de transmissão "causa mortis" no inventário por morte presumida.

▸ *Aprovada em 13/12/1963.*

» Válida.

Súmula 590-STF: Calcula-se o imposto de transmissão "causa mortis" sobre o saldo credor da promessa de compra e venda de imóvel, no momento da abertura da sucessão do promitente vendedor.

▸ *Aprovada em 15/12/1976, DJ 03/01/1977.*

» Válida.

Súmula 112-STF: O imposto de transmissão "causa mortis" é devido pela alíquota vigente ao tempo da abertura da sucessão.

▸ *Aprovada em 13/12/1963.*

» Válida.

Súmula 114-STF: O imposto de transmissão "causa mortis" não é exigível antes da homologação do cálculo.

▸ *Aprovada em 13/12/1963.*

» Válida.

Súmula 115-STF: Sobre os honorários do advogado contratado pelo inventariante, com a homologação do juiz, não incide o imposto de transmissão "causa mortis".

▸ *Aprovada em 13/12/1963.*

» Válida.

Súmula 113-STF: ~~O imposto de transmissão "causa mortis" é calculado sobre o valor dos bens na data da avaliação.~~

▸ *Aprovada em 13/12/1963.*

» Superada.

IPI

Súmula 411-STJ: É devida a correção monetária ao creditamento do IPI quando há oposição ao seu aproveitamento decorrente de resistência ilegítima do Fisco.

▶ *Aprovada em 28/04/2010, DJe 13/05/2010.*

» Válida.

» Assim, apesar da Súmula 411 do STJ não falar expressamente em "demora" (mora) este enunciado é aplicado por analogia também para os casos em que o Fisco aceita prontamente o pedido de aproveitamento ou restituição, mas demora injustificadamente para efetivar na prática. Nesse sentido: STJ. 2ª Turma. AgRg no AgRg no REsp 1466507/RS, Rel. Min. Mauro Campbell Marques, julgado em 19/05/2015.

Súmula 494-STJ: O benefício fiscal do ressarcimento do crédito presumido do IPI relativo às exportações incide mesmo quando as matérias-primas ou os insumos sejam adquiridos de pessoa física ou jurídica não contribuinte do PIS/PASEP.

▶ *Aprovada em 08/08/2012, DJe 13/08/2012.*

» Válida.

Súmula 495-STJ: A aquisição de bens integrantes do ativo permanente da empresa não gera direito a creditamento de IPI.

▶ *Aprovada em 08/08/2012, DJe 13/08/2012.*

» Importante.

Súmula 591-STF: A imunidade ou a isenção tributária do comprador não se estende ao produtor, contribuinte do imposto sobre produtos industrializados.

▶ *Aprovada em 15/12/1976, DJ 03/01/1977.*

» Válida.

IOF

Súmula 185-STJ: Nos depósitos judiciais, não incide o imposto sobre operações financeiras.

▶ *Aprovada em 12/03/1997, DJ 31/03/1997.*

» Válida.

Súmula 664-STF: É inconstitucional o inciso V do art. 1º da Lei 8.033/90, que instituiu a incidência do imposto nas operações de crédito, câmbio e seguros – IOF sobre saques efetuados em caderneta de poupança.

▸ *Aprovada em 24/09/2003, DJ 09/10/2003.*

» Válida.

IPTU

Súmula 668-STF: É inconstitucional a lei municipal que tenha estabelecido, antes da Emenda Constitucional 29/2000, alíquotas progressivas para o IPTU, salvo se destinada a assegurar o cumprimento da função social da propriedade urbana.

▸ *Aprovada em 24/09/2003, DJ 09/10/2003.*

» Importante.

» Assim, a progressividade de alíquotas com base em outras razões que não a função social da propriedade somente é legítima após a edição da EC 29/2000.

Súmula vinculante 52-STF: Ainda quando alugado a terceiros, permanece imune ao IPTU o imóvel pertencente a qualquer das entidades referidas pelo art. 150, VI, c, da CF, desde que o valor dos aluguéis seja aplicado nas atividades para as quais tais entidades foram constituídas.

▸ *Aprovada em 18/06/2015, DJe 23/06/2015.*

» Importante.

» Veja comentários no tópico sobre "Imunidades".

Súmula 399-STJ: Cabe à legislação municipal estabelecer o sujeito passivo do IPTU.

▸ *Aprovada em 23/09/2009, DJ 07/10/2009.*

» Válida.

Súmula 583-STF: Promitente-comprador de imóvel residencial transcrito em nome de autarquia é contribuinte do imposto predial territorial urbano.

▸ *Aprovada em 15/12/1976, DJ 03/01/1977.*

» Válida, mas para isso, o promitente-comprador deverá estar previsto na lei municipal como contribuinte do imposto (Súmula 399-STJ).

Súmula 589-STF: É inconstitucional a fixação de adicional progressivo do imposto predial e territorial urbano em função do número de imóveis do contribuinte.

▶ *Aprovada em 15/12/1976, DJ 03/01/1977.*

» Válida.

Súmula 539-STF: É constitucional a lei do município que reduz o imposto predial urbano sobre imóvel ocupado pela residência do proprietário, que não possua outro.

▶ *Aprovada em 03/12/1969, DJ 10/12/1969.*

» Válida.

Súmula 160-STJ: É defeso, ao município, atualizar o IPTU, mediante decreto, em percentual superior ao índice oficial de correção monetária.

▶ *Aprovada em 12/06/1996, DJ 19/06/1996.*

» Importante.

Súmula 397-STJ: O contribuinte do IPTU é notificado do lançamento pelo envio do carnê ao seu endereço.

▶ *Aprovada em 23/09/2009, DJ 07/10/2009.*

» Importante.

ISS

Súmula 524-STJ: No tocante à base de cálculo, o ISSQN incide apenas sobre a taxa de agenciamento quando o serviço prestado por sociedade empresária de trabalho temporário for de intermediação, devendo, entretanto, englobar também os valores dos salários e encargos sociais dos trabalhadores por ela contratados nas hipóteses de fornecimento de mão de obra.

▶ *Aprovada em 22/04/2015, DJe 27/04/2015.*

» Válida.

Súmula 138-STJ: O ISS incide na operação de arrendamento mercantil de coisas móveis.

▶ *Aprovada em 16/05/1995, DJ 19/05/1995.*

» Válida.

Súmula vinculante 31-STF: É inconstitucional a incidência do Imposto sobre Serviços de Qualquer Natureza – ISS sobre operações de locação de bens móveis.

▶ *Aprovada em 04/02/2010, DJe 17/02/2010.*

» Importante.

Súmula 274-STJ: O ISS incide sobre o valor dos serviços de assistência médica, incluindo-se neles as refeições, os medicamentos e as diárias hospitalares.

▶ *Aprovada em 12/02/2003, DJ 20/02/2003.*

» Válida.

Súmula 424-STJ: É legítima a incidência de ISS sobre os serviços bancários congêneres da lista anexa ao DL nº 406/1968 e à LC n. 56/1987.

▶ *Aprovada em 10/03/2010, DJe 13/05/2010.*

» Válida.

Súmula 156-STJ: A prestação de serviço de composição gráfica, personalizada e sob encomenda, ainda que envolva fornecimento de mercadorias, está sujeita, apenas, ao ISS.

▶ *Aprovada em 22/03/1996, DJ 15/04/1996.*

» Válida.

Súmula 167-STJ: O fornecimento de concreto, por empreitada, para construção civil, preparado no trajeto até a obra em betoneiras acopladas a caminhões, é prestação de serviço, sujeitando-se apenas à incidência do ISS.

▶ *Aprovada em 11/09/2016, DJe 19/09/2016.*

» Válida.

Súmula 588-STF: O imposto sobre serviços não incide sobre os depósitos, as comissões e taxas de desconto, cobrados pelos estabelecimentos bancários.

▶ *Aprovada em 15/12/1976, DJ 03/01/1977.*

» Válida.

Súmula 663-STF: Os §§ 1º e 3º do art. 9º do DL 406/68 foram recebidos pela Constituição.

▶ *Aprovada em 24/09/2003, DJ 09/10/2003.*

» Válida.

ITBI

Súmula 656-STF: É inconstitucional a lei que estabelece alíquotas progressivas para o imposto de transmissão inter vivos de bens imóveis – ITBI com base no valor venal do imóvel.

▶ *Aprovada em 24/09/2003, DJ 09/10/2003.*

» Válida.

Súmula 470-STF: O imposto de transmissão "inter vivos" não incide sobre a construção, ou parte dela, realizada, inequivocamente, pelo promitente comprador, mas sobre o valor do que tiver sido construído antes da promessa de venda.

▶ *Aprovada em 01/10/1964, DJ 08/10/1964.*

» Válida.

Súmula 110-STF: O imposto de transmissão "inter vivos" não incide sobre a construção, ou parte dela, realizada pelo adquirente, mas sobre o que tiver sido construído ao tempo da alienação do terreno.

▶ *Aprovada em 13/12/1963.*

» Válida.

Súmula 75-STF: Sendo vendedora uma autarquia, a sua imunidade fiscal não compreende o imposto de transmissão "inter vivos", que é encargo do comprador.

▶ *Aprovada em 13/12/1963.*

» Válida.

ITR

Súmula 139-STJ: Cabe à Procuradoria da Fazenda Nacional propor execução fiscal para cobrança de crédito relativo ao ITR.

▶ *Aprovada em 16/05/1995, DJ 19/05/1995.*

» Válida.

TAXAS

Súmula 157-STJ: ~~É ilegítima a cobrança de taxa, pelo município, na renovação de licença para localização de estabelecimento comercial ou industrial.~~

▶ *Aprovada em 22/03/1996, DJ 15/04/1996.*

» Cancelada.

» O STF e o STJ consideram constitucional a taxa, anualmente renovável, pelo exercício do poder de polícia, se a base de cálculo não agredir o CTN (REsp 261571/SP, j. em 24/04/2002).

Súmula vinculante 12-STF: A cobrança de taxa de matrícula nas universidades públicas viola o disposto no art. 206, inciso IV, da Constituição Federal.

▶ *Aprovada em 13/08/2008, DJe 22/08/2008.*

» Importante.
» O fundamento desta súmula está no art. 206, IV, da CF/88, que estabelece o seguinte:

Art. 206. O ensino será ministrado com base nos seguintes princípios:
IV – gratuidade do ensino público em estabelecimentos oficiais;

» Cuidado! Há uma exceção a essa regra, conforme previsto no art. 242 da CF/88:

Art. 242. O princípio do art. 206, IV, não se aplica às instituições educacionais oficiais criadas por lei estadual ou municipal e existentes na data da promulgação desta Constituição, que não sejam total ou preponderantemente mantidas com recursos públicos.

Taxa de inscrição em vestibular

» Aplicando-se o raciocínio da SV 12, as universidades públicas também não podem cobrar taxa para inscrição em processo seletivo seriado (aquele "vestibular" que ocorre, de forma contínua, durante todo o ensino médio. Nesse sentido: STF. 1ª Turma. AI 748944 AgR, Rel. Min. Marco Aurélio, julgado em 05/08/2014.

Interpretação restritiva

» O STF faz uma interpretação restritiva do alcance dessa súmula e afirma que ela abrange apenas os cursos de ensino superior (graduação), não abrangendo os demais cursos realizados pelas universidades públicas. Assim, o Supremo decidiu que:

A garantia constitucional da gratuidade de ensino não obsta a cobrança por universidades públicas de mensalidade em cursos de especialização.
STF. Plenário. RE 597854/GO, Rel. Min. Edson Fachin, julgado em 26/4/2017 (repercussão geral) (Info 862).

Cursos de extensão

» Justamente por isso, essa súmula não se aplica para cursos de extensão. Em tais casos poderá haver cobrança de taxa de matrícula.

Súmula vinculante 29-STF: É constitucional a adoção, no cálculo do valor de taxa, de um ou mais elementos da base de cálculo própria de determinado imposto, desde que não haja integral identidade entre uma base e outra.

▶ *Aprovada em 03/02/2010, DJe 17/02/2010.*

» Importante.

Súmula vinculante 41-STF: O serviço de iluminação pública não pode ser remunerado mediante taxa.

▶ *Aprovada em 11/03/2015, DJe 20/03/2015.*

» Importante.

O que são as taxas?

» A taxa é uma espécie de tributo paga pelo contribuinte: 1) em virtude de um serviço prestado pelo Poder Público; ou 2) em razão do exercício da atividade estatal de poder de polícia.

» Diz-se que a taxa é um tributo bilateral, contraprestacional, sinalagmático ou vinculado. Isso porque a taxa é um tributo vinculado a uma atividade estatal específica, ou seja, a Administração Pública só pode cobrar se, em troca, estiver prestando um serviço público ou exercendo poder de polícia. Há, portanto, obrigações de ambas as partes. O poder público tem a obrigação de prestar o serviço ou exercer poder de polícia e o contribuinte a de pagar a taxa correspondente.

Quem pode instituir taxa?

» A União, os Estados, o DF e os Municípios. Trata-se de tributo de competência comum. A taxa será instituída de acordo com a competência de cada ente. Ex.: Município não pode instituir uma taxa pela emissão de passaporte, uma vez que essa atividade é de competência federal. Logo, a competência para a instituição das taxas está diretamente relacionada com as competências constitucionais de cada ente.

"Taxa" de iluminação pública

» Os serviços de iluminação pública (luzes que iluminam as cidades à noite) são de responsabilidade dos Municípios em virtude de ser considerado um serviço de interesse local (art. 30 da CF/88). Como os custos para manter esse serviço são muito altos, diversos Municípios instituíram, por meio de leis municipais, a cobrança de um valor a ser pago pelas pessoas que tivessem conta de energia elétrica. Essa cobrança já vinha diretamente na fatura da energia elétrica. As leis municipais diziam que estavam criando uma "taxa de serviço" ("taxa de iluminação pública"). Diversos contribuintes questionaram essa cobrança alegando que o serviço de iluminação pública não é específico e divisível. Logo, não poderia ser remunerado mediante taxa.

A questão chegou até o STF. É possível instituir taxa para custear os serviços prestados pelo Município com a iluminação pública? Em outras palavras, a iluminação dos postes nas vias públicas possui um custo, que é suportado pelos Municípios. É permitido que tais entes cobrem uma taxa dos usuários para remunerar esse serviço?

» NÃO. O serviço de iluminação pública não pode ser remunerado mediante taxa.

» O poder público somente poderá cobrar taxa para custear serviços públicos específicos e divisíveis. O serviço público de iluminação pública não é específico e divisível. Isso porque não é possível mensurar (medir, quantificar) o quanto cada pessoa se beneficiou pelo fato de haver aquela iluminação no poste. Uma pessoa que anda muito à pé, à noite, se beneficia, em tese, muito mais do que o indivíduo que quase não sai de casa, salvo durante o dia. Apesar de ser possível presumir que tais pessoas se beneficiam de forma diferente, não há como se ter certeza e não existe um meio de se controlar isso. Todo mundo (ou quase todo mundo) acaba pagando igual, independentemente do quanto cada um usufruiu. Perceba, assim, que o serviço de iluminação pública, em vez de ser específico e divisível, é, na verdade, geral (beneficia todos) e indivisível (não é possível mensurar cada um dos seus usuários).

» Como observa Ricardo Alexandre: "Nos serviços públicos gerais, também chamados universais (prestados uti universi), o benefício abrange indistintamente toda a população, sem destinatários identificáveis. Tome-se, a título de exemplo, o serviço de iluminação pública. Não há como identificar seus beneficiários (a não ser na genérica expressão 'coletividade'). Qualquer eleição de sujeito passivo pareceria arbitrária. Todos os que viajam para Recife, sejam oriundos de São Paulo, do Paquistão ou de qualquer outro lugar, utilizam-se do serviço de iluminação pública recifense, sendo impossível a adoção de qualquer critério razoável de mensuração do grau de utilização individual do serviço." (Direito Tributário esquematizado. São Paulo: Método, 2013, p. 29).

COSIP

» Diante das reiteradas decisões judiciais declarando as "taxas de iluminação pública" inconstitucionais, os Municípios que perderam essa fonte de receita começaram a pressionar o Congresso Nacional para que dessem uma solução ao caso. Foi então que, nos últimos dias de 2002, foi aprovada a EC 39/2002 que arrumou uma forma de os Municípios continuarem a receber essa quantia. O modo escolhido foi criar uma contribuição tributária destinada ao custeio do serviço de iluminação pública. Sendo uma contribuição, não havia mais a exigência de que o serviço público a ser remunerado fosse específico e divisível. Logo, o problema anterior foi contornado. Essa contribuição, chamada pela doutrina de COSIP, foi introduzida no art. 149-A da CF/88:

> Art. 149-A Os Municípios e o Distrito Federal poderão instituir contribuição, na forma das respectivas leis, para o custeio do serviço de iluminação pública, observado o disposto no art. 150, I e III.
>
> Parágrafo único. É facultada a cobrança da contribuição a que se refere o caput, na fatura de consumo de energia elétrica. (artigo incluído pela Emenda Constitucional nº 39/2002)

» Dessa forma, o serviço de iluminação pública não pode ser remunerado mediante taxa (SV 41). No entanto, os Municípios poderão instituir contribuição para custeio desse serviço (art. 149-A da CF/88).

Súmula 670-STF: O serviço de iluminação pública não pode ser remunerado mediante taxa.

▶ *Aprovada em 24/09/2003, DJ 09/10/2003.*

» O entendimento acima continua válido, mas foi aprovada a súmula vinculante 41 com o mesmo teor.

Súmula 665-STF: É constitucional a Taxa de Fiscalização dos Mercados de Títulos e Valores Mobiliários instituída pela Lei 7.940/89.

▶ *Aprovada em 24/09/2003, DJ 09/10/2003.*

» Válida.

Súmula 595-STF: É inconstitucional a taxa municipal de conservação de estradas de rodagem cuja base de cálculo seja idêntica a do imposto territorial rural.

▶ *Aprovada em 15/12/1976, DJ 03/01/1977.*

» Válida.

Súmula vinculante 19-STF: A taxa cobrada exclusivamente em razão dos serviços públicos de coleta, remoção e tratamento ou destinação de lixo ou resíduos provenientes de imóveis, não viola o art. 145, II, da CF.

▶ *Aprovada em 29/10/2009, DJe 10/11/2009.*

» Importante.

Súmula 667-STF: Viola a garantia constitucional de acesso à jurisdição a taxa judiciária calculada sem limite sobre o valor da causa.

▶ *Aprovada em 24/09/2003, DJ 09/10/2003.*

» Importante.

Súmula 545-STF: Preços de serviços públicos e taxas não se confundem, porque estas, diferentemente daqueles, são compulsórias e tem sua cobrança condicionada a prévia autorização orçamentária, em relação a lei que as instituiu.

▶ *Aprovada em 03/12/1969, DJ 10/12/1969.*

» Superada em parte. A parte final da súmula não se aplica mais, pois baseava-se no chamado princípio da anualidade tributária, segundo o qual um tributo somente poderia ser cobrado se tivesse sido autorizado pelo orçamento anual. Essa exigência não foi prevista na CF/88.

CONTRIBUIÇÕES

Súmula 396-STJ: A Confederação Nacional da Agricultura tem legitimidade ativa para a cobrança da contribuição sindical rural.

▶ *Aprovada em 23/09/2009, DJe 07/10/2009.*

» Válida.

Súmula 468-STJ: A base de cálculo do PIS, até a edição da MP n. 1.212/1995, era o faturamento ocorrido no sexto mês anterior ao do fato gerador.

▶ *Aprovada em 13/10/2010, DJe 25/10/2010.*

» Válida, mas pouco relevante.

Súmula 458-STJ: A contribuição previdenciária incide sobre a comissão paga ao corretor de seguros, independentemente da existência de contrato de trabalho.

▶ *Aprovada em 25/08/2008, DJe 08/09/2010.*

» Válida.

Súmula 77-STJ: A Caixa Econômica Federal é parte ilegítima para figurar no polo passivo das ações relativas às contribuições para o fundo PIS/PASEP.

▶ *Aprovada em 04/05/1993, DJ 12/05/1993.*

» Válida.

Súmula 659-STF: É legítima a cobrança da COFINS, do PIS e do FINSOCIAL sobre as operações relativas a energia elétrica, serviços de telecomunicações, derivados de petróleo, combustíveis e minerais do País.

▶ *Aprovada em 24/09/2003, DJ 09/10/2003.*

» Importante.

Súmula 508-STJ: A isenção da Cofins concedida pelo artigo 6º, II, da LC 70/91 às sociedades civis de prestação de serviços profissionais foi revogada pelo artigo 56 da Lei 9.430/96.

▶ *Aprovada em 26/03/2014, DJe 31/03/2014.*

» Importante.

Súmula 584-STJ: As sociedades corretoras de seguros, que não se confundem com as sociedades de valores mobiliários ou com os agentes autônomos de seguro privado, estão fora do rol de entidades constantes do art. 22, § 1º, da Lei n. 8.212/1991, não se sujeitando à majoração da alíquota da Cofins prevista no art. 18 da Lei n. 10.684/2003.

▶ *Aprovada em 14/12/2016, DJe 01/02/2017.*

» Válida.

» A Lei nº 10.684/2003 aumentou a alíquota da COFINS nos seguintes termos:

> Art. 18. Fica elevada para quatro por cento a alíquota da Contribuição para o Financiamento da Seguridade Social – COFINS devida pelas pessoas jurídicas referidas nos §§ 6º e 8º do art. 3º da Lei nº 9.718, de 27 de novembro de 1998.

» O § 6º do art. 3º da Lei nº 9.718/98, por sua vez, remete ao § 1º do art. 22 da Lei nº 8.212/91. Assim, o art. 18 da Lei nº 10.684/2003 aumentou a alíquota da COFINS para as entidades constantes do art. 22, § 1º, da Lei nº 8.212/91:

> § 1º No caso de bancos comerciais, bancos de investimentos, bancos de desenvolvimento, caixas econômicas, sociedades de crédito, financiamento e investimento, sociedades de crédito imobiliário, sociedades corretoras, distribuidoras de títulos e valores mobiliários, empresas de arrendamento mercantil, cooperativas de crédito, empresas de seguros privados e de capitalização, agentes autônomos de seguros privados e de crédito e entidades de previdência privada abertas e fechadas, além das contribuições referidas neste artigo e no art. 23, é devida a contribuição adicional de dois vírgula cinco por cento sobre a base de cálculo definida nos incisos I e III deste artigo.

As sociedades corretoras de seguros estão incluídas no rol do art. 22, § 1º, da Lei nº 8.212/91? As sociedades corretoras de seguros sofreram com o aumento da alíquota da COFINS promovida pelo art. 18 da Lei nº 10.684/2003?

» NÃO. Não cabe confundir as "sociedades corretoras de seguros" com as "sociedades corretoras de valores mobiliários" (regidas pela Resolução BACEN n. 1.655/89) ou com os "agentes autônomos de seguros privados" (representantes das seguradoras por contrato de agência).

» As "sociedades corretoras de seguros" estão fora do rol de entidades constantes do art. 22, § 1º, da Lei nº 8.212/91. Assim, o aumento de 3% para 4% da alíquota da COFINS promovido pelo art. 18 da Lei nº 10.684/2003 não alcança as sociedades corretoras de seguros.

» Nesse sentido: STJ. 1ª Seção. REsp 1.391.092-SC, Rel. Min. Mauro Campbell Marques, Primeira Seção, julgado em 22/4/2015 (recurso repetitivo) (Info 576).

Súmula Vinculante 40-STF: A contribuição confederativa de que trata o artigo 8º, IV, da Constituição Federal, só é exigível dos filiados ao sindicato respectivo.

▶ *Aprovada em 11/03/2015, DJe 20/03/2015.*

» Importante.

- » Com o objetivo de garantir o seu custeio, a CF/88 assegurou às entidades sindicais duas contribuições diferentes. Veja:

    Art. 8º (...)

    IV – a assembleia geral fixará a contribuição que, em se tratando de categoria profissional, será descontada em folha, para custeio do sistema confederativo da representação sindical respectiva, independentemente da contribuição prevista em lei;

- » Desse modo, apesar de a redação do inciso ser um pouco truncada, é possível perceber que ele fala em duas espécies de contribuição:

    1) Contribuição fixada pela assembleia geral (parte em cinza);

    2) Contribuição prevista em lei.

- » A SV 40 trata da contribuição fixada pela assembleia geral, que é chamada de contribuição confederativa ou "contribuição de assembleia".

- » Trata-se de contribuição voluntária que é fixada pela assembleia geral do sindicato (obrigação *ex voluntate*). Só é paga pelas pessoas que resolveram (optaram) se filiar ao sindicato.

- » Logo que a CF/88 foi editada, os sindicatos quiseram emplacar a tese de que a contribuição confederativa seria obrigatória, ou seja, a pessoa, mesmo sem ser filiada ao sindicato, deveria pagá-la.

- » O STF, contudo, rechaçou essa tese e, para pacificar o assunto, editou, em 2003, um enunciado: Súmula 666-STF: A contribuição confederativa de que trata o art. 8º, IV, da Constituição, só é exigível dos filiados ao sindicato respectivo.

- » Posteriormente, este enunciado foi transformado na SV 40.

Por que a contribuição CONFEDERATIVA não é obrigatória para todos da categoria? Por que ela só é exigível dos filiados ao sindicato?

- » Porque não existe uma lei que obrigue seu pagamento. A contribuição confederativa não é instituída por lei, mas sim por decisão da assembleia geral. Ora, se a pessoa não é filiada ao sindicato, não há razão jurídica que autorize que ela seja obrigada a pagar uma contribuição criada pela assembleia geral desse sindicato, do qual não faz parte. O indivíduo somente pode ser obrigado a pagar algo se isso for determinado por meio de lei ou se ele próprio se sujeitou a isso. Como a contribuição confederativa não é prevista em lei, somente será obrigatória se o trabalhador se sujeitou à filiação junto àquele sindicato.

Súmula 666-STF: A contribuição confederativa de que trata o art. 8º, IV, da Constituição, só é exigível dos filiados ao sindicato respectivo.

▶ *Aprovada em 24/09/2003, DJ 09/10/2003.*

- » O entendimento acima continua válido, mas foi aprovada a súmula vinculante 40 com o mesmo teor.

Súmula 732-STF: É constitucional a cobrança da contribuição do salário-educação, seja sob a Carta de 1969, seja sob a Constituição Federal de 1988, e no regime da Lei 9.424/96.

▸ *Aprovada em 26/11/2003, DJ 09/12/2003.*

» Válida.

Súmula 499-STJ: As empresas prestadoras de serviços estão sujeitas às contribuições ao Sesc e Senac, salvo se integradas noutro serviço social.

▸ *Aprovada em 13/03/2013, DJe 18/03/2013.*

» Válida.

Súmula 351-STJ: A alíquota de contribuição para o Seguro de Acidente do Trabalho (SAT) é aferida pelo grau de risco desenvolvido em cada empresa, individualizada pelo seu CNPJ, ou pelo grau de risco da atividade preponderante quando houver apenas um registro.

▸ *Aprovada em 11/06/2008, DJe 19/06/2008.*

» Válida.

Súmula 423-STJ: A contribuição para financiamento da Seguridade Social – Cofins incide sobre as receitas provenientes das operações de locação de bens móveis.

▸ *Aprovada em 10/03/2010, DJe 13/05/2010.*

» Válida.

Súmula 276-STJ: ~~As sociedades civis de prestação de serviços profissionais são isentas da Cofins, irrelevante o regime tributário adotado.~~

▸ *Aprovada em 14/05/2003, DJ 02/06/2003.*

» Cancelada em 12/11/2008.

» A referida isenção da COFINS foi revogada pelo art. 56 da Lei 9.430/96, revogação julgada válida pelo STF e STJ.

» Veja a Súmula 508 do STJ.

Súmula 516-STJ: A contribuição de intervenção no domínio econômico para o Incra (Decreto-Lei nº 1.110/1970), devida por empregadores rurais e urbanos, não foi extinta pelas Leis nº 7.787/1989, 8.212/1991 e 8.213/1991, não podendo ser compensada com a contribuição ao INSS.

▸ *Aprovada em 25/02/2015, DJe 02/03/2015.*

» Válida, mas pouco relevante.

Instituto Nacional de Colonização e Reforma Agrária (INCRA)

» É uma autarquia federal, criada pelo Decreto-Lei nº 1.110/70 e que tem como finalidades:

a) executar a reforma agrária;
b) realizar o ordenamento fundiário nacional.

Contribuição destinada ao INCRA

» Para que pudesse realizar suas atividades, foi destinado ao INCRA, por lei, o valor de 0,2% sobre a folha de salários das empresas. Vale ressaltar que essa contribuição é de responsabilidade de todas as empresas, independentemente do setor, ou seja, é paga tanto por empregadores rurais como urbanos.

Lei nº 7.787/89

» A Lei nº 7.787/89 instituiu novas contribuições previdenciárias e revogou diversas que existiam na época, dentre elas, a contribuição para o Fundo de Assistência ao Trabalhador Rural (FUNRURAL). Essa contribuição para o FUNRURAL era prevista no mesmo artigo que a contribuição destinada ao INCRA (art. 15, da LC 11/71). Em virtude disso, passou-se a defender que a Lei nº 7.787/89 teria revogado a contribuição destinada ao INCRA, substituindo-a pelas contribuições previdenciárias que instituiu. Para essa corrente, a contribuição destinada ao INCRA era uma espécie de "contribuição para o financiamento da seguridade social" e, como as contribuições para a seguridade social foram unificadas (para os trabalhadores urbanos e rurais), ela foi revogada, sendo substituída pelas outras contribuições previdenciárias arrecadadas pelo INSS.

» Como o Governo continuava cobrando tanto a contribuição destinada ao INCRA como também as contribuições destinadas ao INSS, algumas empresas que pagaram a contribuição destinada ao INCRA ingressaram com ações judiciais pedindo que fosse declarada a inexigibilidade desta contribuição e que os valores já pagos fossem compensados em relação aos débitos das demais contribuições previdenciárias. Invocavam, para tanto, o art. 66 da Lei nº 8.383/91:

> Art. 66. Nos casos de pagamento indevido ou a maior de tributos, contribuições federais, inclusive previdenciárias, e receitas patrimoniais, mesmo quando resultante de reforma, anulação, revogação ou rescisão de decisão condenatória, o contribuinte poderá efetuar a compensação desse valor no recolhimento de importância correspondente a período subsequente.
>
> § 1º A compensação só poderá ser efetuada entre tributos, contribuições e receitas da mesma espécie.

O STJ acatou a tese?

» NÃO. O entendimento que prevaleceu no STJ foi o de que a contribuição destinada ao INCRA, devida por empregadores rurais e urbanos, não foi extinta pelas Leis nº 7.787/1989, 8.212/1991 e 8.213/1991. Logo, não pode ser compensada com a contribuição destinada ao INSS. Segundo o STJ, a quantia revertida ao INCRA possui natureza jurídica de "contribuição de intervenção no domínio econômico" (CIDE), encontrando fundamento no art. 149 da CF/88. Não se trata, portanto, de contribuição previdenciária. Isso porque o INCRA nunca foi responsável pela prestação de serviços previdenciários ou de assistência social para os trabalhadores do campo. Sua finalidade sempre esteve ligada à reforma agrária. Desse modo, quando as Leis nº 7.787/1989, 8.212/1991 e 8.213/1991 unificaram a Previdência dos trabalhadores rurais e urbanos em uma só (Previdência Social) e unificaram também o tratamento legislativo das contribuições previdenciárias, elas não revogaram a contribuição destinada ao INCRA porque esta autarquia não tinha nenhuma relação com Previdência Social.

» Não houve revogação expressa porque tais leis não fizeram menção expressamente aos dispositivos legais nos quais está prevista a contribuição para o INCRA; também não houve revogação tácita, uma vez que a CIDE e as contribuições previdenciárias são exações distintas, não sendo incompatíveis entre si.

GATT

Súmula 575-STF: A mercadoria importada de país signatário do GATT, ou membro da ALALC, estende-se a isenção do imposto sobre circulação de mercadorias concedida a similar nacional.

▶ *Aprovada em 15/12/1976, DJ 03/01/1977.*

» Válida.

Súmula 20-STJ: A mercadoria importada de país signatário do GATT é isenta do ICM, quando contemplado com esse favor o similar nacional.

▶ *Aprovada em 04/12/1990, DJ 07/12/1990.*

» Válida.

LIBERAÇÃO ALFANDEGÁRIA

Súmula 262-STF: Não cabe medida possessória liminar para liberação alfandegária de automóvel.

▶ *Aprovada em 13/12/1963.*

» Válida.
» Art. 1º da Lei nº 2.770/56.

DRAWBACK

Súmula 569-STJ: Na importação, é indevida a exigência de nova certidão negativa de débito no desembaraço aduaneiro, se já apresentada a comprovação da quitação de tributos federais quando da concessão do benefício relativo ao regime de drawback.

▶ *Aprovada em 27/04/2016, DJe 02/05/2016.*

» Válida.

» Para que o contribuinte possa receber incentivos ou benefícios fiscais relacionados com tributos federais, ele não pode estar em débito com o Fisco federal. Assim, ao requerer o incentivo ou benefício, o contribuinte deverá apresentar uma certidão negativa comprovando que todos os tributos federais estão quitados. Tal exigência encontra-se prevista no art. 60 da Lei nº 9.069/95 e no art. 47, I, "a", da Lei nº 8.212/91:

> Art. 60. A concessão ou reconhecimento de qualquer incentivo ou benefício fiscal, relativos a tributos e contribuições administrados pela Secretaria da Receita Federal fica condicionada à comprovação pelo contribuinte, pessoa física ou jurídica, da quitação de tributos e contribuições federais.
>
> (...)
>
> Art. 47. É exigida Certidão Negativa de Débito-CND, fornecida pelo órgão competente, nos seguintes casos:
>
> I – da empresa:
>
> a) na contratação com o Poder Público e no recebimento de benefícios ou incentivo fiscal ou creditício concedido por ele;

Concessão do benefício e desembaraço aduaneiro

» Para que o contribuinte possa participar do drawback, é necessário que ele assuma junto ao Governo um compromisso de exportação. A Secretaria de Comércio Exterior (SECEX) analisa o pedido e autoriza (ou não) a importação com a suspensão dos tributos. No momento em que formula o pedido, já se exige que o contribuinte apresente a certidão negativa de tributos federais. Ocorre que, posteriormente, no momento em que a mercadoria chega ao Brasil e o importador vai realizar o desembaraço aduaneiro, o Governo exige novamente a apresentação da certidão negativa.

» O STJ, contudo, entende que é indevida a exigência da certidão negativa nestes dois momentos distintos. Assim, "apresentada a certidão negativa, antes da concessão do benefício por operação Drawback, não é lícito condicionar-se à apresentação de novo certificado negativo no desembaraço aduaneiro da respectiva importação." (STJ. 1ª Turma. REsp 196.161/RS, Rel. Min. Humberto Gomes de Barros, julgado em 16/11/1999).

Drawback: ato complexo

» O argumento do STJ para que a certidão negativa seja exigida somente uma vez está no fato de que o drawback é uma operação única que, no entanto, se divide em três momentos distintos:

a) quando a mercadoria ingressa no território nacional;

b) quando a mercadoria, no País, sofre o beneficiamento; e

c) quando a mercadoria beneficiada vai ser reexportada (REsp 240.322/RS).

» Assim, o drawback é um ato complexo, que se forma a partir da conjugação dessas três fases, não sendo lícito exigir-se a certidão negativa em cada uma de suas etapas.

Outra razão invocada pelo STJ está na redação do art. 60 da Lei nº 9.069/95

» Isso porque o referido dispositivo afirma que a comprovação, pelo contribuinte, da quitação de tributos federais deve ocorrer no momento da "concessão ou reconhecimento" de qualquer incentivo ou benefício fiscal. Dessa forma, a certidão é exigida em um momento ou no outro. E não nos dois. Assim, quando o Fisco aceitou o compromisso do contribuinte de fazer o drawback, ele já concedeu o benefício, exigindo, para tanto, a certidão negativa. Logo, não é devida nova exigência no momento do desembaraço.

FISCALIZAÇÃO TRIBUTÁRIA

Súmula 439-STF: Estão sujeitos a fiscalização tributária ou previdenciária quaisquer livros comerciais, limitado o exame aos pontos objeto da investigação.

▸ *Aprovada em 01/10/1964, DJ 08/10/1964.*

» Válida.

OUTRAS SÚMULAS SUPERADAS

Súmula 49-STJ: ~~Na exportação de café em grão, não se inclui na base de cálculo do ICM a quota de contribuição, a que e refere o art. 2º do decreto-lei 2.295, de 21.11.86.~~

▸ *Aprovada em 08/09/1992, DJ 17/09/1992.*

» Superada.

Súmula 50-STJ: ~~O adicional de tarifa portuária incide apenas nas operações realizadas com mercadorias importadas ou exportadas, objeto do comércio de navegação de longo curso.~~

▸ *Aprovada em 08/09/1992, DJ 17/09/1992.*

» Superada.

Súmula 66-STF: ~~É legítima a cobrança do tributo que houver sido aumentado após o orçamento, mas antes do início do respectivo exercício financeiro.~~

Súmula 67-STF: ~~É inconstitucional a cobrança do tributo que houver sido criado ou aumentado no mesmo exercício financeiro.~~

▶ *Aprovadas em 13/12/1963.*

» Superadas.

» Essas súmulas baseavam-se no chamado princípio da anualidade tributária, segundo o qual um tributo somente poderia ser cobrado se tivesse sido autorizado pelo orçamento anual. Essa exigência não foi prevista na CF/88.

Súmula 68-STF: ~~É legítima a cobrança, pelos municípios, no exercício de 1961, de tributo estadual, regularmente criado ou aumentado, e que lhes foi transferido pela Emenda Constitucional 5, de 21/11/1961.~~

▶ *Aprovada em 13/12/1963.*

» Superada.

Súmula 71-STJ: ~~O bacalhau importado de país signatário do GATT é isento do ICM.~~

▶ *Aprovada em 15/12/1992, DJ 04/02/1993.*

» Superada.

Súmula 73-STF: ~~A imunidade das autarquias, implicitamente contida no art. 31, V, "a", da Constituição Federal, abrange tributos estaduais e municipais.~~

▶ *Aprovada em 13/12/1963.*

» Superada.

Súmula 74-STF: ~~O imóvel transcrito em nome de autarquia, embora objeto de promessa de venda a particulares, continua imune de impostos locais.~~

▶ *Aprovada em 13/12/1963.*

» Superada.

Súmula 76-STF: ~~As sociedades de economia mista não estão protegidas pela imunidade fiscal do art. 31, V, "a", Constituição Federal.~~

▶ *Aprovada em 13/12/1963.*

» Superada.

» A súmula faz referência à CF/46. Além disso, as sociedades de economia mista que prestem serviço público gozam de imunidade tributária. Nesse sentido: STF RE 749006 AgR/RJ, Dje 20/11/2013.

Súmula 77-STF: ~~Está isenta de impostos federais a aquisição de bens pela Rede Ferroviária Federal.~~

▸ *Aprovada em 13/12/1963.*

» Superada.

Súmula 78-STF: ~~Estão isentas de impostos locais as empresas de energia elétrica, no que respeita às suas atividades específicas.~~

▸ *Aprovada em 13/12/1963.*

» Superada.

Súmula 79-STF: ~~O Banco do Brasil não tem isenção de tributos locais.~~

▸ *Aprovada em 13/12/1963.*

» Superada.

» O Banco do Brasil, sociedade de economia mista exploradora de atividade econômica, não goza de isenção de quaisquer tributos (e não apenas tributos locais).

Súmula 80-STJ: ~~A taxa de melhoramento dos portos não se inclui na base de cálculo do ICMS.~~

▸ *Aprovada em 15/06/1993, DJ 29/06/1993.*

» Superada.

Súmula 81-STF: ~~As cooperativas não gozam de isenção de impostos locais, com fundamento na constituição e nas leis federais.~~

▸ *Aprovada em 13/12/1963.*

» Superada.

Súmula 82-STF: ~~São inconstitucionais o imposto de cessão e a taxa sobre inscrição de promessa de venda de imóvel, substitutivos do imposto de transmissão, por incidirem sobre ato que não transfere o domínio.~~

▸ *Aprovada em 13/12/1963.*

» Superada.

Súmula 83-STF: ~~Os ágios de importação incluem-se no valor dos artigos importados para incidência do imposto de consumo.~~

▸ *Aprovada em 13/12/1963.*

» Superada.

Súmula 84-STF: Não estão isentos do imposto de consumo os produtos importados pelas cooperativas.

▶ *Aprovada em 13/12/1963.*

» Superada.

Súmula 85-STF: Não estão sujeitos ao imposto de consumo os bens de uso pessoal e doméstico trazidos, como bagagem, do exterior.

▶ *Aprovada em 13/12/1963.*

» Superada.

Súmula 86-STF: Não está sujeito ao imposto de consumo automóvel usado, trazido do exterior pelo proprietário.

▶ *Aprovada em 13/12/1963.*

» Superada.

Súmula 87-STF: Somente no que não colidirem com a Lei 3244, de 14/8/1957, são aplicáveis acordos tarifários anteriores.

▶ *Aprovada em 13/12/1963.*

» Superada.

Súmula 87-STJ: A isenção do ICMS relativa a rações balanceadas para animais abrange o concentrado e o suplemento.

▶ *Aprovada em 28/09/1993, DJ 01/10/1993.*

» Superada.

Súmula 88-STF: É válida a majoração da tarifa alfandegária, resultante da Lei 3244, de 14/8/1957, que modificou o acordo geral sobre tarifas aduaneiras e comércio (GATT), aprovado pela Lei 313, de 30/7/1948.

▶ *Aprovada em 13/12/1963.*

» Superada.

Súmula 89-STF: Estão isentas do imposto de importação frutas importadas da Argentina, do Chile, da Espanha e de Portugal, enquanto vigentes os respectivos acordos comerciais.

▶ *Aprovada em 13/12/1963.*

» Superada.

Súmula 90-STF: É legítima a lei local que faça incidir o imposto de indústrias e profissões com base no movimento econômico do contribuinte.

▶ *Aprovada em 13/12/1963.*

» Superada.

Súmula 91-STF: A incidência do imposto único não isenta o comerciante de combustíveis do imposto de indústrias e profissões.

▶ *Aprovada em 13/12/1963.*

» Superada.

Súmula 92-STF: É constitucional o art. 100, II, da Lei 4563, de 20/2/1957, do município de Recife, que faz variar o imposto de licença em função do aumento do capital do contribuinte.

▶ *Aprovada em 13/12/1963.*

» Superada.

Súmula 94-STF: É competente a autoridade alfandegária para o desconto, na fonte, do imposto de renda correspondente às comissões dos despachantes aduaneiros.

▶ *Aprovada em 13/12/1963.*

» Superada.

Súmula 94-STJ: A parcela relativa ao ICMS inclui-se na base de cálculo do FINSOCIAL.

▶ *Aprovada em 22/02/1994, DJ 28/02/1994.*

» Superada.

Súmula 95-STF: Para cálculo do imposto de lucro extraordinário, incluem-se no capital as reservas do ano base, apuradas em balanço.

▶ *Aprovada em 13/12/1963.*

» Superada.

Súmula 96-STF: O imposto de lucro imobiliário incide sobre a venda de imóvel da meação do cônjuge sobrevivente, ainda que aberta a sucessão antes da vigência da Lei 3470, de 28/11/58.

▶ *Aprovada em 13/12/1963.*

» Superada.

Súmula 97-STF: É devida a alíquota anterior do imposto de lucro imobiliário, quando a promessa de venda houver sido celebrada antes da vigência da lei que a tiver elevado.

▶ *Aprovada em 13/12/1963.*

» Superada.

Súmula 98-STF: Sendo o imóvel alienado na vigência da Lei 3470, de 28/11/1958, ainda que adquirido por herança, usucapião ou a título gratuito, é devido o imposto de lucro imobiliário.

▶ *Aprovada em 13/12/1963.*

» Superada.

Súmula 99-STF: Não é devido o imposto de lucro imobiliário, quando a alienação de imóvel adquirido por herança, ou a título gratuito, tiver sido anterior à vigência da lei 3470, de 28/11/1958.

▶ *Aprovada em 13/12/1963.*

» Superada.

Súmula 100-STF: Não é devido o imposto de lucro imobiliário, quando a alienação de imóvel, adquirido por usucapião, tiver sido anterior à vigência da Lei 3470, de 28/11/1958.

▶ *Aprovada em 13/12/1963.*

» Superada.

Súmula 100-STJ: É devido o adicional ao frete para renovação da marinha mercante na importação sob o regime de benefícios fiscais a exportação (BEFIEX).

▶ *Aprovada em 19/04/1994, DJ 25/04/1994.*

» Superada.

Súmula 102-STF: É devido o imposto federal do selo pela incorporação de reservas, em reavaliação de ativo, ainda que realizada antes da vigência da Lei 3.519, de 30.12.1958.

▶ *Aprovada em 13/12/1963.*

» Superada.

Súmula 103-STF: É devido o imposto federal do selo na simples reavaliação de ativo realizada posteriormente à vigência da Lei 3.519, de 30.12.1958.

▶ *Aprovada em 13/12/1963.*

» Superada.

Súmula 104-STF: ~~Não é devido o imposto federal do selo na simples reavaliação de ativo anterior à vigência da Lei 3.519, de 30.12.1958.~~

▶ *Aprovada em 13/12/1963.*

» Superada.

Súmula 106-STF: ~~É legítima a cobrança de selo sobre registro de automóvel, na conformidade da legislação estadual.~~

▶ *Aprovada em 13/12/1963.*

» Superada.

Súmula 107-STF: ~~É inconstitucional o imposto de selo de 3%, "ad valorem", do Paraná, quanto aos produtos remetidos para fora do estado.~~

▶ *Aprovada em 13/12/1963.*

» Superada.

Súmula 108-STF: ~~É legítima a incidência do imposto de transmissão "inter vivos" sobre o valor do imóvel ao tempo da alienação, e não da promessa, na conformidade da legislação local.~~

▶ *Aprovada em 13/12/1963.*

» Superada.

Súmula 111-STF: ~~É legítima a incidência do imposto de transmissão "inter vivos" sobre a restituição, ao antigo proprietário, de imóvel que deixou de servir à finalidade da sua desapropriação.~~

▶ *Aprovada em 13/12/1963.*

» Superada.

Súmula 113-STF: ~~O imposto de transmissão "causa mortis" é calculado sobre o valor dos bens na data da avaliação.~~

▶ *Aprovada em 13/12/1963.*

» Superada.

Súmula 116-STF: ~~Em desquite ou inventário, é legítima a cobrança do chamado imposto de reposição, quando houver desigualdade nos valores partilhados.~~

▶ *Aprovada em 13/12/1963.*

» Superada.

Súmula 117-STF: A lei estadual pode fazer variar a alíquota do imposto de vendas e consignações em razão da espécie do produto.

▸ *Aprovada em 13/12/1963.*

» Superada.

Súmula 118-STF: Estão sujeitas ao imposto de vendas e consignações as transações sobre minerais, que ainda não estão compreendidos na legislação federal sobre o imposto único.

▸ *Aprovada em 13/12/1963.*

» Superada.

Súmula 119-STF: É devido o imposto de vendas e consignações sobre a venda de cafés ao Instituto Brasileiro do Café, embora o lote, originariamente, se destinasse à exportação.

▸ *Aprovada em 13/12/1963.*

» Superada.

Súmula 124-STF: É inconstitucional o adicional do imposto de vendas e consignações cobrado pelo Estado do Espírito Santo sobre cafés da cota de expurgo entregues ao Instituto Brasileiro do Café.

▸ *Aprovada em 13/12/1963.*

» Superada.

Súmula 124-STJ: A taxa de melhoramento dos portos tem base de cálculo diversa do imposto de importação, sendo legítima a sua cobrança sobre a importação de mercadorias de países signatários do GATT, da ALALC ou ALADI.

▸ *Aprovada em 06/12/1994, DJ 09/12/1994.*

» Superada.

Súmula 125-STF: Não é devido o imposto de vendas e consignações sobre a parcela do imposto de consumo que onera a primeira venda realizada pelo produtor.

▸ *Aprovada em 13/12/1963.*

» Superada.

Súmula 126-STF: É inconstitucional a chamada taxa de aguardente, do instituto do açúcar e do álcool.

▸ *Aprovada em 13/12/1963.*

» Superada.

Súmula 127-STF: ~~É indevida a taxa de armazenagem, posteriormente aos primeiros trinta dias, quando não exigível o imposto de consumo, cuja cobrança tenha motivado a retenção da mercadoria.~~

» Superada.

▸ *Aprovada em 13/12/1963.*

Súmula 128-STF: ~~É indevida a taxa de assistência médica hospitalar das instituições de previdência social.~~

» Superada.

▸ *Aprovada em 13/12/1963.*

Súmula 129-STF: ~~Na conformidade da legislação local, é legítima a cobrança de taxa de calçamento.~~

» Superada.

▸ *Aprovada em 13/12/1963.*

Súmula 130-STF: ~~A taxa de despacho aduaneiro (art. 66 da Lei 3.244, de 14.08.1957) continua a ser exigível após o Dec. Legisl. 14, de 25.08.60, que aprovou alterações introduzidas no acordo geral sobre tarifas aduaneiras e comércio (GATT).~~

» Superada.

▸ *Aprovada em 13/12/1963.*

Súmula 131-STF: ~~A taxa de despacho aduaneiro (art. 66 da Lei 3.244, de 14.08.57) continua a ser exigível após o Dec. Legisl. 14, de 25.08.60, mesmo para as mercadorias incluídas na vigente lista III do acordo geral sobre tarifas aduaneiras e comércio (GATT).~~

» Superada.

▸ *Aprovada em 13/12/1963.*

Súmula 132-STF: ~~Não é devida a taxa de previdência social na importação de amianto bruto ou em fibra.~~

» Superada.

▸ *Aprovada em 13/12/1963.*

Súmula 133-STF: ~~Não é devida a taxa de despacho aduaneiro na importação de fertilizantes e inseticidas.~~

» Superada.

▸ *Aprovada em 13/12/1963.*

Súmula 134-STF: ~~A isenção fiscal para a importação de frutas da Argentina compreende a taxa de despacho aduaneiro e a taxa de previdência social.~~

▸ *Aprovada em 13/12/1963.*

» Superada.

Súmula 135-STF: ~~É inconstitucional a taxa de eletrificação de Pernambuco.~~

▸ *Aprovada em 13/12/1963.*

» Superada.

Súmula 136-STF: ~~É constitucional a taxa de estatística da Bahia.~~

▸ *Aprovada em 13/12/1963.*

» Superada.

Súmula 137-STF: ~~A taxa de fiscalização da exportação incide sobre a bonificação cambial concedida ao exportador.~~

▸ *Aprovada em 13/12/1963.*

» Superada.

Súmula 138-STF: ~~É inconstitucional a taxa contra fogo, do Estado de Minas Gerais, incidente sobre prêmio de seguro contra fogo.~~

▸ *Aprovada em 13/12/1963.*

» Superada.

Súmula 139-STF: ~~É indevida a cobrança do imposto de transação a que se refere a Lei 899, de 1957, art. 58, inciso IV, letra "e", do antigo Distrito Federal.~~

▸ *Aprovada em 13/12/1963.*

» Superada.

Súmula 140-STF: ~~Na importação de lubrificantes, é devida a taxa de previdência social.~~

▸ *Aprovada em 13/12/1963.*

» Superada.

Súmula 141-STF: ~~Não incide a taxa de previdência social sobre combustíveis.~~

▸ *Aprovada em 13/12/1963.*

» Superada.

Súmula 142-STF: ~~Não é devida a taxa de previdência social sobre mercadorias isentas do imposto de importação.~~

▶ *Aprovada em 13/12/1963.*

» Superada.

Súmula 143-STF: ~~Na forma da lei estadual, é devido o imposto de vendas e consignações na exportação de café pelo Estado da Guanabara, embora proveniente de outro estado.~~

▶ *Aprovada em 13/12/1963.*

» Superada.

Súmula 144-STF: ~~É inconstitucional a incidência da taxa de recuperação econômica do Estado de Minas Gerais sobre contrato sujeito ao imposto federal do selo.~~

▶ *Aprovada em 13/12/1963.*

» Superada.

Súmula 148-STF: ~~É legítimo o aumento de tarifas portuárias por ato do Ministro da Viação e Obras Públicas.~~

▶ *Aprovada em 13/12/1963.*

» Superada.

Súmula 244-STF: ~~A importação de máquinas de costura está isenta do imposto de consumo.~~

▶ *Aprovada em 13/12/1963.*

» Superada.

Súmula 274-STF: ~~É inconstitucional a taxa de serviço contra fogo, cobrada pelo Estado de Pernambuco.~~

▶ *Aprovada em 13/12/1963.*

» Superada.

Súmula 302-STF: ~~Está isenta da taxa de previdência social a importação de petróleo bruto.~~

▶ *Aprovada em 13/12/1963.*

» Superada.

Súmula 303-STF: Não é devido o imposto federal de selo em contrato firmado com autarquia anteriormente à vigência da Emenda Constitucional número 5, de 21 de novembro de 1961.

▸ *Aprovada em 13/12/1963.*

» Superada.

Súmula 306-STF: As taxas de recuperação econômica e de assistência hospitalar de Minas Gerais são legítimas, quando incidem sobre matéria tributável pelo Estado.

▸ *Aprovada em 13/12/1963.*

» Superada.

Súmula 308-STF: A taxa de despacho aduaneiro, sendo adicional do imposto de importação, não incide sobre borracha importada com isenção daquele imposto.

▸ *Aprovada em 13/12/1963.*

» Superada.

Súmula 309-STF: A taxa de despacho aduaneiro, sendo adicional do imposto de importação, não está compreendida na isenção do imposto de consumo para automóvel usado trazido do exterior pelo proprietário.

▸ *Aprovada em 13/12/1963.*

» Superada.

Súmula 318-STF: É legítima a cobrança, em 1962, pela municipalidade de São Paulo, do imposto de indústrias e profissões, consoante as leis 5917 e 5919, de 1961 (aumento anterior à vigência do orçamento e incidência do tributo sobre o movimento econômico do contribuinte).

▸ *Aprovada em 13/12/1963.*

» Superada.

Súmula 324-STF: A imunidade do art. 31, v, da Constituição Federal não compreende as taxas.

▸ *Aprovada em 13/12/1963.*

» Superada.

Súmula 326-STF: É legítima a incidência do imposto de transmissão "inter vivos" sobre a transferência do domínio útil.

▸ *Aprovada em 13/12/1963.*

» Superada.

Súmula 328-STF: É legítima a incidência do imposto de transmissão "inter vivos" sobre a doação de imóvel.

▶ *Aprovada em 13/12/1963.*

» Superada.

Súmula 329-STF: O imposto de transmissão "inter vivos" não incide sobre a transferência de ações de sociedade imobiliária.

▶ *Aprovada em 13/12/1963.*

» Superada.

Súmula 332-STF: É legítima a incidência do imposto de vendas e consignações sobre a parcela do preço correspondente aos ágios cambiais.

▶ *Aprovada em 13/12/1963.*

» Superada.

Súmula 333-STF: Está sujeita ao imposto de vendas e consignações a venda realizada por invernista não qualificado como pequeno produtor.

▶ *Aprovada em 13/12/1963.*

» Superada.

Súmula 334-STF: É legítima a cobrança, ao empreiteiro, do imposto de vendas e consignações, sobre o valor dos materiais empregados, quando a empreitada não for apenas de lavor.

▶ *Aprovada em 13/12/1963.*

» Superada.

Súmula 348-STF: É constitucional a criação de taxa de construção, conservação e melhoramento de estradas.

▶ *Aprovada em 13/12/1963.*

» Superada.

Súmula 350-STF: O imposto de indústrias e profissões não é exigível de empregado, por falta de autonomia na sua atividade profissional.

▶ *Aprovada em 13/12/1963.*

» Superada.

Súmula 404-STF: ~~Não contrariam a Constituição os arts. 3, 22 e 27 da Lei 3.244, de 14.08.1957, que definem as atribuições do Conselho de Política Aduaneira quanto a tarifa flexível.~~

> ▸ *Aprovada em 03/04/1964, DJ 08/05/1964.*

» Superada.

Súmula 418-STF: ~~O empréstimo compulsório não é tributo, e sua arrecadação não está sujeita a exigência constitucional da prévia autorização orçamentária.~~

> ▸ *Aprovada em 01/06/19864, DJ 06/07/1964.*

» Superada.

Súmula 435-STF: ~~O imposto de transmissão "causa mortis" pela transferência de ações é devido ao estado em que tem sede a companhia.~~

> ▸ *Aprovada em 01/06/19864, DJ 06/07/1964.*

» Superada.

Súmula 436-STF: ~~É válida a Lei 4.093, de 24.10.1959, do Paraná, que revogou a isenção concedida às cooperativas por lei anterior.~~

> ▸ *Aprovada em 01/06/19864, DJ 06/07/1964.*

» Superada.

Súmula 437-STF: ~~Está isenta da taxa de despacho aduaneiro a importação de equipamento para a indústria automobilística, segundo plano aprovado, no prazo legal, pelo órgão competente.~~

> ▸ *Aprovada em 01/06/19864, DJ 06/07/1964.*

» Superada.

Súmula 438-STF: ~~É ilegítima a cobrança, em 1962, da taxa de educação e saúde, de Santa Catarina, adicional do imposto de vendas e consignações.~~

> ▸ *Aprovada em 01/06/1964, DJ 06/07/1964.*

» Superada.

Súmula 468-STF: ~~Após a E.C. 5, de 21.11.61, em contrato firmado com a União, Estado, Município ou Autarquia, é devido o imposto federal de selo pelo contratante não protegido pela imunidade, ainda que haja repercussão do ônus tributário sobre o patrimônio daquelas entidades.~~

> ▸ *Aprovada em 01/10/1964, DJ 08/10/1964.*

» Superada.

Súmula 469-STF: ~~A multa de cem por cento, para o caso de mercadoria importada irregularmente, é calculada à base do custo de câmbio da categoria correspondente.~~

▸ *Aprovada em 01/10/1964, DJ 08/10/1964.*

» Superada.

Súmula 471-STF: ~~As empresas aeroviárias não estão isentas do imposto de indústrias e profissões.~~

▸ *Aprovada em 01/10/1964, DJ 08/10/1964.*

» Superada.

Súmula 532-STF: ~~É constitucional a Lei 5.043, de 21.06.1966, que concedeu remissão das dívidas fiscais oriundas da falta de oportuno pagamento de selo nos contratos particulares com a caixa econômica e outras entidades autárquicas.~~

▸ *Aprovada em 03/12/1969, DJ 10/12/1969.*

» Superada.

Súmula 533-STF: ~~Nas operações denominadas "crediários", com emissão de vales ou certificados para compras e nas quais, pelo financiamento, se cobram, em separado, juros, selos e outras despesas, incluir-se-á tudo no custo da mercadoria e sobre esse preço global calcular-se-á o imposto de vendas e consignações.~~

▸ *Aprovada em 03/12/1969, DJ 10/12/1969.*

» Superada.

Súmula 534-STF: ~~O imposto de importação sobre o extrato alcoólico de malte, como matéria-prima para fabricação de "Whisky", incide a base de 60%, desde que desembarcado antes do Decreto-Lei 398, de 30.12.1968.~~

▸ *Aprovada em 03/12/1969, DJ 10/12/1969.*

» Superada.

Súmula 535-STF: ~~Na importação, a granel, de combustíveis líquidos é admissível a diferença de peso, para mais, até 4%, motivada pelas variações previstas no Decreto-Lei 1.028, de 04.01.1939, art. 1.~~

▸ *Aprovada em 03/12/1969, DJ 10/12/1969.*

» Superada.

Súmula 536-STF: São objetivamente imunes ao imposto sobre circulação de mercadorias os "produtos industrializados", em geral, destinados a exportação, além de outros, com a mesma destinação, cuja isenção a lei determinar.

▶ *Aprovada em 03/12/1969, DJ 10/12/1969.*

» Superada.

Súmula 537-STF: É inconstitucional a exigência de imposto estadual do selo, quando feita nos atos e instrumentos tributados ou regulados por lei federal, ressalvado o disposto no art. 15, parágrafo 5, da Constituição Federal de 1946.

▶ *Aprovada em 03/12/1969, DJ 10/12/1969.*

» Superada.

Súmula 538-STF: A avaliação judicial para o efeito do cálculo das benfeitorias dedutíveis do imposto sobre lucro imobiliário independe do limite a que se refere a Lei 3.470, de 28.11.1958, art. 8º, parágrafo único.

▶ *Aprovada em 03/12/1969, DJ 10/12/1969.*

» Superada.

Súmula 540-STF: No preço da mercadoria sujeita ao imposto de vendas e consignações, não se incluem as despesas de frete e carreto.

▶ *Aprovada em 03/12/1969, DJ 10/12/1969.*

» Superada.

Súmula 541-STF: O imposto sobre vendas e consignações não incide sobre a venda ocasional de veículos e equipamentos usados, que não se insere na atividade profissional do vendedor, e não é realizada com o fim de lucro, sem caráter, pois, de comercialidade.

▶ *Aprovada em 03/12/1969, DJ 10/12/1969.*

» Superada.

Súmula 543-STF: A Lei 2.975, de 27.11.1965, revogou, apenas, as isenções de caráter geral, relativas ao imposto único sobre combustíveis, não as especiais, por outras leis concedidas.

▶ *Aprovada em 03/12/1969, DJ 10/12/1969.*

» Superada.

Súmula 548-STF: ~~É inconstitucional o Decreto-Lei 643, de 19.6.47, artigo 4º, do Paraná, na parte que exige selo proporcional sobre atos e instrumentos regulados por lei federal.~~

▶ *Aprovada em 03/12/1969, DJ 10/12/1969.*

» Superada.

Súmula 549-STF: ~~A taxa de bombeiros do Estado de Pernambuco é constitucional, revogada a súmula 274.~~

▶ *Aprovada em 03/12/1969, DJ 10/12/1969.*

» Superada.

Súmula 550-STF: ~~A isenção concedida pelo art. 2º da Lei 1.815, de 1953, às empresas de navegação aérea não compreende a taxa de melhoramento de portos, instituída pela Lei 3.421, de 1958.~~

▶ *Aprovada em 03/12/1969, DJ 10/12/1969.*

» Superada.

Súmula 551-STF: ~~É inconstitucional a taxa de urbanização da Lei 2.320, de 20.12.1961, instituída pelo Município de Porto Alegre, porque seu fato gerador é o mesmo da transmissão imobiliária.~~

▶ *Aprovada em 03/12/1969, DJ 10/12/1969.*

» Superada.

Súmula 553-STF: ~~O Adicional ao Frete Para Renovação da Marinha Mercante (AFRMM) é contribuição parafiscal, não sendo abrangido pela imunidade prevista na letra d, inciso III, do art. 19, da Constituição Federal.~~

▶ *Aprovada em 15/12/1976, DJ 03/01/1977.*

» Superada.

Súmula 559-STF: ~~O Decreto-Lei 730, de 5.8.69, revogou a exigência de homologação, pelo Ministro da Fazenda, das resoluções do conselho de política aduaneira.~~

▶ *Aprovada em 15/12/1976, DJ 03/01/1977.*

» Superada.

Súmula 569-STF: É inconstitucional a discriminação de alíquotas do imposto de circulação de mercadorias nas operações interestaduais, em razão de o destinatário ser, ou não, contribuinte.

▶ *Aprovada em 15/12/1976, DJ 03/01/1977.*

» Superada.

Súmula 570-STF: O imposto de circulação de mercadorias não incide sobre a importação de bens de capital.

▶ *Aprovada em 15/12/1976, DJ 03/01/1977.*

» Superada.

Súmula 571-STF: O comprador de café ao IBC, ainda que sem expedição de nota fiscal, habilita-se, quando da comercialização do produto, ao crédito do ICM que incidiu sobre a operação anterior.

▶ *Aprovada em 15/12/1976, DJ 03/01/1977.*

» Superada.

Súmula 572-STF: No cálculo do imposto de circulação de mercadorias devido na saída de mercadorias para o exterior, não se incluem fretes pagos a terceiros, seguros e despesas de embarque.

▶ *Aprovada em 15/12/1976, DJ 03/01/1977.*

» Superada.

Súmula 576-STF: É lícita a cobrança do imposto de circulação de mercadorias sobre produtos importados sob o regime da alíquota "zero".

▶ *Aprovada em 15/12/1976, DJ 03/01/1977.*

» Superada.

Súmula 577-STF: Na importação de mercadorias do exterior, o fato gerador do imposto de circulação de mercadorias ocorre no momento de sua entrada no estabelecimento do importador.

▶ *Aprovada em 15/12/1976, DJ 03/01/1977.*

» Superada.

Súmula 578-STF: ~~Não podem os estados, a título de ressarcimento de despesas, reduzir a parcela de 20% do produto da arrecadação do imposto de circulação de mercadorias, atribuídas aos municípios pelo art. 23, parágrafo 8º, da Constituição Federal.~~

» Superada.

▸ *Aprovada em 15/12/1976, DJ 03/01/1977.*

Súmula 579-STF: ~~A cal virgem e a hidratada estão sujeitas ao imposto de circulação de mercadorias.~~

» Superada.

▸ *Aprovada em 15/12/1976, DJ 03/01/1977.*

Súmula 580-STF: ~~A isenção prevista no art. 13, parágrafo único, do Decreto-Lei 43/66, restringe-se aos filmes cinematográficos.~~

» Superada.

▸ *Aprovada em 15/12/1976, DJ 03/01/1977.*

Súmula 582-STF: ~~É constitucional a Resolução 640/69, do Conselho de Política Aduaneira, que reduziu a alíquota do imposto de importação para a soda cáustica, destinada a zonas de difícil distribuição e abastecimento.~~

» Superada.

▸ *Aprovada em 15/12/1976, DJ 03/01/1977.*

Súmula 585-STF: ~~Não incide o imposto de renda sobre a remessa de divisas para pagamento de serviços prestados no exterior, por empresa que não opera no Brasil.~~

» Superada.

▸ *Aprovada em 15/12/1976, DJ 03/01/1977.*

Súmula 615-STF: ~~O princípio constitucional da anualidade (par 29 do art 153 da CF) não se aplica a revogação de isenção do ICM.~~

» Superada.

▸ *Aprovada em 17/10/1984, DJ 29/10/1984.*

Súmula 658-STF: ~~São constitucionais os arts. 7º da Lei 7.787/89 e 1º da Lei 7.894/89 e da Lei 8.147/90, que majoraram a alíquota do Finsocial, quando devida a contribuição por empresas dedicadas exclusivamente à prestação de serviços.~~

» Superada.

▸ *Aprovada em 24/09/2003, DJ 09/10/2003.*

11. DIREITO DO TRABALHO

ACIDENTE DO TRABALHO

Súmula 35-STF: Em caso de acidente do trabalho ou de transporte, a concubina tem direito de ser indenizada pela morte do amásio, se entre eles não havia impedimento para o matrimônio.

▸ *Aprovada em 13/12/1963.*

» Superada, em parte.

» Atualmente, a forma correta de ler essa súmula é a seguinte: "Em caso de acidente do trabalho ou de transporte, o(a) companheiro(a) tem direito de ser indenizado(a) pela morte da pessoa com quem vivia em união estável.

» O termo concubinato é, atualmente, reservado apenas para o relacionamento entre duas pessoas no qual pelo menos uma delas é impedida de casar (art. 1.727 do CC).

Súmula 198-STF: As ausências motivadas por acidente do trabalho não são descontáveis do período aquisitivo das férias.

▸ *Aprovada em 13/12/1963.*

» Válida.

Súmula 464-STF: No cálculo da indenização por acidente do trabalho inclui-se, quando devido, o repouso semanal remunerado.

▸ *Aprovada em 01/10/1964, DJ 08/10/1964.*

» Válida.

Súmula 314-STF: Na composição do dano por acidente do trabalho, ou de transporte, não é contrário à lei tomar para base da indenização o salário do tempo da perícia ou da sentença.

▶ *Aprovada em 13/12/1963.*

» Válida.

Súmula 230-STF: A prescrição da ação de acidente do trabalho conta-se do exame pericial que comprovar a enfermidade ou verificar a natureza da incapacidade.

▶ *Aprovada em 13/12/1963.*

» Válida.

ESTABILIDADE

Súmula 676-STF: A garantia da estabilidade provisória prevista no art. 10, II, a, do ADCT, também se aplica ao suplente do cargo de direção de comissões internas de prevenção de acidentes (CIPA).

▶ *Aprovada em 24/09/2003, DJ 09/10/2003.*

» Válida.

FALTA GRAVE

Súmula 316-STF: A simples adesão à greve não constitui falta grave.

▶ *Aprovada em 13/12/1963.*

» Válida.

Súmula 403-STF: É de decadência o prazo de trinta dias para instauração do inquérito judicial, a contar da suspensão, por falta grave, de empregado estável.

▶ *Aprovada em 03/04/1964, DJ 08/05/1964.*

» Válida, mas sem nenhuma relevância.

FGTS

Súmula vinculante 1-STF: Ofende a garantia constitucional do ato jurídico perfeito a decisão que, sem ponderar as circunstâncias do caso concreto, desconsidera a validez e a eficácia de acordo constante do termo de adesão instituído pela Lei Complementar nº 110/2001.

▶ *Aprovada em 30/05/2007, DJe 06/06/2007.*

» Válida.

» Veja comentários em Direito Constitucional (Direitos e garantias fundamentais).

Súmula 154-STJ: Os optantes pelo FGTS, nos termos da Lei nº 5.958, de 1973, têm direito à taxa progressiva dos juros, na forma do art. 4º da Lei nº 5.107, de 1966.

▶ *Aprovada em 22/03/1996, DJ 15/04/1996.*

» Válida.

Súmula 593-STF: Incide o percentual do fundo de garantia do tempo de serviço (FGTS) sobre a parcela da remuneração correspondente a horas extraordinárias de trabalho.

▶ *Aprovada em 15/12/1976, DJ 03/01/1977.*

» Válida.

Súmula 578-STJ: Os empregados que laboram no cultivo da cana-de-açúcar para empresa agroindustrial ligada ao setor sucroalcooleiro detêm a qualidade de rurícola, ensejando a isenção do FGTS desde a edição da Lei Complementar n. 11/1971 até a promulgação da Constituição Federal de 1988.

▶ *Aprovada em 22/06/2016, DJ 27/06/2016.*

» Válida.

FGTS

» É a sigla para Fundo de Garantia por Tempo de Serviço. O FGTS foi criado pela Lei nº 5.107/66 com o objetivo de proteger o trabalhador demitido sem justa causa. Atualmente, o FGTS é regido pela Lei nº 8.036/90.

Em que consiste o FGTS?

» O FGTS nada mais é do que uma conta bancária aberta em nome do trabalhador e vinculada a ele no momento em que celebra seu primeiro contrato de trabalho. Nessa conta bancária, o empregador deposita todos os meses o valor equivalente a 8% do salário pago ao empregado, acrescido de juros e atualização monetária (conhecidos pela sigla "JAM"). Assim, vai sendo formado um fundo de reserva financeira para o trabalhador, ou seja, uma espécie de "poupança", que é utilizada pelo obreiro quando fica desempregado sem justa causa ou quando precisa para alguma finalidade relevante, assim considerada pela lei. Se o empregado for demitido sem justa, o empregador é obrigado a depositar, na conta vinculada do trabalhador, uma indenização compensatória de 40% do montante de todos os depósitos realizados na conta vinculada durante a vigência do contrato de trabalho, atualizados monetariamente e acrescidos dos respectivos juros (art. 18, § 1º da Lei nº 8.036/90). O trabalhador que possui conta do FGTS vinculada a seu nome é chamado de trabalhador participante do Fundo de Garantia do Tempo de Serviço.

Lei Complementar nº 11/71

» A Lei Complementar nº 11/71 instituiu o Programa de Assistência ao Trabalhador Rural e não previu o regime do FGTS para os trabalhadores rurais (rurícolas). Em outras palavras, por força da LC 11/71, os empregadores rurais não precisavam recolher contribuições para o FGTS com relação aos seus empregados rurais.

Constituição de 1988

» Esta isenção do FGTS para os trabalhadores rurais perdurou até a promulgação da Constituição Federal de 1988. Isso porque o art. 7°, da CF/88 equiparou os trabalhadores urbanos e rurais e no seu inciso III previu que os rurícolas também possuem direito ao sistema do FGTS. Veja:

> Art. 7° São direitos dos trabalhadores urbanos e rurais, além de outros que visem à melhoria de sua condição social:
> (...)
> III – fundo de garantia do tempo de serviço;

» Desse modo, somente com a CF/88 os trabalhadores rurais passaram a ter direito ao FGTS.

Quem é considerado "empregado rural"?

» A definição de empregado rural encontra-se estampada no art. 2° da Lei n° 5.889/73:

> Art. 2° Empregado rural é toda pessoa física que, em propriedade rural ou prédio rústico, presta serviços de natureza não eventual a empregador rural, sob a dependência deste e mediante salário.

E qual é o conceito de "empregador rural"?

» O conceito de empregador rural está previsto no art. 3° da Lei 5.889/89:

> Art. 3° Considera-se empregador, rural, para os efeitos desta Lei, a pessoa física ou jurídica, proprietário ou não, que explore atividade agro-econômica, em caráter permanente ou temporário, diretamente ou através de prepostos e com auxílio de empregados.
> § 1° Inclui-se na atividade econômica referida no caput deste artigo, além da exploração industrial em estabelecimento agrário não compreendido na Consolidação das Leis do Trabalho – CLT, aprovada pelo Decreto-Lei n° 5.452, de 1° de maio de 1943, a exploração do turismo rural ancilar à exploração agroeconômica.

Os indivíduos que trabalham para as usinas sucroalcooleiras exercendo suas atividades na lavoura canavieira podem ser considerados empregados rurais?

» SIM. Os empregados que laboram no cultivo da cana-de-açúcar para empresa agroindustrial ligada ao setor sucroalcooleiro detêm a qualidade de rurícola, ou seja, são empregados rurais. Isso porque estão preenchidos os requisitos dos arts. 2° e 3° acima descritos. Vejamos:

a) a pessoa que trabalha no cultivo da cana-de-açúcar presta serviços em uma propriedade rural (lavoura);

b) este serviço é prestado em favor de uma empresa que pode ser considerada "empregador rural".

Por que a usina sucroalcooleira pode ser considerada empregador rural?

» Porque ela se enquadra no conceito de "agroindústria" e a agroindústria é empregadora rural.

» Agroindústria é a indústria que beneficia matéria-prima oriunda da agricultura e vende o produto final. A colheita de cana-de-açúcar e sua transformação em álcool e açúcar refinado é considerada atividade agroindustrial para os fins da Lei nº 5.889/73. Dessa forma, as usinas sucroalcooleiras são consideradas agroindústrias.

» Assim, o indivíduo que trabalha na lavoura canavieira colhendo cana para ser utilizada pela empresa sucroalcooleira é empregado rural. Isso porque o cultivo de cana-de-açúcar é uma atividade rural e está sendo prestada para uma agroindústria, amoldando-se, portanto, ao conceito conjugado dos art. 2º e 3º da Lei nº 5.889/73. Nesse sentido, confira-se os seguintes precedentes do TST:

> (...) Os trabalhadores que prestam serviço no campo, ainda que seja a empresa agro-industrial, cuja atividade consiste no plantio e colheita da cana-de-açúcar para posterior transformação em açúcar e álcool, não são empregados urbanos, e sim rurais (...) (TST. 2ª Turma. RR – 380823-38.1997.5.09.5555, Rel. Juiz Conv. Aloysio Silva Corrêa da Veiga, DJ 04/05/2001).

> (...) O enquadramento rurícola (ou não) de trabalhador do campo supõe o cumprimento de dois requisitos: que labore para empregador agroeconômico e que o faça no campo, independentemente da exata função exercida. (...) (TST. 6ª Turma. AIRR 64000-90.2000.5.05.0342, Rel. Min. Mauricio Godinho Delgado, DEJT 06/11/2009).

Isenção do FGTS desde a edição da LC 11/71 até a CF/88

» Como os empregados de usinas sucroalcooleiras que trabalham na lavoura canavieira são considerados empregados rurais, isso significa que, durante o período compreendido entre a LC 11/71 até a CF/88, eles não estavam vinculados obrigatoriamente ao regime do FGTS. Em outras palavras, os trabalhadores nas plantações de cana-de-açúcar pertencentes a usinas sucroalcooleiras são considerados empregados rurais e, por isso, só têm direito ao FGTS a partir de 1988, quando foi promulgada a Constituição. Logo, as usinas sucroalcooleiras não estavam obrigadas a recolher as contribuições para o FGTS dos seus empregados que trabalhavam nas plantações de cana-de-açúcar. Esta obrigação só passou a existir a partir da CF/88.

Súmula 249-STJ: A Caixa Econômica Federal tem legitimidade passiva para integrar processo em que se discute correção monetária do FGTS.

▸ *Aprovada em 24/05/2001, DJ 22/06/2001.*

» Válida.

Súmula 466-STJ: O titular da conta vinculada ao FGTS tem o direito de sacar o saldo respectivo quando declarado nulo seu contrato de trabalho por ausência de prévia aprovação em concurso público.

▶ *Aprovada me 13/10/2010, DJe 25/10/2010.*

» Válida.
» Art. 19-A da Lei nº 8.036/90.

Súmula 459-STJ: A Taxa Referencial (TR) é o índice aplicável, a título de correção monetária, aos débitos com o FGTS recolhidos pelo empregador, mas não repassados ao fundo.

▶ *Aprovada em 25/08/2010, DJe 08/09/2010.*

» Válida.

Súmula 571-STJ: A taxa progressiva de juros não se aplica às contas vinculadas ao FGTS de trabalhadores qualificados como avulsos.

▶ *Aprovada em 27/04/2016, DJe 02/05/2016.*

» Válida.

Súmula 445-STJ: As diferenças de correção monetária resultantes de expurgos inflacionários sobre os saldos de FGTS têm como termo inicial a data em que deveriam ter sido creditadas.

▶ *Aprovada em 28/04/2010, DJe 13/05/2010.*

» Válida.

Súmula 252-STJ: Os saldos das contas do FGTS, pela legislação infraconstitucional, são corrigidos em 42,72% (IPC) quanto às perdas de janeiro de 1989 e 44,80% (IPC) quanto às de abril de 1990, acolhidos pelo STJ os índices de 18,02% (LBC) quanto às perdas de junho de 1987, de 5,38% (BTN) para maio de 1990 e 7,00% (TR) para fevereiro de 1991, de acordo com o entendimento do STF (RE 226.855-7-RS).

▶ *Aprovada em 13/06/2001, DJ 13/08/2001.*

» Válida.

Súmula 210-STJ: ~~A ação de cobrança das contribuições para o FGTS prescreve em trinta (30) anos.~~

▶ *Aprovada em 27/05/1998, DJ 05/06/1998.*

» Superada.

» Essa ação de que trata a súmula é aquela proposta pelo Governo contra os empregadores que não fizeram o recolhimento das contribuições para o FGTS. O STJ consolidou a posição de que esse prazo seria de 30 anos porque se entendeu que a contribuição para o FGTS não tem natureza tributária, sendo uma contribuição destinada ao trabalhador. Logo, não se aplicaria o prazo prescricional do CTN, mas sim o trabalhista.

» Como o prazo para o trabalhador reclamar contra o não-recolhimento da contribuição para o FGTS era de 30 anos, o STJ afirmava que esse mesmo prazo deveria ser aplicado para as cobranças efetuadas pelo Governo quanto à contribuição do FGTS por ele recolhida.

» Ocorre que o STF, promovendo uma reviravolta na jurisprudência, decidiu que o prazo prescricional para a cobrança judicial dos valores devidos relativos ao FGTS é de 5 anos. Isso porque deve ser aplicado o art. 7º, XXIX, da CF/88. O art. 23, § 5º, da Lei 8.036/90 e o art. 55 do Decreto 99.684/90, que previam o prazo prescricional de 30 anos, foram julgados inconstitucionais (STF. Plenário. ARE 709212/DF, Rel. Min. Gilmar Mendes, julgado em 13/11/2014. Repercussão geral. Info 767).

» Apesar de o julgado do STF ter tratado especificamente da ação proposta pelo trabalhador contra o empregador cobrando o não-recolhimento do FGTS, minha posição pessoal é a de que essa redução no prazo prescricional também influencia nas ações intentadas pelo Governo contra as empresas cobrando as contribuições para o FGTS. Assim, entendo que a Súmula 210-STJ encontra-se superada.

Súmula 514-STJ: A CEF é responsável pelo fornecimento dos extratos das contas individualizadas vinculadas ao FGTS dos trabalhadores participantes do Fundo de Garantia do Tempo de Serviço, inclusive para fins de exibição em juízo, independentemente do período em discussão.

▸ *Aprovada em 14/08/2014, DJe 18/08/2014.*

» Importante.

Qual é o papel da Caixa Econômica Federal no FGTS?

» A Caixa Econômica Federal exerce o papel de agente operador do FGTS (art. 4º da Lei nº 8.036/90). Dentre outras funções, cabe a CEF: centralizar os recursos do FGTS; manter e controlar as contas vinculadas; emitir extratos individuais correspondentes às contas vinculadas (art. 7º, I).

» A CEF exerce a função de agente operador desde o início do FGTS, ou seja, desde que o Fundo foi criado em 1966? NÃO. A CEF assumiu esse papel com a edição da Lei nº 8.036/90, que substituiu a Lei nº 5.107/66.

» O art. 7º da Lei nº 8.036/90 estabeleceu o seguinte:

Art. 12. No prazo de um ano, a contar da promulgação desta lei, a Caixa Econômica Federal assumirá o controle de todas as contas vinculadas, nos termos do item I do art. 7º, passando os demais estabelecimentos bancários, findo esse prazo, à condição de agentes recebedores e pagadores do FGTS, mediante recebimento de tarifa, a ser fixada pelo Conselho Curador.

» Desse modo, a CEF somente passou a centralizar os recursos do FGTS, controlar as contas vinculadas e emitir extratos dessas contas a partir de maio de 1991. Antes, o controle das contas do FGTS era pulverizado em diversas instituições financeiras. Assim, existiam contas de FGTS em diversos bancos, sendo cada um deles responsável por isso.

» No momento em que ocorreu a centralização das contas do FGTS na CEF, os bancos depositários tiveram que emitir um extrato das contas vinculadas que estavam sob sua responsabilidade. Esses extratos foram fornecidos à CEF. Essa obrigação foi prevista no art. 24 do Decreto nº 99.684/90, que regulamentou a Lei do FGTS:

> Art. 24. Por ocasião da centralização na CEF, caberá ao banco depositário emitir o último extrato das contas vinculadas sob sua responsabilidade, que deverá conter, inclusive, o registro dos valores transferidos e a discriminação dos depósitos efetuados na vigência do último contrato de trabalho.

De quem é a competência para julgar as ações envolvendo FGTS?

» Depende.

1) Se a ação for proposta pelo trabalhador contra o empregador envolvendo descumprimento na aplicação da Lei nº 8.036/90, a competência será da Justiça do Trabalho.

2) É da competência da Justiça Estadual autorizar o levantamento dos valores relativos ao PIS/PASEP e FGTS, em decorrência do falecimento do titular da conta (Súmula 161-STJ).

3) Se a ação for proposta pelo trabalhador contra a CEF em decorrência de sua atuação como agente operadora dos recursos do FGTS, a competência será da Justiça Federal, considerando que a CEF é uma empresa pública federal (art. 109, I, da CF/88).

Vale a pena relembrar a Súmula 82 do STJ:

Súmula 82-STJ: Compete à Justiça Federal, excluídas as reclamações trabalhistas, processar e julgar os feitos relativos à movimentação do FGTS.

Algumas vezes o trabalhador precisa dos extratos analíticos de sua conta de FGTS para pleitear algum direito relacionado com o FGTS. A CEF tem o dever de fornecer esses extratos?

» SIM. A CEF, por ser a agente operadora do FGTS, é responsável pelo fornecimento dos extratos das contas individualizadas vinculadas ao FGTS dos trabalhadores participantes do Fundo.

Se o trabalhador quiser extratos referentes a períodos anteriores a maio de 1991, a responsabilidade continua sendo da CEF?

» SIM. Mesmo tendo assumido o papel de agente operador do FGTS apenas em maio de 1991, a CEF é responsável por fornecer os extratos do FGTS de todo e qualquer período de existência do Fundo, ainda que anteriores a essa data. Isso porque no momento em que ocorreu a centralização, os bancos depositários tiveram que fornecer à CEF o extrato das contas vinculadas que estavam sob sua responsabilidade. Logo, deveria a CEF ter armazenado todos esses dados. Além disso, caso a CEF não tenha esses extratos, ela poderá, na qualidade de gestora do Fundo, por força de lei, requisitá-los dos bancos que administravam essas contas.

» Em 2014, o STJ editou a Súmula 514 espelhando esse entendimento.

Súmula 398-STJ: A prescrição da ação para pleitear os juros progressivos sobre os saldos de conta vinculada do FGTS não atinge o fundo de direito, limitando-se às parcelas vencidas.

▶ *Aprovada em 23/09/2009, DJe 07/10/2009.*

» Válida.

Súmula 353-STJ: As disposições do Código Tributário Nacional não se aplicam às contribuições para o FGTS.

▶ *Aprovada em 11/06/2008, DJe 19/06/2008.*

» Válida.

HABITUALIDADE

Súmula 207-STF: As gratificações habituais, inclusive a de natal, consideram-se tacitamente convencionadas, integrando o salário.

▶ *Aprovada em 13/12/1963.*

» Válida.

Súmula 209-STF: O salário-produção, como outras modalidades de salário-prêmio, é devido, desde que verificada a condição a que estiver subordinado, e não pode ser suprimido unilateralmente pelo empregador, quando pago com habitualidade.

▶ *Aprovada em 13/12/1963.*

» Válida.

Súmula 459-STF: No cálculo da indenização por despedida injusta, incluem-se os adicionais, ou gratificações, que, pela habitualidade, se tenham incorporado ao salário.

▶ *Aprovada em 01/10/1964, DJ 08/10/1964.*

» Válida.

INDENIZAÇÃO

Súmula 219-STF: Para a indenização devida a empregado que tinha direito a ser readmitido, e não foi, levam-se em conta as vantagens advindas à sua categoria no período do afastamento.

▶ *Aprovada em 13/12/1963.*

» Válida.

Súmula 220-STF: A indenização devida a empregado estável, que não é readmitido ao cessar sua aposentadoria, deve ser paga em dobro.

▶ *Aprovada em 13/12/1963.*

» Válida.

Súmula 463-STF: Para efeito de indenização e estabilidade, conta-se o tempo em que o empregado esteve afastado, em serviço militar obrigatório, mesmo anteriormente a Lei 4.072, de 01.06.62.

▶ *Aprovada em 01/10/1964, DJ 08/10/1964.*

» Válida.

INSALUBRIDADE

Súmula 194-STF: É competente o Ministro do Trabalho para a especificação das atividades insalubres.

▶ *Aprovada em 13/12/1963.*

» Válida.

Súmula 460-STF: Para efeito do adicional de insalubridade, a perícia judicial, em reclamação trabalhista, não dispensa o enquadramento da atividade entre as insalubres, que é ato da competência do Ministro do Trabalho e Previdência Social.

▶ *Aprovada em 01/10/1964, DJ 08/10/1964.*

» Válida.

SALÁRIO

Súmula vinculante 4-STF: Salvo os casos previstos na Constituição, o salário mínimo não pode ser usado como indexador de base de cálculo de vantagem de servidor público ou de empregado, nem ser substituído por decisão judicial.

> ▸ *Aprovada em 30/04/2008, DJe 09/05/2008.*

» Válida.

Súmula 199-STF: O salário das férias do empregado horista corresponde à media do período aquisitivo, não podendo ser inferior ao mínimo.

> ▸ *Aprovada em 13/12/1963.*

» Válida.

Súmula 202-STF: Na equiparação de salário, em caso de trabalho igual, toma-se em conta o tempo de serviço na função, e não no emprego.

> ▸ *Aprovada em 13/12/1963.*

» Válida.

Súmula 461-STF: É duplo, e não triplo, o pagamento do salário nos dias destinados a descanso.

> ▸ *Aprovada em 01/10/1964, DJ 08/10/1964.*

» Válida.

Súmula 531-STF: É inconstitucional o Decreto 51.668, de 17.01.1963, que estabeleceu salário profissional para trabalhadores de transportes marítimos, fluviais e lacustres.

> ▸ *Aprovada em 03/12/1969, DJ 10/12/1969.*

» Válida.

SERVIÇO NOTURNO

Súmula 213-STF: É devido o adicional de serviço noturno, ainda que sujeito o empregado ao regime de revezamento.

> ▸ *Aprovada em 13/12/1963.*

» Válida.

Súmula 214-STF: A duração legal da hora de serviço noturno (52 minutos e 30 segundos) constitui vantagem suplementar, que não dispensa o salário adicional.

▶ *Aprovada em 13/12/1963.*

» Válida.

Súmula 313-STF: Provada a identidade entre o trabalho diurno e o noturno, é devido o adicional, quanto a este, sem a limitação do art. 73, parágrafo 3, da CLT, independentemente da natureza da atividade do empregador.

▶ *Aprovada em 13/12/1963.*

» Válida.

Súmula 402-STF: Vigia noturno tem direito a salário adicional.

▶ *Aprovada em 03/04/1964, DJ 08/05/1964.*

» Válida.

SERVIDOR PÚBLICO

Súmula 678-STF: São inconstitucionais os incisos I e III do art. 7º da Lei 8.162/91, que afastam, para efeito de anuênio e de licença-prêmio, a contagem do tempo de serviço regido pela CLT dos servidores que passaram a submeter-se ao Regime Jurídico Único.

▶ *Aprovada em 24/09/2003, DJ 09/10/2003.*

» Válida.

Súmula 679-STF: A fixação de vencimentos dos servidores públicos não pode ser objeto de convenção coletiva.

▶ *Aprovada em 24/09/2003, DJ 09/10/2003.*

» Válida.

SINDICATOS

Súmula 197-STF: O empregado com representação sindical só pode ser despedido mediante inquérito em que se apure falta grave.

▶ *Aprovada em 13/12/1963.*

» Válida.

Súmula 677-STF: Até que lei venha a dispor a respeito, incumbe ao Ministério do Trabalho proceder ao registro das entidades sindicais e zelar pela observância do princípio da unicidade.

▸ *Aprovada em 24/09/2003, DJ 09/10/2003.*

» Válida.

TEMAS DIVERSOS

Súmula 327-STF: O direito trabalhista admite a prescrição intercorrente.

▸ *Aprovada em 13/12/1963.*

» Polêmica.

Súmula 114-TST: É inaplicável na Justiça do Trabalho a prescrição intercorrente.

Súmula 349-STF: A prescrição atinge somente as prestações de mais de dois anos, reclamadas com fundamento em decisão normativa da justiça do trabalho, ou em convenção coletiva de trabalho, quando não estiver em causa a própria validade de tais atos.

▸ *Aprovada em 13/12/1963.*

» Válida.

Súmula 196-STF: Ainda que exerça atividade rural, o empregado de empresa industrial ou comercial é classificado de acordo com a categoria do empregador.

▸ *Aprovada em 13/12/1963.*

» Válida.

Súmula 212-STF: Tem direito ao adicional de serviço perigoso o empregado de posto de revenda de combustível líquido.

▸ *Aprovada em 13/12/1963.*

» Válida.

Súmula 215-STF: Conta-se a favor de empregado readmitido o tempo de serviço anterior, salvo se houver sido despedido por falta grave ou tiver recebido a indenização legal.

▸ *Aprovada em 13/12/1963.*

» Válida.

Súmula 221-STF: A transferência de estabelecimento, ou a sua extinção parcial, por motivo que não seja de força maior, não justifica a transferência de empregado estável.

▸ *Aprovada em 13/12/1963.*

» Válida.

Súmula 225-STF: Não é absoluto o valor probatório das anotações da carteira profissional.

▸ *Aprovada em 13/12/1963.*

» Válida.

» Vide Súmula 12 do TST.

Súmula 227-STF: A concordata do empregador não impede a execução de crédito nem a reclamação de empregado na Justiça do Trabalho.

▸ *Aprovada em 13/12/1963.*

» Válida.

» Atualmente, a Lei não fala mais em concordata, mas sim em recuperação judicial.

Súmula 675-STF: Os intervalos fixados para descanso e alimentação durante a jornada de seis horas não descaracterizam o sistema de turnos ininterruptos de revezamento para o efeito do art. 7º, XIV, da Constituição.

▸ *Aprovada em 24/09/2003, DJ 09/12/2003.*

» Válida.

SÚMULAS SUPERADAS

Súmula 195-STF: ~~Contrato de trabalho para obra certa, ou de prazo determinado, transforma-se em contrato de prazo indeterminado, quando prorrogado por mais de quatro anos.~~

▸ *Aprovada em 13/12/1963.*

» Superada.

Súmula 201-STF: ~~O vendedor pracista, remunerado mediante comissão, não tem direito ao repouso semanal remunerado.~~

▸ *Aprovada em 13/12/1963.*

» Superada.

Súmula 203-STF: Não está sujeita à vacância de sessenta dias a vigência de novos níveis de salário mínimo.

▶ *Aprovada em 13/12/1963.*

» Superada.

Súmula 204-STF: Tem direito o trabalhador substituto, ou de reserva, ao salário mínimo no dia em que fica à disposição do empregador sem ser aproveitado na função específica; se aproveitado, recebe o salário contratual.

▶ *Aprovada em 13/12/1963.*

» Superada.

Súmula 205-STF: Tem direito a salário integral o menor não sujeito a aprendizagem metódica.

▶ *Aprovada em 13/12/1963.*

» Superada.

Súmula 200-STF: Não é inconstitucional a L. 1.530, de 26.12.51, que manda incluir na indenização por despedida injusta parcela correspondente a férias proporcionais.

▶ *Aprovada em 13/12/1963.*

» Superada.

Súmula 217-STF: Tem direito de retornar ao emprego, ou ser indenizado em caso de recusa do empregador, o aposentado que recupera a capacidade de trabalho dentro de cinco anos, a contar da aposentadoria, que se torna definitiva após esse prazo.

▶ *Aprovada em 13/12/1963.*

» Superada.

Súmula 224-STF: Os juros da mora, nas reclamações trabalhistas, são contados desde a notificação inicial.

▶ *Aprovada em 13/12/1963.*

» Superada.

Súmula 229-STF: A indenização acidentária não exclui a do direito comum, em caso de dolo ou culpa grave do empregador.

▶ *Aprovada em 13/12/1963.*

» Superada.
» Vide art. 7º, XXVIII, da CF/88.

Súmula 232-STF: ~~Em caso de acidente do trabalho, são devidas diárias até doze meses, as quais não se confundem com a indenização acidentária, nem com o auxílio-enfermidade.~~

▶ *Aprovada em 13/12/1963.*

» Superada.

Súmula 236-STF: ~~Em ação de acidente do trabalho, a autarquia seguradora não tem isenção de custas.~~

▶ *Aprovada em 13/12/1963.*

» Superada.

Súmula 238-STF: ~~Em caso de acidente do trabalho, a multa pelo retardamento da liquidação é exigível do segurador sub-rogado, ainda que autarquia.~~

▶ *Aprovada em 13/12/1963.*

» Superada.

Súmula 240-STF: ~~O depósito para recorrer, em ação de acidente do trabalho, é exigível do segurador sub-rogado, ainda que autarquia.~~

▶ *Aprovada em 13/12/1963.*

» Superada.

Súmula 307-STF: ~~É devido o adicional de serviço insalubre, calculado à base do salário mínimo da região, ainda que a remuneração contratual seja superior ao salário mínimo acrescido da taxa de insalubridade.~~

▶ *Aprovada em 13/12/1963.*

» Superada.

Súmula 311-STF: ~~No típico acidente do trabalho, a existência de ação judicial não exclui a multa pelo retardamento da liquidação.~~

▶ *Aprovada em 13/12/1963.*

» Superada.

Súmula 312-STF: ~~Músico integrante de orquestra da empresa, com atuação permanente e vínculo de subordinação, está sujeito à legislação geral do trabalho, e não a especial dos artistas.~~

▶ *Aprovada em 13/12/1963.*

» Superada.

Súmula 337-STF: A controvérsia entre o empregador e o segurador não suspende o pagamento devido ao empregado por acidente do trabalho.

▶ *Aprovada em 13/12/1963.*

» Superada.

Súmula 434-STF: A controvérsia entre seguradores indicados pelo empregador na ação de acidente do trabalho não suspende o pagamento devido ao acidentado.

▶ *Aprovada em 01/06/1964, DJ 06/07/1964.*

» Superada.

Súmula 462-STF: No cálculo da indenização por despedida injusta inclui-se, quando devido, o repouso semanal remunerado.

▶ *Aprovada em 01/10/1964, DJ 08/10/1964.*

» Superada.

Súmula 529-STF: Subsiste a responsabilidade do empregador pela indenização decorrente de acidente do trabalho, quando o segurador, por haver entrado em liquidação, ou por outro motivo, não se encontrar em condições financeiras, de efetuar, na forma da lei, o pagamento que o seguro obrigatório visava garantir.

▶ *Aprovada em 03/12/1969, DJ 10/12/1969.*

» Superada.

Súmula 612-STF: Ao trabalhador rural não se aplicam, por analogia, os benefícios previstos na Lei nº 6.367, de 19.10.76.

▶ *Aprovada em 17/10/1984, DJ 29/10/1984.*

» Superada.

12. DIREITO PROCESSUAL DO TRABALHO

COMPETÊNCIA

Súmula vinculante 23-STF: A Justiça do Trabalho é competente para processar e julgar ação possessória ajuizada em decorrência do exercício do direito de greve pelos trabalhadores da iniciativa privada.

▶ *Aprovada em 02/12/2009, DJe 11/12/2009.*

» Importante.

» Art. 114, II, da CF/88.

Súmula 736-STF: Compete à Justiça do Trabalho julgar as ações que tenham como causa de pedir o descumprimento de normas trabalhistas relativos à segurança, higiene e saúde dos trabalhadores.

▶ *Aprovada em 26/11/2003, DJ 09/12/2003.*

» Válida.

Súmula vinculante 22-STF: A Justiça do Trabalho é competente para processar e julgar as ações de indenização por danos morais e patrimoniais decorrentes de acidente de trabalho propostas por empregado contra empregador, inclusive aquelas que ainda não possuíam sentença de mérito em primeiro grau quando da promulgação da Emenda Constitucional nº 45/04.

▶ *Aprovada em 02/12/2009, DJe 11/12/2009.*

» Importante.

» Art. 114, VI, da CF/88.

Ação proposta pelo acidentado (seu cônjuge, demais herdeiros ou dependentes) contra o empregador pedindo indenização por danos morais e materiais decorrentes de acidente de trabalho:

» Competência da Justiça do TRABALHO.

Ação proposta pelo acidentado (seu cônjuge, demais herdeiros ou dependentes) contra o INSS pleiteando benefício decorrente de acidente de trabalho:

» Competência da justiça comum ESTADUAL.

Ação proposta pelo acidentado (seu cônjuge, demais herdeiros ou dependentes) contra o INSS pleiteando benefício decorrente de acidente de outra natureza (que não seja acidente de trabalho):

» Competência da Justiça FEDERAL (STJ AgRg no CC 118.348/SP, julgado em 29/02/2012).

Súmula 366-STJ: ~~Compete à Justiça estadual processar e julgar ação indenizatória proposta por viúva e filhos de empregado falecido em acidente de trabalho.~~

▸ *Aprovada em 19/11/2008, DJe 26/11/2008.*

» Cancelada.

» Ação de indenização decorrente de acidente de trabalho é julgada pela Justiça do Trabalho (art. 114, VI, da CF/88).

Súmula 15-STJ: Compete à Justiça Estadual processar e julgar os litígios decorrentes de acidente do trabalho.

▸ *Aprovada em 08/11/1990, DJ 14/11/1990.*

» Válida, mas apenas nos casos de ação proposta contra o INSS pleiteando benefício decorrente de acidente de trabalho.

» Segundo a jurisprudência do STF e STJ, causas decorrentes de acidente do trabalho não são apenas aquelas em que figuram como partes o empregado acidentado e o órgão da Previdência Social, mas também as que são promovidas pelo cônjuge, ou por herdeiros ou dependentes do acidentado, para haver indenização por dano moral (da competência da Justiça do Trabalho – CF, art. 114, VI), ou para haver benefício previdenciário, pensão por morte, ou sua revisão (da competência da Justiça Estadual) (CC 121.352/SP, j. em 11/04/2012).

» Vide anotações feitas à SV 22-STF.

Súmula 501-STF: Compete a justiça ordinária estadual o processo e o julgamento, em ambas as instâncias, das causas de acidente do trabalho, ainda que promovidas contra a união, suas autarquias, empresas públicas ou sociedades de economia mista.

▸ *Aprovada em 23/10/2013, DJe 28/10/2003.*

» Válida, mas a interpretação deve ser feita nos termos do que foi explicado nos comentários à SV 22-STF.

» "A presença da União na lide, como sucessora da extinta Rede Ferroviária Federal, não interfere na fixação do juízo competente, pois as ações de acidente de trabalho, lato sensu, foram expressamente excluídas da competência federal, nos termos do art. 109, I, da Constituição da República." (STJ EDcl no CC 99.556/SP, julgado em 24/02/2010).

Súmula 235-STF: É competente para a ação de acidente do trabalho a justiça cível comum, inclusive em segunda instância, ainda que seja parte autarquia seguradora.

▶ *Aprovada em 13/12/1963.*

» Válida, mas a interpretação deve ser feita nos termos do que foi explicado nos comentários à SV 22-STF.

Súmula vinculante 53-STF: A competência da Justiça do Trabalho prevista no art. 114, VIII, da CF, alcança a execução de ofício das contribuições previdenciárias relativas ao objeto da condenação constante das sentenças que proferir e acordos por ela homologados.

▶ *Aprovada em 18/06/2015, DJe 23/06/2015.*

» Importante.

» As competências da Justiça do Trabalho estão elencadas no art. 114 da CF/88. A mais comum e conhecida é a competência para julgar as reclamações trabalhistas. Esta se encontra prevista no inciso I. Veja:

Art. 114. Compete à Justiça do Trabalho processar e julgar:

I – as ações oriundas da relação de trabalho, abrangidos os entes de direito público externo e da administração pública direta e indireta da União, dos Estados, do Distrito Federal e dos Municípios;

Competência para executar contribuições sociais

» Uma competência menos conhecida, mas também muito importante é a atribuição que a Justiça do Trabalho possui para executar contribuições previdenciárias relacionadas com as sentenças que proferir. Confira a redação do dispositivo:

Art. 114. Compete à Justiça do Trabalho processar e julgar:

VIII – a execução, de ofício, das contribuições sociais previstas no art. 195, I, "a", e II, e seus acréscimos legais, decorrentes das sentenças que proferir;

Art. 195. A seguridade social será financiada por toda a sociedade, de forma direta e indireta, nos termos da lei, mediante recursos provenientes dos orçamentos da União, dos Estados, do Distrito Federal e dos Municípios, e das seguintes contribuições sociais:

I – do empregador, da empresa e da entidade a ela equiparada na forma da lei, incidentes sobre:

a) a folha de salários e demais rendimentos do trabalho pagos ou creditados, a qualquer título, à pessoa física que lhe preste serviço, mesmo sem vínculo empregatício;

(...)

II – do trabalhador e dos demais segurados da previdência social, não incidindo contribuição sobre aposentadoria e pensão concedidas pelo regime geral de previdência social de que trata o art. 201;

» Assim, por exemplo, se o juiz do trabalho condena o empregador a pagar R$ 2 mil de salários atrasados, ele também já poderá reconhecer que é devido o pagamento da contribuição previdenciária que incide sobre essa verba, nos termos do art. 195, I, "a", e II, da CF/88 e cobrar do patrão condenado tanto as verbas trabalhistas (que serão destinadas ao trabalhador) quanto as previdenciárias (que reverterão aos cofres da Previdência).

SITUAÇÃO 1. Imagine agora a seguinte situação hipotética:

» João trabalhou durante anos, com carteira assinada, para a empresa "XX" até que, certo dia, foi demitido. Insatisfeito com os valores recebidos na rescisão do contrato, o ex-empregado ajuíza ação trabalhista pedindo o pagamento de horas extras, adicional noturno e adicional de insalubridade. Se a Justiça do Trabalho condenar o empregador a pagar as verbas trabalhistas, ela já poderá reconhecer que são devidas as contribuições previdenciárias relacionadas com o período e executá-las? SIM. Ao condenar o empregador a pagar determinadas verbas de natureza salarial que não foram quitadas, a Justiça do Trabalho já deverá reconhecer também, por via de consequência, que o empregador deveria ter recolhido, sobre essas verbas, as contribuições previdenciárias respectivas. Logo, é permitido que condene o reclamado a pagar tais contribuições, podendo executá-las, ou seja, cobrá-las, de ofício, do empregador. Para o TST e o STF, essa situação se enquadra na competência da Justiça do Trabalho prevista no art. 114, VIII, da CF/88.

Tratando ainda sobre a 1ª situação. Se João e a empresa decidem fazer um acordo no qual a empresa reconhece que as verbas salariais são devidas e as aceita pagar. Neste caso, o juiz, no momento de homologar o acordo, deverá incluir as respectivas contribuições previdenciárias que deveriam incidir sobre tais verbas?

» SIM. Mesmo tendo havido um acordo, o juiz, ao homologá-lo, já deverá fazer constar na sentença homologatória as contribuições previdenciárias que são devidas e poderá executá-las, de ofício, caso não sejam pagas.

SITUAÇÃO 2. Imagine agora outra situação hipotética:

» Pedro prestava serviços para Ricardo, seu primo, e este, em troca pagava a ele R$ 1 mil por mês. Não havia contrato de trabalho formalizado entre eles. Essa situação perdurou por dois anos (fev/2012 a fev/2014) até que os primos brigaram e Pedro decidiu ingressar com ação na Justiça do Trabalho pedindo que fosse reconhecido que havia uma relação de emprego e cobrando 13º salário e férias que nunca foram pagos. O juiz profere sentença julgado procedente o pedido para:

a) declarar que, entre fev/2012 a fev/2014, houve relação de emprego sendo Ricardo considerado empregador e Pedro empregado, nos termos da CLT. Como consequência, o juiz determinou que tal período fosse anotado na CTPS de Pedro, ou seja, na linguagem popular, mandou que Ricardo "assinasse a carteira" de Pedro; e

b) condenar Ricardo a pagar R$ 10 mil a título de 13º salário e férias e outras verbas rescisórias.

» Observação importante: Ricardo (empregador) só foi condenado a pagar os R$ 10 mil reais. Ele não foi condenado a pagar nenhum salário referente ao período de fev/2012 a fev/2014 porque estes já tinham sido quitados.

Na sentença, o juiz deverá condenar o reclamado a pagar as contribuições previdenciárias, executando-as caso não sejam quitadas voluntariamente pelo devedor?

» Depende:

1) Contribuições previdenciárias que devem ser pagas sobre os salários recebidos entre fev/2012 a fev/2014: NÃO.

2) Contribuições previdenciárias que devem ser pagas sobre as verbas salariais que o empregador foi condenado a pagar na sentença (contribuições previdenciárias sobre os R$ 10 mil): SIM.

» Segundo o TST e o STF, a Justiça do Trabalho só tem competência para executar de ofício as contribuições sociais que se referiam às verbas que foram objeto da sentença condenatória ou do acordo homologado (em nosso exemplo, sobre os R$ 10 mil).

» A Justiça do Trabalho não pode executar contribuições previdenciárias relacionadas com períodos que ela reconheceu como sendo relação de emprego, mas sobre os quais não houve condenação (em nosso exemplo, fev/2012 a fev/2014).

» Essa conclusão está presente na primeira parte do enunciado 368 do TST e na SV 53 do STF. Confira:

TST. SÚMULA Nº 368. DESCONTOS PREVIDENCIÁRIOS E FISCAIS. COMPETÊNCIA. RESPONSABILIDADE PELO PAGAMENTO. FORMA DE CÁLCULO.

I – A Justiça do Trabalho é competente para determinar o recolhimento das contribuições fiscais. A competência da Justiça do Trabalho, quanto à execução das contribuições previdenciárias, limita-se às sentenças condenatórias em pecúnia que proferir e aos valores, objeto de acordo homologado, que integrem o salário de contribuição. (...)

Súmula vinculante 53-STF: A competência da Justiça do Trabalho prevista no art. 114, VIII, da CF, alcança a execução de ofício das contribuições previdenciárias relativas ao objeto da condenação constante das sentenças que proferir e acordos por ela homologados.

Cuidado com o parágrafo único do art. 876 da CLT

» O parágrafo único do art. 876 da CLT estabelece regra em sentido contrário ao que foi exposto acima. Em outras palavras, esse dispositivo afirma que é possível que a Justiça do Trabalho execute não apenas as verbas que ele condenar, mas também as outras em que ele apenas reconhecer o vínculo. Veja:

Art. 876 (...) Parágrafo único. Serão executadas ex-officio as contribuições sociais devidas em decorrência de decisão proferida pelos Juízes e Tribunais do Trabalho, resultantes de condenação ou homologação de acordo, <u>inclusive sobre os salários pagos durante o período contratual reconhecido</u>. (Redação dada pela Lei nº 11.457/2007)

» Essa parte grifada é considerada inconstitucional pelo STF, devendo, portanto, ser aplicado o entendimento exposto na SV 53 acima explicada.

Súmula 433-STF: É competente o Tribunal Regional do Trabalho para julgar mandado de segurança contra ato de seu presidente em execução de sentença trabalhista.

▶ *Aprovada em 01/06/1964, DJ 06/07/1964.*

» Válida.

» Art. 114, IV, da CF/88.

Súmula 57-STJ: ~~Compete à Justiça Comum Estadual processar e julgar ação de cumprimento fundada em acordo ou convenção coletiva não homologados pela Justiça do Trabalho.~~

▶ *Aprovada em 29/09/1992, DJe 06/10/1992.*

» Superada.

» Trata-se de competência da Justiça do Trabalho por força da Lei nº 8.984/95 e do art. 114, IX, da CF/88.

Súmula 367-STJ: A competência estabelecida pela EC n. 45/2004 não alcança os processos já sentenciados.

▶ *Aprovada em 19/11/2008, DJe 26/11/2008.*

» Importante.

Súmula 10-STJ: Instalada a ~~Junta de Conciliação e Julgamento~~ (vara do trabalho), cessa a competência do juiz de direito em matéria trabalhista, inclusive para a execução das sentenças por ele proferidas.

▶ *Aprovada em 26/09/1990, DJ 01/10/1990.*

» Válida, mas deve-se esclarecer que não mais existem as juntas de conciliação e julgamento. Assim, em seu lugar deve-se ler "juiz do trabalho".

Súmula 97-STJ: Compete à Justiça do Trabalho processar e julgar reclamação de servidor público relativamente a vantagens trabalhistas anteriores a instituição do regime jurídico único.

▶ *Aprovada em 03/03/1994, DJ 10/03/1994.*

» Válida.

Súmula 180-STJ: Na lide trabalhista, compete ao Tribunal Regional do Trabalho dirimir conflito de competência verificado, na respectiva região, entre juiz estadual e ~~Junta de Conciliação e Julgamento~~ (juiz do trabalho).

▶ *Aprovada em 05/02/1997, DJ 17/02/1997.*

» Válida, mas deve-se esclarecer que não mais existem as juntas de conciliação e julgamento. Assim, em seu lugar deve-se ler "juiz do trabalho".

» O que a Súmula 180 do STJ quer dizer é que compete ao TRT dirimir conflito de competência verificado entre juiz de direito investido na jurisdição trabalhista e juiz do trabalho que estejam vinculados à mesma região.

» Fundamento: art. 114, V, da CF/88 e art. 808, "a", da CLT.

» De outro lado, compete ao TST julgar conflitos de competência estabelecidos entre juiz de direito a quem se atribui jurisdição trabalhista e juiz do trabalho submetidos a TRT's diferentes (vide Súmula 236 STJ).

Súmula 225-STJ: Compete ao Tribunal Regional do Trabalho apreciar recurso contra sentença proferida por órgão de primeiro grau da Justiça Trabalhista, ainda que para declarar-lhe a nulidade em virtude de incompetência.

▶ *Aprovada em 02/08/1999, DJ 25/08/1999.*

» Importante.

Súmula 236-STJ: Não compete ao Superior Tribunal de Justiça dirimir conflitos de competência entre juízes trabalhistas vinculados a Tribunais Regionais do Trabalho diversos.

▶ *Aprovada em 22/03/2000, DJ 14/04/2000.*

» Importante.

» Trata-se de competência do TST.

HONORÁRIOS ADVOCATÍCIOS E CUSTAS PROCESSUAIS

Súmula 234-STF: São devidos honorários de advogado em ação de acidente do trabalho julgada procedente.

▶ *Aprovada em 13/12/1963.*

» Polêmica.

» Importante que você saiba a recente OJ 421 da SDI-I do TST: "A condenação em honorários advocatícios nos autos de ação de indenização por danos morais e materiais decorrentes de acidente de trabalho ou de doença profissional, remetida à Justiça do Trabalho após ajuizamento na Justiça comum, antes da vigência da Emenda Constitucional nº 45/2004, decorre da mera sucumbência, nos termos do art. 20 do CPC, não se sujeitando aos requisitos da Lei nº 5.584/1970."

Súmula 633-STF: É incabível a condenação em verba honorária nos recursos extraordinários interpostos em processo trabalhista, exceto nas hipóteses previstas na Lei 5.584/70.

▶ *Aprovada em 24/09/2003, DJ 09/10/2003.*

» Válida.

Súmula 223-STF: Concedida isenção de custas ao empregado, por elas não responde o sindicato que o representa em juízo.

▶ *Aprovada em 13/12/1963.*

» Válida.

RECURSOS

Súmula 457-STF: O Tribunal Superior do Trabalho, conhecendo da revista, julgará a causa, aplicando o direito à espécie.

▶ *Aprovada em 01/10/1964, DJ 08/10/1964.*

» Válida.

Súmula 401-STF: ~~Não se conhece do recurso de revista, nem dos embargos de divergência, do processo trabalhista, quando houver jurisprudência firme do Tribunal Superior do Trabalho no mesmo sentido da decisão impugnada, salvo se houver colisão com a jurisprudência do Supremo Tribunal Federal.~~

▶ *Aprovada em 03/04/1964, DJ 08/05/1964.*

» Superada pela Súmula 333 do TST (Não ensejam recurso de revista decisões superadas por iterativa, notória e atual jurisprudência do Tribunal Superior do Trabalho).

Súmula 315-STF: Indispensável o traslado das razões da revista, para julgamento, pelo Tribunal Superior do Trabalho, do agravo para sua admissão.

▶ *Aprovada em 13/12/1963.*

» Válida.

Súmula 505-STF: Salvo quando contrariarem a Constituição, não cabe recurso para o Supremo Tribunal Federal, de quaisquer decisões da Justiça do Trabalho, inclusive dos presidentes de seus tribunais.

▶ *Aprovada em 03/12/1969, DJ 10/12/1969.*

» Válida.

Súmula 226-STJ: O Ministério Público tem legitimidade para recorrer na ação de acidente do trabalho, ainda que o segurado esteja assistido por advogado.

» Válida.
▶ *Aprovada em 02/08/1999, DJ 01/10/1999.*

OUTROS TEMAS

Súmula 89-STJ: A ação acidentária prescinde do exaurimento da via administrativa.

» Válida.
▶ *Aprovada em 21/10/1993, DJ 17/02/1993.*

Súmula 458-STF: O processo da execução trabalhista não exclui a remição pelo executado.

» Válida.
▶ *Aprovada em 01/10/1964, DJ 08/10/1964.*

Súmula 327-STF: O direito trabalhista admite a prescrição intercorrente.

▶ *Aprovada em 13/12/1963.*
» Polêmica.
» Súmula 114-TST: É inaplicável na Justiça do Trabalho a prescrição intercorrente.

Súmula 338-STF: ~~Não cabe ação rescisória no âmbito da Justiça do Trabalho.~~

▶ *Aprovada em 13/12/1963.*
» Superada.
» É possível ação rescisória na Justiça do Trabalho.

Súmula 552-STF: ~~Com a regulamentação do art. 15, da Lei 5.316/67, pelo Decreto 71.037/72, tornou-se exeqüível a exigência da exaustão da via administrativa antes do início da ação de acidente do trabalho.~~

▶ *Aprovada em 15/12/1976, DJ 03/01/1977.*
» Superada.

Súmula 222-STF: ~~O princípio da identidade física do juiz não é aplicável às Juntas de Conciliação e Julgamento da Justiça do Trabalho.~~

▶ *Aprovada em 13/12/1963.*
» Superada.

» Vale ressaltar que, por meio da Res. 185/2012, foi cancelada a Súmula 136 do TST, que tinha a seguinte redação: "Não se aplica às Varas do Trabalho o princípio da identidade física do juiz".

» Assim, o entendimento atualmente majoritário é no sentido de que o princípio da identidade física do juiz, previsto no art. 132 do CPC, é aplicável também ao processo do trabalho.

13. DIREITO PREVIDENCIÁRIO

SALÁRIO DE CONTRIBUIÇÃO

Súmula 310-STJ: O auxílio-creche não integra o salário-de-contribuição.

▶ *Aprovada em 11/05/2005, DJ 23/05/2005.*

» Válida.

» Os valores percebidos a título de auxílio-creche constituem-se em benefício trabalhista de nítido caráter indenizatório e, por essa razão, não integram o salário-de-contribuição.

Súmula 456-STJ: É incabível a correção monetária dos salários de contribuição considerados no cálculo do salário de benefício de auxílio-doença, aposentadoria por invalidez, pensão ou auxílio-reclusão concedidos antes da vigência da CF/1988.

▶ *Aprovada em 25/08/2010, DJe 08/09/2010.*

» Válida, mas pouco relevante.

COMPROVAÇÃO DE ATIVIDADE RURAL

Súmula 149-STJ: A prova exclusivamente testemunhal não basta à comprovação da atividade rurícola, para efeito da obtenção de benefício previdenciário.

▶ *Aprovada em 07/12/1994, DJ 18/12/1995.*

» Importante.

Para ter direito à aposentadoria rural, a pessoa pode comprovar o exercício de atividade rurícola com base apenas em testemunhas?

» NÃO. Este é o teor da Súmula 149-STJ.

» A prova exclusivamente testemunhal é insuficiente para comprovação da atividade laborativa do trabalhador rural, sendo indispensável que ela venha corroborada por razoável início de prova material, conforme exige o art. 55, § 3º, da Lei nº 8.213/1991:

> Art. 55 (...) § 3º A comprovação do tempo de serviço para os efeitos desta Lei, inclusive mediante justificação administrativa ou judicial, conforme o disposto no art. 108, só produzirá efeito quando baseada em início de prova material, não sendo admitida prova exclusivamente testemunhal, salvo na ocorrência de motivo de força maior ou caso fortuito, conforme disposto no Regulamento.

» Assim, a comprovação do tempo de serviço em atividade rural, seja para fins de concessão de benefício previdenciário ou para averbação de tempo de serviço, deve ser feita mediante a apresentação de início de prova material.

Súmula 577-STJ: É possível reconhecer o tempo de serviço rural anterior ao documento mais antigo apresentando, desde que amparado em convincente prova testemunhal colhida sob o contraditório.

▸ *Aprovada em 22/06/2016, DJe 27/06/2016.*

» Importante.

Para ter direito à aposentadoria rural, a pessoa pode comprovar o exercício de atividade rurícola com base apenas em testemunhas?

» NÃO. Súmula 149-STJ: A prova exclusivamente testemunhal não basta à comprovação da atividade rurícola, para efeito da obtenção de benefício previdenciário.

» A comprovação do tempo de serviço em atividade rural, seja para fins de concessão de benefício previdenciário ou para averbação de tempo de serviço, deve ser feita mediante a apresentação de início de prova material.

Início de prova material

» "Considera-se início de prova material, para fins de comprovação da atividade rural, documentos que contêm a profissão ou qualquer outro dado que evidencie o exercício da atividade rurícola e seja contemporâneo ao fato nele declarado.

» Na prática previdenciária, o mais comum é a certidão de casamento em que conste a profissão de lavrador; atestado de frequência escolar em que conste a profissão e o endereço rural; declaração do Tribunal Regional Eleitoral; declaração de ITR; contrato de comodato etc." (AMADO, Frederico. Direito e processo previdenciário sistematizado. Salvador: Juspodivm, 2013, p. 566).

Qual é o rol de documentos hábeis à comprovação do exercício de atividade rural?

» Essa relação encontra-se prevista no art. 106 da Lei nº 8.213/91:

> Art. 106. A comprovação do exercício de atividade rural será feita, alternativamente, por meio de:
>
> I – contrato individual de trabalho ou Carteira de Trabalho e Previdência Social;

II – contrato de arrendamento, parceria ou comodato rural;

III – declaração fundamentada de sindicato que represente o trabalhador rural ou, quando for o caso, de sindicato ou colônia de pescadores, desde que homologada pelo Instituto Nacional do Seguro Social – INSS;

IV – comprovante de cadastro do Instituto Nacional de Colonização e Reforma Agrária – INCRA, no caso de produtores em regime de economia familiar;

V – bloco de notas do produtor rural;

VI – notas fiscais de entrada de mercadorias, de que trata o § 7º do art. 30 da Lei nº 8.212, de 24 de julho de 1991, emitidas pela empresa adquirente da produção, com indicação do nome do segurado como vendedor;

VII – documentos fiscais relativos a entrega de produção rural à cooperativa agrícola, entreposto de pescado ou outros, com indicação do segurado como vendedor ou consignante;

VIII – comprovantes de recolhimento de contribuição à Previdência Social decorrentes da comercialização da produção;

IX – cópia da declaração de imposto de renda, com indicação de renda proveniente da comercialização de produção rural; ou

X – licença de ocupação ou permissão outorgada pelo Incra.

Esse rol de documentos é taxativo ou o requerente pode se valer de outros tipos de documento?

» Trata-se de rol meramente EXEMPLIFICATIVO, sendo admissíveis, portanto, outros documentos além dos previstos no mencionado dispositivo. Nesse sentido:

> Súmula 6-TNU: A certidão de casamento ou outro documento idôneo que evidencie a condição de trabalhador rural do cônjuge constitui início razoável de prova material da atividade rurícola.

O segurado pode apresentar prova material de apenas uma parte do tempo de serviço e se valer de testemunhas para comprovar o restante?

» SIM. Pode haver a apresentação de prova material de apenas parte do lapso temporal, de forma que a prova material seja complementada por prova testemunhal idônea. Ex: os documentos provam que o indivíduo exerceu atividade rural nos anos de 1980 até 2000 e as testemunhas afirmam que ele, mesmo depois de 2000, continuou trabalhando como segurado especial. Isso é válido.

» Não é imperativo (obrigatório) que o início de prova material diga respeito a todo o período de carência estabelecido pelo art. 143 da Lei nº 8.213/91, desde que a prova testemunhal amplie sua eficácia probatória, vinculando-o, pelo menos, a uma fração daquele período (STJ. 2ª Turma. AgRg no REsp 1326080/PR, Rel. Min. Mauro Campbell Marques, julgado em 06/09/2012).

» No mesmo sentido entende a TNU:

> Súmula 14-TNU: Para a concessão de aposentadoria rural por idade, não se exige que o início de prova material corresponda a todo o período equivalente à carência do benefício.

» Vale ressaltar, no entanto, a necessidade de que a prova seja contemporânea aos fatos que se pretende provar:

> Súmula 34-TNU: Para fins de comprovação do tempo de labor rural, o início de prova material deve ser contemporâneo à época dos fatos a provar.

» Em outras palavras, não terá eficácia probatória os documentos retroativos, ou seja, que buscam provar um período pretérito. Ex: não será considerado início de prova material um documento escrito e datado de 2015 dizendo que, em 1980, o indivíduo trabalhava na agricultura. Neste caso, esta prova não é contemporânea à época dos fatos que se deseja provar.

Imagine que a prova testemunhal afirma que o trabalho rural é exercido há 20 anos, mas o documento mais antigo possui apenas 15 anos. Ainda assim será possível considerar estes 20 anos? É possível que a prova testemunhal amplie para trás o tempo provado pelo documento mais antigo?

» SIM. É possível reconhecer o tempo de serviço rural anterior ao documento mais antigo apresentado, desde que amparado em convincente prova testemunhal colhida sob o contraditório (Súmula 577-STJ).

» Exemplo: as testemunhas ouvidas em juízo afirmaram, sem contradições e com detalhes, que João começou a trabalhar como agricultor familiar em 1977 e que ele continuou nesta atividade até a presente data. Ocorre que o documento mais antigo que João possui comprovando a atividade rural é datado de 1985. Diante deste cenário, o INSS defendeu a tese de que o juiz somente poderia considerar o período trabalhado a partir de 1985 (data do documento mais antigo). No entanto, pelo entendimento do STJ, é possível sim reconhecer que está provado o tempo de serviço rural desde 1977, considerando que está baseado em convincente prova testemunhal colhida sob o contraditório.

Convincente prova testemunhal colhida sob o contraditório

» Vale ressaltar que, para ampliar a eficácia probatória dos documentos, o STJ exige que exista no processo prova testemunhal convincente e colhida sob o crivo do contraditório. Assim, se a prova testemunhal for contraditório ou se ela tiver sido obtida apenas na via extrajudicial, não servirá para complementar os documentos que foram juntados aos autos.

AUXÍLIO-ACIDENTE

Súmula 507-STJ: A acumulação de auxílio-acidente com aposentadoria pressupõe que a lesão incapacitante e a aposentadoria sejam anteriores a 11/11/1997, observado o critério do artigo 23 da Lei 8.213/91 para definição do momento da lesão nos casos de doença profissional ou do trabalho.

▶ *Aprovada em 26/03/2014, DJe 31/03/2014.*

» Importante.

O que é o auxílio-acidente?

» É um benefício previdenciário pago ao segurado que sofreu um acidente de qualquer natureza (não precisa ser acidente do trabalho), ficou com sequelas e, por conta disso, continua laborando, mas ficou com a capacidade de trabalho reduzida para a atividade que habitualmente exerce.

» Veja o conceito previsto na Lei nº 8.213/91:

> Art. 86. O auxílio-acidente será concedido, como indenização, ao segurado quando, após consolidação das lesões decorrentes de acidente de qualquer natureza, resultarem sequelas que impliquem redução da capacidade para o trabalho que habitualmente exerce. (Redação dada pela Lei nº 9.528/97)

» O auxílio-acidente é um valor a mais, pago pela Previdência Social, como forma de indenizar o segurado pelas sequelas que ele passou a apresentar em decorrência do acidente sofrido. A pessoa em gozo de auxílio-acidente continua recebendo, portanto, o seu salário.

» Assim, ao contrário da aposentadoria por invalidez ou do auxílio-doença, o auxílio-acidente não substitui a remuneração do segurado, sendo ao contrário um plus, um valor extra.

É possível acumular auxílio-acidente e auxílio-doença?

» SIM, mas desde que não decorram de uma mesma lesão (mesmo fato gerador):

> (...) A jurisprudência desta Corte é firme no sentido de ser indevida a cumulação dos benefícios de auxílio-acidente e auxílio-doença oriundos de uma mesma lesão, nos termos dos arts. 59 e 60, combinados com o art. 86, caput, e § 2º, todos da Lei nº 8.213/1991. (STJ. 2ª Turma. AgRg no AREsp 152.315/SE, Rel. Min. Humberto Martins, julgado em 17/05/2012).

É possível acumular auxílio-acidente e aposentadoria?

1) Antes da MP 1.596-14/97: SIM. A redação original do art. 86 da Lei nº 8.213/91 previa que o auxílio-acidente era um benefício vitalício, sendo permitida a sua acumulação com aposentadoria.

2) Depois da MP 1.596-14/97: NÃO. O art. 86 foi alterado pela MP 1.596-14/97, convertida na Lei nº 9.528/97, que afastou a vitaliciedade do auxílio-acidente e passou a proibir a acumulação do benefício acidentário com qualquer espécie de aposentadoria do regime geral, passando a integrar o salário de contribuição para fins de cálculo da aposentadoria previdenciária.

» Repetindo: desde a edição da MP 1.596-14 (publicada em 11/11/1997), o auxílio-acidente não mais pode ser acumulado com a aposentadoria do segurado.

» Vejamos a redação atual (com as alterações promovidas pela Lei nº 9.528/97):

> Art. 86. O auxílio-acidente será concedido, como indenização, ao segurado quando, após consolidação das lesões decorrentes de acidente de qualquer natureza, resultarem seqüelas que impliquem redução da capacidade para o trabalho que habitualmente exerce.

(...)

§ 2º O auxílio-acidente será devido a partir do dia seguinte ao da cessação do auxílio-doença, independentemente de qualquer remuneração ou rendimento auferido pelo acidentado, vedada sua acumulação com qualquer aposentadoria.

§ 3º O recebimento de salário ou concessão de outro benefício, exceto de aposentadoria, observado o disposto no § 5º, não prejudicará a continuidade do recebimento do auxílio-acidente.

Conclusão:

» Somente é possível a acumulação do auxílio-acidente com proventos de aposentadoria quando a eclosão da doença incapacitante e a concessão da aposentadoria forem anteriores à alteração do art. 86, §§ 2º e 3º, da Lei nº 8.213/1991, promovida pela MP n. 1.596-14/1997 (publicada em 11/11/1997).

» Vale ressaltar que a data de início da doença incapacitante deve ser definida conforme o critério previsto no art. 23 da Lei nº 8.213/91:

Art. 23. Considera-se como dia do acidente, no caso de doença profissional ou do trabalho, a data do início da incapacidade laborativa para o exercício da atividade habitual, ou o dia da segregação compulsória, ou o dia em que for realizado o diagnóstico, valendo para este efeito o que ocorrer primeiro.

» A AGU comunga do mesmo entendimento do STJ e possui um enunciado explicitando essa posição:

Súmula 44-AGU: Para a acumulação do auxílio-acidente com proventos de aposentadoria, a lesão incapacitante e a concessão da aposentadoria devem ser anteriores às alterações inseridas no art. 86, § 2º, da Lei 8.213/91, pela Medida Provisória nº 1.596-14, convertida na Lei nº 9.528/97.

Súmula 146-STJ: O segurado, vítima de novo infortúnio, faz jus a um único benefício somado ao salário de contribuição vigente no dia do acidente.

▶ *Aprovada em 07/12/1995, DJ 18/12/1995.*

» Válida.

Súmula 159-STJ: ~~O benefício acidentário, no caso de contribuinte que perceba remuneração variável, deve ser calculado com base na média aritmética dos últimos doze meses de contribuição.~~

▶ *Aprovada em 15/05/1996, DJ 27/05/1996.*

» Há polêmica, mas prevalece que está superada.

APOSENTADORIA POR TEMPO DE CONTRIBUIÇÃO

Súmula 272-STJ: O trabalhador rural, na condição de segurado especial, sujeito à contribuição obrigatória sobre a produção rural comercializada, somente faz jus à aposentadoria por tempo de serviço, se recolher contribuições facultativas.

> ▶ *Aprovada em 11/09/2002, DJ 19/09/2002.*

» Válida.

APOSENTADORIA POR INVALIDEZ

Súmula 576-STJ: Ausente requerimento administrativo no INSS, o termo inicial para a implantação da aposentadoria por invalidez concedida judicialmente será a data da citação válida.

> ▶ *Aprovada em 22/06/2016, DJe 27/06/2016.*

» Importante.

Situação 1: com prévio requerimento administrativo.

» Em 04/04, Lázaro foi até uma agência do INSS e requereu a sua aposentadoria por invalidez, tendo sido o pedido, contudo, administrativamente negado. Diante disso, em 07/07, ele ajuizou uma ação contra a autarquia pedindo a concessão do benefício. Em 10/10, o magistrado julgou procedente o pleito. Vale ressaltar que, antes, Lázaro não estava recebendo auxílio-doença.

» *A aposentadoria deverá ser concedida desde que data? Qual é a data inicial do benefício (DIB)?*

» A aposentadoria deverá ser concedida de forma retroativa à data do requerimento administrativo (no caso, 04/04). Esta é a DIB. Para o STJ, "o termo inicial da concessão do benefício previdenciário de aposentadoria por invalidez é a prévia postulação administrativa ou o dia seguinte ao da cessação do auxílio-doença." (AgRg no REsp 1418604/SC, Rel. Min. Herman Benjamin, julgado em 11/02/2014).

Situação 2: sem prévio requerimento administrativo.

» Em 04/04, Rodolfo ajuizou uma ação contra o INSS pedindo sua aposentadoria por invalidez. Em 05/05, o INSS foi citado. Em 06/06, o autor foi submetido à perícia médica judicial. Em 07/07, o laudo pericial foi juntado aos autos e o INSS foi intimado, atestando que o autor apresenta invalidez total e permanente para o trabalho. Em 08/08, o magistrado julga o pedido procedente e determina a concessão da aposentadoria por invalidez. Vale ressaltar que o autor não chegou a formular requerimento administrativo ao INSS pedindo a aposentadoria. Em outras palavras, ele ingressou diretamente com a ação judicial.

» *A aposentadoria deverá ser concedida desde que data? Qual é a data inicial do benefício (DIB)?*

» A aposentadoria deverá ser concedida de forma retroativa à data da citação (no caso, 05/05). Esta é a DIB. Segundo o STJ, a citação válida informa a parte ré sobre a existência do litígio, constitui em mora o INSS e deve ser considerada como termo inicial para a implantação da aposentadoria por invalidez concedida na via judicial quando ausente a prévia postulação administrativa.

Tese da Procuradoria Federal

» A Procuradoria Federal, em geral, defendia o argumento de que a DIB deveria ser a data em que o INSS foi intimado do laudo pericial. Para os Procuradores, foi nesse dia que o INSS passou a estar em mora. Essa tese, contudo, não foi acolhida.

Laudo pericial apenas declara algo que já existia

» Para o STJ, não há como adotar, como termo inicial do benefício, a data da ciência do laudo do perito judicial que constata a incapacidade, haja vista que esse documento constitui simples prova produzida em juízo, que apenas declara situação fática preexistente. Dito de outra forma, o laudo pericial não tem força constitutiva, mas sim declaratória. A incapacidade do segurado já existia antes do laudo ser juntado, de forma que não se pode limitar a essa data o início do benefício. O direito à aposentadoria já existia antes do INSS ser intimado do laudo.

» Importante destacar que o STJ decidiu esse tema sob a sistemática do recurso repetitivo, tendo sido firmada a seguinte regra de jurisprudência, que será aplicada para os demais casos semelhantes (art. 543-C do CPC): "A citação válida informa o litígio, constitui em mora a autarquia previdenciária federal e deve ser considerada como termo inicial para a implantação da aposentadoria por invalidez concedida na via judicial quando ausente a prévia postulação administrativa". STJ. 1ª Seção. REsp 1.369.165-SP, Rel. Min. Benedito Gonçalves, julgado em 26/2/2014 (Info 536).

» Este entendimento foi agora materializado na Súmula 576 do STJ.

Exigência do prévio requerimento.

» Para fins de concurso, saber o entendimento da súmula 576 irá resolver a maioria das questões. No entanto, é importante fazer um esclarecimento adicional e uma observação crítica a respeito do referido enunciado. Segundo decidiu o STF, em regra, o segurado/dependente somente pode propor ação pleiteando a concessão do benefício previdenciário se anteriormente formulou requerimento administrativo junto ao INSS e este foi negado. Caso seja ajuizada a ação sem que tenha havido prévio requerimento administrativo e sem que este pedido tenha sido indeferido, deverá o juiz extinguir o processo sem resolução do mérito por ausência de interesse de agir, considerando que havia a possibilidade de o pedido ter sido atendido pelo INSS na via administrativa. Este tema foi polêmico até 2014, mas restou pacificado no RE 631240/MG, Rel. Min. Roberto Barroso, julgado em 27/8/2014 (repercussão geral) (Info 756). O próprio STJ já aderiu a este entendimento: STJ. 1ª Seção. REsp

1.369.834-SP, Rel. Min. Benedito Gonçalves, julgado em 24/9/2014 (recurso repetitivo) (Info 553).

» Logo, desde 2014, não há mais dúvidas de que é obrigatório o prévio requerimento administrativo, não podendo, em regra, o segurado propor diretamente a ação judicial. Obs: se quiser recordar o tema, inclusive as exceções, consulte o Info 756-STF ou o Info 553-STJ.

Como conciliar a Súmula 576 do STJ com a decisão do STF que impõe o prévio requerimento administrativo (RE 631240/MG)?

» Se formos analisar os precedentes que deram origem à Súmula 576-STJ, iremos perceber que eles envolvem processos judiciais iniciados antes da decisão do STF no RE 631240/MG, ou seja, na época em que a jurisprudência majoritária não exigia o prévio requerimento administrativo para que o segurado pudesse ingressar com a ação. Portanto, os debates que envolveram a Súmula 576-STJ ocorreram em processos surgidos em dado momento histórico em que o segurado ainda podia escolher se primeiro iria tentar requerer o benefício na via administrativa ou se já queria propor diretamente a ação judicial pleiteando a aposentadoria por invalidez. Assim, a Súmula 576-STJ surgiu principalmente para dirimir estes processos.

Súmula 557-STJ: A renda mensal inicial (RMI) alusiva ao benefício de aposentadoria por invalidez precedido de auxílio-doença será apurada na forma do art. 36, § 7º, do Decreto n. 3.048/1999, observando-se, porém, os critérios previstos no art. 29, § 5º, da Lei nº 8.213/1991, quando intercalados períodos de afastamento e de atividade laboral.

▶ *Aprovada em 09/12/2015, DJe 15/12/2015.*

» Válida.

Sobre o que trata?

» A Súmula 557 do STJ trata sobre a forma de se calcular a renda mensal inicial da aposentadoria por invalidez paga pelo INSS (regime geral de previdência social) nos casos em que o segurado estava recebendo antes auxílio-doença.

Aposentadoria por invalidez

» A aposentadoria por invalidez é um benefício previdenciário pago ao segurado que for considerado incapaz, de forma permanente, para o exercício de trabalho que lhe garanta a subsistência. Encontra-se previsto no art. 42 da Lei nº 8.213/91:

> Art. 42. A aposentadoria por invalidez, uma vez cumprida, quando for o caso, a carência exigida, será devida ao segurado que, estando ou não em gozo de auxílio-doença, for considerado incapaz e insusceptível de reabilitação para o exercício de atividade que lhe garanta a subsistência, e ser-lhe-á paga enquanto permanecer nesta condição.

Precedida ou não de auxílio-doença

» A aposentadoria por invalidez pode:

a) **ser precedida de auxílio-doença.** O segurado pode estar recebendo o auxílio-doença e após algum tempo a enfermidade se agravar ou, então, se constatar que o tratamento não está surtindo efeito e que é inviável o retorno do indivíduo ao trabalho (a incapacidade é permanente). Neste caso, o auxílio-doença será convertido em aposentadoria por invalidez.

b) **ser concedida diretamente (sem prévio auxílio-doença).** É o caso, por exemplo, de um segurado que sofre acidente de carro e fica imediatamente tetraplégico.

Salário-de-benefício

» Salário-de-benefício (SB) é um valor calculado de acordo com as contribuições previdenciárias pagas, sendo utilizado como base para se descobrir a renda mensal do benefício devido ao segurado. Em outras palavras, o SB é a base de cálculo utilizada para se chegar ao valor do benefício que será pago. Sobre o valor do SB incidirá uma alíquota prevista em lei e, assim, calcula-se o valor da renda mensal do benefício (RMB).

» 1º passo: calcular o salário-de-benefício. O primeiro passo para se calcular o montante do benefício que será pago ao segurado será descobrir o valor do salário-de-benefício. No caso de auxílio-doença ou aposentadoria por invalidez, o salário-de-benefício será calculado com base na média aritmética simples dos maiores salários-de-contribuição correspondentes a 80% de todo o período contributivo (art. 29, II, da Lei nº 8.213/91). Isso significa que, quanto mais tempo a pessoa tiver passado recebendo altos salários (e, consequentemente, pagando contribuição previdenciária proporcional a esse valor), maior será o seu salário-de-benefício. Além disso, deverá ser observada a nova regra do § 10 do art. 29:

> Art. 29 (...) § 10. O auxílio-doença não poderá exceder a média aritmética simples dos últimos 12 (doze) salários-de-contribuição, inclusive em caso de remuneração variável, ou, se não alcançado o número de 12 (doze), a média aritmética simples dos salários-de-contribuição existentes.

» 2º passo: renda mensal do benefício (RMB) / renda mensal inicial (RMI). Renda mensal do benefício (também chamada de renda mensal inicial) é o valor que efetivamente será pago ao segurado. Como vimos acima, primeiro temos que descobrir o valor do salário de benefício. Depois, sobre esse valor aplicamos uma alíquota prevista em lei. O resultado dessa operação equivale à renda mensal do benefício.

» *Ilustrando com uma fórmula matemática:*

» RMB (ou RMI) = salário-de-benefício x alíquota

» O RMB do auxílio-doença é igual a 91% do salário-de-benefício, conforme previsto no art. 61 da Lei nº 8.213/91:

> Art. 61. O auxílio-doença, inclusive o decorrente de acidente do trabalho, consistirá numa renda mensal correspondente a 91% (noventa e um por cento) do salário-de-benefício (...)

» *Em fórmula matemática:*

» RMB do auxílio-doença = salário-de-benefício x 0,91.

» O RMB da aposentadoria por invalidez é igual a 100% do salário-de-benefício, conforme o art. 44 da Lei:

> Art. 44. A aposentadoria por invalidez, inclusive a decorrente de acidente do trabalho, consistirá numa renda mensal correspondente a 100% (cem por cento) do salário-de-benefício (...)

» *Em fórmula matemática:*
» RMB da aposentadoria por invalidez = salário-de-benefício.

Como é calculada a RMI no caso de aposentadoria por invalidez precedida de auxílio-doença?

» A RMI da aposentadoria por invalidez será de 100% do salário-de-benefício que serviu de base para o cálculo da renda mensal inicial do auxílio-doença. Isso está previsto no art. 36, § 7º, do Decreto nº 3.048/99 (Regulamento Geral da Previdência Social):

> Art. 36 (...) § 7º A renda mensal inicial da aposentadoria por invalidez concedida por transformação de auxílio-doença será de cem por cento do salário-de-benefício que serviu de base para o cálculo da renda mensal inicial do auxílio doença, reajustado pelos mesmos índices de correção dos benefícios em geral.

» Exemplo: Pedro laborou durante 10 anos em diversas empresas. Em 2012, foi contratado para trabalhar em uma grande indústria, recebendo o maior salário que já havia ganho em toda a sua carreira. Ocorre que, poucos meses depois (em 2013), ele ficou enfermo e passou a receber auxílio-doença.

» O auxílio-doença será 91% do salário-de-benefício. O salário-de-benefício será calculado com base na média das maiores contribuições feitas pelo segurado (art. 29, II, da Lei nº 8.213/91). Neste caso, será uma pena para Pedro porque ele ficou enfermo logo depois de ter assumido o novo trabalho onde passou a receber mais. Se ele tivesse mais tempo contribuindo sobre esse salário maior, o valor do seu auxílio-doença seria também maior.

» Em 2015, depois de dois anos recebendo o auxílio-doença, Pedro foi aposentado por invalidez.

» A RMI da aposentadoria por invalidez será 100% do salário-de-benefício.

» Indiretamente, o que o § 7º do art. 36 afirma é que os meses em que o segurado ficou recebendo auxílio-doença antes que este fosse convertido em aposentadoria por invalidez não entrarão no cálculo da RMI da aposentadoria por invalidez. Assim, para fins de apuração da RMI esses dois anos em que o segurado esteve ininterruptamente recebendo o auxílio-doença serão desconsiderados (descartados).

Essa regra infralegal prevista no art. 36, § 7º é compatível com a Lei nº 8.213/91? Um Decreto poderia ter previsto isso?

» SIM. Segundo entende a jurisprudência, "o § 7º do art. 36 do Decreto nº 3.048/99 não ultrapassou os limites da competência regulamentar porque apenas explicitou a adequada interpretação do inciso II e do § 5º do art. 29 em combinação com o inciso II do art. 55 e com os arts. 44 e 61, todos da Lei nº 8.213/91" (STF. Plenário. RE 583.834, Rel. Min. Ayres Britto, DJe de 13/2/2012).

Se, antes da concessão da aposentadoria por invalidez, o segurado passou alguns períodos afastado (recebendo auxílio-doença) e outros períodos trabalhando normalmente, haverá alguma peculiaridade no cálculo da aposentadoria por invalidez?

» SIM. Pode acontecer de o segurado, antes de ser considerado definitivamente incapaz para o trabalho, passe por meses de crise (nos quais recebeu auxílio-doença) e outros períodos em que se manteve saudável e, assim, pode trabalhar, receber salário e pagar contribuição previdenciária. Havendo esta situação, se o segurado acabar se aposentando por invalidez, a forma de cálculo do benefício deverá observar os critérios previstos no art. 29, § 5º, da Lei nº 8.213/91.

» Exemplo: João possui uma doença degenerativa e há alguns anos realizava tratamento médico para combatê-la. Durante os períodos de crise, ele não podia trabalhar e ficava afastado de suas funções alguns meses, recebendo auxílio-doença. Quando recebia alta, voltava novamente ao trabalho. Essa situação perdurou durante algum tempo, até que a enfermidade se agravou e o segurado ficou permanentemente incapaz. O auxílio-doença que ele estava recebendo foi convertido em aposentadoria por invalidez. Neste caso, o STJ afirma que o tempo que o segurado ficou gozando do auxílio-doença (além do tempo que ele ficou trabalhando) será também utilizado no cálculo da aposentadoria por invalidez. Isso porque se aplicará a regra especial do § 5º do art. 29 da Lei nº 8.213/91:

> Art. 29 (...) § 5º Se, no período básico de cálculo, o segurado tiver recebido benefícios por incapacidade, sua duração será contada, considerando-se como salário-de-contribuição, no período, o salário-de-benefício que serviu de base para o cálculo da renda mensal, reajustado nas mesmas épocas e bases dos benefícios em geral, não podendo ser inferior ao valor de 1 (um) salário mínimo.

» A regra do § 5º é excepcional, pois ela permite que se considere como tempo para fins de aposentadoria um período em que o segurado não contribuiu (se o segurado estava recebendo auxílio-doença, significa que ele não estava trabalhando nem pagando contribuição previdenciária). Logo, o § 5º do art. 29 é uma exceção à regra que proíbe a contagem de tempo sem contribuição para fins de aposentadoria.

» A regra do § 5º do art. 29 da Lei nº 8.213/91, em algumas situações, se mostrará mais vantajosa ao segurado, como no exemplo de Pedro acima (primeiro exemplo). É possível estender essa regra do § 5º para o caso de Pedro (em que ele ficou afastado todo o tempo anterior à aposentadoria por invalidez)? NÃO. O § 5º do art. 29 da Lei nº 8.213/91 é uma exceção e como tal só pode ser aplicada para as situações ali previstas, ou seja, para os casos em que a aposentadoria por invalidez seja precedida do recebimento de auxílio-doença durante período de afastamento intercalado com atividade laborativa em que há recolhimento da contribuição previdenciária.

APOSENTADORIA ESPECIAL

Súmula 44-STJ: A definição, em ato regulamentar, de grau mínimo de disacusia, não exclui, por si só, a concessão do benefício previdenciário.

▸ *Aprovada em 16/06/1992, DJ 26/06/1992.*

» Válida.

» Vale ressaltar, no entanto, que a Súmula 44/STJ não torna prescindível a redução da capacidade laboral para a concessão do auxílio-acidente, ainda que seja constatada disacusia em grau mínimo (REsp 1337206/SP, j. em 18/10/2012).

PENSÃO POR MORTE

Súmula 340-STJ: A lei aplicável à concessão de pensão previdenciária por morte é aquela vigente na data do óbito do segurado.

▸ *Aprovada em 27/06/2007, DJ 13/08/2007.*

» Importante.

» Ao analisar inúmeros casos envolvendo pensão por morte na previdência pública, o STJ firmou o entendimento de que as regras que deverão reger o benefício são aqueles que vigoravam no momento da concessão do benefício, não sendo aplicadas quaisquer alterações que sejam realizadas na lei, sejam para beneficiar ou piorar a situação do pensionista.

» Esse entendimento é baseado em um princípio segundo o qual tempus regit actum. Em uma tradução literal, significa "o tempo rege o ato", ou seja, os atos jurídicos são regidos pela lei que vigorava no momento em que eles foram editados.

» Em palavras mais técnicas, os benefícios previdenciários devem ser regulados pela lei ou pelo estatuto vigentes ao tempo em que foram implementados os requisitos necessários à consecução do direito. As normas editadas após a concessão do benefício não podem retroagir, ainda que mais favoráveis ao beneficiário.

Súmula 416-STJ: É devida pensão por morte aos dependentes do segurado que, apesar de ter perdido essa qualidade, preencheu os requisitos legais para a obtenção de sua aposentadoria até a data do seu óbito.

▸ *Aprovada em 09/12/2009, DJ 16/12/2009.*

» Importante.

Súmula 336-STJ: A mulher que renunciou aos alimentos na separação judicial tem direito à pensão previdenciária por morte do ex-marido, comprovada a necessidade econômica superveniente.

▶ *Aprovada em 25/04/2007, DJ 07/05/2007.*

» Importante.

Súmula 613-STF: Os dependentes de trabalhador rural não tem direito a pensão previdenciária, se o óbito ocorreu anteriormente à vigência da Lei Complementar nº 11/71.

▶ *Aprovada em 17/10/1976, DJ 03/01/1977.*

» Válida, mas sem nenhuma relevância atualmente.

CONTRIBUIÇÃO PREVIDENCIÁRIA

Súmula 241-STF: A contribuição previdenciária incide sobre o abono incorporado ao salário.

▶ *Aprovada em 13/12/1963.*

» Válida.

» A teor da Súmula 241 do STF, editada ao tempo em que o Supremo acumulava a função de Corte legal, a contribuição previdenciária incide sobre o abono incorporado ao salário, restando reconhecer, a contrario sensu, que a contribuição previdenciária não incide sobre o abono não incorporado ao salário (eventual) (STJ. 1ª Turma. AgRg no REsp 1489437/AL, Rel. Min. Napoleão Nunes Maia Filho, julgado em 06/08/2015).

Súmula 688-STF: É legítima a incidência da contribuição previdenciária sobre o 13º salário.

▶ *Aprovada em 24/09/2003, DJ 09/10/2003.*

» Importante.

» O 13º salário é um ganho habitual do trabalhador e segundo a CF/88, "os ganhos habituais do empregado, a qualquer título, serão incorporados ao salário para efeito de contribuição previdenciária e consequente repercussão em benefícios, nos casos e na forma da lei" (art. 201, § 11).

Súmula 207-STF: As gratificações habituais, inclusive a de natal, consideram-se tacitamente convencionadas, integrando o salário.

» A gratificação natalina, por ostentar caráter permanente, integra o conceito de remuneração, sujeitando-se, consequentemente, à contribuição previdenciária. A Lei

8.620/1993, em seu art. 7º, § 2º, autorizou expressamente a incidência da contribuição previdenciária sobre o valor bruto do 13º salário (STJ AgRg no AREsp 343.983/AL, julgado em 19/09/2013).

Súmula 530-STF: Na legislação anterior ao art. 4º da Lei 4.749, de 12.08.1965, a contribuição para a previdência social não estava sujeita ao limite estabelecido no art. 69 da Lei 3.807, de 26 de agosto de 1960, sobre o 13º salário a que se refere o art. 3º da Lei 4.281, de 08.11.1963.

▶ *Aprovada em 03/12/1969, DJ 10/12/1969.*

» Válida, mas sem nenhuma relevância atualmente.

Súmula 467-STF: A base do cálculo das contribuições previdenciárias, anteriormente a vigência da Lei Orgânica da Previdência Social, é o salário-mínimo mensal, observados os limites da Lei 2.755, de 1956.

▶ *Aprovada em 01/10/1964, DJ 08/10/1964.*

» Válida, mas sem nenhuma relevância atualmente.

PROCESSO JUDICIAL PREVIDENCIÁRIO

Súmula 242-STJ: Cabe ação declaratória para reconhecimento de tempo de serviço para fins previdenciários.

▶ *Aprovada em 22/11/2000, DJ 27/11/2000.*

» Válida.

Súmula 204-STJ: Os juros de mora nas ações relativas a benefícios previdenciários incidem a partir da citação válida.

▶ *Aprovada em 11/03/1998, DJ 18/03/1998.*

» Importante.

» Os juros moratórios nas questões previdenciárias incidem a partir da citação válida, tendo como termo final a conta de liquidação (STJ AgRg no REsp 1398994/SP, j. em 21/11/2013).

Súmula 110-STJ: A isenção do pagamento de honorários advocatícios, nas ações acidentárias, é restrita ao segurado.

▶ *Aprovada em 06/10/1994, DJ 13/10/1994.*

» Válida.

Súmula 111-STJ: Os honorários advocatícios, nas ações previdenciárias, não incidem sobre as prestações vencidas após a sentença.

▶ *Aprovada em 06/10/1994, DJ 13/10/1994.*

» Válida.

Súmula 178-STJ: O INSS não goza de isenção do pagamento de custas e emolumentos, nas ações acidentárias e de benefícios, propostas na Justiça Estadual.

▶ *Aprovada em 23/05/2002, DJ 03/06/2002.*

» Válida.

» Isso ocorre porque as custas e emolumentos possuem natureza jurídica de taxa. As custas da Justiça Estadual são taxas estaduais; logo, somente uma lei estadual poderia isentar o INSS do pagamento dessa taxa, não podendo uma lei federal prever essa isenção (art. 151, III, CF/88).

» Se o INSS estiver litigando na JF, terá isenção de custas e emolumentos (art. 39 da Lei 6.830/80).

Súmula 175-STJ: Descabe o depósito prévio nas ações rescisórias propostas pelo INSS.

▶ *Aprovada em 23/10/1996, DJ 31/10/1996.*

» Válida.

PREVIDÊNCIA PRIVADA

Súmula 427-STJ: A ação de cobrança de diferenças de valores de complementação de aposentadoria prescreve em cinco anos contados da data do pagamento.

▶ *Aprovada 10/03/2010, DJe 13/05/2010.*

Súmula 291-STJ: A ação de cobrança de parcelas de complementação de aposentadoria pela previdência privada prescreve em cinco anos.

▶ *Aprovada 28/04/2004, DJe 13/05/2004.*

» Importantes.

» O pagamento de complementação de aposentadoria é obrigação de trato sucessivo, sujeita, pois, à prescrição quinquenal que alcança somente as parcelas vencidas anteriormente ao quinquênio que precede o ajuizamento da ação e não o próprio fundo de direito (Súmulas STJ/291, 427) (STJ AgRg nos EDcl no AREsp 334.560/RS, j. em 19/11/2013)

Súmula 290-STJ: Nos planos de previdência privada, não cabe ao beneficiário a devolução da contribuição efetuada pelo patrocinador.

▶ *Aprovada 28/04/2004, DJe 13/05/2004.*

» Válida.

Súmula 289-STJ: A restituição das parcelas pagas a plano de previdência privada deve ser objeto de correção plena, por índice que recomponha a efetiva desvalorização da moeda.

▶ *Aprovada 28/04/2004, DJe 13/05/2004.*

» Válida.

OUTROS TEMAS

Súmula 148-STJ: Os débitos relativos a benefício previdenciário, vencidos e cobrados em juízo após a vigência da Lei nº 6.899/81, devem ser corrigidos monetariamente na forma prevista nesse diploma legal.

▶ *Aprovada em 07/12/1995, DJ 18/12/1995.*

» Válida, mas pouco relevante.

Súmula 65-STJ: O cancelamento, previsto no art. 29 do Decreto-Lei 2.303, de 21.11.86, não alcança os débitos previdenciários.

▶ *Aprovada em 15/12/1992, DJ 04/02/1993.*

» Válida, mas pouco relevante.

Súmula 465-STF: O regime de manutenção de salário, aplicável ao IAPM e ao IAPETC, exclui a indenização tarifada na Lei de Acidentes do Trabalho, mas não o benefício previdenciário.

▶ *Aprovada em 01/10/1964, DJ 08/10/1964.*

» Válida, mas sem nenhuma relevância atualmente.

Súmula 687-STF: A revisão de que trata o art. 58 do ADCT não se aplica aos benefícios previdenciários concedidos após a promulgação da Constituição de 1988.

▶ *Aprovada em 24/09/2003, DJ 09/10/2003.*

» Válida.

Súmula 466-STF: Não é inconstitucional a inclusão de sócios e administradores de sociedades e titulares de firmas individuais como contribuintes obrigatórios da previdência social.

▶ *Aprovada em 01/10/1964, DJ 08/10/1964.*

» Válida.

» Encontra-se de acordo com o art. 195, I, da CF/88.

Súmula 37-STF: ~~Não tem direito de se aposentar pelo Tesouro Nacional o servidor que não satisfizer as condições estabelecidas na legislação do serviço público federal, ainda que aposentado pela respectiva instituição previdenciária, com direito em tese, a duas aposentadorias.~~

▶ *Aprovada em 13/12/1963.*

» Superada porque tratou de uma situação específica prevista na Lei nº 2.752/56, mas que não se aplica aos atuais servidores públicos federais.

Súmula 243-STF: Em caso de dupla aposentadoria os proventos a cargo do IAPFESP não são equiparáveis aos pagos pelo tesouro nacional, mas calculados à base da média salarial nos últimos doze meses de serviço.

▶ *Aprovada em 13/12/1963.*

» Válida, mas sem nenhuma relevância atualmente.

Súmula 371-STF: Ferroviário, que foi admitido como servidor autárquico, não tem direito a dupla aposentadoria.

▶ *Aprovada em 03/04/1964, DJ 08/05/1964.*

» Válida, mas sem nenhuma relevância atualmente.

Súmula 372-STF: A Lei 2.752, de 10.04.1956, sobre dupla aposentadoria, aproveita, quando couber, a servidores aposentados antes de sua publicação.

▶ *Aprovada em 03/04/1964, DJ 08/05/1964.*

» Válida, mas sem nenhuma relevância atualmente.

14. SISTEMA FINANCEIRO DE HABITAÇÃO

Súmula 308-STJ: A hipoteca firmada entre a construtora e o agente financeiro, anterior ou posterior à celebração da promessa de compra e venda, não tem eficácia perante os adquirentes do imóvel.

▶ *Aprovada em 30/03/2005, DJ 25/04/2005.*

» Válida.

Súmula 199-STJ: Na execução hipotecária de crédito vinculado ao sistema financeiro da habitação, nos termos da Lei nº 5.741/71, a petição inicial deve ser instruída com, pelo menos, dois avisos de cobrança.

▶ *Aprovada em 08/10/1997, DJ 21/10/1997.*

» Válida.

Súmula 454-STJ: Pactuada a correção monetária nos contratos do SFH pelo mesmo índice aplicável à caderneta de poupança, incide a taxa referencial (TR) a partir da vigência da Lei nº 8.177/1991.

▶ *Aprovada em 18/08/2010, DJe 24/08/2010.*

» Válida.

Súmula 31-STJ: A aquisição, pelo segurado, de mais de um imóvel financiado pelo Sistema Financeiro da Habitação, situados na mesma localidade, não exime a seguradora da obrigação de pagamento dos seguros.

▶ *Aprovada em 09/10/1991, DJ 18/10/1991.*

» Válida.

Súmula 450-STJ: Nos contratos vinculados ao SFH, a atualização do saldo devedor antecede sua amortização pelo pagamento da prestação.

▸ *Aprovada em 02/06/2010, DJe 21/06/2010.*

» Válida.

Súmula 422-STJ: O art. 6º, e, da Lei n. 4.380/1964 não estabelece limitação aos juros remuneratórios nos contratos vinculados ao SFH.

▸ *Aprovada em 03/03/2010, DJe 24/05/2010.*

» Importante.

Súmula 327-STJ: Nas ações referentes ao Sistema Financeiro da Habitação, a Caixa Econômica Federal tem legitimidade como sucessora do Banco Nacional da Habitação.

▸ *Aprovada em 22/05/2006, DJ 07/06/2006.*

» Válida.

Súmula 473-STJ: O mutuário do SFH não pode ser compelido a contratar o seguro habitacional obrigatório com a instituição financeira mutuante ou com a seguradora por ela indicada.

▸ *Aprovada em 13/06/2012, DJe 19/06/2012.*

» Importante.

Súmula 586-STJ: A exigência de acordo entre o credor e o devedor na escolha do agente fiduciário aplica-se, exclusivamente, aos contratos não vinculados ao Sistema Financeiro da Habitação – SFH.

▸ *Aprovada em 19/12/2016, DJe 01/02/2017.*

» Importante.

» A exigência de comum acordo entre o credor e o devedor na escolha do agente fiduciário somente se aplica aos contratos não vinculados ao Sistema Financeiro da Habitação – SFH, conforme a exegese do art. 30, I e II, e §§ 1º e 2º do Decreto-Lei 70/66.

15. SISTEMA FINANCEIRO NACIONAL

Súmula 19-STJ: A fixação do horário bancário, para atendimento ao público, é da competência da União.

▶ *Aprovada em 04/12/1990, DJ 07/12/1990.*

» Válida.

» Veja comentários em Direito Constitucional (competências legislativas).

Súmula 23-STJ: O Banco Central do Brasil é parte legítima nas ações fundadas na Resolução 1154, de 1986.

▶ *Aprovada em 19/03/1991, DJ 22/03/1991.*

» Válida.

Súmula 30-STJ: A comissão de permanência e a correção monetária são inacumuláveis.

▶ *Aprovada em 09/10/1991, DJ 18/10/1991.*

» Importante.

Súmula 79-STJ: Os bancos comerciais não estão sujeitos a registro nos Conselhos Regionais de Economia.

▶ *Aprovada em 08/06/1993, DJ 15/06/1993.*

» Válida.

Súmula 176-STJ: É nula a cláusula contratual que sujeita o devedor a taxa de juros divulgada pela ANBID/CETIP.

> Aprovada em 23/10/1996, DJ 06/11/1996.

» Válida.

Súmula 179-STJ: O estabelecimento de crédito que recebe dinheiro, em depósito judicial, responde pelo pagamento da correção monetária relativa aos valores recolhidos.

> Aprovada em 05/02/1997, DJ 17/02/1997.

» Válida.

Súmula 181-STJ: É admissível ação declaratória, visando a obter certeza quanto à exata interpretação de cláusula contratual.

> Aprovada em 05/02/1997, DJ 17/02/1997.

» Válida.

Súmula 271-STJ: A correção monetária dos depósitos judiciais independe de ação específica contra o banco depositário.

> Aprovada em 01/08/2002, DJ 21/08/2002.

» Válida.

Súmula 283-STJ: As empresas administradoras de cartão de crédito são instituições financeiras e, por isso, os juros remuneratórios por elas cobrados não sofrem as limitações da Lei de Usura.

> Aprovada em 28/04/2004, DJ 13/05/2004.

» Válida.

Súmula 287-STJ: A Taxa Básica Financeira (TBF) não pode ser utilizada como indexador de correção monetária nos contratos bancários.

> Aprovada em 28/04/2004, DJ 13/05/2004.

» Válida.

Súmula 288-STJ: A Taxa de Juros de Longo Prazo (TJLP) pode ser utilizada como indexador de correção monetária nos contratos bancários.

> Aprovada em 28/04/2004, DJ 13/05/2004.

» Válida.

Súmula 294-STJ: Não é potestativa a cláusula contratual que prevê a comissão de permanência, calculada pela taxa média de mercado apurada pelo Banco Central do Brasil, limitada à taxa do contrato.

▸ *Aprovada em 12/05/2004, DJ 09/09/2004.*

» Válida.

Súmula 295-STJ: A Taxa Referencial (TR) é indexador válido para contratos posteriores à Lei nº 8.177/91, desde que pactuada.

▸ *Aprovada em 12/05/2004, DJ 09/09/2004.*

» Válida.

Súmula 296-STJ: Os juros remuneratórios, não cumuláveis com a comissão de permanência, são devidos no período de inadimplência, à taxa média de mercado estipulada pelo Banco Central do Brasil, limitada ao percentual contratado.

▸ *Aprovada em 12/05/2004, DJ 09/09/2004.*

» Válida.

Súmula 382-STJ: A estipulação de juros remuneratórios superiores a 12% ao ano, por si só, não indica abusividade.

▸ *Aprovada em 27/05/2009, DJe 08/06/2009.*

» Importante.

» Veja comentários em Direito Civil (Juros e correção monetária)

Súmula 725-STF: É constitucional o § 2º do art. 6º da L.8.024/90, resultante da conversão do MPr 168/90, que fixou o BTN fiscal como índice de correção monetária aplicável aos depósitos bloqueados pelo Plano Collor I.

▸ *Aprovada em 26/11/2003, DJ 09/12/2003.*

» Válida, mas sem nenhuma relevância atualmente.

CONTRATOS BANCÁRIOS

» Vide súmulas de Direito Empresarial.

16. DIREITO INTERNACIONAL

EXPULSÃO

Súmula 1-STF: É vedada a expulsão de estrangeiro casado com brasileira, ou que tenha filho brasileiro, dependente da economia paterna.

▸ *Aprovada em 13/12/1963.*

» Válida.
» O tema é agora tratado pelo art. 55 da Lei nº 13.445/2017:

   Art. 55. Não se procederá à expulsão quando:

   (...)

   II – o expulsando:

   a) tiver filho brasileiro que esteja sob sua guarda ou dependência econômica ou socioafetiva ou tiver pessoa brasileira sob sua tutela;

   b) tiver cônjuge ou companheiro residente no Brasil, sem discriminação alguma, reconhecido judicial ou legalmente;

» Um ponto deve ser atualizado em relação à súmula é que, atualmente, após a CF/88, o STF afirma que o estrangeiro em união estável com brasileira também não poderá ser expulso, desde que não haja impedimento para a transformação em casamento (STF. Plenário. HC 100793, Rel. Min. Marco Aurélio, julgado em 02/12/2010).

» O raciocínio presente na súmula 1 do STF NÃO pode ser aplicado para deportação e extradição. Desse modo, o fato de o estrangeiro possuir vínculos conjugais e/ou familiares com pessoas de nacionalidade brasileira não se mostra como um motivo suficiente para impedir que ele seja extraditado ou deportado. Sobre o tema, confira a Súmula 421 do STF.

» Quanto à segunda parte da súmula (existência de filho brasileiro), o STJ entende que: a existência de filhos nascidos no Brasil constitui impedimento para o procedimento de expulsão de estrangeiros do País. Este entendimento é aplicado inclusive a situações em que o parto tenha ocorrido após a expedição do decreto expulsório (STJ. 1ª Seção. HC 304.112/DF, Rel. Min. Napoleão Nunes Maia Filho, julgado em 14/10/2015).

EXTRADIÇÃO

Súmula 2-STF: ~~Concede-se liberdade vigiada ao extraditando que estiver preso por prazo superior a sessenta dias.~~

▶ Aprovada em 13/12/1963.

» Superada.
» O tema é agora tratado pelos arts. 82 e 84 do Estatuto do Estrangeiro.
» A prisão cautelar do extraditando deve perdurar até o julgamento final, pelo STF, do pedido de extradição, vedada, em regra, a adoção de meios alternativos que a substituam, como a prisão domiciliar, a prisão-albergue ou a liberdade vigiada (STF Ext 1035 AgR).

Súmula 367-STF: Concede-se liberdade ao extraditando que não for retirado do país no prazo ~~do art. 16 do Decreto-Lei 394, de 28.04.38~~.

▶ Aprovada em 13/12/1963.

» Parcialmente válida.
» Ressalte-se, entretanto, que o Decreto-Lei 394/38 foi revogado e que a matéria é agora tratada pelos arts. 86 e 87 do Estatuto do Estrangeiro, que estabelecem o prazo de 60 dias para que o Estado requerente retire o extraditando do território nacional.
» Mesmo que o Estado requerente não retire o estrangeiro no prazo, existe a possibilidade, em tese, de o Brasil expulsá-lo do território nacional.

Súmula 421-STF: Não impede a extradição a circunstância de ser o extraditado casado com brasileira ou ter filho brasileiro.

▶ Aprovada em 01/06/1964, DJ 06/07/1964.

» Importante.
» Não obsta a extradição o fato de o súdito estrangeiro ser casado ou viver em união estável com pessoa de nacionalidade brasileira, ainda que, com esta, possua filho brasileiro. A Súmula 421/STF revela-se compatível com a vigente Constituição da República, pois, em tema de cooperação internacional na repressão a atos de criminalidade comum, a existência de vínculos conjugais e/ou familiares com pessoas de nacionalidade brasileira não se qualifica como causa obstativa da extradição. (STF. Plenário. Ext 1201, Rel. Min. Celso de Mello, julgado em 17/02/2011).

Súmula 692-STF: Não se conhece de habeas corpus contra omissão de relator de extradição, se fundado em fato ou direito estrangeiro cuja prova não constava dos autos, nem foi ele provocado a respeito.

▶ *Aprovada em 24/09/2003, DJ 09/10/2003.*

» Válida.

HOMOLOGAÇÃO DE SENTENÇA ESTRANGEIRA

Súmula 381-STF: Não se homologa sentença de divórcio obtida por procuração, em país de que os cônjuges não eram nacionais.

▶ *Aprovada em 03/04/1964, DJ 08/05/1964.*

» Válida.

Súmula 420-STF: Não se homologa sentença proferida no estrangeiro sem prova do trânsito em julgado.

▶ *Aprovada em 01/06/1964, DJ 06/07/1964.*

» Válida.

OUTRAS SÚMULAS SUPERADAS

Súmula 59-STF: ~~Imigrante pode trazer, sem licença prévia, automóvel que lhe pertença desde mais de seis meses antes do seu embarque para o Brasil.~~

▶ *Aprovada em 13/12/1963.*

» Superada.

Súmula 60-STF: ~~Não pode o estrangeiro trazer automóvel quando não comprovada a transferência definitiva de sua residência para o Brasil.~~

▶ *Aprovada em 13/12/1963.*

» Superada.

Súmula 61-STF: ~~Brasileiro domiciliado no estrangeiro, que se transfere definitivamente para o Brasil, pode trazer automóvel licenciado em seu nome há mais de seis meses.~~

▶ *Aprovada em 13/12/1963.*

» Superada.

Súmula 62-STF: ~~Não basta a simples estada no estrangeiro por mais de seis meses, para dar direito à trazida de automóvel com fundamento em transferência de residência.~~

▶ *Aprovada em 13/12/1963.*

» Superada.

Súmula 63-STF: ~~É indispensável, para trazida de automóvel, a prova do licenciamento há mais de seis meses no país de origem.~~

▶ *Aprovada em 13/12/1963.*

» Superada.

Súmula 64-STF: ~~É permitido trazer do estrangeiro, como bagagem, objetos de uso pessoal e doméstico, desde que, por sua quantidade e natureza, não induzam finalidade comercial.~~

▶ *Aprovada em 13/12/1963.*

» Superada.

Súmula 406-STF: ~~O estudante ou professor bolsista e o servidor público em missão de estudo satisfazem a condição da mudança de residência para o efeito de trazer automóvel do exterior, atendidos os demais requisitos legais.~~

▶ *Aprovada em 01/06/1964, DJ 06/07/1964.*

» Superada.

17. DIREITO MILITAR

Súmula vinculante 6-STF: Não viola a Constituição da República o estabelecimento de remuneração inferior ao salário mínimo para os praças prestadores de serviço militar inicial.

▸ *Aprovada em 07/05/2008, DJe 16/05/2008.*

» Válida.

Súmula 10-STF: Tempo de serviço militar conta-se para efeito de disponibilidade e aposentadoria do servidor público estadual.

▸ *Aprovada em 13/12/1963.*

» Válida.
» Está de acordo com o art. 40, § 9º, da CF/88.

Súmula 346-STJ: É vedada aos militares temporários, para aquisição de estabilidade, a contagem em dobro de férias e licenças não gozadas.

▸ *Aprovada em 13/02/2008, DJe 03/03/2008.*

» Válida.

Súmula 55-STF: Militar da reserva está sujeito à pena disciplinar.

▸ *Aprovada em 13/12/1963.*

» Válida.
» Apenas os militares da reserva remunerada estão sujeitos à pena disciplinar.

Súmula 56-STF: ~~Militar reformado não está sujeito à pena disciplinar.~~

▸ *Aprovada em 13/12/1963.*

» Superada.
» Militar reformado está sim sujeito à pena disciplinar.

Súmula 385-STF: ~~Oficial das forças armadas só pode ser reformado, em tempo de paz, por decisão de Tribunal Militar Permanente, ressalvada a situação especial dos atingidos pelo art. 177 da Constituição de 1937.~~

▸ *Aprovada em 03/04/1964, DJ 08/05/1964.*

» Superada.

Súmula 57-STF: Militar inativo não tem direito ao uso do uniforme fora dos casos previstos em lei ou regulamento.

▸ *Aprovada em 13/12/1963.*

» Válida.

» Vide art. 77, § 1º, "c", da Lei nº 6.880/80 (Estatuto dos Militares).

Súmula 51-STF: ~~Militar não tem direito a mais de duas promoções na passagem para a inatividade, ainda que por motivos diversos.~~

▸ *Aprovada em 13/12/1963.*

» Superada.

» Vide art. 62 da Lei nº 6.880/80 (Estatuto dos Militares).

Súmula 441-STF: ~~O militar, que passa a inatividade com proventos integrais, não tem direito as cotas trigésimas a que se refere o Código de Vencimentos e Vantagens dos Militares.~~

▸ *Aprovada em 01/10/1964, DJ 08/10/1964.*

» Superada.

Súmula 407-STF: Não tem direito ao terço de campanha o militar que não participou de operações de guerra, embora servisse na "zona de guerra".

▸ *Aprovada em 01/06/1964, DJ 06/07/1964.*

» Válida.

Súmula 52-STF: ~~A promoção de militar, vinculada à inatividade, pode ser feita, quando couber, a posto inexistente no quadro.~~

▸ *Aprovada em 13/12/1963.*

» Superada.

Súmula 53-STF: ~~A promoção de professor militar, vinculada à sua reforma, pode ser feita, quando couber, a posto inexistente no quadro.~~

▸ *Aprovada em 13/12/1963.*

» Superada.

Súmula 54-STF: ~~A reserva ativa do magistério militar não confere vantagens vinculadas à efetiva passagem para a inatividade.~~

▸ *Aprovada em 13/12/1963.*

» Superada.

Súmula 9-STF: ~~Para o acesso de auditores ao Superior Tribunal Militar só concorrem os de segunda entrância.~~

▸ *Aprovada em 13/12/1963.*

» Superada.
» A forma de composição do STM está disciplinada no art. 123 da CF/88.

Súmula 45-STF: ~~A estabilidade dos substitutos do Ministério Público Militar não confere direito aos vencimentos da atividade fora dos períodos de exercício.~~

▸ *Aprovada em 13/12/1963.*

» Superada.

Súmula 673-STF: O art. 125, § 4º, da Constituição, não impede a perda da graduação de militar mediante procedimento administrativo.

▸ *Aprovada em 24/09/2003, DJ 09/10/2003.*

» Válida.

Súmula 674-STF: A anistia prevista no art. 8º do ADCT não alcança os militares expulsos com base em legislação disciplinar ordinária, ainda que em razão de atos praticados por motivação política.

▸ *Aprovada em 24/09/2003, DJ 09/10/2003.*

» Válida.

Súmula 53-STJ: Compete à Justiça Comum Estadual processar e julgar civil acusado de prática de crime contra instituições militares estaduais.

▸ *Aprovada em 17/09/1992, DJ 24/09/1992.*

» Válida.
» A Justiça Militar estadual não tem competência para processar e julgar civis. Nos termos do art. 125, § 4º, da CF/88, a Justiça Militar Estadual é competente para processar e julgar os crimes militares praticados apenas pelos militares estaduais.

Súmula 90-STJ: ~~Compete à Justiça Estadual Militar processar e julgar o policial militar pela prática do crime militar, e à Comum pela prática do crime comum simultâneo àquele.~~

» Superada.

▶ *Aprovada em 21/10/1993, DJ 26/10/1993.*

Súmula 78-STJ: Compete à Justiça Militar processar e julgar policial de corporação estadual, ainda que o delito tenha sido praticado em outra unidade federativa.

▶ *Aprovada em 08/06/1993, DJ 16/06/1993.*

» Válida.

Súmula 47-STJ: ~~Compete à Justiça Militar processar e julgar crime cometido por militar contra civil, com emprego de arma pertencente à corporação, mesmo não estando em serviço.~~

▶ *Aprovada em 20/08/1992, DJ 25/08/1992.*

» Superada em razão de o art. 9º, II, "f" do Código Penal Militar ter sido revogado pela Lei nº 9.299/96. Nesse sentido: FOUREAUX, Rodrigo (Justiça Militar: aspectos gerais e controversos. São Paulo: Fiuza, 2012).

» A circunstância de ter o corréu, policial militar, utilizado revólver de propriedade da corporação militar para matar a vítima e, assim, assegurar o sucesso do delito de roubo, tornou-se irrelevante em razão da vigência da Lei nº 9.299/96, que revogou o disposto no art. 9.º, inc. II, alínea "f", do Código Penal Militar (STJ. 5ª Turma. HC 59.489/MG, Rel. Min. Laurita Vaz, julgado em 22/08/2006.

» O policial militar que, embora de folga, age em razão da função, valendo-se de sua condição e utilizando os armamentos da corporação pratica crime militar nos termos expressos do art. 9º, II, c, do Código Militar, estando sujeito à competência da Justiça Militar. Verifica-se, in casu, que, embora de folga, os policiais militares puseram-se em serviço e agiram em razão da função e em nome da instituição, utilizando-se dos armamentos da corporação, tanto que efetuaram a prisão em flagrante dos civis que supostamente praticavam o delito de tráfico de drogas.

» Conflito conhecido para declarar a competência do Juízo Auditor da 1ª Auditoria de Justiça Militar de Porto Alegre, o suscitado (STJ. 3ª Seção. CC 131.306/RS, Rel. Min. Marilza Maynard (Desembargadora Convocada do TJ/SE), julgado em 26/02/2014.

Súmula 75-STJ: ~~Compete à Justiça Comum Estadual processar e julgar o policial militar por crime de promover ou facilitar a fuga de preso de estabelecimento penal.~~

▶ *Aprovada em 15/04/1993, DJ 20/04/1993.*

» Superada.

» Veja comentários em Direito Processual Penal (competência da Justiça Militar).

Súmula 172-STJ: ~~Compete à justiça comum processar e julgar militar por crime de abuso de autoridade, ainda que praticado em serviço.~~

> ▸ *Aprovada em 23/10/1996, DJ 31/10/1996.*

» Superada.

» Veja comentários em Direito Processual Penal (Competência da Justiça Militar).

Súmula 6-STJ: ~~Compete à Justiça Comum Estadual processar e julgar delito decorrente de acidente de trânsito envolvendo viatura de Polícia Militar, salvo se autor e vítima forem policiais militares em situação de atividade.~~

> ▸ *Aprovada em 07/06/1990, DJ 15/06/1990.*

» Superada.

» Veja comentários em Direito Processual Penal (Competência da Justiça Militar).

Súmula 297-STF: ~~Oficiais e praças das milícias dos Estados, no exercício de função policial civil, não são considerados militares para efeitos penais, sendo competente a justiça comum para julgar os crimes cometidos por ou contra eles.~~

> ▸ *Aprovada em 13/12/1963.*

» Superada.

Súmula 298-STF: ~~O legislador ordinário só pode sujeitar civis à Justiça Militar, em tempo de paz, nos crimes contra a segurança externa do país ou às instituições militares.~~

> ▸ *Aprovada em 13/12/1963.*

» Superada.

Súmula 364-STF: ~~Enquanto o Estado da Guanabara não tiver Tribunal Militar de Segunda Instância, o Tribunal de Justiça é competente para julgar os recursos das decisões da auditoria da polícia militar.~~

> ▸ *Aprovada em 13/12/1963.*

» Superada.

ÍNDICE POR SÚMULAS

SÚMULAS DO STF

Súmula 1-STF:	571		Súmula 22-STF:	68
Súmula 2-STF:	572		Súmula 24-STF:	67
Súmula 3-STF:	28		Súmula 25-STF:	67
Súmula 4-STF:	28		Súmula 26-STF:	73
Súmula 5-STF:	30		Súmula 23-STF:	79
Súmula 6-STF:	32,45		Súmula 27-STF:	64
Súmula 7-STF:	33		Súmula 28-STF:	112, 164
Súmula 8-STF:	48		Súmula 29-STF:	73
Súmula 9-STF:	577		Súmula 30-STF:	74
Súmula 10-STF:	575		Súmula 31-STF:	72
Súmula 11-STF:	69		Súmula 32-STF:	72
Súmula 12-STF:	73		Súmula 33-STF:	48
Súmula 13-STF:	73		Súmula 34-STF:	65
Súmula 14-STF:	52		Súmula 35-STF:	121, 519
Súmula 15-STF:	54		Súmula 36-STF:	68
Súmula 16-STF:	55		Súmula 37-STF:	564
Súmula 17-STF:	55		Súmula 38-STF:	72
Súmula 18-STF:	84		Súmula 39-STF:	68
Súmula 19-STF:	85		Súmula 40-STF:	35
Súmula 20-STF:	67		Súmula 41-STF:	35
Súmula 21-STF:	67		Súmula 42-STF:	33

Súmula 43-STF:	65	Súmula 78-STF:	502
Súmula 44-STF:	73	Súmula 79-STF:	502
Súmula 45-STF:	577	Súmula 80-STF:	135
Súmula 46-STF:	33	Súmula 81-STF:	502
Súmula 47-STF:	67	Súmula 82-STF:	502
Súmula 48-STF:	73	Súmula 84-STF:	503
Súmula 49-STF:	158	Súmula 83-STF:	502
Súmula 50-STF:	73	Súmula 85-STF:	503
Súmula 51-STF:	576	Súmula 86-STF:	503
Súmula 52-STF:	576	Súmula 87-STF:	503
Súmula 54-STF:	577	Súmula 88-STF:	503
Súmula 53-STF:	576	Súmula 89-STF:	503
Súmula 55-STF:	575	Súmula 90-STF:	504
Súmula 57-STF:	576	Súmula 91-STF:	504
Súmula 56-STF:	575	Súmula 92-STF:	504
Súmula 58-STF:	91	Súmula 93-STF:	475
Súmula 59-STF:	573	Súmula 94-STF:	504
Súmula 60-STF:	573	Súmula 95-STF:	504
Súmula 62-STF:	574	Súmula 97-STF:	505
Súmula 61-STF:	573	Súmula 96-STF:	504
Súmula 63-STF:	574	Súmula 98-STF:	505
Súmula 64-STF:	574	Súmula 99-STF:	505
Súmula 67-STF:	501	Súmula 100-STF:	505
Súmula 66-STF:	500	Súmula 101-STF:	310
Súmula 68-STF:	501	Súmula 102-STF:	505
Súmula 69-STF:	445	Súmula 104-STF:	506
Súmula 70-STF:	464	Súmula 103-STF:	505
Súmula 71-STF:	455	Súmula 105-STF:	125
Súmula 72-STF:	238	Súmula 106-STF:	506
Súmula 73-STF:	501	Súmula 107-STF:	506
Súmula 74-STF:	501	Súmula 108-STF:	506
Súmula 77-STF:	502	Súmula 109-STF:	136
Súmula 75-STF:	448	Súmula 110-STF:	488
Súmula 75-STF:	488	Súmula 111-STF:	506
Súmula 76-STF:	501	Súmula 112-STF:	483

Súmula 113-STF:	506	Súmula 147-STF:	336
Súmula 113-STF:	483	Súmula 148-STF:	510
Súmula 114-STF:	483	Súmula 149-STF:	151
Súmula 115-STF:	483	Súmula 150-STF:	96
Súmula 116-STF:	506	Súmula 151-STF:	121
Súmula 117-STF:	507	Súmula 152-STF:	120
Súmula 118-STF:	507	Súmula 153-STF:	97
Súmula 119-STF:	507	Súmula 154-STF:	97
Súmula 120-STF:	148	Súmula 155-STF:	407
Súmula 121-STF:	106	Súmula 155-STF:	406
Súmula 122-STF:	149	Súmula 156-STF:	416
Súmula 123-STF:	136	Súmula 157-STF:	80
Súmula 124-STF:	507	Súmula 158-STF:	134
Súmula 125-STF:	507	Súmula 159-STF:	101
Súmula 127-STF:	508	Súmula 160-STF:	421
Súmula 126-STF:	507	Súmula 161-STF:	121
Súmula 128-STF:	508	Súmula 162-STF:	416
Súmula 129-STF:	508	Súmula 163-STF:	107
Súmula 130-STF:	508	Súmula 164-STF:	77
Súmula 131-STF:	508	Súmula 165-STF:	120
Súmula 132-STF:	508	Súmula 166-STF:	143
Súmula 134-STF:	509	Súmula 167-STF:	143
Súmula 133-STF:	508	Súmula 168-STF:	143
Súmula 135-STF:	509	Súmula 169-STF:	149
Súmula 136-STF:	509	Súmula 170-STF:	149
Súmula 137-STF:	509	Súmula 171-STF:	136
Súmula 138-STF:	509	Súmula 172-STF:	136
Súmula 139-STF:	509	Súmula 173-STF:	136
Súmula 140-STF:	509	Súmula 174-STF:	136
Súmula 142-STF:	510	Súmula 175-STF:	136
Súmula 141-STF:	509	Súmula 176-STF:	137
Súmula 143-STF:	510	Súmula 177-STF:	137
Súmula 144-STF:	510	Súmula 178-STF:	137
Súmula 145-STF:	319	Súmula 179-STF:	137
Súmula 146-STF:	333	Súmula 180-STF:	137

Súmula 181-STF:	137	Súmula 215-STF:	531
Súmula 182-STF:	159	Súmula 216-STF:	241
Súmula 183-STF:	159	Súmula 217-STF:	533
Súmula 184-STF:	159	Súmula 218-STF:	224
Súmula 185-STF:	159	Súmula 218-STF:	81
Súmula 186-STF:	91	Súmula 219-STF:	528
Súmula 187-STF:	121	Súmula 220-STF:	528
Súmula 188-STF:	126	Súmula 221-STF:	532
Súmula 189-STF:	201	Súmula 222-STF:	545
Súmula 190-STF:	209	Súmula 223-STF:	544
Súmula 191-STF:	208	Súmula 224-STF:	533
Súmula 192-STF:	208	Súmula 225-STF:	532
Súmula 193-STF:	207	Súmula 226-STF:	156
Súmula 195-STF:	532	Súmula 227-STF:	532
Súmula 196-STF:	531	Súmula 228-STF:	283
Súmula 194-STF:	528	Súmula 229-STF:	533
Súmula 197-STF:	530	Súmula 230-STF:	520
Súmula 198-STF:	519	Súmula 231-STF:	241
Súmula 199-STF:	529	Súmula 232-STF:	534
Súmula 200-STF:	533	Súmula 233-STF:	269
Súmula 201-STF:	532	Súmula 234-STF:	543
Súmula 202-STF:	529	Súmula 235-STF:	539
Súmula 203-STF:	533	Súmula 236-STF:	534
Súmula 204-STF:	533	Súmula 237-STF:	146
Súmula 205-STF:	533	Súmula 238-STF:	534
Súmula 206-STF:	416	Súmula 239-STF:	463
Súmula 207-STF:	560	Súmula 240-STF:	534
Súmula 207-STF:	527	Súmula 241-STF:	560
Súmula 208-STF:	408	Súmula 242-STF:	262
Súmula 209-STF:	527	Súmula 243-STF:	564
Súmula 210-STF:	408	Súmula 244-STF:	510
Súmula 211-STF:	262	Súmula 245-STF:	28
Súmula 212-STF:	531	Súmula 246-STF:	343
Súmula 213-STF:	529	Súmula 247-STF:	268
Súmula 214-STF:	530	Súmula 248-STF:	311

Súmula 249-STF:	253	Súmula 284-STF:	275
Súmula 250-STF:	224	Súmula 285-STF:	274
Súmula 251-STF:	224	Súmula 286-STF:	277
Súmula 252-STF:	253	Súmula 287-STF:	275
Súmula 253-STF:	269	Súmula 288-STF:	260
Súmula 254-STF:	107	Súmula 289-STF:	275
Súmula 255-STF:	106	Súmula 290-STF:	268
Súmula 256-STF:	250	Súmula 291-STF:	277
Súmula 257-STF:	248	Súmula 292-STF:	271
Súmula 258-STF:	240	Súmula 293-STF:	265
Súmula 259-STF:	241	Súmula 294-STF:	266
Súmula 260-STF:	187	Súmula 294-STF:	314
Súmula 261-STF:	108	Súmula 295-STF:	266
Súmula 262-STF:	498	Súmula 296-STF:	266
Súmula 263-STF:	147	Súmula 297-STF:	579
Súmula 264-STF:	253	Súmula 298-STF:	579
Súmula 265-STF:	198	Súmula 299-STF:	315
Súmula 266-STF:	308	Súmula 300-STF:	267
Súmula 267-STF:	308	Súmula 301-STF:	358
Súmula 268-STF:	308	Súmula 302-STF:	510
Súmula 269-STF:	310	Súmula 303-STF:	511
Súmula 270-STF:	307	Súmula 304-STF:	310
Súmula 271-STF:	310	Súmula 305-STF:	150
Súmula 272-STF:	314	Súmula 306-STF:	511
Súmula 273-STF:	269	Súmula 307-STF:	534
Súmula 274-STF:	510	Súmula 308-STF:	511
Súmula 275-STF:	159	Súmula 309-STF:	511
Súmula 276-STF:	301	Súmula 310-STF:	215
Súmula 277-STF:	301	Súmula 311-STF:	534
Súmula 278-STF:	301	Súmula 312-STF:	534
Súmula 279-STF:	272	Súmula 313-STF:	530
Súmula 280-STF:	272	Súmula 314-STF:	520
Súmula 281-STF:	273	Súmula 315-STF:	544
Súmula 282-STF:	270	Súmula 316-STF:	520
Súmula 283-STF:	271	Súmula 317-STF:	263

Súmula 318-STF:	511	Súmula 352-STF:	418
Súmula 319-STF:	269	Súmula 353-STF:	267
Súmula 320-STF:	256	Súmula 354-STF:	267
Súmula 321-STF:	65	Súmula 355-STF:	424
Súmula 322-STF:	270	Súmula 356-STF:	270
Súmula 323-STF:	464	Súmula 357-STF:	137
Súmula 324-STF:	511	Súmula 358-STF:	68
Súmula 325-STF:	316	Súmula 359-STF:	68
Súmula 326-STF:	511	Súmula 360-STF:	23
Súmula 327-STF:	531	Súmula 361-STF:	417
Súmula 327-STF:	545	Súmula 362-STF:	91
Súmula 328-STF:	512	Súmula 363-STF:	218
Súmula 329-STF:	512	Súmula 364-STF:	579
Súmula 330-STF:	311	Súmula 365-STF:	305
Súmula 331-STF:	483	Súmula 366-STF:	401
Súmula 332-STF:	512	Súmula 367-STF:	572
Súmula 333-STF:	512	Súmula 368-STF:	266
Súmula 334-STF:	512	Súmula 368-STF:	316
Súmula 335-STF:	120	Súmula 369-STF:	277
Súmula 336-STF:	448	Súmula 370-STF:	138
Súmula 337-STF:	535	Súmula 371-STF:	564
Súmula 338-STF:	545	Súmula 372-STF:	564
Súmula 339-STF:	64	Súmula 373-STF:	55
Súmula 340-STF:	146	Súmula 374-STF:	134
Súmula 341-STF:	109	Súmula 375-STF:	138
Súmula 342-STF:	262	Súmula 376-STF:	138
Súmula 343-STF:	251	Súmula 377-STF:	150
Súmula 344-STF:	423	Súmula 378-STF:	78
Súmula 345-STF:	81	Súmula 379-STF:	157
Súmula 346-STF:	45	Súmula 380-STF:	151
Súmula 347-STF:	31	Súmula 381-STF:	573
Súmula 348-STF:	512	Súmula 382-STF:	150
Súmula 349-STF:	531	Súmula 383-STF:	75
Súmula 350-STF:	512	Súmula 384-STF:	74
Súmula 351-STF:	401	Súmula 385-STF:	576

Súmula 386-STF:	145	Súmula 421-STF:	572
Súmula 387-STF:	202	Súmula 422-STF:	332
Súmula 388-STF:	439	Súmula 423-STF:	258
Súmula 389-STF:	278	Súmula 424-STF:	242
Súmula 390-STF:	187	Súmula 425-STF:	256
Súmula 391-STF:	146	Súmula 426-STF:	262
Súmula 392-STF:	314	Súmula 427-STF:	262
Súmula 393-STF:	423	Súmula 428-STF:	256
Súmula 394-STF:	396	Súmula 429-STF:	307
Súmula 395-STF:	422	Súmula 430-STF:	309
Súmula 396-STF:	439	Súmula 431-STF:	420
Súmula 397-STF:	28	Súmula 432-STF:	274
Súmula 398-STF:	439	Súmula 433-STF:	542
Súmula 399-STF:	276	Súmula 434-STF:	535
Súmula 400-STF:	276	Súmula 435-STF:	513
Súmula 401-STF:	544	Súmula 436-STF:	513
Súmula 402-STF:	530	Súmula 437-STF:	513
Súmula 403-STF:	520	Súmula 438-STF:	513
Súmula 404-STF:	513	Súmula 439-STF:	187
Súmula 405-STF:	312	Súmula 439-STF:	500
Súmula 406-STF:	574	Súmula 440-STF:	44
Súmula 407-STF:	576	Súmula 441-STF:	576
Súmula 408-STF:	74	Súmula 442-STF:	135
Súmula 409-STF:	134	Súmula 443-STF:	74
Súmula 410-STF:	134	Súmula 444-STF:	138
Súmula 411-STF:	134	Súmula 445-STF:	97
Súmula 412-STF:	144	Súmula 446-STF:	138
Súmula 413-STF:	142	Súmula 447-STF:	158
Súmula 414-STF:	149	Súmula 448-STF:	408
Súmula 415-STF:	148	Súmula 449-STF:	135
Súmula 416-STF:	79	Súmula 449-STF:	238
Súmula 417-STF:	207	Súmula 450-STF:	249
Súmula 418-STF:	513	Súmula 451-STF:	396
Súmula 419-STF:	27	Súmula 452-STF:	439
Súmula 420-STF:	573	Súmula 453-STF:	408

Súmula 454-STF:	272	Súmula 489-STF:	131
Súmula 455-STF:	265	Súmula 490-STF:	108
Súmula 456-STF:	275	Súmula 491-STF:	109
Súmula 457-STF:	544	Súmula 492-STF:	109
Súmula 458-STF:	545	Súmula 493-STF:	113
Súmula 459-STF:	528	Súmula 494-STF:	120
Súmula 460-STF:	528	Súmula 495-STF:	207
Súmula 461-STF:	529	Súmula 496-STF:	43
Súmula 462-STF:	535	Súmula 497-STF:	334
Súmula 463-STF:	528	Súmula 498-STF:	386
Súmula 464-STF:	519	Súmula 499-STF:	333
Súmula 465-STF:	563	Súmula 500-STF:	317
Súmula 466-STF:	564	Súmula 501-STF:	221
Súmula 467-STF:	561	Súmula 501-STF:	538
Súmula 468-STF:	513	Súmula 502-STF:	238
Súmula 469-STF:	514	Súmula 503-STF:	218
Súmula 470-STF:	488	Súmula 504-STF:	223
Súmula 471-STF:	514	Súmula 505-STF:	272
Súmula 472-STF:	250	Súmula 505-STF:	544
Súmula 473-STF:	45	Súmula 506-STF:	314
Súmula 474-STF:	313	Súmula 507-STF:	301
Súmula 475-STF:	81	Súmula 508-STF:	218
Súmula 476-STF:	79	Súmula 509-STF:	316
Súmula 477-STF:	90	Súmula 510-STF:	309
Súmula 478-STF:	35	Súmula 511-STF:	313
Súmula 479-STF:	90	Súmula 512-STF:	312
Súmula 480-STF:	90	Súmula 513-STF:	274
Súmula 481-STF:	139	Súmula 514-STF:	251
Súmula 482-STF:	139	Súmula 515-STF:	252
Súmula 483-STF:	135	Súmula 516-STF:	228
Súmula 484-STF:	139	Súmula 517-STF:	218
Súmula 485-STF:	139	Súmula 518-STF:	224
Súmula 486-STF:	135	Súmula 519-STF:	301
Súmula 487-STF:	146	Súmula 520-STF:	333
Súmula 488-STF:	139	Súmula 521-STF:	345

Súmula 522-STF:	386	Súmula 557-STF:	224
Súmula 523-STF:	417	Súmula 558-STF:	377
Súmula 524-STF:	380	Súmula 559-STF:	516
Súmula 525-STF:	332	Súmula 560-STF:	357
Súmula 526-STF:	439	Súmula 561-STF:	79
Súmula 527-STF:	273	Súmula 562-STF:	108
Súmula 528-STF:	270	Súmula 563-STF:	300
Súmula 529-STF:	535	Súmula 563-STF:	455
Súmula 530-STF:	561	Súmula 564-STF:	418
Súmula 531-STF:	529	Súmula 565-STF:	208
Súmula 532-STF:	514	Súmula 566-STF:	69
Súmula 533-STF:	514	Súmula 567-STF:	70
Súmula 534-STF:	514	Súmula 568-STF:	18
Súmula 535-STF:	514	Súmula 568-STF:	380
Súmula 536-STF:	515	Súmula 569-STF:	517
Súmula 537-STF:	515	Súmula 570-STF:	517
Súmula 538-STF:	515	Súmula 571-STF:	517
Súmula 539-STF:	486	Súmula 572-STF:	517
Súmula 540-STF:	515	Súmula 573-STF:	476
Súmula 541-STF:	515	Súmula 574-STF:	479
Súmula 542-STF:	158	Súmula 575-STF:	498
Súmula 543-STF:	515	Súmula 576-STF:	517
Súmula 544-STF:	463	Súmula 577-STF:	517
Súmula 545-STF:	492	Súmula 578-STF:	518
Súmula 546-STF:	455	Súmula 579-STF:	518
Súmula 547-STF:	464	Súmula 580-STF:	518
Súmula 548-STF:	516	Súmula 581-STF:	463
Súmula 549-STF:	516	Súmula 582-STF:	518
Súmula 550-STF:	516	Súmula 583-STF:	485
Súmula 551-STF:	516	Súmula 584-STF:	475
Súmula 552-STF:	545	Súmula 585-STF:	518
Súmula 553-STF:	516	Súmula 586-STF:	465
Súmula 554-STF:	343	Súmula 587-STF:	465
Súmula 555-STF:	400	Súmula 588-STF:	487
Súmula 556-STF:	218	Súmula 589-STF:	486

Súmula 590-STF:	483	Súmula 623-STF:	311
Súmula 591-STF:	448	Súmula 624-STF:	311
Súmula 591-STF:	484	Súmula 625-STF:	307
Súmula 592-STF:	336	Súmula 626-STF:	312
Súmula 593-STF:	521	Súmula 627-STF:	33
Súmula 594-STF:	382	Súmula 628-STF:	33
Súmula 595-STF:	492	Súmula 629-STF:	315
Súmula 596-STF:	103	Súmula 630-STF:	315
Súmula 597-STF:	266	Súmula 631-STF:	309
Súmula 597-STF:	314	Súmula 632-STF:	309
Súmula 598-STF:	268	Súmula 633-STF:	544
Súmula 599-STF:	269	Súmula 634-STF:	275
Súmula 600-STF:	202	Súmula 635-STF:	275
Súmula 601-STF:	377	Súmula 636-STF:	271
Súmula 602-STF:	420	Súmula 637-STF:	274
Súmula 603-STF:	416	Súmula 638-STF:	272
Súmula 604-STF:	333	Súmula 639-STF:	260
Súmula 605-STF:	320	Súmula 640-STF:	273
Súmula 606-STF:	423	Súmula 641-STF:	253
Súmula 607-STF:	377	Súmula 642-STF:	22
Súmula 608-STF:	349	Súmula 643-STF:	304
Súmula 609-STF:	361	Súmula 643-STF:	37
Súmula 610-STF:	343	Súmula 644-STF:	239
Súmula 611-STF:	319	Súmula 645-STF:	27
Súmula 612-STF:	535	Súmula 646-STF:	43
Súmula 613-STF:	560	Súmula 647-STF:	25
Súmula 614-STF:	22	Súmula 648-STF:	102
Súmula 615-STF:	518	Súmula 649-STF:	34
Súmula 616-STF:	247	Súmula 650-STF:	89
Súmula 617-STF:	78	Súmula 651-STF:	30
Súmula 618-STF:	76	Súmula 652-STF:	76
Súmula 619-STF:	20	Súmula 653-STF:	30
Súmula 620-STF:	259	Súmula 654-STF:	19
Súmula 621-STF:	144	Súmula 655-STF:	303
Súmula 622-STF:	312	Súmula 656-STF:	488

Súmula 657-STF:	448	Súmula 691-STF:	422
Súmula 658-STF:	518	Súmula 692-STF:	422
Súmula 659-STF:	493	Súmula 692-STF:	573
Súmula 65-STF:	135	Súmula 693-STF:	421
Súmula 660-STF:	478	Súmula 694-STF:	421
Súmula 661-STF:	477	Súmula 695-STF:	422
Súmula 662-STF:	480	Súmula 696-STF:	410
Súmula 663-STF:	487	Súmula 697-STF:	405
Súmula 664-STF:	485	Súmula 698-STF:	433
Súmula 665-STF:	492	Súmula 699-STF:	419
Súmula 666-STF:	495	Súmula 700-STF:	438
Súmula 667-STF:	492	Súmula 701-STF:	37
Súmula 668-STF:	485	Súmula 701-STF:	423
Súmula 669-STF:	444	Súmula 702-STF:	400
Súmula 670-STF:	492	Súmula 703-STF:	358
Súmula 671-STF:	66	Súmula 704-STF:	396
Súmula 672-STF:	66	Súmula 705-STF:	418
Súmula 673-STF:	577	Súmula 706-STF:	417
Súmula 674-STF:	577	Súmula 707-STF:	417
Súmula 675-STF:	532	Súmula 708-STF:	418
Súmula 676-STF:	520	Súmula 709-STF:	418
Súmula 677-STF:	531	Súmula 710-STF:	407
Súmula 678-STF:	530	Súmula 711-STF:	320
Súmula 679-STF:	530	Súmula 712-STF:	416
Súmula 680-STF:	63	Súmula 713-STF:	417
Súmula 681-STF:	61	Súmula 714-STF:	384
Súmula 682-STF:	60	Súmula 715-STF:	432
Súmula 683-STF:	52	Súmula 716-STF:	432
Súmula 684-STF:	52	Súmula 717-STF:	433
Súmula 685-STF:	54	Súmula 718-STF:	324
Súmula 686-STF:	52	Súmula 719-STF:	324
Súmula 687-STF:	563	Súmula 719-STF:	326
Súmula 688-STF:	560	Súmula 720-STF:	358
Súmula 689-STF:	221	Súmula 720-STF:	362
Súmula 690-STF:	422	Súmula 721-STF:	400

Súmula 722-STF: 24	Súmula 730-STF: 446
Súmula 723-STF: 410	Súmula 731-STF: 34
Súmula 724-STF: 446	Súmula 732-STF: 496
Súmula 725-STF: 569	Súmula 733-STF: 274
Súmula 726-STF: 69	Súmula 733-STF: 304
Súmula 727-STF: 260	Súmula 734-STF: 316
Súmula 728-STF: 274	Súmula 735-STF: 272
Súmula 729-STF: 242	Súmula 736-STF: 537

SÚMULAS DO STJ

Súmula 1-STJ:	216	Súmula 25-STJ:	208
Súmula 1-STJ:	152	Súmula 26-STJ:	202
Súmula 1-STJ:	151	Súmula 27-STJ:	284
Súmula 2-STJ:	20	Súmula 28-STJ:	195
Súmula 3-STJ:	236	Súmula 28-STJ:	126
Súmula 4-STJ:	229	Súmula 29-STJ:	206
Súmula 5-STJ:	278	Súmula 30-STJ:	567
Súmula 6-STJ:	579	Súmula 30-STJ:	106
Súmula 6-STJ:	393	Súmula 31-STJ:	565
Súmula 7-STJ:	278	Súmula 32-STJ:	221
Súmula 8-STJ:	208	Súmula 33-STJ:	216
Súmula 9-STJ:	405	Súmula 34-STJ:	231
Súmula 10-STJ:	542	Súmula 35-STJ:	140
Súmula 11-STJ:	217	Súmula 36-STJ:	207
Súmula 11-STJ:	146	Súmula 37-STJ:	111
Súmula 12-STJ:	76	Súmula 38-STJ:	387
Súmula 13-STJ:	277	Súmula 39-STJ:	75
Súmula 14-STJ:	248	Súmula 39-STJ:	97
Súmula 15-STJ:	538	Súmula 59-STJ:	236
Súmula 15-STJ:	228	Súmula 40-STJ:	425
Súmula 16-STJ:	203	Súmula 41-STJ:	311
Súmula 17-STJ:	344	Súmula 42-STJ:	385
Súmula 18-STJ:	336	Súmula 42-STJ:	218
Súmula 19-STJ:	567	Súmula 43-STJ:	108
Súmula 19-STJ:	27	Súmula 44-STJ:	559
Súmula 20-STJ:	498	Súmula 45-STJ:	258
Súmula 21-STJ:	404	Súmula 46-STJ:	287
Súmula 22-STJ:	236	Súmula 47-STJ:	578
Súmula 23-STJ:	567	Súmula 47-STJ:	395
Súmula 24-STJ:	344	Súmula 48-STJ:	345

Súmula 49-STJ:	500	Súmula 79-STJ:	88
Súmula 50-STJ:	500	Súmula 80-STJ:	502
Súmula 51-STJ:	357	Súmula 81-STJ:	405
Súmula 52-STJ:	404	Súmula 82-STJ:	526
Súmula 53-STJ:	577	Súmula 82-STJ:	230
Súmula 53-STJ:	390	Súmula 83-STJ:	277
Súmula 54-STJ:	109	Súmula 84-STJ:	302
Súmula 55-STJ:	230	Súmula 84-STJ:	144
Súmula 56-STJ:	76	Súmula 85-STJ:	74
Súmula 57-STJ:	542	Súmula 86-STJ:	279
Súmula 58-STJ:	295	Súmula 87-STJ:	503
Súmula 60-STJ:	202	Súmula 88-STJ:	265
Súmula 61-STJ:	125	Súmula 88-STJ:	209
Súmula 62-STJ:	385	Súmula 89-STJ:	545
Súmula 63-STJ:	144	Súmula 90-STJ:	578
Súmula 64-STJ:	404	Súmula 90-STJ:	395
Súmula 65-STJ:	563	Súmula 91-STJ:	388
Súmula 66-STJ:	293	Súmula 92-STJ:	195
Súmula 66-STJ:	222	Súmula 92-STJ:	127
Súmula 67-STJ:	79	Súmula 93-STJ:	203
Súmula 68-STJ:	481	Súmula 94-STJ:	504
Súmula 69-STJ:	77	Súmula 95-STJ:	480
Súmula 70-STJ:	77	Súmula 96-STJ:	343
Súmula 71-STJ:	501	Súmula 97-STJ:	542
Súmula 72-STJ:	195	Súmula 98-STJ:	263
Súmula 72-STJ:	126	Súmula 99-STJ:	253
Súmula 73-STJ:	344	Súmula 99-STJ:	35
Súmula 74-STJ:	423	Súmula 100-STJ:	505
Súmula 75-STJ:	578	Súmula 101-STJ:	126
Súmula 75-STJ:	393	Súmula 102-STJ:	78
Súmula 76-STJ:	143	Súmula 103-STJ:	91
Súmula 77-STJ:	493	Súmula 104-STJ:	386
Súmula 78-STJ:	578	Súmula 105-STJ:	313
Súmula 78-STJ:	395	Súmula 106-STJ:	454
Súmula 79-STJ:	567	Súmula 106-STJ:	215

Súmula 106-STJ:	96	Súmula 139-STJ:	488
Súmula 107-STJ:	386	Súmula 139-STJ:	300
Súmula 108-STJ:	441	Súmula 140-STJ:	386
Súmula 109-STJ:	121	Súmula 141-STJ:	78
Súmula 110-STJ:	561	Súmula 142-STJ:	188
Súmula 111-STJ:	562	Súmula 143-STJ:	188
Súmula 112-STJ:	453	Súmula 144-STJ:	303
Súmula 113-STJ:	77	Súmula 145-STJ:	121
Súmula 114-STJ:	77	Súmula 146-STJ:	552
Súmula 115-STJ:	279	Súmula 147-STJ:	387
Súmula 116-STJ:	239	Súmula 148-STJ:	563
Súmula 116-STJ:	36	Súmula 149-STJ:	547
Súmula 117-STJ:	254	Súmula 150-STJ:	231
Súmula 118-STJ:	261	Súmula 150-STJ:	223
Súmula 119-STJ:	80	Súmula 151-STJ:	357
Súmula 120-STJ:	88	Súmula 152-STJ:	476
Súmula 121-STJ:	299	Súmula 153-STJ:	299
Súmula 122-STJ:	388	Súmula 154-STJ:	521
Súmula 123-STJ:	281	Súmula 155-STJ:	476
Súmula 124-STJ:	507	Súmula 156-STJ:	487
Súmula 125-STJ:	466	Súmula 157-STJ:	488
Súmula 126-STJ:	278	Súmula 158-STJ:	267
Súmula 127-STJ:	464	Súmula 159-STJ:	552
Súmula 128-STJ:	299	Súmula 160-STJ:	486
Súmula 129-STJ:	481	Súmula 161-STJ:	228
Súmula 130-STJ:	161	Súmula 162-STJ:	457
Súmula 131-STJ:	79	Súmula 162-STJ:	455
Súmula 132-STJ:	107	Súmula 163-STJ:	480
Súmula 133-STJ:	207	Súmula 164-STJ:	358
Súmula 134-STJ:	302	Súmula 165-STJ:	387
Súmula 135-STJ:	480	Súmula 166-STJ:	476
Súmula 136-STJ:	466	Súmula 167-STJ:	487
Súmula 137-STJ:	229	Súmula 168-STJ:	268
Súmula 138-STJ:	486	Súmula 169-STJ:	314
Súmula 138-STJ:	131	Súmula 169-STJ:	266

Súmula 170-STJ:	235	Súmula 199-STJ:	565
Súmula 171-STJ:	324	Súmula 200-STJ:	387
Súmula 172-STJ:	579	Súmula 201-STJ:	247
Súmula 172-STJ:	394	Súmula 202-STJ:	308
Súmula 173-STJ:	222	Súmula 203-STJ:	281
Súmula 174-STJ:	342	Súmula 204-STJ:	561
Súmula 175-STJ:	562	Súmula 205-STJ:	96
Súmula 175-STJ:	251	Súmula 206-STJ:	217
Súmula 176-STJ:	568	Súmula 207-STJ:	279
Súmula 177-STJ:	312	Súmula 208-STJ:	388
Súmula 178-STJ:	562	Súmula 208-STJ:	386
Súmula 178-STJ:	239	Súmula 209-STJ:	388
Súmula 179-STJ:	568	Súmula 209-STJ:	386
Súmula 180-STJ:	543	Súmula 210-STJ:	524
Súmula 181-STJ:	568	Súmula 211-STJ:	278
Súmula 181-STJ:	216	Súmula 212-STJ:	453
Súmula 182-STJ:	261	Súmula 212-STJ:	313
Súmula 183-STJ:	304	Súmula 213-STJ:	453
Súmula 184-STJ:	476	Súmula 213-STJ:	313
Súmula 185-STJ:	484	Súmula 214-STJ:	132
Súmula 186-STJ:	110	Súmula 215-STJ:	466
Súmula 187-STJ:	280	Súmula 216-STJ:	280
Súmula 188-STJ:	455	Súmula 217-STJ:	315
Súmula 189-STJ:	295	Súmula 218-STJ:	229
Súmula 189-STJ:	36	Súmula 219-STJ:	208
Súmula 190-STJ:	293	Súmula 220-STJ:	334
Súmula 191-STJ:	336	Súmula 221-STJ:	110
Súmula 192-STJ:	424	Súmula 222-STJ:	229
Súmula 193-STJ:	146	Súmula 223-STJ:	261
Súmula 194-STJ:	96	Súmula 224-STJ:	231
Súmula 195-STJ:	302	Súmula 225-STJ:	543
Súmula 195-STJ:	96	Súmula 226-STJ:	545
Súmula 196-STJ:	284	Súmula 226-STJ:	36
Súmula 197-STJ:	150	Súmula 227-STJ:	111
Súmula 198-STJ:	478	Súmula 228-STJ:	145

Súmula 229-STJ:	125	Súmula 257-STJ:	116
Súmula 230-STJ:	230	Súmula 258-STJ:	284
Súmula 231-STJ:	321	Súmula 258-STJ:	201
Súmula 232-STJ:	248	Súmula 258-STJ:	195
Súmula 233-STJ:	284	Súmula 259-STJ:	196
Súmula 233-STJ:	196	Súmula 260-STJ:	145
Súmula 234-STJ:	384	Súmula 261-STJ:	145
Súmula 234-STJ:	36	Súmula 262-STJ:	465
Súmula 235-STJ:	235	Súmula 263-STJ:	128
Súmula 236-STJ:	543	Súmula 264-STJ:	207
Súmula 236-STJ:	236	Súmula 265-STJ:	441
Súmula 237-STJ:	480	Súmula 266-STJ:	48
Súmula 238-STJ:	217	Súmula 267-STJ:	418
Súmula 239-STJ:	143	Súmula 268-STJ:	284
Súmula 240-STJ:	241	Súmula 268-STJ:	133
Súmula 241-STJ:	321	Súmula 269-STJ:	327
Súmula 242-STJ:	561	Súmula 270-STJ:	230
Súmula 243-STJ:	410	Súmula 271-STJ:	568
Súmula 244-STJ:	345	Súmula 272-STJ:	553
Súmula 245-STJ:	101	Súmula 273-STJ:	406
Súmula 246-STJ:	116	Súmula 274-STJ:	487
Súmula 246-STJ:	108	Súmula 275-STJ:	88
Súmula 247-STJ:	305	Súmula 276-STJ:	496
Súmula 247-STJ:	284	Súmula 277-STJ:	152
Súmula 247-STJ:	196	Súmula 278-STJ:	125
Súmula 248-STJ:	206	Súmula 278-STJ:	116
Súmula 249-STJ:	523	Súmula 278-STJ:	115
Súmula 250-STJ:	209	Súmula 279-STJ:	301
Súmula 251-STJ:	296	Súmula 280-STJ:	19
Súmula 252-STJ:	524	Súmula 281-STJ:	112
Súmula 253-STJ:	258	Súmula 282-STJ:	306
Súmula 254-STJ:	231	Súmula 283-STJ:	568
Súmula 254-STJ:	223	Súmula 283-STJ:	196
Súmula 255-STJ:	265	Súmula 283-STJ:	107
Súmula 256-STJ:	280	Súmula 284-STJ:	197

Súmula 284-STJ:	127	Súmula 312-STJ:	85
Súmula 285-STJ:	197	Súmula 313-STJ:	112
Súmula 285-STJ:	171	Súmula 314-STJ:	298
Súmula 286-STJ:	197	Súmula 315-STJ:	267
Súmula 286-STJ:	171	Súmula 316-STJ:	268
Súmula 287-STJ:	568	Súmula 317-STJ:	282
Súmula 288-STJ:	568	Súmula 318-STJ:	251
Súmula 289-STJ:	563	Súmula 319-STJ:	287
Súmula 290-STJ:	563	Súmula 320-STJ:	279
Súmula 291-STJ:	562	Súmula 321-STJ:	166
Súmula 292-STJ:	307	Súmula 322-STJ:	197
Súmula 293-STJ:	127	Súmula 322-STJ:	173
Súmula 294-STJ:	569	Súmula 323-STJ:	180
Súmula 294-STJ:	101	Súmula 324-STJ:	220
Súmula 295-STJ:	569	Súmula 325-STJ:	259
Súmula 296-STJ:	569	Súmula 326-STJ:	248
Súmula 296-STJ:	107	Súmula 327-STJ:	566
Súmula 297-STJ:	166	Súmula 328-STJ:	287
Súmula 298-STJ:	101	Súmula 329-STJ:	304
Súmula 299-STJ:	305	Súmula 329-STJ:	36
Súmula 299-STJ:	203	Súmula 330-STJ:	385
Súmula 300-STJ:	284	Súmula 331-STJ:	258
Súmula 300-STJ:	196	Súmula 332-STJ:	131
Súmula 301-STJ:	152	Súmula 333-STJ:	309
Súmula 302-STJ:	171	Súmula 334-STJ:	477
Súmula 303-STJ:	303	Súmula 335-STJ:	134
Súmula 304-STJ:	20	Súmula 336-STJ:	560
Súmula 305-STJ:	209	Súmula 336-STJ:	157
Súmula 306-STJ:	248	Súmula 337-STJ:	411
Súmula 307-STJ:	206	Súmula 338-STJ:	442
Súmula 308-STJ:	565	Súmula 339-STJ:	306
Súmula 308-STJ:	148	Súmula 340-STJ:	559
Súmula 309-STJ:	158	Súmula 341-STJ:	426
Súmula 310-STJ:	547	Súmula 342-STJ:	441
Súmula 311-STJ:	303	Súmula 343-STJ:	84

Súmula 344-STJ:	251	Súmula 376-STJ:	313
Súmula 345-STJ:	249	Súmula 376-STJ:	218
Súmula 346-STJ:	575	Súmula 377-STJ:	49
Súmula 347-STJ:	418	Súmula 378-STJ:	69
Súmula 347-STJ:	405	Súmula 379-STJ:	197
Súmula 348-STJ:	236	Súmula 379-STJ:	107
Súmula 349-STJ:	222	Súmula 380-STJ:	102
Súmula 350-STJ:	477	Súmula 381-STJ:	197
Súmula 351-STJ:	496	Súmula 381-STJ:	173
Súmula 352-STJ:	448	Súmula 382-STJ:	569
Súmula 353-STJ:	527	Súmula 382-STJ:	105
Súmula 354-STJ:	80	Súmula 383-STJ:	441
Súmula 355-STJ:	465	Súmula 384-STJ:	306
Súmula 356-STJ:	170	Súmula 384-STJ:	131
Súmula 357-STJ:	170	Súmula 385-STJ:	179
Súmula 358-STJ:	157	Súmula 385-STJ:	111
Súmula 359-STJ:	178	Súmula 386-STJ:	475
Súmula 360-STJ:	453	Súmula 387-STJ:	111
Súmula 361-STJ:	206	Súmula 388-STJ:	112
Súmula 362-STJ:	108	Súmula 389-STJ:	198
Súmula 363-STJ:	230	Súmula 390-STJ:	266
Súmula 364-STJ:	93	Súmula 390-STJ:	258
Súmula 365-STJ:	223	Súmula 391-STJ:	477
Súmula 366-STJ:	538	Súmula 392-STJ:	295
Súmula 367-STJ:	542	Súmula 393-STJ:	299
Súmula 368-STJ:	235	Súmula 394-STJ:	299
Súmula 369-STJ:	128	Súmula 395-STJ:	480
Súmula 370-STJ:	203	Súmula 396-STJ:	493
Súmula 370-STJ:	111	Súmula 397-STJ:	486
Súmula 371-STJ:	213	Súmula 398-STJ:	527
Súmula 372-STJ:	281	Súmula 399-STJ:	485
Súmula 373-STJ:	87	Súmula 400-STJ:	300
Súmula 374-STJ:	235	Súmula 401-STJ:	251
Súmula 375-STJ:	284	Súmula 402-STJ:	122
Súmula 376-STJ:	316	Súmula 403-STJ:	112

Súmula 403-STJ:	17	Súmula 434-STJ:	85
Súmula 404-STJ:	179	Súmula 435-STJ:	462
Súmula 405-STJ:	118	Súmula 435-STJ:	295
Súmula 406-STJ:	298	Súmula 436-STJ:	449
Súmula 407-STJ:	170	Súmula 437-STJ:	464
Súmula 408-STJ:	76	Súmula 438-STJ:	334
Súmula 409-STJ:	298	Súmula 439-STJ:	425
Súmula 410-STJ:	216	Súmula 440-STJ:	325
Súmula 411-STJ:	484	Súmula 441-STJ:	429
Súmula 412-STJ:	170	Súmula 442-STJ:	341
Súmula 413-STJ:	88	Súmula 443-STJ:	343
Súmula 414-STJ:	295	Súmula 444-STJ:	321
Súmula 415-STJ:	403	Súmula 444-STJ:	17
Súmula 416-STJ:	559	Súmula 445-STJ:	524
Súmula 417-STJ:	286	Súmula 446-STJ:	463
Súmula 418-STJ:	280	Súmula 447-STJ:	475
Súmula 418-STJ:	263	Súmula 448-STJ:	465
Súmula 419-STJ:	20	Súmula 449-STJ:	93
Súmula 420-STJ:	269	Súmula 450-STJ:	566
Súmula 421-STJ:	249	Súmula 451-STJ:	287
Súmula 421-STJ:	37	Súmula 452-STJ:	294
Súmula 422-STJ:	566	Súmula 453-STJ:	249
Súmula 423-STJ:	496	Súmula 454-STJ:	565
Súmula 424-STJ:	487	Súmula 455-STJ:	402
Súmula 425-STJ:	465	Súmula 456-STJ:	547
Súmula 426-STJ:	117	Súmula 457-STJ:	481
Súmula 427-STJ:	562	Súmula 458-STJ:	493
Súmula 428-STJ:	316	Súmula 459-STJ:	524
Súmula 428-STJ:	236	Súmula 460-STJ:	454
Súmula 429-STJ:	215	Súmula 460-STJ:	313
Súmula 430-STJ:	461	Súmula 461-STJ:	454
Súmula 430-STJ:	296	Súmula 462-STJ:	250
Súmula 431-STJ:	480	Súmula 463-STJ:	466
Súmula 432-STJ:	477	Súmula 464-STJ:	453
Súmula 433-STJ:	476	Súmula 465-STJ:	124

Súmula 466-STJ:	524	Súmula 495-STJ:	484
Súmula 466-STJ:	55	Súmula 496-STJ:	91
Súmula 467-STJ:	454	Súmula 497-STJ:	299
Súmula 468-STJ:	493	Súmula 498-STJ:	472
Súmula 469-STJ:	170	Súmula 499-STJ:	496
Súmula 470-STJ:	304	Súmula 500-STJ:	358
Súmula 470-STJ:	113	Súmula 501-STJ:	375
Súmula 470-STJ:	37	Súmula 502-STJ:	346
Súmula 471-STJ:	424	Súmula 503-STJ:	306
Súmula 472-STJ:	106	Súmula 503-STJ:	205
Súmula 473-STJ:	566	Súmula 503-STJ:	203
Súmula 474-STJ:	113	Súmula 504-STJ:	306
Súmula 475-STJ:	202	Súmula 504-STJ:	205
Súmula 476-STJ:	202	Súmula 505-STJ:	233
Súmula 477-STJ:	197	Súmula 506-STJ:	225
Súmula 477-STJ:	176	Súmula 507-STJ:	550
Súmula 478-STJ:	287	Súmula 508-STJ:	493
Súmula 478-STJ:	145	Súmula 509-STJ:	481
Súmula 479-STJ:	198	Súmula 510-STJ:	85
Súmula 479-STJ:	162	Súmula 511-STJ:	340
Súmula 480-STJ:	209	Súmula 512-STJ:	376
Súmula 481-STJ:	237	Súmula 513-STJ:	362
Súmula 482-STJ:	281	Súmula 514-STJ:	525
Súmula 483-STJ:	240	Súmula 515-STJ:	293
Súmula 484-STJ:	254	Súmula 516-STJ:	496
Súmula 485-STJ:	216	Súmula 517-STJ:	288
Súmula 486-STJ:	93	Súmula 518-STJ:	277
Súmula 487-STJ:	301	Súmula 519-STJ:	289
Súmula 488-STJ:	250	Súmula 520-STJ:	425
Súmula 489-STJ:	305	Súmula 521-STJ:	327
Súmula 490-STJ:	259	Súmula 522-STJ:	353
Súmula 491-STJ:	434	Súmula 523-STJ:	456
Súmula 492-STJ:	442	Súmula 524-STJ:	486
Súmula 493-STJ:	434	Súmula 525-STJ:	46
Súmula 494-STJ:	484	Súmula 526-STJ:	428

Súmula 527-STJ:	329	Súmula 559-STJ:	292
Súmula 528-STJ:	389	Súmula 560-STJ:	296
Súmula 529-STJ:	122	Súmula 561-STJ:	88
Súmula 530-STJ:	188	Súmula 562-STJ:	433
Súmula 531-STJ:	306	Súmula 563-STJ:	167
Súmula 531-STJ:	203	Súmula 564-STJ:	128
Súmula 532-STJ:	177	Súmula 565-STJ:	191
Súmula 533-STJ:	426	Súmula 566-STJ:	191
Súmula 534-STJ:	430	Súmula 567-STJ:	337
Súmula 535-STJ:	430	Súmula 568-STJ:	256
Súmula 536-STJ:	365	Súmula 569-STJ:	499
Súmula 537-STJ:	124	Súmula 570-STJ:	219
Súmula 538-STJ:	140	Súmula 571-STJ:	524
Súmula 539-STJ:	103	Súmula 572-STJ:	183
Súmula 540-STJ:	118	Súmula 573-STJ:	115
Súmula 541-STJ:	103	Súmula 574-STJ:	346
Súmula 542-STJ:	385	Súmula 575-STJ:	361
Súmula 542-STJ:	372	Súmula 576-STJ:	553
Súmula 543-STJ:	174	Súmula 577-STJ:	548
Súmula 544-STJ:	114	Súmula 578-STJ:	521
Súmula 545-STJ:	322	Súmula 579-STJ:	263
Súmula 546-STJ:	387	Súmula 580-STJ:	117
Súmula 546-STJ:	352	Súmula 581-STJ:	210
Súmula 547-STJ:	97	Súmula 582-STJ:	341
Súmula 548-STJ:	181	Súmula 583-STJ:	294
Súmula 549-STJ:	95	Súmula 584-STJ:	494
Súmula 550-STJ:	182	Súmula 585-STJ:	482
Súmula 551-STJ:	198	Súmula 586-STJ:	566
Súmula 552-STJ:	49	Súmula 587-STJ:	374
Súmula 553-STJ:	225	Súmula 588-STJ:	366
Súmula 554-STJ:	460	Súmula 589-STJ:	370
Súmula 555-STJ:	449	Súmula 590-STJ:	469
Súmula 556-STJ:	466	Súmula 591-STJ:	81
Súmula 557-STJ:	555	Súmula 592-STJ:	83
Súmula 558-STJ:	291	Súmula 593-STJ:	349

Súmula 594-STJ: 152	Súmula 597-STJ: 171
Súmula 594-STJ: 37	Súmula 598-STJ: 472
Súmula 595-STJ: 164	Súmula 599-STJ: 356
Súmula 596-STJ: 154	Súmula 600-STJ: 363

SÚMULAS VINCULANTES DO STF

Súmula vinculante 1-STF: ... 18, 520
Súmula vinculante 2-STF: 23
Súmula vinculante 3-STF: 31, 72
Súmula vinculante 4-STF: 60, 529
Súmula vinculante 5-STF: 81
Súmula vinculante 6-STF: 575
Súmula vinculante 7-STF: 102
Súmula vinculante 8-STF: 454
Súmula vinculante 9-STF: 432
Súmula vinculante 10-STF: 21
Súmula vinculante 11-STF: 380
Súmula vinculante 12-STF: 489
Súmula vinculante 13-STF: 46
Súmula vinculante 14-STF: 379
Súmula vinculante 15-STF: 60
Súmula vinculante 16-STF: 60
Súmula vinculante 17-STF: 303
Súmula vinculante 18-STF: 21
Súmula vinculante 19-STF: 492
Súmula vinculante 20-STF: 56
Súmula vinculante 21-STF: 87
Súmula vinculante 22-STF: 537
Súmula vinculante 23-STF: 537
Súmula vinculante 24-STF: 360
Súmula vinculante 25-STF: 20
Súmula vinculante 26-STF: 432
Súmula vinculante 27-STF: 224
Súmula vinculante 28-STF: 453
Súmula vinculante 29-STF: 489
Súmula vinculante 30-STF: 481
Súmula vinculante 31-STF: 487
Súmula vinculante 32-STF: 476
Súmula vinculante 33-STF: 70
Súmula vinculante 34-STF: 56
Súmula vinculante 35-STF: 412
Súmula vinculante 36-STF: 388, 390
Súmula vinculante 37-STF: 63
Súmula Vinculante 38-STF: 25
Súmula Vinculante 39-STF: 24
Súmula Vinculante 40-STF: 494
Súmula vinculante 41-STF: 490
Súmula vinculante 42-STF: 60
Súmula vinculante 43-STF: 52
Súmula vinculante 44-STF: 50
Súmula vinculante 45-STF: 397, 416
Súmula Vinculante 46-STF: 23
Súmula vinculante 47-STF: 243
Súmula vinculante 48-STF: 478
Súmula vinculante 49-STF: 42
Súmula vinculante 50-STF: 443
Súmula vinculante 51-STF: 65
Súmula vinculante 52-STF: 485
Súmula vinculante 52-STF: 445
Súmula vinculante 53-STF: 539
Súmula vinculante 54-STF: 29
Súmula vinculante 55-STF: 62
Súmula vinculante 56-STF: 435

EDITORA
jusPODIVM
www.editorajuspodivm.com.br